国家文化产业课题研究报告

(2010年度)

文化部文化产业司 编

云南大学出版社

图书在版编目(CIP)数据

国家文化产业课题研究报告.2010年度/文化部文化产业司编.—昆明：云南大学出版社，2011
 ISBN 978-7-5482-0583-8

Ⅰ.①国… Ⅱ.①文… Ⅲ.①文化产业—研究报告—中国—文集 Ⅳ.①G124-53

中国版本图书馆CIP数据核字（2011）第184588号

国家文化产业课题研究报告
（2010年度）

文化部文化产业司　编

策划编辑：柴　伟
责任编辑：柴　伟　王　磊
装帧设计：猎鹰创想｜书籍设计

出版发行：	云南大学出版社
印　　装：	昆明佳迪兴隆印刷有限公司
开　　本：	787mm×1092mm　1/16
印　　张：	36.25
字　　数：	593千
版　　次：	2011年10月第1版
印　　次：	2011年10月第1次印刷
书　　号：	ISBN 978-7-5482-0583-8
定　　价：	90.00元

社　　址：云南省昆明市翠湖北路2号云南大学英华园（邮编：650091）
发行电话：0871-5033244　5031071
网　　址：http://www.ynup.com
E-mail：market@ynup.com

目 录

中国特色文化产业群培育与设计规划研究
　　……………………… 云南大学国家文化产业研究中心（1）
文化产业保险险种设计与投保补贴机制研究
　　……………………… 中国人民大学文化创意产业研究中心（31）
十大文化产业数据快报实施方案现状、问题与对策研究
　　……………… 文化部文化产业统计口径平台建设课题组（62）
文化产业基地和园区发展对策研究
　　……………………… 上海社会科学院文化产业研究中心（101）
文化类无形资产评估与实际操作研究
　　………………………………………… 北京市产权交易所（149）
文化主题公园管理与发展对策研究
　　……………………… 南京大学国家文化产业研究中心（184）
艺术品产业发展思路及政策建议
　　……………………… 南京大学国家文化产业研究中心（234）
我国演艺产业发展思路与政策建议
　　…………… 上海交通大学国家文化产业创新与发展研究基地（277）
国家艺术创意设计产业发展思路与政策建议
　　……………… 南京航空航天大学国家文化产业研究中心（313）
文化系统文化产业人才中长期规划研究
　　……………………… 中国海洋大学国家文化产业研究中心（349）
促进我国文化产业博览会规范发展之对策研究
　　………………………… 华中师范大学历史文化学院
　　华中师范大学国家文化产业研究中心（379）

民营资本进入文化产业领域的现状、问题及对策建议
　　……………………………………中国传媒大学文化产业研究院(409)
动漫衍生产业开发模式研究
　　……………………………………上海今日动画影视文化有限公司
　　　　　　　　　　　　中国传媒大学动画与数字艺术学院(442)
动漫文化与儿童成长研究
　　……………………………………湖南蓝猫动漫传媒有限公司(480)
文化产业基础建设工程的规划与设计研究
　　……………………………………北京大学文化产业研究院
　　　　　　　　　　　　国家文化产业创新与发展研究基地(507)
4C融合：文化产业发展的新模式及中国路径研究
　　……………………………………清华大学国家文化产业研究中心(540)

中国特色文化产业群培育与设计规划研究

云南大学国家文化产业研究中心

- ◆ 2　引　言
- ◆ 3　一、中国特色文化产业群的内涵与外延
- ◆ 6　二、中国特色文化产业群培育的指导思想和目标
- ◆ 7　三、中国特色文化产业群的类型
- ◆ 10　四、中国四大特色文化产业群的空间布局和重点项目
- ◆ 24　五、中国特色文化产业群培育的路径与措施
- ◆ 26　六、中国特色文化产业群培育的政策支撑
- ◆ 30　课题组成员名单

引 言

产业集群是工业化过程中的普遍现象，在发达的经济体中，产业集群超越了一般产业范围，在特定区域中形成竞争与合作关系，形成特定地理范围内多个产业相互融合、众多类型机构相互联结的共生体，构成这一区域特色的竞争优势。产业集群发展状况已经成为考察一个经济体，或其中某个区域和地区发展水平的重要指标。产业集群的核心是在一定空间范围内产业的高集中度。产业集群有利于降低企业的生产成本与交换成本，提高规模经济效益和范围经济效益，提高产业和企业的市场竞争力。同时，产业集群可以增强企业生产和销售的稳定性，可以提高企业对市场信息的灵敏度，使产品生产与高新技术、文化创意更好融合，提升具体产品的科技与文化附加值。产业集群效应已经成为经济增长的重要引擎。

文化产业在中国是个新兴产业。20世纪末到21世纪初，伴随着国家经济、社会、文化的发展，人民群众精神文化需求快速增长，为满足广大人民群众的精神文化需求，在十六大、十七大报告中，党和国家提出要大力发展文化产业，满足人民群众日益增长的物质文化和精神文化的需求。经过十多年的发展，成为中国完善经济结构，提升国家和地区软实力，实现可持续发展的重要产业。"十一五"期间，以北京为中心的环渤海地区，以上海为中心的长三角地区，以广州、深圳为中心的珠三角地区，通过促进各种资源的合理配置，充分利用庞大的都市大众文化消费市场，加快创意产业园区建设，形成出版、印刷复制、影视制作和文化产品批销等产业中心，产业集群化发展格局已初步形成，带动了沿海地区文化产业的快速发展。

中西部地区是中国历史文化资源与民族文化资源相对富集的地区，由于经济发展相对滞后，公共文化设施相对落后，城乡文化消费相对不足，在"十五"期间，文化产业发展的速度相对落后于东部沿海地区。"十一五"期间，随着中西部地区经济的快速发展，中西部地区文化消费迅速增长，在旅游产业的带动下，外来文化旅游的文化消费也迅速提升，以中西部地区历史文化资源、民族文化资源、生态文化资源为依托的具有鲜明地域和民族特色的文化产品与文化服务业得到快速发展。与东部沿海城市以知识产权、高新科技为支撑的新闻出版、广播影视、演出演艺、艺术创意园等产业集聚区形成鲜明对比，中原、东北、西北、西南地区，围绕相对富集的民族民间文化资源、历史文化遗存、民族民间工艺、生态文化、特色鲜明的中小城市群，大力发展特色文化产业，通过政府推动、市场培育、企业主导，中西部特色文化产业已呈现出规模化、集约化和信息化的鲜明特征，正在形成集开发文化产品、培育文化品牌、提升文化消费，拓展文化市场为一体的集群化发展趋势。

与东部沿海以现代企业、高科技支撑的文化创意产业园区、发达的金融、物流体系和市场服务体系为支撑的现代都市文化产业集聚不一样，中西部地区的特色文化产业集聚由于缺乏现代企业、金融体系和园区的支撑，产业集聚的表征没有像东部沿海地区那么凸显，加之对特色文化产业集聚的研究不够，在"十五"和"十一五"期间也没有得到相关政府部门的高度重视。在《国家"十一五"时期文化发展规划纲要》中，虽然明确提出"积极发展我国西南、西北地区具有鲜明地域和民族特色的文化产业群"，但是，对民族文化资源相对集聚，以旅游产业为载体，围绕中小文化创意城市、旅游景区、特色文化村寨，社会化小规模的特色文化产业集聚如何培育、规划尚没有明确的指导和规划。

"十二五"期间，伴随国家西部大开发的深入，具有鲜明地域和民族特色的特色文化产业群将会成为带动中西部地区文化产业发展的重要举措，进一步规划、培育特色文化产业群，不仅可以加快发展中西部特色文化产业，满足中西部地区不同大众群体的文化需求，还可以在一定程度上弥补东部沿海地区大中城市大众文化产品与服务供给的不足，为东部大中城市大众文化消费需求提供差异性的民族文化产品与服务，走出一条不同于传统工业化的中西部地区"新型文化产业化"发展的道路。

一、中国特色文化产业群的内涵与外延

（一）现代产业发展理论与产业群的概念辨析

在经济全球化的今天，产业集群化发展已成为全球性的经济发展潮流，产业集群构成了当今世界经济的基本空间构架。从世界范围看，产业集群化发展出现在工业化过程中，国际上有竞争力的产业发展大多采用集群模式。产业集群是当今世界经济发展的新亮点，它不仅可以成为区域经济发展的主导，而且也成为提高一国产业国际竞争力的新力量。从20世纪90年代以来，产业集群发展模式已经成为一个国家或区域形

成竞争优势的关键因素。

产业集群一般有若干特征，比如：处在某一区域内，地理上靠近；产业群当中的企业或机构处于某种产业链条当中；生产的产品是某一类产品。从上述特征可以看出，产业集群作为一种为创造竞争优势而形成的产业空间组织形式，具有群体竞争优势和集聚发展的规模效益，这些是相对于其他产业形式的优势所在。

（二）中国特色文化产业群的内涵与外延

文化产业采用集群发展的模式，已经进入中国国家的宏观战略层面。《国家"十一五"时期文化发展规划纲要》当中提出"积极发展区域性特色的文化产业群"。对于中国特色文化产业群的理解，还需要进行一定的研究，这里的特色文化产业可以指具有不同民族文化资源禀赋的区域，尤其是中西部地区，通过差异化发展模式，实现跨越式发展的重要战略性产业。

中国特色文化产业群，从内涵上讲，主要是依托全国范围内地域性、民族性文化资源为基础形成的特色文化产品、服务，利用区域内的特色文化资源进行集聚发展，形成的一种文化产业的发展模式。这种模式具有分散式产业组织结构，以"化整为零"的特色集约化生产模式，通过"小商品"，实现"大产业"，区别于工业化、大规模社会生产方式的现代文化产业形态，主要是依托地域性、民族性文化资源，开发具有明显特色文化产品和服务的产业类型。

从外延上讲，中国特色文化产业群具有"最广泛"的区域民众参与度，其分配模式具备"普惠"特征，是国家实施"惠民过程"的产业化发展路径，是通过"授人与渔"实现共同富裕的发展模式；可以延伸到在区域经济发展和产业结构中凸显出较强竞争优势的特色文化产业的多个门类，比如民族民间演出演艺产业；传统民族民间工艺产业；地方特色文化体验产业；特色文化创意产品产业；中小城镇文化创意产业等。

东中西部地区特色文化产业发展走的社会化、小规模的发展模式，和沿海地区、中心城市基于现代工业和现代传媒技术的产业规模化发展有较大的区别，其发展模式决定了在建设特色文化产业集群的进程中，其人才培养以及重大项目、产业发展机制、政策支撑选择与设计都不同。

（三）中国特色文化产业群的特征

中国特色文化产业群与新闻出版、广电影视、网络信息等依托技术手段，大规模、机械化生产的现代文化产业不同，主要具有如下几个方面的特征：

——以资源集聚为特征

中国特色文化产业群的建设主要是利用区域内的优势文化资源，这种文化资源带有鲜明的地域性、民族性特征，是其发展的决定性要素；以中小城镇、族群、村落、家庭甚至个人为市场主体；受资源、市场的影响形成了明显的产业集聚态势，这种集聚方式打破传统的产业集群在区域和时间上的不可分割性，体现出其特色生产模式和跨区域聚集效应。

——以中西部地区为主体

中国特色文化产业集群的培育是中西部地区的文化资本与市场、金融、人才实现有机整合的捷径，是中西部地区做大做强本地区域特色文化产业的重要路径与模式。当前，中西部文化产业的发展呈现出自身独特的特点，首先这里在历史文化资源、民族文化资源、生态文化资源、地方民间民俗文化资源上、特色小城镇村落上具有无法取代的特点，与东部沿海地区那种通过科技资源、知识资源、人才资源、金融资源相对集中的情况不同；其次，中西部地区在发展文化产业上，依托本地资源，与旅游相结合，发展文化旅游、民族民间工艺、地方文化体验，不同于东部大力发展新闻出版、影视传媒、科技园区、网络动漫等产业形式；再者，中西部地区的发展文化产业的资源相对分散在民间，集中度不如东部地区，因此在进行中国特色文化产业群的培育过程中，以中西部为主体，通过政府的推动、企业的参与、市场的建设、产品的开发、品牌的打造、消费观念的引导，促进中西部地区文化资源的集中化、文化产业的集群化、文化创新的特色化，无疑能够带动中西部地区的文化产业振兴。

——社会化小生产

中国特色文化产业群在生产上不同于西方工业化当中的社会化大生产，不是以厂房集中来进行，而是把主要的生产者放在民间，以社会化、小规模生产为主要的生产方式，在小产品的开发中逐渐形成大产业的差异性竞争力。中国广大的农村、民族地区的发展，需要工业的带动，而在这些地区进行传统的集中化工业发展模式，可能带来污染，特别是对于特色文化产业来说，很多发展的基础在民间。因此，发展中国特色文化产业群是从中西部地区群众的文化需求以及到中西部地区观光旅游的群体的文化需求出发的。东部地区在工业化道路上造成了传统文化的消失，东部沿海地区、大中城市当中的人群缺少对中西部独特的人文资源的体验，因此加快发展中西部特色文化产业群，能够在一定程度上缓解对传统民族民间文化产品、原生态文化产品和文化服务的渴求。由于这种产品和服务，不同与工业化生产的标准化、机械化、模式化，因此作为一种"新型文化产业化"道路采用社会化小生产的模式可能效果更好。

二、中国特色文化产业群培育的指导思想和目标

（一）中国特色文化产业群建设指导思想

全面贯彻党的十七大精神，坚持以邓小平理论和"三个代表"重要思想为指导，深入贯彻落实科学发展观，紧紧围绕《国家文化产业振兴规划》确定的文化产业发展目标、任务和重点产业，挖掘丰富多彩的地方文化和民族文化资源，大力培育特色文化市场主体，推动特色文化产业集聚，转变地方文化产业发展方式，满足不同地区各民族人民日益增长的文化需求，活跃地方文化，推动中西部地区文化产业又好又快发展，完善中西部地区产业结构，将特色文化产业培育成为中西部地区国民经济新的增长点。

（二）中国特色文化产业群培育的目标

聚合民族文化、历史文化与生态文化资源，发挥产业集聚作用，形成东北、西北、青藏、西南、东南五个特色文化产业集聚区和黄河中上游、长江中下游两个特色文化产业带。增强特色文化产品的文化附加值与科技附加值，提升特色文化的服务能力，特色文化企业规模不断扩大，特色文化产业对中西部地区文化产业的带动作用进一步加强，城乡文化消费市场进一步活跃，文化产业结构更加完善，布局更加合理。民族文化、历史文化、生态文化得到进一步保护，特色文化产业对地方经济社会发展的功能和作用得到较好发挥。

——发挥文化资源的集聚作用

通过特色文化产业群的规划与培育，加强地方政府对特色文化产业的重视，改变中西部特色文化产业发展的方式，充分发挥民族文化资源、历史文化资源和生态文化资源的集聚作用，通过产业园区、市场培育和产品的研发，实现特色文化资源向特色文化产品、服务的转变。

——培育一批有竞争力的文化企业

通过产业集聚、特色文化产业园区、重点企业及中小文化创意城市的规划与培育，实现民族文化资源、历史文化资源和生态文化资源的产业化发展，强化科技、人才、金融、市场与特色文化产业的互动，培育一批具有鲜明民族文化和地方文化特色的，有较强市场竞争力的文化企业，带动中西部文化产业的发展。

——特色文化创新能力进一步提升

通过特色产业群的规划、培育，强化文化资源与现代科技、文化创意的结合，提升文化资源与数字化、网络化技术的融合，整合政府、企业、金融和研发资源，形成具有特色文化产业发展壮大的特色文化创新体系，特色文化创新能力显著提高。

——特色文化市场体系进一步完善

市场在文化资源配置中的基础性作用得到更好的发挥，文化产品和生产要素合理流动，培育、壮大一批具有鲜明地域特色和民族特色的文化市场，现代流通组织和流通形式在特色文化产业群中的作用得到显著提升，特色文化消费领域得到拓展，更好地满足不同区域和民族地区城乡居民的文化消费。

——特色文化产品和服务能力得到显著提升

通过特色产业群的规划与培育，培育和壮大一批能满足都市文化消费需求和外向型的特色骨干文化企业和知名品牌，文化贸易渠道和网络进一步拓展，特色文化产品和服务出口有所增长，成为中国文化服务贸易出口的补充。

三、中国特色文化产业群的类型

(一) 中国特色文化产业发展现状

特色文化产业指的是区别于工业化、大规模社会生产方式的现代文化产业业态，依托地域性、民族性文化资源，开发具有明显特色文化产品和服务的产业类型。通过对全国范围内地域性、民族性文化资源为基础形成的特色文化产品、服务进行梳理，结合中西部地区文化产业发展现状、趋势，目前在区域经济发展和产业结构中凸显出较强竞争优势的特色文化产业主要有如下几大门类：

——民族民间演艺产业

依托东北、西北、西南等少数民族集聚地区丰富多彩的民族歌舞文化资源，以民族民间演艺产品与服务为主体，代表性的如东北民间歌舞演艺产业、西北和西南民族演艺业等。

——传统民族民间工艺产业

依托传统民族民间工艺资源比较富集的西北地区、青藏、西南及东南沿海地区的刺绣、民族乐器工艺技艺、唐卡、木雕、银铜器、服饰等丰富多彩的传统民族工艺,在地区上西北、青藏及西南、东南沿海少数民族地区的传统民族民间工艺等。

——地方特色文化体验产业

依托深厚的历史文化和保护完好的中西部文化生态系统、民族文化村寨及世界文化遗产和自然遗产,以旅游产业为载体,以休闲度假和文化体验为内容,如黄河中上游各省区的历史文化、佛教文化、文化遗址,以中原文化、华夏文明和传统文化为代表的历史文化旅游产业,西北、西南地区以民族文化、民间传统文化体验和休闲娱乐相结合的产业。

——特色文化创意产品产业

依托传统工艺美术和中国特色的茶文化,形成西北、西南、江浙、两广等地区的玉石、珠宝、茶文化、石雕、陶艺、传统刺绣等特色创意产品产业。

——中小城市文化创意产业

依托中西部中小历史文化及旅游形成的西北、西南和长江下游保护较为完好的中小城市,与都市文化创意不一样的,以休闲度假、文化服务创意、生活方式创意的中小文化创意产业。

(二)"十二五"期间应着力培育的四大特色文化产业群

特色文化产业群建设是中国未来很长一段时期在文化产业发展方面的重大战略措施。由于各产业类型在空间集聚上的非平衡性,产业结构上的差异性,以及资源禀赋、市场条件的不同,因此产业群建设要体现阶段性特征和突出重点。

民族民间演艺产业、传统民族民间工艺产业属于目前产业集聚效应最为明显,市场最为成熟的两大类型,是最具备条件在第一阶段具体实施建设的产业群。地方特色文化体验产业和特色文化创意产品产业主要是依托旅游业的发展形成汇聚,其建设需要进一步促进文化产业与旅游产业的互动,在具体实施中建设规模较大、周期较长,但也具备一定的培育条件。和前面四大产业类型相比,中小城镇创意产业的建设显得更为零散,要通过具体的项目建设来整合资源,突破时空的限制,形成创新型的产业群,因此培育可以稍微放缓。

从目前对特色文化产业集聚现状和结构进行分析的基础上,本研究认为"十二五"期间，中国可以考虑着力培育的特色文化产业群为：民族民间演艺产业群；传统民族民间工艺产业群；地域特色文化体验产业群；特色文化创意产品产业群四大类型。

——民族民间演艺产业群

民族民间演艺是依托民族民间歌舞艺术资源，在市场引领下，为满足不同层次的消费者，形成的具有经营性属性的演艺产品和服务。从消费角度看，民族民间演艺产业包括满足地方群众的民间歌舞演艺产品与服务，满足少数民族地区各民族群众的民族演艺产品与服务，满足外来消费者的演艺产品与服务三大类。从产品与服务的种类看，目前已形成了舞台性的民族民间演艺产品，如《云南映象》、《藏谜》等；旅游景点、景区的大型实景演艺产品，如《印象·刘三姐》、《印象·丽江》等；与餐饮业相结合的演艺产品，如云南的《吉鑫宴舞》；与地方性文化消费、旅游、休闲度假相结合的体验性演艺产品，如《十二木卡姆》、《霸王鞭》、《二人转》、"藏民家访"中的庭院式演艺服务；满足农村节庆文化消费的民间演艺服务等。民族民间演艺活跃了地方文化，丰富和提升了旅游的内容，弥补了都市大众文化消费的不足。随着民族民间演艺产业的发展，逐渐形成了以民族民间歌舞艺术资源相对富集的东北、西北、西南三大产业集聚区，为民族民间演艺产业群的规划与培育奠定了基础。

——传统民族民间工艺品产业群

传统民族民间工艺品产业是依托民间和少数民族地区丰富的传统民族民间工艺，在市场引领下，以社会化小规模生产和手工技艺为主体，形成的传统民族民间工艺品的生产与服务。传统民族民间工艺品以鲜明的地方性、民族性、生活性为特征，形成了以木竹、布艺、石、金属、藤草、陶、纸等为材质，以雕刻、刺绣、泥塑、编制、鎏金、漆艺、彩绘为主要技艺的种类繁多的民族民间工艺品种类。随着旅游产业的发展，区域文化边界的突破与国际性市场的带动，民族民间工艺品产业成为中西部地区重要的特色文化产业。西北地区、青藏地区和西南地区，以著名中小旅游城市、旅游重要景区、景点为市场依托，不同层次的工艺传承人为核心，周边的特色民族工艺村为生产基地，逐渐形成了民族民间工艺产品生产、集聚和消费的中心，为传统民族民间工艺品产业群的规划与培育打下了良好基础。

——地域特色文化体验产业群

地域特色文化体验产业是依托中西部地区民族文化、历史文化和生态文化，以休闲度假、探险和文化体验为主体的产品和服务。包括节庆文化体验、民俗宗教文化体验、红色文化、生态文化体验、科考探险、休闲度假、民族村镇、历史文化遗址、乡村文化体验等具体形态。特色文化体验产业是旅游产业的具体内容，也是旅游产业与文化产业联动发展的结果。黄河中上游历史文化遗存相对富集，西北、青藏、西南地区丰富多彩的民族文化和多样性的生态文化、长江中下游保存相对完好的古村镇和地方文化、江西、贵州、陕西等革命老区的红色文化相对集聚，在旅游产业的带动下，已成集聚化发展的态势，通过国家和地方层面的规划与培育，可以形成若干具有特色的文化产业群，带动地方文化产业的发展。

——特色文化创意产品产业群

特色文化创意产品产业是依托具有悠久历史文化传统的中国传统工艺美术和具有中国特色的茶文化资源，利用文化创意，通过提升其文化附加值、科技附加值，进行特色文化创意产品的开发和服务。传统工艺美术产业当中的瓷陶工艺、雕刻工艺、珠宝玉石工艺、鎏金、刺绣技艺，以河南、长江中下游、广东、福建、云南、新疆、陕西等地区为代表，产业发展基础较好，已经形成了集创意、研发、加工、生产、销售于一体的产业集聚。中国茶文化历史悠久，各地都有富有特色的茶叶品牌，也具有相当雄厚的产业基础，通过文化创意的提升，可以在传统茶产业的基础上形成富有特色的茶文化创意产业。通过特色文化创意产品产业群的培育，从国家层面给予重视，扶持，将有利于传统工艺美术产业和茶文化产业的进一步发展。

四、中国四大特色文化产业群的空间布局和重点项目

（一）民族民间演艺产业群的空间布局和重点项目

1. 以辽宁—吉林为核心的东北民间演艺产业群

东北地区的民间演艺产业近年来发展很快。东北二人转已经被列入国家级非物质文化遗产名录，除了辽宁之外，吉林、黑龙江也有分布，吉林省东北风二人转艺术团已经被列入第二批国家文化产业示范基地。在发展以辽宁—吉林为核心的东北民间演艺产业群当中，可以考虑以二人转及民间演艺作为创意中心，以刘老根大舞台等作为展演平台。

2. 以西安为中心的西北民族演艺产业群

西北地区是演艺产业的又一重要地区，从陕西的秦腔，到甘肃的《丝路花雨》，从宁夏、青海的"花儿"，到新疆的民族歌舞，西北演艺产业的发展名震国内外。西安是西北地区最大的中心城市，可以考虑建立以西安曲江新区为主体的西北民族演艺服务平台。

曲江新区位于西安市东南，核心区域面积40.97平方公里。2002年以来，曲江新区充分依托陕西、西安大文化、大旅游、大文物的优势，以城市运营收益大力投资文化产业和公共设施，先后建成大雁塔北广场、大唐芙蓉园、曲江国际会展中心、曲江池遗址公园、大唐不夜城等一批重大文化项目，组建了曲江文化产业投资集团、曲江影视集团、曲江会展集团、曲江演出集团、曲江文化旅游集团、大明宫投资集团等六大产业集团、形成了以文化旅游、会展创意、影视演艺、出版传媒等产业为主导的文化产业体系。2006年5月，曲江文化产业投资集团成为国家级文化产业示范基地。2007年8月，曲江新区成为首批国家级文化产业示范园区。现二期扩区已经启动，2013年，曲江新区及其辐射区入区文化企业争取达到1 000家，从业人数达到10万人，文化产业年产值达到50亿元，从而更好地发挥西北民族演艺服务平台的作用。

3. 以成都、昆明、贵州、桂林为西南地区民族演艺产业群

西南地区民族演艺产业群，资源丰富、优势明显，近年来，四川、云南、贵州、广西等地都有一大批民族演艺产业品牌崛起，叫响全国。

——以"成都—九寨沟"为主体的民族演艺产业群

成都作为四川省文化中心，演艺产业发达，与著名景点九寨沟联结起来形成黄金旅游线路。九寨沟演艺产业群已经被列入第二批国家文化产业示范基地，截至2005年底，该产业群共聚有10家艺术表演团体，从业人员700多人。九寨沟演艺产业群积极推进演艺生产观念、经营观念、品质观念、消费观念和管理观念等方面的创新，通过创新来促进艺术生产、繁荣演艺市场。近年来，创作演出了《神奇的九寨沟》等一系列优秀作品，同时探索实行了剧目认定创作人、工作室和定价折股等市场运作方式，促进了市场营销机制建设和衍生产品的开发与经营。

——以"昆明—大理—丽江"为主体的民族演艺产业群

云南省素来以民族演艺知名，昆明—大理—丽江的旅游线路当中，除了风光秀丽的景区之外，民族演艺产业也成为吸引游客的亮点。昆明

作为滇中旅游演艺产业积聚的中心，发展出原生态民族歌舞型、民俗展示型、伴餐型等演艺产品，拥有《云南映象》、《福天宝地》等演艺品牌。《云南映象》曾经在第四届中国舞蹈"荷花奖"比赛中赢得了舞蹈诗金奖等五项大奖。除了驻场演出之外，通过巡演方式向外开拓市场。《福天宝地》用水景歌舞晚会方式，展现滇池文化和老昆明民俗文化。丽江充分发掘传统文化资源，成功打造出了《丽水金沙》、《印象·丽江》、纳西古乐、东巴宫等演艺精品。大理的旅游演艺业以《蝴蝶之梦》和"三道茶"歌舞表演最具代表性。近年来，云南已经形成以昆明—大理—丽江为中心，辐射香格里拉和腾冲县的演艺产业集聚带，如在香格里拉打造大型旅游歌舞演艺产品，在腾冲打造大型原创音乐舞蹈史诗《梦幻腾冲》等。

——以"贵阳—黔东南州"为主体的民族演艺产业群

贵州民族歌舞资源丰富，苗族、侗族、布依族、水族、彝族、土家族歌舞等各有特色。苗族舞蹈当中主要有芦笙舞、板凳舞、木鼓舞，台江木鼓舞已跨出国门，走向世界。台江苗族的多声部合唱在2004年春节中央电视台举办的西部民歌大赛中获得金牌。侗族大歌温柔细腻，既有合唱也有独唱。多彩贵州文化艺术有限公司推出的《多彩贵州风》是贵州省组织生产的集优秀民族剧目、专门演出剧场、艺术创作基地和文化产业园区建设为一体的综合性大型民族歌舞诗项目，该公司已经被列入第二批国家文化产业示范基地。利用《多彩贵州风》的品牌效应，建设"多彩贵州文化艺术创作基地"和"多彩贵州文化产业园区"，这两个项目已列入贵州省文化产业发展规划。

——以"南宁—桂林—阳朔"为主体的民族演艺产业群

广西民族演艺产业群发展迅速。南宁国际民歌艺术节由文化部、国家民委、南宁市人民政府联合主办，融演艺、旅游、经贸为一体。桂林推动"国际旅游演艺之都"的建设，在《印象·刘三姐》、《梦幻漓江》、《愚自乐园》、《乐满地》等一批成功的演艺和旅游项目的基础上，以桂林市及周边地区的旅游景点为依托，以各具特色又相得益彰的演出景点为主体形成演艺产业集聚区，包括建立旅游演艺机构的集聚和研发总部基地、旅游演艺产品创意研发基地、旅游演艺机构、旅游演艺剧院体系、旅游演艺要素的交易平台、旅游演艺产业服务平台、旅游演艺人才的服务中心、旅游演艺产业人力资源中心，并在每年的旅游黄金季节主办

"中国国际旅游演艺节"。

表1 民族民间演艺产业群发展重点

东北民间演艺产业群	重点加强：基础设施建设，构建较为完备的演出设施	
	重点项目：民间喜剧特色演艺产业	
	重点区域：辽宁的沈阳、本溪，吉林的长春等	
西北民族演艺产业群	重点加强：服务性设施、营销平台，拓展观众群体	
	重点项目：依托曲江新区的汉唐文化演艺集团	
	重点区域：陕西的西安等	
西南民族演艺产业群	重点加强：演出团体体制改革，改变运营制度、建立新型体验型的演艺产业	
	重点项目：依托四川、云南、贵州、广西的自然风光和民族风情的大型实景演出	
	重点区域：四川的成都、九寨沟等；云南的昆明、大理、丽江、西双版纳等；贵州的贵阳、台江等；广西的南宁、桂林、阳朔等	

（二）传统民族民间工艺产业群的空间布局和重点项目

1. "内蒙—新疆"民族工艺产业群

内蒙古民族工艺品种类繁多，从材料上讲有石制品、金银器制品、毛绒皮制品、骨角制品、桦树皮制品等，从用途上讲，有饰品、刀具、马具、酒具、餐具、皮画、乐器、琴棋用品、宗教用品等。近几年，赤峰市的鸡血石、巴林石受到国内外收藏家青睐，有超过1000家的经营户，年贸易额达9亿多元。阿拉善盟的巴彦浩特市已建成占地约5万平方米的国内规模最大的奇石文化旅游城，奇石经营户400多家，年交易额达1亿多元。赤峰力王工艺品有限公司是集生产制作手工艺术挂毯、青铜工艺品、巴林石雕刻及契丹辽瓷等艺术品的民族企业。另外，赤峰市的制陶业、锡林郭勒盟的民族服饰业、呼伦贝尔盟的桦树皮制作业等民族工艺产业也各具特色。

新疆多民族交流融汇的历史，使得民族工艺不仅种类繁多，而且工艺精湛、风格独特，已经形成雕塑工艺品、金属工艺品、地毯、挂毯、抽纱刺绣工艺品、珠宝首饰等门类，其中花帽、玉雕、挂毯、铜壶、抽纱刺绣、英吉沙小刀等均有着较强的地域特色优势。和田地毯、挂毯集绘画、雕刻、纺织、刺绣、印染等各种技艺于一身。还有一些民族工艺品，采取了传统与现代相结合的方法，通过古老的文明展现出了现代艺术风貌，如用艾德莱丝绸碎布缝制出的"新疆芭比娃娃"。在新疆，工艺美术品已成为继住房和汽车消费之后的第三大消费热点，民族工艺产业正在成为新疆经济发展重要的一部分。

2. "青海—西藏"民族工艺产业群

青海—西藏民族工艺产业群，主要是以当地少数民族的传统民间工艺为主，唐卡、藏毯、藏式木器、藏饰品等都是藏族民族工艺品当中的代表。青海多产藏系羊毛，用这种羊毛制作的地毯是民族传统地毯，玉树的藏刀外观镶饰华丽，黄南的泥塑也颇为有名。

在西藏的民族工艺品当中，江孜的地毯、杰德秀的围裙、浪卡子的藏被、扎囊的氆氇、仁布的玉器、拉孜的藏刀、拉萨的金银器具、加查的木碗、定日的石雕都很有名。目前，西藏许多小企业还基本上依靠老师傅的传统经验或已经设计好的订单进行生产，今后应在树立品牌上做文章。青藏铁路的开通为青海—西藏民族工艺产业群的发展带来契机，随着到西藏旅游的游客增多，该产业群的市场前景可观。

3. "昆明—大理—丽江"民族工艺产业群

云南省民族工艺文化资源极为丰富，民族民间工艺产业较为发达，昆明—大理—丽江凭借地域品牌的黄金旅游线路已经形成了旅游参观和购物的市场。按照民族工艺品的工艺流程和制作方法的种类划分包括金属制品、刺绣、布艺、织锦、扎染、雕塑、陶瓷、木器、漆器、藤艺竹编、乐器、干花制品以及多类民间美术等等。大理古城和周城附近的石雕制品、巍山的扎染制品、鹤庆新华村以银铜器为特色加工的民族民间工艺村落以及剑川的木雕、布艺拖鞋、漾濞核桃壳工艺品，宾川的土陶，祥云的银、铝制品，在地区产业结构中显现出自身的价值。全省民族民间工艺品总产值2009年达到12.1亿元。

云南的民族民间工艺产业在地区性中小企业的民族民间工艺品厂家，生产与销售不断提高；近年特色民族民间工艺产品的村镇数量的持续增长，如果能够改善交通，并加以引导，这些特色工艺的加工村镇产品的市场转化能够极易实现和突破。该产业群的发展方略是依托民族文化的精髓，吸收主题明确的民族元素，突出地方特有的资源优势，形成云南独具特色的民族民间工艺品产业群。

4. "黔西南—黔东南州"民族工艺产业群

贵州的民族文化资源也较为丰富，黔东南、黔南、黔西南的民族工艺品，主要工艺品种类包括民族蜡染、民族服饰、民族刺绣、民族娃娃、银饰等等。

民族蜡染工艺品近些年在贵州旅游产品当中占有重要地位，包括蜡染壁画、蜡染画等，围绕蜡染形成了一批衍生产品，如蜡染台布、蜡染信插、蜡染T恤、重彩布画等等。民族刺绣在贵州也比较突出。苗族民间刺绣工艺品如领带、围巾、小背包、手机套等，水族马尾绣有民间刺绣"活化石"之称。民族娃娃系列产品包括民族麻布娃、民族小吊娃、民族半身娃等。

苗族的银饰产品也是贵州重点发展的民族工艺品，包括银质首饰、银质生活器具、银饰工艺画等等。除了上述工艺品外，民族服饰产品，工艺包帽，也经过了市场开发。黔东南州的雷山县不少的苗寨手工业种类主要如农具制作、竹器编织也有一定市场。

从产业群布局来说，民族蜡染工艺品在黔西南地区比较突出，银饰品在黔东南比较突出。总体来说，以黔东南、黔南、黔西南为主体的贵州特有的原生态民族民间工艺，已经形成了一定的开发和保护，通过政府扶持，有重点地进行培育，做大做强，在与旅游产业的结合当中将会得到快速发展。

表2 传统民族民间工艺产业群

"内蒙—新疆"民族工艺产业群	重点加强：市场培育，提高产品的知名度；进行新产品开发，提高工艺水平
	重点项目：内蒙的奇石文化产品，新疆的民族工艺品
	重点区域：内蒙的呼和浩特、赤峰、锡林郭勒、呼伦贝尔等；新疆的乌鲁木齐、吐鲁番、喀什、和田等
"青海—西藏"民族工艺产业群	重点加强：和旅游相结合进行市场的培育，提高产业从业人员的市场意识和服务水准
	重点项目：热贡民间艺术产业化工程
	重点区域：青海的西宁、同仁等，西藏的拉萨、江孜等

续 表

"昆明—大理—丽江"民族工艺产业群	重点加强：提高服务质量、抓住国内市场的同时积极扩大国外消费市场
	重点项目：民族工艺品精品工程
	重点区域：昆明、大理、丽江等
"黔西南—黔东南州"民族工艺产业群	重点加强：进行市场培育，建立现代营销理念，进行新产品开发，提高工艺水平
	重点项目：民族蜡染和银饰产品
	重点区域：安顺、三都、雷山等

（三）地域特色文化体验产业群的空间布局和重点项目

1. 以"陕西—山西"历史文化遗产为核心的历史文化体验集聚

陕西与山西相邻，且都是历史文化大省，文物古迹众多。从产业集聚的角度，大量历史文化资源构成了该区域内历史文化遗产为核心的体验集聚区，主要可以开展六个方面的资源整合：历史名城旅游、重点历史名胜游、古代名人古迹游、红色历史文化游、古代文物购买、历史民俗体验游。

陕西、山西历史文化名城众多，国家历史文化名城主要有陕西省的西安、延安、韩城、榆林、汉中、咸阳，山西省的平遥县、大同市、代县、祁县、新绛县。该区域内国家级重点历史文物保护单位主要有陕西省的半坡遗址、秦始皇陵、兵马俑、阿房宫遗址、西安碑林、西安城墙、大雁塔、小雁塔、法门寺，山西省的云冈石窟、上下华严寺、普化寺、九龙壁、佛宫寺释迦塔等等。

该区域内系古代著名的政治家、军事家、思想家、外交家、文学家、史学家、画家、书法家活动之地，留下了众多古代名人古迹，可以开展古代名人古迹游。红色文化旅游也是该产业群当中的亮点，陕西省的延安是革命圣地，山西省的红色文化景点主要有武乡县八路军总司令部旧址、平型关战役旧址、五台县松岩口白求恩模范病室旧址、刘胡兰烈士纪念馆等等。

悠久的历史留下了众多的古代文物，这些文物一方面陈列在博物馆当中，如陕西历史博物馆、山西博物院都是国家大型博物馆，另一方面在民间，如古玩市场上。这给该区域形成文物欣赏、体验、购买、交易、品鉴的产业提供了良好的基础。陕西、山西的民俗文化发达，陕西的秦腔、锣鼓、皮影戏、剪纸等，山西的汾酒、面食、平遥推光漆器、新绛云雕、漆刻器、大同铜器、民歌、民间舞蹈、"山西梆子"和"晋剧"、木版年画等，是可供开发的历史民俗体验产品。

围绕上述产业群，已经出现了西安关中民俗艺术博物院、陕西华清池旅游有限责任公司等国家文化产业示范基地。

2. 以"四川—重庆"巴蜀地方文化为核心的地方文化体验集聚

以四川、重庆为代表的巴蜀文化，在中国地方特色文化当中别具一格。该区域内有众多国家历史文化名城，如成都、重庆、自贡、乐山、宜宾、泸州、阆中、都江堰等。有多处全国重点文物保护单位、世界文化遗产，如乐山大佛、峨嵋山、都江堰、青城山、剑门蜀道，大足石刻等。该区域内还有长江三峡自然文化观光旅游带，有着许多名胜古迹，如丰都鬼城，忠县石宝寨、云阳张飞庙、白帝城、黄陵庙、南津关等。这些为该地区开展地方文化旅游创造了条件。

在地方文化体验当中，成都、重庆等地已经形成了一套休闲体验的活动，如品尝八大菜系之一的川菜，观看川剧，特别是川剧中的"变脸"、"喷火"、"水袖"等绝活颇为吸引游客。

该产业群当中现在已经有若干国家级文化产业示范基地，如成都武侯祠锦里旅游文化经营管理公司、四川建川实业集团等。成都武侯祠锦里旅游文化经营管理公司成功地修建和运作了"锦里"仿古旅游街，充分展示了成都的民风民俗。

3. 以"云南—贵州"少数民族文化为核心的民族文化体验集聚

云南和贵州两省自然风光奇特，少数民族众多。云南的昆明、大理、丽江、西双版纳，贵州的贵阳、安顺、凯里都是著名的景区，特别是少数民族文化的体验，如少数民族饮食、节庆、民俗、工艺品、特色村寨等等，使该地区形成独特的以少数民族文化为核心的民族文化体验集聚区。

该产业群内已经有若干文化产业示范基地，如云南映象文化产业发展有限公司、云南柏联和顺旅游文化发展有限公司、昆明市福保文化城有限公司、贵州省兴伟文化发展有限责任公司等。区域内的一些省级文化产业示范基地也颇具特色。如贵州省平坝县天龙旅游投资开发有限责任公司等。

表3　地域特色文化体验产业群

以"陕西—山西"历史文化遗产为核心的历史文化体验集聚	重点加强：	历史古迹和文化遗产的保护，进行相关文化产品的开发
	重点项目：	历史名城旅游，重点历史名胜游，古代名人古迹游，红色历史文化游，古代文物购买，历史民俗体验游
	重点区域：	陕西的西安、延安、韩城、榆林、汉中、咸阳等，山西的平遥县、大同市、代县等
以"四川—重庆"巴蜀地方文化为核心的地方文化体验集聚	重点加强：	历史古迹和文化遗产的自然文化生态保护，特别是景区开发当中减少人为破坏
	重点项目：	历史文化旅游、长江三峡自然文化观光旅游带、地方文化体验
	重点区域：	成都、重庆、乐山、宜宾、泸州、都江堰等
以"云南—贵州"少数民族文化为核心的民族文化体验集聚	重点加强：	文化景区的自然文化生态保护，特别是原生态文化的保存
	重点项目：	民族文化体验、民族风情展示、特色村寨古镇，古生物文化旅游
	重点区域：	云南的昆明、大理、丽江、香格里拉、西双版纳等；贵州的贵阳、安顺、凯里等

（四）特色文化创意产品产业群的空间布局和重点项目

1. 中原特色文化创意产品集聚区

作为中华文明的发祥地之一，中原大省河南历史悠久、文物众多，文化产业发展迅速，河南省文化集团已经被列入第二批国家文化产业示范基地。河南省在传统工艺方面也门类繁多、颇具特色。开封的汴绣，朱仙镇的木版年画，官窑、汝窑的瓷器，洛阳唐三彩，镇平的地毯、玉雕，南阳的玉雕，新密的石雕等具有明显的地域特征，形成中原传统工艺特色产业群。该产业群当中工艺美术产业超过5 000家，从业人员超过20万，一批重点工艺美术产业集群已经发展得颇具规模。比较有代表性的有：

——开封汴绣工艺美术产业群

汴绣文化底蕴丰厚，素有"国宝"之称，2008年被确定为国家级非物质文化遗产。汴绣精品为国家所收藏，如作为国庆十周年献礼的《清明上河图》陈列在人民大会堂，汴绣产品享誉海内外，远销欧亚美等许多国家和地区。现在已经有上百家汴绣企业，形成了文化产业集群效应，涌现出开封市汴绣厂、开封市工艺美术研究所、开封市工艺美术公司、开封市艺苑宋绣厂、东京绣院等一大批龙头骨干企业。在传统手工艺的基础上开发出了一系列文化创意新产品，如古代名画系列、油画系列、人物肖像系列、装饰系列、壁画系列等等。到2010年，该产业群营业收入达到10亿元。

——南阳玉器工艺产业群

以镇平县石佛寺镇、晁陂镇、城关镇、杨营乡为中心，以南阳拓宝玉器有限公司、镇平县玉神工艺品有限公司、镇平县石佛寺玉器厂等骨干企业为龙头，到2010年建成全国最大的玉雕产品加工销售集散地，年销售收入达到20亿元，实现利税7亿元。

——固始柳编产业群

以固始县三尖河乡为中心，以正和集团、翔宇柳编公司、新兴工艺品公司、远东工艺公司、大河柳制品公司等骨干企业为重点，在巩固传统的柳编产品和市场的同时，积极开发藤、木、草、竹、棕及其混编、染色、家具等系列产品，柳编业年产值达20亿元。

中原特色文化产业群的未来发展思路是，坚持自主创新和继承借鉴相衔接，发扬中原优秀工艺美术传统，体现中原工艺美术文化特色；利用河南独特的区位优势、历史优势、文化优势和自然景观优势，做大做强一批知名企业和名牌产品。加强企业间的分工协作，建立以市场配置为基础的、稳定的原材料供应、生产、销售、技术开发等方面的协作关系，逐步形成以龙头企业为主导、集群企业专业化分工、产业化协作的产业组织体系。

2. 长江中下游特色文化创意产品集聚区

长江中下游地区在古代商业发达，形成了一些重要的传统工艺产品集中点。这些地点工艺品不仅成为当地的名片，而且已经成为带动当地致富的文化产业。

——江西景德镇瓷器产业群

江西景德镇陶瓷文化底蕴深厚，具有"千年瓷都"的品牌优势，丰富的陶瓷历史遗迹、珍贵的陶瓷艺术、精湛的制瓷技艺构成了独具特色的陶瓷文化资源。除了围绕陶瓷的文化旅游产业之外，还形成了门类齐全的大陶瓷格局以及包括原辅材料、陶瓷生产、内外贸易、科研设计和教育等配套完整的陶瓷产业体系。从产业集聚的角度来看，景德镇现在已经通过不同方式来进行产业集聚的发展，如景德镇国家陶瓷科技区域创新体系，国家陶瓷工程中心由科技部和江西省人民政府共建；一年一度的景德镇国际陶瓷博览会由商务部和江西省人民政府共同举办，为中外陶瓷文化交流、技术合作、经贸洽谈等搭建了高层次平台。

——江苏宜兴紫砂陶产业群

江苏宜兴盛产陶瓷，有丰富的陶土资源和悠久的制陶历史，被誉为"陶的古都"。在陶都宜兴，以紫砂壶、紫砂壁画、紫砂雕塑为主体的宜兴紫砂艺术品是宜兴市形象的名片。另外，与紫砂媲美的还有均陶、精陶、青瓷、彩陶巧夺天工。围绕制陶、陶瓷文化形成了庞大的陶瓷产业群，包括日用陶瓷、艺术陶瓷、建筑陶瓷、园林陶瓷、工业陶瓷、耐火陶瓷、坯料釉料等七大陶瓷工业支柱。宜兴全市有上万人依靠紫砂致富。根据陶瓷业现状和发展趋势，宜兴市把陶瓷业定位为宜兴市的传统特色产业和文化产业。目前，宜兴陶瓷业小规模经济单元数量众多，可通过产业集聚来扩大规模，促进宜兴陶瓷业的新发展。

——南京云锦产业群

南京云锦是中国第一批国家级非物质文化遗产名录项目。南京天宫云锦织造厂是目前生产云锦规模最大的一家民营企业，产品出口到日本、新加坡、瑞典等国家。2002年，荣贵坊云锦织造厂产品由文化部牵头赴法国参展，获得"法国文化与艺术世界一等奖"。该产业群未来的发展方向，一个方向为高端云锦布料、云锦家纺、云锦服饰的奢侈品生产；另一个方向为中高端云锦礼品生产。依靠大力发展高端手工云锦织造技艺的核心竞争力，形成一个富有地方特色的文化产业群。

——东海水晶产业群

江苏省东海县有着"水晶之都"美誉，围绕水晶形成了开采、加工、制造、销售、旅游为一体的水晶产业。中国水晶工艺礼品城是全国最大的水晶及其制品集散中心。东海国际水晶珠宝城是国家AAAA级旅游购物景区。中国东海水晶节，在更大范围内打响了东海水晶品牌。该产业群的未来发展方向是，完善、规范现有水晶消费市场，满足不同消费者的市场购买需求，打造世界天然水晶原料集散地。

——扬州玉器产业群

扬州是中国玉器加工的重要基地之一。扬州玉器也已被列入国家非物质文化遗产代表作名录。该产业群当中有全国知名企业扬州玉器厂，该厂创建于1956年2月，是商务部命名的首批中华老字号企业之一，同时也是旅游总局认定的全国玉器行业首家国家级工业旅游示范点。从2001年起，工厂对厂区进行科学规划、整体改造，逐渐形成了以工业旅游为特色的四大参观点。"扬州有玉器，玉器在湾头。"目前，湾头有个体玉器加工厂近300家，年产值近1.5亿元，生产量占扬州玉器市场2/3的份额。

3. 闽粤沿海特色文化创意产品集聚区

闽粤地区毗邻港澳台，传统工业颇具外向型的特点，在这些地区的传统工艺品产业也颇为发达。

——广东珠宝玉石工艺产业群

广东珠宝玉石文化源远流长。目前，广东已形成广州、深圳、四会、南海、平洲、海丰、可塘、揭阳、阳美等珠宝玉石聚集地，其中深圳、四会、番禺、花都被国土资源部等三部委授予"中国珠宝玉石首饰特色产业基地"称号。广州和深圳是广东珠宝业的两大中心，在广州拥有沙湾珠宝产业园、钻汇珠宝采购中心、花都国际金银珠宝城、从化旗杆钻石生产基地，广州的荔湾是东南亚最大的水晶玉器交易地。在深圳珠宝企业集中在罗湖，以水贝项链街区为中心形成了高度配套的珠宝产业集聚基地。该产业群的特点是已经形成设计研发、生产加工、批发零售、文化信息交流等一条龙的庞大产业链，配套设施比较完善，公共培训、信息服务、技术服务、展示平台、物流平台都比较齐全。该产业群的未来发展方向是注重研发、走自主创新之路，利用园区优势，开拓国际市场。

——广东佛山陶瓷工艺产业群

广东佛山有"南国陶都"之誉。佛山陶瓷涌现出一大批竞争力强的企业，拥有欧神诺、金舵、兴辉、鹰牌、东鹏、卓远等多家知名品牌。目前，佛山陶瓷产区现有陶瓷企业350多家，生产线达1 200多条，形成华夏陶瓷博览城、中国陶瓷城、国际陶瓷博览中心等陶瓷批发市场和江湾路陶瓷一条街、南庄大道陶瓷一条街等。2005年12月，佛山禅城陶瓷产业被列入"广东省首批产业集群升级示范区"。该产业群的特点是在产品质量、技术开发等方面一直走在国内同行前列，陶瓷行业由于相对集中，配套服务较为完善。未来发展方向是发展开发陶瓷文化产业，增加产品附加值。

——福建石雕工艺产业群

福建省的石雕工艺历史悠久，惠安有"中国石雕之都"的美誉，石雕石材企业上千家，从业人员10多万。在惠安的带动下，周围的厦门、莆田的石雕发展很快。在产业群当中，有崇武、山霞、洛阳、惠东石雕石材工业园区等一批规模较大、有较强聚集功能的石雕石材生产基地。石雕产品远销日本、欧洲、美国、东南亚及港、澳、台等30多个国家和地区。该产业群未来的发展方向是，以石雕产业为核心，以市场为导向，以规划整合为龙头，以科技研发创新为动力，以品牌作支撑，保存传统特色、吸纳现代技艺、带动产业升级。

4. 西南特色文化创意产品集聚区

西南地区文化产业发展当中，以云南为代表形成了文化产业的"云南现象"，除了在文化旅游、民族演艺等方面注意发展之外，云南也注重特色文化创意产品的开发。

——云南茶文化创意产品产业群

中国是世界上茶叶的发源地，茶文化与茶经济融合而生的茶文化产业，是文化产业的重要组成部分，具有广阔的发展前景。加快中国茶文化产业发展，弘扬茶文化，是中国未来文化产业的发展方向之一。

云南是世界茶源中心及全球茶文化的重要发祥地之一，唐宋以来便已是久享盛誉的茶乡，形成了种茶、制茶、卖茶相对完整的生产体系。近几年云南茶文化产业的影响日益扩大。2008年以来，云南茶文化产业在国家级大型媒体上频频露面。如2008年，中央电视台"焦点访谈"前的广告黄金时段，播放了"大益"普洱茶的广告语。柏联普洱茶庄广告也上了央视"小崔说事"栏目。2009年，七彩云南普洱茶在央视露面。2009年，中国国际广播电台（CRI）对云南茶文化产业进行连续报道，日语、意大利语、法语、德语、朝鲜语节目组分别制作了专题节目播出。该台网站"国际在线"推出专题页面，全面、系统地向世界宣传了云南茶文化产业。

云南茶文化创意产品产业群目前已经形成了茶文化研究、开发，茶文化服务业、茶文化会展、民族茶文化展示、茶文化传媒、茶文化旅游等多种形式的特色文化产业群，富有浓郁的民族民间性，涉及的从业人口超过1 000万，综合产值超过100亿元，出口创汇超过2 000万美元。云南省的多家茶文化企业已经进入中国茶叶行业百强企业，昆明雄达茶城被确定为"云南省文化产业示范基地"。

以普洱茶为标志的"云茶"已经走向世界,到2010年已经连续举办了五届国际普洱茶博览会,吸引了大批国内外商家,影响越来越大。云南茶文化产业已经被列入云南省近中期文化产业发展规划(2009—2015)当中。

从创意产品开发来说,该产业群已经有一定的基础。在2008年中国的奥运年当中,云南一些茶业集团把茶文化和人文奥运、绿色奥运联系在一起。经北京奥运会组委会市场开发部同意,2008年4月,可口可乐(中国)饮料有限公司将生产"北京2008年奥运会特别许可限量版茶产品"授权给云南龙润茶叶集团,50 000套普洱茶产品获准使用北京2008年奥运会标志,这是百年奥运史上第一次把茶列入特许商品行列,云南普洱茶成为该特许商品。2008年8月13日,国际奥委会终身名誉主席萨马兰奇收藏龙润"北京2008年奥运会限量版普洱茶产品"第2001号。2008年,云南西双版纳勐腊县易武古镇"茶山人家",成为北京奥运会祥云小屋"中国故事"云南省的文化参展项目。2008年8月9日,"茶山人家"在北京奥林匹克公园正式开始迎宾。另外,云南茶文化创意产品的开发还表现为与影视、出版、演艺、会展的合作,一批优秀的茶文化传媒作品脱颖而出。

该产业群的未来发展思路主要是,树立新的茶文化产业发展观,大力培育市场主体,加快转变茶文化产业发展方式,发展社会主义茶文化生产力;坚持与经济、科技相结合,继承和弘扬优秀民族茶文化传统;坚持以发展为主线,着力培育和壮大茶文化市场主体,实现茶产业与茶文化产业的协调发展;坚持内引外联,积极开拓国内外茶文化市场;发展壮大茶文化产品创新主体,激发茶文化市场活力。鼓励、支持和促进中小茶文化企业向"专、精、特、新"方向发展,力争形成一批跨地区跨行业经营、有较强市场竞争力的骨干茶文化企业;加强对外茶文化交流,拓展茶文化产品的发展空间,推动云南民族茶文化走向世界的文化开放格局。

——云南珠宝玉石产业群

云南的珠宝玉石产业群,以"昆明—保山—德宏"为代表。云南省大小珠宝企业和加工经营户已超过1万家,从业者近50万人。该产业群的定位是玉石原料集散中心、翡翠成品销售中心、珠宝玉石加工中心、面向国际特色产业中心。该产业群与旅游相结合,初步形成了以昆明为中心,以腾冲、瑞丽、盈江、芒市、龙陵等为依托的珠宝、玉石集散地。该产业群未来发展思路主要是重点建设昆明、保山、腾冲三大特色基地。

表4　特色文化创意产品产业群

中原特色文化创意产品集聚区	重点加强:	资金扶持力度,从品牌和遗产两方面抓起,进行新产品开发,将产业做大做强
	重点项目:	开封汴绣文化产业、南阳玉器文化产业
	重点区域:	开封市、镇平县、固始县等
长江中下游特色文化创意产品集聚区	重点加强:	建立现代市场营销理念、开发内地和国外消费市场
	重点项目:	景德镇瓷器、宜兴紫砂陶、南京云锦、东海水晶、扬州玉器
	重点区域:	江西景德镇、江苏宜兴、南京、东海、扬州
闽粤沿海特色文化创意产品集聚区	重点加强:	注意引导行业规范化,防止假冒伪劣产品;培养特色化生产
	重点项目:	广东珠宝、佛山陶瓷、福建石雕等
	重点区域:	广东的广州、深圳、四会、东莞、番禺,佛山,福建惠安、崇武、山霞、洛阳、惠东等
西南特色文化创意产品集聚区	重点加强:	对茶文化创意产业要扩大宣传,突出特色;注意引导行业规范化,防止假冒伪劣产品
	重点项目:	云南茶文化创意产业、珠宝玉石产业
	重点区域:	普洱、临沧、西双版纳、昆明、德宏等

五、中国特色文化产业群培育的路径与措施

(一) 以中小特色城市为主体建立研发创意集聚中心

中国特色文化产业群的培育当中离不开创意。用创意来推动地方的特色文化转化为产品。目前,大多数的创意中心在大城市,而地方特色文化产业群的发展重心则在中小城镇,因此培育以中小特色城市为主体的创意研发中心对于地方特色文化产业群的未来发展至关重要。中小城镇文化创意产业区别于现代化大都市以艺术设计、传媒业等为主的产业模式,而是在大城市周边、中西部民族地区的一些中小城镇中以独特的

地域文化资源或民族文化资源为依托，通过创意对其他产业的渗透、提升，形成的特有创意产业集聚，如周庄、乌镇等一批江南水乡小镇；云南、贵州、四川等地的历史文化名城镇、民族文化特色小城镇等。

（二）以旅游景点景区为核心培育消费集聚市场

中国特色文化产业群的培育当中，离不开消费市场的培育。旅游景点景区是吸引消费者的重要地方，在发展地方特色文化产业群的时候，要与地方旅游产业结合起来。围绕核心旅游资源，在旅游地建立相关的文化产品市场。品牌是吸引消费者的关键，应以区域旅游品牌为依托，建立起富有地方特色的文化产品品牌，一旦消费者把旅游景点景区与当地的文化品牌建立起关联，对某些旅游景点景区产生了一定的认知度之后，也就无形当中扩大了对景区景点相关文化产业的认识，如在云南的旅游业当中，昆明、大理、丽江、西双版纳都有代表性的民族演艺产品，这些演艺产品多以景点、景区为依托，成为旅客在旅游当中进行文化消费的重要内容。

（三）以特色民族文化村寨为基础培育生产基地

中国特色文化产业群的培育重点在中西部地区。西部地区特色民族文化村寨，是近些年文化产业当中新的增长点。特色民族文化村寨一般根据地方特色，生产具有浓郁地方民族味道的文化产品，这些产品不仅带动了当地经济的增长，而且打开了村民致富的渠道。特色民族文化村寨的培育过程当中，要注重保护和开发协调发展，对一些传统工艺要强调保护在先，使民间传统工艺在发展中得到保护。政府方面尽量在资金、政策等方面给予扶持，如建立生产基地，进行人员培训，推动当地文化产品不断拓展市场。

（四）培育民族民间文化传承人

特色文化产业群的培育，离不开民族民间的文化传承人。近些年来，在地方文化产业的发展过程当中，人才流失的现象比较突出，一些传统工艺因缺乏传承人而处于失传的边缘。因此，在进行中国特色文化产业群的培育当中，要大力培养一批既有传统技艺、又懂得现代经营理念的人才。建立工艺美术大师制度，允许具有工艺美术大师荣誉称号的传统工艺美术技艺人才，以技艺作价入股，并可在本人的作品上署名。实施工艺美术品经纪人制度，建立一支规模较大、作用明显、业务素质较高和具有良好职业道德的工艺美术品经纪人队伍。

（五）积极推进地方演艺团体的体制改革

地方演艺团体是特色演艺文化产业群的重要骨干。目前，绝大多数国有院团仍保留事业体制,难以实现与市场机制的有效对接,与日趋完善的社会主义市场经济体制不相适应;艺术创作脱节,游离演出市场,忽视观众需求,难以打造社会效益和经济效益相统一的精品力作;按照行政区划和级次层层办团的做法,导致"软、小、散、弱"问题突出,难以打造骨干演艺企业和具有影响力的文化品牌,严重制约了演艺产品和服务"走出去"。在特色产业群的培育当中,应当切实加大地方演艺团体的体制改革力度,加快改革进度,要把转企改制作为国有文艺演出院团体制改革的中心环节,着力培育合格的市场主体;建立多种形式的社会投融资体系,可以试行股份制、项目投资股份制、项目委托经营、独立制作人等多种运营方式,充分调动艺术生产的积极性。

(六) 建立营销平台,加强特色文化产品的营销

特色产业群的培育,离不开特色文化产品的营销。在实施过程当中,可以考虑建立中国特色文化产业群网络服务平台,整合文化信息共享工程,充分发挥网络的时效性、覆盖广、成本低等优势,开展网上营销。进一步加大招商引资工作力度,积极开展与跨国文化集团的合作。落实知识产权保护政策。打击假冒伪劣、粗制滥造的行为,规范工艺美术市场和茶文化消费市场,重点发展评估、咨询等中介服务机构。

六、中国特色文化产业群培育的政策支撑

经过五年的发展,中国文化产业在地区经济、社会、文化建设中的地位和作用已经得到全社会的认可,地方政府也逐渐认识到文化产业对地方经济结构调整、地方软实力提升的重要作用。随着中国经济的发展,东部文化消费的快速增长,在都市大众文化消费和现代信息技术的引领下,以北京为中心的环渤海地区、以上海为中心的长三角地区、以广州、深圳、香港为中心的珠三角地区,围绕文化创意产业、新闻报刊、图书出版、影视动漫和会展、演艺等,形成了中国文化产业的集聚区。中西部地区在本土文化消费和外来文化消费的带动下,文化产业也得到一定程度的发展,以民族文化资源的保护与开发为基础,民族演艺产业、民族民间工艺、文化旅游、休闲度假、节庆会展、茶文化等特色文化形态对活跃地方文化经济,西部地区产业结构调整起到了重要的带动作用。

中国是个发展中国家,人口众多,社会分层相对复杂,地域文化色彩浓厚、地方文化十分丰富,不同地区的文化、文化消费差异较大。因

此，在规划与培育中国特色文化产业群时，则需要通过充分调研，分析和研究国家文化发展的整体现状，确定相对宽泛的文化产业的门类和阶段性发展重点，合理布局东中西部文化产业，为不同地区文化产业的发展留足发展空间。在出台相应的产业发展的政策环境时，要照应到东中西部文化产业发展的不同基础条件，出台能适应不同地区文化产业群培育与发展的政策措施。要鼓励东中西部地区结合地方产业发展现状，探索不同的文化产业发展路径。

在《"十一五"国家文化发展纲要》中，对中西部地区文化产业发展，只提出了相对明确的发展思路，即依托旅游产业，挖掘丰富的民族文化资源，走民族文化品牌发展的道路。经过近十年的探索，中西部地区在发展文化产业的过程中，形成了具有中西部地区鲜明的地方和民族文化特色的文化产品与文化服务。这些文化产品和文化服务不仅成为东部地区都市文化产品与服务的补充，也成为走向世界的中国文化产品与文化服务的重要组成部分。因此，在规划与培育以中西部为主体的特色文化产业群时，应注意制定相应的政策措施，为特色文化产业群的培育营建良好的发展环境。

(一) 加强对地方文化产业的研究，积极培育特色文化产业

在2003年国家统计局和文化部等十多家部门联合下发的《中国文化产业统计指标体系》的基础上，应鼓励不同地区参照《国家文化产业振兴规划》确定的九大文化产业门类，依托丰富的地方文化和民族文化资源，加强对中西部文化资源和文化产业发展的研究，探索符合地方文化消费需求和发展态势的产业门类，而不是盲目模仿东部沿海地区文化产业发展的模式。中西部地区应依托文化资源，大力发展传统民族民间工艺品、休闲度假、民族演艺、特色文化体验、传统节庆、茶文化等具有地方特色的文化产业门类，以中小文化旅游城市和文化品牌为基础，积极培育消费市场，规划特色文化产业园区，培育重点企业，培育特色文化产业群，增强地方特色和民族特色的文化产品和服务的能力，满足中西部地区各民族人民的精神文化需求，弥补都市文化消费的不足，带动地方经济和相关产业的发展。

(二) 打破单一的经济考量模式，实施文化惠民工程

针对文化资源的相对集聚，以中小创意城市和旅游消费市场为依托、特色文化村镇为基础、文化传承人为带头人、中小文化企业和个体户主体形成

的具有产业集聚特征,通过政府引导支持、企业引领、市场带动,金融机构支持、科研和文化结构、社会关注的方式,规划、培育特色文化产业群。特色产业群在培育过程中要针对不同的产业发展基础和环境,制定相应的产业发展政策,切忌一刀切,简单复制和模仿东部地区以高科技和文化创意为核心的产业集群的培育方式。在制定特色产业群培育和发展目标时,要将满足各民族人民精神文化需求、活跃地方文化经济、为民族地区拓展就业方式和增加就业岗位作为重要的发展目标。要破除盲目追求文化产业在GDP的比重和追求文化企业经济效益的考量目标,将文化惠民、文化富民作为最重要的发展目标,体现文化产业发展的人本主义思想。

(三)发挥资源集聚作用,培育一批中小特色文化城市、村镇

针对特色文化产业社会化小规模的生产方式,依托特色文化产品和提供特色文化服务的文化传承人、手工艺家庭、特色文化村镇、民间行业协会和乡村文化集市、文化旅游景区等,结合特色文化产业发展的规律,鼓励企业与特色村镇和文化传承人联合,通过重点企业和产业园区的建设,重点培育一批具有市场集聚效应的中小特色文化创意城市、特色文化村镇和文化旅游消费市场。命名一批具有示范性和实验性的国家、省级特色文化产业园区或特色文化产业示范区,以此带动特色产业群的培育与发展。

表5 "千村百县"扶持工程

"特色文化千村"扶持工程	从国家层面,制定相应的入围条件和扶持政策,发挥地方政府的积极性,在"十二五"期间,重点扶持一千个具有特色文化资源,有一定文化产品生产和服务能力的特色文化村镇,带动特色文化产业的发展。
"中小文化创意百城"培育工程	从国家层面,制定相应的入围条件和扶持政策,发挥地方政府的积极性,在"十二五"期间,重点扶持一百个文化资源集聚、有品牌效应和文化集聚作用的中小特色文化城市,带动特色文化产业的发展。

(四)制定相关扶持政策,鼓励中西部文化与旅游、地方经济的联动发展

规划与培育特色文化产业集聚有利于中西部地区文化产业又好又快的发展。有利于中西部地区文化产业与旅游产业、地方特色经济的联动发展,促进中西部地区现代服务业的转型升级,发展低碳经济,保护生

态环境，探索中西部地区跨越式发展的路径和模式。应制定扶持特色产业群，有利于文化资源和现代企业、科技、市场和金融互动发展的相关政策。制定扶持中小特色文化企业发展、壮大、特色文化市场发展、特色文化产业园区土地使用优惠政策以及鼓励金融机构发放乡村文化个体户小额贷款的有关优惠政策等，同时鼓励各地方政府结合地区经济社会发展现状，设立特色文化产业群培育专项资金，加大政府的引导，加快特色文化产业群的发展、壮大。

表6 扶持特色文化产业集聚的政策

扶持中小特色文化企业发展、壮大的若干意见	参照国家相关扶持文化产业发展的政策措施，制定系统的扶持中小特色文化企业发展壮大的相关政策措施，带动中小特色文化企业的发展。
扶持特色文化市场发展的相关政策	参照国家培育地方市场的相关政策措施，结合中小特色文化市场的规律，制定相关扶持中小城市和乡村文化市场的优惠政策，培育特色文化市场。
乡村文化个体户小额贷款的有关优惠政策	鼓励地方政府参照《关于金融支持文化产业振兴和发展、繁荣的指导意见》的有关精神及乡村小额贷款的实践，结合乡村文化产业的发展，联合金融机构，制定相关的乡村文化产业小额贷款的优惠政策，扶持乡村文化产业和家庭服务业的发展。
特色文化产业群培育资金	鼓励地方政府，结合文化产业的发展，加大特色文化产业群的培育，设立特色文化产业群培育专项资金，用于扶持文化产品的开发、重点企业、文化市场的培育和文化产品的营销。

（五）加强基础文化设施建设，加大民族文化资源的保护力度

完备的公共文化基础设施是培育特色文化产业群的重要基础，针对支撑中西部特色文化产业发展的公共文化基础设施相对薄弱的现状，政府应着力加大公共文化基础设施建设，加大对民族文化资源的保护力度。尤其是在产业集聚区，要通过加强对民族民间演艺场地建设的投入，建设和完善能满足民族演艺产业发展的重要场所，完善特色文化产业发展的金融服务体系、营销服务体系。鼓励高等院校、研究部门的科技、文化中介机构和文化创意人才进入特色产业集聚区，参与和开发特色文化产品。加大民族文化资源的保护力度，通过建立文化资源库的方式，加强对民族文化、历史文化和生态文化保护现状的跟踪研究，在国家非物

质文化保护的基础上，鼓励各级政府，建立不同层次、层级的保护名录，投入必要经费进行保护。建立必要的特色文化资源开发评估体系，加强民族文化、历史文化和生态文化开发的监控。加大对文化传承的投入，通过在特色文化产业集聚区建立文化传承中心、基层文化传习所、加强文化传承与文化传承人的培训，带动特色文化产业的发展。

规划与培育特色文化产业群是个系统工程，既是"十二五"国家文化产业发展规划编制的重要依据，同时还是地方"十二五"文化产业发展规划的重要组成部分，在规划与培育过程中，还需要不同地区，尤其是中西部地区结合地方的经济、社会发展，依托文化资源、文化市场、文化消费空间和产业发展基础与发展态势，确立培育的具体产业群，制定更加细致的规划，落实相关政策，改善培育壮大特色文化产业的发展环境，加大政府的引导，积极培育特色文化产业群，带动特色文化产业的发展。

课题组成员名单

课题负责人：

李　炎　云南大学国家文化产业研究中心副主任，云南大学文化
　　　　产业研究院院长，博士，教授

课题组成员：

施惟达　云南大学国家文化产业研究中心主任，教授
孟　航　云南大学国家文化产业研究中心讲师，博士
王　佳　云南大学国家文化产业研究中心讲师
林　艺　云南大学文化产业研究院副院长，教授

文化产业保险险种设计与投保补贴机制研究

中国人民大学文化创意产业研究中心

- 32　一、研究背景与目的
- 33　二、我国文化产业保险的现状及其成因
- 35　三、文化产业保险的国际经验
- 40　四、我国重点文化产业风险分析与保险产品供求现状
- 48　五、我国演艺、动漫和艺术品产业的保险规划
- 52　六、文化产业保险的投保财政补贴机制设计
- 54　七、推进文化产业保险的合作方式
- 56　参考文献
- 57　附件1　关于保险业支持文化产业发展有关工作的通知
- 60　附件2　第一批文化产业保险试点险种及公司
- 60　课题组成员名单

一、研究背景与目的

（一）研究背景

文化产业作为一种新兴的产业形态，是现代经济的重要组成部分，文化产业发展在加快转变经济发展方式中的作用越来越突出。文化产业目前被公认为是高风险、高投入、高回报的产业，而保险的风险转移功能与文化产业潜在的风险性具有天然的对冲关系。保险作为一种商业法律行为，作为成熟的理财工具，作为化解风险的专门服务，必然会在日益扩张的文化产业领域得到深化。目前，文化产业的大发展（2009年全国文化产业增加值达8 400亿元，比上年增长10%，快于同期GDP的现价增长速度3.2个百分点；据2008年全国经济普查资料显示，文化产业从业总数为1 182万人，占全国从业人员的1.53%，人均创造增加值6.46万元），已为保险业的进入降低了风险。只要文化产业保险稳步推进，保险业将打开一片新天地，并将再次证实大数法则的正确性。

为优化文化产业的投资环境，应该降低文化产业全行业损失的不确定性，通过培养文化产业从业人员的风险意识，逐步推进文化产业的保险保障体系建设，以系统工程的思路整体化解文化产业全行业的风险隐患，以建立安全运营的优化环境为文化产业行业风险管理的目标。基于九部委金融机构支持文化产业指导意见，保险业应为文化产业发展提供风险保障、便捷服务，并支持文化企业拓宽投融资渠道。因此，研究保险业对文化产业的风险分散和保障，可以有效促进文化产业的快速发展，具有极其重要的现实意义。

（二）研究目的

本项目旨在通过演艺、动漫和艺术品等试点产业，系统调查文化产业各业态产业链中各环节存在的风险点所对应的保险需求，力求组织专业团队设计研发覆盖文化产业全产业链的完备保险险种体系与具体产品，并对政府针对文化产业投保进行政策补贴的机制提出建议，以促进文化产业健康快速发展。

二、我国文化产业保险的现状及其成因

(一) 我国文化产业保险基本现状

可以说,目前我国的文化产业保险尚处于起步阶段。在资料搜集过程中,我们仅得到了现代保险业从事的为数不多的几例文化产业保险的个案。例如,2001年[①],世界三大男高音帕瓦罗蒂、多明戈和卡雷拉斯于6月23日(国际奥林匹克日)在我国北京紫禁城放歌,这场音乐会的保险一直是公众关注的焦点。2001年5月17日演出主办方中国文化艺术有限公司和中国人民保险公司在进行了几轮艰苦的谈判之后终于达成协议,由中国人保为演出活动提供1.1亿元的责任保险。其中,演出取消或延迟保险当时在国内尚属空白。另一个典型案例是2003年[②],一场SARS,让国内数百场演出活动被迫取消,众多演出商血本无归。唯一"幸存者"是主办"滚石"北京演唱会的北京时代新纪元公司。"滚石"演唱会原定于4月4日在北京举行。3月19日,应国外演出方的要求,主办方北京时代新纪元公司与中国人保和中国平安两家保险公司签订了一份最高赔偿限额为415万元的保险合同。这一保险合同名称是"公众责任险"及其扩展条款"偶发事件保险",而意外变故导致的演出取消,就属于"偶发事件保险"的保障责任。3月31日,中国人保北京分公司接到北京时代新纪元公司发来的出险通知:滚石演唱会被迫取消。之后,保险公司委托了国外专门的保险公估机构来核定损失额度,7月上旬,公估公司提交报告认定保险责任成立,并确定理赔金额为人民币250多万元。北京时代新纪元公司董事长陈纪新指出:"滚石演唱会是4月份第一个停演的项目,也是中国演出史上第一个投保'偶发事件保险'并获得理赔的演出。正是因为投了保险,公司才在突发灾难面前幸免于难,这也证明了商业演出规范运作的必要性。"

(二) 我国文化产业保险存在的主要问题

文化产业保险发展程度如此之低,究其原因,一方面从前文对文化产业的概述可以看到,我国文化产业近十年来才逐渐得到重视,统一、规范、竞争、有序的现代文化市场体系尚未建立,资金市场、设施市场、

---

① 《中国保险》,2001年第6期。
② 中华网新闻中心,2003年8月14日,《原4月4日演出因故取消,滚石演唱会未唱也得钱》。

人才劳务市场、中介市场、产权交易市场等急需建设和发展。此外，文化产业还存在着丰富的文化资源未得到有效利用以及文化产业法规建设滞后、体制不顺、管理不畅等问题，导致文化产业依靠商业保险手段提高抗风险能力的意识还不强，市场操作未进入良性循环轨道，很多文化企业认为保险费属额外支出，会增加演艺总成本。例如，一次大型演唱会的保险费大约几万元，而发生风险的几率是未知的，这让不少承办商心存侥幸，于是放弃办理保险。另一方面，我国保险行业不如发达国家的保险产业成熟，保险产品也没人家专业化，没有特别针对文化产业的匹配险种，只能参照相应现有险种来做，加上很多不确定因素，如保险产品价格的要求以及保险公司分公司还需报上一级批准等，导致文化产业保险做起来并不顺畅。

然而，事实上，文化产业的发展却面临多方风险，文化企业通常规模小、抗风险能力弱；可抵押资产少，贷款融资难度大；产品创意风险大，一旦创意不符合市场需求，价值毁损严重，这些风险特点决定了文化产业迫切需要建立有效的风险管理机制。《关于金融支持文化产业振兴和发展繁荣的指导意见》（银发［2010］94号，以下简称《指导意见》）的出台，对保险业拓展发展领域是一大机遇。《指导意见》最突出的特点，就是明确了保险机制在帮助和推动文化发展繁荣中的重要作用，这有利于分散、控制文化产业项目的运作风险，促进文化产业健康、快速的发展。另一方面，也调动了保险公司进军文化产业的积极性。中国人民保险集团股份有限公司总裁吴焰表示："我们将根据《指导意见》，积极研发文化产业新险种，按照投资安全性和收益稳定性原则，着手研究保险资金投资文化企业的各种方式和可行性。"

2010年5月至8月间，文化部联合中国人民大学文化创意产业研究中心专家、保监会和有关保险公司在北京、成都和上海等地展开对文化产业保险需求的实地调研和访谈，并以"文化产业保险险种设计与投保补贴机制"为题立项研究，经过多次研讨，最终初步确定将演艺、动漫和艺术品产业作为第一批试点产业，由保险公司为这些产业设计覆盖全产业链风险的保险产品，并争取财政对有关企业投保的保费补贴。鉴于这样的背景，下面我们将着重探讨演艺、动漫和艺术品产业的风险分析和保险规划问题。

三、文化产业保险的国际经验

(一) 国外演艺、动漫和艺术品产业保险产品开发情况

国外保险业也曾因为对演艺、动漫等产业不了解或者不熟悉而拒绝为相应的企业提供保险保障或索取不合理的高价保费,早期出现的有关保险产品多以协商性的保险险种为主,发达国家的文化产业保险也经历过我国现在正经历的历程,他们现有的保险产品经过了实践的检验,为我国开发相应产品提供了有价值的参考和借鉴。因此,我们浏览了国外各大保险公司的主页,并从中搜索挑选了有关比较成熟的险种进行分析。在资料的搜集过程中我们发现,欧美国家对艺术品的保存和保护较亚洲国家重视,艺术品市场也高度商业化和市场化,自然而然其艺术品保险运作也较其他国家成熟,早在20世纪70年代就有了专门经营艺术品保险的专业保险公司。

目前,国外的演艺产业保险涵盖的范围已经很广泛,各种各样形形色色的演出活动都有涉及,如音乐会、话剧演出、舞台表演、马戏表演等。相应的,保险公司提供有音乐会保险(Concert Insurance)、场地保险(Venue Insurance)等险种。演出企业可以根据自身风险分散的需要有选择地投保公共责任保险(Public Liability Insurance)、演出取消保险(Event Cancellation Insurance)、设备损坏保险(Equipment Damage Insurance)、天气保险(Weather Insurance)等。关于动漫产业的保险产品,我们在国外保险公司提供的保单中发现有关键人员保险(Key Man Insurance)、侵权损失保险(Infringement Loss Insurance)、动漫侵权责任保险(Animation Errors and Omissions Insurance[①])、延迟完工保险(Completion Delay Insurance)等。

随着国外保险业的发展,尤其是保险经纪业务的发展和保险公司专业化服务水平的提升,许多保险公司可以为不同的演艺活动量身定制特色的保险保障,保险经纪人也可以为演艺企业设计"打包"的保险计划,

---

[①] 该英文短语直译的意思是"过失与疏忽保险",从中文看似乎和"职业责任保险"相关,但是从它的英文释义"covers an animation producer in the event that a production is sued for libel, slander, breach of copyright, invasion of privacy, unauthorized use of trademarks and slogans"看,描述的是一种侵权责任。在确定险种名称上,经查阅相关资料并研究发现,高留志(2006)在剖析美国知识产权保险制度的时候提到了"媒体责任保单",指出媒体或者娱乐企业的工作内容大多并不涉及专利权,而是与著作权相关,媒体责任保单即是专门设计给这些企业的保单,这种类型的保单又称为"errors and omissions policies"。媒体责任保单针对因传播或者广告、宣传作品所产生的责任风险提供保障,并且包括了对网络发布广告行为在内。媒体责任保单大多也是特定保险,而其所承保的事件一般包括:著作权侵权、商标权侵权、盗用他人名称或者称号(titles)以及其他非属著作权范围的项目、毁谤、侵害隐私与发表权等行为所引起的侵权控诉。

例如，Inpro Insurance 推出的针对社区剧院演出的保险计划和乐队演出的保险计划，Philadelph 和 Fortis 保险公司推出的"一揽子"演出保障计划，包罗万象的"一揽子"计划可以为企业提供"一站式"服务，基本可以涵盖演艺企业需要分散的各种风险。此外，有些保险公司还为动漫企业设计了覆盖动漫产品所有风险的"产品保险（Production Insurance①）"。

国外的艺术品产业保险相对比较发达，著名保险公司美国国际集团（AIG）、法国安盛集团（AXA），以及保险市场劳合社（Lloyd's）等都开设有专门的艺术品投资及保险业务部门、甚至子公司来负责欧美发达艺术品市场的保险业务。1990年3月30日，荷兰举办一个纪念凡·高诞辰的美术展，展出凡·高180幅油画和250张素描作品，包括其油画代表作《卧室》、《向日葵》和《织布工》。该展览由劳合社设计了保额超过30亿美元的一揽子保险保障。在此展2 500万荷兰盾（约合1 160万美元）的总成本中，相当一部分是用于保险费支付的。由于国外艺术品保险业务的利润较丰厚，法国安盛集团（AXA）专门成立了从事艺术品保险业务的子公司——安盛艺术品保险公司（AXA Art Insurance）。该公司承保的业务范围不仅包括艺术品失窃后的赔偿，还涵盖艺术品损坏的赔偿。截至目前，金盛艺术品保险公司的业务已拓展至法国、英国、美国、德国、瑞士、意大利等数十个国家。此外，包括丘伯保险集团（CB）在内的许多保险业巨头，也相继成立了专门从事艺术品保险业务的子公司或业务部。事实上，早在1984年，我国台湾的"中央产物保险公司"便推出了"艺术品综合保险"业务，并被誉为"艺术品保险之市场先驱"。

在这些比较成熟的艺术品保险市场，主要开办的险种有：

（1）个人美术、珠宝、收藏品保险。主要承保个人收藏爱好者所拥有的收藏品遭受盗窃及损失的风险。

（2）展览保险。主要承保展出商在运输、展览过程中以及仓储时的直接意外事故导致对借展物品的赔偿责任风险。

（3）博物馆保险。主要承保博物馆在展出、收藏和运输艺术品时，艺术品遭受盗窃或者损毁所造成的公共资产保护不力的责任风险。其中，这些艺术品可以是博物馆自己收藏的，也可以是博物馆借用他人的藏品。

---

① When organizing a production it is extremely important that all risks are covered. Large amounts of time are spent on putting together a production, choose from a number of production insurance packages that we offer.

(4) 公司艺术品保险。承保责任与个人美术、珠宝、收藏品保险类似，但保险标的是公司法人所拥有的彰显公司品位或者企业文化的艺术品。

(5) 艺术品经销保险。主要承保经营艺术品买卖的画廊等经销商在经营时因各种风险造成的损失。

(6) 艺术品修复师职业保险。主要承保艺术品修复师在修复工作中因出现疏漏或失误而使艺术品价值受损时应承担的损失补偿责任。

此外，国外保险公司还为一些价值容易评估的艺术品提供一般的财产一切险，并为投保企业提供日常的防灾防损服务。

(二) 国外相应产业保险产品发展对我国保险市场的启发

从演艺、动漫和艺术品产业发展的程度来看，改革开放后，特别是近十年，我国相应产业取得了突飞猛进的发展，各种商业演出在场次和质量上都有所提升，商业化运作程度日益加强；全国各地纷纷打造动漫基地，动漫创作水平也逐日提升。其中，戏曲曲艺、杂技、相声等演出具有浓厚的中国特色，在国内外演出市场已颇具影响力。但是，与国外成熟的市场运作相比，国内演艺和动漫产业发展尚显不足，商业化运作程度还远不如欧美国家，商业演出和动漫产品的国际化水平还比较低，在"走出去"方面显得不尽如人意。例如，国内鲜有演艺企业为知名歌手举办环球演唱会，而国外歌手举办环球演唱会则比较普遍；又如，国外商业演出的特效、舞台创作水平、动漫创作技巧等都要领先于国内。

欧美艺术品市场整体相对我国来说更为成熟，具体表现在艺术经纪鉴定制度的完善与成熟，市场上存在着许多独立的第三方专业鉴别机构，如拍卖行。而专业保险公司的介入，又从侧面加强了职业与专业的真伪判断，有效地遏止了赝品进入市场。拥有艺术品保单的艺术品，从市场角度看，其效用就相当于取得了一份附加鉴定证书。因此，国外的艺术品经纪鉴定制度使得艺术品藏家主动去投保，这样既转移了艺术品损毁的风险，又向市场发出了艺术品为真的信号。此外，欧美信用体系比我国更为完善，对于赝品等监督更为有力；在我国，信用体系还不够完善，犯罪成本相对较低，赝品流入艺术品市场的可能性更大，导致我国的保险公司认为艺术品保险市场风险太大而绕道行走。另一方面，赝品在西洋画中并无盛行的社会条件，因为近现代油画从专业角度来看，笔触造型很难不露一丝马脚，而中国画的仿造则容易得多，鉴别也难得多。

从国内保险业的发展水平看，我国保险市场的发展尚不够成熟和完善，保险机构提供的服务水平有待提升。而欧美发达国家的保险业发展已经比较成熟，保险产品和服务的全面化、专业化水平都要优于国内，尤其是其保险经纪机构具有较高的业务水平，在保险业务开发和拓展上，无论是产品和服务都要比国内企业"技高一筹"。综合国内外保险行业和演艺、动漫、艺术品产业发展水平的差异来看，由于两者都未达到国外的成熟程度和领先水平，所以，从我国基本国情出发，有选择地借鉴国外相应产业的保险产品设计，侧重发展适应我国相应文化产业发展水平的保险险种才符合现实。

鉴于以上的比较和分析，对于发展我国演艺、动漫和艺术品产业保险，我们可得到如下启示：

首先，保险公司应为演艺企业继续提供公共安全责任保险、雇主责任保险、财产损失保险以及企业为演职人员个人提供的意外伤害保险，这些是国内保险业已有的产品，为演艺产业提供产品时已有一定的经验积累，在定价技术和事故理赔等方面都可以既为企业提供专业化服务又能合理掌控保险公司自身经营风险，而且民事赔偿责任风险是演艺企业面临的最基本、最迫切需要分散的风险。

其次，演出取消的风险对国内企业而言已是有造成损失切肤之痛的一项重大风险。不管是因为天气、政府政策等客观因素，还是由于演员自身的突发事件导致其无法按时出演，只要是预定的演出取消，都会对演艺企业造成比较大的损失。因此，企业对演出取消保险的需求是迫切的，建议保险公司借鉴欧美演出取消保险的运作方式，开发满足国内演艺企业需求的演出取消保险产品。

第三，在动漫产业发展的起步阶段，创意人才是最宝贵的资源，针对目前动漫产业创意人才储备不足，对核心创意人才依赖性高，企业对这类人才非常重视的特点，保险公司可以突破现有人身保险产品的限制，考虑为特殊人才提供涵盖健康、伤残和死亡风险的综合人身保险产品，提高保障程度，简化理赔程序。同时，可以考虑将这一产品用于已经签约经纪公司的艺术家的人身保险，而对于自由职业者的艺术家鉴于其经济能力，产品要做适当调整。

第四，动漫和艺术品产业的产品创作常常会受到各种因素的影响而不能如期完工，企业在签约后不能按时完工将要承担一定的违约损失，这在一定程度上会抑制产品创作人的创新和深化、细致加工。保险公司可以根据具体产品的情况，为企业提供完工保证保险，帮企业分担一部分延迟完工的损失，这不仅会为企业缓解完工压力，还将有助于促进产品创新、提升产品质量。

第五，我国演艺、动漫和艺术品产业的国际化水平尚低，商业演出、动漫产品和艺术品展览"走出去"不足，除了管理水平问题，很大部分原因是相应文化企业出于对国外演出、展览和海外发行能否收回成本的风险考虑，因为这些企业对国外市场的风险和不确定性的掌控能力远小于对国内市场。如果保险公司能在这些企业"走出去"的过程中分担一部分风险，为企业提供出口信用保险，这会大大鼓励我国的演艺、动漫和艺术品产业不断拓展国际舞台，得以在国际市场发展，不断提升国内演艺、动漫和艺术品产业的国际化水平和国际影响力。

第六，考虑到国内演艺、动漫企业和画廊很多是中小规模，企业在业务经营中的资金压力比较大，一旦资金链断裂，将会影响企业的正常运作，甚至中断经营。因此，这些企业经常会有迫切的融资需求，但由于规模和缺乏担保等限制，再加上产业本身的高风险特点，它们往往无法从银行获得贷款，融资面临很大困难。如果保险公司能在这方面为企业提供贷款保证保险，分散企业的还款风险，则能在一定程度上满足企业的融资需求，缓解企业的资金压力。

第七，完善的鉴定制度、社会监督体系以及工艺品伪造更难这三点使得国外的艺术品保险相当普及。鉴于我国艺术品市场仍处于初期成长阶段，开展个人艺术品保险和艺术品经销商保险的外部条件，如诚信系统、估价技术等还不够成熟，因此，我国艺术品保险市场更适宜首先进军展览保险及博物馆保险，试点发展个人及公司艺术品保险和艺术品经销保险。

最后，随着演艺、动漫和艺术品产业不断发展以及保险公司的承保能力日益增强，国内保险公司还可以借鉴欧美相应产业保险的做法，为相关企业量身订制一揽子保险计划分散其经营过程中可能面临的各种风险，并提供各种事前防灾防损的风险管理服务，但这对保险机构提供产品和服务的专业化水平要求较高，不能一蹴而就。另外，对于国外相应文化企业投保的董事高管责任保险、药物滥用保险、醉酒责任保险和犯罪保险等，目前国内企业对此类险种的需求并不迫切，且国内还没有此类保险开发和发展的市场环境；对于涉及知识产权的侵权损失和侵权责任的风险，由于我国对知识产权的保护和法律制度均不到位，现阶段保险公司经营起来有很大难度，不易操作。

四、我国重点文化产业风险分析与保险产品供求现状

(一) 演艺产业

1. 演艺产业的风险分析

在我国经济迅速发展和国家大力支持文化产业发展的背景下，我国演艺产业取得了飞跃式的发展，除了国内演艺市场不断发展壮大之外，我国进入国际演艺市场的文化产品也不断增多，文化出口产品在国际的影响力也不断增强。在演艺产业持续发展繁荣的同时，随之而来的演出事故和相关风险也逐渐暴露并日益增多。演出运作的整个过程存在各种风险，例如，场地搭建和器材安装过程中演职人员和观众的人身安全以及政治、天气等原因，都会影响一场演出是否顺利进行。演出过程中发生的意外事故会给企业带来巨大损失，如何分散演艺产业风险，不仅是演艺企业面临的迫切需要解决的问题，也是演艺产业能否顺利、快速发展的关键问题。从演出运作的过程来看，演艺产业面临的风险点主要有：

(1) 人身伤害导致的赔偿责任风险。在演出准备和演出的过程中，包括演职人员、观众、场地工作人员、媒体记者等人员在内都可能由于各种意外事故遭受人身伤害，与此相对的是承办演出的机构对相关人员的伤害赔偿责任风险。例如，在演出场地搭建、器材安装的过程中可能发生意外事故，导致相关工作人员的人身伤亡；在演出过程中某些环节纰漏可能导致演职人员的人身伤亡；演出的场所和设施出现问题可能导致观众、媒体记者等公众人员的人身伤亡，比如踩踏、骚乱；等等。凡此种种人员伤亡事故无疑都会给演出承办机构带来损害赔偿责任。

(2) 财产损毁风险。演出所用物资在运输、搭建、安装及使用过程中可能会发生损坏，例如，演出用乐器、设备和服装，此类财产往往具有价值高、易受损的特点。财产损毁不仅直接导致了经济损失，而且有可能影响演出的正常进行，进而导致间接的经济损失。

(3) 演出取消风险。经历演出取消是所有演出商最担心的事情，常常是血本无归、损失惨重。演出活动取消的原因主要有艺人无法如期到

场演出；政府出于安全、临时使用场地等因素取消商业性演出活动，由于政府行为导致活动取消的比例很高；此外，自然原因等不可抗力、演出开始前现场的意外事故等也是导致演出取消的因素。例如，2003年，一场 SARS，让国内数百场演出活动被迫取消，众多演出商血本无归；2004年，因杨丽萍患病住院导致《云南映象》4月28日起的三场演出"流产"，给演出投资方造成巨大经济损失，公司老总黄跃宇说，算上广告宣传费、演出道具的运输费和所退票款造成的损失，公司净亏60多万元。通常情形下，一场商业演出的前期投入占演出总投入的比例很高，如演员的订金、演出场地的租赁费、舞台设备订金以及广告宣传费等。一旦演出因故取消，演出之前的投入，包括宣传、劳务等成本很难收回，给演出商带来很大的损失。

（4）境外演出的收汇和其他信用风险。随着国家鼓励和支持文化产品和服务出口的优惠政策出台，国内演艺团体到国外演出的机会和次数越来越多。在国外演出时，演艺公司将面临邀请方毁约的信用风险，对演艺公司造成巨大损失。

（5）资金短缺导致的经营中断风险。由于演艺企业在进行商业演出运作前期和后期都会投入大量资金成本，而许多中小规模的演出企业可能由于经营效益不好、资金回收不及时等原因而无法维持演出的继续经营，从而需要从银行等多方金融机构融资。如果金融机构出于信用和风险的考虑而不能提供贷款时，演艺企业就面临由于资金短缺而带来的经营中断风险。经营中断不仅会导致利润损失，而且在经营中断期间还要支出必要的费用，使得经营中断企业雪上加霜。

2. 演艺产业保险产品需求分析

从演艺产业面临的客观风险角度看，各种风险因素的叠加会给企业带来巨大损失，演艺企业应采取措施规避和分散演出运作过程中的各种风险，投保相应保险保障产品也因此具有必要性。从目前国内演出投保的需求情况看，国外演出团体来国内演出时多要求主办方提供保险保障，国内演艺企业投保需求较冷淡，投保险种以演职人员和公众的意外伤害保险和责任保险为主。例如，2008年11月，广州米图传媒广告有限公司为成功举办陈奕迅演唱会，为演职人员和观众投保了演出安全责任保险。近年来，演艺产业发展迅速，由于种种原因给演艺企业带来的经济损失使得越来越多的企业负责人认识到借助保险分散风险的重要性。

3. 演艺产业保险产品供给现状

国内保险业对演艺产业的关注主要始于文化部的推动。自2008年5月起，中国太平洋财产保险股份有限公司、中国大地财产保险股份有限公司等公司，先后在北京、上海、江苏、浙江、山东、广东、贵州、辽宁、新疆、陕西等十几个省、市、自治区开展了"营业性演出安全保险"的投保、理赔工作，得到了演出主办方、投资方以及文化主管部门的大力支持和配合。这个过程中，保险公司提供的保险主要以"演出安全责任险"为主，例如，阳光保险集团股份有限公司提供的"大型社会活动公共安全责任保险"。总结国内保险市场提供的演艺产业保险产品，主要有演出场所公众责任保险、财产损失保险、建筑安装工程保险、雇主责任保险、演职人员人身意外伤害保险等。

可以肯定的是，在政府提倡支持演艺产业发展的背景下，保险业在演艺产业风险分担中扮演着越来越重要的角色。但目前国内演艺领域保险尚属起步阶段，针对演艺市场开发的保险产品还很不够，远没有形成覆盖演艺产业全产业链条的保险保障网络。

（二）动漫产业

1. 动漫产业的风险分析

动漫产业是科技产业化和产业科技化时代诞生的新的数字娱乐产业部门，深刻反映了传统经济增长方式的突变，代表了未来经济发展和社会进步的新动向。随着国家大力发展文化产业和文化事业相关政策的出台和我国社会主义市场经济的逐步完善以及全球化的深化，动漫产业日益受到政府和社会的关注。作为国家动漫产业振兴计划实施的一个重要战略举措，是建设动漫基地整合各方资源，为动漫企业提供政策、资金、智力、人才的支持。然而，总结我国的动漫产业，可谓顺境与逆境共生，机遇与挑战并存。在动漫基地喧嚣的背后也存在着大量的风险。

动漫产品从最初的判断选题、挑选剧本，到筹拍、融资、配置人员、摄制、发行，直至最后的结算，在不同环节存在的风险点主要有：

（1）关键人员伤亡风险。动漫产业的发展受到资本、技术、市场环境等多种因素的制约，其中最重要的应该是人才。对于动漫产业而言，动漫人才是其不可或缺的"活的"生产力。动漫企业的竞争和发展归根到底应该是动漫人才的较量，如今在动漫产业这样具有高技术含量、高创意、高文化特质的新兴文化产业中普遍面临着人才匮乏的问题。因此，动漫产业对于主要创意人员的依赖很强，创意人员的智慧和成果在很大程度上决定了动漫产品的成败，而每个动漫产品的核心创意人员可能只有一两人，可替代性极差，这些人一旦伤残或者死亡，将导致整个动漫产品前功尽弃，造成巨大损失；另一类关键人员是动漫企业在职的董事和高管。由于在职的动漫企业董事、高管、他们的伤残、死亡会造成动漫企业经营战略无法实施或者公司发生重大变故，导致公司损失或者无法持续经营，因此可以设计关键人物保险规避此类风险。

（2）侵权损失风险。动漫产品及其衍生品的侵权盗版是众多动漫企业最为关注、也最为头疼的问题，让很多企业防不胜防，是一种很常见又难以规避的风险。据上海电影集团总裁任仲伦先生透露"一分钟动漫的投资成本在1万元左右"。由此可见，原创动漫产品及其后期衍生产品的版权价值很高。正因为如此，新的动漫产品和衍生品在推出市场后极容易被其他企业抄袭和模仿，由此造成原创动漫企业的市场份额被侵占，利润下降，甚至前期投入的研发创作成本都无法收回，给原创企业造成很大损失和伤害。

（3）侵权责任风险。从动漫产业的操作实践来看，由于动漫产业的文化特殊性，知识产权侵权责任是一项很常见和难以规避的风险。动漫企业在动漫制作过程中以及动漫衍生产品的开发、制作过程中由于种种原因常会出现涉嫌抄袭、雷同等侵权行为，从而要承担对第三方造成的经济损失赔偿责任。

（4）不能按时完工的风险。动漫产业作为新兴文化产业因其对"创意"和"创意人才"的高度依赖，主要创意人员离职将直接导致创意产品不能按时完工，甚至"流产"，为企业带来损失。除此之外，当动漫企业在与第三方签订设计开发合同后因遭遇政府禁令或由于意外事故等原因导致动漫企业不能按期完工时，还将给企业造成违约的损失。

（5）融资难的风险。动漫产业由于其自身"高风险、高投资"以及见效较缓慢的特点，尽管可以"高回报"，目前，动漫产业的融资环境仍不能满足动漫产业长远发展的现实需要，动漫产业的相关企业普遍生存环境恶劣、融资困难，并且受到国外先进动漫产业的"排挤"。优化动漫产业的投融资机制，改善其投融资环境是动漫产业存续和发展的必要条件，企业的生存和发展，资本是其必备的保障。在文化部组织的调研和访谈中得知，不少中小型动漫企业由于受资金所限，即使有很好的创意也不能付诸实施，制作过程也常因资金短缺被迫停工筹资、延期完工，甚至中断研发、宣布破产，给企业乃至整个产业造成损失。

（6）出口信用风险。目前，我国动漫企业在向海外发行动漫产品时，大多是以极低价格"卖断"自己产品的海外发行权或版权。所谓"卖断"，就是以一个相对较低的固定价格将作品的发行权卖断给国际发行公司。然而，目前国际通行的文化产品发行模式是"收益分成"模式，即制作商与发行商按照事前预定的比例，根据产品的实际发行收入，分成提取各自收益。这种发行方式让制作方与发行方共担风险、共享收益，公平地维护了各方权益，在影视产品、图书出版、对外演出中普遍使用。但我国动漫制作企业却不敢大胆采用，主要是出于对海外风险的担忧。首先，由于不了解国际发行商的全面资信信息，难以对合作伙伴按期付款的意愿和能力作出判断，因而不敢开展接受收益分成的发行方式；其次，如果发生海外发行商破产、或者恶意拖欠应付发行款项的问题，我国动漫企业缺乏处理此类危机的经验与追讨能力，可能遭受更大的损失；第三，收益分成的方式延长了获得海外发行收益的时间，给资金安排方面造成一定压力。

2. 动漫产业保险产品需求分析

动漫产业被誉为21世纪最具发展潜力的产业。从文化商品的属性来看，动漫作为文化娱乐产业的重要组成部分，具有广泛的影响力和潜在的发展力。然而，在文化部组织的对动漫产业的调研和访谈中，动漫企业存在的风险却警示人们这个产业的发展并不如想象的那么乐观，这个产业迫切需要有效的风险分散机制来保驾护航。上海炫动传播股份有限公司的管理者表示，他们最担心的是核心创意人员出现意外伤亡或者离职。创意制作是动漫产业链的源头，也是动漫作品成功与否的关键所在，一个好的创意可以救活一个企业，然而要产生好的创意，首要条件是要有高质量的创意人才，人才是动漫创意产业发展的根本动力。核心创意人才的伤亡给企业带来的损失和普通员工伤亡根本不是一个数量级别的；而比创意人员伤亡更大的风险是动漫企业花大力气培养的动漫创意人才，经常面临被同业"挖墙脚"的威胁，这让企业在动漫创意人才储备和培养方面充满矛盾。其次，被调研的动漫企业呼声比较高的是知识产权保护的问题，抄袭和盗版常常为它们带来巨大损失。再次，还有企业提到了融资难和出口信用风险的问题。最后，盛大网络还提到了高管的责任风险问题。从调研情况看，动漫企业普遍具有了风险转移的意识，但是对于保险能否帮助它们有效分散风险将信将疑，并且对保险费的支出普遍不愿接受。

3. 动漫产业保险产品供给现状

对于动漫这个新兴文化产业，国内市场尚没有专门的保险产品，动漫企业为创意人员投保的也是一般的人身保险，有些企业投保了财产损失保险，也只是选择了现有保险产品投保。所以，动漫产业保险产品的供给远远不能满足市场需求。2010年6月24日，信达财产保险股份有限公司和北京东方雍和国际版权交易中心有限公司联合推出的"著作权交易保证保险"被认为是针对文化产业专门设计的首款保险产品。优酷、酷6作为首批该保险产品用户签署了合作协议。

(三) 艺术品产业

1. 艺术品产业的风险分析

艺术品同其他文化产品一样，是满足人类文化需求的精神产品，不是人类赖以生存的生活必需品。因此，艺术品产业的发展不能脱离国家政治稳定、经济繁荣的社会环境。在相同的社会环境下，艺术品产业的发展与其他文化产品的生产和流通又有独特属性。第一，艺术品是以艺术家独立完成为主的创造性劳动成果，艺术家常自嘲是"个体手工业者"。艺术家创作的作品进入公共领域或流通领域后，就像一只断线风筝，其作品的物权转移后，在未侵犯艺术家精神权利的前提下，艺术家对自己作品的流通或再次转让、使用，几乎无能为力。艺术品进入市场，主要受市场经济规律的制约。第二，艺术品是消费者个人独立欣赏的审美过程，虽然艺术品的展览展示也具同一时间、同一场所、消费者共同欣赏的特点，但与消费者看电影不同，艺术品的展览展示不具有故事的连续性和指向性，更强调个人的独立欣赏。另外，艺术品消费主要是机构和个人的购藏行为，属于艺术品原作和限量复制品的物权转移，除少数被艺术品展览、展示场所和机构收藏，或用于公共场所的展示装潢外，大多艺术品是个人收藏、家庭装潢和投资理财，具有强烈的私密性和排他性。很多艺术品一经个人收藏，即石沉大海，再次面世也许要很长时间和很大偶然性。第三，艺术品的流通和传播主要是真品、原作的展览、交易、拍卖，虽有类似工业生产方式加工的限量复制品，但据长期形成的行业惯例，艺术品原作的限量复制品数量也十分有限，绝非多多益善，而更强调保护知识产权,保护艺术品创作和流通的独创性、唯一性和真实性。

从以上对艺术品产业特征的分析可知,艺术品产业的风险点主要有:

(1) 艺术家的人身健康、伤残和死亡风险。艺术家是艺术品产业的源头和基础,而现在的艺术家,大多是既无工作单位,也没有与经纪人签约的自由职业者。他们以画画为业,以卖画为生,在国家艺术创作基金和艺术创作资助体系不完善的情况下,他们要有赖以生存的基本条件。尽管当前艺术品市场活跃繁荣,艺术家的作品动辄数以万计,甚至数以千万计,但这样的艺术家毕竟是少数甚至极少数,大多数艺术家仍抱着献身艺术的美好愿望,在画室中苦熬、苦斗、惨淡经营。最富创意的灵魂也许是世界上最不安分或者说最活跃的灵魂,艺术家就属于这样的群体。躁动的灵魂与创造的渴望,往往让艺术家行为乖张、作息毫无规律,在改革开放的大变革时期,他们苦苦探索我国当代艺术创作的问题,成功的喜悦与失败的苦痛交织一起。在生活中,他们以放浪形骸的暴露、醉酒、斗殴,表现惊世骇俗的存在。他们的生活方式和生存状态决定了他们比普通人面临更大的人身健康、伤残和死亡风险。

(2) 艺术品被盗及损毁风险。艺术品在运输、拍卖、展览、出售过程中存在被损毁,遭受火灾、水患、失窃等的可能性。无论对于收藏机构还是私人藏家而言,艺术品的安全性都是至关重要的。越珍贵就越危险,对价值不菲的艺术品来说亦是如此。盗窃艺术品是一门大生意,据国际刑警组织估计,这是排在贩毒、武器走私、洗钱之后的第四大跨国犯罪,其全球化程度相当高。美国联邦调查局(FBI)估计,全球每年失窃艺术品的价值高达 50 亿美元。截至 2009 年,国际失踪艺术品记录组织(Art Loss Register,ALR)登记在册的失窃艺术品累计已达 120 000 件以上,且仍以月均 1 000 余条的速度递增。该组织自 1991 年成立以来,已追回价值 9 000 多万美元的失窃艺术品。当然,与尚未被追回的失窃艺术品相比,这仅仅是沧海一粟。另外,火灾及水患对艺术品造成的损害均超过失窃。按艺术品产业的行业估算,一般来讲,艺术品 40% 的损害发生于运送与装卸,38% 源于盗窃,18% 起因于火灾、水渍、烟熏等因素,其他风险则有光线、温湿度、道德风险、地震、台风、闪电等。

(3) 艺术品展出、拍卖过程中的公众责任风险。艺术品在展出、拍卖过程中由于场地设施缺陷、悬挂展品脱落、人员秩序骚乱或者意外事故、突发事件等原因都可导致观众、媒体记者、警察、服务人员等人的人身或财产遭受伤害或损毁,而艺术品企业、博物馆、展览馆或者画廊等部门依法对造成的损害负有赔偿责任。

(4)艺术品修复师和艺术品策展师的职业风险。从博物馆到艺术投资界,对于艺术品修复师的需求甚殷。但由于艺术品修复涉及跨领域技术,人才培养漫长不易,专门的培养机构又不多,使得国内修复师寥寥可数。艺术品策展师是从事艺术品展出的市场调研、方案策划、销售和运营管理等相关活动的人员。艺术品策展师的工作涉及包括从事艺术品展出的会议、展览、节事活动、场馆租赁等项目的市场调研;从事艺术品展出的立项、主题、招商、招展、预算和运营管理等方案的策划;从事艺术品展出项目的销售及现场运营管理等。由此可见,艺术品策展师是艺术品展出和展览行业中最抢手的人才,是艺术品展出的总导演,他们既要具有创新策划能力、又要具有现代经营管理理念,这样的综合素质人才培养也绝非一蹴而就。然而,尽管艺术品修复师和艺术品策展师是我国的稀缺人才,在它们成为诱人新职业的同时,正像律师、设计师等职业一样,艺术品修复师和艺术品策展师的活动过程中也包含着众多风险。他们工作中的一点点疏漏或者失误,都可能会给参展商及其他利益相关方带来较大的经济损失,他们因此也将按照合同约定承担较大的赔偿责任。

除此之外,艺术品产业和演艺产业、动漫产业一样,同样存在着融资难、资金短缺和出口信用的风险。

2. 艺术品产业保险产品需求分析

艺术品不同于普通财产,大部分是价值昂贵的投资品,少部分是价值易确定且价值相对低一些的编织、刺绣等民间艺术品。其中,价值较易确定的艺术品可投保涵盖财产损失风险的一切险,但对价值高昂的艺术品而言,普通的财产保险无法为其提供满足艺术品个性化需求的保障,因此开展专门的艺术品保险对于促进艺术品市场稳健发展非常必要。国内艺术品市场目前发展很快,保险方面的潜在需求也比较大。如果国内艺术品投保率达到像欧美发达国家一样高的水准,则保险公司在艺术品上的保费收入也会呈几何级数增长。

3. 艺术品产业保险产品供给现状

与欧美发达国家相比,我国艺术品产业保险市场显然还有较大的差距。长期以来,在典型的财产保险业务条款里,通常将"金银、珠宝、钻石、玉器、首饰、古币、古玩、古书、古画、邮票、艺术品、稀有金属等珍贵财物"排除在保险标的范围之外。即便偶尔有保险公司承保,也是根据投保人的要求,套用一般财产险的条款稍加修改承保,并没有特定与艺术品相匹配的专门保险险种。如果投保人希望确保运输途中的安全,可以选择投保货物运输保险;如果是静态放置,则可以投保家庭财产保险(个人投保)或企业财产保险(企业投保)。实务操作中,艺术价值相对低一些的编织、刺绣、织锦等工艺品就是以一般财产保险的形式投保一切险。

近十年,艺术品产业保险市场几乎空白的情况有所改观。2000年8月,中国平安保险(集团)股份有限公司推出了艺术品综合保险业务,获得了保监会批准,同年10月开始在各分支机构正式推出。中国平安保险(集团)股份有限公司对投保的艺术品采取按件定值的方式,艺术品的价值由保险公司认可的公立博物馆或艺术馆的公估人、公证人、鉴定人估价并提供证明文件,经双方同意后确定保险金额,最高保险金额不设上限,免赔额由双方约定。对于在保险责任范围内发生的损失,例如,保险标的在馆藏、展览和陈列期间因自然灾害或意外事故造成的损失,由保险公司按照保险合同的约定承担赔偿损失的责任。尽管在2000年,艺术品综合保险业务被推出,但这项业务却并未如预期的那样"大受欢迎"。截至目前,我国保险公司中,只有中国人民保险(集团)公司、中国太平洋保险(集团)股份有限公司、中国平安保险(集团)股份有限公司等大型保险公司有涉及艺术品保险的业务,也会选择性地做博物馆保险等业务,但是对个人的艺术品保险业务几乎依然是空白。

五、我国演艺、动漫和艺术品产业的保险规划

依前文所述,考虑到我国演艺、动漫和艺术品产业以及保险市场的发展现状,现阶段,我们为相应文化产业设计了人身、财产、责任和信用保证四类保险险种共计17个保险产品,每类险种包括的具体产品详述如下:

(一)人身保险产品

1. 团体意外伤害保险

该产品主要针对一般演职人员在筹备以及进行演出的过程中由于突

发的意外事故所致的伤残和死亡等风险而设计，这和保险公司现有的团体意外伤害保险产品差别不大，保险公司在该产品的承保、理赔经验等方面已比较成熟。

2. 个人意外伤害保险

在排练和演出中演员比较容易受伤，例如，上个月（2010年10月22日）在上海拍摄电视剧《我和春天有个约会》的一场爆破戏时，两名主演Selina（任家萱，S. H. E成员之一）和俞灏明被烧伤，给剧组造成很大损失。因此，演出企业可以为主要演员投保额度较高的个人人身意外伤害保险。目前，明星个人演唱会的经纪公司一般会为其投保高额人身意外伤害保险，保险公司已经有这方面的承保经验。

3. 关键人员人身综合保险

动漫和艺术品产业对主要创意人员的依赖性很强，针对由关键人物伤残、死亡等原因导致的损失风险，可以设计关键人员保险。关键人员保险并不补偿公司的实际损失，而是给付给企业一笔保单中预先规定数额的保险金。也就是说，关键人员保险是人身保险的一种，只是因为企业与关键人员存在保险利益，所以才可以作为受益人。

（二）财产保险产品

1. 财产基本保险

主要对火灾、雷击、爆炸、飞行物体及其他空中运行物体坠落造成的财产损失负责赔偿。此外，企业所在场所被保险人所拥有财产所有权的自用供电、供水、供气设备因保险事故遭受破坏，引起停电、停水、停气以及造成保险标的直接损失和为抢救保险标的或防止灾害蔓延采取的合理的必要措施产生的施救费用也在保障范围之内。

2. 财产综合保险

除财产基本保险的保障范围外，财产综合保险还保障因暴雨、洪水、台风、暴风、地面突然塌陷等自然灾害或者意外事故造成的包括设备、器材在内的所有财产遭受的损失。

3. 运输保险

针对器材、设备或者艺术品等在运输过程中因自然灾害、意外事故等原因造成的财产损失，该险种的投保人可以是演出企业、艺术品收藏企业或者个人、展览馆、博物馆，也可以是物流公司。国内保险公司已有成熟的货物运输保险产品，但一般情况下，投保贵重物品如金银、珠宝、钻石、玉器、古玩、古书、古画、艺术品等需要特别约定，否则即为保险公司的除外责任。在艺术品的运输保险上，保险公司可参照货物运输保险为艺术品设计的相应条款，在保险产品定价上要充分考虑经营风险。

4. 建筑安装工程保险

针对演出、展出等活动场地搭建、设备安装过程中可能产生的损失风险，保险公司可以设计建筑安装工程保险，保险责任包括因自然灾害、意外事故和人为风险造成的物质损失，如火灾、安装人员盗窃、缺乏经验或疏忽、过失、恶意行为造成的设备毁损等。

5. 演出取消保险

类似于保险业已有的利润损失保险、营业中断保险，赔偿企业遭受灾害事故并导致正常生产或营业中断造成的利润损失，目前，国内保险公司一般将利润损失保险作为财产保险的一项附加险承保。但是，鉴于演出取消受到艺人无法如期到场演出、政府出于安全考虑强制取消、政府临时使用场地、演出开始前现场的意外事故、天气等自然不可抗力多种因素的影响，风险相对较高，而且一旦演出取消，给演艺企业造成的损失也比较巨大，所以，保险公司在提供演出取消保险时要在已有利润损失保险的承保经验基础上，充分估计损失概率和损失程度，谨慎估算保险产品价格。

6. 展览保险

主要承保出展商在展览、运输过程中以及仓储时由于意外事故导致对借展物品造成损毁的赔偿责任风险，并可附加展品被盗的风险。如果涉及价值高昂的艺术品，保险公司需要和展出商协商确定保险金额。同时，利用自己专业的风险管理经验，可以对出展商的运作流程提出建议，使运作过程中的风险降到最低。

7. 博物馆保险

主要承保博物馆在展出、收藏和运输艺术品时艺术品遭受损毁或者被盗的风险。其中，投保的艺术品可以是博物馆自己所有的，也可以是博物馆借用他人藏品并附有保管责任的。这项保险产品的保险标的多数价值连城，必须由保险公司和博物馆协商确定保险金额。同样，这时保险公司除了进行风险分担之外，更重要的是利用自己的风险管理经验对博物馆的日常经营与维护提供专业咨询意见，有效控制风险，促进博物馆降低风险、稳健经营。

(三) 责任保险产品

1. 公众责任保险

主要承保演艺企业在演出场所、艺术品展出、拍卖等过程中艺术品企业、博物馆、展览馆、画廊等由于疏忽或者过错行为导致他人的人身或财产遭受损害，依法应由这些活动主体承担的对受害人的经济赔偿责任。此处的他人主要是指观众、媒体记者和保安等，国外还将场地临时征用的工作者也纳入保障范围之内。

2. 雇主责任保险

承保演艺、动漫和艺术品产业的雇员在受雇期间从事业务活动时因遭受意外伤害导致伤、残、死亡或患有与职业有关的职业性疾病而依法或根据雇佣合同应由相应企业承担的经济赔偿责任。

3. 高管人员责任保险

承保演艺、动漫和艺术品产业的董事、经理等高级管理者由于工作失误或者玩忽职守依法或根据合同约定应向企业或第三人（股东、债权人）承担的民事赔偿责任，即当董事或者高级管理者在任职期间因被指控工作疏忽或行为不当而承担赔偿责任时，由保险公司在保险合同约定限额内支付保险金。

4. 艺术品修复师职业保险

主要承保艺术品修复师在修复工作中因出现疏漏或者失误而使艺术品价值受损时根据合同约定应承担的经济赔偿责任。保险公司已经有开展职业责任保险的经验，再结合艺术品修复师的职业特点，应该有能力拓展这项业务。

(四) 信用保证保险产品

1. 出口信用保险

我国保险实务中，出口信用保险承保出口商在经营出口业务的过程中因进口商的违约或进口国方面的政治因素而遭受损失的一种特殊风险。该风险在相当程度上是其他国家相关企业的道德风险和不可规避的他国政治风险，因而是十分复杂的，所以目前在我国，出口信用保险属于政策性保险。在当前国家大力支持文化产业发展的背景下，不妨为我国演艺、动漫和艺术品产业试点设计政策性出口信用保险产品，保险保障以政府提供财政支持的方式为后盾。承保相关企业到国外演出、展出、发行产品的商业风险（包括合同双方破产或出现其他无力付费、逾期不付款的情况）和政治风险（即合同双方所在国或第三国因政治、经济状况发生变化而导致买卖双方都无法控制的收汇风险，又称国家风险，包括进口管制、禁止贸易或者合同双方所在国发生战争、骚乱、暴动等）。

2. 贷款保证保险

这是保险公司为解决演艺、动漫和艺术品产业的融资难问题而设计的产品。保险公司保证演艺、动漫和从事艺术品经营的有关企业从银行或其他金融机构取得贷款后能确实履行偿债的义务，如果相应企业不能偿还债务致使债权人（银行或其他金融机构）遭受损失时，由保险公司向债权人承担赔偿责任，其投保人为有融资需求的企业，保险事故为这些企业未能依约履行借贷合同返还本息以及延期支付产生的债务。保险公司提供的贷款保证保险对许多中小规模企业顺利融资非常重要。

3. 完工保证保险

主要承保动漫企业在与第三方签订设计开发合同后，正常经营运作过程中，因遭遇政府禁令或者由于意外事故、主要创意人员伤残、离职等原因导致企业不能按期完工所造成的损失风险。动漫企业投保完工保证保险后，因不能如期完工应承担的赔偿责任由保险公司负责，如果导致不能完工的原因属于不可抗力，比如战争、动乱、严重自然灾害等，属于保险公司的除外责任。

六、文化产业保险的投保财政补贴机制设计

（一）农业保险财政补贴机制对文化产业保险的启示

总结农业保险的财政补贴机制，其有以下特点：

（1）农户保费补贴为主，试点省市也可开展针对保险经营机构的经营费用补贴。

（2）中央和地方分担补贴资金。

（3）优先选定补贴险种。

（4）省区试点推进，逐步扩大农业保险补贴范围。

（5）农业保险财政支持力度不再局限于保费补贴，"以险养险"、巨灾风险准备、农业再保险等支持形式也逐渐开展起来。

农业保险补贴机制对发展文化产业保险的借鉴之处在于：

首先，选定重点扶持发展的重点文化产业，优先开展重点文化产业

的保费补贴,试点推进,逐步扩散至全产业链条;

其次,依据文化产业面临风险点的损失性及风险分散的紧迫性等,选择优先补贴的保险险种,并区分补贴力度和比例,逐步扩大补贴险种的范围;

再次,在补贴资金的分担上,要求中央财政和地方财政按比例分担补贴资金,针对不同险种和不同试点区域,可自行制定补贴分担的比例。将文化产业保险保费补贴纳入财政预算管理,设立专门账户进行资金管理,定期进行财政预算和决算审核;

第四,在补贴对象的选择上,除了对文化企业进行补贴外,还可以直接对开展文化产业保险的经营机构进行补贴,进行保险公司的经营费用补贴;

第五,除保费补贴外,财政应牵头设立文化产业风险准备金,建立针对部分价值高昂的文化产品的巨灾风险准备,并加大力度推进文化产业再保险。

(二) 构建文化产业保险的投保财政补贴机制

纵观以往政府针对农业保险、农村医疗保险、科技保险等实施的财政补贴制度的经验和成效,并借鉴国外曾使用过的财政补贴方案,本小节尝试提出建立文化产业保险投保财政补贴的长效机制。

首先,对文化企业按照重点扶持的优先顺序分级,大致分为最优先级、一般优先级和普通级三级,分级太细,每级投保企业数量过少,不利于保险公司承保;然后,在同一级别的企业中按照文化主管部门归属分类,并按照市、区或者省、市两级主管分别划分,这主要是为了确定财政补贴费用的来源;再次,按照拟投保险种对企业发展的必要性排序,因为国家财政要用于投入改善国计民生的各项事务和基础设施建设,不可能为所有险种提供补贴,只能选择其中最必需的产品;最后,针对不同级别的文化企业提供不同的财政补贴方案。

(1) 对最优先级别重点扶持的文化企业急需的保险险种采用统保方案。以我们第一批试点的四个城市为例,保险费由市、区两级财政和投保企业共同承担,可按照市政府承担30%,区政府承担40%,投保企业承担30%的比例分摊,保险费的支出列入政府财政预算。投保方式采取由这些企业的市级文化主管部门统一投保,采取"政府统筹、财政出资、市场运作、企业受益"的模式,由市政府统筹、市文化主管部门牵头,会同市财政局、市保监局以及签约保险公司等单位和区政府组织落实。

（2）对一般优先级别重点扶持的文化企业急需的保险险种也采用统保方案。仍以我们第一批试点的四个城市为例，保险费仍由市、区两级财政和投保企业共同承担，只不过在保险费的分摊比例上可按照市政府承担20%，区政府承担30%，投保企业承担50%的比例分摊，一半的保险费由企业来承担，保险费的支出同样列入政府财政预算。投保方式仍采取由这些企业的市级文化主管部门统一投保，采取"政府统筹、财政出资、市场运作、企业受益"的模式，由市政府统筹、市文化主管部门牵头，会同市财政局、市保监局以及签约保险公司等单位和区政府组织落实。

（3）对普通级别的文化企业可以由文化部、保监会和财政部协商给予适当的支持和补贴。首先，选择几家合适的保险公司，文化部根据所掌握的企业资料，向保险公司推荐可以提供优惠保险费率的企业名单；同时，文化部牵头构建网络联动的信息共享平台，发布有关保险产品的信息和取得优惠保险费率应具备的条件，使文化企业投保具有更加便利和透明的渠道；然后，文化部和保监会争取财政部对于投保企业和承保保险公司税收上的一些优惠，例如，将文化企业支付的保险费进行税前加计扣除，减少应纳所得税额，增加净利润；对承保相应文化产业保险险种的保险公司的营业所得税率适当降低等。

另外，文化产业保险的投保财政补贴机制要根据试点情况以及文化产业和保险市场的发展、成熟程度而不断进行调整和更新。同时，投保财政补贴机制涉及的部门都要有专人负责对该机制实施的落实、监督、改进和完善，确保该机制切实有效地发挥作用。

七、推进文化产业保险的合作方式

为全面贯彻落实《关于金融支持文化产业振兴和发展繁荣的指导意见》要求，切实发挥保险的功能和作用，支持文化产业建设，促进文化产业加速发展，我们就推进文化产业保险中主要参与主体的合作方式，提出四方面的建议。

第一，文化部作为文化产业发展的监管者与领导者，需要引导文化企业提高风险管理的意识，配合保监会和保险公司对文化产业提供保险支持，具体需要做到如下几点：

（1）构建网络联动的信息共享平台，发布有关保险产品的信息和有关投保补贴政策，使文化企业投保具有更加便利和透明的渠道。

（2）文化部根据所掌握的企业资料，确定文化企业的分级和优先重点扶持的对象，尤其是可以提供差别保费补贴的企业，并向保险公司进行推荐。

（3）加强支持保险公司核保、风险控制、理赔等工作，为保险公司的核保和理赔人员提供关于文化企业、文化产品及其运作的相关材料和知识、甚至短期培训，减小其核保和理赔难度。

（4）协助寻求文化企业投保的保费补贴和税务优惠，为文化企业投保提供激励机制，减轻其财务负担。

第二，保监会作为保险业的监管者，在保险业支持文化产业发展的过程中应该在政策制定上有所偏重，为文化产业风险管理提供一个较好的政策环境，具体来说：

（1）为有关文化产业保险新产品的审批、报备建立绿色通道，鼓励有承保能力的保险公司开发文化产业相关的创新险种，使其尽快进入市场。

（2）规范文化产业保险市场，加快培育文化产业保险中介市场。

（3）加强对保险公司行为的监督，对保险公司违规操作或者拖欠赔偿的行为进行严厉处罚，督促保险公司在保险责任范围内加快理赔速度。

第三，保险公司作为保险业支持文化产业的主力军，应该充分发挥其风险管理的专业优势，为文化企业提供保险保障、并指导投保企业防灾减损。进一步，在风险可控的基础上，可以将部分保险资金直接投资文化产业，满足其融资需求。具体来说保险公司应该做到以下几点：

（1）组织研发力量，和文化企业积极沟通，开发覆盖文化产业风险的保险产品，并对投保企业进行风险管理指导。

（2）在文化产业保险产品定价上给予一定的费率优惠，适当降低利润预期。文化产业作为新兴产业，在国家扶持下发展潜力巨大，今后一旦形成产业规模，将为保险市场拓展大片新领域，保险公司在不亏损的前提下给予文化企业费率上的优惠，促进文化产业发展，是双赢之举。

（3）保险公司为文化企业投保提供个性化的符合文化产业实际情况的快速、便捷的核保和理赔服务。

（4）保险公司为文化企业提供热情周到的投保咨询服务，为有关企业设计切实可行的一揽子风险管理计划,帮助其更好地进行风险预防和分散。

(5)保险公司根据自身财务状况,可以考虑将部分资金直接投资于优质文化企业的股权和债权。保险公司若投资上市优质文化企业股权,便可以以股东的身份帮助文化企业完善其风险治理策略,制定风险管理战略;另一方面,保险公司也可以投资优质文化企业的债券,帮助其进行融资。当然,保险公司在帮助文化企业时,首先要控制自身经营风险。

第四,文化企业作为被支持对象,要积极配合文化部、保监会和保险公司的保险规划。具体体现在:

(1)对于文化产业中产品价值高昂的艺术品或者无形资产价值难以评估的动漫产品等,因为受价值评估技术、真伪辨别技术、产品定价技术等所限,保险公司无法按照传统的大数法则厘定费率,此时投保企业要配合保险公司协商制定保险费,并根据自己的从业经验提供有价值的参考建议。事实上,对于估价难度大、评定技术不成熟的保险标的,保险公司与投保企业协商定价的方式有助于双方信息共享,制定更加公平的保费。

(2)鉴于我国保险市场的发展尚不成熟,历史上由于种种原因导致的文化企业对保险公司比较排斥的印象要在与保险公司的积极沟通和相互了解过程中慢慢改变,增加对保险公司的信任,以达到更好合作的目的。

(3)除协商定价、加强沟通之外,文化企业与保险公司可以通过搭建便捷的网络联动平台来进行信息共享和合同签订,双方共同进行信息的维护和产品的协商,以达到更好地促进保险业支持文化企业的效果。

参考文献

[1] 过婧、蔡钡:《论商业演出市场保险供求与风险防范》,载《保险研究》2005年第7期。

[2] 覃达:《文化产品出口首获信用保险支持》,载《国际商报》2006年第4期。

[3] 张兰:《文化产业——亟待出口信用保险开垦的处女地》,载《金融时报》2006年第3期。

[4] 博格:《保险,离艺术品还有多远?》,载《艺术品》2006年第

7期。

[5] 赵阳：《抵御赝品的守门神（艺术品保险）何时登陆中国？——访艺术品投资专家马天》，载《收藏家》2008年第3期。

[6] 米歇尔·福尔肯斯坦：《收藏与保险》，载《中国保险》2003年第9期。

[7] 马建：《中国艺术品保险市场的前景》，载《艺术与投资》2008年第1期。

附件1 关于保险业支持文化产业发展有关工作的通知

各保监局，各省、自治区、直辖市文化厅（局），新疆生产建设兵团文化局，各计划单列市文化局，各中资保险公司：

为贯彻落实党的十七届五中全会精神，深入实施《国务院关于印发文化产业振兴规划的通知》（国发［2009］30号）和《国务院关于保险业改革发展的若干意见》（国发［2006］23号），根据中央宣传部、中国人民银行、财政部、文化部、广电总局、新闻出版总署、银监会、证监会、保监会《关于金融支持文化产业振兴和发展繁荣的指导意见》（银发［2010］94号）等文件的有关规定和要求，现将保险业支持和服务文化产业发展有关工作通知如下：

一、高度重视，积极培育和发展文化产业保险市场

党的十七届五中全会指出，要推动文化大发展大繁荣、提升国家文化软实力，繁荣发展文化事业和文化产业，推动文化产业成为国民经济支柱性产业。国家制定的《文化产业振兴规划》也指出，文化产业是市场经济条件下繁荣发展社会主义文化的重要载体，是满足人民群众多样化、多层次、多方面精神文化需求的重要途径，也是推动经济结构调整、转变经济发展方式的重要着力点。近年来，文化产业已成为经济发展新的增长点和国民经济的重要组成部分。

金融是现代经济的核心。作为现代金融业的重要组成部分，保险具有经济补偿、资金融通和社会管理功能，是市场经济条件下风险管理的基本手段，在促进改革、保障经济、稳定社会、造福人民等方面有着重要作用。保险业通过提供风险保障、推出便捷服务、发挥投融资功能，支持文化产业发展繁荣，不仅有利于推动文化产业又好又快发展，而且有利于拓宽保险服务领域，扩大保险覆盖面，培育新的增长点。保险机

构要切实提高认识,积极培育和发展文化产业保险市场,努力开拓新的保险服务领域,服务文化产业振兴和发展繁荣。

二、开拓创新,大力开发服务文化产业发展的保险产品

按照《关于金融支持文化产业振兴和发展繁荣的指导意见》要求,保险机构要积极推进文化产业保险的创新发展,努力开发适合文化企业特点和文化产业需要的保险产品,逐步建立文化产业保险市场运行机制和制度。在现有传统财产保险业务的基础上,保监会和文化部将共同组织开发、分批确定文化产业保险险种,并推进有关试点工作,有重点地推动当前文化产业保险市场发展。第一批试点险种和公司见附件,试点经营期限为两年。与试点险种承保责任性质相近并符合文化企业特定需求的险种,列入试点工作支持范围。

支持寿险公司积极开发为文化企业提供人才激励配套的养老和医疗保险产品。鼓励其他保险公司积极开发适合文化企业特点和文化产业需要的保险产品,共同促进文化产业保险的创新发展。

三、优化管理,提升促进文化产业发展的保险服务水平

对于文化主管部门重点扶持的文化企业和文化产业项目,保险机构要着眼于有效分散风险,加强经营管理工作,提高工作效率和服务质量,建立文化产业保险承保和理赔的便捷通道。同时,建立文化产业保险风险数据库,按照收益覆盖风险的原则合理确定保险费率;对于信誉好、风险低的文化企业和文化产业项目,适当降低费率。

中国出口信用保险公司对于符合《文化产品和服务出口指导目录》条件、文化主管部门重点扶持的文化出口企业和项目,应给予积极的支持。加快出口信用保险和海外投资保险服务创新,推动文化产业出口和海外投资业务的信用保险承保,防范化解文化产品、服务和文化企业"走出去"中的政治风险和商业风险,促进文化企业海外投融资业务发展。

鼓励保险机构为文化企业制订一揽子保险计划,提供"一站式"服务。支持保险公司深入进行相关行业风险研究,协助文化企业制定风险管理措施,提升风险预防水平,减少事故发生频率和损失程度。

鼓励文化企业和保险公司采用保险中介服务,支持设立专门为文化企业服务的保险中介机构,支持现有保险中介机构经营文化产业保险产品。支持专业、权威的文化产业评估、鉴定服务机构,为文化产业保险

市场发展提供服务。

四、改进服务，发挥保险支持文化产业发展的融资功能

发挥保险资金的融通功能和保险公司机构投资者作用，在遵循市场原则和风险可控的前提下，鼓励保险公司投资文化企业发行的债券，支持符合条件的保险公司投资符合条件的文化产业投资基金。

加强相互合作，保险机构可与信贷、债券、信托、基金等多种金融工具相结合，为文化企业提供一揽子金融服务。鼓励保险公司探索开展信用保险业务，弥补现行信用担保体制在支持文化产业融资方面的不足。

五、加强协调，建立保险支持文化产业发展的配套机制

各级文化主管部门要加强与保险监管部门的合作，主动与当地保险机构进行沟通交流，掌握并主动提供产业发展的政策和数据信息，宣讲本地区文化产业发展的现状、特点和重点，争取保险机构相应的支持。指导和协调本地区的文化机构和企业，引导其建立现代企业制度，引入现代公司治理机制和财务会计制度，规范会计和审计流程，提高信息披露透明度，为保险支持文化产业发展奠定良好制度基础。整合文化产业和保险资源，进一步完善"文化部文化产业投融资公共服务平台"功能，研究开发文化产业保险业务的网络受理系统。

各级文化主管部门和保险机构要注意借鉴国内外开展文化产业保险业务的经验和做法，通过调研论证、培训座谈等多种形式，积极宣传和动员本地区文化企业参与保险、运用保险手段分散风险，加强文化产业项目推介工作，不断完善保险支持文化产业发展的各项措施。同时，认真做好文化产业保险试点情况的统计和监测分析，并及时向保监会和文化部报告。

各级文化主管部门要加强与中央和地方财政部门的沟通与协调，争取有关政策支持。

中国保险监督管理委员会
中华人民共和国文化部
二〇一〇年十二月二十九日

附件2 第一批文化产业保险试点险种及公司

一、试点险种

1. 演艺活动财产保险
2. 演艺活动公众责任保险
3. 演艺活动取消保险
4. 演艺人员意外和健康保险
5. 展览会综合责任保险
6. 艺术品综合保险
7. 动漫游戏企业关键人员意外和健康保险
8. 动漫游戏企业关键人员无法从业保险
9. 文化企业信用保证保险
10. 文化企业知识产权侵权保险
11. 文化活动公共安全综合保险

二、试点公司

1. 中国人民财产保险股份有限公司
2. 中国太平洋财产保险股份有限公司
3. 中国出口信用保险公司

课题组成员名单

课题组负责人

彭 翊 副教授，文化产业，中国人民大学商学院

课题组主要成员

关 伟 教授，金融学，中国人民大学财政金融学院
许 鹏 教授，文化产业，中国人民大学文学院
魏 丽 副教授，保险学，中国人民大学财政金融学院
曾繁文 研究员，文化产业管理博士，中国人民大学文化创意产业研究中心
韩 莹 研究员，金融学硕士，中国人民大学文化创意产业研究中心

吴姗姗　研究员，金融学博士，中国人民大学文化创意产业研究中心

周人杰　研究员，产业经济学博士，中国人民大学文化创意产业研究中心

郭林文　研究员，产业经济学硕士，中国人民大学文化创意产业研究中心

宋洋洋　研究员，金融学硕士，中国人民大学文化创意产业研究中心

焦佳佳　研究员，经济学硕士，中国人民大学文化创意产业研究中心

印　磊　研究员，产业经济学，中国人民大学文化创意产业研究中心

姚　成　研究员，文化产业，中国人民大学文化创意产业研究中心

十大文化产业数据快报实施方案现状、问题与对策研究

文化部文化产业统计口径平台建设课题组

- 63　一、引　言
- 63　二、文化产业统计现状
- 64　三、十大文化产业数据快报实施方案
- 86　四、《方案》实施过程中遇到的问题
- 98　五、对　策
- 99　参考文献
- 100　课题组成员名单

一、引 言

随着全球化步伐的加快与知识经济的迅猛发展，文化产业在全球范围内迅速崛起，成为许多国家经济的增长引擎与重要支柱产业。党的十七大明确提出"解放和发展文化生产力，推动文化大发展大繁荣"，要求大力发展文化产业，繁荣文化市场，明显提高文化产业占国民经济比重，增强国际竞争力。这体现了党中央在新世纪新阶段对中国文化产业发展的新思路和新部署，极大地提升了文化产业的地位和作用。鉴于文化产业具有反周期和逆势上扬的特点，其在应对金融危机，实现"扩内需、保增长"方面具有独特的优势，2009年7月，国务院在金融危机背景下审议并通过了《文化产业振兴规划》，意味着文化产业正式进入国家产业调整与振兴规划序列。针对此情况，文化部于2009年9月发布了《文化部关于加快文化产业发展的指导意见》，根据其权限和职责范围确定了十大重点领域，即演艺业、动漫业、文化娱乐业、游戏业、文化会展业、文化旅游业、艺术品和工艺美术、艺术创意和设计、网络文化、文化产品数字制作和相关服务业十大产业，从而在金融危机的变局中厘清了文化产业的发展思路和方向。然而，现有统计信息无法满足文化部"十大产业"振兴规划需要，作为基础数据采集的国家统计局文化产业数据仅是一般意义上的官方统计，无法满足具体部门的现实需求，对于文化部在其权责范围内确定的十大重点产业更是捉襟见肘。鉴于我国文化产业处于多部门分散管理状态，因此，有必要立足于文化部现实需求，结合其文化产业发展思路，以十大产业为核心加强文化产业统计工程建设，构建科学、系统、规范的统计信息系统，更好地发挥信息、咨询和监督的职能，为文化部十大产业振兴提供决策依据。

二、文化产业统计现状

（一）国家统计局颁布《文化及相关产业分类》统计标准

为贯彻落实党的十六大关于文化建设和文化体制改革的要求，改进和完善文化产业统计工作，规范文化及相关产业的口径、范围，国家统计局在与中共中央宣传部及国务院有关部门共同研究的基础上，制定了《文化及相关产业分类》。

从广义上讲，文化是指人类创造的一切物质产品和精神产品的总和；狭义上是指语言、文学、艺术及一切意识形态在内的精神产品。《文化及相关产业分类》从国家有关方针政策和课题组的研究宗旨出发，结合我国的实际情况，将其概念界定为：为社会公众提供文化、娱乐产品和服务的活动，以及与这些活动有关联的活动的集合。根据上述界定，文化及相关产业的范围包括提供文化产品（如图书、音像制品等）、文化传播服务（如广播电视、文艺表演、博物馆等）和文化休闲娱乐（如游览景区服务、室内娱乐活动、休闲健身娱乐活动等）的活动，它构成文化产业的主体；同时，还包括与文化产品、文化传播服务、文化休闲娱乐活动有直接关联的用品、设备的生产和销售活动以及相关文化产品（如工艺品等）的生产和销售活动，它构成文化产业的补充。

（二）各地市积极开展文化统计工作

1. 北京市统计局制定《北京市文化创意产业分类》统计标准

北京市从首都发展战略的高度作出了重点发展文化创意产业的重大决策。为满足市政府规划文化创意产业发展蓝图、制定产业发展政策的迫切需要，建立科学的产业统计指标体系，以统一文化创意产业的界定范围、统计口径，规范数据来源渠道，提高统计数据收集和分析的科学性、可比性和可操作性，全面反映北京市文化创意产业发展状况。为此，按照北京市文化创意产业领导小组的部署，北京市统计局和国家统计局北京调查总队确立了《北京市文化创意产业分类》。

2. 重庆市探索文化创意产业统计标准与核算

2006年，重庆市政府出台了《关于加快创意产业发展的意见》和《重庆市创意产业"十一五"发展规划》，提出要加快"长江上游经济中心"建设，打造时尚之都，增强创新力、凝聚力和综合竞争力，提升城市功能，把重庆市建设成为创新型城市。为给创意产业发展提供决策依据，市政府提出了开展创意产业工作的要求。为摸清重庆创意产业发展现状，更好地为创意产业发展服务，重庆市统计局、重庆市经济委员会于2007年联合开展了在国内尚属首次的创意产业调查工作，对创意产业的统计核算问题进行了初步实践和探索。

三、十大文化产业数据快报实施方案

为了更好地满足文化部"十大产业"振兴规划的需要，课题组制定了《文化部十大文化产业数据快报实施方案》（以下简称《方案》），以十大产业为核心，强化文化产业数据快报，掌握其基本情况、跟踪监测变化趋势，更好地发挥统计数据的信息、咨询和监督职能，为文化产业发展振兴提供决策依据。

课题组认真研究了文化部关于加快文化产业发展的指导意见，并收集、翻译、整理了大量国内外相关研究资料，对北美、澳大利亚、英国、香港、台湾的文化产业的概念、标准和数据进行了全面梳理和深入分析，同时还与四川、山西、贵州、安徽、河南和山东等国内省市进行了沟通和联系，了解和掌握了国内相关领域的工作情况。在对比分析后，我们认为文化产业并非"文、广、新"三部门管辖范围简单的加合，而是 $1+1+1>3$ 的关系。仅从设计、生产、传播或消费某一个角度关注十大文化产业的发展状况是不全面的，不能集中体现文化产业的整体价值。

在设置调查指标时，以增加值为核心，重点反映文化领域的经营规模、经济效益。增加值是国内生产总值的同度量指标，将增加值作为文化统计核心指标，有助于同国民经济测算体系接轨，以反映文化产业总体规模、发展水平以及对整个国民经济的贡献力，也有助于文化产业与其他产业进行同度量的对比分析。同时，紧密结合现行统计和财务体制，有利于统计数据的搜集和调查实施。

在研究分类框架时，课题组从规范性和操作性两方面考虑，根据十大文化活动的特点对《国民经济行业分类》中相关类别进行重新组合，把这个分类标准构建为国民经济行业分类标准的派生分类。在收集了大量国外产业分类标准的材料之后，进行了认真的研究，将我国的《国民经济行业分类》分别与联合国统计署编制的《全部经济活动的国际标准产业分类》、美国和加拿大使用的《北美产业分类体系》等国外产业分类标准进行了认真对比，初步形成了十大文化产业分类统计标准和统计口径基本框架。

本方案的主要内容包括：方案说明、实施方案、调查表式、指标解释以及统计分类标准与统计口径五个部分，具体内容如下：

（一）方案说明

（1）为贯彻落实国务院《文化产业振兴规划》及《文化部关于加快文化产业发展的指导意见》，建立十大文化产业统计监测体系，准确掌握全国文化产业发展规模、产业结构、整体效益等发展变化情况，全面了解文化产业在国民经济和社会发展中的地位和作用，为各级党委、政府和文化部门制定文化产业政策、调控产业发展提供决策依据，特制定本报表制度。

（2）本快速综合报表制度是文化产业调查的一部分，是文化部、省文化厅对省辖市统计局、省地调队、省旅游局统计部门、省直有关部门等的综合要求，各省辖市文化厅负责组织执行本报表的统计工作和上报任务。各省辖市文化厅，应按照统一规定的统计指标和十大文化分类标准，由各省辖市统计局、省直有关部门、省局工业处、贸易处、省地方经济社会调查队配合做好本地区的文化产业统计工作，汇总本统计报表制度中所需要的有关资料，如实、按时报送文化部。

（3）本快速综合报表制度为半年报、年报，统计范围包括各省辖区内从事为社会公众提供文化、娱乐产品和服务的活动，以及与这些活动有关联的活动的企业（单位）和个体户。

（4）本快速综合统计报表制度中指标计量单位以万为单位填报的指标一律保留两位小数。

（5）报表报送时间：各省辖市文化厅执行组织本报表的上报任务，各省辖市统计局、省直有关部门、省局工业处、贸易处、省地方经济社会调查队配合做好本地区的文化产业统计工作，于7月15日前报半年度报表，年后4月10日前报年度报表。

（6）各省直有关部门应根据本制度要求建立健全部门全行业统计制度、完善方法、保障数据质量，以满足本制度的需要。

（7）本综合统计报表制度由文化部负责解释。

（二）实施方案

1. 统计局填报文化产业快报

经济普查以其数据的翔实准确为考察文化产业运行情况提供了重要基础资料，请各省、自治区、直辖市文化厅（局），新疆生产建设兵团文化局与本地区统计局沟通协调，填报文快统表1和文快统表2。

2. 旅游局文化旅游数据填报

文化旅游业是文化与旅游交叉融合而形成的新兴产业，但是现有统计口径难以满足这一复合型产业的测算需要，因此，请各省、自治区、直辖市文化厅（局），新疆生产建设兵团文化局与本地区旅游局沟通协调，获取文化旅游更为详细的数据，依据文快统表3填报相关资料。

3. 方案试点与改进

选取典型地区进行方案试点，以检验《文化部十大文化产业数据快报实施方案》的科学性和可行性，并深入调研，总结组织实施的经验，评估现实中的问题，进一步改进和完善数据快报方案，为在全国文化系统范围内开展十大文化产业数据快报工作创造条件。

（三）调查表式

文快统表1　十大文化产业普查数据登记表

表　号：文化部文化产业司
制表机关：文产发[2010]~号
文　号：
报送时间：2010年3月20日
报送单位：文化部文化产业司服务处

综合机关名称：（盖章）　　　　　　201 年（年报、半年）

行业		代码	单位数（个）		增加值（万元）		主营业务收入（万元）		主营业务成本（万元）		主营业务税金及附加（万元）		利润总额（万元）		资产合计（万元）		累计折旧（万元）		负债合计（万元）		全部从业人员劳动报酬（万元）		劳动失业保险费（万元）		全部从业人员年平均人数（人）	
			2004	2008	2004	2008	2004	2008	2004	2008	2004	2008	2004	2008	2004	2008	2004	2008	2004	2008	2004	2008	2004	2008	2004	2008
文化部十大文化产业	演艺业	1.文艺创作、表演及演出场所																									
		文艺创作与表演　9010																									
		艺术表演场馆　9020																									
		2.文化艺术商务代理服务																									
		文化艺术经纪代理　9080																									
		其他未列明的商务服务*　7499																									

续表

文化部十大文化产业	行业	代码	单位数(个)		增加值(万元)		主营业务收入(万元)		主营业务成本(万元)		主营业务税金及附加(万元)		利润总额(万元)		资产合计(万元)		累计折旧(万元)		负债合计(万元)		全部从业人员劳动报酬(万元)		劳动失业保险数(万元)		全部从业人员年平均人数(人)	
			2004	2008	2004	2008	2004	2008	2004	2008	2004	2008	2004	2008	2004	2008	2004	2008	2004	2008	2004	2008	2004	2008	2004	2008
1. 动漫制作设计	其他专业技术服务*	7690																								
2. 动漫电影制作摄制	电影制作与发行*	8931																								
3. 电视动画片制作播出	电视*	8920																								
4. 漫画图书、书刊出版发行服务	图书出版*	8821																								
动漫业☆	期刊出版*	8822																								
	图书零售*	6543																								
	期刊零售*	6544																								

续表

文化部十大文化产业	行业	代码	单位数（个）		增加值（万元）		主营业务收入（万元）		主营业务成本（万元）		主营业务税金及附加（万元）		利润总额（万元）		资产合计（万元）		累计折旧（万元）		负债合计（万元）		全部从业人员劳动报酬（万元）		劳动失业保险费（万元）		全部从业人员年平均人数（人）	
			2004	2008	2004	2008	2004	2008	2004	2008	2004	2008	2004	2008	2004	2008	2004	2008	2004	2008	2004	2008	2004	2008	2004	2008
文化娱乐业	1. 群众文化服务 群众文化活动	9070																								
	2. 娱乐文化服务 室内娱乐活动	9210																								
	游乐园	9220																								
	休闲健身娱乐活动	9230																								
	其他娱乐活动	9290																								
游戏业☆	1. 游戏软件设计 基础软件服务*	6211																								
	2. 游戏硬件制造 游艺用品及室内游艺器材制造	2452																								

续表

文化部十大文化产业	行 业	代码	单位数(个)		增加值(万元)		主营业务收入(万元)		主营业务成本(万元)		主营业务税金及附加(万元)		利润总额(万元)		资产合计(万元)		累计折旧(万元)		负债合计(万元)		全部从业人员劳动报酬(万元)		劳动失业保险费(万元)		全部从业人员年平均人数(人)	
			2004	2008	2004	2008	2004	2008	2004	2008	2004	2008	2004	2008	2004	2008	2004	2008	2004	2008	2004	2008	2004	2008	2004	2008
	3. 游戏业服务活动																									
	室内娱乐活动	9210																								
	音像制品及电子出版物零售*	6545																								
	互联网信息服务	6020																								
	移动电信服务*	6012																								
	贸易经纪与代理*	6380																								
文化会展业	1. 文化会展服务																									
	会议及展览服务	7491																								
文化旅游业	1. 旅游文化服务																									
	旅行社	7480																								
	风景名胜区管理	8131																								
	公园管理	8132																								

续表

文化部十大文化产业	行业	代码	单位数(个)		增加值(万元)		主营业务收入(万元)		主营业务成本(万元)		主营业务税金及附加(万元)		利润总额(万元)		资产合计(万元)		累计折旧(万元)		负债合计(万元)		全部从业人员劳动报酬(万元)		劳动失业保险费(万元)		全部从业人员年平均人数(人)	
			2004	2008	2004	2008	2004	2008	2004	2008	2004	2008	2004	2008	2004	2008	2004	2008	2004	2008	2004	2008	2004	2008	2004	2008
	野生动植物保护*	8012																								
	其他游览景区管理	8139																								
艺术品和工艺美术	1. 工艺美品生产																									
	工艺美品制造	421																								
	2. 工艺美品销售																									
	工艺美品首饰、工艺品及收藏品批发	6346																								
	工艺美术品及收藏品零售	6547																								
	3. 工艺美品出租与拍卖服务																									

续 表

文化部十大文化产业	行业	代码	单位数（个）	增加值（万元）		主营业务收入（万元）		主营业务成本（万元）		主营业务税金及附加（万元）		利润总额（万元）		资产合计（万元）		累计折旧（万元）		负债合计（万元）		全部从业人员劳动报酬（万元）		劳动失业保险费（万元）		全部从业人员年平均人数（人）	
				2004	2008	2004	2008	2004	2008	2004	2008	2004	2008	2004	2008	2004	2008	2004	2008	2004	2008	2004	2008	2004	2008
	贸易经纪与代理*	6380																							
	4.工艺美品鉴定服务																								
	其他文化艺术*	9090																							
艺术创意和设计	1.艺术创意设计																								
	广告业*	7440																							
	摄影扩印服务*	8280																							
	其他专业技术服务*	7690																							
网络文化	1.网络文化服务																								
	互联网信息服务	6020																							
	其他计算机服务*	6190																							

续 表

文化部十大文化产业	行业	代码	单位数(个)		增加值(万元)		主营业务收入(万元)		主营业务成本(万元)		主营业务税金及附加(万元)		利润总额(万元)		资产合计(万元)		累计折旧(万元)		负债合计(万元)		全部从业人员劳动报酬(万元)		劳动失业保险费(万元)		全部从业人员年平均人数(人)	
			2004	2008	2004	2008	2004	2008	2004	2008	2004	2008	2004	2008	2004	2008	2004	2008	2004	2008	2004	2008	2004	2008	2004	2008
文化产品数字制作与相关服务	1. 音像制品制作																									
	音像制作	8940																								

简要说明：

1. "*"表示该行业类别仅有部分活动属于文化及相关产业。
2. ☆表示文化部需要单独组织调查。

文快统表 2　文化及相关产业数据登记表

表　　号：
制表机关：文化部文化产业司
文　　号：文产发 [2010] ~ 号
批准机关：
批准文号：
报送时间：
报送单位：文化部文化产业司服务处

201　年（年报、半年）

综合机关名称：（盖章）

文化及相关产业	代码	单位数（个）		增加值（万元）		主营业务收入（万元）		主营业务成本（万元）		主营业务税金及附加（万元）		利润总额（万元）		资产合计（万元）		累计折旧（万元）		负债合计（万元）		全部从业人员劳动报酬（万元）		劳动失业保险费（万元）		全部从业人员年平均人数（人）	
		2004	2008	2004	2008	2004	2008	2004	2008	2004	2008	2004	2008	2004	2008	2004	2008	2004	2008	2004	2008	2004	2008	2004	2008
其他未列明的商务服务	7499																								
其他专业技术服务	7690																								
基础软件服务	6211																								
野生动植物保护	8012																								
贸易经纪与代理	6380																								
其他文化艺术	9090																								
广告业	7440																								

续表

文化及相关产业	代码	单位数（个）		增加值（万元）		主营业务收入（万元）		主营业务成本（万元）		主营业务税金及附加（万元）		利润总额（万元）		资产合计（万元）		累计折旧（万元）		负债合计（万元）		全部从业人员劳动报酬(万元)		劳动、失业保险费(万元)		全部从业人员年平均人数（人）	
		2004	2008	2004	2008	2004	2008	2004	2008	2004	2008	2004	2008	2004	2008	2004	2008	2004	2008	2004	2008	2004	2008	2004	2008
摄影扩印服务	8280																								
电影制作与发行	8931																								
电视	8920																								
图书出版	8821																								
期刊出版	8822																								
图书零售	6543																								
期刊零售	6544																								
音像制品及电子出版物零售	6545																								
移动电信服务	6012																								
其他计算机服务	6190																								

简要说明：

本表要求填报上述行业全部经济活动，包括文化活动与非文化活动。

文快统表 3　旅游局文化旅游数据登记表

表　　号：
制表机关：文化部文化产业司
文　　号：文产发［2010］~号
批准机关：
批准文号：
报送时间：
报送单位：文化部文化产业司服务处

综合机关名称：（盖章）　　　　　201 年（年报、半年）

文化旅游行业	指　标	2005	2006	2007	2008	2009
历史文化旅游业	从业人员数（万人）					
	举办文化旅游主题活动数（次）					
	世界文化遗产或非物质文化遗产数（处）					
	接待旅游人数（万人次）					
	旅游收入（亿元）					
民族文化旅游业	从业人员数（万人）					
	举办文化旅游主题活动数（次）					
	世界文化遗产或非物质文化遗产数（处）					
	接待旅游人数（万人次）					
	旅游收入（亿元）					
民俗文化旅游业	从业人员数（万人）					
	举办文化旅游主题活动数（次）					
	世界文化遗产或非物质文化遗产数（处）					
	接待旅游人数（万人次）					
	旅游收入（亿元）					

续 表

文化旅游行业	指 标	2005	2006	2007	2008	2009
历史文化旅游业	从业人员数（万人）					
	举办文化旅游主题活动数（次）					
	世界文化遗产或非物质文化遗产数（处）					
	接待旅游人数（万人次）					
	旅游收入（亿元）					
宗教文化旅游业	从业人员数（万人）					
	举办文化旅游主题活动数（次）					
	世界文化遗产或非物质文化遗产数（处）					
	接待旅游人数（万人次）					
	旅游收入（亿元）					
其他非物质文化旅游业	从业人员数（万人）					
	举办文化旅游主题活动数（次）					
	世界文化遗产或非物质文化遗产数（处）					
	接待旅游人数（万人次）					
	旅游收入（亿元）					

简要说明：

划分依据：文化旅游业是文化与旅游相融合而形成的新兴产业，因旅游产品具有丰富的文化内涵而充满了发展活力。当前中国文化旅游主要包括历史文化旅游、民族文化旅游、民俗文化旅游、宗教文化旅游、其他非物质文化旅游五个方面，因此，文化旅游业数据快报也从这五个行业展开。近年来，蓬勃发展的红色文化旅游、影视旅游分别属于历史文化旅游和其他非物质文化旅游。

（四）主要指标解释

主营业务收入（万元）：指企业在销售商品、提供劳务等日常活动中所产生的收入总额。此项目应根据相关行业的"产品销售收入"、"商品销售收入"、"主营业务收入"、"营业收入"、"经营收入"、"工程结算收入"等科目发生额填列。

主营业务成本（万元）：指企业经营主要业务发生的实际成本。根据会计"利润表"中对应指标计算填列。执行2006年《企业会计准则》的企业，如果未设置该科目，则以营业成本发生额代替填列。

主营业务税金及附加（万元）：指企业经营主要业务应负担的营业税、消费税、城市维护建设税、资源税、土地增值税、教育费附加。根据会计"利润表"中对应指标"本年累计数"填列。执行2006年《企业会计准则》的企业，如未设置该项以营业税金及附加代替填列。

利润总额（万元）：指企业在生产经营过程中各种收入扣除各种耗费后的盈余，反映企业在报告期内实现的亏盈总额，包括营业利润、补贴收入、投资净收益和营业外收支净额。根据会计"利润表"中的对应指标的本期累计数填列。

资产合计（万元）：指企业可以在一年内或者超过一年的一个生产周期内变现或者耗用的资产，包括现金及各种存款、短期投资、应收及预付款项、存货等。根据会计"资产负债表"中"流动资产合计"项的期末数填列。

累计折旧（万元）：指企业在报告期末提取的历年固定资产折旧累计数。根据会计"资产负债表"中"累计折旧"项的年末数填列。"本年折旧"：指企业在报告期内提取的固定资产折旧合计数。根据会计核算中《资产减值准备、投资及固定资产情况表》内"当年计提的固定资产折旧总额"项本年增加数填列。

负债合计（万元）：指企业所承担的能以货币计量，将以资产或劳务偿付的债务，偿还形式包括货币、资产或提供劳务。负债一般按偿还期长短分为流动负债和长期负债。根据会计"资产负债表"中"负债合计"的期末数填列。

全部从业人员劳动报酬（万元）：企业在报告期内支付给本单位从业人员的全部劳动报酬，包括工资、福利费、奖金、津贴及各种补助。根据会计"应付工资"、"应付福利费"科目的本年贷方累计发生额填列。

劳动、失业保险费（万元）：指企业向社会保障部门和保险公司为本单位职工支付的劳动保险、待业保险的费用。根据会计"管理费用"等科目中的相关项目归纳计算填列。

全部从业人员年平均人数（人）：指企业单位年内各月平均拥有的人数，其计算公式为：

$$全部从业人员年平均人数 = \frac{1月平均人数 + 2月平均人数 + \cdots\cdots + 12月平均人数}{12}$$

$$月平均人数 = \frac{月初从业人员数 + 月末从业人员数}{2}$$

旅游收入：游客（入境游客和国内游客）在旅游过程中（由游客或游客的代表为游客）支付的一切旅游支出就是国家（省、区、市）的旅游收入。旅游收入包括国际旅游（外汇）收入和国内旅游收入。

接待人数：住宿设施的接待人数指住店客人的人次数，不包括只在店内就餐的客人。旅游区（点）接待人数包括免票人次数，不包括月票。

（五）十大文化产业统计分类标准与统计口径

产业分类标准是统计的基础性工作，关系到概念的一致统一，保障统计范围明确和统计数据搜集的准确可信。关于文化产业统计分类标准，目前国际上尚无统一、共识的规范与定义，各国大多根据其文化背景与发展取向制定各自的标准，而我国主要以国家统计局《文化及相关产业分类》为依据，在此基础上，一些地方，如北京、重庆也结合地区特点出台了一些派生标准。由于《文化及相关产业分类》属于国家标准，遵循"整体性"与"一致性"原则，难以兼顾文化部特定部门的需求，而北京、重庆文化产业分类标准则属于地方标准，更多是基于地方实际，与部门的宏观管理需求相距甚远，所以，有必要结合文化部对于文化产业的发展思路，立足本部门管理需要，针对十大产业有的放矢地制定标准。因此，以《文化产业振兴规划》及《文化部关于加快文化产业发展的指导意见》为指导思想，结合产业运行的客观规律、发展现状和分布特征，对十大产业的概念、内涵、外延进行界定，明确产业分类的指导原则，并参照国际惯例与统计标准制定的基本要求，制定《文化部文化产业统计分类标准》，具体内容见表1（见80页）。

由于《国民经济行业分类》是按照活动的同质性原则划分的，但从文化的角度观察，有些行业小类不是纯的文化活动。如行业小类"贸易经纪与代理"，文物、古董拍卖活动，艺术品拍卖活动，其他文化物品拍卖活动；游戏产品进出口活动属于文化活动，而大宗非文化产品的拍卖活动，行政、司法拍卖活动，其他非文化产品的拍卖活动则不属于。为了在统计和管理中准确区分不属于文化产业的活动，我们在《十大文化产业分类》中对这类行业作了标记，并在表2（见83页）和表3（见87页）中加以详细说明。

表1 《十大文化产业分类》标准

类别名称		国民经济行业代码
演艺业	1. 文艺创作、表演及演出场所	
	文艺创作与表演	9010
	—文艺创作服务	
	—文艺表演服务	
	—其他文艺服务	
	艺术表演场馆	9020
	2. 文化艺术商务代理服务	
	文化艺术经纪代理	9080
	其他未列明的商务服务*	7499
	—模特服务	
	—演员、艺术家经纪代理服务	
	—文化活动组织、策划服务	
动漫业	1. 动漫制作设计	
	其他专业技术服务*	7690
	—电脑动画片设计（利用动画软件在电脑上进行美术设计）	
	—画创作服务	
	2. 动漫电影制作摄制	
	电影制作与发行*	8931
	—动画电影摄制服务	
	—动画电影制作服务	
	—动画电影发行服务	
	3. 电视动画片制作播出	
	电视*	8920
	—电视动画片制作服务	
	—电视动画片播出服务	
	4. 漫画图书、书刊出版发行服务	
	图书出版*	8821
	—漫画图书出版服务	
	期刊出版*	8822
	—漫画刊物出版服务	
	图书零售*	6543
	—漫画图书发行服务	
	期刊零售*	6544
	—漫画刊物发行服务	

续　表

类别名称		国民经济行业代码
文化娱乐业	1. 群众文化服务	
	群众文化活动	9070
	—群众文化馆	
	—其他群众文化活动	
	2. 娱乐文化服务	
	室内娱乐活动	9210
	游乐园	9220
	休闲健身娱乐活动	9230
	其他娱乐活动	9290
游戏业	1. 游戏软件设计	
	基础软件服务*	6211
	2. 游戏硬件制造	
	游艺用品及室内游艺器材制造	2452
	3. 游戏业服务活动	
	室内娱乐活动	9210
	—游戏厅经营	
	音像制品及电子出版物零售*	6545
	—游戏分销和零售	
	互联网信息服务	6020
	—网络游戏运营	
	移动电信服务*	6012
	—手机游戏运营	
	贸易经纪与代理*	6380
	—游戏产品进出口	
文化会展业	1. 文化会展服务	
	会议及展览服务	7491
	—文化艺术类（美术、工艺品、绘画、书法、篆刻、邮品、钱币、体育、民间艺术等）会展活动	

续　表

类别名称		国民经济行业代码
文化旅游业	1. 旅游文化服务	
	旅行社	7480
	风景名胜区管理	8131
	公园管理	8132
	野生动植物保护 *	8012
	—动物观赏服务	
	—植物观赏服务	
	其他游览景区管理	8139
艺术品和工艺美术	1. 工艺美术品生产	
	工艺美术品制造	421
	2. 工艺美术品销售	
	首饰、工艺品及收藏品批发	6346
	工艺美术品及收藏品零售	6547
	3. 工艺美术品出租与拍卖服务	
	贸易经纪与代理 *	6380
	—艺术品、收藏品拍卖服务	
	4. 工艺美术品鉴定服务	
	其他文化艺术 *	9090
	—艺术品、收藏品鉴定活动	
艺术创意和设计	1. 艺术创意设计	
	广告业 *	7440
	—广告设计制作	
	摄影扩印服务 *	8280
	—摄影艺术创作	
	其他专业技术服务 *	7690
	—产品设计	
	—模型设计（规划模型、样本房等）	
	—展厅的布置设计	
	—服装设计	
	—装饰物品及流行物品的款式设计	
	—包装装潢设计	
	—工艺美术设计	

续 表

类别名称		国民经济行业代码
网络文化	1. 网络文化服务	
	互联网信息服务	6020
	—互联网新闻服务	
	—互联网出版服务	
	—互联网娱乐服务	
	—其他互联网信息服务	
	其他计算机服务 *	6190
	—网吧服务	
文化产品数字制作与相关服务	1. 音像制品制作	
	音像制作	8940

注：1. "*"表示该行业类别仅有部分活动属于文化及相关产业。

2. 类别前加横线"—"表示行业小类的延伸层。

表2 含有部分文化活动的行业类别

行业名称	代码	统计口径
其他未列明的商务服务	7499	包括的文化活动： (1) 模特服务：各种服装模特公司的活动，各种影视广告模特活动，各种艺术模特活动，其他模特活动 (2) 演员、艺术家经纪代理：演员挑选活动，推荐经纪人活动，艺术家、作家经纪人活动，演员、模特经纪人活动 (3) 大型活动文化商务服务：文艺晚会策划、组织活动，运动会策划、组织活动，大型庆典策划、组织活动，艺术、模特大赛策划、组织活动，艺术节、电影节等策划、组织活动，展览、博览会策划、组织活动，民族、民俗活动策划、组织服务，其他大型活动文化商务服务 (4) 票务服务：文艺演出票务服务，展览、博览会票务服务、其他票务服务 不包括： 企业中介代理服务，企业活动礼仪服务，企业形象宣传代理服务，代收代缴欠款服务，其他企业商务服务

续 表

行业名称	代 码	统计口径
其他专业技术服务	7690	包括的文化活动： 工艺美术设计服务，美术图案设计服务，展台设计服务，其他与文化有关的设计服务。产品设计；模型设计（规划模型、样本房等）；展厅的布置设计；单纯服装设计；装饰物品及流行物品的款式设计；包装装潢设计；工艺美术设计；电脑动画片设计（利用动画软件在电脑上进行美术设计）；其他未列明的设计和专业技术活动 不包括： 工业产品设计服务，包装装潢设计服务，模型设计服务，其他专业设计服务
基础软件服务#	6211	包括的文化活动： 为用户提供的游戏软件设计、编制、分析、测试等服务 不包括： 为用户提供非娱乐目的软件设计、编制、分析、测试等服务
野生动植物保护#	8012	包括的文化娱乐活动： 植物园保护管理活动，动物园管理活动，放养动物园管理活动，鸟类动物园管理活动，海洋馆、水族馆管理活动，其他动物观赏保护活动 不包括： 动物保护专业机构服务，野生植物保护服务，其他野生动植物保护服务
贸易经纪与代理	6380	包括的文化活动： 文物、古董拍卖活动，艺术品拍卖活动，其他文化物品拍卖活动；游戏产品进出口活动 不包括： 大宗非文化产品的拍卖活动，行政、司法拍卖活动，其他非文化产品的拍卖活动
其他文化艺术#	9090	包括的文化活动： 艺术品、收藏品鉴定活动 不包括： 史料、史志征集活动；街头文化宣传活动（如报刊橱窗等）；其他未列明的文化活动
广告业#	7440	包括的文化活动： 广告设计、制作 不包括： 广告策划、公关、市场调研；广告发布、宣传、展示活动；广告代理；流动广告；广告宣传品的发送活动

续表

行业名称	代码	统计口径
摄影扩印服务#	8280	包括的文化活动： 婚礼摄影服务；艺术摄影服务 不包括： 一般照相馆服务；图片社服务；照片扩印服务；利用计算机进行照片、图片的加工处理服务；其他摄影扩印服务
其他专业技术服务	7690	包括的文化活动： 工艺美术设计服务，美术图案设计服务，展台设计服务，其他与文化有关的设计服务 不包括： 工业产品设计服务，包装装潢设计服务，模型设计服务，其他专业设计服务
电影制作与发行#	8931	包括的文化活动： 动画电影摄制服务；动画电影制作服务；动画电影发行服务 不包括： 非动画电影制片、制作、监制、发行等活动
电视#	8920	包括的文化活动： 电视动画片制作服务；电视动画片播出服务 不包括： 非电视动画节目的制作和播放等服务
图书出版#	8821	包括的文化活动： 漫画图书出版服务。 不包括： 非漫画图书出版服务。
期刊出版#	8822	包括的文化活动： 漫画刊物出版服务。 不包括： 非漫画期刊出版服务。
图书零售#	6543	包括的文化活动： 漫画图书发行服务。 不包括： 非漫画图书发行服务。
期刊零售#	6544	包括的文化活动： 漫画刊物发行服务。 不包括： 非漫画刊物发行服务。

续 表

行业名称	代码	统计口径
音像制品及电子出版物零售#	6545	包括的文化活动： 游戏分销和零售。 不包括： 非游戏分销和零售。
移动电信服务#	6012	包括的文化活动： 为手机游戏运营提供电信服务。 不包括： 与手机游戏运营无关的电信服务。
其他计算机服务	6190	包括的文化活动： 互联网上网营业场所（网吧）服务。 不包括： 非网吧的计算机使用服务，计算机咨询服务，其他未列明的计算机服务。

#为国家统计局文化产业统计标准中没有统一界定。

四、《方案》实施过程中遇到的问题

在《方案》起草后，课题组先后两次召开专家讨论会，广泛征求意见，逐步完善分类标准。2010年，在山西、四川两地开展调研工作，重点考察文化及相关产业的统计分类口径，发现《方案》的问题，征求方案改进的意见和建议，提出统计体系设计的新方案，研究文化产业、文化部所管辖的十大产业统计设计的内容。并于2011年在山东、安徽和贵州三省对《方案》进行试填报工作。对调研和试填报情况进行整理，将《方案》在各级部门实施过程中面临的问题归纳为以下几个方面。

（一）统计分类的问题

很多产业和文化行业交叉融合，究竟哪些与文化产业交叉的产业该划入文化产业的统计范围，其统计边界又该如何确定，是较难界定的问题。比如说，文化与旅游的融合，特别是在山西，旅游和文化产业结合更为紧密，文化和旅游交叉在一起，导致产业统计模糊；再比如，文化产业与休闲产业的融合，很多咖啡屋、洗浴中心等休闲娱乐场所也包含文化活动，但目前尚未将这类娱乐休闲产业统计纳入文化产业；又如文化产业与制造业的融合，视听产品、电子产品其内容属于文化产业，而其载体则属于制造业。此外，网络文化传输的边界也比较模糊，其内容属于文化，而网络运营商则属于电子信息业。

表3 《十大文化产业分类》统计口径

类别名称		代码	结构分类
演艺业	1. 文艺创作、表演及演出场所		
	文艺创作与表演	9010	文艺创作与表演，指文学、美术创造和表演艺术（如戏剧、戏曲、歌舞、音乐、舞蹈、曲艺、杂技、马戏、木偶、皮影等表演艺术）等活动。 ◇包括： —文学（含电影、电视剧剧本）、音乐、歌曲、舞蹈、戏曲、曲艺等的创作 —美术（绘画、雕塑）、工艺品、书法、篆刻等的艺术创作 —编导、演员的表演、创作活动（含专门从事歌舞厅的演出） —剧务、舞台美工、服装道具、灯光音响等活动 —民族艺术创作 —其他未列明的文艺创作、表演及辅助活动
	艺术表演场馆	9020	艺术表演场馆，指有观众席、舞台、灯光设备、专供文艺团体演出的场所的管理活动。 ◇包括： —音乐厅 —歌剧院（场） —舞剧院（场） —话剧院（场） —戏院 —其他文艺表演的场所
	2. 文化艺术商务代理服务		
	文化艺术经纪代理	9080	文化艺术经纪代理，指文艺、影视、音像中介公司的经纪代理活动。本类仅包括对文艺作品、节目、影片、剧目以及文艺单位、组织、剧团的创作、演出、展览等的经纪代理活动，不包括对艺术家、演员、个人的代理活动。 ◇包括： —电影发行经纪代理 —与电视剧、电视节目有关的经纪代理 —戏剧、戏曲、唱歌、舞蹈、音乐、曲艺、杂技等演出的经纪代理 —美术作品展览经纪人活动 —音像出版代理活动 —文学艺术作品出版、发行经纪代理 —民间表演艺术经纪代理 —娱乐性文艺演出的经纪代理 —艺术表演、展览等项目的引进、出境的经纪代理 —各种以经纪代理为主的演出公司 —其他未列明的艺术演出、展览、出版、发行等经纪代理

续 表

类别名称	代 码	结构分类
其他未列明的商务服务*	7499	其他未列明的商务服务。 ◇包括： —模特公司及职业模特的活动 —个人形象的包装及设计服务 —个人的行为、活动的策划、设计、安排 —艺术家、作家、演员、运动员、模特等的个人经纪代理活动 —演员的挑选、推荐等经纪代理活动 —文艺演出、体育赛事、展览会、博览会的票务代理活动 —为运动会、晚会、大型庆典、艺术大赛、文化节、艺术节、电影节、服装节、啤酒节等进行的筹备、策划、组织活动 —为公益事业以及演出、展览提供策划、组织等活动 —为民间、民族、民俗活动提供策划、组织等活动

	类别名称	代码	结构分类
动漫业	1. 动漫制作设计		
	其他专业技术服务*	7690	◇包括： —电脑动画片设计（利用动画软件在电脑上进行美术设计） —动画创作服务
	2. 动漫电影制作摄制		
	电影制作与发行*	8931	电影制作与发行，指电影的制片、制作、监制、发行等活动。 ◇包括： —动画电影摄制服务 —动画电影制作服务 —动画电影发行服务
	3. 电视动画片制作播出		
	电视*	8920	电视，指电视节目的制作和播放等服务。 ◇包括： —电视动画片制作服务 —电视动画片播出服务
	4. 漫画图书、书刊出版发行服务		
	图书出版*	8821	◇包括： 漫画图书出版服务
	期刊出版*	8822	◇包括： 漫画刊物出版服务
	图书零售*	6543	◇包括： 漫画图书发行服务
	期刊零售*	6544	◇包括： 漫画刊物发行服务

续表

类别名称		代码	结构分类
文化娱乐业	1. 群众文化服务		
	群众文化活动	9070	群众文化活动，指开展群众文化活动的场所的管理和组织活动。 ◇包括： —综合性文化中心 —群众艺术馆 —工人文化馆 —青（少）年宫（之家） —文化馆（站） —民间艺人交流活动 —老年文化活动站 —群众性文化活动（群众性知识竞赛、歌咏比赛、老年书画展览等） —其他群众文化活动
	2. 娱乐文化服务		
	室内娱乐活动	9210	室内娱乐活动，指室内各种娱乐活动和以娱乐为主的活动（不包括：电子游艺厅的活动）。 ◇包括： —夜总会、歌舞厅、卡拉OK厅、练歌房等的活动 —室内娱乐设施的游戏、游艺活动 —以休闲、娱乐为主的动手制作活动 —其他未列明的室内娱乐活动
	游乐园	9220	游乐园，指配有娱乐设施的大型室外娱乐活动及以娱乐为主的活动。 ◇包括： —大型游乐园活动 —充气娱乐设施的各项活动 —水上游乐园活动 —其他未列明的游乐园活动
	休闲健身娱乐活动	9230	休闲健身娱乐活动，是主要面向社会开放的休闲健身娱乐场所和综合体育娱乐场所的管理活动。 ◇包括： —综合体育娱乐场所 —保龄球馆 —健身中心（馆） —台球室、飞镖室 —高尔夫球场 —跑马场 —射击、射箭场馆 —滑沙、滑雪及模拟滑雪场所的活动 —惊险娱乐活动场所的活动 —娱乐性军事训练、体能训练场所的活动 —其他未列明的休闲健身娱乐的活动

续 表

类别名称		代码	结构分类
	其他娱乐活动	9290	其他娱乐活动，指各种形式的彩票活动，以及公园、海滩和旅游景点内小型设施的娱乐活动。 ◇包括： —彩票活动（体育、足球、福利等彩票中心，以及销售网点） —公园、景区内游艇出租活动（不带操作人员） —公园、景区内的摆摊娱乐活动 —公园、景区内的小动物拉车、骑马、钓鱼等活动 —租借道具活动 —海滩浴场更衣及租借用品服务 —公园及街头艺人表演活动 —娱乐性展览 —其他未列明的娱乐活动
游戏业	1. 游戏软件设计		
	基础软件服务*	6211	为用户提供的游戏软件设计、编制、分析、测试等服务 ◇包括： —电视游戏开发 —街机游戏开发 —手机游戏开发 —PC单机游戏开发 —网络游戏开发
	2. 游戏硬件制造		
	游艺用品及室内游艺器材制造	2452	游艺用品及室内游艺器材制造，指主要供室内、桌上等游艺及娱乐场所使用的游乐设备、游艺器材和游艺娱乐用品，以及主要安装在室内游乐场所的电子游乐设备的制造。 ◇包括： 游戏终端设备制造
	3. 游戏业服务活动		
	室内娱乐活动	9210	◇包括： —电子游艺厅的活动
	音像制品及电子出版物零售*	6545	◇包括： —游戏分销和零售
	互联网信息服务	6020	互联网信息服务，指网络公司通过互联网为客户提供信息的服务。 ◇包括： —为网络游戏运营提供的服务
	移动电信服务*	6012	移动电信服务，指移动电信等电信服务活动。 ◇包括： —为手机游戏运营提供电信服务
	贸易经纪与代理*	6380	专门为某一生产企业做销售代理的活动；为买卖双方提供贸易机会或代表委托人进行商品交易代理活动。 ◇包括： —游戏产品进出口

续表

类别名称		代码	结构分类
文化会展业	1. 文化会展服务		
	会议及展览服务	7491	会议及展览服务，指为商品流通、促销、展示、经贸洽谈、民间交流、企业沟通、国际往来等举办的展览和会议。包括展览馆和会议中心的管理服务。 ◇包括： —各类博览会的专业承办机构 —各类交易会的专业承办机构 —各类展览的专业承办机构 —各种会议中心及专业会议承办机构 —其他以展览为主的展览场馆的活动
文化旅游业	1. 旅游文化服务		
	旅行社	7480	旅行社，指为社会各界提供商务、组团和散客旅游的服务。 ◇包括： —向顾客提供咨询、旅游计划和建议、日程安排、导游、食宿和交通等服务
	风景名胜区管理	8131	◇包括： —对具有一定规模的自然景观、人文景物的管理和保护活动 —对环境优美、具有观赏、文化或科学价值风景名胜区的保护和管理活动
	公园管理	8132	公园管理，指主要为人们提供休闲、观赏、游览以及科普、科研的城市公园的管理活动。 ◇包括： —人工景区、主题公园（民族村、民俗园、世界公园等） —其他城市旅游景点、古迹、遗址
	野生动植物保护*	8012	野生动植物保护，指对野生及濒危动植物的饲养、培育、繁殖等保护活动，以及对栖息地的管理活动。 ◇包括： —植物园保护管理活动 —动物园管理活动 —放养动物园管理活动 —鸟类动物园管理活动 —海洋馆、水族馆管理活动 —其他动物观赏保护活动
	其他游览景区管理	8139	其他游览景区管理，指其他未列明的游览景区的管理活动。

续表

类别名称		代码	结构分类
艺术品和工艺美术	1. 工艺美术品生产		
	工艺美术品制造	421	雕塑工艺品制造，指以玉石、宝石、象牙、角、骨、贝壳等硬质材料，木、竹、椰壳、树根、软木等天然植物，以及石膏、泥、面、塑料等为原料，经雕刻、琢、磨、捏或塑等艺术加工而制成的各种供欣赏和实用的工艺品的生产活动。 ◇包括： —硬质材料雕刻工艺品 —天然植物雕刻工艺品 —用石膏雕塑的各种石膏像、石膏工艺品 —木制工艺品及装饰品、首饰盒、木制镶嵌装饰品及其他天然植物装饰品 —泥塑、面塑及其他捏塑工艺品 金属工艺品制造，指以金、银、铜、铁、锡等各种金属为原料，经过制胎、浇铸、锻打、錾刻、搓丝、焊接、纺织、镶嵌、点蓝、烧制、打磨、电镀等各种工艺加工制成的造型美观、花纹图案精致的工艺美术品的制作活动。 ◇包括： —景泰蓝工艺品 —铜、铁、锡制工艺品及其仿古工艺品 —蒙镶工艺品 —工艺标牌 —工艺刀剑 —金属景观铸件、艺术铸件 —金属画框、相框、镜框等类似品 漆器工艺品制造，指将半生漆、腰果漆加工调整成各种鲜艳的漆料，以木、纸、塑料、铜、布等作胎，采用推光、雕填、彩画、嵌镶、刻灰等传统工艺和现代漆器工艺进行的工艺制品的制作活动。 ◇包括： —脱胎漆器 —雕漆制品 —金漆镶嵌等 —漆线雕 —其他漆器工艺品 花画工艺品制造，指以绢、丝、绒、纸、涤纶、塑料、羽毛、通草以及鲜花草等为原料，经造型设计、横压、剪贴、干燥等工艺精制而成的花、果、叶等人造花类工艺品，以画面出现，可以挂或摆的具有欣赏性、装饰性的画类工艺品的制作活动。 ◇包括： —人造花类工艺品 —绘画作品和古画仿制品及古画复制品

续 表

类别名称	代 码	结构分类
		—以贝壳、软木、羽毛、麦秆等材料制作而成的各种立体、半立体并配以框架的画 —木版画 —其他画类工艺品 天然植物纤维编制工艺品制造，指以竹、藤、棕、草、柳、葵、麻等天然植物纤维为材料，经编织或镶嵌而成具有造型艺术或图案花纹，以欣赏为主的工艺陈列品以及工艺实用品的制作活动。 ◇包括： —竹编工艺品 —藤编工艺品 —棕编工艺品 —草编工艺品 —玉米皮编制工艺品、柳编工艺品、葵制工艺品、麻制工艺品及其他天然纤维为原料制作的工艺品 抽纱刺绣工艺品制造，指以棉、麻、丝、毛及人造纤维纺织品等为主要原料，经设计、刺绣、抽、拉、钩等工艺加工各种生活装饰用品，以及以纺织品为主要原料，经特殊手工工艺或民间工艺方法加工成各种具有较强装饰效果的生活用纺织品的生产活动。 ◇包括： —具有抽纱刺绣工艺的床上用品、窗帘、台布、服装等 —工艺绣品 —手工钩织及编结的工艺品 —手工或机制的各种花边 —手工印染工艺品 —工艺织锦 地毯、挂毯制造，指以羊毛、丝、棉、麻及人造纤维等为原料，经手工编织、机织、裁绒等方式加工而成的各种具有装饰性的地面覆盖物或可用于悬挂、垫坐等用途的生活装饰用品的生产活动。 ◇包括： —手工编织地毯、手工裁绒地毯 —机织地毯 —丝织地毯 —类似地毯工艺生产的挂毯、铺垫、坐垫、台毯等 珠宝首饰及有关物品的制造，指以金、银、铂等贵金属及其合金以及钻石、宝石、玉石、翡翠、珍珠等为原料，经金属加工和联结组合，镶嵌等工艺加工制作各种图案的装饰品的制作活动。 ◇包括： —用贵金属及其合金制作的项链、戒指、耳环、手镯、胸针等首饰 —用珠宝、宝石、半宝石，或以贵金属镶嵌珠宝、宝石、半宝石制作的各种首饰

续 表

类别名称	代码	结构分类
		—用金、银等贵金属制作的各种金属工艺品、器皿和摆件 —已加工的养殖珍珠、经加工的宝石、非工业用钻石 —天然或养殖珍珠制品、宝石或半宝石制品 —珠宝或金银制品的零件等 其他工艺美术品的制造。 ◇包括： —仿制的珠宝或贵金属首饰 —剧装、道具 —假发、假须、假眉、假睫毛等发制品，做假发及类似品的动物毛或其他纺织材料 —把子、幕布等舞台道具 —工艺伞 —工艺扇 —工艺装饰灯具 —民间工艺品 —其他工艺美术品
2. 工艺美术品销售		
首饰、工艺品及收藏品批发	6346	首饰、工艺品及收藏品批发。 ◇包括： —珠宝首饰及有关物品的批发和进出口 —雕刻工艺品的批发和进出口 —金属工艺品的批发和进出口 —漆器工艺品的批发和进出口 —花画工艺品（绢花、金属画、玻璃画等）的批发和进出口 —天然植物纤维编制工艺品的批发和进出口 —抽纱刺绣工艺品的批发和进出口 —地毯、挂毯工艺品的批发和进出口 —美术作品的批发和进出口 —邮票的批发和进出口 —纪念币的批发和进出口 —文物、古玩、字画的批发和进出口 —民间工艺品的批发和进出口 —其他未列明的工艺品的批发和进出口
工艺美术品及收藏品零售	6547	工艺美术品及收藏品零售，指专门经营具有收藏价值和艺术价值的工艺品、艺术品、古玩、字画等的零售活动。 ◇包括： —工艺品专门零售店和固定摊点零售 —地毯的专门零售 —美术作品专卖店、专门零售店和固定摊点零售 —邮票、纪念币的专门零售店 —民间、民俗艺术品专门零售店和固定摊点零售 —文物、古玩、字画的专门零售 —其他工艺品、收藏品的专门零售店和固定资产摊点零售

续 表

类别名称		代 码	结构分类
艺术创意和设计	3. 工艺美术品出租与拍卖服务		
	贸易经纪与代理*	6380	指代办商、商品经纪人、拍卖商的活动。 ◇包括： 对古董、古玩、字画、剧本等物品的拍卖活动
	4. 工艺美术品鉴定服务		
	其他文化艺术*	9090	其他文化艺术。 ◇包括： —艺术品、收藏品鉴定活动
	1. 艺术创意设计		
	广告业*	7440	广告业，指在报刊、期刊、户外路牌、灯箱、橱窗、互联网、通信设备及广播电影电视等媒介上为客户策划制作的有偿宣传活动。 ◇包括： —广告设计、制作
	摄影扩印服务*	8280	摄影彩扩服务。 ◇包括： —婚礼摄影服务 —艺术摄影服务
	其他专业技术服务*	7690	◇包括： —展厅的布置设计 —单纯服装设计 —装饰物品及流行物品的款式设计 —工艺美术设计
网络文化	1. 网络文化服务		
	互联网信息服务	6020	互联网信息服务，指网络公司通过互联网为客户提供信息的服务。 ◇包括： —专营各类网站的信息服务（含电子邮件、电子公告、文件传输、新闻、商业、娱乐、服务、搜索等信息）
	其他计算机服务*	6190	其他计算机服务，指计算机咨询和其他未列明的计算机服务。 ◇包括： 为客户提供计算机上网场所服务（如网吧）的管理

续 表

类别名称		代码	结构分类
文化产品数字制作与相关服务	1. 音像制品制作		
	音像制作	8940	音像制作，指从事录音、摄影、录像等制作活动。其制品可以用于出版销售，可以作为广播、电影、电视广告，可以在其他宣传场合播放，或提供给广播电台播放，但不作为电视节目播放，包括音像公司、影像公司、唱片公司、独立的录音室、录音棚等的活动。 ◇包括： —影像节目的制作活动 —声音节目的制作活动 —专门为歌唱演员、乐器演员及其他演员提供录音合成的活动 —专门制作 MTV 及卡拉 OK 节目的活动 —其他未列明的音像制作活动

注：1. "＊"表示该行业类别仅有部分活动属于文化及相关产业。

行业代码的设置导致了很多文化相关企业进入不了统计体系。太原市富士康的行业代码属于制造业，不能纳入文化行业的统计。这是因为一个企业只能有一个行业代码，纳入统计局名录库。

（二）指标设置的问题

《方案》中设计的指标多且细，过多过细对快报不利。因为短时间要统计如此多而细的指标数据几乎不可行，强制执行可能导致填报人员因为无法完成而填报虚假数据的情况发生，这样统计出来的数据就没有任何意义了。快报指标需要越简单越好，特别是到县级层面更需要简化。基层统计人员对概念和指标有可能不太明确，因为指标细化对基层统计人员来说理解起来难度较大，影响数据填报的准确性。体现主要的指标，这样针对性、准确性较强。

（三）指标数据获取的问题

文化部门所管辖的行业是可以统计的，然而文化产业涉及的范围比较广，在文化部门管辖范围之外的产业统计就会非常困难。除了网吧、新闻出版等的数据是全部统计外，对于其他的文化行业，目前掌握的数据只是限额以上法人单位的数据，限额以下及个体户的数据全都没有。由于一些行业的特殊性，导致我们无法实现对它的统计。比如，艺术家画了一幅画，在私底下卖给了消费者，这个就无法统计。而文化产业个体户特别多，所以数据严重不全。比如说，作坊的剪纸也很难统计，因为涉及个人收入，属于统计上的敏感问题，而且很多从事剪纸行业的个体户从来不到工商局注册。

很多文化消费行为进入不了统计的口径。例如，在太原有一个很有名的文物早市，是本地的艺术品市场，很明显文物早市所从事的交易行为属于文化产业，只是目前还无法统计进来，因为该场所从事的活动纯粹是民间自发交易行为。民间文化团体，基本上都是无证经营。比如，山西有200多个锣鼓队，由村民自发组织，基本都是无证经营，而其创造的价值比有证经营的产值还要大。这些民间组织的交易方式比较灵活和分散，其文化活动产值进入不了现有统计体系。

（四）统计主体的问题

《方案》设计的初衷是通过划分"十大产业"来提高数据的针对性，同时确保各个细分行业的数据来源。但是行业划分带来的问题是部分行业在地县级数据来源渠道有限，难以实施。《方案》由谁牵头实施是一个关键问题，除了宣传部门，文化部门牵头难度比较大，协调不了方方面面。在文化系统内，很多事情的家底要搞清楚是很困难的。特别是县一级的数据基本上不准，人员少，数据渠道有限。在很多时候采集数据需要省文化厅通过多种渠道去采集，而依靠县市级文化局去采集文化产业数据在来源和渠道上都存在很大局限和困难。比如说广告，县市要拿出数据都很困难，要弄清楚广告的产值需到规划局去拿数据，省工商局的广告处可以拿出一些数据，到了县市就很难拿出数据。因此，《方案》在县市级基本行不通。而在省厅级层面，由于是多厅局协作配合，扩充了数据渠道，因而省厅级层面具备方案实施的条件。所以，提高数据的针对性在地县级层面的可行性较差，建议在省区层面开展，因为在很多时候采集数据都是需要省文化厅通过多种渠道去采集，而依靠县市级文化局去采集文化产业数据在来源和渠道上都存在很大局限和困难。

在组织实施方面，目前国内的产业统计存在的一个突出问题就是政府往往拿不到准确的数据。因为通过政府去采集数据往往会涉及比较多的利益相关方，因为利益问题往往导致数据不准确。这方面国外的经验值得借鉴，在很多发达国家，行业数据都是通过行业协会去弄清楚的，由于行业协会的中立立场，基本上能克服利益相关带来的数据偏误问题。

（五）统计频率的问题

统计局出的数据时效性太差，当年的数据要到次年的5、6月份才能出来，无法满足文化部快报的需要，快报的难度较大。因为统计局的数据是从文化行业法人单位处获得,而法人单位确定数据较慢。而对于个体户和限额以下数据,获得的唯一办法就是抽样调查,这样速度就更慢,这部分数据更不可能满足快报的要求。人力物力缺乏,限制数据时效性的提升,数据上报快不起来。此外,地区文化产业发展季节性特征非常明显,如果数据频率上升,将造成年度不同时期数据跳跃性较大,前后不可比。因此,地方有关部门领导建议数据上报还是一年一次为好。半年一次的快报在实施上会存在一定问题。很多文化活动的开展具有季节性,一年当中可能只在下半年有,因此,统计上半年的就没有意义。同时很多单位编制和人手都不够,一年两次的统计工作可能根本就无法开展,这样很有可能采集上来的数据就是假数据。

五、对 策

(一) 统计分类方面的建议

对于交叉产业,建议地方政府将需要统计的文化产业的企业名录上报文化部,由文化部进行归类并确定下来,以后都按这个分类上报数据。这将有效解决交叉产业重复统计和混乱统计的问题。

(二) 指标设置方面的建议

以增加值为核心,重点反映文化领域的经营规模、经济效益。增加值是国内生产总值(GDP)的同度量指标,将增加值作为文化统计核心指标,有助于同国民经济测算体系接轨,以反映文化产业总体规模、发展水平以及对整个国民经济的贡献力,也有助于文化产业与其他产业进行同度量的对比分析。考虑到基层调查单位的资料可以完全取自财务数据,数据比较翔实,调查员对调查指标口径易于统一,调查数据质量比较容易控制。

(三) 指标数据获取方面的建议

对个体户和限额以下法人单位的数据统计只能采用抽样调查的方法。这方面的数据没法全部统计,因为个体户在政府部门没有登记,而进行数据统计只针对限额以上法人单位。

对于跨行业指标如何统计问题,建议文化部采用抽样调查的方法,测算这类行业中包含文化活动的比例,即折算系数,节省了时间和保证了统计数据的可比性。

(四) 统计主体方面的建议

文化产业统计应该采取"两条腿"模式,即政府统计和部门统计相结合,资料共享。政府统计侧重于价值量指标,即财务指标,最终核算增加值和占 GDP 比重等；部门如文化厅则侧重于业务方面的统计。

课题组认为应由某个部门牵头，成立同统计局、文化局、广播电视台、文广新局、旅游局等单位参加的文化产业统计组，这样便于数字的整合，得到较为全面的统计数字。

（五）统计频率方面的建议

由于统计投入小、现有的人员不固定、统计设备落后等问题，如果快报要到省一级的话，最好改为半年报。

（六）其他建议

文化产业统计涉及面广，要全部统计需要很大力量，建议国家建立科学统一的申报制度，并从法律上形成正式程序，便于有关部门依法进行统计，将减少很多阻力。

参考文献

[1] 秦瑶、陆昕：《创意产业统计核算方法及实证研究》，载《统计研究》2008 年第 3 期。

[2] 方宝璋：《略论中国文化产业的内涵与分类》，载《当代财经》2006 年第 7 期。

[3] 王国宾：《论文化产业在现代化建设中的地位与作用》，载《舞蹈学院学报》1999 年第 1 期。

[4] 戚鸣：《文化产业：全球新兴产业》，载《光明日报》第 2002 年 9 月 12 日版。

[5] 王慧炯：《对发展中国文化产业的思考》，载《北京工业大学学报》2002 年第 2 期。

[6] 谢伦灿：《提升我国文化产业统计的准确性与科学性》，载《学术交流》2009 年第 12 期。

[7] 陈晓声：《文化产业统计范围及指标体系探讨》，载《上海统计》2003 年第 8 期。

[8] 刘志华、孙丽君：《中美文化产业行业分类标准及发展优势比较》，载《经济社会体制比较》2010 年第 1 期。

[9] 方宝璋：《略论中国文化产业的内涵与分类》，载《当代财经》2006 年第 7 期。

[10] 牛维麟主编：《国际文化创意产业园区发展研究报告》，中国人

民大学出版社 2007 年版。

[11] 孙有中：《美国文化产业》，外语教学与研究出版社 2007 年版。

[12] 赵有广、盛蓓蓓：《中国文化产业外向国际化发展战略及其实施》，载《国际贸易》2008 年第 10 期。

[13] 张晓明、尹昌平、李平主编：《国际文化产业发展报告》，社会科学文献出版社 2007 年版。

课题组成员名单

课题负责人：

牛维麟　中国人民大学党委常务副书记，教授

课题组成员：

吴江波　中华人民共和国文化部文化产业司副巡视员
赵彦云　中国人民大学统计学院教授，院长
高　政　中华人民共和国文化部文化产业司综合服务处处长
彭　翊　中国人民大学文化创意产业研究中心副教授，执行主任
王　娜　中华人民共和国文化部文化产业司综合服务处副处长
翟振武　中国人民大学社会与人口学院教授，院长
金元浦　中国人民大学文学院教授
王琪延　中国人民大学休闲经济研究中心教授，主任
杜子芳　中国人民大学统计学院教授，国家统计局服务业调查中心挂职副司长
薛　薇　中国人民大学应用统计科学研究中心副教授，副主任
李静萍　中国人民大学统计学院经济社会统计系副教授，主任
曾繁文　中国人民大学文化创意产业研究中心主任助理
孙　长　中国人民大学文化创意产业研究中心办公室主任
江宝山　中华人民共和国文化部文化产业司综合服务处
程红莉　中国人民大学统计学院博士

文化产业基地和园区发展对策研究

上海社会科学院文化产业研究中心

- 102 一、研究定位
  ——文化产业基地和园区研究的基本范畴和重点
- 107 二、国际新潮
  ——21世纪以来国际文化产业基地和园区的发展趋势
- 113 三、中国趋势
  ——中国文化产业基地和园区建设的成果与作用
- 135 四、面对挑战
  ——中国文化产业基地和园区的弱点与面对挑战
- 138 五、十年战略
  ——新十年中国文化产业基地和园区的战略与对策
- 147 参考文献
- 148 课题组成员名单

一、研究定位
——文化产业基地和园区研究的基本范畴和重点

（一）文化产业基地和园区研究的定位

本研究报告的目的是吸取全球文化产业发展的经验，立足中国作为发展中大国的基本国情，针对中国文化产业的市场主体和发展载体，总结和分析中国文化产业基地和园区建设的经验和不足，提出中国文化产业基地和园区建设的战略对策。

本研究报告所指的文化产业基地，是具有示范意义的文化产业优秀企业，发挥了引领性的示范、窗口和辐射作用，代表了文化产业的微观活力和市场主体；本报告所指的文化产业园区，是依托文化产业公共服务平台，推进资源综合开发，吸引文化产业企业集聚，具有规模优势的空间和实体。

本研究报告所提出的文化产业示范基地和园区发展战略，是根据未来10年中国经济社会发展的宏观走势，所提出的文化产业基地和园区的总体背景、基本定位、建设重点、发展路径，作为中国文化产业基地和园区发展的模型图和路线图。

（二）文化产业的三大属性和三大规律

作为21世纪的新兴产业，当代文化产业在经济全球化浪潮和以信息、智能和网络为代表的科技进步的推动下，它呈现出三元合一的发展新形态：

（1）文化产业是一种现代产业和商业模式，其核心是整合开发知识、智慧、创意等资源，开发大批产品和服务，满足文化市场的需求。（2）文化产业是人文内涵的创造过程和传承方式，其核心是推动人类文化权利的普遍实现水平。（3）文化产业是一种知识和智慧的共享网络，在全球化和数字化技术的平台上，让所有的参与者在贡献文化成果的过程中形成知识共享。

有鉴于此，文化产业示范基地和园区的建设，必须把握三大基本规律：

1. 产业成长规律

它集中反映了产业的纵向发展趋势，即文化产业从萌芽、成长到成熟、转移、衰落的整个过程。在21世纪，文化的细分产业不断涌现、新兴战略产业超常规增长、传统产业如出版业等面临转型升级的挑战。唯有充分认识文化产业的成长基本规律，才能把握发展机遇，在不同的阶段明确发展什么、投资什么、淘汰什么和转移什么。

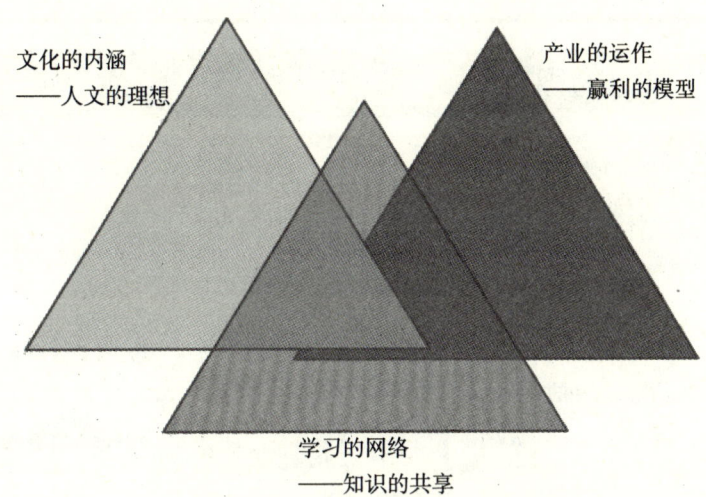

图1 文化产业的三元合一属性

2. 产业价值规律

它集中反映了产业的横向发展趋势,即产业发展中的分解、融合、转移和集聚特点。文化产业与金融、制造、通信、电脑、网络、商贸、旅游等产业具有"跨界"与"融合"的特点。它们之间,融则为和,分则为零,流通则旺,分隔则衰,而远距离的跨界"杂交"更会带来意想不到的市场。

3. 产业组织规律

它集中反映了产业运行的可控机理,即文化产业的不同门类在不同的发展阶段以及在不同的价值链位置上,对于资金、技术、市场、人才、服务等产业要素配置的不同需求,以及为满足这些特定需求而出现产业组织形态,如产业集群、产业园区、特许连锁、票务网络、文化商街、文化—金融企业联盟、政产学研的组合等。要充分认识文化产业的组织规律,才能最大限度地提高要素配置效率。

(三)示范基地和产业园区的主要作用

正是从文化产业发展的三大规律出发,在文化产业发展的不同阶段和不同侧面,都需要示范性的企业基地和产业园区,实现"产业之川常流,基地之树常青,园区之花常开",发挥强有力的引领和带动作用。

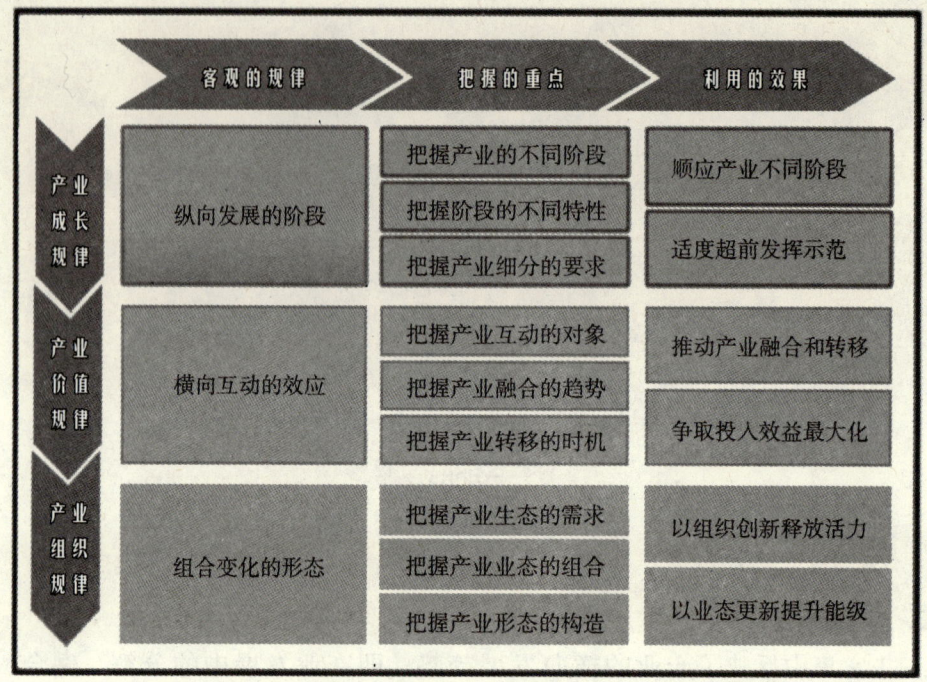

图 2　文化产业发展的三大规律

从产业的成长规律上看，需要示范基地和产业园区明确产业发展的主流，推动市场需要的细分，在产业的孵化期、成长期、成熟期、转型期等纵向发展阶段上，以"先行一步"和"陡然急转"的前瞻性，发挥开拓者、"避雷针"的引领作用。

在产业的价值规律上看，需要示范基地和产业园区把握相关市场包括技术、资本、人力、品牌市场等的变化，推动文化产业与其他产业包括通信、电脑、网络、生态、旅游、房地产、时尚等产业的融合，形成产业链、服务链、价值链。

在产业的组织规律上看，需要示范基地和产业园区根据产业集聚的业态和形态，形成与文化生产力相符合的物理空间和虚拟空间，配合新型城市化和城乡一体化发展的浪潮，开发效率更高的产业集群、城市形态、文化示范。

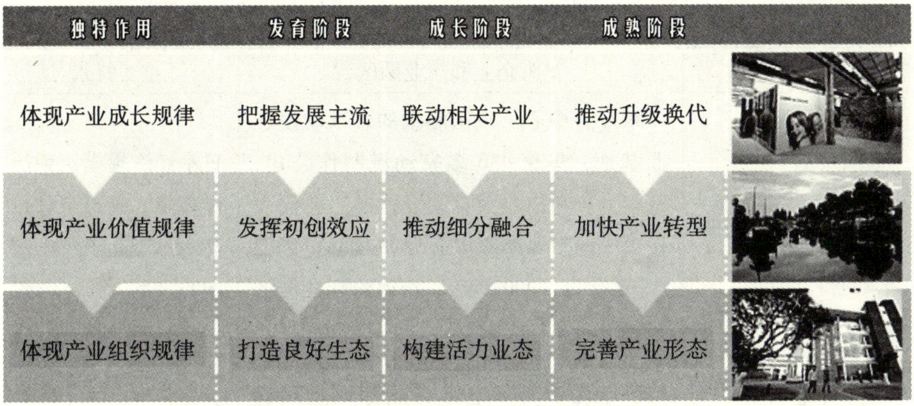

图3 文化产业基地和园区在三个发展阶段的不同作用

独特作用	发育阶段	成长阶段	成熟阶段
体现产业成长规律	把握发展主流	联动相关产业	推动升级换代
体现产业价值规律	发挥初创效应	推动细分融合	加快产业转型
体现产业组织规律	打造良好生态	构建活力业态	完善产业形态

（四）示范基地和产业园区的历史经验

从全球范围看，虽然没有普遍采用"文化产业基地和园区"的概念，但是许多发达国家和地区的媒体、电影、演艺、音乐、版权、动画、游戏、新媒体等产业，都是在产业发育成长和融合转型的关键时期，以"龙头（领导性）企业（Leading Enterprise）"和"产业园区（Industry Cluster/Industry Park）"的形式，对文化产业的发展起到引领和示范的作用：

表1 国际文化产业龙头企业和园区发展的若干标志性事件

年代	领域	龙头企业和产业园区	重要背景
2000—2010	新媒体	以数字化、智能化、网络化为特征的新媒体在美国崛起，皮克斯Pixar等数码影视领域的新领军企业快速发展，迪斯尼等跨国娱乐公司进行新一轮的兼并，形成3D影视、数字音乐、移动媒体、网络游戏等新兴产业集群。	依托IT技术的数字化、信息化、网络化发展提速，"智慧地球"成型。
1990—2000	游戏	以首尔为中心的韩国游戏产业基地形成，集聚NEXON、NCSOFT、NEOWIZ等网络和单机游戏的龙头企业和产业集群，韩国的游戏出口额逐步提升，达到10.8亿美元以上（2008年数据）[①]。	1997年亚洲金融危机之后，韩国吸取教训，大力推动产业结构调整。

[①] 权基永：《韩国游戏产业动态——2010年1月在北大中国文化产业新年论坛的演讲》。

续表

年代	领域	龙头企业和产业园区	重要背景
1980—1990	动画	以东京为中心形成国际级的日本动漫产业基地,集聚430多家动漫制作公司,每年生产和出口大量动漫作品。其代表作《千与千寻》赢得第52届柏林电影节"金熊奖"(2002年),获得国际社会的好评。	日本经济规模达到历史高峰,成为全球中高端产品的制造中心。
1960—1980	影视	位于印度孟买的电影产业基地宝莱坞(Bollywood)开始发展壮大,每年生产数百部电影,成为全球性的电影生产基地之一,印度政府正式赞助"国家电影奖"(National Film Awards)(1973年)。	印度经济逐渐复兴,成为全球性的软件开发和服务外包大国。
1940—1960	版权	卡尔·贝塔斯曼出版公司,在"二战"之后从一个中等规模的印刷和出版公司发展成为世界传媒巨头之一,1950年"贝塔斯曼读者圈"成立,成为全球性的贝塔斯曼读者俱乐部和全球传媒网络的基石。	战后,德国进入经济重建阶段,欧洲版权市场逐渐复兴。
1930—1940	音乐	世界五大唱片公司之一:EMI百代唱片公司由留声机公司和哥伦比亚音乐公司在伦敦合并而成(1931年),在英国及19个国家包括中国建立唱片基地,成立分公司,成为全球音乐产业的主要基地。	音乐录制技术和消费市场快速发展,音乐产业出现三大赢利模式。
1920—1930	演艺	美国纽约百老汇成为演艺产业集聚区,集聚80多家剧院和大批演艺公司和艺术家(1925年),成为世界演艺业的中心,成为美国娱乐文化的主要代表,孕育了有演艺界奥斯卡之称的托尼奖。	纽约随着美国国力的增强,发展成为最大的国际金融中心和世界城市。

续表

年　代	领　域	龙头企业和产业园区	重要背景
1910—1920	媒　体	英国广播公司BBC成立（1922年），与金融和技术的结合，发展成为包括广播、电视、书籍出版、报刊、英语教学、交响乐团、音乐制品和互联网新闻服务的大型媒体集团。	伦敦保持全球主要金融中心的地位，媒体技术迅速发展。

年　代	领　域	龙头企业和产业园区	重要背景
1900—1910	美　国	洛杉矶的好莱坞电影产业基地逐渐形成，派拉蒙、米高梅等8大电影公司开始集聚在洛杉矶好莱坞（1910年），美国电影艺术与科学学院正式成立。1929年举行第一届奥斯卡颁奖仪式。	美国经济实力在总体上超过英国，美国西海岸形成新兴产业基地。
1880—1900	报　业	英国第一个报业集团——北岩集团出现，哈姆斯沃斯创办《每日邮报》（1886年），先后收购和控股了《泰晤士报》等十多家报纸和杂志，形成历史上规模空前的报业集团。	主要西方国家资本高度集中，报业托拉斯逐步壮大。

二、国际新潮

——21世纪以来国际文化产业基地和园区的发展趋势

（一）以实体园区结合虚拟网络的趋势

在21世纪经济科技快速发展、文化多元澎湃、新兴经济体崛起的背景下，许多文化产业园区和基地的发展，依托了信息化、智能化、网络化的技术平台，逐步把"集聚——开发创新活力"与"辐射——形成共享网络"结合起来，不断扩大掌控和组合资源的能力，正在向以实体载体为基础，以虚拟网络为辐射，以经济流量的集聚与升值为亮点的新模式发展。其主要特点是依托一定的实体型文化创意产业园区，结合无边界、国际化的虚拟性服务社区，通过一个迅速、畅通的交换传播数字化服务平台及交换网络,实现政、产、学、研和消费者的数字化高端融合,并且带动区域经济和社会的发展。比如:洛杉矶作为美国电影产业的主要集聚区,在大约100平方公里的范围内,汇聚了全球电影产业的主要跨国公司总部。其发展基本的轨迹是:从实体园区→虚拟网络→产业融合→区域带动而发展。

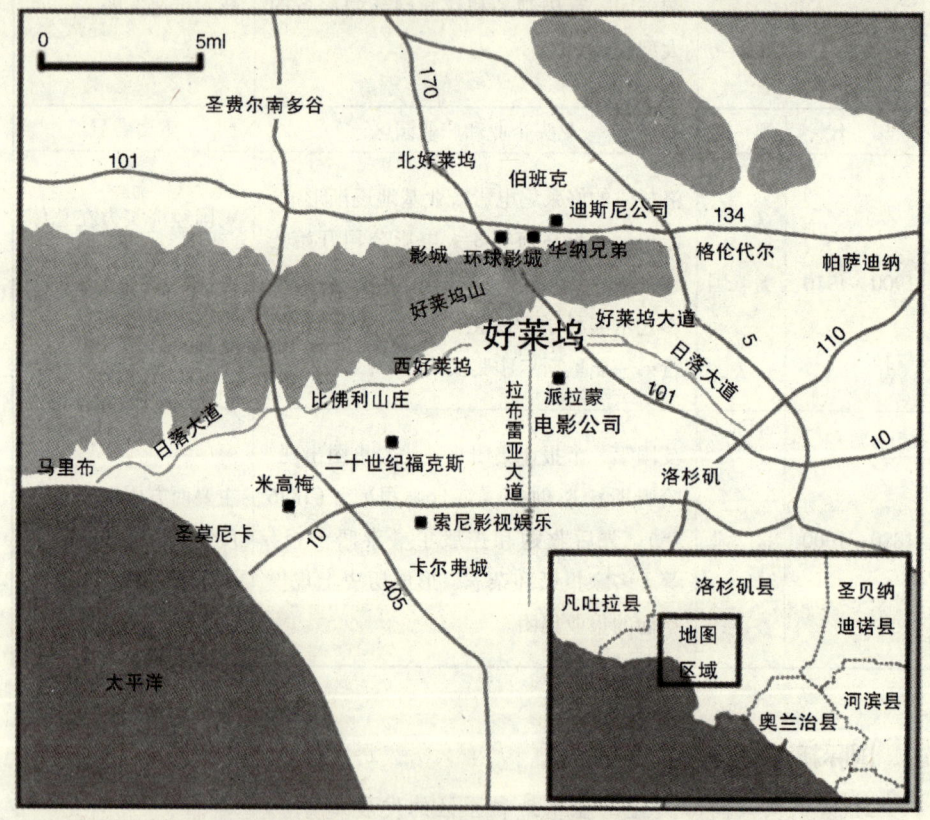

图4 好莱坞电影产业总部基地分布图①

根据李天铎教授等学者的研究:今天好莱坞集聚的电影产业集群,实际上成为一个以比较利益(comparative advantages)为准则,以垂直分工、水平整合、柔性组合、网络联系的集聚模式②。我们课题组在洛杉矶

---

① 此图由我们课题组根据在洛杉矶调研的材料绘制。
② 李天铎:《梦幻工厂或是创意集中营》,载《北大讲坛:全球视野下的产业融合与文化振兴》,金城出版社2010年版,第138~139页。

实地调研时感受到：好莱坞已成为一个巨型的总部基地"鸟巢"，比如：迪斯尼总部设在洛杉矶地区的伯班克，下属的迪斯尼创意公司，汇聚了创意开发、建筑、设计、产品、项目建设管理、技术研发等部门，成为一个文化、技术、管理、商务复合型的创意中枢①。迪斯尼公司的核心板块由影业娱乐、主题公园与旅游度假地、消费产品、传媒网络四大部分组成。迪斯尼每年在动画电影和电视、书刊等内容所创造的价值约为80亿美元，而后续主题公园、网络媒体、衍生产品等所创造的产业增加值则达到270亿美元，大大超过了内容原创的市场规模②。

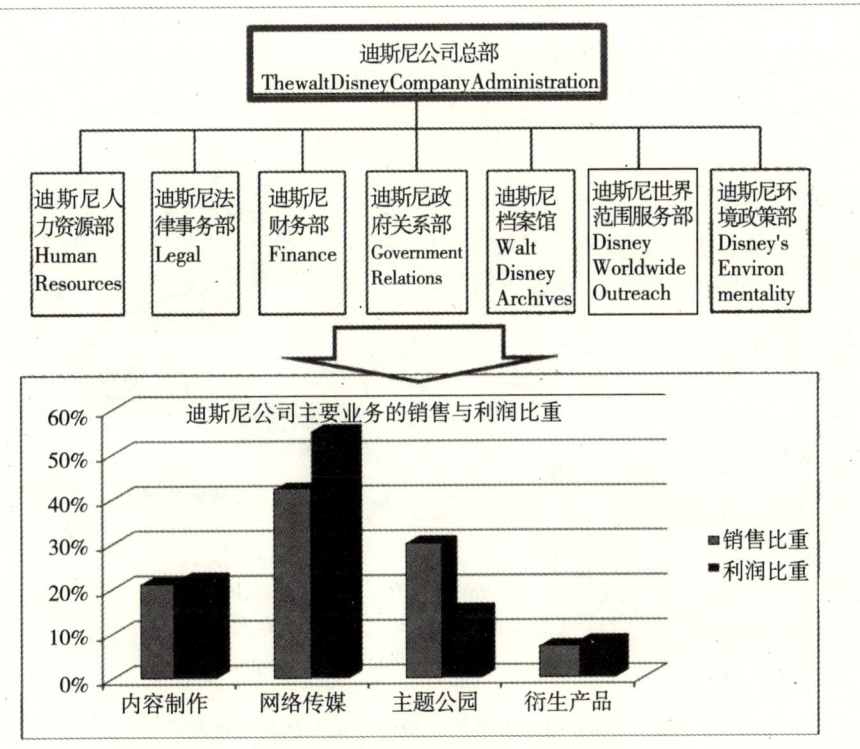

图5 迪斯尼总部管理架构与四大核心产业板块③

（二）推动新型城市化和城乡一体化的趋势

由于文化产业基地和园区主要是依托城市建立起来的，它们利用了城市的公共基础设施、工商业网络、集聚的市场活力、多元的文化传统、

---

① 《沃尔特·迪斯尼公司2009年年度报告》（The Walt Disney Company 2009 Annual Report）。
② 美国《财富》杂志2008年1月号。
③ 此图由我们课题组根据《沃尔特·迪斯尼公司2009年年度报告》和相关资料绘制。

大量流动的人口等，因此21世纪文化产业的基地和园区建设必然与城市化的浪潮，特别是城市的功能转型与再造紧密地联系在一起。文化产业的基地和园区发展，与社区的重建相互拉动，成为吸引知识型劳动者的"鸟巢"与"蜂房"，成为新型城市化的一个重要动力和活力表征。这是国际上文化产业基地和园区发展的又一个重要趋势。正如美国学者理查德·佛罗里达等人所指出的："地区的经济发展是由创意人所带动，他们喜欢住在多元化、包容力强、对新观念很开放的地方。多元化可以增加一个地方的吸引力，聚集各种不同技术与观念的创意人。各种创意人混合的地方，更能产生新的组合。此外，多元化加上集中，可以加速知识的流通；各种创意资本更加集中，就会带来更高的创新能力、高科技企业、新就业机会，以及经济成长。"①

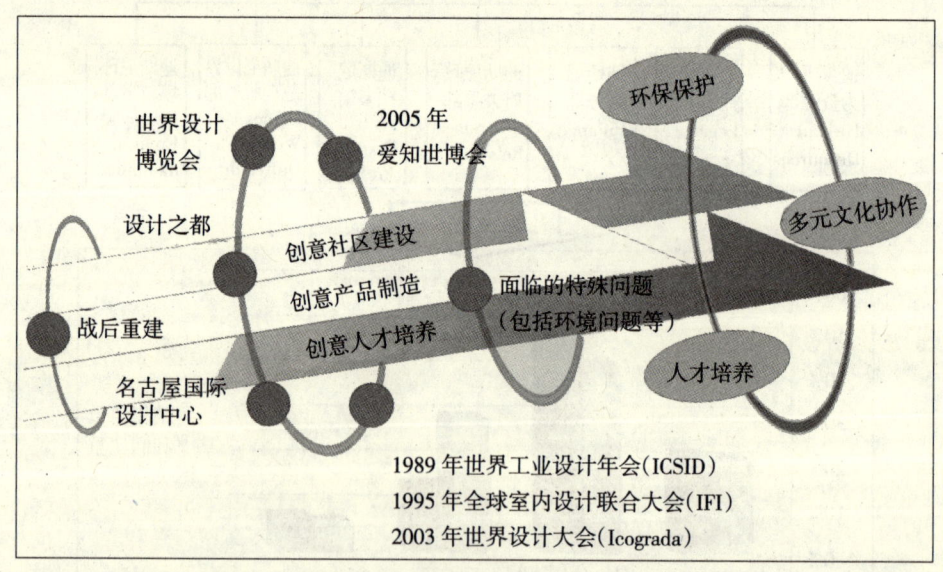

图6 名古屋建设世界"设计之都"的发展道路②

比如：日本名古屋是爱知县首府，人口约215万，是日本第四大城市，它在历史上有一段独特的城市化发展历程，史称"清州时代"。大约在400年前，名古屋一带逐渐集聚成市，特别是尾张地区的居民有三分

---

① 理查德·佛罗里达，傅振焜译：《创意新贵Ⅱ——经济成长的三T模式》，（中译本），（台湾）宝鼎出版社2010年版，第347页。
② 此图为我们课题组根据NAGOYA UNOSCO CITY OF DESIGN，CITY OF NAGOYA等文献绘制。

之一是德川幕府家族的分支，他们建设了著名的"名古屋城"，逐渐发展成为娱乐休闲业和精细制造业的集聚中心。世界上第一个可以上发条的玩具娃娃就诞生于此。经过战后的重建，名古屋建设者们追求一种"能唤起真正舒适和富裕感觉的"城市设计感。经过三个阶段的重建和发展，先后举办了多个在全球设计界有重要影响的会议：世界工业设计年会（ICSID，1989年）；全球室内设计联合大会（IFI，1995年）；世界设计大会（Icograda，2003年）等，形成了创意基地和项目的集聚发展。2005年，爱知世博会场址就位于名古屋车站20公里处。名古屋市在2007年被批准加入联合国教科文组织创意城市网络。

（三）结合低碳经济和产业转型的趋势

跨入21世纪以来，经济全球化不断推进，达到了新的高度。随着越来越多的国家进入工业化的进程，全球化带来的负面效应也越来越明显。美国、欧盟、日本等发达国家和组织率先推动的环保、节能、减排浪潮逐渐向全世界蔓延，欧盟在2009年4月2日正式公布"环保型经济"的中期计划，计划筹措1 050亿欧元的款项，在未来5年打造具有国际水平和全球竞争力的"绿色产业"，并且引领新一轮投资的增长，其核心是三大焦点：刺激经济，减少温室气体排放，提高能源安全。欧盟国家文化产业基地和园区的建设，与发展绿色产业和调整产业结构密切联系在一起，并且成为发展低碳经济的一个组成部分。这是国际上文化产业基地和园区建设的重要趋势。

德国鲁尔地区是这方面的一个典型案例。鲁尔区是德国北莱茵·威斯特法伦州西部的一个区域规划联合体，面积有4 400平方公里，包括53个中小工业城市，540多万居民。鲁尔区曾是德国最大的重工业区，以煤炭开采和钢铁生产为主要产业。20世纪60年代以来，鲁尔工业区遭遇了"煤炭危机"和"钢铁危机"，被迫致力于产业结构调整和改造。20世纪90年代后，工业区位竞争和低碳经济成为政府规划的主导思想。鲁尔区从矿区入手进行城市的功能改造，把绿化、居民中心、物流中心、工商业街区、创意园区等大小100多个项目像拼图游戏一般散布在埃姆舍尔地区的17个大小城市。"国际建筑展览埃姆舍尔公园"项目在欧洲被视为工业稠密区在产业转型和生态发展方面的一个重要模式。这里的"矿业同盟"曾经是世界上规模最大的煤矿，被鲁尔人改造成为一个活的产业博物馆和文化创意集聚区。2001年，"埃森矿业同盟"被联合国教科文组织列入世界文化遗产名录。德国学者朱廉·维克（Julian Wékel）在总结鲁尔地区通往可持续性城市规划之路的十五条经验时强调指出[①]：包括文化和创意产业在内的开发，是鲁尔地区可持续发展一部分。其发展的关键是：多样化的包容和有机的平衡。文化和创意产业园区不是孤立的空间，恰恰是城市全面社会改造的可持续发展的一个组成部分。

（四）提炼人文精神与充实文化内涵的趋势

通过文化产业基地和园区的建设，进一步提升人文精神和文化内涵，传承和提炼城市和区域的文化传统和文化品位，体现文化对于人类精神世界的丰富和引导作用，遏制"城市病"的负面影响，这是国际上文化产业基地和园区建设的一个重要趋势。根据美国人口咨询局数据，2005年世界城市化水平为48%，发达国家和地区为77%，北美、西欧、澳洲发达国家城市化水平均处在73%～79%之间。为了重塑对人才的吸引力，满足社会与多元文化发展的同步协调，许多发达国家出现了顺应城市功能的再造和转型，把艺术创造、创意开发和园区建设相结合的趋势。

英国的格拉斯哥市（Glasgow）是通过文化艺术的集聚，带动老城市复兴，增强人文精神和文化内涵的典型代表。格拉斯哥位于苏格兰中部，市区占地198平方公里，作为英国第三大城市和全英重要交通枢纽之一的格拉斯哥，同时也是苏格兰最大的工商业城市、港口和英国造船业中心之一。在1903年的全盛期，全球1/5的船只是由格拉斯哥的造船厂建造的。20世纪后期，由于传统工业的衰败，格拉斯哥开始盛极而衰。市区制造业岗位从1971年的30万个锐减到1985年的9.5万个。有鉴于此，格拉斯哥提出了"格拉斯哥更美好"（Glasgow's miles better）的城市新形象口号，格拉斯哥市政厅确立了新的城市发展战略——"将艺术作为推动都市重生的催化剂"，恢复了皇家苏格兰国家剧场、苏格兰歌剧院、格拉斯哥皇家音乐厅、公民剧院、Burrell展览馆、现代艺术美术馆和St. Mungo宗教生活及艺术博物馆等，形成了格拉斯哥文化产业的战略框架，形成了品位比较高的文化艺术集聚区[②]。它们集中表达了苏格兰的人文精神[③]，也就是苏格兰学者称之为"苍凉高原上的自由、勇敢和高贵的

[①] 朱廉·维克（Julian Wékel）：《任务的转变，规划实践的转变 通往可持续性城市规划的路，北威州的案例》（在"鲁尔对话上海2010年世博会"论坛上的演讲）2010年9月。
[②] Steve Incn: *GLASOW: The Creative City and its Cultural Economy*, Creative Clusters 2008.
[③] 以风笛演奏的名曲《苏格兰勇士》，曾经作为奥斯卡获奖电影《勇敢的心》的插曲，即以"苏格兰苍凉高原上的自由、勇敢和高贵的灵魂"而著称。

灵魂",加强了居民和从业人员对格拉斯哥和苏格兰的文化认同。

如美国学者亨廷顿所指出的,"文化认同对于大多数人来说是最有意义的东西"。不同民族的人们常以对他们来说最有意义的事物来回答"我们是谁",一旦民族和国家面临时艰,就会感同身受,集体奋起。对于欧洲国家来说,弘扬欧洲文化的意义更具有推进欧洲一体化进程和当代文艺复兴的重大意义。1990年,格拉斯哥成为欧盟评选的英国第一个"欧洲文化之都"①。1999年,格拉斯哥又赢得了"英国建筑和设计之城"的荣誉,还被冠名为"北方的摇滚城市"。2008年8月21日,联合国教科文组织批准格拉斯哥成为"全球创意城市——音乐之都"。

三、中国趋势
——中国文化产业基地和园区建设的成果与作用

(一) 文化产业基地和园区的总体面貌

作为一项规模化的现代产业建设,中国文化产业主要是从20世纪90年代开始迅速发展起来的。中国文化产业示范基地和示范园区的建设,与中国文化产业的发展阶段密切相关。中国文化产业增加值从2000年前的不足1 000亿元,提升到了2009年的8 400亿元,年均增幅达到22%以上,高于国民生产总值的平均增幅②。

中国文化产业总体规模的增长,必然要求产业主体和产业载体在数量和质量上的跨越式增长。根据2008年第二次全国经济普查的资料,截至2008年底,我国文化及相关产业(以下简称为文化产业)共有法人单位46.08万个,非法人单位2.43万个,个体经营户49.69万户③。以100万户法人单位和个体经营户计算,平均每户创造增加值76万人民币,每户创造产值在300万左右,是一个以中小型企业为主的群体。要在尽可能短的时间内,从质量上和能级上提升如此巨大数量,而且是以中小型企业为主、规模普遍比较弱小的企业群体,就要从战略层面上进行宏观

---

① 随着20世纪90年代初"冷战"的结束,欧洲的一体化步伐明显加快,1991年《马斯特里赫特条约》的签订和欧洲联盟(简称"欧盟")的正式成立,是这一发展趋势的必然结果。欧盟国家推动文化建设,既受到欧盟委员会文化政策的直接影响,同时又在欧洲的文化整合方面促进了欧洲的一体化进程。正是在这个背景上,1995年欧盟发起评选"欧洲文化城市"和2004年欧盟正式发起评选"欧洲文化之都"。格拉斯哥市获评"欧洲文化之都",正是这个一体化趋势的成果和标志之一。(参看花建等著:《文化金矿》,台湾帝国文化出版社2005年修订版)。
② 2009年全国文化产业增加值达8 400亿元左右,比2008年现价增长10%,约占全国GDP的2.5%。(参看《我国文化产业亮"家底"》,载《深圳特区报》2010年5月15日第1版)。
③ 国家统计局:《2008年我国文化产业发展情况的报告》,国家统计局网站。

规划,发挥中国文化产业园基地和园区的引领和示范作用。

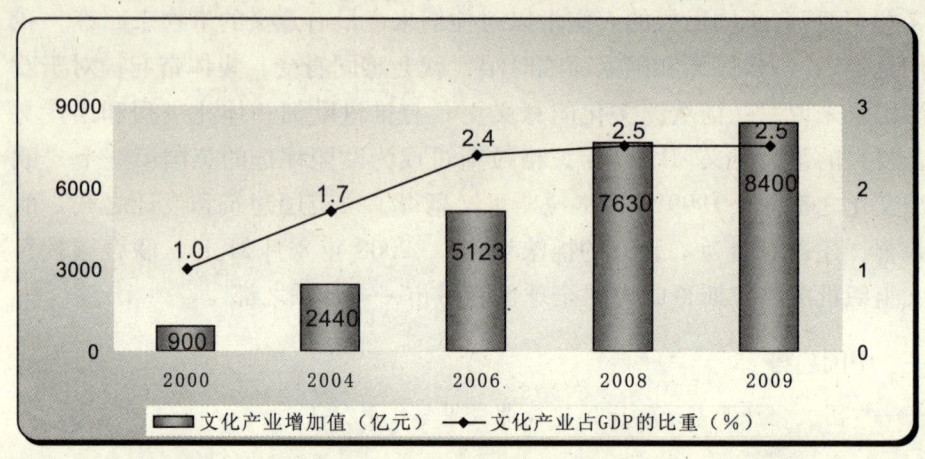

图7 中国文化产业增加值和占GDP的比重(2000—2009)①

从2004年开始,文化部开始实施文化产业示范基地和示范园区的评选和推介工作,先后评选出了四批共204家国家级文化产业示范基地,两批共4家文化产业示范园区,文化部在《国家级文化产业示范基地评选办法》中指出:"文化产业示范基地"主要是指具有示范意义的优秀企业,特点是"为积极培育市场主体,增强微观活力,通过先进文化企业的示范、窗口和辐射作用,引导促进我国文化产业持续健康快速发展,不断提高文化产业的总体实力和竞争力";《国家级文化产业示范园区管理办法》中指出:"文化产业示范园区"是指"进行文化产业资源开发、文化企业和行业集聚及相关产业链汇聚,对区域文化及相关产业发展起示范、带动作用,发挥园区的经济、社会效益的特定区域"。

在国家级层面评选和推动文化产业示范基地和园区建设的同时,各有关省市区也提出了发展省市区级文化产业示范基地和示范园区的举措。比如,从2009年开始,上海市以"管理规范、特色鲜明、产业集聚、功能突出、贡献显著、品牌知名"为标准,从政府已经授牌的80多家创意产业集聚区中评选出15家示范创意产业集聚区②。2010年1月,国家主席胡锦涛亲临视察八号桥,鼓励从业人员要进一步做好园区规划,不断

---

① 此图由我们课题组根据国家统计局公布的有关信息绘制。
② 《上海创意产业发展报告2010年》(单行本)。

完善服务体系，努力营造创新氛围。

又比如，《广东省建设文化强省规划纲要（2010—2020年）》要求建设好羊城创意产业园、珠影文化创意产业园、南方报业传媒文化创意产业园等；要求珠海、佛山、中山、江门、东莞等市重点建设一批以文化创意、工业设计、影视制作、工艺美术、音像电子等为内容的产业园区。可以说：经过近20年的发展，中国文化产业已经形成了以国家级文化产业示范基地和园区为龙头，以省市级文化产业基地/项目和园区为骨干，推动文化产业市场主体壮大的格局。

（二）文化产业基地和园区的地域分布

由于中国是一个发展不平衡的大国，各地发展文化产业基地和园区的规模、种类和质量，形成了很大的区别。我们对204家国家文化产业示范基地作了分类研究，根据各个基地已经颁布的主营业务，参照国家统计局《文化及相关产业分类》的通知等有关文件，分为九大类。

表2　国家文化产业示范基地分类统计表

主营业务	第一批	第二批	第三批	第四批	小计
新闻服务	0	0	0	0	0
出版发行和版权服务	5	6	3	12	26
广播、电视、电影服务	0	0	0	1	1
文化艺术服务	12	6	19	8	45
网络文化服务	1	2	1	2	6
文化休闲娱乐服务	16	7	17	18	58
其他文化服务	1	2	1	2	6
文化用品、设备和相关文化产品的生产	6	9	15	25	55
文化用品、设备和相关文化产品的销售	1	1	3	2	7
小计	42	33	59	70	204

从国家文化产业示范基地的业务分类上看，九大类的比重很不平衡，

其中数量最多的是文化休闲娱乐服务，以旅游文化服务和娱乐文化服务为核心，总数达到58家，占所有示范基地的29%。文化用品、设备和相关文化产品的生产类基地数量占第二位，反映出我国作为世界的制造业大国，在印刷、包装、文化用品生产等方面具有成本低廉的竞争优势。该类基地有55家，占总数27%。排在第三位的是文化艺术服务，此类型范围较宽、服务种类较多，共有45家，占22%，以上三类的基地共计158家，占据所有基地的半数以上。而国家文化产业示范基地中数量最少的四类分别是：新闻服务，广播、电视、电影服务，网络文化服务和其他文化服务。尤其在互联网信息服务和文化艺术商务代理服务等板块，累计只有13家，仅占总量的6%。

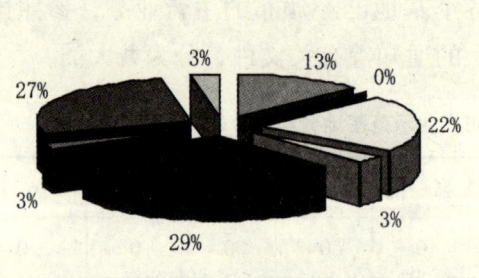

图8 国家文化产业示范基地分类示意图

从国家文化产业示范基地的地域分布上看，各地经济和文化的发达程度与拥有示范基地的数量正相关。在全国31个省市自治区中，广东、四川、北京、上海、江苏、浙江、辽宁7个省市各拥有10家以上示范基地，广东省的规模最大，拥有19家示范基地，是宁夏等省市区数量的近10倍。

表3 国家文化产业示范基地地域分布统计表（一）

地域	第一批	第二批	第三批	第四批	合计
北京市	6	2	2	7	17
上海市	4	2	2	2	10
天津市	1	0	2	3	6
重庆市	0	1	2	1	4

续 表

地域	第一批	第二批	第三批	第四批	合 计
河北省	1	1	2	3	7
山西省	1	1	1	2	5
辽宁省	3	2	3	2	10
黑龙江省	1	0	2	2	5
江苏省	2	2	3	3	10
浙江省	3	1	3	3	10
安徽省	1	1	1	3	6
山东省	1	1	3	3	8
湖北省	1	1	1	2	5
湖南省	2	0	2	2	6
广东省	5	3	5	6	19
广 西	2	0	1	1	4
四川省	4	4	3	1	12
云南省	2	1	2	1	6
甘肃省	1	1	1	1	4
青海省	1	1	1	2	5
内蒙古	0	1	1	2	4
吉林省	0	1	3	2	6
福建省	0	1	1	3	5
江西省	0	1	1	2	4
河南省	0	1	3	3	7
贵州省	0	1	1	1	3
陕西省	0	2	3	3	8
海南省	0	0	1	1	2
西 藏	0	0	1	1	2
宁 夏	0	0	1	1	2
新 疆	0	0	1	1	2

从国家文化产业示范基地的四大区域分布上看，东部地区占有94家，占全国的44%。中、西、东北部地区发展文化产业晚于东部沿海地

区,许多企业考虑到国际化程度、交通运输、生产物资、人才资源、消费市场等方面条件,仍然倾向于在东部设立产业基地。西部地区共有56家基地,占比27%,刚刚超过东部沿海地区的半数。东北地区和中部地区的基地数量分别是21和33家,分别占全国的10%和16%。

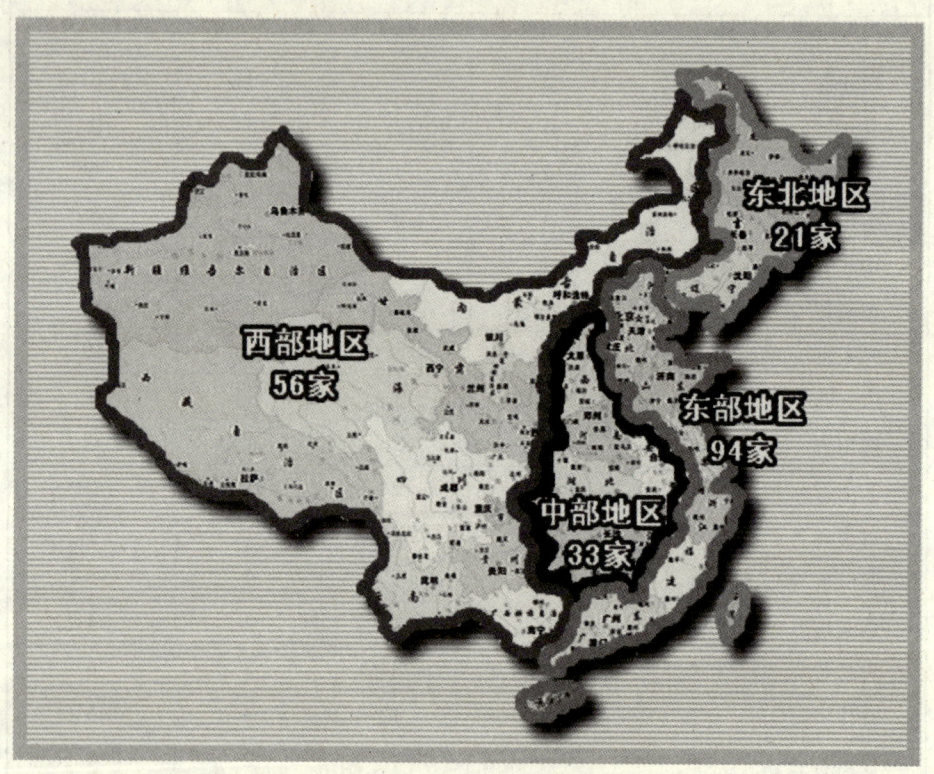

图9 国家文化产业示范基地区域分布简图①

表4 国家文化产业示范基地地域分布统计表(二)

	第一批	第二批	第三批	第四批	合 计
东部地区	23	13	24	34	94
东北地区	4	3	8	6	21
中部地区	5	5	9	14	33
西部地区	10	12	18	16	56

① 此图由我们课题组根据国家文化产业示范基地的资料绘制。

从更大的统计范围看，根据2009年春夏北京大学文化产业研究院的一项调研，全国共建立获得中央政府和地方政府授牌和批准的各类文化产业园区553个[①]，包括国家部委颁布的国家级园区27家，分布在华东、华南、华中、华北、东北、西南、西北、北京8个地区。其中长三角、珠三角、京津地区是文化产业园区数量最为集中的三大"高地"，特别是包括长三角在内的华东地区有343处，占全国的62%，包括国家级文化产业园区12家，占全国的44%，长三角文化产业的集约程度比较高，特别是科技研发型、产业升级型的园区比较集中，而西北、西南地区则是文化产业园区稀缺的"凹地"，总共有14处，占全国的2.5%，包括国家级园区4家，占全国的14%，而且主要是利用自然和历史遗产、民间工艺产品制造型的园区，说明当地的文化产业的集约程度比较低。华中和东北地区各自拥有1家国家级园区，所以有中部地区的学者不无担忧地提出了文化产业的"中部地区的制度性塌陷"问题[②]。

(三) 文化产业园区的八大类型模式

跨入21世纪以来，中国文化产业园区已经创建了八大类型模式，显示了文化产业园区的多样示范作用。

1. 科技研发型

这一类文化产业园区，顺应了当代科技进步和发达地区迎接知识经济的潮流，建立了功能强大的产业公共服务平台，以"科技研发+创业投资+文化社区"的培育模式，在短时间内培育出国家级和国际级的龙头企业和产业集群，是中国文化产业发展中最有创新活力的发展载体。张江文化产业园区是典型代表，其特色是：

（1）以科技研发为强大动力，探索出一条融科技创新、文化原创、时尚生活于一体的科技型文化产业园区发展路径。张江文化产业园区瞄准国际前沿，确定以动漫、游戏、数字内容、新媒体等四大科技含量高的领域为发展重点，打造具有"创新服务、创意科技、创业精神"的品牌，集聚了一大批科技先进、运营高效、具有技术和内容领先性的企业，如盛大游戏、盛大文学、网易、第九城市、聚力传媒PPLive、河马动画、新华e店、四元数码、盛秦软件、沪江网等，成为产业发展的主力军。

---

① 北京大学文化产业研究院学术研究部：《文化产业园区调研成果汇报——在2010年中国文化产业新年论坛上的演讲》。
② 傅才武：《中西部文化产业的发展——在2011年中国文化产业新年论坛的演讲》。

（2）以服务平台体系为支撑，形成了"构建产业环境、创新整体服务，集聚产业集群"的孵化作用和集聚效应。张江文化产业园区把打造平台系列作为重中之重，发挥"孵化—集聚—倍增"的效应，形成集聚众多市级文化产业公共服务平台的张江文化公共服务体系，形成适合文化产业持续发展的创意社区和良好环境。

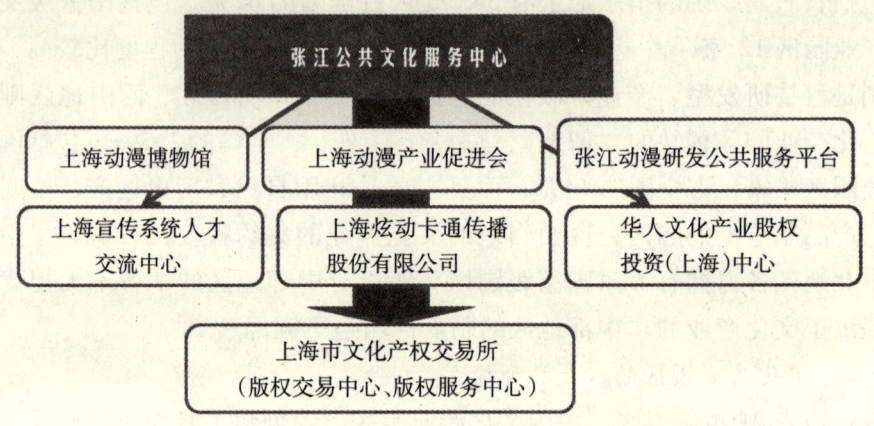

图10　张江文化产业园公共文化服务中心主要架构①

（3）以创新金融服务为契机，开展了多种文化产权交易，为企业的发展提供良好的市场环境和发展动力。张江在全国率先投资创设东方惠金文化产业投资公司，组建东方惠金投融资和担保服务平台；华人文化基金着眼于重大文化产业项目投资，将成为推动国内文化产业跨越式发展的重要战略投资者；张江科投等专业投资机构，红杉资本、软银中国等海内外专业风投机构，盛大18基金、九城等产业龙头，以及众多的私募股权基金，也聚焦张江文化产业投资，张江先后集聚国内外风险投资达50亿元，凸显了金融、贸易对文化产业发展与繁荣的支持。

（4）以领先的项目和服务模式为亮点，对海内外形成规模优势和辐射效应，张江文化产业园区的综合效益明显提升，总产值在2009年达到90亿元，其中网络游戏产业占全国10%，动漫产业占上海产业规模的70%，数字内容产业占全国市场10%；互联网视频直播产业占据全国市场70%，张江文化产业园区总产值在连续保持年均30%增长率的基础上，2010年的总产值突破120亿元，平均每平方米的产值达到60万元。

---

① 此图由我们课题组根据在张江文化产业园实地调研的材料绘制。

2. 创意社区型

这一类文化产业园区，顺应了中国城市化的浪潮，依托原有的厂房街区和周边产业，以文化主题空间的设计引领社区的改造，组合了创意研发企业、专业工作室、会展设施与专业公司、市场中介机构、娱乐休闲场所、公共艺术等，形成了多种专业交叉、多元文化包容的创意社区，成为塑造城市文化功能的核心地区，对于中国的城市化进程，产生积极的推进作用。深圳华侨城和F518时尚创意园是典型代表。

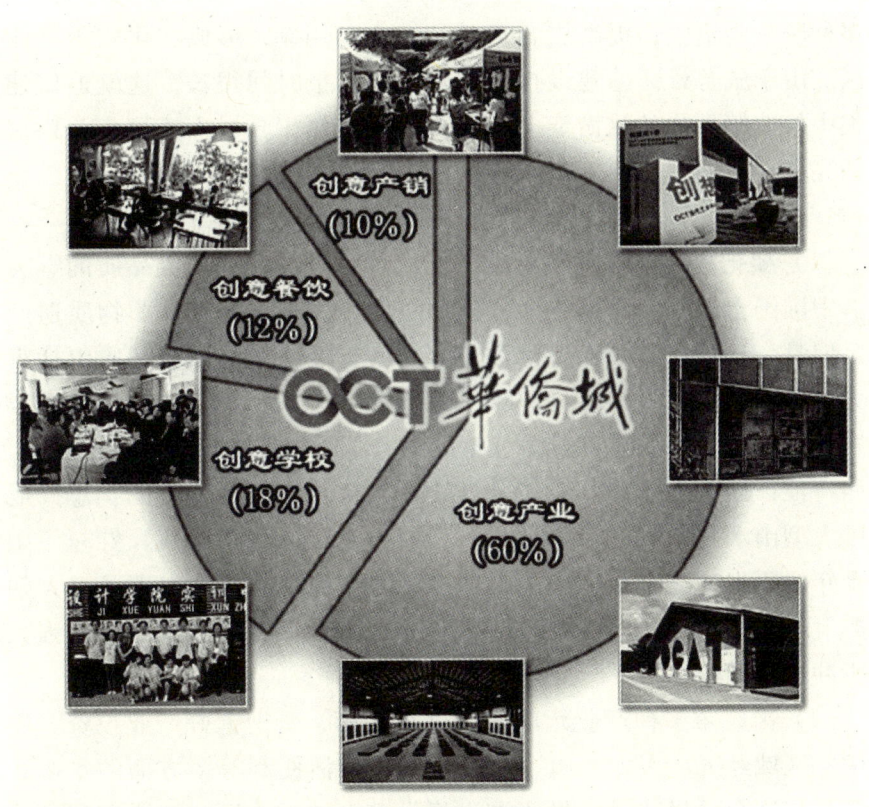

图11　华侨城创意文化园多元组合示意图

华侨城创意文化园位于深圳华侨城原东部工业区内，分为南北两区。2004年起，华侨城地产以LOFT为启动，促进深圳华侨城东部工业区厂房建筑向以创意产业为主体的新空间形式转换。如刘付志明先生所说：

它通过对华侨城东部工业区的工业建筑进行重新设计和改造，突出了"全面社会过程"，营造出了一个融合"创意、设计、艺术"的创意产业基地①。首期项目进驻创意机构近 30 家，汇聚了艺术、设计、传媒、广告、餐饮、培训等诸多创意服务机构。这使我们联想起王中教授所说的：这种复合型的创意社区和文化产业集群，"是渗透到人们日常生活的路径与场景，通过物化的精神场和一种动态的精神意象引导人们怎么看待自己的城市和生活"。②

3. 旅游演艺型

这一类文化产业园区，是以文化主题为引领，以旅游演艺为主体，以多种服务为组团，提高旅游资源的综合利用率，形成文化旅游产业集聚区。由于旅游景区的建设投资比较大、回报时间很长，这就迫使建设者集中打造精品化的旅游演艺项目，成为投资聚焦、人流聚焦、票房聚焦的亮点。阳朔《印象·刘三姐》、泰安《中华泰山·封禅大典》、杭州《宋城千古情》等是它们的典型代表。其重要的规律在于：

（1）要把核心内容做成精品，形成具有唯一性和顶级品质的魅力资源。中国国土辽阔，历史悠久，各种景观、民俗、节庆和非物质遗产很多，但是，只有经过提炼与整合，形成具有唯一性和顶级品质包括审美魅力、独特个性、引领时尚、现场震撼力的资源，才能称为魅力资源。阳朔《印象·刘三姐》在艺术元素的组合上，根据时代特点、中国特色、广西特征，创造性地采用了"全景式，大舞台，总调度"的构思，成为中国大型山水全景演出的首创之作。《中华泰山·封禅大典》穿越了中国五千年的历史时空，在中华圣山——泰山之麓，艺术地表现了五大朝代（秦、汉、唐、宋、清）的市井民俗文化和王朝更新场景，形成了强大的视听冲击力和震撼力。

（2）要注重多种产业元素的组合与平衡，要把握好产业投资、生态保护、区域经济、人力资源、人民收入、生活便利等多方面的平衡。这对于参与这个项目建设的投资方、建设方、地方政府、社区治理、民众素质等都提出了很高的要求。作为大型项目，参与各方往往存在利益的冲突，关键是建立利益的博弈和平衡机制。《印象·刘三姐》有一个独特

---

① 刘付志明：《生长与互动——创意文化园的发展研究》，载《北大讲坛——全球视野下的产业融合与文化振兴》，金城出版社 2010 年版，第 111~113 页。
② 《王中专访：大哥的明月》，载《公共艺术的制度设计和城市形象塑造：美国·澳大利亚》，学林出版社 2010 年版，第 42~43 页。

的产业"增长极"和"孵化器",即张艺谋漓江艺术学校。剧组还从附近的木三村、猫仔三村和田家和村等地,引入了400多名水上操作经验丰富的渔民参与演出,形成观光、体验、商务等组合和社会主体共享的利益机制。

4. 影视服务型

　　这一类文化产业园区,是以影视制作服务业为核心,依靠影视作品的品牌效应和魅力元素吸引大批人流和商机,形成前后左右拉动的产业链和产业集群。由于影视制作服务业具有市场波动大、投资规模大、回报时间长、竞争激烈的特点,所以,这些园区同时发展两种文化服务业:生产型的文化服务业是利用完善的影视产业配套服务体系,为剧组提供"场景搭建、道具制作、演员中介、餐饮住宿"的一条龙服务;消费型的文化服务业是利用影视剧拍摄的外景和内景,开发参与型的文化消费项目,吸引大量的旅游客源。横店影视城是就以服务于全国乃至全球的影视拍摄为基石,展开"上游的影视制作产业+下游的影视旅游产业"的延伸发展。

图12　横店影视城文化产业链示意图①

---

① 此图是由我们课题组根据在横店调研的有关材料绘制。

它突出生产型服务的高质量、低成本、全过程、零缝隙的上游影视制作产业，积极引入影视制作服务产业各个环节上的开发商、服务商和配套商。在影视制作公司方面，横店影视城已吸引了 276 家各类影视文化产业相关的公司入驻，从事包括创作、拍摄、制作、加工、发行等影视制作各个环节的工作，其中包括华谊兄弟、香港东方娱乐、天润影视等一批知名企业。它集聚的服务企业越是多样，提供的服务越是完备，园区内企业集群的"聚宝盆效应"越是明显。

5. 民俗体验型

这一类文化产业园区，是以历史传承的美食、民俗、古城、民居、特产、风情、节庆等资源为基础，吸引大量企业入驻开发，成为文化消费型的园区空间以及整个区域进行文化开发的主导意向和核心载体。民俗体验型园区依托于改造后的古城、街区、寺庙、民居等资源，使历史传承的遗产获得有形的载体，而创新的活力，又依托于古老的文脉而获得深厚的基础。2010 年 2 月，获得联合国教科文组织创意城市"世界美食之都"称号的成都市所辖的多样化文化产业园区，就是典型的案例。

成都以传承、激活、嫁接、融合等多种形式，提炼历史和民俗资源，并且与一、二、三产业形成有机的融合。这些基地和园区通过文化元素的渗透，"使软的产业变硬，让硬的产业变软"，让文化的元素附加物质的承载，以更高的价位和更畅销的方式推向市场。成都是一座有四千五百年历史的古城，也是中国四大菜系——川菜的发源地，拥有美食、音乐、建筑、戏剧、文学、工艺、名人等极为丰富的文化资源。成都市从依托武侯祠等开发"锦里一条街"，到依托郫县"成都川菜博物馆"而形成的美食文化休闲集聚区，从弘扬古琴文化、三国文化、宗教文化到建设情景交融的诗歌公园，都汇聚了丰富的创意。比如：成都人在 2006 年 10 月至 2007 年 3 月举行首届"中国成都鱼文化节"，成为中国第一个以"鱼文化"为主题的大型都市文化美食节。

成都的文化产业园区，以各种让人喜闻乐见的艺术、场景、符号、节庆形式，来强化人们对成都历史和民俗文化的认同，把文化产业的集聚区发展成为融文化体验和商业营销于一体的体验场。比如：相传是两千年前司马相如夫妇卖酒、奏琴和作诗的琴台路，被今天的成都人开发成为一片充满文学意味和创意魅力的美食旅游集聚区，所有的建筑和空间细节，都渗透了蜀汉文化的内涵。如"凤求凰"、"诗碑墙"、"石琴"

这三件雕塑，再现了司马相如和卓文君之间的爱情故事；琴台路的路面由青石铺就，两侧各一条"浮雕盲道"，由926块汉画像构成，反映了汉代生产劳动、居室生活、神话传说、车马出行、乐舞百戏的盛世场景。

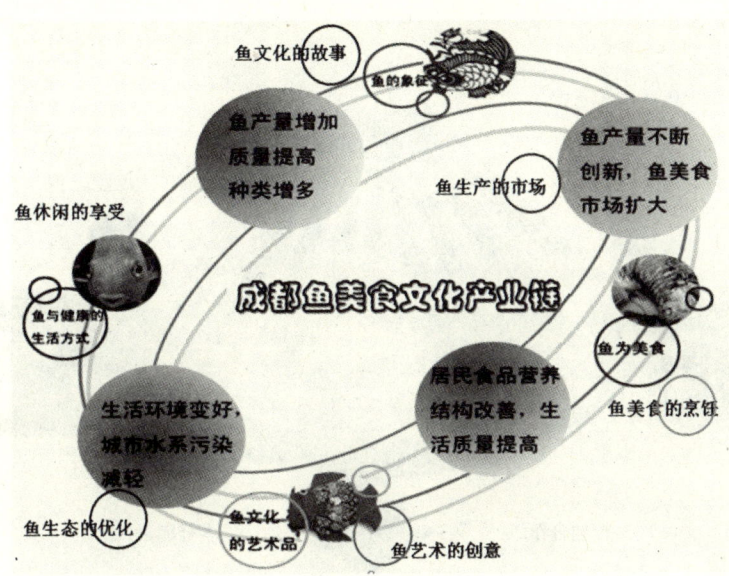

图13　美食之都——成都鱼文化美食产业链示意图①

6. 院校—地区合作型

这一类文化产业园区，是以若干个具有强大科技研发能力和人才培养能力的院校为核心，与周边地区的产业和生态相结合，以它们作为"知识源"的开发、扩散和溢出效应为基础，推动产学研合作的成果转化机制，同时派生和吸附大量企业，作为创意和创新成果的转化和衍生开发基础。它的特色是：

（1）发挥院校的文化创意和产品开发能力，加强与周边环境的配套与协作。校园创意与周边环境，往往如同黄金与翡翠一样，因为本质的差异而难以融合。如果开发出多种多样的衔接方式，就有可能形成产业的引爆点和孵化器，这就如同黄金和翡翠结合后的"金镶玉"首饰，成为价值连城的高端材料。位于西湖之滨的中国美院就创造性采用了九种

---

① 从2007年开始到2010年，我们课题组承担了成都市申报联合国教科文组织创意城市申请报告的工作，并且在2008年3月赴联合国教科文组织总部进行陈述。该申请报告获得联合国教科文组织批准，成都在2010年2月成为亚洲第一个全球"美食之都"。此图由我们课题组根据在成都调研材料所绘制。

校地对接的形式,包括建设艺术家集合村、创意研发中心、创意培训中心、工业和建筑设计公司、工程监理公司、乡村创意社区、多媒体制作公司、策展人/展览公司和艺术品中介公司,探索出一条因地制宜的产学研合作路径。

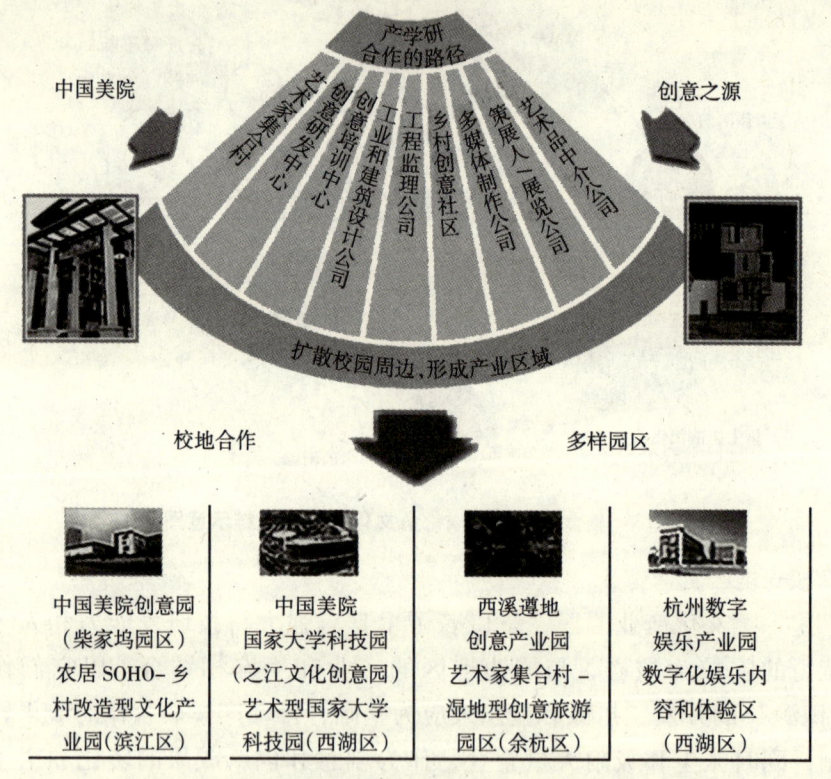

图14　中国美院文化创意产业园区九种动力结构示意图①

(2)建设校地合作型的文化产业园区,必须因地制宜,推动产业生态、业态和形态的综合创新。杭州素有"人间天堂"的美称,杭州又是中国民营经济最发达的经济中心之一。之江文化创意产业园根据这一特点,由西湖区、之江国家旅游度假区和中国美院等共同建设,使石龙山沿线的山林水域得到再利用。而在冠山以南,则将原来柴家坞的39幢农民住房改造,依托中国美术学院创意园柴家坞园区,以还原、嫁接、唤

---

① 此图由我们课题组根据在杭州调研的材料绘制的。

醒、融合四种乡村改造的策略，建构"宜业、宜居、宜游、宜文"的农居 SOHO，使千年白马湖成为历史与创意邂逅、农居与智脑约会共融的创造家园。

7. 产业链集合型

这一类文化产业园区，是以某一个主导产业和龙头企业为主干，吸引上下游企业集聚，形成前后联动的产业链，并且横向联系相关的服务商和配套商，形成规模性的产业集群。这类园区的关键是形成"节点"和"网络"的配套关系，并且以设计研发和营销服务为产业链"微笑曲线"之高附加值的两端，以此来带动全产业链的效益提升。虽然园区的空间有限，但是它可以成为一个现代服务业网络的关键节点，以高质量的创意服务，为周边的制造业和服务业提供强大的核心内容和附加值。

产业链集合型园区的建设，顺应了当地产业转型和升级的迫切需要，是文化的"产业化"和产业的"创意化"双向合力的结果。比如，顺德工业设计园（北滘），发展成为国家工业设计与创意产业（顺德）基地，再发展成为广东工业设计城，就是一个典型的案例。以"可怕的顺德人"而著称的顺德，是闻名海内外的制造业中心和大规模的市场物流中心。即使在世界金融危机冲击的 2009 年，顺德区 GDP 仍然高达 1 711 亿元，增幅达 14% 以上[①]。顺德人清醒地意识到：必须以创新来推动产业转型，从"顺德制造"向"顺德创造"和"顺德智造"发展。有鉴于此，顺德北滘镇大力发展工业设计，集聚了来自北京、深圳、成都、香港、广州、意大利、德国、日本、韩国等地 50 余家工业设计公司，入园设计师超过 500 人。

产业链集合型园区的建设，是一个不断从低端向高端提升创意设计能力的过程。从全球来看，发达国家占有设计产业的主要优势，中国作为新兴经济体，正在不断追赶世界潮流。广东工业设计城，顺应了中国从制造业大国走向创新大国的趋势，努力推动顺德工业设计形成专业化、国际化的产业集群。2009 年 9 月，顺德区政府与广东省经信委签订合作协议，以"省区共建"模式，计划在 3~5 年时间内，形成珠三角最具特色的工业设计专业化、高端化、国际化外包服务型产业集聚区；实施以新产业带动新人群，新人群带动新城市，促进新镇域的"二次城市化"进程。它先后获得"国家工业设计与创意产业基地"等称号。

---

① 佛山市人民政府办公室：《佛山 2010 年》。

8. 艺术家集合村型

这一类文化产业园区，是以优良的生态环境和宽松的创作空间，特别是以便宜的房租、良好的服务、就近的市场，吸引艺术家及其文化艺术生产机构集聚，成为融艺术创作、会议展览、交易交流、观赏体验等于一体的产业集聚区。这一类园区发展的关键，是形成从艺术开发、商品生产、流通营销到观光旅游等的产业链，使得艺术家集群通过与市场的紧密对接，形成艺术生产的良性循环。北京宋庄、深圳大芬村、北京798艺术区、余杭西溪湿地艺术家集合村等是这方面的典型代表。

艺术家集合村型产业园必须适应艺术家创作和生活的规律，既要尊重个性化、创意型、多样化的要求，突出"非诚勿扰"的私密和融洽，又要提供规模化的公共服务平台，建立与艺术品市场的对接，营造良好的自然和创作生态。比如，宋庄是艺术家集合村型园区的代表之一，其对自身的定位是：能为首都城市能量转型提供新的兴奋点和附加值，以呼应国家软实力建设和输出的号召。在宋庄原创艺术集聚区的成形期，凭借宋庄镇小堡村便利的交通条件和低廉的生活成本两大优势吸引了一大批艺术创作者。随着艺术家集聚规模的不断扩大，集聚区的功能也开始从单一的居住功能向外延伸，逐步发展为容纳了千余名从事文学、绘画、雕塑、音乐创作的原创艺术家、批评家以及经纪人等的综合艺术集聚区，形成一个产值3亿元以上，集现代艺术作品创作、展示、交易和服务的艺术品市场体系。

艺术家集合村型产业园要在艺术家的集聚和市场网络的连接这两个方面保持必要的张力和弹性。艺术家的创作过程是拒绝非艺术因素包括交易活动过多干扰的，也希望有适应创作心态的宁静、专注、生态、自然的环境；而作为产业园又必须与海内外艺术市场保存着敏锐的衔接，需要有市场号召力的领军人物和市场服务机制。把握这种辩证的对立统一，正是艺术家集合村型产业园的奥秘之所在。比如，以电影《非诚勿扰》外景地著称的杭州余杭区，建立了四大创意产业基地，形成"一核两带四地多园区（1+2+4+X）"的文化产业空间结构。这里是千年人文脉络、湿地生态景观、古老运河水韵、产业集聚园区、艺术人群家园的交汇之处。五千年的良渚玉文化就在这里萌芽和传承，古老的京杭大运河在这里流淌，海上画派创始人之一的吴昌硕等人的梅花草堂在这里吸引游人。考虑到历史、艺术、生态、时尚、产业的集聚对艺术家集聚带来的最佳效果，余杭区建立了创意良渚、创意临平、创意径山、创意西溪四大省产业基地，而且在西溪湿地的核心地带建立了西溪创意集合村，逐渐形成文化产业人才高地和湿地型创意旅游园区的双重发展模式。

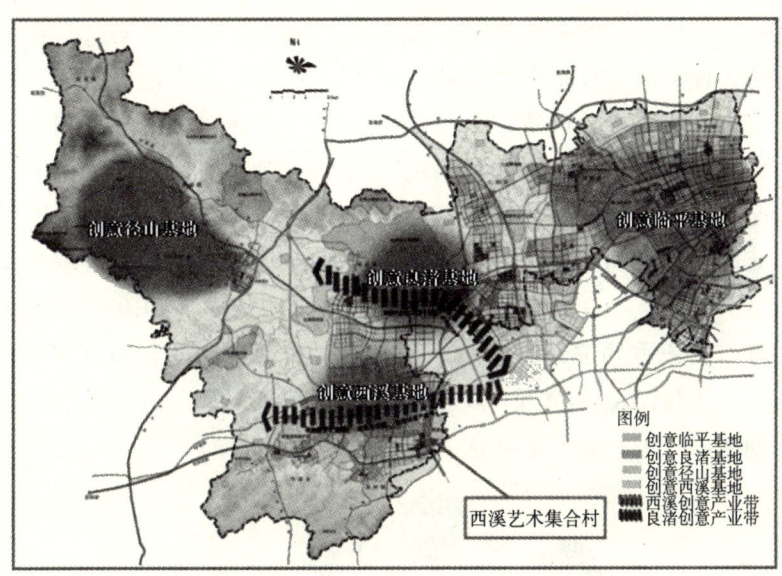

图15　杭州余杭"西溪艺术集合村"及四大创意产业基地

（四）文化产业基地的五大引领作用

1. 结合科技进步成果，推动新兴文化产业发展

英国自1997年成立文化媒介体育部（DCMS），2007年6月该部发表研究报告《保持领先：英国创意产业的经济作为》提出：周期性波动、区域战略规划的趋同、知识产权保护是长期困扰文化产业和创意产业的三大原因，而避免弊端的有效做法之一是加强新技术的开发，并且在运作模式上不断创新[①]。国内外的大量实践证明："文化+科技"的发展模式，在应对全球金融危机的过程中，显示出比较强的抗击力和逆势上扬的爆发力。中国文化产业要在质量和规模方面后来居上，就要大力提倡科技型、智慧型、创新型的模式和路径，加速培育新兴的战略性文化产业集群。

文化产业示范基地的首要作用，在于顺应21世纪科技进步的潮流，探

---

① DCMS (Department for Culture, Media and Sport, UK): *Staying ahead: the economic performance of the UK's creative industry*, June 2007.

索新的内容和版权产业开发模式。盛大文学是一个典型的案例。正如全球最大的书展——法兰克福书展——主席所肯定的：盛大文学与Google、亚马逊并列为全球三大主流版权产业模式。它的超常规发展速度，代表了数字化和网络化条件下华语主流文学版权产业的发展潮流，也证明了中国文化产业示范基地所起的引领作用。盛大文学是盛大集团旗下文学业务板块的运营和管理实体，自2008年7月正式成立以来，对国内优秀的网络原创文学代表人不断整合，构建起全球最大的网络原创文学平台，拥有起点中文网、晋江原创网、红袖添香、榕树下、小说阅读网、起点女生网、潇湘书院等七家国内领先的原创文学网站，占据国内原创文学市场份额的80%以上。艾瑞咨询公司2009年12月发布的垂直文学网站行业数据显示，盛大文学旗下的起点中文网、晋江原创网、小说阅读网（2010年被盛大文学并购）和红袖添香均位列行业前十名。盛大文学累计拥有超过300万部的版权作品，作品体量达到近660亿字，旗下作家人数超过123万，众多网络写手创造出日更新破1亿字这一庞大数据。

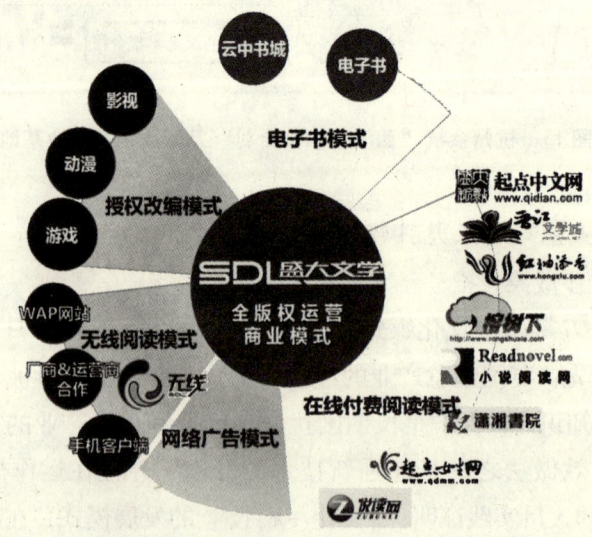

图16　盛大文学版权产业运行模式①

2. 利用中华文化遗产，开发文化系列产品

文化产业示范基地的一个重要示范作用，就是通过产业链的建设和打造，把资本、技术、人才、遗产等形成资源组合，形成良好的规模经

---

① 此图根据盛大文学提供的资料整理绘制。

济效益和产业链效应。

示范基地的作用在于积极推广企业资源管理和整合、客户关系管理（CRM）和供应链管理（SCM）等应用，构建企业研、产、供、销协同式信息平台，推动产业链的企业间信息资源整合和业务协同，推动依托中华遗产的传统产业逐步从低附加值的环节向高附加值的研发、设计、销售等环节延伸。著名管理学家彼得·德鲁克曾经指出创新的七个重要来源，其中就包括新的生产要素组合方式。中国人杰地灵，物华天宝，恒河沙数，包括：顺德的香云纱，佛山的武术，东莞的香市，登封的少林寺，汕头的潮剧，珠三角的花灯、秋色、彩船、龙狮等技艺，都包含了大量的非物质文化遗产和特殊技艺，许多是堪称"国宝"级的文化资源。但是它们许多处在小规模分散生产的阶段，需要从产业链的意义上进行资源的组合与生产方式的更新。

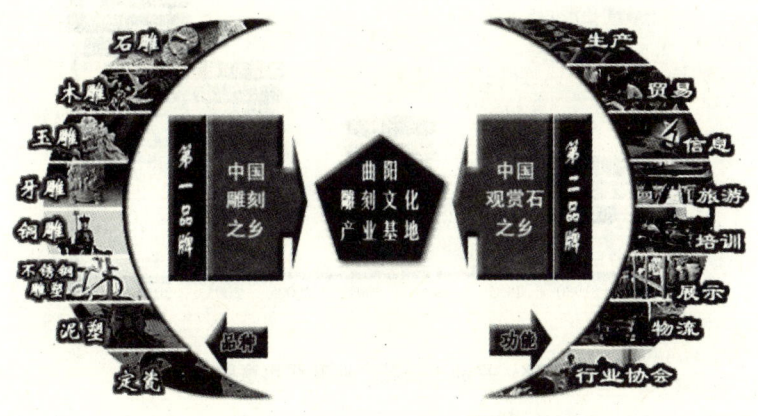

图 17　曲阳雕刻产业集聚区结构示意图①

示范基地的作用在于集中强大的研发能力，把中华民族文化精华的资源，开发成为系列的产品和品牌，让各类产品和优秀品牌、艺术内涵和商业价值形成强烈的共振效应，从而成倍地扩大中华文化产品的社会认同度和美誉度。保定曲阳县就形成了开发"中国雕刻之乡"、"中国观赏石之乡"国家级品牌和系列产品的成功经验。曲阳县具有得天独厚的大理石资源和两千年传承不衰的雕刻技艺，雕刻、定瓷和泥塑是曲阳县域内最具代表性的传统工艺美术。曲阳通过建设文化产业示范基地，推

---

① 此图由我们课题组根据对曲阳文化产业的调研材料绘制。

动了以石雕为龙头,木雕、玉雕、牙雕、铜雕、不锈钢雕塑和泥塑等产业的集聚发展,拥有各类雕刻企业2 288家,从业人员5万人,雕刻业年总产值达到13.8亿元,销售收入实现12.5亿元,产品远销80多个国家和地区,在2010年上海世博会期间还作了专题展示。

3. 拉动一、二、三产业升级,发挥产业链的提升功能

文化产业基于其自身的独特性,既涉及产品生产为主的第一、二产业领域,也包括销售服务等的第三产业领域,整条产业链被拉得很长。加快文化产业结构升级,有利于发挥产业链的提升功能。当文化企业开始致力于向高附加值、高创意、高流通的目标发展,文化产品和服务的内容创新与品牌建设会紧密结合起来。而随着产业链条不断外延,文化价值将迅速有效地转换为商业价值。

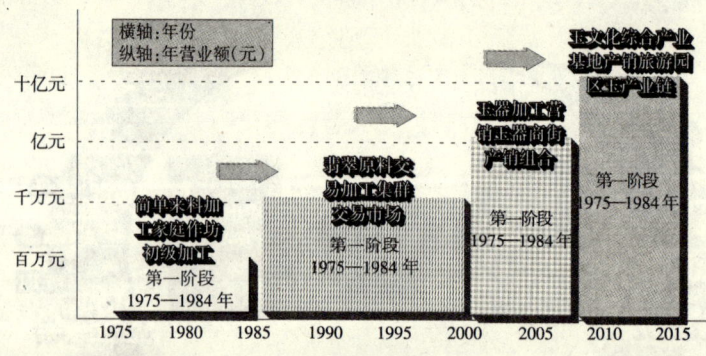

图18　平洲玉器城产业升级示意图①

在改革开放之初,中国得风气之先的沿海地区,曾经出现了一大批以低端加工制造业为主的产业集群,为当地最初的资本积累作出了贡献。而随着改革开放的深化,需要不断地进行产业升级,而这种产业升级的引领作用,常常是由当地的文化产业示范基地来承担的。广东佛山南海建设平洲玉器城,发展玉文化产业园区,就是历经四个阶段的逐步攀升过程。第一阶段为平洲玉器街的初级加工阶段。第二阶段为平洲玉器街的翡翠原料交易、产业集聚和市场建设阶段。第三阶段为平洲玉器街加强玉器设计,形成玉器商街和产销组合的阶段。第四阶段为平洲玉器城加强文化产业建设,制订《平洲玉器街玉文化产业发展规划》,向玉文

---

① 此图由我们课题组根据在南海平洲玉器城的调研材料所绘制。

综合产业基地发展的阶段。从 2008 年开始，建筑规模 20 多万平方米的中国（平洲）玉器城动工建设，总投入超过 5 亿元，逐步打造成为一个融玉器发展历程展示、玉器设计与加工、玉文化欣赏和餐饮休闲体验等中华玉文化精华于一体的文化产业集聚区。

4. 引领对外文化贸易，加快中国文化走出去步伐

中国要把开发具有自主知识产权的文化内容，作为对外文化贸易的核心优势，文化产业示范基地应该自觉承担起这一个伟大的使命。而这种开发，必须通过传承遗产与包容创新的双重路径来实施。在 21 世纪全球化的背景下，文化内容的开发体现了精神生产的独特规律，那就是既要注重传承文化历史遗产，又要激励面向未来的开发创意，既要注重延续本地区、本民族的文化之根，又要以世界性的包容胸怀，让多元文化进行激荡碰撞，并且鼓励和保障开发版权和专利的积极性和合法权利。上海城市舞蹈有限公司是联合国教科文组织国际舞蹈理事会的会员单位，在 2006 年 6 月被文化部命名为"国家文化产品出口示范基地"。它的成功经验在于：

（1）在混合所有制基础上，建立职业经理人制度。该基地由国有资本与民营资本联合投资。公司采用职业经理人管理方式，建立法人治理结构。公司没有创作室也没有演员队，签约代理了一批受体制限制不能进入国有文艺院团的优秀舞蹈演员。在北京舞蹈学院等设立上海城市舞蹈有限公司奖学金，每年出资 10 万元奖励优等生，约定他们毕业后将首先成为公司的签约演员，吸引海内外舞蹈界最优秀的后备人才。

（2）把握国际运作规律，努力开拓国际市场。该基地通过公关促销、票务促销、签订演出意向书等宣传推广，将舞蹈创作、生产、营销的各个阶段联系起来，吸引到以全国著名劳动模范领衔的上海西部集团作为战略投资方。该基地投资制作的中国版杂技芭蕾舞《天鹅湖》，既有西方芭蕾的娴熟与优美，又有中国金牌杂技节目的惊险与妩媚，在国际主流演艺市场上大获成功。比如，2008 年 7 月到 8 月，《天鹅湖》再一次赴英国伦敦、曼彻斯特三大城市商业演出 22 天共 17 场，受到热烈的欢迎。时任中国驻英国大使傅莹看后激动地表示："今天的成功演出，用实际行动让世界看到了中国人民的富足、幸福、文化的繁荣和中国的真正实力！"[①]

---

① 材料根据我们课题组对上海城市舞蹈有限公司的调研。

5. 再造文化空间，推动新型城市化和城乡一体化

由于文化产业集群主要是依托城市建立起来的，文化产业的集聚发展必然与城市化的浪潮，特别是城市的功能转型与再造紧密地联系在一起。文化产业示范基地建设与社区的重建相互拉动，成为新型城市化的一个重要动力和活力表征，而新型城市化又往往表现为文化空间的再造。法国学者列斐伏尔在《空间：社会产物与使用价值》中指出："生产空间是令人惊异的说法。我们已经由空间中事物的生产（production in space）转向空间本身的生产（production of space）。"①在空间的生产中，有一种要素是引领和黏合各种要素以实现整体性空间的核心，即"文化"。有鉴于此，通过文化的引领整合空间，使之成为具有文化主题的生产方式和生活载体，就成为文化产业基地建设的一个重要示范作用。

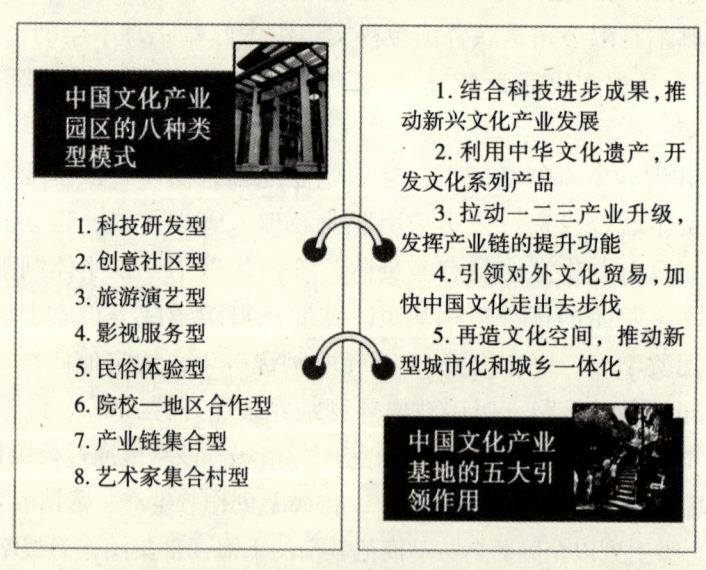

图19　中国文化产业园区八种类型模式和基地五大引领作用

作为全国第二批文化产业示范基地的西安曲江文化产业投资（集团）有限公司以闻名中外的大雁塔和曲江园林遗址为中心，建设大规模的西安曲江文化产业园区，它的远期规划面积47平方公里，其集聚发展模式

---

① 法国学者列斐伏尔是20世纪的著名思想家，他对包括空间生产在内的一系列社会重大现象进行了深入的哲学和社会学的思考，给同时代和后人以深远的影响。参看包亚明主编《现代性与空间的生产》，上海教育出版社2003年版。

不同于杭州宋城的"旅游+人居",不同于涿州、横店的"影视+旅游",而是走出了一条"文化+旅游+人居+商业"的新路,把唯一性文化内核与组合性营销网络相结合,形成旅游、会展、影视、演艺、出版、传媒等门类的产业基地①。

通过以上的概要分析,可以看到在不到 20 年的时间内,中国文化产业园区已经形成了八种类型模式,产业基地发挥了五大引领作用,尽管从全局角度看,还有许多不成熟、不完善的方面,但是从总体上说,园区和基地建设遵循了正确的方向,取得了重大的成就,对中国文化产业的集聚发展和质量提升发挥了积极作用。

四、面对挑战

——中国文化产业基地和园区的弱点与面对挑战

(一) 园区和基地缺少规模效应,产出效益太低

中国文化产业面向"十二五"的倍增计划,需要文化产业示范基地和园区,在产业能级和效益提升方面,发挥举足轻重的作用。但是,目前的实际情况是:作为示范基地的企业普遍规模比较小,作为示范园区的载体集聚效果比较差。往往耗用大量的资源,形成"廉价土地+优惠政策+招商引资"的模式,投入和产出效益明显低于信息、通信、装备、医药等制造业和金融、保险、商务、餐饮等服务业。亟待从加强科技研发和文化开发,提高核心创新能力出发,提升投入产出效益,特别是要建立一批国家级的文化产业示范园区。

比如,江西某个文化产业园区,占地 3 000 亩②,5 年后预计产出 10 亿元,每平方米产出约为 500 元,但如今每亩产出仅为 30 多万元,甚至低于目前的平均地价。又如,某个文化产业示范基地,建立至今已经 20 年以上,总产值仅为 1 000 多万元,仅为国家规定的中型企业最低限的 1/4。在中西部的多个文化产业基地和园区,根据已经公布的数据,从业人员的人均创造增加值为 6 万元人民币以下,不到广东省人均劳动生产率 12.6 万元和上海市人均劳动生产率 13.9 万元的 50%。对于大部分的基地和园区来说,提升产出效益已经成为当务之急。

---

① 《曲江·大唐不夜城特刊》,2010 年 7 月。
② 《信息日报》2010 年 10 月 22 日版。

(二) 园区和基地缺少创新模式，区域带动力不强

中国文化产业需要走因地制宜、因人制宜的发展道路，也就需要大量的创新模式，从发展定位的角度看，需要对国际化大都市、老工业城市、资源型地区、岛屿型地区、遗址和遗产型地区、沿海沿边开放型地区、西部生态脆弱型地区、工业集聚型地区、新兴城市地区、农牧业地区等提供不同的示范。而目前国家层面上的204家示范基地和4家示范园区，在引导文化产业创新发展方面的类型和模式还比较少。

比如，从城市化的角度看，缺少体现深度城市化发展的精品型文化产业示范园区。根据2010年3月联合国《世界城市化展望2009年修正版》，中国的城市化水平从1980年的19%跃升至2010年的47%，预计至2025年将达到59%[1]。但是中国大部分地区的城市化程度还比较低。即使以中国城市化最高的上海市与东京市相比较，东京的城市化程度仍然明显超过上海，就产业结构和能源耗用而言，上海更接近于"生产型城市"，东京更接近于"生活型城市"，东京居民的娱乐、阅读、消遣等占比约为上海居民的3倍[2]，更遑论中国其他地区的城市化发展水平了。

比如，从促进西部大发展的角度看，缺少适应西部自然生态环境脆弱型的文化产业基地和园区。国家"十二五"规划强调了区域总体发展功能区战略，把中国的国土划分为优化开发区、重点开发区、限制开发区和禁止开发区四大功能区。限制开发区共24个，其中四川若尔盖高原湿地生态功能区、川滇干热河谷生态功能区等17个限制开发区都在西部。针对西部自然生态环境脆弱的情况，亟待研究和解决针对少数民族的多点分布，而避免生态村的重复建设、如何探索规范化的发展路径等。

(三) 园区和基地缺少服务平台，辐射能力较弱

国家扶持文化产业示范基地和园区的目的，不仅仅是鼓励它们自身的效益最大化，而且希望它们建立一大批产业公共服务平台，形成政产学研相结合的模式，为区域文化产业的发展，起到孵化器和加速器的作用。但是，目前相当一部分园区没有建立真正有效率的服务平台体系。

---

[1] 联合国经济与社会事务部人口司在2010年3月在纽约总部发布了《世界城市化展望2009年修正版》。人口司司长兹洛特尼克在发布会上说："中国在过去30年中的城市化速度极快，超过了其他国家。"1980年，中国只有51个城市人口超过50万，从1980年到2010年的30年间，共有185个中国城市跨过50万人口门槛。

[2] 王志平：《上海与东京能源使用比较研究》，载《上海市经济管理干部学院学报》2011年第1期，第5~7页。

根据我们对上海、广东、浙江、江苏、湖南、广西、江西等 80 家文化产业园区的抽样调查，建立各类服务平台的情况如下：

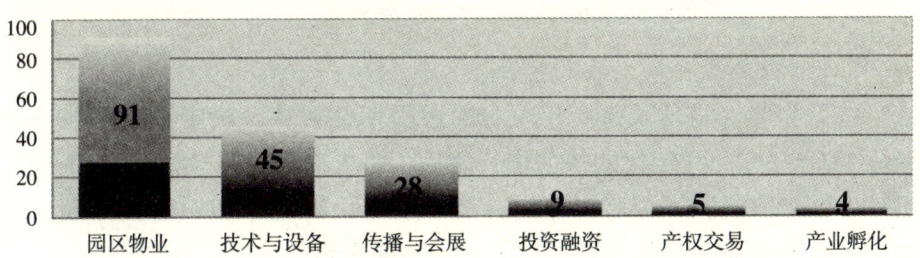

图 20　部分文化产业园区建立各类产业公共服务平台的比例

其中比较普遍的是园区物业管理服务平台，提供物业、设施、保安、保洁、宽带等方面的服务，比例达 90% 以上，而其他的技术与装备、传播与会展等服务平台，就不足半数；至于企业所急需的投融资、产权交易、产业孵化等服务平台就更是凤毛麟角，还不到 10%，不能满足孵化、培育、创新文化产业发展的重大任务。

（四）园区和基地缺少可持续活力，有待升级转型

从 20 世纪 90 年代末和 21 世纪初开始发展的中国文化产业示范基地和园区，在"十二五"规划期间将进入它们的第二个十年，许多传统文化产业，如出版印刷业、演艺业、发行业、艺术品销售业、音乐制品业等，正面临着新技术、新业态、新样式的巨大挑战，有的将进入转型期和衰亡期，亟待推进产业的升级和转型。但是大部分文化产业基地和园区还没有承担起这方面的引领和示范作用。

比如，传统的纸质出版和印刷产业，正受到数字化技术的强大冲击，根据专业杂志《数字商业时代》发布的统计资料：全球电子书阅读器销售市场，一路从 2008 年的 70 万台，以倍数成长态势到 2009 年的 382 万台、2010 年的 1 140 万台，预计 2011 年将达到 1 821 万台，2012 年达到 2 431 万台，2013 年可上升至 2 903 万台[1]。中国 2009 年的数字出版产业收入达到 799.4 亿元，增幅 50.6%，过去 4 年平均增长 55%[2]。中国推动出版和印刷产业的转型升级已是大势所趋，这对出版印刷类文化产业园区

---

[1]　张柯：《数字出版，不是一本电子书》，载《数字商业时代》2011 年第 1 期，第 80 页。
[2]　《2009 年中国数字出版产业收入达 799.4 亿元》，载《中国新闻出版报》2010 年 7 月 21 日。

和基地的发展模式提出了新的要求。

五、十年战略

——新十年中国文化产业基地和园区的战略与对策

（一）21世纪新十年的发展大背景

（1）世界经济增长每8年左右的短周期性规律，决定了全球经济在经历了1980—1990年代的快速增长之后，陷入2008年开始的全球金融危机。根据专家预测：今后十年内，经济全球化将处于相对的低潮期，全球文化市场在波动中将呈现相对平稳发展的态势。

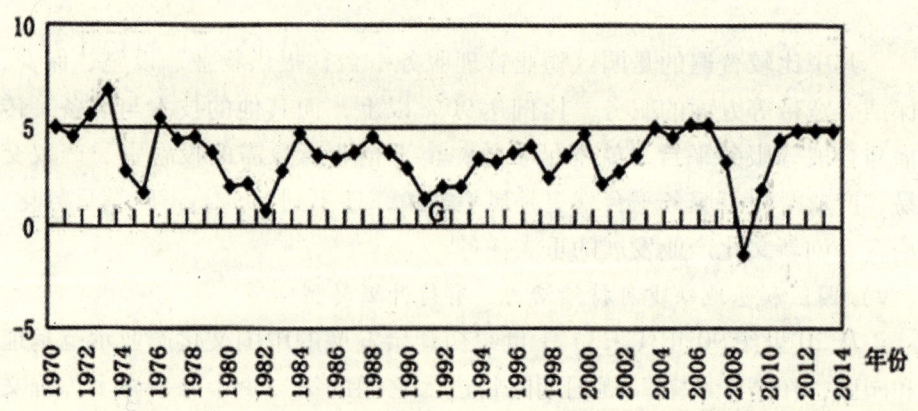

图21　世界经济增长趋势与短周期：全球GDP年增长率（%）①

（2）从20世纪90年代开始的新技术革命继续深化，主要是依托信息和通讯革命为主的大规模技术突破将产生新的产业化结果。与之相关的现代服务业如研究开发、设计服务、信息传播、专业咨询、技术服务等将创造许多新的业态。文化产业与先进制造业和现代服务业通过越界、渗透、融合，将产生更多的新业态和新需求。

（3）中国在全球事务中的作用进一步增强。根据国家统计局发布《国际地位稳步提高，国际影响持续扩大》的"十一五"经济社会发展成就系列报告显示，中国国内生产总值（GDP）占世界的比重，从2005年的5.0%上升到2010年的9.5%，从2005年的占全球第五位提升到

---

① 原图根据IMF，World Economic Outlook，April 2009，World Indicator的数据绘制，转引自周振华主编《全球城市的上海2010—2039》，上海人民出版社、格致出版社2010年版，第37页。

2010年的第二位①。中国政府在未来将积极参与 G20 和 G8+5、WTO、CAFTA②等多种国际和区域合作机制，包括加强文化软实力，推动全球化格局向积极的方面发展。

（4）中国在未来 10 年的城市化将进入新的阶段，美国经济学家、诺贝尔经济学奖获得者斯蒂格列茨把中国的城市化和美国的高科技并列为影响 21 世纪人类发展进程的两大关键因素。每年中国将有 1 200 万人新成为城市居民，相当于 1 年就增加 120 个 10 万人口以上的新兴城镇，未来 10 年内中国国土上人口超过 1 000 万人的巨型城市将超过 20 个，这将大大推动我国文化产业集群、基地和园区建设。

（5）中国区域经济发展的格局将以"东高西低"与"西快东慢"并存。自 2008 年全球金融危机以来，中国东部加快了经济转型的步伐，在新兴产业和产业质量方面占有优势，而西部经济保持了较高的增长速度。从文化产业资源角度看，未来十年，东部地区将是资本、技术、人才、市场体系、国际化网络等的优势高地，而西部地区则是土地、劳动力、文化遗产、多民族传统等的积存富矿。面对这种区域文化产业资源的不平衡，中国文化产业基地和园区应该在宏观规划上作出新的重大布局。

（二）基地和园区建设的"一个中心两大战略"

我们从中国文化产业实现"十二五"期间倍增计划的战略目标出发，提出发展文化产业基地和园区的一个中心，两大战略。

一个中心：以提升产业效益为核心，以扩大产业规模为拓展，以辐射联动为延伸，通过园区和基地的建设，提升中国文化产业的核心竞争力。

基地发展战略：做强市场主体——以创新和培育为主线，发挥产业基地的引领和骨干作用，大力发展科技含量高、创新效果强、地区特色鲜明的核心产品和重点板块，增强微观活力。

园区发展战略：做优发展载体——以转型和升级为主线，发挥示范园区的集聚和辐射作用，优化各项产业服务功能，培育文化产业集群和吸引相关的产业链，形成对区域的带动作用。

围绕上述的一个中心两大战略，我们提出以下十项对策：

---

① 《国际地位稳步提高，国际影响持续扩大》，载《人民日报》2011 年 03 月 25 日第 1 版。
② CAFTA 即从 2010 年 1 月开始全面建成的中国—东盟自由贸易区，是全球继北美自由贸易区 NAFTA、欧盟 EU 之后的第三大规模的自由贸易区。

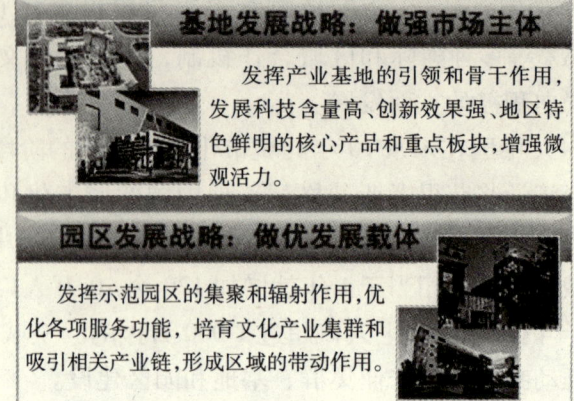

图22 21世纪新十年文化产业基地和园区建设"一个中心两大战略"

(三)基地发展战略与对策:增强微观活力

1. 顺应东中西部发展特点,形成总体布局

在21世纪的新十年,中国经济和社会发展将产生重大的变化。"东高西低"与"西快东慢"的格局将交叠与并存。所谓"东高西低"指东部沿海地区的城市化、市场化、国际化水平仍将明显高于西部,随着珠三角等地区"腾笼换鸟"转型战略的实施,东部将逐渐形成新兴战略产业的高地,从工业化发展阶段跨入后工业化时代即知识经济时代,这将对文化产业形成强有力的推动。

所谓"西快东慢"指中国城市化水平最低的五个省市区是:西藏、贵州、云南、甘肃、河南,主要集中在西部地区。中西部地区城市化、工业化程度比较低,这有利于政府通过投资拉动促进经济增长,这会吸引大量的劳动力从东部回流西部,同时提出保护中西部脆弱的生态环境之要求。有鉴于此,需要对东中西部不同地区,要提出不同的发展侧重点,形成全国文化产业基地和园区新的大格局。

表5 不同资源型地区发展文化产业基地和园区的侧重点

地区资源类型	园区建设重点
1 向知识经济的转型地区	利用发达地区科技产业化速度快、市场化和国际化程度高的优势,大力发展科技研发型、产业链集合型、院校—地方合作型、艺术家集合村型等种类的文化产业园区和基地,鼓励基地和园区在提升产业效益、研发核心产品、扩大规模优势方面发挥示范的作用。

续 表

	地区资源类型	园区建设重点
2	工业资源型地区①	顺应经济转型和发展替代型产业的要求,把培育文化产业作为新的区域经济亮点,大力发展工业遗产旅游等项目和基地,培育弱小阶段的"种子"企业快速发育,拉动当地文化消费市场,尽快形成新生的文化产业集群。
3	生态资源型地区	顺应生态资源型地区可持续发展的趋势,倡导生态文明的理念,通过建设示范性的文化产业基地和园区,发展生态休闲、演艺旅游、会展度假等项目,使得生态资源获得保护和恢复,社会和环境获得和谐稳定的发展。
4	历史资源型地区	要坚决遏制对历史资源的忽视与破坏,把传承历史人文资源与开发时尚的文化产品和服务结合起来,通过发展遗产开发型、民俗体验型的文化产业基地和园区,成为引导新型城市化建设的核心示范地区。
5	民族资源型地区	要深入挖掘民族文化的核心密码和完整体系,作为传承开发的主要资源,通过发展旅游演艺型、艺术家集合村型、影视服务型等文化产业基地和园区,推进人才培育与产业孵化,形成民族文化产业开发的引导区域。

2. 吸收科技成果,开发新兴战略产业

未来十年,中国文化产业要形成规模倍增、质量提升、实力强化的目标,必须要发展新兴的文化战略产业,积极探索科技含量高、创意含量高的产业项目,包括多媒体文化服务、视听设备和增值服务、智能互动技术服务等,大幅度提高中国文化产业的发明专利和自主知识产权的产出率,争取在若干个新兴战略性产业领域中,形成中国文化产业在国际上的优势地位。实现"技术领先,内容原创,双翼齐飞,王者归来"。

3. 推动产业融合,适时转型升级

在21世纪的新十年,中国文化产业面临着科技进步、全球化潮流、

---

① 我国目前有煤炭、森林工业、石油、矿业等工业资源型城市118个,包括煤炭城市63座,有色金属城市12座,黑色冶金城市8座,石油城市9座。其中有不少城市多年来依赖开采资源发展重工业,造成经济发展模式单一,必须寻找新的发展模式应对这一生存挑战。

增长方式转型等的空前机遇。过去大量生产方式落后、浪费土地资源、缺乏核心产品和自主品牌、效益低下的文化产业基地和项目必须尽快转型和升级。这一个过程又与2011—2020年中国城市推进信息化、发展低碳经济的进程相重叠。目前，中国以科技研发型为主的文化产业示范基地和园区很少，亟待建立更多依靠科技进步提升文化生产力的文化产业示范基地和园区。

比如，要积极开发新的数字化出版和印刷等生产领域，通过制订规划、政策引领、资金扶持、培育人才等，推动传统印刷企业加快向数字印刷的转型，形成新型的数字化内容开发、集成投送和生产服务基地。

表6 文化产业基地亟待在科技+创意方面重点突破的五个领域

	五个领域	内容举例
1	与数字化、智能化相结合的文化创意开发和生产领域	以数字图书、数字典藏、数字出版、数字报刊、数字音乐为代表，具有巨大容量、快速流通的新兴产业样式。
2	与网络化、全球化相结合的新媒体和文化营销服务领域	以网上艺术品商店、互联网视频、宽带电视、手机电视等为代表的营销新模式，代表了文化服务业的新潮流。
3	与节能减排型新材料和低碳型新工艺相结合的文化商业模式	以节能减排型印刷、包装、艺术品制造、场馆经营、影视制作等为代表的文化设施、材料和模式。
4	以感知人类文化需求，突出人性化服务导向的文化市场模式	以传感技术和智能化的处理为基础，能够广泛和快速地满足人民互动式参与型消费的文化服务样式。
5	以生活的艺术化为导向，塑造新型城市空间的文化服务模式	以文化主题和内涵为引领，推动新型商城、街区、田庄、集镇、岛屿、景区等新型社区的开发。

比如，要积极开发文化产业的电子商务，根据中国互联网信息中心发布的《第28次全国互联网络发展状况统计报告》显示：2010年中国电子商务交易额达到4.8万亿元，2013年有可能突破10万亿元，电子商务服务企业超过2.5万家，增长势头强劲①。网上购物者可以在3小时内把200辆"巧克力—奔驰SMART BENZ"销售一空，但是，目前网上的

---

① 《我国网民数量达4.85亿》，载《深圳特区报》2011年7月20日B4版。

艺术品销售等还处在缺少品牌、缺少规模的状态，需要建立文化产业的网商中心等新型业态。

比如，要积极推进文化产业链的整合。著名管理学家彼得·德鲁克曾经指出创新的七个重要来源，其中包括新的生产要素组合方式，推广企业资源管理和整合、客户关系管理（CRM）和供应链管理（SCM）等应用，构建企业研、产、供、销协同式信息平台。中国文化产业许多门类的增加值比较低，需要从制造环节向附加值较高的研发、设计、销售等环节延伸。

4. 实施抓大扶小，增强创新活力

在 21 世纪的新十年，中国文化产业基地建设要在资源的投入和政策的扶持方面，采用"两手抓"战略：一手推进大集团大企业大基地建设，壮大规模效应；一手扶持大量的民营中小企业，以包容分散和鼓励多元的模式激发创新活力和产业效益。

美国硅谷同 128 公路的一个明显不同就是硅谷是以中小型企业为主体构成的生态群落，对市场趋势和变化机遇的把握非常敏锐，而 128 公路边上的企业规模相对较大，官僚习气严重，缺乏灵活性和对动荡环境的适应性。可见，以中小型企业为主体是发展新兴产业的基本思路。而拥有高素质的企业家队伍是分散经营的前提。

各级政府对文化产业的资金和政策扶持，不能仅仅以企业的资本和营业规模来划线站队，不能简单采取"抓大放小"的方式，而要把大量中小企业作为扶持的对象，可以借鉴香港政府在工业贸易署设立的"中小企业资助计划"，在香港创新科技署设立的"小型企业研究资助计划"。这些计划经过多年实践，很有成效。

表 7　香港政府资助中小企业的有关计划和内涵[①]

	主要做法	具体内涵
1	设立资助金额的上限	每个企业获得的资助金额有一定上限，如"中小企业资助计划"的信贷保证额为贷款额的 50% 或者 400 万港币以下，"小型企业研究资助计划"中每个企业终生获得资助不超过 200 万港币。

① 此图表由我们课题组根据对香港生产力促进局等机构的调研材料整理。

续 表

	主要做法	具体内涵
2	资金实行有偿返还原则	资助资金实行有偿返还原则，如企业获得"小型企业研究资助计划"项目完成后，根据项目进展的具体情况，资助金要按项目赢利5%的数额逐年返还。
3	选择机制的科学性和公平性	选择机制的科学性和公平性。香港政府委托香港生产力促进局等进行企业申报项目的遴选，而局里邀请资深专家和投资人组成独立的评委会，有助于好中选优，让优良的项目获得资助。
4	提高企业申报和竞标的专业水平	鼓励香港生产力促进局等法人机构，协助和代理企业申报政府的资助项目，和参加海内外招标项目（如新的香港政府大楼建设项目）的竞标，以提高香港中小企业申报和竞标的专业水平。

5. 实现内引外联，参与国际产业分工

在21世纪的新十年，中国文化产业要服务于中国文化走出去的战略，实现内引外联，建立跨境与跨地区和扶持文化出口贸易的文化产业示范基地，全面参与国际文化的分工协作与市场竞争，壮大中国文化的软实力。

要建立文化产业出口贸易式的园区，如外高桥国际文化服务贸易基地，通过宏观规划、政策导向、资金扶持、利用保税区优势等，扶持一大批本土企业开展文化产品和文化服务的对外贸易。

要建立文化产品出口生产型的基地，如广东孔雀廊公司，把历史悠久的粤剧、粤曲和国内原创音乐等开发成大量的音像制品，通过实体性产业基地与虚拟型市场网络的有机结合，扩大本土文化产品在海外市场的占有率。

要探索跨境合作型的文化产品和服务基地，在境外靠近主流市场的地区，建立中资或者合资的文化产业基地和园区。如中国大型武功剧《慧光的故事——少林武魂》，在美国大雾山国家森林公园这个美国中部的旅游胜地进行为期三年的驻场演出，形成"驻场秀"的演艺基地，值得认真借鉴和推介。

（四）园区发展战略与对策：强化服务功能

1. 明确主流定位，打造国家级重点园区

在21世纪的新十年，文化产业园区建设要向国家级、示范型、规模化发展，通过重点布局，在政治、产业和生态方面，体现国家文化产业的发展主流和根本导向，形成十个以上的国家级文化产业示范园区。对它们的要求是：

第一，具有强大的产业规模效应和领先优势，每个园区的总资产超过150亿元，在国内外的产业市场上具有重要的话语权，体现中国文化的软实力。

第二，拉动国家主要经济区域形成多个优势文化产业功能基地，以实现多种文化生产力要素的优化配置和产业链的延伸，优化全国范围内文化产业的竞争力。

第三，体现国家文化产业的主流方向，在产业发展的转型升级方面，不断引领创新的潮流，衍生出更多的科技研发、旅游演艺、衍生产品、新兴媒体等产业链，成为未来国家级文化产业规模优势的核心梯队。

2. 开发创新模式，形成多样化的示范类型

未来十年间，文化产业园区建设要根据东中西部的不同特点，适应中国区域经济和社会发展"东高西低"与"西快东慢"并存的局面，创新"科技研发型基地"等新模式，避免同质化竞争，对不同发展水平上的产业区域，发挥更大的引领作用。

表8 中国文化产业园区需要进一步创新和完善的八种新模式

	园区类型	创新内涵
1	顺应深度城市化和科技产业化的文化产业示范园区	此类文化产业园区建设要顺应深度城市化和科技产业化带来的服务高端化和专业化的趋势，成为提供专业化服务、提升产业效益的核心区域。
2	跨境和越境建立的国际合作型文化产业示范基地	此类文化产业园区要整合国际上不同区域的市场和资源，建立多种形态的产业合资与合作模式，成为体现中国文化"走出去"的前进基地。
3	适应西部脆弱型生态环境的文化产业示范基地	此类文化产业园区要针对西部地区的脆弱型生态环境，把自然生态和人文遗产的保护，与产业的开发结合起来，形成可持续发展的示范区域。

续　表

	园区类型	创新内涵
4	适应工业资源型和资源枯竭转型城市的文化产业示范园区	此类文化产业园区要针对工业资源型和资源枯竭转型城市亟待产业转型的要求,推动文化产业成为当地新兴的战略性产业,推动城市的再生。
5	适应农林牧副渔地区和小城镇的文化产业示范基地	此类文化产业园区要适应农林牧副渔地区和中小城镇的具体情况,开发特色化与综合型的产业园区,形成把资源转化为生产力的示范区。
6	体现金融对文化产业扶持作用的文化产业示范基地	此类文化产业园区要创新金融对文化产业的扶持作用,在投资、信贷、基金、保险、交易等多方面成为文化产业与金融结合的试验区。
7	与国际时尚中心建设相结合的文化产业示范基地	此类文化产业园区要适应拉动内需、扩大市场的需求,使得中国从世界级的时尚消费大国,走向世界级的时尚开发、生产、会展和营销大国。
8	与节能减排、低碳经济相结合的文化产业示范园区	此类文化产业园区要与低碳经济相结合,建设节能减排型和环境友好型的会展场馆、视听设备、制作工艺、演艺形式、交易平台等。

3. 完善服务平台,发挥区域辐射功能

　　文化产业园区建设的主要意义不仅仅要成为"超级赢利机器",而是为本地和全国的文化产业提供有效的服务,各级政府在制定扶持政策时,要特别鼓励在园区内打造专业型的研发平台,包括文化科技研发平台、影视后期制作平台、多媒体服务平台、投融资服务平台、产权交易平台等,把追求园区功能的"服务最大化"作为第一考核指标,形成对区域经济发展的带动作用。

4. 发挥联动作用,推动越界、弥漫、融合发展

　　文化产业作为 21 世纪知识经济背景下形成的新兴产业,具有越界、弥漫、融合发展的多样功能。园区服务功能的加强,会经历"强核—外溢—布网—叠加—整合"五大阶段,并且逐渐对周边相关产业形成拉动作用。要倡导中国的文化产业园区加强产业公共服务平台的建设,发挥

文化产业与周边先进制造业、现代服务业、现代农业和新型社区建设的联动。

表9 发挥文化产业基地和园区对相关产业的联动作用

联动的类型	联动的内容
文化产业园区与先进制造业的联动	通过文化产业园区的建设，为各地发展新型工业提供丰富的文化附加值，开展国内外市场的文化营销，提升中国制造业的品牌美誉度和价值含金量。
文化产业园区与现代服务业的联动	通过文化产业园区的建设，使各地现代服务业的总体水平，向国际水准、个性服务、文化特色发展，全面构筑宜游、宜商、宜居的新型城区。
文化产业园区与现代农业的联动	通过文化产业园区的建设，推动文化与农业结合，为发展现代化农业，开辟创新路径，建设创意体验园、农家乐旅馆、生态休闲农业园等新型业态。
文化产业园区与新型社区建设的联动	通过文化产业园的建设，促进文化、教育、体育、卫生等与社区建设的结合，形成文化拉动地产开发、旅游提升级差地租的综合开发路径。

5. 政产学研互动，提升产业服务的新水平

文化产业园区建设得益于一个良好的产业生态环境，它必须依赖于政产学研商在政策、资源、举措等方面的互动，特别是政府扶持与市场服务的有效对接。这是中国文化产业园区建设下一个十年的探索重点。要借鉴香港政府和产业服务机构以"公平扶持，先期投入、适时退出、柔性互动"的方式向文化产业园区提供优质的服务经验，具备推动经济转型的高效率、成熟度和灵活性，突出"不缺位，不越位，不错位"，只予助力不予干扰的加速器作用。

从2011到2020年，将是中国走向伟大和平崛起的重要战略机遇期。中国文化产业的基地和园区建设要把握这一个重大历史趋势，乘势而上，为增强中国的文化软实力作出更大的贡献。

参考文献

[1] UNDP & UNCTAD: Creative Economy Report 2010。

［2］DCMS：Staying ahead：the economic performance of the UK's creative industries 。

［3］Charles Landry：Creative City，– A toolkit for Urban Innovation，UK and USA 2008。

［4］理查德·佛罗里达：《创意新贵Ⅱ——经济成长的三T模式》，傅振焜译，（中译本），（台湾）宝鼎出版社2010年版。

［5］邓智团：《产业网络进化论》，社会科学文献出版社2010年版。

课题组成员名单

课题组负责人：
花　建　上海社会科学院文化产业研究中心主任、研究员、国家发改委国际合作中心特约研究员、研究生导师

课题组主要成员：
施晶晶　上海社会科学院文化产业研究中心助理
花　扬　美国哥伦比亚大学城市规划、建筑设计与遗产保护学院硕士
张佳文　上海社会科学院文化产业研究中心助理

文化类无形资产评估与实际操作研究

北京市产权交易所

- 150 一、研究背景和意义
- 153 二、文化类无形资产评估的基本概念与分类
- 153 三、国内外文化类资产评估相关研究
- 158 四、文化类无形资产评估体系
- 166 五、文化类无形资产评估风险体系
- 172 六、文化类无形资产评估法律建设和税收政策
- 176 七、文化类无形资产评估数据库建设
- 178 八、文化类无形资产评估机构的准入标准
- 180 九、文化类无形资产评估师职业培训
- 181 参考文献
- 182 课题组成员名单

一、研究背景和意义

（一）课题研究的背景

长期以来，计划经济体制积累下来的惯性，在我国文化产业领域内，国有资本为主体是必须面对的问题，从而导致了我国国有文化资产资本属性的严重缺失，是我国文化投融资改革必须面对的历史和现实。事实上，文化资本同其他产业资本一样，需要经过运动、循环、周转的过程，并且运动、循环、周转速度越快，文化资本增值量就越大，而文化资本增值量越大，行业形势才会越好、越发达。在不改变国有文化资产所有制性质的前提下，如何将国有文化资产转变为国有文化资本，加快国有文化资本在整个文化产业领域的循环周转速度，充分发挥国有资本在文化领域的主导作用，提高文化产业在我国经济增长中的贡献率，具有非常重要的理论和现实意义。

为激活文化产业创新活力，促进文化产业全面发展，2008年10月，国务院办公厅下发由中央宣传部、中央组织部、发展改革委、财政部、文化部、新闻出版总署等有关部门和单位拟订的《文化体制改革中经营性文化事业单位转制为企业的规定》和《文化体制改革中支持文化企业发展的规定》（国办发［2008］114号，以下简称《规定》），《规定》明确指出："积极稳妥的促进经营性文化事业单位转制为企业"、"经营性文化事业单位转制为企业，要认真做好资产清查、资产评估等基础工作。"经营性文化事业单位转制过程中的文化类无形资产评估得到了政府、文化企业及有关部门的大力支持。

国内外对于文化类无形资产评估的个别类别如版权，艺术品的价值评估等已粗具模型，相关内容的研究已有一定成果，但整体上还未建立能够覆盖整个文化产业文化类无形资产评估体系，对于目前实践所急需的以文化类无形资产评估，质押为主要手段之一的投融资交易还未有理论方法上的支撑。建立一套科学、权威、符合市场需要的文化类无形资产评估体系，是我们的当务之急，也是此课题的初衷。

（二）课题研究的意义

本研究本着科学、有效、系统的文化类无形资产评估体系和模型的研究、建立与推广应用，不仅能够有效提升创作者对其无形资产权益和价值的认知，而且能够对国有文化企业转制过程中的价值认定、价值评估、产权交易、产权投融资、侵权索赔维权等经济活动提供有力支持。

本研究的意义有五大点：

第一，有助于加强文化类无形资产管理，有效开展国有文化企业转制过程中的价值认定、价值评估，促进国有文化类无形资产的保值与增值，防范国有文化类无形资产流失，推进国有文化类产业战略性重组。

第二，文化类无形资产评估体系与模型的建立与应用，能够有效促进文化类产业产权质押贷款等投融资业务的发展，促进文化类产业增资注册及资产参股等新融资形式成长。

第三，有利于活跃文化类产业产权交易，推动包括文化类产业生产交易主体、文化类产业产权交易客体在内的完善的文化类产业产权市场及保障体系的建立和健全，实现文化类产业的进一步繁荣。

第四，有助于科学、权威地评估有关文化类无形资产的价值，公正、合理地处理有关文化类无形资产产权登记与鉴定等法律问题。

第五，有助于有效调节有关文化类无形资产产权纠纷，加强文化类无形资产产权执法，充分实现文化类无形资产产权仲裁的权威性。

(三) 课题研究的目标及步骤

本课题的研究成果着眼于提出科学并可靠的价值评估工具及机制评估体系的相关理论构架，并运用国内外重点的研究方法及成果对文化类无形资产评估进行针对性分析。课题研究最终要解决如下问题：文化类无形资产评估的定义、如何划分文化类无形资产评估在整个无形资产评估中的类别划分、如何将文化类无形资产评估纳入整个无形资产评估的体系等，通过解决这些问题，最终提出文化类无形资产评估的实操准则及方法。

本课题的研究方法如下：

(1) 文献资料法：接受任务后，课题组将先后在国家图书馆、首都图书馆、国家信息中心、评估协会、网络数据库收集相关文献资料。根据本文的研究目的和研究内容的需要，课题组研读知识产权价值评估、无形资产评估学、经济学、管理学、统计学、资产评估、社会调查教程等方面的著作数十部；收集、整理有关无形资产、文化创意产业无形资产、创意产业政策汇编等方面的大量文献资料；查阅大量与本课题相关的文件、书籍和研究报告；了解课题所涉及的研究前沿，并对资料中的部分相关问题进行研究，为本课题的研究分析奠定理论基础。

(2) 专家咨询法：根据本研究的任务和要求，采用两轮专家咨询。第一轮制作文化类无形资产评估质押评估指标体系专家调查问卷，第二轮从合理性、重要性、可比性、可行性及是否符合国情五个方面，对该体系进行衡量，采纳专家的合理化建议对该指标体系进行了修改，初步建立评估指标体系。

(3) 案例分析法：在进行课题研究的同时，课题组还从自身从事的有关文化类无形资产价值评估的实践出发，对具体案例进行分析，力图从中找出具有共同特点的一般规律，为整体文化类无形资产价值评估及质押评估体系的建立，发挥了良好的建设性作用。一旦课题研究粗具规模，我们可以根据评估目标、评估对象、价值类型、资料收集情况等选用不同的评估方法如收益法、市场法和成本法三种基本方法进行进一步研究。

(四) 课题组织实施的条件

在课题组织实施前，本课题研究的重点立足于在理论研究的基础上，提出科学、全面的操作方法，最终用以指导实践，面对现存四大难点：

(1) 涉及文化类的无形资产种类众多，而不同种类作品的无形资产价值认定方法上存在很大的差异。要研究并提取具有共性的文化类产品价值评估因子，是价值评估体系的关键，也是难点。

(2) 影响文化类无形资产评估的变量因素多，价值波动范围大，评估模型所需有关真实数据不易采集。

(3) 金融机构文化类无形资产质押管理和相关流程不够清晰和标准化，没有形成科学完善的流程规范，银行的版权抵押贷款风险大，不利于整个文化类产品投融资环境良性发展，文化类无形资产评估缺乏依据。

(4) 关于文化类无形资产价值的认定，目前国内外没有权威统一的评估方法，对于课题研究而言，势必会造成一定的困难，需要博采众长，独辟蹊径。

基于以上的难点，此课题配备了专业的研究团队。由于此课题是文化部立项的国家社会科学基金艺术学项目，所以广泛得到了相关政府部门以及学术界的关注。"文化类无形资产评估与实际操作研究"由杨心一博士负责。同时，还有北京产权交易所及其团队负责跟进研究此课题，故此课题的研究有了根基性保证。

二、文化类无形资产评估的基本概念与分类

(一) 无形资产的概念与分类

无形资产①(Intangible Assets)是指企业拥有或者控制的没有实物形态的可辨认非货币性资产。无形资产具有广义和狭义之分,广义的无形资产包括货币资金、应收账款、金融资产、长期股权投资、专利权、商标权等,因为它们没有物质实体,而是表现为某种法定权利或技术。但是,会计上通常将无形资产作狭义的理解,即将专利权、商标权等称为无形资产。狭义的无形资产通常包括专利权、非专利技术、商标权、著作权、特许权等。

(二) 文化类无形资产的概念与分类

对于文化类无形资产的基本概念定义为:文化类企事业单位占有和使用的无形资产,包括专利权、商标权、著作权等。其中,文化类企事业单位是指为社会公众提供文化、娱乐产品和服务的活动,以及与这些活动有关联的活动的企事业单位。根据2006年国家统计局发布的《文化及其相关产业分类》,具体包括:①新闻服务;②出版发行和版权服务;③广播、电视、电影服务;④文化艺术服务;⑤网络文化服务;⑥文化休闲娱乐服务;⑦其他文化服务;⑧文化用品、设备及相关文化产品的生产;⑨文化用品、设备及相关文化产品的销售九大类。

同时,值得注意的是,本文研究的文化类无形资产,主要是指国有文化企业转制过程中的国有文化类无形资产。根据2007年9月29日财政部、中宣部、文化部、广电总局、新闻出版总署《关于在文化体制改革中加强国有文化资产管理的通知》(财教 [2007] 213号),所谓国有文化资产,是指新闻出版、广播影视、文化艺术领域的国有企事业单位占有和使用的国有资产。因此,国有文化类无形资产,是指新闻出版、广播影视、文化艺术领域的国有企事业单位占有和使用的国有、无形资产。

三、国内外文化类资产评估相关研究

(一) 国外相关研究

就目前的资料来看,国外对于文化类无形资产评估的方法主要集中

---

① 《企业会计准则第6号——无形资产(2006)》,财会 [2006] 3号。

在版权以著作权为核心的版权价值评估方面。版权价值评估方面开始于20世纪50年代,但也形成了一些较为成熟的方法。目前,国际上主要有29种进行版权价值评估的方法,这些方法主要可以分为四大类:

1. 斯坎迪亚智慧资本评估法

该方法由瑞典保险金融公司最先开始使用。该方法主要考虑财务、客户、人力、创新、流程这五个指标,在这五大指标下设了112个衡量项目。

公式为:组织无形资本 = $i \times C$

其中 i 代表效率系数;C 代表无形资本绝对测度值。

2. 平衡计分卡

该方法主要考虑的是财务、顾客、流程、学习和成长对知识产权价值的影响。该方法综合考虑了不同绩效指标之间的因果关系,集中了企业关心的重点,指标选取较为全面。

3. 无形资产监测法

该方法主要考虑的是员工胜任能力、内在结构及外资结构这两个因素,基本指标为:成长/更新指标、效率指标和稳定指标。

4. 成本法

该方法以无形资本的历史成本、重置成本为该产权的价值,该方法是我国目前对知识产权价值评估的主要方法之一。

5. "版权标准经济模型"方法

版权标准经济模型主要试图平衡版权所有者、消费者以及社会效应之间的利益均衡点,试图在版权保护与保证社会利益最大化之间作一个比较清楚的界定与划分,希望对版权产业的发展提供宏观的理论依据。

现将模型详细解读如下:

AR = 平均收入,AC = 平均成本

CS = 消费者享受剩余价值,D = 需求曲线,(e) = 高效的,(S) = 平衡的,(m) = 垄断的,MC = 边际成本,MR = 边际收入,NO = 机会成本,OP = 所有者收益,P = 价格,Q = 数量

我们假设一位作者创作一个具有市场价值的作品,假设边际成本(MC)很小,作品的平均成本(AC)会随着版权交易数量的增加而随之减小,并且需求曲线(D)是一个向下趋势的直线,并同时代表作者出让任何版权数量的平均收入(AR)。所有的创作者都会面临一个问题:

到底出让多少数量的版权才能达到效应最大化，所有的学者都试图寻找，到底出让多少数量的版权才能既达到保护版权的效果，又达到社会效应最大化。

从社会效应的角度出发，作者应该出让 Qe 数量的版权（即边际成本 MC 与需求曲线 D 的交点），价格为 Pe，这样才能是社会效应达到最大化，但这样的数量与价格会使作者连平均成本都无法回收，因此非常不利于版权保护与鼓励创作。

那么，要使作者能达到收支平衡的状态，作者需要出让 Qs 数量的版权（即平均成本 AC 与需求曲线 D 的交点），价格为 Ps；但是从作者利益最大化的角度出发，作者希望达到垄断地位的版权出让，即达到个人利益最大化，因此作者需要出让 Qm 数量的版权（即边际收入 MR 与边际成本 MC 的交点），如果数量大于 Qm，边际成本（MC）将大于边际收益（MR），作者要达到垄断地位的版权出让（即价格最高，个人收益最大化），收益应该是 OP（即版权收益减掉平均成本），同时消费者享受的剩余价值（即消费者为版权付出的费用和代价）为 CS，那么垄断地位版权出让同时会带来不小的机会成本即 NO。

6. Landes and Posner 模型

模型假设：高固定成本，低边际成本。

基本原理：版权保护的水平直接影响出版商的固定成本，版权所有者提供版权作品时会极力追求版权作品价格等于边际成本，边际成本则随着版权作品数量和版权保护水平不断的升高。如果假设部分出版商对固定成本的理解有所不同，那么价格就会由少数的作者来决定，即追求固定成本等于毛利。

版权保护水平如何影响版权作品：

A. 版权保护水平增加出版商的毛利；

B. 版权保护水平增加出版商的固定成本。

如果在版权保护水平很低的环境中，A 决定 B，如果在版权保护水平很高的环境中，那么 B 决定 A，因此版权作品的数量将随着版权保护水平的高低变化（既版权保护水平低版权作品数量会增加，反之则会使版权作品数量减少），过度的版权保护会大量增加出版商的固定成本，使大部分的出版商不能收回他们的固定成本（即使版权保护一直在试图保护他们自己的版权）。模型带来的启示：

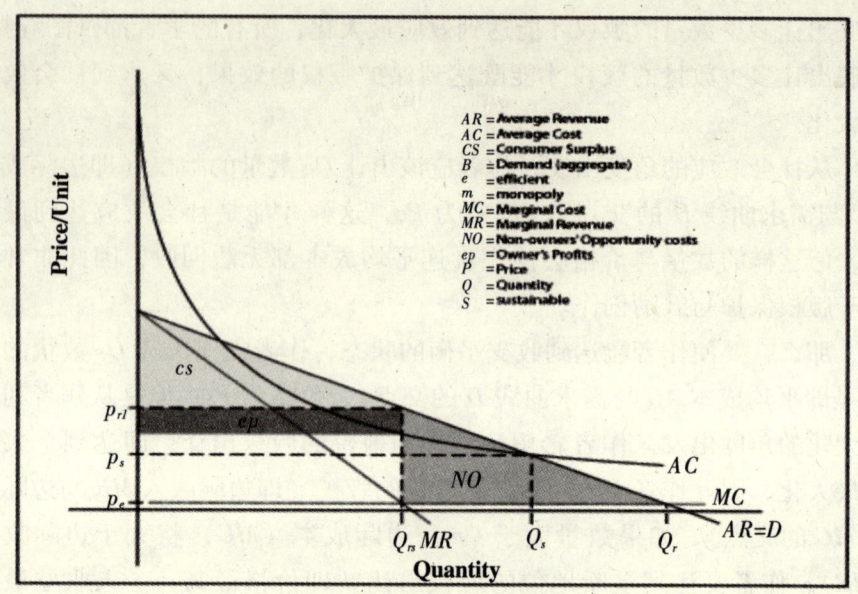

图 1　版权标准经济模型

（资料来源：Emsley, Rachel L. *Copying Copyright's Willful Infringement Standard*. Suffolk University Law Review. November 25, 2008.）

版权作品的价格会增加，如果需求弹性变小，同时出版商的供给弹性也会变小，于是出版商们就要共享更多的版权作品。价格弹性与需求之间的关系，如果消费者对于价格的变动反应非常激烈，出版商就不得不降低价格，于是造成价格弹性非常小（甚至比同等条件下的需求弹性还要小）。

出版商的供给曲线对于出版商决定积极的价格也是非常有利的，如果其他供给者对价格的上升反应激烈，导致大批新的供给者进入市场，使得原有市场的整体利益得到腐蚀。所以可见，出版商在整体版权作品中所占的数量越多。

Landes and Posner 的这个模型给我们带来的最重要的启示如下：

（1）从社会价值考虑，版权保护的范围应当比版权作品的种类更宽泛一些，这样有利于实现社会价值最大化（版权作品的社会价值被定义为版权作品创造的社会价值减去社会成本）。

（2）随着版权保护的水平不断提升，直到超过最佳状态就会导致版权作品数量的增加，同时每个版权作品对社会价值的贡献就会降低。

（3）如果在一定的时间范围内，在某个版权作品的市场里出现了收入与技术的不断扩大,版权作品的成本会不断下降,这时政府就应该加强版权保护的范围了。

模型建议,当版权作品的边际成本大幅下降,或者由于技术进步发展,政府都应该注意加强版权保护的力度与范围。如何扩展版权保护的力度与范围,模型建议要比较现有的版权保护现状与最佳版权保护水平之间的差距。

(二) 国内相关研究

我国针对版权作品的价值评估体系与模型的研究刚刚起步,目前主要沿用传统的无形资产评估方法,并借鉴了专利和商标价值评估的方法,还没有形成系统完善的评估体系与模型。目前,我国使用的版权价值评估方法主要有以下几种:

1. 收益法

收益法又叫收益现值法、利润预测法,通过计算对版权能够为权利人带来经济利益的现值,来评估版权的价值。这种方法是从产生收益的能力的角度来看到版权的,因此,这种方法的适用范围就是能够直接带来收益的经营性版权作品。从这个角度来看,收益法比较适用于对专利、商标等版权的价值评估。

收益法的一般公式:

$$P = \sum_{t=1}^{T} M_t/(1+r)^t$$

其中,P——评估值;M_t——被评估资产所带来的第 t 年的年收益;T——被评估资产能带来收益的总年数;r——折现率。

2. 市场价值法

市场价值法又叫市场价格比较法、销售比较法。这种方法的评估过程一般是这样的:以现行价格作为标准;通过市场调查,选择几个与被评估对象相同或近似的版权作品作为参照物;然后将被评估的对象与参照物进行比较,并且对被评估对象的价值进行必要的调整。这种方法使用起来比较直接、简便、易于理解,但是其准确性和有效性需要建立在一定的基础上:被评估对象已经形成了足够成熟的市场;被评估对象有足够对比的参照对象,且这些对象的资料是可收集的。

现行市价法主要分为直接法和类比法。直接法是指在公开市场上可以找到与被评估对象完全相同的参照物,其交易价格可作为被评估对象的价值。类比法是指在公开市场上可以找到与被评估对象相类似的参照物，对其交易价格作必要调整，确定版权评估对象的价值。一般情况下，版权作品之间存在较大的差异性，因而直接法不适用于版权作品的价值评估。通常被使用的是类比法。对价值调整时主要考虑的因素主要有：时间因素，即参照物的交易时间与评估基准日的时间差异对价格的影响；地域因素，相比较的版权作品所在的地区或地段不同可能对其价值产生的影响；作用因素，版权作品在权利人的生产经营或发展过程中所发挥作用的大小；等等。

3. 成本法

成本法又叫重置成本法，是以新建或购置与被评估版权作品具有相同用途和功效的产品时所需要的成本作为评估标准。成本法按照评估依据的不同可分为：（1）复原重置成本法，又称历史成本法，是指以被评估对象的历史的开发条件作为评估依据；（2）更新重置成本法，以在新的开发条件下获得版权产品所花费的成本为依据，求得评估值。由于重置成本法的评估结果是建立在精确的历史数据基础之上的，因此这种方法在我国得到了普遍应用。

重置成本法的基本公式：

评估值 = 重置成本 − 损耗 ……………………………………（1）

评估值 = 重置成本 * 成新率 ……………………………………（2）

其中成新率是考虑损耗后的资产新旧程度，即日常所说几成新。

（1）、（2）两种计算方法意义相同，通常多用公式（2），因为直接计算损耗比较难。

笔者认为，由于版权作品的特殊性，应用该方法对版权作品的价值进行评估存在一定的缺陷。版权作品的形成占到较大比例的往往是活劳动，活劳动成本的确立往往是比较困难的。此外版权的损耗一般为无形损耗，确定起来也存在一定难度。此种方法较多的应用于软件等版权作品的价值评估。

四、文化类无形资产评估体系

本文研究的文化类无形资产，主要是指国有文化企业转制过程中的国有文化类无形资产。根据《文化体制改革中经营性文化事业单位转制为企业的规定》，国有文化资产转制的基本流程如下：

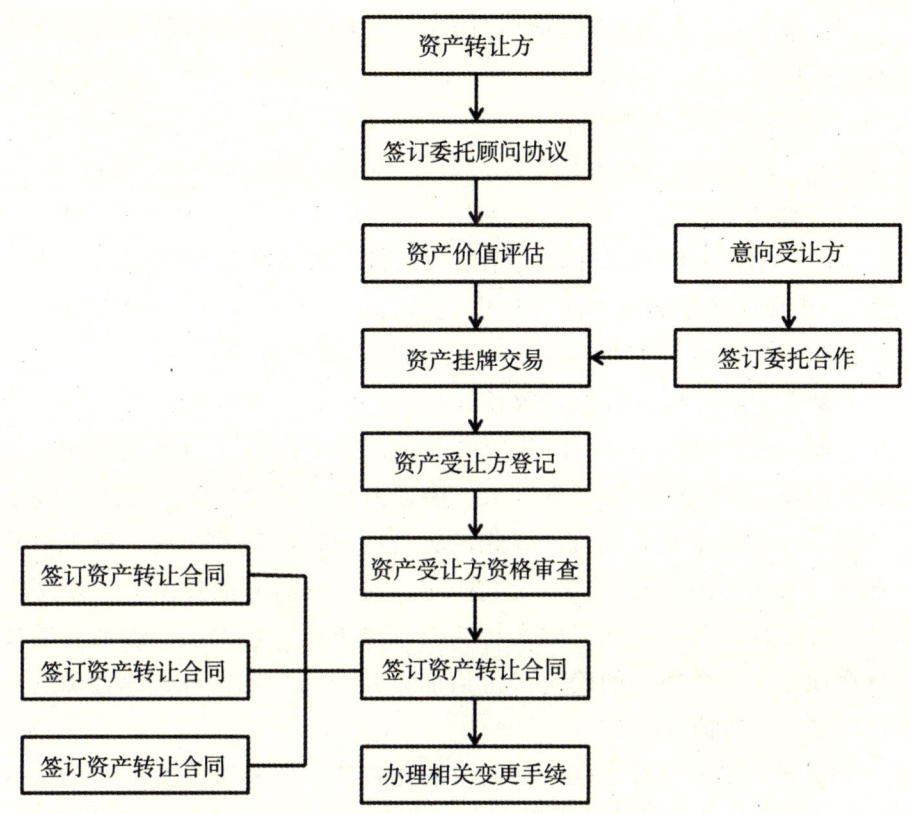

图2 国有文化资产转制的基本流程图

资料来源：本文笔者自行整理。

(一) 文化类无形资产界定

根据2007年9月29日财政部、中宣部、文化部、广电总局、新闻出版总署《关于在文化体制改革中加强国有文化资产管理的通知》（财教[2007] 213号），所谓国有文化资产，是指新闻出版、广播影视、文化艺术领域的国有企事业单位占有和使用的国有资产。因此，国有文化类无形资产，是指新闻出版、广播影视、文化艺术领域的国有企事业单位占有和使用的国有、无形资产。主要包括：

(1) 专利权：是指国家专利主管机关依法授予发明创造专利申请人对其发明创造在法定期限内所享有的专有权利，包括发明专利权，实用新型专利权和外观设计专利权。

(2) 商标权：是指专门在某类指定的商品或产品上使用特定的名称或图案的权利。

（3）著作权：制作者对其创作的文学、科学和艺术作品依法享有的某些特殊权利。

（二）文化类无形资产评估

1. 文化类无形资产评估的基本思路

（1）评估方法

有关文化类无形资产评估的主要方法即：收益现值法（包括实物期权法）、市场比较法和成本法（历史成本法和重置成本法），前文已有阐述，在此不再赘述。主要介绍一下我们的四种具体评估方法。

①基于实物期权的价值链收益评估法：该方法主要适用于动漫、游戏等行业。由于包括动漫、游戏等产业在内属于高技术与多媒体相结合的新兴产业，且其产业链延展性大，渗透力强，其版权价值更多取决于其预期可能实现的商业收益。因此，从其自身特点出发，我们首先对其产业链（现实和潜在的）作一公允确定，对于其具有商业潜力的未实现利益，可按其现实可能性采取实物期权方法予以合理确定。而后，通过对其产业链上各个环节的确定和价值加总并予以合理折现，综合确定其整体市场参考价值。

②基于具体版权财产权权利的市场比较法：该方法主要适用于影视等行业。基于影视行业自身价值形成过程与具体版权权利结合的紧密性，投资规模巨大，对其价值进行评估主要取决于对其具体版权财产权权利市场价值的确定，这在一定程度上要参考类似的市场案例，综合运用包括比较法和收益法在内的多种方法予以确定。

③基于主要价值构成因素的赋值市场参考价格法：该方法主要适用于设计、工艺品等行业。由于这些行业无形资产的价值主要由几个重要构成因素决定，而且难以大规模生产和复制，因此对其价值进行评估，主要是根据市场走势和业界专家意见，对有关具体构成因素进行赋值，并合理确定各因素权重，综合得出最后分值，参照市场价值与分值对应表得出综合结果。

④基于利润提成的历史成本法：该方法主要适用于软件、出版等行业。由于软件和出版行业其历史成本，包括直接和间接成本对其最终定价具有较大决定作用，且作为企业需要提取一定利润，因而这类行业主要采用基于利润提成的历史成本法。

在进行具体价值评估时，应具体问题具体分析，而不应拘泥于现有方法。且确定主要评估方法之后，应对有关影响因素进行考察，参见报告前述相关部分。

(2) 评估指标

①重置成本。文化类无形资产成本包括研制或取得、持有期间的全部物化劳动和活劳动的费用支出。由于文化类无形资产具有不完整性和弱对应性，企业账簿上反映的并非其重置成本，文化类无形资产的重置成本需要分析其发生的材料、工时消耗量并运用物价指数变动趋势分析法确定。

②收益额。收益额是由文化类无形资产直接带来的未来收益，通过预测分析法而获得。一般可供选择的收益额有利润总额、净利润和净现金流量等财务指标。上述三个指标在含义、计算口径、计算方法和结果上都不尽相同，而且收益额的选择还直接影响其他重要指标（如折现率、经济寿命期）的选择，因此必须在具体分析后方可综合确定。

③机会成本。机会成本是指由于文化类无形资产的转让、投资、出售后可能因停业而由该无形资产支撑的收益减少。这些构成无形资产转让的机会成本，应由文化类无形资产的购买者进行补偿。具体可适用公式：

机会成本 = 文化类无形资产转出净减收益 + 文化类无形资产再开发净增费用。

④经济寿命。文化类无形资产的经济寿命是指从其诞生到全面推广这一段时间。文化类无形资产经济寿命的评估依据应根据其带来额外收益的时间来评估，同时结合市场相关数据进行综合确定。

⑤技术分成率。技术分成率适用于科研成果和计算机软件等技术型无形资产的评估。它以使用被评估技术后企业预期可获得的利润为对象，在为获得该利润的各要素间进行分配，其中技术要素贡献所分配到的利润额，就是技术要素的分成收益额。这一分成收益额占该利润总额的比率称为技术分成率。

⑥折现率。折现率是运用收益法评估版权资产时最为敏感的指标，因为折现率的微小变化，会带来评估价值的巨大差异。折现率的实质是指投资于该无形资产相适应的投资报酬率。

⑦损耗率。文化类无形资产损耗包括功能性损耗和经济性损耗。功能上的损耗是指由于科技进步，重购置的同类资产比被评估的文化类无

形资产更为高效、优越而产生的损耗。经济上的损耗是指受经济政策等外界因素变化而导致文化类无形资产产生的贬值。损耗率的确定方法可参照经济寿命的确定方法进行。

2. 文化类无形资产评估的流程与说明

文化类无形资产评估人员进行价值评估过程中，流程如下：

(1) 了解和掌握有关评估业务具体事项和完成日期；
(2) 签订有关业务约定书；
(3) 制定文化类无形资产评估计划，确定采用的主要方法和需要考虑的价值影响因素；
(4) 现场调研和访谈，掌握被调研对象的第一手资料；
(5) 进行具体评估，采用定性与定量结合法进行；
(6) 编制并初步提交评估报告；
(7) 与委托方会谈，修改和完善评估报告；
(8) 工作底稿归档。

在进行价值评估过程中，还需要明确委托方、资产持有者以及委托方之外的其他评估报告使用者、评估目的、评估对象和范围、价值类型、评估基准日、报告使用范围、评估报告提交日期及具体方式、评估服务费额度及其支付方式等。

评估人员应通过询问、函证、核对、勘察、检查等方式进行调查，获取有关评估对象的基础资料，并关注其法律权属。评估资料包括直接从市场等渠道独立获取的资料，从委托方、产权持有者等相关当事方获取的资料，以及从政府机构及其他专业机构获取的资料。

评估人员应当根据具体实施过程中的情况变化及时补充或者调整现场调查工作。评估人员应根据评估对象、价值类型、评估资料收集情况等相关条件，综合分析并确定适用的评估方法，选取相应的公式和参数进行分析，计算，形成初步评估结论。

其中尤为重要的是，评估人员应根据相关法律、法规、资产评估准则和评估机构的内部质量控制制度，对评估报告及评估程序执行情况进行必要的内部审核，以确保评估结果的准确性和公允性。

3. 文化类无形资产评估的基本模型

(1) 基于实物期权的价值链收益评估法模型

$$NGV = EC * OC * EVI \quad \cdots\cdots\cdots\cdots\cdots\cdots\cdots\cdots\cdots\cdots\cdots\cdots\cdots\cdots\cdots (1)$$

NGV：版权作品评估价值

其中：

EC：外部系数

OC：运营系数

EVI：评估指标收益

$$EC = \Omega * \rho * \varphi * \sigma \quad \cdots\cdots\cdots\cdots\cdots\cdots\cdots\cdots\cdots\cdots \quad (2)$$

其中：

Ω：景气系数

ρ：信用系数

φ：价值链系数

σ：规模系数

$$OC = \sqrt[3]{(ROE/ROEa)} \quad \cdots\cdots\cdots\cdots\cdots\cdots\cdots\cdots\cdots\cdots \quad (3)$$

其中：

$ROEa$：行业平均权益收益率，

ROE：企业权益收益率，

ROE = 主营业务利润率 × 1/（1 - 资产负债率）× 总资产周转率

总资产周转率 = 主营业务收入/资产总额

主营业务利润率 = 净利润/主营业务收入

净利润 = 主营业务收入 - 全部成本 + 其他利润 - 所得税

$$EVI = PRVI + POVI \quad \cdots\cdots\cdots\cdots\cdots\cdots\cdots\cdots\cdots\cdots \quad (4)$$

其中：

EVI：评估指标收益

$PRVI$：已有价值链收益

$POVI$：潜在价值链收益

$POVI = \sum PVit$ （$i = 1, 2, \cdots\cdots A, t = 1, 2, \cdots\cdots T$）

$$PVit = PVi(t-1) * Uit + PVi(t-1) * Dit \quad \cdots\cdots\cdots\cdots \quad (5)$$

其中：

PVi：潜在价值链数量

Uit：价值链 i 在 t 时期上升因子

$PVit$：潜在价值链 i 在 t 时期预计收益

Ti：价值链 i 总时期

Dit：价值链 i 在 t 时期下降因子

PRVI 可通过加总现有价值链收益，并采用适当折现率综合确定。
(2) 基于具体文化类无形资产财产权权利的市场比较法模型
$$Vf = \sum Vi \quad (i=1, 2, \cdots\cdots n) \quad \cdots\cdots\cdots\cdots\cdots\cdots\cdots\cdots\cdots\cdots\cdots\cdots (6)$$
其中：
Vf 为文化类无形资产的整体价值

Vi 包括文化类无形资产通过各种途径等取得的收益，根据具体情况确定具体的财产权权利。因具体权利价值计算方法不同，在此不再一一赘述。

(3) 基于主要价值构成因素的赋值市场参考价格法模型
$$Sd = \sum ViWi \quad (i=1, 2, \cdots\cdots n) \quad \cdots\cdots\cdots\cdots\cdots\cdots\cdots\cdots\cdots (7)$$
Sd 为基于不同价值构成因素的加权赋值
Vi 为不同的价值构成因素
Wi 为专家评估的该部分赋值

而后，按照文化类无形资产价值与赋值的市场对应表可查出其参考市场价值。

(4) 基于利润提成的历史成本法模型
$$Vp = \sigma * (Sr - D - SW - L) \quad \cdots\cdots\cdots\cdots\cdots\cdots\cdots\cdots\cdots (8)$$
其中：
Vp 为文化类无形资产的价值
σ 为版税率（按 8%~14%，根据实际情况综合确定）
Sr 为销售总收入
D 生产成本，包括直接和间接成本
SW 为有关发行损耗
L 为税前毛利

需要指出的是，所有这些模型在很多方面都略去了有关影响文化类无形资产价值确定的各种影响因素，包括折现率、无形资产生命周期、所在行业市场经营状况及趋势等，在具体评估过程中，需要合理评估，综合考虑。

（三）文化类无形资产挂牌交易

1. 基本概念

国有文化企业转制过程中的国有文化类无形资产的挂牌交易，主要是指出让人发布挂牌公告，按公告规定的期限将拟出让文化类无形资产的交易条件在指定的交易场所挂牌公布，接受竞买人的报价申请并更新挂牌价格，根据挂牌期限截止时的出价结果确定文化类无形资产受让人的行为。

挂牌交易综合体现了招标、拍卖和协议方式的优点，并同样是具有公开、公平、公正特点的文化类无形资产出让的重要方式，可以有效地预防文化类无形资产交易过程中的腐败问题；尤其适用于当前我国国有文化企业转制的现状。

2. 优缺点分析

（1）优　点

挂牌交易综合体现了招标、拍卖和协议方式的优点，并同样是具有公开、公平、公正特点的文化类无形资产出让的重要方式，尤其适用于当前国有文化企业转制过程的现状，具有招标、拍卖不具备的优势：一是挂牌时间长，且允许多次报价，有利于投资者理性决策和竞争；二是操作简便，便于开展；三是有利于文化类无形资产交易市场的形成和运作。挂牌出让是招标拍卖方式出让国有企业文化产权的重要补充。

（2）缺　点

挂牌交易的缺点在于容易受挂牌设定的限制条件、信息公开程度等因素的影响，往往会出现不公开、不公平、不规范竞争的情况，给交易市场秩序带来诸多负面影响。同时，挂牌交易往往较多的考虑交易标的物的市场价值，而对于一些特殊、非经营类的标的资产，如文化地产、文化资源等，较少顾及政府对资源的配置职能。

3. 基本流程

国有文化企业转制过程中国有文化类无形资产挂牌交易的基本流程如图 3 所示：

挂牌交易为一次性出售交易，商品不能分批销售，转让方一次性挂出资产的卖出价格；受让方挂出希望买入的价格，系统根据买卖双方的报价，撮合成交。

挂牌交易可分为全款交易与定金交易两种模式，由挂牌的转让方决定受让方需要支付的定金比例，转让方与受让方达成转让协议后，付清全款，如果受让方一定时间内未申请资产转让，资产价格的波动大于受让方支付的定金比例，转让方可以要求受让方及时办理转让手续，或者增加定金。

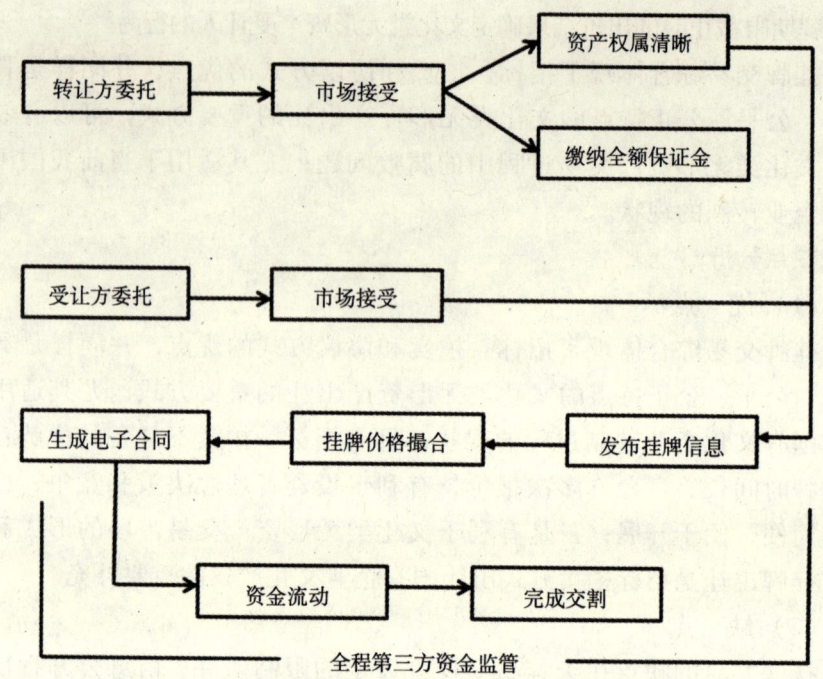

图3　国有文化资产挂牌交易流程图

资料来源：本文笔者自行整理。

五、文化类无形资产评估风险体系

（一）理论依据

1. 财务风险评价理论

财务风险是指在各项财务活动过程中，由于受各种难以预料或控制的因素影响，造成财务状况不确定而使企业有蒙受损失的可能性（这里指纯粹风险）。财务风险是企业风险货币化的表现形式，根据形成过程划分，一般有以下几种形式：一是筹资风险；二是投资风险；三是信用风险。

财务风险评价，主要是通过资产负债表、利润表、现金流量表，分析企业财务状况的变动趋势及资产、负债、收益之间的关系，从财务报表的会计信息中挖掘企业内在的财务关系。

（1）单变量判定模型。这种方法用单一的财务比率来评价企业财务风险，依据是：企业出现财务困境时，其财务比率和正常企业的财务比率有显著差别。一般认为，比较重要的财务比率是：现金流量/负债总额、资产收益率、资产负债率。

单变量模型将财务指标用于风险评价是一大进步，指标单一，简单易行，但是不可避免会出现评价的片面性。这种方法在人们开始认识财务风险时采用，但随着经营环境的日益复杂、多变，单一的指标已不能全面反映企业的综合财务状况。

（2）多元线性评价模型。多元线性评价模型的形式是：

$Z = 1.2X_1 + 1.4X_2 + 3.3X_3 + 0.6X_4 + 0.999X_5$。

其中：

Z：判别函数值

X_1：营运资金/资产总额

X_2：留存收益/资产总额

X_3：息税前利润/资产总额

X_4：普通股和优先股市场价值总额/负债账面价值总额

X_5：销售收入/资产总额

Z 值应在 1.81～2.99 之间，$Z = 2.675$ 时居中。

$Z > 2.675$ 时，企业财务状况良好；

$Z < 1.81$ 时，企业存在很大的破产风险；

Z 值处于 1.81～2.99 之间，称为"灰色地带"，这个区间的企业财务极不稳定。

多元线性模型在单一式的基础上趋向综合，且把财务风险概括在某一范围内，这是它的突破，但仍没有考虑企业的成长能力，同时它的假设条件是变量服从多元正态分布，没有解决变量之间的相关性问题。这种方法在现实中比较常见。

2. GEP 评估法

2000 年以来，中国企业评价协会会同原国家经贸委中小企业司、国家统计局工业交通司开展了《中小企业发展问题研究》相关课题，提出了一种专门评估成长型中小企业的方法（即国家 GEP 评估法）。该评估法以企业实际财务指标为直接依据，建立包括发展状况、获利水平、经济效益、偿债能力和行业成长性五大类指标的综合指标体系，从空间和时间两个维度上考察企业的成长轨迹，考察企业连续发展的速度和质量。

该评估方法自确立以来，已用于《2005 成长型中小企业报告》等权威报告的发布，在国内产生了广泛影响，逐渐树立了其权威地位。国内文化企事业单位无论从产业规模、行业特点及商业周期方面都各有不同，虽然可以有所借鉴，但也不能简单套用成长型中小企业评价方法，而要在深入分析其整体产业特点，把握其关键特点和环节的基础上，找到一种切实的评价方法体系。

（二）指标选取

在风险评价指标具体制定过程中，我们结合采用了频度统计法、理论分析法和专家咨询法。首先通过研究国内相关金融机构关于风险评价、各省市区关于企业成长性评价的实际调查问卷，搜集学者、专家们采用频率高的指标纳入分析视野，之后结合文化产业的自身特点，去粗取精，进行筛选完善，使指标初步系统化。

在此基础上，再运用理论分析法对入选指标进行分析，分析每个指标的代表性、综合性、系统性以及指标之间的相关性，从质的联系中决定每个指标的取舍。最后采用专家咨询法，征求专家意见，对有关指标体系进行精简、充实、调整，使之完善和系统化。

在以上步骤的基础上，最终形成了行业风险、管理风险、项目风险、信用风险等四个一级指标，其中行业风险指标系针对具体文化产业设定其具体的二级指标，属可变性指标，对于电视剧行业而言包括收视率、满意度、题材安全度、行业平均利润率以及平均企业规模等；而其余管理风险指标、项目风险指标、关键控制人信用风险指标等基本不变，具有相对稳定性，其中管理风险指标包括研发人员所占比率、核心团队稳定度、速动比率、应收账款周转率、已有核心权利（资产）变动率等，项目风险指标包括项目执行进度比、资金合规使用指数、产品质量指数、重大负面事件指数、隐形管理风险指数等，关键控制人信用风险指标包括关键控制人公开不良信用度、关键控制人行业口碑、关键控制人资产国外转移指数、关键控制人收入－还款差、个人纳税记录等。

（三）指标说明及其逻辑关系

在此处，课题组选取文化企事业单位的代表性行业——影视行业，对指标的设置及其内在逻辑关系进行说明。

具体详见风险评价指标模型表1（见169页）：

其中，需要指出的是，根据文化产业企业多处于初创期、资本及技术力量薄弱、企业运营在很大程度上依赖于关键控制人等特点，将关键控制人作为风险指标的重要一部分进行考察。而且，将关键控制人的资产、财务记录作为重要考察方面。

表 1　影视行业风险评价指标模型表

一级指标	二级指标	含义	公式
行业风险指标	收视率	衡量其市场关注度	某时段收看某个电视节目的目标观众人数/总目标人数
	满意度	衡量其市场满意度	某时段收看某个电视节目的满意观众人数/总目标人数
	题材安全度	衡量电视剧作品题材与政策导向相合度	定性判断，可定量化
	行业平均利润率	衡量行业盈利发展空间	行业加权平均利润率
	平均企业规模	企业平均注册资本	企业注册资本总额/企业数
管理风险指标	研发人员所占比率	创意人才比率	研发人员/全体职员
	核心团队稳定度	核心经营管理团队变动程度	当期未变动的团队人数/团队总人数
	速动比率	衡量企业流动资产中可以立即变现用于偿还流动负债的能力	（流动资产－存货－待摊费用）/流动负债总额
	应收账款周转率	说明一定期间内公司应收账款转为现金的平均次数，衡量企业资产流动速度及财务健康度	赊销收入净额/平均应收账款
	已有核心权利（资产）变动率	考察企业核心资产变动的风险	增加或减少的著作权数/原著作权总数
项目风险指标	项目执行进度比	考察项目如期进展情况	如期完成的部分占项目总体的百分比
	资金合规使用指数	衡量贷款资金是否合规使用	合规使用的资金占已使用资金百分比，定性判断，可定量化
	产品质量指数	衡量电视剧的艺术质量	由专业评测机构完成
	重大负面事件指数	贷款企业是否有重大负面事件	定性判断，可定量化
	隐形管理风险指数	企业内部及项目团队是否有凝聚力风险	定性判断，可定量化

续 表

一级指标	二级指标	含义	公式
关键控制人信用风险指标	关键控制人公开不良信用度	通过公开渠道可收集到的不良信用记录	借助金融机构力量完成
	关键控制人行业口碑	关键控制人的行业声誉	定性判断，可定量化
	关键控制人资产国外转移指数	控制人资产往国外转移情况	资产转移数额/总资产
	关键控制人收入-还款差	衡量关键控制人收入足以用来还款的保障程度	当期收入-当期还款的数额，定性判断
	个人纳税记录	衡量其财务守法程度	纳税额与应纳税额偏差率

资料来源：本文笔者自行整理。

（四）相关权重及合成算法

相关权重及合成算法如表2所示。

表2 相关权重及合成算法表

一级指标	权重	二级指标	权重	算法及说明
行业风险指标	15%	收视率	3%	比照行业平均标准，设定上中下三个级别，分别记为3、2、1分
		满意度	5%	比照行业平均标准，设定很满意、满意、一般、不太满意、不满意五个级别，分别记为5、4、3、2、1分
		题材安全度	3%	设定三个级别，安全、一般、不安全，分别记为3、2、1分
		行业平均利润率	2%	将行业平均利润率与一般利润率对比，超过25%、达到、低于25%者记2分、1分、0分
		平均企业规模	2%	将行业平均企业注册资本与一般企业注册资本对比，超过25%、达到、低于25%者记2分、1分、0分

续 表

一级指标	权重	二级指标	权重	算法及说明
管理风险指标	25%	研发人员所占比率	4%	按照一般标准，研发人员在企业中所占比率达到20%、15%、10%、5%者，分别给予4、3、2、1分
		核心团队稳定度	6%	稳定度比率达到50%、60%、70%、80%、90%、95%及以上者，分别给予1、2、3、4、5、6分
		速动比率	7%	比照电视剧行业平均速动比率值，偏差度在正负3%、5%、8%、10%、12%、15%、18%以内的，分别记为7~1分
		应收账款周转率	4%	比照行业一般标准，高于其10%以上、5%以上、与之持平、低于其10%者，可得分4~1分
		已有核心权利（资产）变动率	4%	变动率达到10%、20%、30%、40%及以上的分别给4分、3分、2分、1分以及0分。
项目风险指标	35%	项目执行进度比	5%	按照50%、60%、70%、80%、90%及以上分别赋值1~5分
		资金合规使用指数	9%	按照55%、60%、65%、70%、75%、80%、85%、90%、95%及以上分别赋值1~9分
		产品质量指数	5%	按照定性标准，设定从好到坏五级，分别记为5~1分
		重大负面事件指数	8%	按照定性标准，设定从强到弱九级，分别记为0~8分
		隐形管理风险指数	8%	按照对于内部管理、团队凝聚力等要素的考察，由好到坏，分别给予8~0分
关键控制人信用风险指标	25%	关键控制人公开不良信用度	6%	定性标准，按照强弱给予6~0分
		关键控制人行业口碑	6%	定性标准，按照强弱给予6~0分
		关键控制人资产国外转移指数	3%	按照其转移指数的大小，未达到10%、20%、30%级别可分别给值3、2、1分
		关键控制人收入-还款差	7%	按照具体差额，该值达到当期还款额度的5%、10%、15%、20%、25%、30%、35%及以上时，可赋值7~1分
		个人纳税记录	3%	定性判断，分别按从好到坏，给予3~1分

资料来源：本文笔者自行整理。

（五）风险计算公式及计算结果对应风险级别描述

其总体风险计算公式为：$Rt = \sum (Ri + Rm + Rp + Rc)$

其中，Rt 为总风险，Ri 为行业风险，Rm 为管理风险，Rp 为项目风险，Rc 为关键控制人风险。各具体风险模块指标取值按照之前的指标公式及权重算法进行计算，最终结果为百分制。

其计算结果对应风险级别如表3所示：

表3 风险级别表

得 分	风险级别	建议对策
90~100	基本无风险	继续目前操作
80~90	低风险	建议加强监管
70~80	中风险	削减后续贷款额度，加强监管频度
60~70	高风险	建议停止后续贷款，对其进行重新信用评估
60以下	严重风险	停止贷款，进行重新评估，从客户名单删除

资料来源：本文笔者自行整理。

六、文化类无形资产评估法律建设和税收政策

（一）文化类无形资产评估法律建设

文化类无形资产评估是市场经济的产物。适应我国经济体制改革发展的形势，必须尽快建立健全统一的文化类无形资产评估的法律法规体系，以此来调整无形资产政府主管部门、行业主管部门、中介机构以及使用者、占有者之间的各种相互关系，界定各主体的责、权、利，规范中介机构和从业人员的职能、标准、范围、规则及职业道德，保障文化类无形资产占有者、使用者的各种权益，促进文化资产资源在市场作用的基础上，在国家的宏观调节下合理流动，提高全社会文化类无形资产的效益。为此，建立健全全国统一的文化类无形资产评估法律法规体系就迫在眉睫。具体内容应该包括：

1. "文化类无形资产评估管理法"

它明确评估概念、基本原理、计价标准；规定评估的业务范围、规则、评估师的资格认定；规范无形资产评估所涉及各主体权力、职责以及它们之间的相互关系、法律责任等。

2. "单项文化类无形资产评估原则"

文化类无形资产有很多种类，不同种类的文化类无形资产有不同的

评估要求。这些规则对不同种类无形资产评估的一般要求、工作规则、评估范围、方法、评估程序等内容作出详细规定。

3. "文化类无形资产评估操作规则"

这是关于文化类无形资产评估工作的具体操作文件，它对文化类无形资产评估工作一般过程所涉及的评估计划、评估报告等作出具体规定。

4. "文化类无形资产评估师职业道德守则"

它规定评估师在其业务活动中应当遵守的行为规范，是对评估师职业道德、执业纪律、执业能力、工作规则及其对委托单位、同业所负的责任等思想方式和行为方式的基本要求。

5. 文化类无形资产评估的其他法律法规

（二）文化类无形资产评估税收政策

1. 文化类无形资产的计价

（1）对于投资者投入的无形资产

《企业会计制度》规定：投资者投入的无形资产，按投资各方确认的价值作为实际成本。但是，为首次发行股票而接受投资者投入的无形资产，应按该无形资产在投资方的账面价值作为实际成本。《企业所得税暂行条例实施细则》规定：投资者作为资本金或者合作条件投入的无形资产，按照评估确认或者合同、协议约定的金额计价。

（2）对于购入的无形资产

《企业会计制度》规定：购入的无形资产，按实际支付的价款作为实际成本。《企业所得税税前扣除办法》规定：为购置、建造和生产固定资产、无形资产而发生的借款，在有关资产购建期间发生的借款费用，应作为资本性支出计入有关资产的成本。

（3）对于自行开发的无形资产

《企业会计制度》规定：自行开发并按法律程序申请取得的无形资产，按依法取得时发生的注册费、聘请律师费等费用，作为无形资产的实际成本。在研究与开发过程中发生的材料费用、直接参与开发人员的工资及福利费、开发过程中发生的租金、借款费用等，直接计入当期损益。已经计入各期费用的研究与开发费用，在该项无形资产获得成功并依法申请取得权利时，不得再将原已计入费用的研究与开发费用资本化。《企业所得税暂行条例实施细则》规定：纳税人购置无形资产或自行开发无形资产（如专利权、商标权、著作权、非专利技术等），不得直接扣除,允许以摊销方式逐步扣除。无形资产开发支出未形成资产的部分准予扣除。

2. 文化类无形资产的捐赠与受赠

(1) 无形资产捐赠差异

税法规定,企业如果捐赠货物,应视同销售,需要缴纳增值税,若属于消费税的纳税范围,还需要缴纳消费税;如果捐赠的是不动产,还要缴纳营业税。由于捐赠无形资产不属于有偿转让,所以不缴纳营业税。

在会计核算中,企业捐赠无形资产,只需借记"营业外支出(捐赠支出)"科目,贷记"无形资产"科目;如果被捐无形资产已提减值准备,还应借记"无形资产减值准备"科目,将差额借记"营业外支出"科目。如果捐赠无形资产符合公益、救济性捐赠的条件,按税法规定,可在税前扣除;如果不符合公益、救济性捐赠的条件,而是非公益、救济性捐赠,则在年终所得税汇算时,作永久性差异的纳税调整。

(2) 接受无形资产捐赠差异

企业接受捐赠时,按应确定的实际成本借记"无形资产"科目,按应缴所得税额贷记"递延税款"科目,差额贷记"资本公积——接受捐赠非现金资产准备"科目,并贷记"银行存款"、"应交税费"等科目。在企业转让时,应按税法确认的应税所得额或清算所得额,计算缴纳企业所得税,借记"递延税款"、"所得税"科目,贷记"应交税费——应交所得税"科目。

外资企业接受无形资产捐赠时,根据凭证的价值,借记"无形资产"科目,贷记"待转资产价值"、"银行存款"等科目。税法规定,外资企业不论接受货币性捐赠还是非货币性捐赠,都要作为当年收益,前者应一次性计入当年收益,计算缴纳企业所得税;后者可先弥补以前年度亏损,有余额时,再计算缴纳企业所得税。年终时,企业应按"待转资产价值"科目的账面余额,借记该账户,按接受捐赠的无形资产应缴的所得税或用以弥补亏损后的差额,计算当年应缴纳的所得税,即贷记"应交税费——应交所得税"科目,扣除应缴所得税后的差额,贷记"资本公积——其他资本公积"科目。

3. 文化类无形资产的摊销

由于内外资企业接受无形资产捐赠的税法规定不同,因此,内外资企业接受无形资产价值摊销的税法规定也不同。《企业所得税税前扣除办法》规定：内资企业接受捐赠的无形资产不得进行价值摊销（即其摊销额不得在税前扣除）；而《企业会计制度》规定：受赠无形资产入账后要进行价值摊销。这就形成了一项永久性差异，年终应进行所得税纳税调整。外资企业不论接受无形资产、固定资产还是其他非货币性资产捐赠，都可以进行价值摊销、计提折旧或结转成本，如果按税法与会计规定计算的金额不等，其差额为时间性差异。

土地使用权作为企业的一项无形资产，其价值应按纳税人支付给国家或其他单位的出让金确认，但其价值摊销则受合同规定的使用期限制约。税法规定摊销期不得短于使用期，纳税人只能按合同规定的使用期平均摊销。《企业所得税暂行条例实施细则》规定：法律、合同或企业申请书没有规定使用年限的，或者自行开发的无形资产，摊销期限不得少于10年；而《企业会计制度》对合同没有规定受益年限、法律也没有规定有效年限的，则规定其摊销年限不应超过10年。税法与会计规定虽都以10年为界，不过一个是下限，一个是上限。

《企业所得税税前扣除办法》规定，企业不论外购商誉还是自创商誉，均不得进行价值摊销，也就是说，即使会计处理进行了价值摊销，其摊销额也不得在税前扣除，要进行纳税调整。笔者认为从纳税筹划的角度考虑，在会计中，自创商誉不予确认为好，外购（合并）商誉也不宜高估。

4. 文化类无形资产的投资

《企业所得税税前扣除办法》规定：纳税人对外投资的成本不得折旧或摊销，也不得作为投资当期费用直接扣除，但可以在转让、处置有关投资资产时，从取得的财产转让收入中减除，据以计算转让所得或损失。因此，企业以无形资产对外投资，由无形资产转化为长期投资后，在投资期间不得对该项无形资产进行价值摊销。如果企业以未入账的无形资产对外投资，应先确认为一项无形资产后，再按上述要求进行相应的会计处理。这里有两种情况：

一是因当初的研究开发费用已计入当期损益，没有作为一项无形资产予以确认，现在要将其作为一项无形资产对外投资，企业先要确认其入账价值，然后按确认价值借记"无形资产"科目，贷记"管理费用"科目。

二是以当初按划拨方式取得的土地使用权对外投资，按国家有关规定，企业应先补交土地出让金，当然应该按实际支付额入账，基本不存在纳税筹划问题。

5. 文化类无形资产的转让

无形资产转让有两种方式：一是转让使用权，二是转让所有权。在转让过程中，除了按转让合同金额双方计缴印花税，转让方还要按转让金额计算缴纳营业税、城建税。只转让无形资产的使用权，按转让额借记"银行存款"等科目；按转让额计算的应缴营业税贷记"应交税费（应交营业税）"科目，其差额贷记"营业外收入"科目。转让所有权时，则按被转让无形资产的转让额借记"银行存款"科目，按已提减值准备借记"无形资产减值准备"科目，按其摊余价值贷记"无形资产"科目，对支付的相关费用和应缴营业税贷记"应交税费（应交营业税）"科目等，对转让净损益贷记"营业外收入"科目或借记"营业外支出"科目。如果是以无形资产交换其他非货币性资产，印花税要按购销两份合同金额计缴。

无形资产转让方除了按转让金额计缴营业税，作为换回的货物，其入账金额中可能含有消费税，并视增值税纳税人身份及是存货还是固定资产，在价外或价内反映增值税额。对无形资产转让收入，在扣除无形资产转让过程中发生的相关税费及被转让无形资产所有权时的无形资产账面净值后，要计算缴纳企业所得税。企业在转让之前，应充分考虑不同转让方式的企业税负，以求整体税负最轻、转让净收益最大。

七、文化类无形资产评估数据库建设

根据行业市场分析，以及评估与咨询业务的案例实践，数据库将构成一个由"文化类无形资产评估"为核心，文化类无形资产资源数据增值服务与咨询服务为辅的业务体系，并借助相关资源和渠道组成的支持体系，形成服务、数据、运营资源的循环。

根据文化类无形资产市场需求，以文化类无形资产资源及文化类无形资产为核心而设定。包括文化类无形资产评估、文化类无形资产资源数据增值两个板块。

（一）文化类无形资产评估

文化类无形资产评估业务从不同信息入口获取文化类无形资产资源数据，保证价值评估体系的真实有效性，而完善、严密的评估体系是文化类无形资产评估服务的强力支撑,平台的评估体系专门针对文化类无形资产相关内容为研究方向,主要以行业研究、评估模型建设、案例库建设以及相关课题研究为体系基础。其将具备专业性、权威性的特性,不可轻易被复制,降低竞争风险。

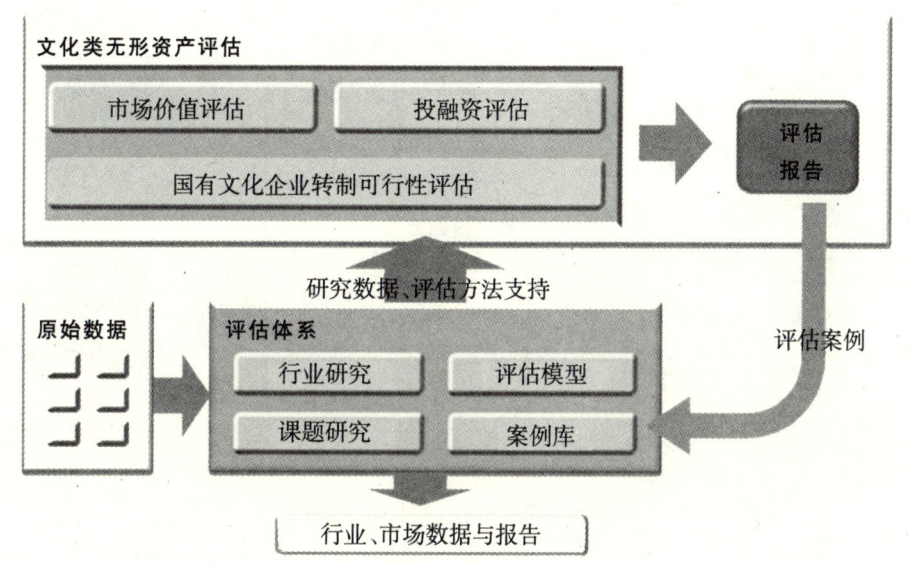

图4 文化类无形资产评估业务板块示意图(部分)

资料来源:本文笔者自行整理。

文化类无形资产评估目的是为文化类无形资产交易等经济活动提供价值评估咨询与管理支持。评估方向包括文化类无形资产市场价值评估、文化类无形资产投融资评估、国有文化企业转制可行性评估,等等。在实际应用中,文化类无形资产提供方通过文化类无形资产评估服务平台,可方便的实现文化类无形资产商业价值最大化,并能得到及时有效的专业评估咨询与管理服务。

文化类无形资产评估业务还能在建设评估体系的同时产生行业、市场相关数据,形成报告,为行业内科学研究、风险投资及政府决策提供依据。

(二)文化类无形资产资源数据增值

文化类无形资产资源数据是开展文化类无形资产评估的要素,也是文化类无形资产交易和价值开发必不可少的资料。借助业务支持体系实现资源数据采集和公示，汇集成文化类无形资产资源数据库，通过文化类无形资产评估体系一整理、归类至信息中心。

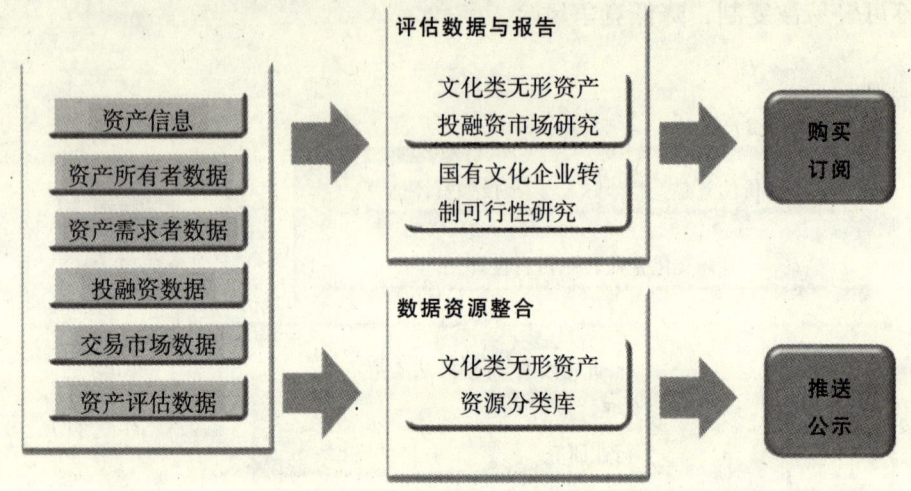

图5　文化类无形资产资源数据增值业务示意图

资料来源：本文笔者自行整理。

在数据基础上进行挖掘，可形成用于公示和披露的资源数据和研究报告，开发出文化类无形资产资源数据的增值业务，促进交易者之间以及文化类无形资产资源之间的互动和交流。

八、文化类无形资产评估机构的准入标准

随着技术和信息革命，知识时代的到来，知识经济最大的特点就是无形资产占整个社会资产的比重显著增强，知识和技术在经济发展过程中起着关键性的作用，尤其是文化类无形资产更是重中之重。虽然无形资产评估作为无形资产的基础性工作在我国发展得比较晚，但是作为一种规范，有必要就文化类无形资产评估机构准入标准拟订相关的管理办法。

（一）客观、公平是文化类无形资产评估机构准入的首要标准

客观与公正主要表现在两个方面：一是评估要公允，按法定的准则和规程进行，具有公允的行为规范和业务规范，这是客观、公正的技术基础；二是评估人员要与资产业务各方没有利害关系，若有利害关系必

须回避，这是客观、公正的组织基础。避免评估机构为了迎合顾客的需要任意拼凑评估值，避免评估人员在操作中不认真进行市场调查，在评估方法的选用上和评估参数的确定中存在主观随意性；以上这些都是有损文化类无形资产评估的客观性、公正性，因此必须加强管理，强调客观、公正的理念以至于更加完善文化类无形资产评估管理体系。

(二) 文化类无形资产评估机构应适应社会主义要求，实行自律性管理

只有实行自律性管理才能克服以往行政性管理的弊端，促进其自身的壮大与发展。行业自律性管理，即在国家有关法律法规范围内以社团成员共同确认的专业标准和行为规范进行自我协调，自我约束，并由社会组织进行知道和监督的管理过程。自律性管理包括拟定文化类无形资产评估师资格标准，组织评估师教育、培训、考核、建立健全职业技术准则和职业道德规范等，这是实现文化类无形资产评估独立、公正、中介性服务的重要保证。

(三) 文化类无形资产评估机构应当建立文化类无形资产评估的信息网服务体系

根据以往经验，文化类无形资产评估所需材料不全是制约评估结果科学性的重要因素之一。在文化类资产评估过程中，按科学的程序与方法进行评估时会出现评估资产的资料和相关的资料残缺不全以及行业平均收益率，风险率这类具有公用性的参数无法取得等问题。因此，在评估工作中建立公共信息网和常用数据库，对于无形资产评估工作的规范化、科学化、现代化、高效化具有重要意义。

(四) 文化类无形资产评估机构应建立一定的信誉等级

为避免任何一家文化类无形资产评估机构只要拥有评估资格，就可在全球范围内从事文化类资产评估业务，不管评估专业水平高低，评估力量强弱都处于一个层面上竞争；某些机构使用不正当手段得到项目，而力量雄厚的机构却得不到足够业务，这样不利于优胜劣汰。所以有必要对文化类无形资产评估机构建立信誉等级，这样不同级别类别的文化类无形资产便会有相应资质的评估单位进行评估跟进，以确保评估的专业性。

(五) 文化类无形资产评估机构应建立有效的监督机制

一是来自职代会、董事会、监事会的内部监督；二是来自消费者和社会中介组织的社会监督；三是国家法律、法规的监督。采取政府监督、

内部监督和社会中介组织监督相结合的方法，具体说来，就是国家检查部门应成立企业经济监督机关和国有资产保全机关，建立国有资产流失举报制度，定期组织经济检查。企业内部应建立和完善监督约束机制，建立工作目标责任制，实行民主管理，建立健全国有资产流失个人责任制。文化类无形资产评估机构、审计事务所等中介组织应规范操作、实事求是的评估、核定、清算。

九、文化类无形资产评估师职业培训

参照《资产评估准则——无形资产》中对注册无形资产评估师的要求，文化类无形资产评估师除了具备普通无形资产评估所应具备的条件外，还应具备以下基本要求及职责：

（一）文化类无形资产评估结果由保险公司保险

文化类无形资产评估师将对评估结果负责，同时，保险公司进行保险。评估师不但对伪作负责，也要对评估负责。拍卖师拿到要拍卖的作品，首先看在全集上是否有这件作品，然后与该艺术家的鉴定师联络，得到他的鉴定证书（但不是每次都需要），再作具体研究，确定一切属实，并进行价格评估。如果评估价格确定误差太大而受到受托人的起诉，评估师将承担法律和经济双重后果。保证期限是30年。那就是：评估师会被行业清除，不得进入市场，其后是保险公司进行赔偿。这个保证就是从估价的第一天算起，30年有效。不管执行人是否在世，保的是作品的真实和文化类无形资产评估价格的真实。受托人得到法院的判决，找的不是评估师，而是评估师投保的保险公司。

（二）中立、公开的文化类无形资产评估体系

国外文化类无形资产市场是建立在交易双方信息通畅，买卖公平透明的基础之上，信用体系比较完善，经营者违法成本高，甚至是十分恶劣和严重的刑事犯罪，几乎没有经营者敢铤而走险，如果踏入这个雷区，不仅要受到法律制裁，也将无法在行业内立足。国外建立了中立、公开的文化类无形资产评估体系，以保证文化类资产估价的公开、公正。本研究建议在国内建立两级文化类无形资产评估体系及机构：一类是国家级的评估机构，对文化类无形资产作出权威终极的评估，其评估结果是法律认可的，可以作为司法判定的依据。另一类是社会专业评估机构，主要是法人为开展文化类无形资产评估体系的内部评估机构，或者是依

附于文化类产业专业研究机构的评估专家,或者是受政府委托承接政府文化类无形资产评估项目的专家机构。但不管是哪种形式,评估机构都是独立的,不参与市场经营的中立单位,评估专家个人可以收取费用,但只能出具个人鉴定意见,不能作为司法依据。评估机构出具有法律效力的鉴定结果时,为公正起见不能收取任何费用。

参考文献

[1] Battersby, Gregory J., Charles W. Grimes, eds., *Licensing Desk Book: Legal & Business Guide.* New York: Aspen Law & Business, 1999 (supplemented through 2002). 79 – 102.

[2] Licensing Royalty Rates. New York: *Aspen Law & Business*, 2004.

[3] Boer, F. Peter, *The Valuation of Technology: Business and Financial Issues in R&D.* New York: Wiley, 1999.

[4] Bryer, Lanning, Melvin Simensky, *Intellectual Property Asserts in Mergers and Acquisitions.* New York: Wiley, 2002.

[5] Cole, Robert T., *Practical Guide to U.S. Transfer Pricing.* New York: Aspen Publishers, 1999.

[6] Contractor, Farok J., *Valuation of Intangible Assets in Global Operations.* Westport, CT: Quorum Books, 2001.

[7] Daum, Juergen H., *Intangible Assets and Value Creation.* New York: Wiley, 2002.

[8] 郑成思主编:《知识产权价值评估中的法律问题》,法律出版社1999年版。

[9] 刘京城:《无形资产的价格形成及方法》,中国时代经济出版社2002年版。

[10] 中国资产评估协会:《中国资产评估准则》,经济科学出版社2009年版。

[11] 凯夫斯:《创意产业经济学》,新华出版社2004年版。

[12] 约翰·霍金斯:《创意经济》,中国人民大学出版社2006年版。

[13] 香港贸易发展局:《香港的创意产业研究报告》,2002年9月版。

[14] 黄胜端、裴学敏、陈金圣:《知识产权的经济评价研究》,载

《管理工程学报》，1999年第21期。

[15] 金元浦：《当代文化创意产业的崛起》，载《2005年中国文化产业发展报告》2005年2月版。

[16] 张幼文：《知识经济的生产要素及其国际分布》，载《经济学动态》2004年第5期。

[17] 周莉华：《试论新的经济增长点——创意产业》，载《南方经济》2005年第1期。

[18] 谭星光、唐弦：《论我国著作权质押制度及其立法完善》，载《浙江省法院系统第十三届学术论文讨论会征文》，2003年5月30日版。

[19] 刘亚力：《知识产权等于人民币 解读文创质押贷款第一单》，载《北京商报》，2007年11月12日第2版。

[20] 范晓波：《论知识产权价值评估》，载《理论探索》2006年第5期。

[21] 李红娟、孙济庆：《知识产权的价值评估模型研究》，载《科技情报与开发与经济》2007年第17卷第27期。

[22] 东南大学、南京理工大学、南京市科委，《著作权价值评估研究》，载《软件科学研究》，2009年第3期。

[23] 郑友德、田志龙：《试论影响版权价值评估的若干经济因素》，载《华中理工大学学报》1995年第4期。

[24] 陈志勇、陈香：《专利权评估若干问题研究》，载《科技与法律》2008年第2期。

课题组成员名单

课题负责人：

张大为　北京产权交易所总监，北京产权交易所文化产权交易中心主任

课题组成员：

杨心一　博士，北京静恩德凯投资管理有限公司任执行总监

李洪波　中国人民大学工商管理学硕士，国际注册金融分析师候选人（CFA Candidate），北京东方雍和国际版权交易中心有限公司副总经理

李佩森　北京外交学院国际经济专业硕士，北京东方雍和国际版权交易中心有限公司研究发展部高级研究主管

王玲玲　北京理工大学硕士，北京东方雍和国际版权交易中心有限公司研究发展部研究助理

陈　曦　毕业于加拿大阿尔伯塔大学，中国文化产权交易所筹备组

文化主题公园管理与发展对策研究

南京大学国家文化产业研究中心

- 185 引 言
- 186 现状研究：文化主题公园的发展现状与竞争力分析
- 199 管理研究：文化主题公园的运营管理模式分析
- 211 路径研究：文化主题公园的发展路径分析
- 225 对策研究：文化主题公园的发展对策分析
- 232 参考文献
- 233 课题组成员名单

引 言

随着全民休闲时代的到来，中国文化主题公园步入一个全新的发展阶段。中国的民族品牌将更接近国际水准，国际品牌更加希望能进入中国市场。据不完全统计，未来5年，中国主题公园的市场需求将超过每年100亿元，未来25~30年，中国可以容纳10个乃至更多类似迪斯尼规模的主题公园。随着中国经济的快速发展，新型服务业和创意产业的推进，作为融主题性、文化性、娱乐性、休闲性于一体的新兴游乐方式，文化主题公园在旅游产业链中扮演越来越重要的角色。

目前，国内文化主题公园的经营状况总体来说是良莠不齐，一部分文化主题公园因气候条件优越、产品设施丰富、市场促销得当，受到游客追捧，营收赢利能力较好；一部分文化主题公园从开发建设之日起，就贴上了"为房地产开路"的标签，市场和经营工作不为投资者所重视，业绩平平；还有一部分文化主题公园因产品定位失当、经营管理不力，举步维艰，市场后劲不明显。根据中国旅游研究院2009年监测，我国文化主题公园有30%处于亏损状态，45%基本持平，真正实现盈利的只有25%。

本研究报告按照"现状研究—管理研究—路径研究—对策研究"的思路组织全文，具体如下：

现状研究：文化主题公园的发展现状与竞争力分析

管理研究：文化主题公园的运营管理模式分析

路径研究：文化主题公园的发展路径分析

对策研究：文化主题公园的发展对策分析

在未来发展中，现有的近3 000家主题公园将历经一个资源整合的过程，逐步形成以区域为主的大型、有特色的文化主题公园。由这一过程所引发的品牌竞争将会愈演愈烈，同时以新型的连锁经营、提供特色服务、跨行业联合等为代表的多种经营方式也会随之产生。面对越来越大的旅游市场，未来又将何去何从？各大主题公园将如何在日益激烈的市场竞争中傲然挺立？如何通过做大做强我们自己的文化主题公园品牌，实现我国文化主题公园业的全新蜕变？这是政府、行业和企业都在努力探索和思考的现实问题。

现状研究：文化主题公园的发展现状与竞争力分析

一、文化主题公园的特点

文化主题公园虽然已走过近60年的历程，随着时代的前进和不断变化，文化主题公园的内容和形式也在不断更新，大致经历了"街头娱乐场"—"城市花园"—"机械游乐园"—"文化主题公园"的发展过程。

（1）主题的独特性。主题独特性是文化主题公园的命脉，鲜明特色和独特个性的主题是文化主题公园的灵魂，也是影响旅游者休闲娱乐取向的魅力之源。

（2）文化意蕴的兼容性。文化主题公园具有通过"主题"解释文化和传递文化的功能，它着重满足的是旅游者精神生活上的需求，提供的是一种对文化的体验过程。

（3）效益的广泛关联性。文化主题公园的良性发展带来了广泛的效益，包括经济效益、生态效益和社会效益。

（4）参与的体验互动性。文化主题公园内的人造景观本身多数由静物组成，具有一定的文化内涵和艺术欣赏价值，但作为文化主题公园，还应具备趣味性、娱乐性及参与性等基本属性，方能吸引不同层次、不同目的、不同兴趣的游客前来。

（5）经营的风险性。文化主题公园的兴建是一项庞大的系统工程，一般投资规模比较大，文化主题公园的投资主要包括四个环节：主题策划的费用、制造建设的成本、项目更新的投入、数量众多的管理人员和工作人员的培训费与付酬等。巨大的初期投资，在建成后还要源源不断的注入资金进行项目的更新，日常运营的维持费用也很高，这些就决定了文化主题公园经营的风险性。

二、国外文化主题公园发展现状

文化主题公园是全球旅游业自20世纪60年代以来，形成的一种独具特色和影响力的旅游产品和产业现象。

表1　世界各地区文化主题公园动态演化过程

	北美地区	欧洲地区	亚太地区	其他地区
1950	起步			
1960	发展	起步		
1970	扩张	发展	起步	
1980	成熟	扩张	发展	起步
1990	兼并浪潮	调整	扩张	发展
2000	多样化	再定位	选择性发展	扩张

如上表所示，北美的文化主题公园起步最早，经过了20年间的高速发展和扩张后，基本上主题公园行业在80年代就已进入成熟阶段，在兼并浪潮中胜出的少数几家寡头主题公园集团公司掌控了北美绝大多数的主题公园，并踏上了全球扩张的道路。欧洲和亚太地区虽然起步较晚，目前仍处于行业增长阶段，有望在未来几年与北美地区呈势均力敌之势。

表2　全球十大主题公园集团排名（2008）

序号	名称	国家	入园游客人数（百万）		旗下代表性主题公园
			2008年	2007年	
1	迪斯尼公司	美国	118	116.5	迪斯尼乐园
2	美林娱乐集团公司	美国	35.2	32.1	乐高乐园
3	环球影城休闲娱乐集团	美国	25.7	26.4	环球影城
4	六旗集团	美国	25.3	24.9	六旗游乐园
5	团圆娱乐公司	西班牙	24.9	12	冒险家乐园
6	BUSCH娱乐集团公司	美国	23.0	22.3	BUSCH公园
7	雪松会娱乐公司	美国	22.7	22.1	纳氏草莓园
			2008年	2007年	
8	华侨城集团公司	中国	13.4	暂缺	欢乐谷
9	阿尔卑斯公司	法国	9.5	9.6	巴葛蒂尔公园
10	贺森家庭娱乐公司	美国	8.3	8.9	Dollywood

世界旅游组织预测，主题公园是目前乃至未来国际旅游发展三大趋势之一。全球最大的休闲旅游行业咨询公司ERC预测，2010年全球主题公园市场规模为200亿美元，年游客接待量6.5亿人次，也即2001—2010年，全球主题公园行业的收入和游客接待量将有3.8%和1.8%的复合增长率，其中行业收入复合增长率高于世界财富年均3%的增长速度

三、中国文化主题公园发展现状

（一）我国文化主题公园发展历程

我国文化主题公园经历了探索选择方向、实现形态概念模式化、建设旅游目的地和多种新型业态支持经营多样化四个发展阶段。

萌芽阶段，1978年—1989年的十年探索性发展时期。在这个时期里，以1983年广东中山兴建的"长江乐园"和正定县投资兴建的"西游记宫"为开端，短时期内在全国引发建设文化主题公园的热潮，并在短时期内带来可观的收益。然而由于缺乏文化内涵，门票等游乐费用过高以及重复建设过多，至20世纪80年代中期，绝大部分文化主题公园陷入困境。

成长阶段，1989年—1997年的八年文化主题公园概念化发展时期。1989年9月深圳"锦绣中华"的成功开业，1994年6月18日深圳"世界之窗"的正式开园，标志着中国文化主题公园的诞生。

规范阶段，1997年—2002年的五年反思和规范化时期。这一时期的文化主题公园由于经受了前两个阶段的曲折与反复，国内的文化主题公园开始步入规范化、理性化的发展阶段。

复合型发展阶段，2002年至今的复合型文化主题公园、新型业态多样化发展时期。"华侨城"集团实践的"旅游+文化+地产+生态"的复合型发展理念，使该集团在短短数十年中总资产由不足1亿元增长到400多亿元，"华侨城"及"欢乐谷"等主题公园、主题酒店、主题地产目前遍布我国主要城市。

（二）我国文化主题公园发展现状

1. 总体发展速度快

根据国家旅游局资源开发司不完全统计，我国的文化主题公园总体数量以每三年上一个台阶的速度呈阶梯上升趋势。

2. 文化主题公园种类齐全

我国文化主题公园的产品形态也比较丰富，具体如表3所示：

3. 投资主体多元化

一是地方政府投资；二是国有大型集团投资；三是股份制经济；四是联营经济；五是港澳台投资；六是外国投资。

表3　我国主题公园产品形态

产品分类		基本含义	范例
展示型	陈列式	以静态展示为主要娱乐形态，旅游者的活动方式表现为参观旅游	深圳锦绣中华微缩文化主题公园
	表演式	以动态表演为主要娱乐形态，旅游者的活动方式表现为观看欣赏	中国民俗文化村的民族歌舞 深圳世界之窗的火山爆发
体验型	情境式	游乐环境设计主体化、旅游者置身富有戏剧性的故事情节之中，体验真情实感	深圳欢乐谷的北极探险 深圳世界之窗的热带雨林探险
	惊险式	具有摇晃感、旋转感、高度感、坡地感和迷宫感等刺激性的项目等活动	深圳欢乐谷的太空梭 长沙世界之窗的彩色过山车
	极限式	对人类各种承受能力进行挑战	蹦极、速降、太空舱
互动型	重力式	以旅游者的自身体重为动力	中国民俗文化村的溜索
	体力式	需要耗费游客一定体力的游乐环境	深圳水上乐园的造浪池
	智力式	游乐环境智能化，旅游者需求依靠智力才能达到娱乐活动的高峰	深圳欢乐谷的走出侏罗纪
复合型	静静组合式	静态的景观环境与陈列展览的组合	海洋世界的样本展示
	动静组合式	动态的游乐活动与静态的景观环境	深圳华侨城的欢乐干线
	动动组合式	器械运动与游客参与的游乐活动	深圳欢乐谷的思维影院

4. 表现手段趋向高科技化

高新技术的表现手段，是目前主题公园越来越突出的一个发展趋势。我国文化主题公园的发展，从"人造景观"起步，开始运用建筑模型和机械控制运作，发展到运用高科技手段制作大型项目。

(三) 文化主题公园的区域发展特征

我国文化主题公园正面临新一轮的发展机遇，至2005年底，我国大约有2 500多个文化主题公园，其中还不包括在建项目。这些主题公园主要分布在珠江三角洲、长江三角洲和京津塘等发达地区。

1. 珠江三角洲地区——占据文化主题公园发展制高点

从发展历程看,珠江三角洲地区的文化主题公园已经历了三代发展。第一代,以深圳锦绣中华为代表,其特征是静态陈列观光型;第二代,以深圳世界之窗、番禺香江野生动物园为代表,其特征是为游客提供历史、文化和回归自然的体验;第三代,以华侨城欢乐谷为代表,其特征是为游客提供新型业态的复合型现代游乐体验,成为我国文化主题公园行业的领导者。

2. 长江三角洲地区——实现文化主题公园跨越式发展

从1987年无锡中央电视台外景地"唐城"建成开业以来,上海、无锡、杭州等地的主题公园建设陆续展开,上海南江"东海影视乐园"、青蒲"大观园"、"民族文化村",南翔"梦幻乐园"、嘉定"世界乐园"都具有相当规模。

3. 京津塘地区——文化主题公园发展欣欣向荣

北京地区较大的文化主题公园有"世界公园"、"中华民族园"等。京津塘地区,不仅有较大型的文化主题公园,中小型的文化主题公园也层出不穷,如天津杨村小世界、老北京微缩景园等。

4. 其他地区——进入文化主题公园发展新时期

随着经济的发展和人们旅游休闲需求的日益丰富,我国其他地区也陆续开展了文化主题公园的建设,并有不少较成功的案例。如位于陕西省西安市曲江新区的大唐芙蓉园,是中国第一个全方位展示盛唐风貌的大型皇家园林式文化主题公园。此外,昆明的世界园艺博览园、云南民族村、开封的清明上河园、大连的金石滩发现王国等文化主题公园,展现出强大的生命力。

四、文化主题公园的竞争力分析

(一) 文化主题公园竞争力影响因素分析

借鉴波特的钻石模型,我们可以建立出主题公园产业竞争力的层次结构模型,如图1所示:

1. 客源市场条件

文化主题公园要求选址在经济发达、流动人口众多的地区,客源市场条件越好,则越具有竞争潜力。

2. 交通条件

文化主题公园具有人流量大、高密度聚集等特点,因此必须具有良好的区域交通。

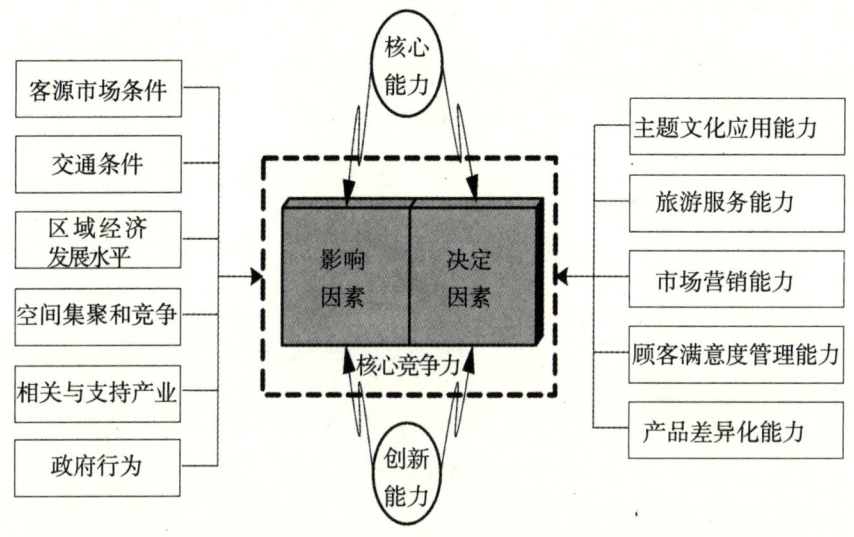

图1 主题公园产业竞争力的层次结构模型

3. 地区经济发展水平

区域经济发展水平在很大程度上影响主题公园的发展。游客消费能力的大小直接关系到主题公园的盈利。

4. 空间集聚和竞争

我国目前大型主题公园主要集中在长三角、珠三角和京津塘地区，过多的主题公园在同一地域集聚，会导致主题公园客源的分流，影响公园收益。

5. 政府行为

文化主题公园占地规模大，不同城市政府行为的差异，使主题公园在微观区位选址、土地的获得上要受到政府的影响。

（二）文化主题公园发展决定因素分析

1. 主题文化应用能力

文化主题公园最核心的竞争能力，就是维持产品的差异化能力，因为这与主题公园这个旅游产品的特性有关。

如图2所示，关于主题文化的研究能力、表现能力和规划能力不仅对于主题产品的开发和创新能力影响重大，而且还对文化主题公园主题选择能力和文化主题公园布局能力具有支撑作用，而且这三种能力都属于主题文化的应用方面的能力,因此由它们三者整合而成的主题文化应用力不仅具有延展性,而且具有不可仿制性,可以发展成为企业核心竞争力。

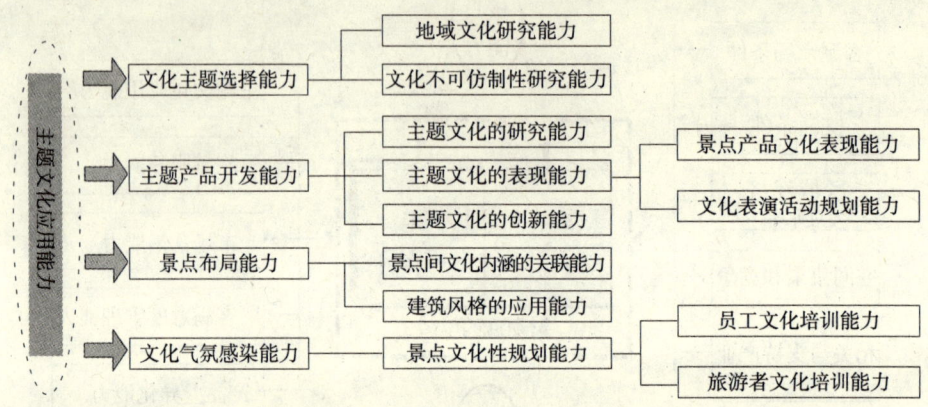

图 2　主题文化应用能力分析

2. 旅游服务能力

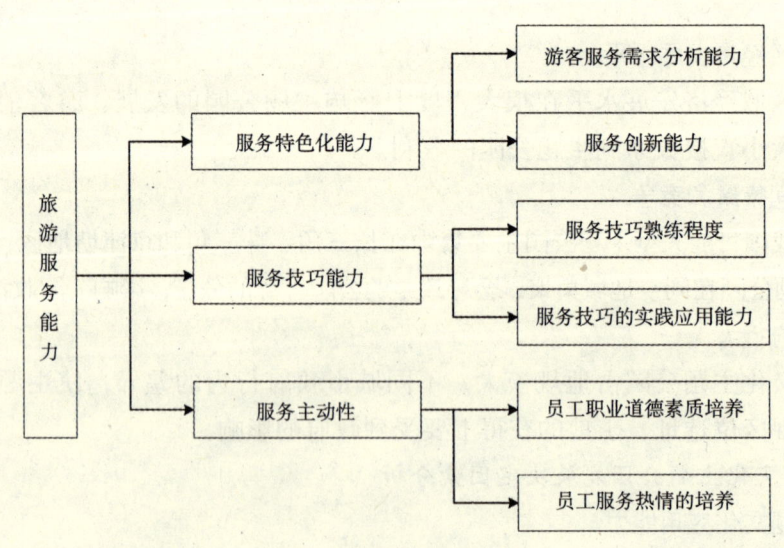

图 3　旅游服务能力分析

如图 3 所示,服务特色化能力包含对旅游者服务需求的分析能力和服务技巧的创新能力。服务技巧的创新能力是由企业员工的服务经验交流、创新意识水平、个人素质等决定的,因此它与对旅游者服务需求的分析能力相结合所形成的能力就无法被仿制，也就是说服务特色化能力具有仿制障碍。

3. 市场营销能力

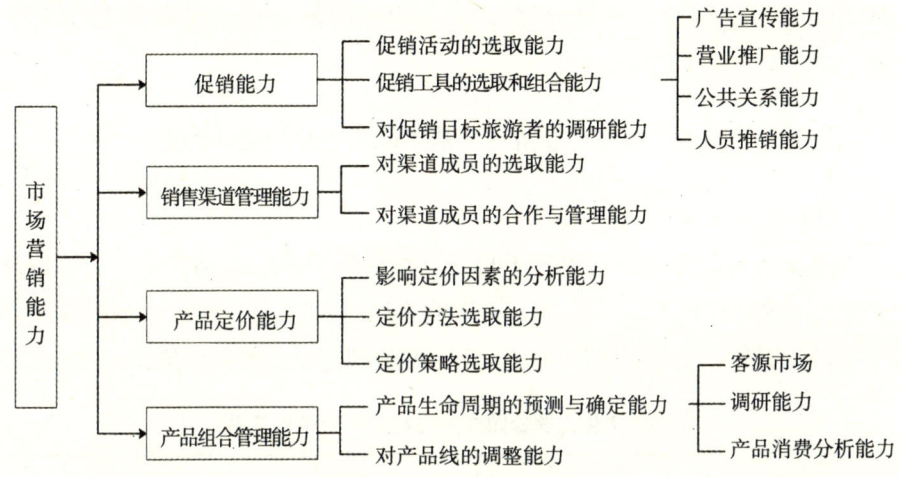

图 4　市场营销能力分析

由图 4 可知，市场营销能力主要分为促销能力、渠道管理能力、产品定价能力和产品组合管理能力四部分，但是在旅游主题公园的市场营销活动中，由于高投资风险所要求的高定价策略，因此产品定价能力无法带来竞争优势，而且价格的变动很容易被模仿，所以产品定价能力无法发展成为核心竞争力。

4. 游客满意度管理能力

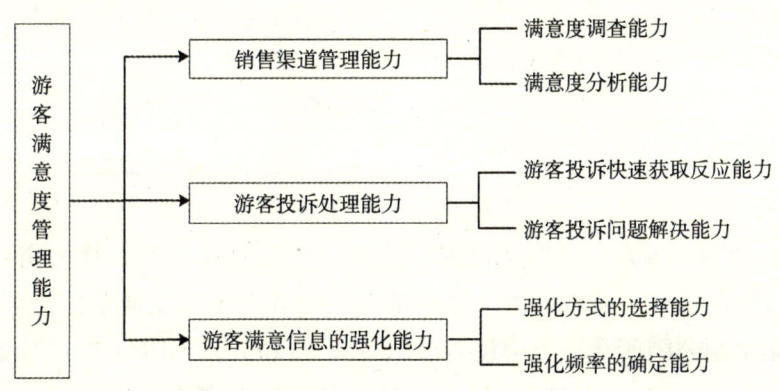

图 5　旅客满意度管理能力

通过图5我们可以发现，旅游者投诉处理能力不仅仅取决于企业所建立起来的投诉快速获取渠道和反应机制，而且取决于企业长期积累起来的对常规性投诉问题解决方法及基于此基础上的对非常规性投诉问题的创新性解决方法，因此它具有路径依赖性和时间依赖性，难以被竞争对手仿制。

五、文化主题公园的竞争格局分析——基于珠江三角洲地区的实证

（一）指标体系的构建

在这里，我们将根据上文所述的竞争力影响因素层次结构模型，选取珠三角地区的文化主题公园为样本，从影响力因素和决定力因素两个层面——两个主目标层和八个子目标层构建文化主题公园竞争力格局评价指标体系。

表4　文化主题公园竞争力格局评价指标体系

主目标层	子目标层	指标因子层	指标标量
影响力因素	客源市场	年接待人数	X_1
	交通条件	园内干道数	X_2
	相关支持产业	城市旅游收入	X_3
	区域经济水平	人均GDP	X_4
	空间集聚	所在城市主题公园数	X_5
决定力因素	主题文化应用力	主题独特度	X_6
		日常表演节目影响力	X_7
	旅游服务能力	每年策划活动影响力	X_8
	市场营销能力	营业收入	X_9
		门票价格	X_{10}
		一日游游客人均每天花费	X_{11}
	游客满意度管理能力	游客满意度	X_{12}

（1）影响力因素。选取文化主题公园年接待人数（X_1）作为衡量公园客源市场的指标；选取园内干道数量（X_2）作为衡量交通条件的指标；选取文化主题公园所在城市的旅游收入（X_3）和人均GDP（X_4）分别作为反映相关支持产业和区域经济水平的指标；选取所在城市的主题公园数（X_5）作为衡量文化主题公园空间集聚程度的指标。

(2) 决定力因素。选取文化主题公园主题的独特程度（X_6）和日常演出节目影响力（X_7）作为衡量主题文化应用能力；选取每年策划活动的影响力（X_8）作为反映公园旅游服务能力的指标；通过营业收入（X_9）、门票价格（X_{10}）和园内游客人均每天花费（X_{11}）作为评价市场营销能力的指标；选取游客满意度作为衡量游客满意度管理能力的指标。

（二）因子分析

1. 数据标准化

由于指标数据的单位和量纲不同，为了使数据间具有可比性，对指标数据进行标准化处理。本文采用标准差标准化法进行标准化处理，其计算公式为：

$$P_{ij} = \frac{X_{ij} - \overline{X_j}}{\sigma_j}$$

式中：P_{ij}表示标准化以后的数值；$\overline{X_j}$表示第j个指标的算术平均值；σ_j表示样本标准差。

2. 提取因子

以珠三角地区具代表性的19个文化主题公园为样本，以评价指标体系中的12个指标的标准化数据为变量构建矩阵，采用SPSS16.0统计分析软件进行数据处理，通过计算机运算得出矩阵的特征根和相应的方差贡献率，根据特征根的大小和累积方差贡献率选择主成分并得到因子提取结果和因子回归系数，根据因子回归系数计算出每个主题公园的各个因子得分，公式如下：

$$A_{ik} = \sum_{j=1}^{n} W_j P_{ij}$$

式中：A_{ik}表示第i个主题公园第k个主成分的因子得分；W_j表示第j个指标的因子回归系数。

表5 总方差分解表

序号	未经旋转的因子载荷的平方和		
	特征根	方差贡献率（%）	累计方差贡献率（%）
1	5.932	49.431	49.431
2	2.188	18.229	67.661
3	1.391	11.595	79.256

3. 计算得分

由于各主成分所包含的信息量不一致且信息量之间是相互独立的，用所选主成分的方差贡献率为权数,将各个因子得分进行综合,得出每个样本文化主题公园的综合因子得分,然后根据综合因子得分排序。公式如下:

$$S_i = \sum A_{ik} B_k$$

式中:S_i 表示第 i 个主题公园的因子综合得分值;B_k 表示所选用因子的方差贡献率。

根据表5中的因子回归系数计算出每个样本主题公园的各个因子得分,然后以每个因子的方差贡献率为权数,计算公式为:

F = 0.49431 * F1 + 0.18229 * F2 + 0.11595 * F3,得到各个主题公园的综合因子得分,进而得到珠三角地区主题公园竞争力情况的最后得分,见表6:

表6 各主题公园竞争力综合评价表

文化主题公园	F1 主成分得分	位次	F2 主成分得分	位次	F3 主成分得分	位次	F 综合得分	位次	百分制得分
欢乐谷	2.347	1	0.372	5	-0.038	9	1.221	1	80.41
世界之窗	1.748	3	1.083	3	0.102	7	1.071	2	77.91
锦绣中华	0.196	5	2.370	1	0.078	8	0.539	4	69.01
海洋公园	-0.143	7	0.741	4	-0.067	11	0.057	5	59.95
明斯克航母	-0.876	15	1.993	2	-0.056	10	-0.075	7	58.75
世界大观	-0.278	9	-1.078	17	1.480	2	-0.160	9	57.32
航天奇观	-1.189	18	0.147	7	1.716	1	-0.360	14	53.97
鳄鱼公园	-0.412	12	-0.571	12	0.918	6	-0.201	11	56.64
长隆欢乐世界	1.818	2	-1.204	18	0.974	5	0.790	3	73.21
百万葵园	-0.957	17	0.235	6	1.098	3	-0.302	12	54.95
大河马水上世界	-0.295	10	-0.717	15	0.995	4	-0.161	10	57.31
神秘岛	0.194	6	-0.648	14	-0.648	15	-0.140	8	57.66
圆明新园	0.277	4	-0.856	13	-0.586	12	-0.048	6	59.20
珍珠乐园	-0.177	8	-0.556	11	-1.037	16	-0.309	13	54.83
南海影视城	-0.298	11	-0.842	16	-0.913	14	-0.406	15	53.20
三水荷花世界	-0.948	16	-0.071	8	-0.803	13	-0.573	18	50.41
浪漫水城	-0.503	13	-0.407	10	-1.434	18	-0.489	17	51.83
中山城	-0.509	14	-0.260	9	-1.330	17	-0.452	16	52.44

(三) 实证结果分析

如表6所示,珠三角地区18个样本文化主题公园竞争力平均得分为60分。高于60分的文化主题一共有4个,分别是欢乐谷、世界之窗、长隆欢乐世界和锦绣中华。有7个文化主题公园的得分集中在55~60分这一区域,而低于55分的公园有7个。因此根据表中综合得分分布情况,我们以60分和55分为分界线,将18个文化主题公园划分为三个层次:

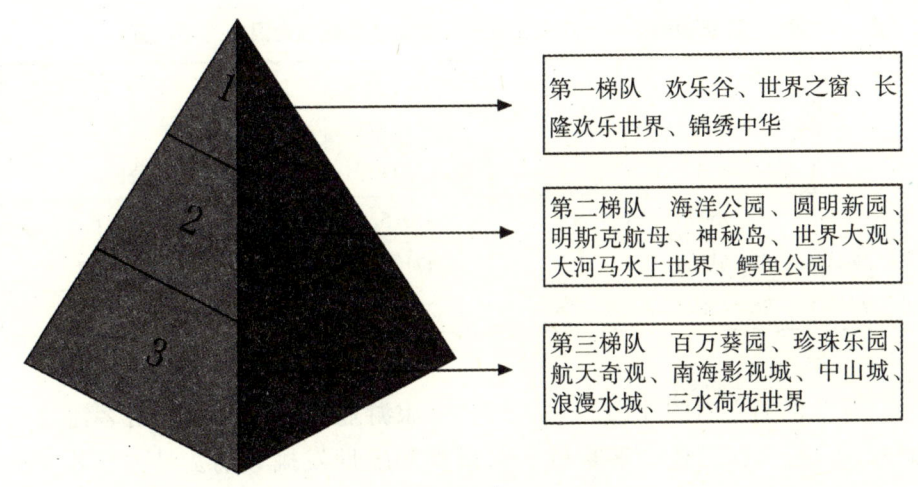

图6 珠三角文化主题公园三层次

第一梯队。位于塔尖的是欢乐谷、世界之窗、长隆欢乐世界和锦绣中华四个文化主题公园。它们是珠三角地区文化主题公园行业的领导者,在珠三角地区极具竞争力。

第二梯队。位于塔中部的公园是竞争力综合得分在55~60之间的主题公园,它们是海洋公园、圆明新园、明斯克航母、神秘岛、世界大观、大河马水上世界和鳄鱼公园。这几个公园经营情况一般,存在有明显的季节效应和生命周期效应;创新不足,反映为园内项目更新缓慢、市场促销力度不足、日常表演及市场活跃度较低。

第三梯队。位于塔底部的公园是综合得分低于55分的文化主题公园。这些公园的竞争力较弱,主要有两方面原因。一是与处于塔尖和塔中部的公园主题趋同,这类公园主题没有独特之处,规模、资金、项目、表演、节庆等又无法与塔尖的公园抗衡,所以选择跟随战略以维持生存。二是这些文化主题公园的区位优势不明显,一级市场规模较小。

（四）竞争格局形成原因分析

实证结果表明，珠江三角洲地区的文化主题公园呈现出了金字塔状的层次竞争格局。结合上文所述的文化主题公园竞争力影响因素模型，这种竞争格局的形成可以归结为影响力因素和决定力因素两个层面的原因。

（1）影响力因素方面的原因，包括客源市场、交通条件、相关支持产业、区域经济水平和文化主题公园的空间集聚程度等。

表7 珠三角地区各层次文化主题公园竞争力影响力因素（平均值）

	客源市场（年接待游客）（人）	交通条件（园内干道数）（条）	相关支持产业(旅游业收入)（百万）	区域经济水平(人均GDP)（元）	空间聚集度（同城主题公园数）（个）
第一梯队	2 261 347	31	520.5	693 808	6.5
第二梯队	428 613	7.7	471.5	310 399	6
第三梯队	262 458	3.8	278.0	69 604	4.14

客源市场方面的原因。主题公园是旅游业的终端产品，游客流是其命脉，只有确保门槛游客量的同时最大限度地发掘其消费潜力，才能保证主题公园的持续发展。第三梯队中的中山城游客接待量远不如第一梯队的锦绣中华的重要原因就在于中山的客源市场规模大大逊色于深圳。

区位交通方面的原因。城市的区位条件和园内交通状况都对主题公园的影响很大，表现为市场潜力、对外交通、土地资源、基础设施配套对文化主题公园发展的支持程度。从表7可以看出，第一梯队中文化主题公园平均园内干道数为31条，远高于第二梯队的7.7条和第三梯队的3.8条，显示出了三个梯队的文化主题公园基础配套设施的竞争力差距。

相关支持产业和区域经济水平的原因。珠三角是我国工业化、现代化、国际化、市场化和社会化程度最高的地区，都市旅游发育成熟，这就催生了现在的珠三角主题公园热。第一梯队中欢乐谷、世界之窗、长隆欢乐世界和锦绣中华四个主题公园位于珠三角地区经济发展水平最高的深圳和广州地区，居民收入支出水平高于其他地区，对文化主题公园的消费需求起到很大推动作用。

空间聚集度的原因。广州和深圳比珠三角其他地区拥有更多数量的文化主题公园，文化主题公园间的竞争在所难免。长隆欢乐世界、世界大观、大河马水上世界和航天奇观都坐落于广州，其中长隆欢乐世界是广州文化主题公园行业的领导者，其雄厚的资本和不断地创新持续吸引一级和二级客源市场，对极其依赖本地客源市场的世界大观等文化主题公园产生客源分流。较高的空间聚集度会对当地文化主题公园产生影响，对第二和第三梯队中文化主题公园发展的影响尤为显著。

（2）决定力因素方面的原因：主题的独特性是文化主题公园竞争力最重要的决定力因素。从主题内容的独特性来看，珠三角文化主题公园主要属于六大主题，其中以欢乐、刺激类，动植物观赏类为多，其次是科学、探索类。从分布地区来看，主要分布在广州、深圳、珠海、佛山和中山，其中以广州、深圳为多。从主题内容来看，欢乐、刺激类公园的分布最为广泛，其中处于第一梯队的大型公园分布在广深两地，并且依托于集团旅游板块而存在。业界认为对抗性最强的长隆欢乐世界和深圳欢乐谷，在产品取向上也显现出差异：长隆欢乐世界通过大量引进全球数一数二的游乐项目追求顶尖的刺激体验，而深圳欢乐谷则更倾向于旅游项目的主题文化包装，借助大型节事彰显其品牌魅力。

位于第二和第三梯队的文化主题公园可分为两类。一类与第一梯队的公园主题相异，这类公园由于其独特的主题，清晰的目标市场定位，较容易与市场的领导者和挑战者形成区隔，在某种程度上充当了市场利基者的角色。如广州海洋馆、深圳海洋公园、番禺鳄鱼公园定位于科普旅游市场，南海影视城定位于影视爱好者，百万葵园、南海大湿地、三水荷花世界定位于生态旅游者。此类景区因内容各异又形成了区隔，只要经营管理得当、促销力度加大，仍有较大的市场提升空间。另一类是与处于优势生态位的公园主题相似，这类公园或由于规模较小，或由于经营不善，处于相对弱势的竞争地位，如深圳野生动物园、圆明新园。

管理研究：文化主题公园的运营管理模式分析

一、国外主题公园运营管理的模式与启示

（一）相关理论借鉴

1. 波特五力竞争理论

竞争法则可以用五种竞争力来具体分析，这五种竞争力包括：新加入者的威胁、客户的议价能力、替代品或服务的威胁、供货商的议价能

力及既有竞争者。这就是著名的"五力模型"(图7)。

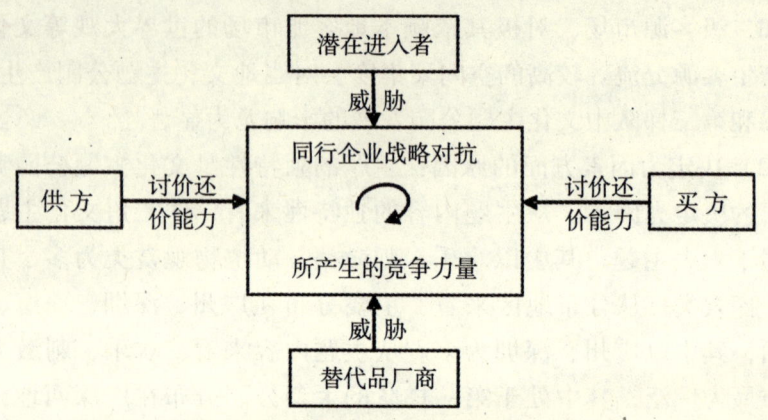

图7 波特五力竞争模型

2. 竞争优势理论

该理论是迈克尔·波特于1990年在资源优势理论基础上提出的。竞争优势理论涉及是一个旅游目的地长期以来有效利用资源的能力。波特的资源优势理论立足于产业层次,涉足微观、中观和宏观三个层面。波特指出:从宏观上看,一国的产业国际竞争力取决于四个基本因素,即生产因素、需求状况、相关和辅助产业状况、企业的竞争条件和两个辅助因素,即政府和机遇。因为四项基本要素分处四角,形似钻石,因此称为"钻石理论"(Diamond Theory,如图8)。

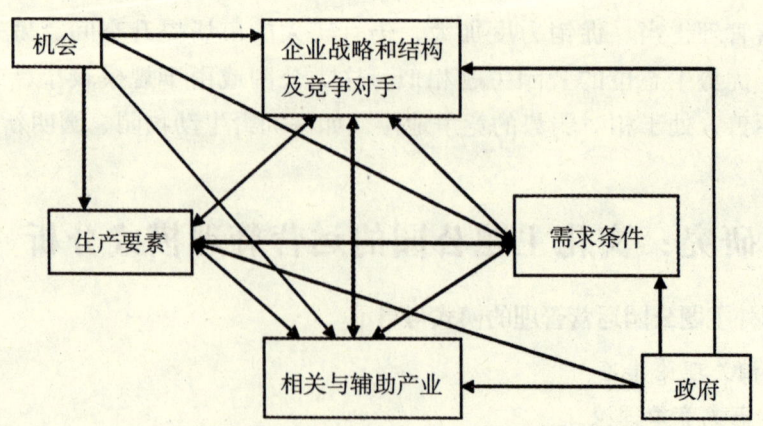

图8 钻石模型:地区与国家竞争优势的关键因素

3. 利益相关者理论

利益相关者管理理论是指企业的经营管理者为综合平衡各个利益相关者的利益要求而进行的管理活动。这些利益相关者包括企业的股东、债权人、雇员、消费者、供应商等交易伙伴，也包括政府部门、本地居民、本地社区、媒体、环保主义组织等的压力集团，甚至包括自然环境、人类后代等受到企业经营活动直接或间接影响的客体。

4. 协同理论

协同论的自组织原理告诉我们，任何系统如果缺乏与外界环境进行物质、能量和信息的交流，其本身就会处于孤立或封闭状态。系统只有与外界通过不断的物质、信息和能量交流，才能维持其生命，使系统向有序化方向发展。如果一个管理系统内部，人、组织、环境等各子系统内部以及他们之间相互协调配合，共同围绕目标齐心协力地运作，那么就能产生"1+1>2"的协同效应。

5. 委托代理理论

委托代理理论的中心任务是研究在利益相冲突和信息不对称的环境下，委托人如何设计最优契约激励代理人。委托代理关系也广泛地存在于旅游业中，但是在旅游业中的研究和应用却几乎空白。

（二）美国——世界主题公园的先驱

运营管理模式："主题策划+高投资+规模化+循环投资"模式

美国的主题公园本身是一个自我维持成长的系统，它的运营管理的模式可以总结为：主题策划、高投入制作、项目运营、获得收益和再投资。

美国主题公园的高投资包括三个环节——主题策划的高费用、制作建设的高成本和项目更新的高投入。在这三个投资环节中，项目更新可以依靠主题公园的收益进行循环投入，但是其他两个部分则需要投入大量的启动资金。因此，保证其能够创造出具有足够吸引力的景观，形成大量的客流，产生规模效应。

美国主题公园的成功还在于在细节上追求高服务质量的经营理念与管理模式，具体包括：给游客以欢乐；营造欢乐氛围；把握游客需求；提高员工素质；完善服务体系。

成功经验与启示：主题公园的运营管理应充分注重市场调研基础上的市场开发，从客源、销售、宣传、融资等方面进行高投入、多元化的开发,使主题公园影响半径最大化,成为一个具有辐射性的文化载体,并以高品质的内部管理和维护使游客能够得到最大限度的满足,从而增加主题公园的重游率,提高游客对主题公园的品牌忠诚。

(三) 日本——注重家庭和团体导向

运营管理模式:"高科技+产业链+重参与"模式

亚洲的主题公园始于日本,1983年的日本第一个大型主题公园东京迪斯尼乐园开幕,它的成功掀起了日本主题公园建设的热潮。日本的主题公园在经营管理的模式上主要参考了美国主题公园,但也根据市场的变化,在经营策略上作了一些调整。

应用电子高科技也是近年主题公园发展的普遍趋势。通过音像设备、机动椅的运动及其他传感技术,模仿人们深海探险、丛林狩猎、都市观光的经历。许多人认为这种技术将对旅游业产生革命性影响。日本主题公园也尝试着向寓教于乐的方向发展,越来越多地增设艺术品展、剧院、工艺制作品等文化特色显著的项目。

成功经验与启示:主题公园运营管理过程中对高科技的引进,可以逐步改变人们欣赏和感受主题公园所传达的文化内涵的方式;没有游客参与的主题公园是没有生命的,主题公园的娱乐活动依靠游客不断的主动参与才能得以可持续地发展;学习并获取知识是吸引游客的重要方面,成功的主题公园使游客在得到欢乐的同时也获得了知识的增长;主题公园重视房地产开发和发展零售业务是现今世界的一大趋势,形成完善的产业链可延长游客的滞留时间,增加收入,同时有利于主题公园吸引投资,促成良性循环发展。

二、文化主题公园的运营驱动机制

(一) 游客认同机制

文化主题公园的快速成长与我国居民的旅游消费需求有很大的关系,其成功运营的最关键要素是能够满足游客的需求,以获取游客的认同。

表8 文化主题公园游客认同机制分析

内容	要求
资源认同	文化主题公园依托的资源属于竞争性而非垄断性资源,多数为人造景观,应塑造原创的、差异化的资源从而吸引游客

续 表

内 容	要 求
产品/服务认同	文化主题公园的产品核心价值就是体验欢乐、冒险、幸福等一切大众化的精神诉求，文化公园的主题应选取被市场广泛认可的适合表达产品的核心价值，同时设置参与性强的项目和提供个性化的服务以实现独特的客户价值
品牌认同	打造主导品牌，突出文化主题公园在游憩娱乐方面的某一个或几个主导功能，以保持对游客长久的吸引力和游客的品牌忠诚
文化认同	不管何种类型的文化主题公园，必须以鲜明、有特色的文化背景为依托，深度挖掘文化内涵，文化定位明确，在主题公园的设计、建设理念中融入文化底蕴

（二）竞争力转化机制

目前乃至将来很长一段时间，我国文化主题公园的竞争力有所转化，核心竞争力将主要集中在空间竞争、市场体系、主导品牌、文化内涵、生命周期这五个方面。

表9 文化主题公园竞争力分析

竞争焦点	具体表现
空间竞争	现代文化主题公园的竞争首先聚焦于空间竞争，特定区域内主题相同公园之间的融合将不可避免，在此融合过程中一批主题公园将停业倒闭或被兼并收购，而竞争力强的主题公园却能不断壮大。在市场增长潜力不大的情况下，同一市场范围内将不再出现主导产品相同的主题公园
市场体系	文化主题公园依据地区经济状况和旅游市场条件进行准确的市场定位，致力于构建合理的市场体系，以获取增长持续、结构合理的客源市场
主导品牌	树立与强化主导品牌是文化主题公园降低可察觉价格和提高顾客可察觉价值的重要保障。主导品牌及具体项目设计以市场需求为导向，并紧紧围绕主题定位来展开
文化内涵	提升主题公园的文化内涵与旅游产品竞争的市场导向一脉相承。从文化内涵的层面分析，文化主题公园之间的竞争将集中在文化内涵的选择（主题定位）、文化内涵的表现（产品设计）和文化内涵的扩充（活动策划）三个方面

续 表

竞争焦点	具体表现
生命周期	各生命周期阶段的工作重点大致会经历"宣传促销—市场开拓—项目创新—投资转移"这一主线,认真分析所处的生命周期阶段并采取相应的产品升级及市场营销对策,将成为现代文化主题公园竞争的重要内容

(三) 政企互动机制

在文化主题公园发展过程中,政府和企业作为利益相关者纷纷参入,本质上是由于政府和企业之间存在着很强的互补性,两者在开发建设、运营管理文化主题公园问题上存在着密切的互动关系,资金、政策、人员、技术、公共关系等在两者之间流动。

三、文化主题公园的管理模式

(一) 文化主题公园管理模式的构建

1. 区域竞合模式

竞合,是指基于竞争前提下的有机合作,其实质是推动和实现区域旅游的一体化。区域旅游竞合探讨如何在不同旅游区域之间建立一种稳定和谐、互惠共赢、动态平衡的空间竞争与合作关系。区域竞合模式对协调旅游空间竞争和空间合作的关系起到显著的协调作用。

就文化主题公园来讲,孤立而分散的主题公园吸引力是有限的,在竞争合作的基础上组团发展已经成为国际旅游目的地发展的一个成功模式,即从"旅游景点"向"旅游景区"、"旅游城区"发展。理想的竞合模式是将文化主题公园置于区域整体发展的框架之中,以市场为导向,在政府引导、社区参与下,按照一定的条件在基于竞争的前提下与相关利益主体开展有机合作。通过这种模式使各利益主体之间形成稳定和谐、互惠共赢、动态平衡的竞合关系,联手打造具有强势竞争力的区域旅游共同体,建设富有吸引力的旅游目的地,最终实现区域旅游的可持续发展(如图9)。

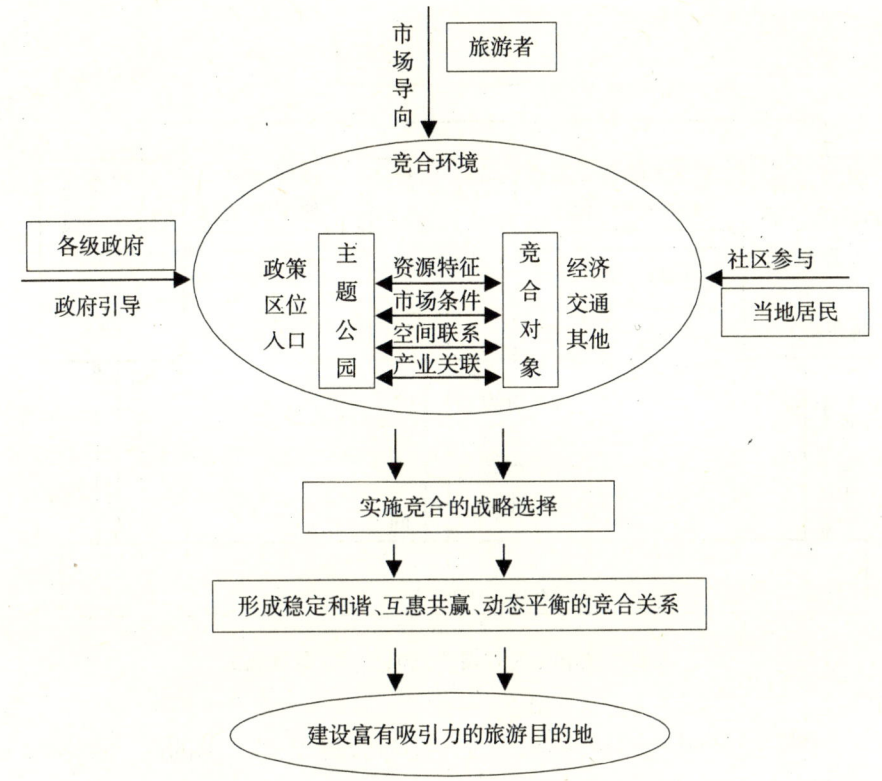

图 9　主题公园的理想竞合模式基本框架图

2. "三位一体"模式

任何一个地方的开发与管理都是不可分割的，不能脱离管理谈开发，也不能只顾开发忽视管理，开发与管理是一个系统的整体，只有处理好开发与管理的关系，才能促进文化主题公园的发展。就文化主题公园而言，其开发管理与游客的休闲需求紧密相关，因此在开发管理的基础上，必须综合考虑到公众的利益和需求，将公众监督放到与其同等重要的地位。通过对文化主题公园管理、开发、监督三方面的整合，构建"三位一体"的开发与管理模式。

如图 10 所示，文化主题公园的管理主体、开发经营者和监督参与者形成"三位一体"的格局，在其职责和权力范围内，互相牵制和监督，在文化主题公园的开发、管理、运营和维护上各尽其责，共同促进文化主题公园的和谐发展。

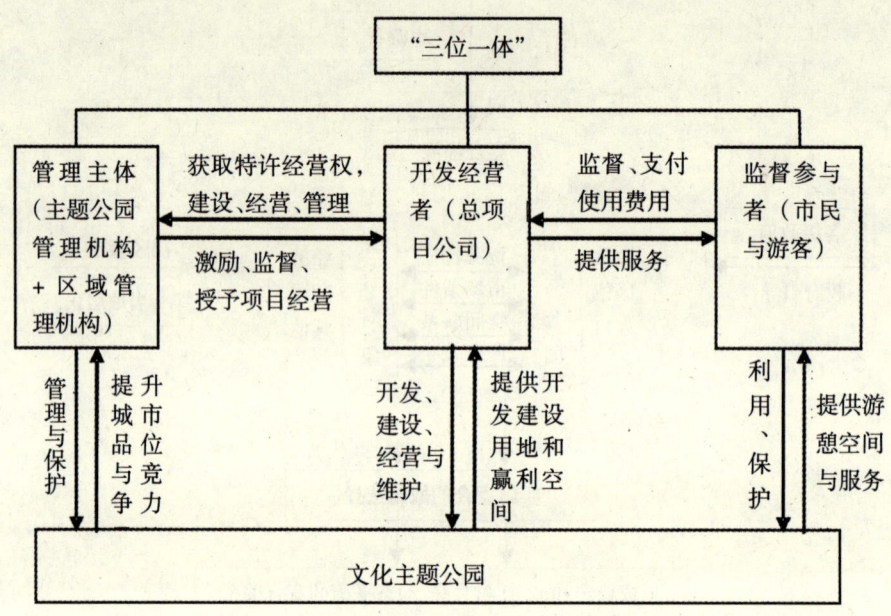

图10 文化主题公园"三位一体"管理模式

文化主题公园"三位一体"的开发与管理模式追求的是"经济、社会、环境三维整合"的管理目标，实现城市经济、社会、环境的和谐发展。不是单个经济或社会或环境目标的发展，它追求的是长期利益，是系统的，全面的，可持续的，最终目标是经济繁荣、社会和谐、生态友好，不断提升城市的旅游形象和综合竞争力。

3. 委托代理模式

文化主题公园的委托代理，是利用文化主题公园的品牌、专有产品和服务、经营管理模式等与代理商的资本相结合来扩大文化主题公园品牌经营规模的一种商业扩张模式。文化主题公园的委托方和代理方之间的利益关系以及代理合同是文化主题公园品牌代理体系的核心。就其本质而言，文化主题公园代理就是将文化主题公园的品牌和资产加以充分利用，使其资本化、市场化，再组合代理商带来的外部资源，达到迅速提升共同价值的目的（图11）。

委托代理模式主要针对一些自然和人文资源本身比较丰富的文化主题公园而设计，它利用文化主题公园资源本身的不可替代性通过资本化的手段展开经营，其资本化的部分包括土地、林产、水资源等。在委托代理模式中，首先应明确文化主题公园的所有权归国家所有，国家只转让经营开发权，由于主题公园作为旅游资源的外部性，所以其行政管理权、规划权和文物保护权就必须由政府行使。可以在其收入中划拨一部分固定费用加以维护。而转让的开发经营权包括公园管理权、开发权、招商权、门票收益权、经营项目开发与收益权等。旅游经营权本身可以抵押，门票收益权可以抵押给相关金融机构贷款，而土地使用权也可以质押贷款。这样的形式应由法律形式加以确认。例如，森林公园和温泉公园以及一些有特殊文化吸引力的公园，它们的设计都可以以委托代理模式去经营。

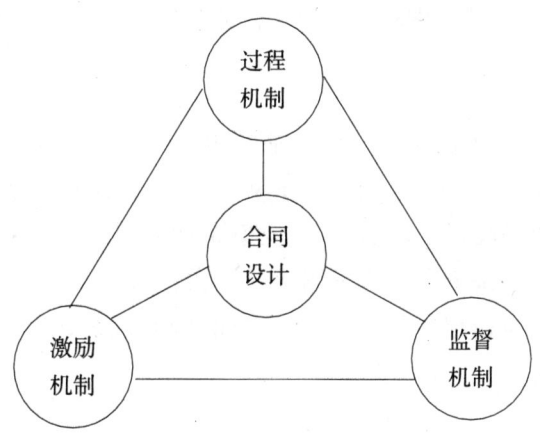

图 11　文化主题公园委托代理模式的运行机制

（二）文化主题公园管理模式运行的配套措施

1. 文化与战略配套——突出独特主题文化，实行集团化发展战略

旅游文化是旅游业的精髓和灵魂，是旅游业提高国际竞争力的关键因素。主题公园的兴起有其特定的文化背景，它是与经济的现代化、文化的信息化、文化价值的多元化分不开的。与此同时，高投资是文化主题公园个性、品质不断创新的支撑，是提高文化主题公园竞争优势的重要保障。

2. 投资与融资配套——转变投资体制，拓宽融资渠道

一是建立高度集权的投融资体制，以文化主题公园集团董事会下的战略委员会和投融资决策委员会为核心，集团由审批制转为全过程控制与监督；二是拓宽融资渠道，从集团担保、抵押、上市公司融资转变为多元化、多渠道的融资方式，包括企业债券、产权式酒店、分时度假、资产证券化、特许加盟、连锁经营等新方式，从单纯的国内融资向国际

化转变;三是建立资金结算中心,按先试点后推广的原则,逐步推行预算管理;四是建立风险规避机制与责任追究机制,强化外部审计、内部财务检查。

3. 人事管理配套——建立人才培训体系,扩大人才选拔网络

文化主题公园管理的人事配套措施应与其发展的人力资源保障紧密相连,建立人才培训体系,统一规划人力资源,建立内部人才市场制度,全面掌握、培训与调配各子公司的中高级人才,尤其是加强集团下属相关企业中高级人才的流动性,在集团内部形成人才流动的网络。

四、文化主题公园经营管理战略的博弈分析

(一) 理念博弈

在香港主题公园市场中,寡头垄断也有其存在的合理性。主题公园行业的"大数原则"和"规模经济原理"要求具有相当规模的企业存在。行业壁垒的提高避免了众多小规模企业的进入,而规模越大的企业才能拥有更大的经济效益,从而不断提高自身的竞争力。无论是香港海洋公园还是香港迪斯尼乐园都拥有雄厚的资源优势,使得它们各自能够借此获得规模收益,保持垄断地位。

(二) 投资博弈

大型主题公园项目投资与政府支持是相辅相成、互惠互利的关系。由于香港迪斯尼乐园与香港海洋公园是属于投资大、不确定性高、项目投资回报风险大,因此,两个主题公园投资需要政府在土地、贷款和基建设施配套等方面给予扶持和优惠政策以减轻主题公园营运商资金压力,抵御潜在风险。另一方面,香港特区政府主动引入主题公园项目能利用这个行业密集使用劳动力以及产业关联度高的特点,提高当地就业、税收水平和城市形象。

(三) 产品博弈

通过主题公园的形式,迪斯尼致力提供高质量和高标准的娱乐服务。同时,公司更提供餐饮、销售旅游纪念品、经营度假宾馆、交通运输和其他服务支持。迪斯尼品牌、米老鼠、唐老鸭、高飞狗等卡通人物,均享有极大的影响力和商誉,包含着巨大的经济利益。而香港海洋公园透过真实的大自然动物,让游客身处大自然环境,打开亲身接触动物的大门,更借游览后的良好印象销售旅游纪念品,增加园区的收入。

表 10　海洋公园和迪斯尼乐园主要博弈比较

	海洋公园	迪斯尼乐园
投资规模	1987 年，2 亿港元成立信托基金，2005 年 10 月获政府批准 55 亿元的扩建工程	141 亿港元
产品功能	以海洋为主题兴建不同水族馆，富有保育、环保、休闲娱乐题材	以梦幻、奇妙旅程为题利用高新科技构建游乐设施
经营模式	早年由香港赛马会捐款兴建及管理，马会拨款成立信托基金，公园脱离马会独立，成为非谋利机构	首个由政府注资并持有 57% 股份，合伙成立香港国际主题公园有限公司以管理乐园运作
经营成本	广告费用，维修保养费用，雇员福利、工资，售出存贷成本，公用事业费用，研发成本，设备亏损	华特迪斯尼幻想工程师团队营运费，R&D、员工薪酬福利，广告费用，维修保养费用，雇员福利、工资，售出存贷成本，公用事业费用，设备亏损
收益结构	入场券收入、商品收入、许可经营零售店及食店佣金、餐饮、股息	以园内销售纪念品为主、餐饮
政府支持	为加强竞争力，政府同意 55 亿元重新发展计划，地铁港岛线延伸至海洋公园	大力打造西面旅游区，为大屿山环带

（四）价格博弈

香港迪斯尼乐园的产品定价是根据产品的特征而采取不同的定价策略——分类定价策略，平日入场票价较特别节庆假日的门票便宜。迪斯尼力求在定价方面令消费者满意，同时，也利用定价策略性地增加公司的营业收入。香港海洋公园其定价策略集中低于迪斯尼的票价六成五左右，目的主要是让游客有选择空间。在寡头的定价策略中，博弈理论是重要的分析工具，本文只讨论与旅游产品有关的静态博弈。

假设：

（1）香港迪斯尼乐园门票为 320 元。

(2) 香港海洋公园门票为 180 元。

(3) 低价是指价格下降了 20%，即香港迪斯尼乐园低价为 256 元；香港海洋公园低价为 144 元。

(4) 香港海洋公园和香港迪斯尼乐园愿意到访的入场人次总量为 500 万中，有 300 万入场人次属香港迪斯尼乐园，其余 200 万人次属香港海洋公园。

(5) 低价将使入场人次增加 100 万，并把对方的 50 万入场人次拉走。

(6) 同样情况下，游客选择香港海洋公园或香港迪斯尼乐园的比率为 2∶3。

则有以下博弈收益矩阵：

表 11　香港主题公园收益矩阵

	香港迪斯尼乐园		
	价格战略	低　价	不　变
香港海洋公园	低价	34 560, 92 160	50 400, 80 000
	不变	27 000, 115 200	36 000, 96 000

如果香港迪斯尼乐园定低价，香港海洋公园的最优策略也是定低价；如果香港迪斯尼乐园价格不变，香港海洋公园的选择还会是低价。同样的道理，无论香港海洋公园定什么价格，香港迪斯尼乐园都定低价。博弈的结果是香港迪斯尼乐园和香港海洋公园均定低价，收益仅 (34 560, 92 160)。若政府担当市场监督，拉拢二者进行谈判，采用定价合作策略，制定有约束力的条款，防止价格战的发生而损害两家公园利益，则收益为 (36 000, 96 000)（右下格），双方都有大幅度的提高。若避免增量不增收的情况出现，建议两个主题公园应提高其产品质量素，降低游客对门票价格的敏感度，解决因对手采取低价策略而流失原有客源。

（五）促销博弈

香港主题公园业的发展趋势要求寡头企业不限于容易引起两败俱伤的价格战，而应该倾向于使用非价格竞争手段，例如广告、品牌、服务等。透过非价格竞争手段可以引起需求曲线的变化为主题公园带来更健康的收益，而价格竞争只能导致需求量的增加，避免进入"增量不增收"的误区。

因此，为了保证整体利益最大化，各主题公园之间必须相互合作。可见，香港旅游部门在作出战略决策时不仅要考虑自身优势，还要考虑其他政策部门相关决策，而且该决策也会影响到其他部门决策的制定。

路径研究：文化主题公园的发展路径分析

一、从产业集聚的视角：电影文化主题公园与产业集聚

（一）电影文化主题公园与产业集聚

很多地区纷纷把修建影视城、发展影视旅游列入地方经济社会发展战略计划之一，希望以此带动地方经济发展。甚至有业界人士提出了"电影文化主题公园集群发展模式"，希望通过发展电影文化主题公园来延伸产业价值链，从而提升本地经济。

电影文化主题公园作为一类园区，是以一部或多部电影故事题材为主题的大型游乐园，园内主要包括以影视为主题的文化主题公园、娱乐项目和观光设施，以及为游客提供各项服务和配套设施的有关企业，如宾馆、饭店、旅游纪念品店等。正是由于主题公园内或主题公园周围聚集了一些旅游相关企业，并且它们相互之间具有功能分工和互补关系。

（二）电影文化主题公园向影视旅游产业集群的转化与升级

1. 电影文化主题公园与影视旅游产业集群的关系

电影业的产业链包括剧本创作、影片拍摄、后期制作、产品营销、宣传推广等影视制作全过程中的各个环节。如果把这个产业链进一步向下延伸，就是后产品开发。动画片《喜羊羊与灰太狼》播出后，衍生出了一系列产品，在市场上非常受欢迎，包括音像、图书、毛绒公仔、玩具礼品、文具、服装、食品、日用品、金融信用卡、多媒体等。在《喜羊羊与灰太狼》带来的收入中，播出版权收益仅占30%，其余70%来自衍生产品的形象授权等。除了电影衍生品的扩张，以电影拍摄地和剧中故事场景、线路等为核心形成的影视旅游，也是经济绩效显著的后产品开发。当电影《廊桥遗梦》风靡全球时，电影拍摄地麦迪逊立即引来无数游客，当地的农民也搞起了旅游；而魔幻巨片《指环王3：王者归来》一举捧走11项奥斯卡奖之后，作为影片主要取景地——新西兰小镇马塔马塔·皮亚科，立时受到世人瞩目，连带整个新西兰都成为热门旅游地。

电影文化主题公园必须通过与链条上其他企业相联合，共同向电影产业

集群升级（见图12）。这样一方面，影视产业链的延伸降低了发展成本；另一方面，电影产业集群具有显著的规模优势和较高的市场占有率。

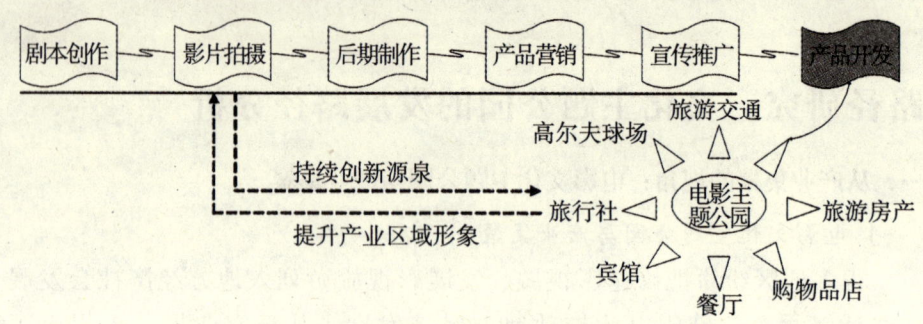

图 12　电影产业集群升级

2. 电影文化主题公园升级为电影产业集群后的优势

集群战略是重要的地方产业经济发展战略之一。美国好莱坞等电影产业的发展说明，电影产业具有高度的地理聚集特性。电影产业由复杂的创意文化产品系统组成，电影文化主题公园作为电影后产品中的一个类型，如果通过融入地方电影产业集群价值链，成为电影产业集群中的一个板块，就能够获得保证其持续发展的聚集效应和竞争优势。

（三）电影文化主题公园升级为电影产业集群的路径——以长影世纪城为例

电影文化主题公园向电影产业集群的升级，可以概括为如下路径（如图13）。由于不同类型的电影主题公园有着不同的发展基础，在区域条件、影片要素和投资条件等方面各有所长，也各有薄弱环节，因此，其向电影产业集群的升级，在路径选择和战略制定上存在差异。这里，我们以长影世纪城为例，对此进行解释。

长影世纪城没有充分利用长影在中国相对悠久的影视发展历史以及在传统影视制作上积淀的基础。长影世纪城借鉴好莱坞环球影城的发展模式，利用世界上最先进的动感技术与球幕电影技术打造的特效影院，发展世界上最前卫的影视娱乐设施，并且提出了"不用把国出，也看好莱坞"的营销口号。可见，长影世纪城的建设并没有很好地利用长影作为传统的、经典的影视制作地的产业基础和历史背景，没有和长影集团一起肩负起发扬中国传统本土影视文化的历史使命。与此同时，从长影所处区域的经济发展和区位条件来看，长影地处全国经济较不发达省市区，追求打造好莱坞环球影城模式的电影主题公园，不具备客源市场优势。因而，在今后的发展中，应该注意挖掘传统电影制作和现代电影艺术资源，开发影视娱乐活动的同时，重点发展电影工业旅游和对传统影视制作相关的项目，才能找准其电影旅游的真正卖点。

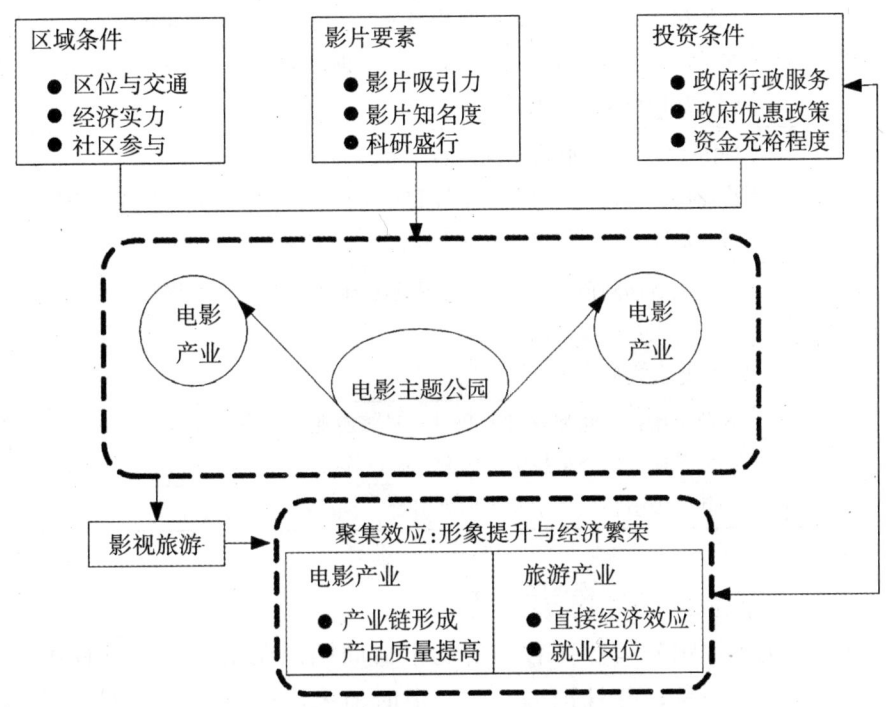

图 13　电影文化主题公园产业集群升级路径

二、从品牌创建的视角：基于品牌创建模型的主题公园可持续发展

（一）基于生命周期的主题公园品牌化分析

主题公园的特性决定了生命周期中"参与阶段—停滞阶段"间隔的时间很短，从表面上显现出生命周期短暂的现象。

1. 生命周期理论

文化主题公园的生命存在周期性，一般认为文化主题公园生命周期分为六个阶段，即探索阶段、起步阶段、发展阶段、稳固阶段、停滞阶段、衰落或者复兴阶段。其各个阶段及其特征见表12：

表12 文化主题公园生命周期各阶段特征列表

阶 段	特 征
探 索	少量的"多中心型"游客或"探险者";少有或没有旅游基础设施;只有自然的或文化的吸引物
起 步	当地投资于旅游业;明显的旅游季节性;旅游地进行广告宣传活动;客源市场的形成;公共部门投资于旅游基础设施的吸引物
发 展	旅游接待量迅速增长;游客数超过当地居民数;明确的客源市场地;大量的广告宣传;外来投资,并逐渐占据控制地位;人造景观出现,并取代自然的或文化的吸引物;
稳 固	"中间型"游客取代"探险者"和"多中心型"游客,增长速度减缓;广泛的广告宣传以克服季节性和开发新市场;吸引了"自我中心型"游客;居民充分了解旅游业的重要性
停 滞	游客人数达到顶点;达到容量限制;旅游地形象与环境相脱离;旅游地不再时兴;严重依赖于"回头客";低客房出租率;所有权经常更换;向外围地区发展
衰 落	客源市场在空间和数量上减少;对旅游业的投资开始撤出,当地投资可能取代撤走的外来投资;旅游基础设施破旧,并可能被代以其他用途
复 兴	全新的吸引物取代了原有的吸引物,或开发了新的自然资源

2. 生命周期理论在文化主题公园的运用

由于文化主题公园存在着一定的生命周期,在旅游开发过程中,必须认识到这一现象,并且把握时机,适时地采取措施,延长生命周期或调整产品,其应用主要集中在以下几方面:

第一,可以根据文化主题公园生命周期理论判断文化主题公园处于哪个阶段,然后决定如何进行开发和投资。

第二,要根据这一理论,研究游客的兴趣变化和市场的需求变化,及时判断该地旅游业新的投资方向和发展规模,发挥其最大的潜力,延长该文化主题公园的寿命。

第三,运用市场营销观念和手段,通过自身调节,建立良好的内部组织环境,与外部经营环境建立积极有效的合作关系,适应外部大环境,尽力延长文化主题公园的发展、稳固时间,要寻求新的发展方向,用全新的旅游吸引物促使文化主题公园的复兴。

第四,文化主题公园的空间是有限的,文化主题公园的承载力也是有限的，在文化主题公园开发的过程中，要实事求是地评估该地的承载力，从而使得文化主题公园的生命周期能够得以延长。

第五，当原产品处于衰退期，且无法使其起死回生时，应适时另辟新径，开发新产品或改作他用。

(二) 主题公园品牌创建模型及内在机理

主题公园品牌发展应以系统的品牌创建管理模型为指导。主题公园品牌创建模型见图14所示，可以看出，该模型是一个包括概念层、主题层以及基础层三个层面的系统管理模型。它的主体又是一个以原创品牌构建为核心，以品牌价值延伸为主要形式，以产品创新为支撑的系统。

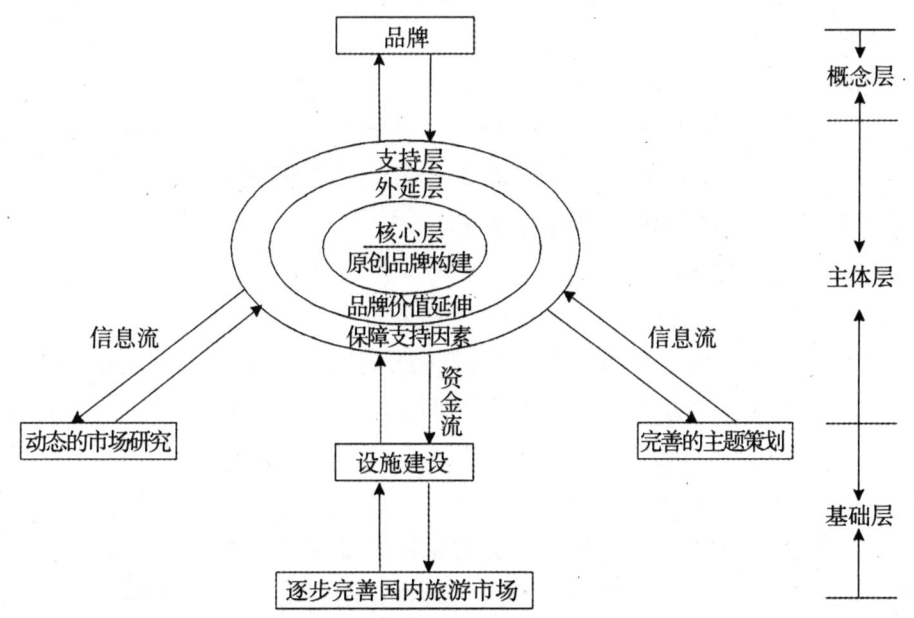

图14 主题公园品牌创建模型

主题公园的经营模式体系必须扎根于不断完善的国内旅游市场里，这样才能获得持续发展。早期中国主题公园的失败相当程度上归因于国内市场的不成熟方面。即不断完善的国内旅游市场是中国主题公园品牌系统成长的土壤。另外，系统内各部分都应围绕着品牌进行密切配合、紧密合作的，同时，在合作的过程中，每一部分又应不断进行自身创新，共同实现主题公园运营的可持续发展。

(三) 基于品牌创建模型的主题公园可持续发展策略

1. 强化自身原创品牌的构建与发展

首先，主题公园的原创品牌是其发展的根本驱动力。原创品牌是其生命力的源泉，是创新的本质体现，是获得游客青睐的主要因素。

其次，主题公园的品牌建设应是互动性的。主题公园是典型的"市场导向型"旅游资源，因此在品牌建设方面不应只盯住"品牌管理"，而应将重点放在"互动化"品牌建设上，即游客的需求与变化是品牌建设的根本。

最后，主题公园的品牌建设应是全方位的。在品牌统一战略规划的指导下，加强个性化内涵的塑造，从时间、空间和价值三方面进行主题品牌的全方位塑造。

2. 适时适度进行品牌价值延伸

中国主题公园大部分仅以门票作为主要收入的模式是不符合主题公园发展规律的。主题公园的发展需要有力的经营模式的支撑，即体现为动力品牌系统中的外延层模式的开发。

（1）进行连锁经营

主题公园完全可以通过品牌的运营来整合资源，从而达到快速提升我国主题公园市场竞争力。作为中国主题公园第一品牌——欢乐谷——采用了连锁经营的方式，已经拥有深圳欢乐谷、北京欢乐谷、成都欢乐谷和上海欢乐谷，成功扩张到全国。

（2）形成产业链经营模式

主题公园的出现，改变了传统的旅游产业单元经营的陈旧理念，形成了汇集观光、表演、娱乐、餐饮、购物、居住等多元产业要素于一体的高度集中化和浓缩化的集约型产业经营模式。

（3）建设主题公园群

对主题公园来讲，孤立而分散的文化主题公园的吸引力是有限的，主题公园作为"点"再好，也需要周边较大规模的旅游区域空间作为支撑，与其他旅游产品共存，增强产业关联度和竞争力。

3. 改善主题公园品牌运营保障条件

（1）提升管理能力

中国某些主题公园在最初建立时创意较好，经营业绩急速上升，但是后期业绩下降，其原因表现在无持续的新理念，或表现出内部经营问题，都与管理团队的能力密切相关。

(2) 改善人力资源状况

人力资源的素质状况是制约现代企业发展的主要因素。对于主题公园来讲，拥有一批策划、设计、建设、管理、经营主题公园的专门人才，是公园加强管理、取得高效益和对外扩张的关键。

(3) 争取政府支持

中国主题公园的建设速度之快很大程度上与政府的支持有关，各地政府从发展当地经济和社会效益的角度鼓励各种主题公园的建设，此初衷是好的，但却出现了短视、短利行为，导致主题公园的重复建设、模仿性强的现象，反而破坏了当地经济的发展。

(四) 小 结

(1) 中国主题公园从事品牌化经营是应对激烈竞争、实现可持续发展的必然之路。

(2) 必须在大品牌理念的基础上，构建系统化的品牌模型和实施相应的策略来保证主题公园的成功运营。

(3) 文化主题公园开发是指以发展旅游业为前提，以市场需求为导向，以文化主题公园为核心，以发挥、改善和提高文化主题公园对游客的吸引力为着眼点，有组织、有计划地对文化主题公园加以利用的经济技术系统工程。

三、从民族文化的视角：民俗文化主题公园的发展路径分析

民族文化是各民族在长期的生存和发展中形成的，包括建筑、饮食、服饰、娱乐、节庆等物质文化，也包括传统习惯、礼仪、宗教、公共道德和价值标准等精神文化和制度文化。

(一) 民族文化的特点

1. 主题突出民族性

民族文化主题公园的主题定位在于体验民族文化。每个到民族文化主题公园的游客，都希望能够深深地融入少数民族氛围中，参与各具特色的民族文化活动。

2. 项目偏重参与性

民族文化主题公园在自然景观、人文建筑等观光的基础上，更加突出民族风情节目等游客参与性强的活动项目。

3. 产品强调民族文化创新性

旅游产品要想取得和保持持久的吸引力，关键在于持续的创新。新休假制度下游客的出游频率将大大增加，民族文化主题公园可以用一系列的新内容为游客量身定做、提供充分满足游客参与和娱乐需要的创新产品，不断地满足游客的好奇心。

4. 服务彰显个性化

民族文化主题公园通过提供一些细微化、延伸化、人本化、个性化的服务，让游客产生欢喜、惊讶、激动、感叹等情感方面的体验，引发游客的情感共鸣。

（二）民族文化的体现——民俗文化主题公园

民俗就是民间风俗习惯，指一个国家或民族中广大民众在长期的历史生活过程中所创造、享用并传承的物质生活和精神生活文化。

表13 民俗资源类别表

物质民俗类	衣食住行 经济交易	民族服饰 民间小吃 手工艺品等 量身制衣 餐饮服务 产品定制等民俗一条街
社会民俗类	婚丧嫁娶 人生礼仪	喜庆用品 仪式工具 仪式承办 用品定做等 民俗文化村 民俗博物馆
精神民俗类	文化信仰 娱乐体育	文化书籍 音像制品 运动器材 教育培训 文艺演出 赛事举办等 民俗文化游

对于民俗文化主题公园来说，文化是它的灵魂，是它的精髓。民俗文化主题公园本身就是一种文化旅游，它的魅力就在于其本身所体现的深厚的文化内涵。民俗文化是旅游文化资源的魅力所在。

（三）民俗文化主题公园开发意义

1. 获得较高的经济效益

作为文化旅游的高级层次的民俗文化主题公园能增加外汇收入，民俗文化主题公园的兴盛发展为中国带来了大量的外汇收入。

2. 文化保护与研究双促进

民俗文化主题公园引起人们对民俗文化关注的同时，也促进了旅游目的地民俗事物的保护和民间艺术的恢复挖掘，一些民俗生态村、民俗博物馆的建立也有利于民俗文化的保护，同时民俗文化主题公园的发展也促进了民俗研究，为民俗文化重新焕发生命提供了契机。

3. 满足人们旅游需求，丰富人民生活

现代社会工业化、现代化程度的日益提高，导致了环境污染的加剧、人性的进一步隔离、工作生活节奏紧张、生存竞争更加残酷，使人们产生了渴望回归自然、返璞归真的愿望。旅游在世界范围内的蓬勃发展正说明了人们发现旅游是满足这些愿望的最好途径，而民俗文化主题公园在各种旅游形式中，最富人情味、最富生活气息、最能使人们感受到人生的真谛。

4. 加快民族地区的社会发展步伐

我国是一个拥有56个民族的多民族国家，民俗文化丰富而又独特，具有开展民俗文化主题公园的先天优势。风格各异、充满异域色彩的旅游工艺品和其他商品为当地的少数民族人民带来了可观的经济效益，按照旅游业可以带动其他产业的发展来看，民俗文化主题公园还加快了民族地区城市化建设的进程，带动了民族地区城镇建设的发展。

（四）小　结

（1）民俗文化主题公园在人文关怀、情感需求、地域选择、景观心理需求等方面与一般公园存在异同点，进而园林规划设计者对民俗文化主题公园设计方向应该有独特的把握。

（2）在民俗文化旅游和民俗文化主题公园的基本设计理念与原则中，创造性地加入公众参与互动性和保护当地民俗的原生态性原则，以期达到进一步完善对民俗旅游资源合理开发和保护理论的探索。

（3）主题定位在主题公园设计中的地位是何等重要，因此，把民俗资源和民俗文化作为公园的主题，既可以使主题公园独具地方性、文化性和独特性，又可以保护并弘扬民俗文化。

四、从定价策略的视角：双重目标下文化主题公园的定价策略

实际上，从经济学意义上讲，文化主题公园提供的产品属于Buchanan（1965）所界定的俱乐部产品（Club goods）的一种特殊形态。一方面，文化主题公园可以通过对游客收取门票实现产品的排他性；另一方面，游客欣赏文化主题公园获得的效用受到与其他同时欣赏文化主题公园的游客人数的影响。特别地，当文化主题公园的游客人数超过一定数量时，游客欣赏文化主题公园时会明显感到拥挤所产生的负效用。

俱乐部产品所具有的排他性使得俱乐部产品定价成为可能，俱乐部产品的拥挤现象又使得俱乐部产品的定价不同于私人品的定价——俱乐部产品的定价会受到拥挤现象给俱乐部成员带来的负效用的影响。俱乐部成员从俱乐部产品中获得的效用不仅与产品数量有关。基于此逻辑，成员 i 的效用函数可以写成 $U_i = U_i(S, N)$，其中有 $\frac{\partial U}{\partial S} > 0$；且当 N 达到一定规模时，有 $\frac{\partial U}{\partial S} < 0$。因而，在俱乐部产品定价时还需要确定俱乐部产品质量 S 与俱乐部容量 N 的优化组合，即 (P^*, S^*, N^*)。

目前，我国文化主题公园普遍实行的分权化管理体制对管理机构的经营目标产生双重影响：一方面，文化主题公园管理机构具有追逐利润的目标；另一方面，文化主题公园管理机构需要维持人文资源的公益性，综合考虑门票价格对社会福利的影响。因此，文化主题公园管理机构的经营目标就表现为双重目标——追求利润动机和社会福利最大化的平衡。从经济学意义上讲，双重目标下管理机构的门票价格、资源质量、游客容量的决策必然不同于纯粹公益性旅游产品或纯粹商业化旅游产品的决策。

(一) 纯公益性和双重目标下文化主题公园定价比较

1. 模型描述

假设游客的效用函数为 $U_i = U_i(S, N)$，其中 S 为文化主题公园的资源质量，N 为游客数量。此效用函数的两个基本特征为：第一，旅游资源质量越高，效用越高，即 $\frac{\partial U_i}{\partial S} > 0$；第二，而当游客人数超过一定规模时，拥挤产生负外部性，即存在 N_0，使得 $\frac{\partial U_i}{\partial S} < 0$ ($N \geq N_0$)。一般的，拥挤效应给每个游客带来的负效用是不同的，为了便于分析，假设个人效用函数是可分的，即

$$U_i = U_i(S, N) = U_i(S) + U_i(N)$$

为了简化起见，假设 $U_i = U_i(N)$，$\forall i = 1, 2, \ldots$ 或者说，拥挤效应给每个游客带来的负效用是相同的，且拥挤的负效用与旅游资源的质量无关。市场需求函数为 $P(S, N)$，一般具有以下性质：(1) $\frac{\partial P}{\partial S} > 0$，即文化主题公园资源质量越好，价格越高；(2) $\frac{\partial P}{\partial N} < 0$，即随着游客

人数上升，价格下降；（3）$\frac{\partial^2 P}{\partial S^2}<0$，即随着游客人数的增加，游客对于旅游资源质量的边际评价降低。

另外，文化主题公园的总成本包括三个部分：维护文化主题公园的固定成本 F；拥挤成本 $CE(N)$，即游客增多带来额外的维护成本以及拥挤效应给游客带来的负效用所要求的补偿；以及与提高文化主题公园质量相关的成本。一般的，有：（1）$\frac{dCE}{dN}>0$，$\frac{d^2 CE}{dN^2}>0$ 即游客越多，拥挤成本越高，并且边际拥挤成本也随之增大；（2）$\frac{dC}{dS}>0$，$\frac{d^2 C}{dS^2}>0$ 即文化主题公园资源质量上升，成本也会上升，并且上升的速度越来越快。

2. 比较分析

在文化主题公园管理机构受到盈利目标和社会福利双重目标驱动的情形下，其决策问题为 $Max_{s,n}\{\lambda\cdot\pi+(1-\lambda)\cdot W(N)\}$

其中，$\pi=P(S,N)\cdot N-[F+CE(N)+C(S)]$ 为文化主题公园管理机构的利润函数；社会福利为 $W(N)=\int_0^N P(S,N)dn$；权重系数 λ 表示文化主题公园管理机构的盈利动力因子，或者说管理机构对双重目标的平衡系数。双重目标下最有的文化主题公园质量 S_λ^E 与最有游客人数 N_λ^E 为下列联立方程的解：

$$\begin{cases} \lambda P'(N)N+P-CE'(N)=0 \\ \lambda P'(N)N+(1-\lambda)\int_0^N P'(S)dN-C'(S)=0 \end{cases}$$

在政府提供文化主题公园各种费用（纯公益）的情形下，文化主题公园管理机构无盈利的目标，即 $\lambda=0$。那么，均衡状态下文化主题公园资源质量 S_0^E 和旅游人数 N_0^E 为下联立方程组的解：

$$\begin{cases} P-CE'(N)=0 \\ \int_0^N P'(S)dN-C'(S)=0 \end{cases}$$

由于 $\lambda P'(N)+P<P$，因此，在双重目标驱动下文化主题公园管理机构确定的游客人数 N_λ^E 小于无盈利动机下的游客人数 N_0^E；由于 $\frac{\partial^2 P}{\partial S\partial N}<0$，因此有 $S_0^E>S_\lambda^E$，即双重目标驱动下文化主题公园管理机构提供的文化主题公园资源质量低于无盈利动机下的文化主题公园资源质量。

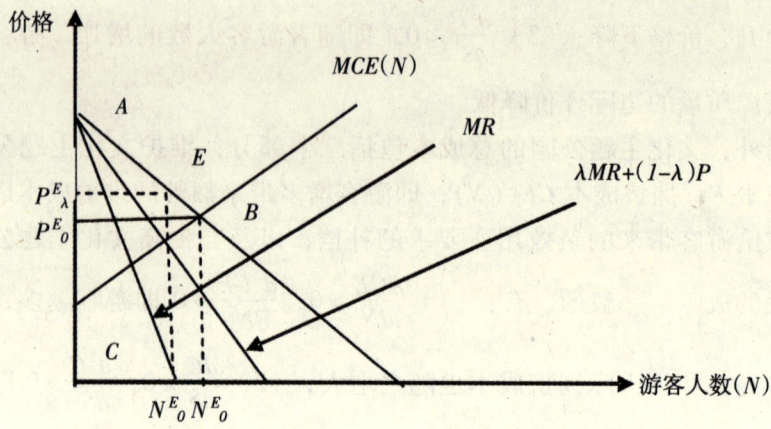

图 15 双重目标与无盈利动机情形下的游客人数比较

在图中,双重目标下游客人数 N_λ^E 是 $\lambda \cdot MR + (1-\lambda) P$ 曲线与边际拥挤成本补偿曲线 $MCE(N) = CE'(N)$ 的交点时所对应的游客人数,其中边际收益 $MR = P'_N(S,N) N + P(S,N)$;纯盈利性目标下的游客人数 N_1^E 由 $MR = CE'(N)$ 决定;而无盈利动机下的游客人数 N_0^E 是价格曲线 $P(S,N)$ 与边际拥挤成本补偿曲线 $MCE(N)$ 的交点所对应的游客人数。由于 $MR \leq \lambda \cdot MR + (1-\lambda) P \leq P$,因此有 $N_0^E < N_\lambda^E < N_0^E$。非盈利目标下均衡状态时的社会福利为三角形 ABC 的面积;而在双重目标下,均衡状态的社会福利为梯形 AEFC 的面积。

双重目标情形下游客人数少于无盈利动机下的游客人数,因而文化主题公园管理机构的收入和社会福利较少,即 $\lambda P N_\lambda^E + (1-\lambda) \int_0^{N_\lambda^E} P dN$ 曲线在 $\int_0^{N_0^E} P dN$ 曲线的下方,因而最有的文化主题公园资源质量低于无盈利动机下的文化主题公园资源质量。

(二) 基本结论

(1) 双重目标下文化主题公园门票价格比无盈利动机或纯公益性下的门票价格高。

(2) 与纯公益性的情形比较,双重目标下文化主题公园的游客容量和旅游资源质量均较低。

(3) 另外,即使管理机构没有盈利动机其价格也不会等于零,也就是说没有"免费的午餐"。这是因为游客人数参观的增加会增加文化主题公园的维护、修缮成本，更重要的是游客人数的增加会产生拥挤效应，减少游客参观的效用，从而需要相应的成本补偿，这部分随着游客人数增加而增加的成本决定了即使是世界遗产和国家级风景名胜区也不应该完全免费提供，而需要收取一定的费用，以避免出现经济学中的"公有地的悲剧"。

五、文化主题公园评价体系——模糊综合法

（一）方案的初步拟订

（1）首先确定目标层，依据目标层划分成若干指标组成指标层，然后在各个指标层目下，分别搜集所有可能的影响因子。

（2）将这些影响因子做成预调查问卷（注意用词要尽量通俗易懂、一目了然，可以让每一个包括非专业人士的游客看懂），通过游客对各因素影响度的打分，列出各因子间相对重要性矩阵，即构造比较分析矩阵。

（3）计算矩阵的最大特征值和特征向量，得出评价因子集及每项指标的权重值，进而得出暂定评价系统。

（4）根据暂定评价系统的因子集重新设计调查问卷，将新的调查问卷重新放入实践中检验，如果结果合理，即可最终确定该评价体系的科学性。

（二）指标选取的原则

作为衡量公众参与互动性的指标体系，除了应遵循客观性、科学性、完整性、有效性等普遍原则外，还应从以下三个方面进行考虑。

1. 游客对文化旅游的需求特点

文化主题公园公众参与互动性评价的指标体系应充分考虑游客对民俗类旅游的需求侧重点，选取相应的指标。

2. 文化主题园中的景观特点

公众参与互动性中涉及的民俗景观评价部分的指标体系应充分考虑当地的特点，结合游客对景观的喜好情况，选取相应的指标。

3. 指标体系应具有层次性

指标体系应根据研究系统的结构分出层次，由宏观到微观，由抽象到具体，由一般到个别，由整体到局部，层次分析法中多采用构建目标层、准则层、指标层的三层结构，并在此基础上逐层进行指标分析，这样可以使指标体系结构更加清晰和易于使用。

（三）评价体系建立的具体方案

1. 指标体系的构建

根据以上思路与原则，并参考模糊综合法，将民俗主题园公众参与互动性评价指标体系分为三个层次，即：目标层（A）、准则层（B）和指标层（C），由评价人员确定目标层和准则层，目标层（A）：A民俗主题园公众参与互动性评价；准则层（B_i）：B_1 景观、B_2 活动参与性、B_3 民俗特色性、B_4 其他影响因素，然后根据准则层中各个类别分别尽量罗列其中的影响因子（如图16）。

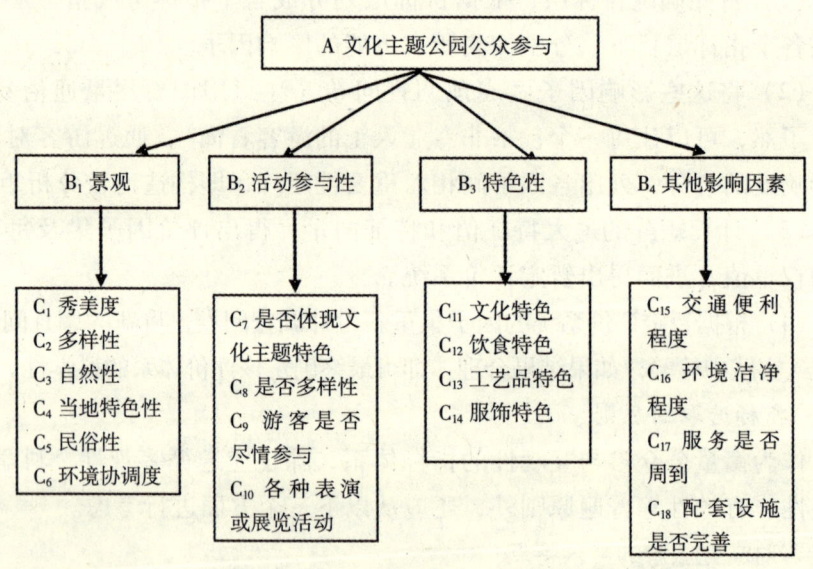

图16 文化主题公园评价因子集

2. 指标权重的确定

通常采用模糊数学五分制记分法给出评语集：$V = \{V_1, V_2, V_3, V_4, V_5\}$ 分别代表该因子游客观览过程中对游客旅游质量的影响程度值，V_1 代表毫无影响，V_5 代表影响极大，其他为中间值，以此类推。

实际工作中权重的设定一般与评价指标体系的划分同时进行。确定指标体系中各因子权重的方法很多，常用的有主观经验判断法、专家征询法或专家调查法、评判专家集体讨论法、二元对比函数法、层次分析法等。运用上述方法可计算求得第k层各类评价指标因子相对重要程度的权值向量：

$$W(k) = \{W(k)_0, W(k)_2, \cdots, W(k)_t\}, 且 \sum_{i=1}^{t} W_i^{(k)} = 1$$

3. 建立评判矩阵

建立从指标集到评语集 V 的模糊映射,确立第 k 层的评判矩阵 $R(k)(rij)$ mxn:

$$R(k) = \begin{bmatrix} r_{11} & r_{22} & \cdots & r_{1n} \\ r_{21} & r_{22} & \cdots & r_{2n} \\ \cdots & \cdots & \cdots & \cdots \\ r_{m1} & r_{m2} & \cdots & r_{mn} \end{bmatrix}$$

4. 一级综合评判

对 S 层 S_i 类指标因子的权重集 $W(S)_i$ 和相应的评判矩阵 $R(S)_i$ 进行模糊合成运算,得到 Fi 指标的一级综合评判 $B(S)_i = W(S)_i \cdot R(S)i = \{B_1, B_2, \cdots\cdots, B_h\}$,$W(S)_i = \{W_1, W_2, \cdots\cdots, W_{mi}\}$ 为 S 层 i 类指标的权重集,$i = 1, 2, \cdots\cdots, n$。若 $\sum_{j=1}^{h} B_j \neq 1$,则对其进行归一化处理,即 $B_J = B_i / \sum_{j=1}^{h} B_j$。

5. 二级综合评判

将 $B(S)i$ 视为目标层 A 的单指标评判向量,可得准则层 F 的评判矩阵 $R(F) = [B(S)_1, B(S)_2, \cdots\cdots, B(S)_n]T$。然后对准则层权重集 $W(F)$ 和评判矩阵 $R(F)$ 再次进行模糊合成运算,最后可得目标层 A 的二级综合评判: $B(F) = W(F) \cdot R(F)$。

运用模糊综合法并参考使用状况评价方法,对文化主题园公众参与互动性评价进行指标选择和赋权,全面准确地把握评价公众参与互动性提供了有利的帮助。通过对文化主题园的综合评价,就可以更好的明确各个文化主题园在同行业中所处的位置及其优缺点的对比情况,以便提出更具针对性的改善措施。

对策研究:文化主题公园的发展对策分析

一、政府层面

(一)从促进国民经济发展的战略高度出发,城市政府要为文化主题公园发展提供政策支持和制度保障

文化主题公园发展有利于全面驱动区域社会经济综合发展,主要表

现在以下方面：优化旅游目的地的社会综合环境；缓解或解决旅游目的地就业压力；凝聚城市"人气"，创造城市亮点，提升城市形象和竞争力；促进城市市政工程建设，使城市的生活服务设施和功能更为完善，吃、住、行、游、购、娱的条件更为优越；能够吸引大规模的非市中心区的人流与车流，缓解城市中心区的压力，形成一种"反磁力"效应，有效形成市民定居郊外的安稳的心理定式；对城市文化积累、提升与活化等也具有很大的积极影响。

因此，政府需有把文化主题公园的建设与经济发展、城市发展相结合的长远战略眼光。从经济结构调整的角度来认识旅游、发展文化主题公园。政府要以文化主题公园的开发建设为契机，主动调整城市产业结构，解决目前和未来可能面临的失业问题，重新融合地方资源，调整和引导社会成员消费结构的变化。

具体来说，包括：（1）提供良好宽松的经营环境和所需要的政策，保证企业的自主权。（2）在考虑市政设施、人员进出政策等问题时，对文化主题公园提供重点倾斜。（3）将文化主题公园纳入城市旅游形象宣传全盘计划中，激活人气，营造盛事不断的环境，把文化主题公园的形象向城市之外展示。（4）规划市场秩序，打击非法经营，保证旅游者利益等。（5）直接用政府角色介入部分公益性较明显但有较大成本投入的项目，如优惠贷款、公共基础设施、地价减免等。（6）加大支持文化主题公园融资的力度，协助其建立融资网络，拓宽融资渠道，以顺利筹措进一步发展需要的资金。（7）构建大都市旅游经济圈，把散落在城市各个角落的文化主题公园犹如珍珠一样串成线、连成片，抓住主线，带动全局，把旅游的大环境建设好，以城市旅游发展带动文化主题公园成长，以文化主题公园发展促进城市繁荣，形成"景在城中、城在景里"的新气象。

（二）加强政府的引导和规范调控作用，为文化主题公园的可持续发展提供充分外部环境条件是其重要职责

文化主题公园的竞争是企业行为，这就决定了政府的角色只能是方向的引导者和宏观调控者。政府要引导现有文化主题公园更新完善和二次开发，充分发挥指导、协调和参谋作用。旅游行政部门要站在大旅游的角度，从产业的角度把握旅游业的发展方向，为旅游企业的发展开路导航，为文化主题公园的发展创造便利条件。从我国文化主题公园近年的发展历史来看，政府的宏观指导和综合协调的作用越来越重要。对于很多中小型城市来说，市外游客对这些文化主题公园的到访是具有决定性意义的；市政设施和城市建设的布局、速度和质量，也对文化主题公园的经营有重大影响。如深圳市旅游行政主管部门与各文化主题公园举办各种有号召力的盛事活动和国内外促销活动，为华侨城文化主题公园保持长盛不衰的格局提供了有力保障，也走出了一条管理旅游和服务旅游的新路子。

因此，加强政府引导和规范调控作用必不可少，其主要措施是：（1）通过有关法规，强化宏观调控作用。一方面国家要理顺政企关系，鼓励旅游企业积极创业，自主经营；另一方面要加强调控，统筹兼顾，严格控制主题公园的建设数量和建设规模。要尽快制定《主题公园管理条例》，使管理工作做到有法可依，有章可循。（2）要建立严格的审批制度，要求报审人提供详尽的开发规划、技术设计、市场论证、管理方式等方面的材料，由各地旅游局组成的专家评审小组进行评审，对有可行性的才予以审批。（3）为企业创造有利的经营条件，适时提供必要服务。行政管理部门要树立牢固的为企业服务意识，支持企业的存在与发展，如供水、供电、公共卫生、公共交通、社会治安、信息、通讯等。（4）引导文化主题公园的更新完善和深度开发，宏观调控相邻文化主题公园、文化主题公园，科学规划，合理布局，防止因文化主题公园主题的雷同而导致同一地区内的恶性竞争，将不同性质、优势互补的文化主题公园组合起来，开发串联各文化主题公园的短程旅行团游览线路，形成强大的整体竞争力，延长文化主题公园产品的生命周期，实现长久的竞争力。（5）促进与相邻地区的交流合作。政府与相关旅游部门需注意与其他地区的交流与合作，整合不同地区的优质旅游资源。旅游部门通过相关的旅游项目，形成文化主题公园的不同地区联动模式，共同促进文化主题公园的发展。在促成不同地区、企业间产业经营优势和资源优势相结合的基础上，实现产业规模和经营效益的双重飞跃，最终构筑文化主题公园在整个中国范围内跨区域的旅游产业集群。

（三）遵从精品化原则，注重同现有旅游产品对接融合，实现文化主题公园项目建设与区域经济发展的良性互动

我国文化主题公园的现状令人担忧，短短的二十年中，文化主题公园已发展到超过2 500家的规模，而盈利只占到一成；美国近六十年的文化主题公

园发展,总数量还不到我们的十分之一,且普遍盈利。据此可反映出我国文化主题公园建设的一个问题:盲目建设与跟风建设严重。文化主题公园是一种商业性项目,它需要遵循商业规则,需要按照经济规律进行运作。那种不顾社会需求只知盲目建设的商业项目注定是会失败的,尤其是文化主题公园项目,会造成极大的社会浪费。各地发展文化主题公园产业需要充分利用现有的旅游产业积累基础优势,实现文化主题公园同传统旅游完美对接融合。中国文化主题公园要想在激烈的市场竞争中分一杯羹,就必须在设计施工方面精益求精,围绕"精"字做文章。

具体而言,(1)在文化主题公园建设之前,一定要做好充分的市场调研,仔细研究主要市场容量、消费水平、客源的需求和竞争环境,精心策划,千万不可跟风而为。(2)在主题文化上应结合当地形象定位,突出地方自身特点,各地文化主题公园建设宜重在质量不在数量,一方面要求合理规划布局,应考虑借助利用地方现有旅游产业积累的基础优势,前期的文化主题公园应选址于核心旅游线路上或重点旅游节点上,同已有景区捆绑发展,连成一片,依靠现有旅游区景点的名气,吸引游客;另一方面,应有选择性地重点突破少数几个优势明显的主题,逐步巩固、完善。(3)在企业选择上,要求引进在资金、人才、运作管理以及在抵御市场风险上都具有一定实力的开发商来打造精品主题公园。(4)在设施建设上,要求精益求精,打造精品。成功的主题公园的设计施工无不精巧微妙。

二、产业层面

(一)推进我国文化主题公园管理体制的改革,实行管委会模式,为管理者创造良好的有效实施管理的环境

在发展的浪潮里,文化主题公园的开发建设正向深度进军,向广度拓展。由于对公园公共资源保护与开发的认识上的不同而产生的体制障碍,已成为业内人士广泛关注的问题。文化主题公园管理体制改革与机制创新已成为文化主题公园发展的迫切要求。目前,我国面对公园、行业和政府的多种需求,主管部门对于哪些职责是文化主题公园管理部门的,哪些服务是自己应该和能够提供的,出现问题应该谁负责任等一系列问题没有明确。

鉴于这种现状,各省市区文化主题公园所在地政府及旅游局可以牵头,成立各个文化主题公园的管理委员会。集合文化、建设、水利、园林绿化、文物、卫生等政府部门的部分职能，把旅游活动中分割的管理活动集中管理，可以大大地避免旅游行业中"九龙治水"的弊端。文化主题公园的管理委员会对当地旅游局负责，这样多政府部门在保证自己的管理权利的同时，由行业主管部门来进行文化主题公园的统一管理。实际上，美国的国家公园很多就是采用的这种模式。各国家公园文化主题公园中也会有很多的部门进行管理，但是美国国家公园管理局及其下属的地区管理局或基层管理局在对整个国家的公园进行着统一的管理。

（二）重视行业协会的建设和发展，推行现代化管理模式，推进整合质量、环境、安全三套体系，使文化主题公园管理模式与国际管理规范接轨

在旅游的各个领域里，旅游景区景点是典型的体制落后观念保守的领域。但是，在总的体制落后观念保守的环境之下，文化主题公园领域可以说是一个新的生长点，因为文化主题公园的建设一般都是按照市场化的模式进行的，所以天然处在一个市场化的环境之中，就自然形成了体制创新、经营创新、管理创新和人才创新。这四个创新集中体现在质量、环境和安全三套体系的整合上。这三套体系都是以文件化管理为基本手段，过程化管理为主要特征，目的是要防患于未然。在国家旅游局及相关行业组织的倡导和鼓励下，文化主题公园经营企业需要探索如何实现这三套体系的内在整合，实现管理模式与国际社会的接轨。

随着三套体系的整合和推行，在这个新体制的土壤上会产生新的人才，很多文化主题公园管理者会变成职业经理人，这种职业经理人会随着人才的流动，推动我们整个中国旅游区点素质的全面提高，也会培育出一个崭新的文化主题公园市场，这个市场正是发展最具希望的市场。

（三）通过文化主题公园的开发，合理配置区域资源，打造全新区域产业链条，增强区域核心竞争力

对一个旅游地而言，旅游业发展的重要依托之一是当地的旅游资源。而旅游资源的状况各地之间差异很大，有些地方自然旅游资源丰富，有些地方人文旅游资源丰富，还有些地方自然与人文旅游资源皆丰富或皆不丰富。通常情况下传统旅游资源越多的地方，旅游产品大多是资源导向型的传统旅游产品，且由于自然和人文景观保护的需要，利用这些资源营造供游人娱乐参与的主题公园是很难的，同时也是政府旅游管理部门所不能同意的。在这种情况下，主题公园的投资经营就必须根据市场的需要，进行区域资源整合，要么借助某些产业和文化作背景，要么人

为地制造某些旅游资源,为游客的娱乐参与性活动营造物质性和精神性的旅游消费平台,如深圳的民俗文化村和世界之窗就属此例。

主题公园,作为一个综合性的大型旅游活动场所,通常还集时代特征、尖端科技、地方特色、文化内涵等诸要素于一体,因此,对各种资源的分配和使用必须具有明确的规定性和集约性。主题公园的这一市场特点,在一定程度上逻辑性地完成了对主题公园所在地区的旅游资源整合。即通过主题公园的营造,在不同时间阶段、空间区域和用途之间对所在地区现有的旅游资源进行了有效的合理配置。这种科学合理的资源配置方式所产生的市场反响、市场引力、市场效益对资源所在地区和其他地区都会起到积极的市场导向作用。如江苏省常州市的中华恐龙园就是在优化了建设部、国土资源部、国家环保总局和国家地矿博物馆等科技资源和实物资源的基础上,所形成的一个对旅游资源进行市场优化配置的成功案例。

三、企业层面

(一)文化主题公园发展需注重市场营销,形成文化主题公园营销品牌

国内大多数的文化主题公园都存在一个共有的致命错误:严重忽略营销的巨大作用。中国文化主题公园要想谋求更大的发展,必须重新认识文化主题公园营销的重要性,必须建立一套完善的文化主题公园营销模式。

中国文化主题公园的建设必须全方位、多手段、有针对性地进行有效的营销。在产品宣传上,各文化主题公园应实现同当地旅游形象相互辉映,打造地域特色;在市场定位上,中国文化主题公园应着重定位在向外来游客延伸,应充分考虑外来旅游者的特点和旅游动机,设计具有较强吸引力的旅游项目;在旅游线路设计上,应将新建的文化主题公园纳入旅游线路中;在运营销售环节上,应充分构建产业链条,形成门票、餐饮、纪念品以及其他服务等多重收益来源。

文化主题公园要想获得长足发展,最为关键的就是进行品牌建设,只有立足于品牌,才能使游客对其的认知由感性上升到理性,形成品牌忠诚。可以通过与当地的优秀企业合作,签订战略协议,利用已有的品牌,深入当地市场,实行品牌扩张,延伸品牌价值。

(二)文化主题公园项目设计要注重市场,以主题为中心,注重推陈出新,培育可持续发展空间

文化主题公园的发展具有周期性,不断发掘主题、更新产品使之能长期吸引游客是文化主题公园成功经营的关键。因此必须适时根据市场的变化需求调整文化主题公园的活动项目和经营策略，使文化主题公园能长期保持活力和竞争力，培育可持续的发展空间。这就要求在文化主题公园的各种项目上应紧密围绕文化主题公园的主题来设计。

文化主题公园的主题是相对固定的，建筑物等硬件设施的功能在短时期内也难以发生改变。因此为保持公园吸引力，延长文化主题公园生命周期，应根据社会经济技术进步、消费者需求和市场竞争变化情况，并结合自身特色精心策划，推出具有丰富创意的新景点、新项目或新活动就显得尤为重要。

文化主题公园的项目策划不仅要体现旅游需求多元化的市场变化，能够在项目设置和更新、服务模式以及参与性、体验性、娱乐性上有所创新，而且在项目策划时要加强活动项目的可变换性。文化主题公园经营者可采取事件营销、文化节营销、新闻炒作、体验营销等综合性的营销模式，围绕其主题内容，灵活变换文化主题公园的项目活动。

（三）投资开发企业要积极拓展上下游产业，实行多产业联动，多产业开发，实现经营性收入来源多元化

由于文化主题公园的商业性特征，为了追求更多的利益，产业融合是其发展的趋势，当今的文化主题公园不仅仅属于旅游业，它还涉及体育、影视传媒、会展、餐饮、零售、房地产、高科技等多个行业。也只有实行多产业联动，多产业开发，企业才能实现利益最大化。

目前，国内文化主题公园主要的经营性收入来自于门票，对文化主题公园其他衍生产品和服务开发力度不够，造成国内文化主题公园价格普遍偏高，往往导致游客偏少，重游率低，严重影响了我国文化主题公园的建设和发展。

按照业内专家主张的"永续建设中的主题公园"的观点，文化主题公园的收入呈现出以下特征：4小时之内娱乐主要靠门票收入，6小时娱乐因餐饮消费等增加收入30%，以后每增加半天娱乐收入增加50%。

中国文化主题公园经营应采取以下方式：（1）合理制订门票价格。价格水平不宜过高，应贴近市场消费水平，可采用多层次票价，成人、儿童、老人、残疾人票价不同；节假日票价可上、下浮动；月、年票可适当优惠。（2）实施多元化经营。完善和提高园内游乐设施与服务的种类和质量，实现主题外衍产品和服务的多元化。提供多元化的服务，延

长游客驻园时间，增加公园收入，优化产业结构。

（四）注重文化内涵的提炼和丰富，实现文化主题公园从主题模仿到主题原创的发展，从强调娱乐功能到突出教育功能的转换。

在文化主题公园对文化的挖掘和把握上，放眼于挖掘的项目创意所蕴涵的文化内涵上，坚持文化主题要"经得起历史检验、经得起市场检验、经得起文化检验"的原则，千锤百炼，精益求精。中国文化主题公园的主题创意，就是把中国文明史上对世界发展最具影响力的科学技术的精华提炼出来，用现代文化主题公园的形式加以表现，展现其独特的魅力。

与此同时，随着现代人的求知欲望的高涨，文化主题公园的功能也必须实现从强调娱乐功能到突出教育功能的转换。纯粹的娱乐已经不能满足游客的需求，游客希望能在娱乐和实践中增长见识，文化主题公园能使游客的这种需求成为可能。因此对于现在的和将来可能新出现的所有的文化主题公园来说，要实现其竞争力的持续发展，就必须在文化内容、文化主题和文化功能上实现全新的转变和定位。

参考文献

[1] 楼嘉军：《对长江三角洲地区主题公园发展的思考》，载华侨城集团公司编《21世纪中国主题公园发展论坛》，中国旅游出版社2003年版。

[2] 叶占雄：《主题公园品牌的建设与维护》，载华侨城集团公司编《21世纪中国主题公园发展论坛》，中国旅游出版社2003年版。

[3] 于梦颖：《中国主题公园的发展——以欢乐谷为例》，载《现代商业》2010年第21期。

[4] 董观志：《主题公园：文化演绎产业经济的黄金时代》，载《文化月刊》2010年第1期。

[5] 李伟：《超竞争格局下的主题公园合作机制研究》，载《商业研究》2010年第3期。

[6] 王庆生、张丹：《中美城市主题公园营销模式初探——以美国迪斯尼乐园和深圳华侨城为例》，载《中州大学学报》2009年第10期。

[7] 朱豪迪、安恒：《基于波特五力模型的成都市国色天香主题公园竞争分析》，载《政策研究》2009年第6期。

[8] 徐雪：《基于利益相关者视角的旅游景区管理研究》，载《河南

科技》2009年第6期。

［9］刘德艳：《基于协同管理视角的中国旅游目的地整体营销》，载《旅游学刊》2009年第6期。

［10］肖轶楠、夏沫：《论主题公园体验价值的创造——以深圳华侨城主题公园为例》，载《旅游学刊》2008年第5期。

［11］李贵卿：《西部民族文化生态旅游开发模式和策略研究》，载《资源开发与市场》2007年第4期。

［12］董观志、李立志：《近十年来国内主题公园研究综述》，载《商业研究》2006年第4期。

［13］李永文：《论主题公园的区域经济影响，建设与发展》，载《经济地理》2005年9月刊。

［14］杨秀平、翁钢民、赵本谦：《基于层次分析法的旅游资源综合评价方法与应用研究》，载《国土资源科技管理》2005年第4期。

［15］保继刚：《主题公园发展的影响因素系统分析》，载《地理学报》1997年5月刊。

课题组成员名单

课题负责人：

顾　江　南京大学国家文化产业研究中心常务副主任，三江学院文化产业管理学院院长，教授，博导

课题组成员：

周　锦　南京大学国家文化产业研究中心博士生
陆春平　南京大学国家文化产业研究中心博士生
吕　寒　西安外国语大学商学院讲师
周　莉　南京大学国家文化产业研究中心博士生
黄彦婷　南京大学国家文化产业研究中心主任助理
严　超　南京大学国家文化产业研究中心硕士生
赵岳峻　江苏教育学院美术系主任

艺术品产业发展思路及政策建议

南京大学国家文化产业研究中心

- 235　引　言
- 236　第一章　艺术品产业：现状与问题
- 247　第二章　艺术品产业链：一个分析框架
- 254　第三章　产业案例分析：以深圳大芬油画村为例
- 260　第四章　艺术品产业发展：思路、组织框架及路径选择
- 268　第五章　艺术品产业发展：对策与建议
- 274　参考文献
- 276　课题组成员名单

引 言

20世纪以来，信息革命的成果使得艺术产品可以被大批量地生产和复制，并运用先进的产业经营管理模式和组织方式，通过市场交换高效率地实现自身价值，这是时代的一种必然发展。艺术品产业一方面能满足人们精神生活层面的需要，使受众得到艺术品的陶冶和感化，提升艺术素养和审美水平；另一方面又可以通过产业导向，促使艺术品的经济价值在创意、设计、生产制作、销售等环节得以增值。国际权威艺术品市场研究机构——"欧洲艺术基金会"每年一度发布的全球艺术品市场监测报告显示：2008年中国艺术品市场（包括中国内地和中国香港）的交易额达到了38亿欧元。2009年，与受金融危机影响而增长放缓的传统制造业相比，中国艺术品市场"逆势而上"，交易额比2008年增长了12%，达到了42亿欧元。中国艺术品市场所占全球市场交易的份额更是达到了14%。

现阶段，尽管中国艺术品业发展前景一片向好，但在发展过程中仍呈现出了阻碍其可持续性的产业问题，这表现在缺乏原创设计导致的生产环节的"低端锁定"、流通环节的艺术品市场主体培育不足，以及艺术品公共服务供给的缺失。政府一直以来不当的"生产者"角色定位，使得其产业政策制定目标均是"GDP挂帅"，政策倾斜对象多数为生产制造业，少有对艺术品业发展的主导支持，这也是艺术品产业发展出现困境的主要原因。因而，政府角色需要重新定位，通过采取"供给主导型"的制度变迁手段，可能有助于上述产业发展困境的破解。进一步，艺术品业的发展思路在于，整合政府引导和市场运作的同时，还要突出艺术品中介组织在确保产业发展有效性过程中扮演的积极角色。在此模式下，产业集群化和网络信息化是艺术品业发展的基本战略选择，坚持政府主导、实施机制创新等则是可供其选择的六条发展路径。

第一章 艺术品产业:现状与问题

第一节 我国艺术品产业的现状

美国著名学者迈克尔·波特(Michael E. Porter)在《国家竞争优势》(1990)一书中通过不同国家和地区之间的产业集群竞争特点对国家竞争优势作了具体的比较分析,指出评价一个国家产业竞争力的关键是该国能否有效地形成竞争性环境和创新,并在此基础上提出了国家竞争优势的"钻石模型"(图1)。

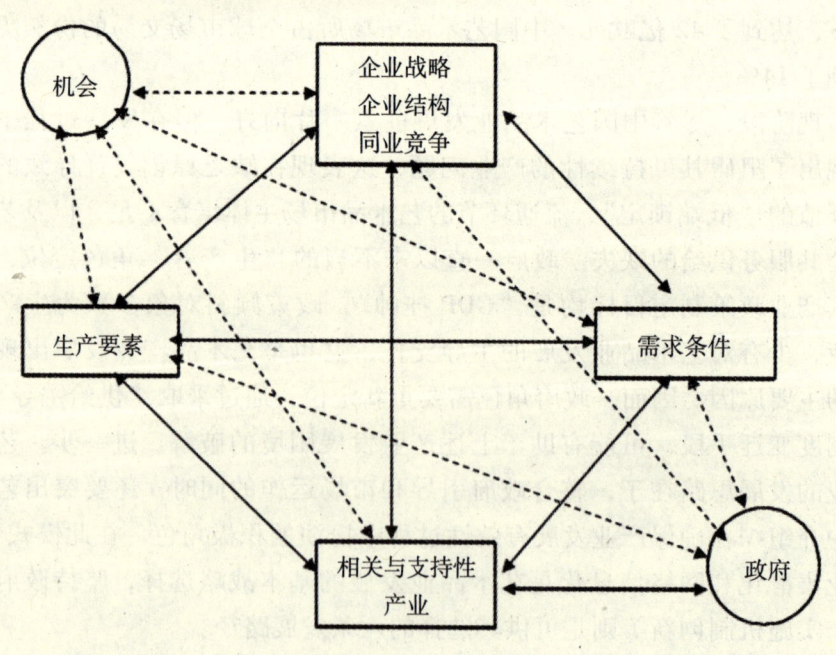

图1 波特"钻石模型"

"钻石模型"的核心在于指出了一个国家的企业的创新竞争优势主要与四个基本因素(要素条件;需求条件;相关及支撑产业;企业的战略、

结构与竞争)和两个附加要素(机遇和政府)有关。波特强调,"钻石模型"是一个动态的系统,只有在每一个要素都积极参与的条件下,才能创造出企业发展的环境,进而促进企业投资和创新,从而从整体上提高国家的竞争优势。

基于波特的竞争力模型,现对我国艺术品业的产业现状进行分析。

一、生产要素

(一)人力资源

人才是艺术品业发展不可或缺的力量。我国艺术人才的培养主要依托大中专院校,目前我国独立建制的艺术院校已有31所。据统计,全国普通本、专科艺术学科在校学生人数从2004年到2009年增长了一倍(图2),增长速度较快,招生人数总体呈现增长趋势。同时,毕业人数也呈现平稳增长态势,2006年、2007年增速较快,分别比前一年增加32.30%和30.56%,2009年增速放缓,为13.17%。

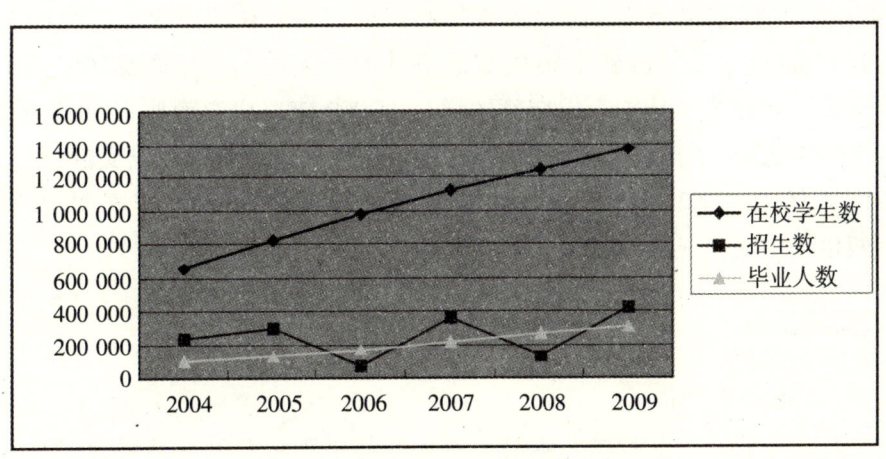

图2 普通本、专科艺术学科学生数

(二)资金要素

艺术品市场通常充斥着大量资金流。根据雅昌艺术市场监测中心发布的《中国艺术品拍卖市场调查报告(2010年春季)》显示,我国艺术品季度拍卖额如下图(图3)所示:

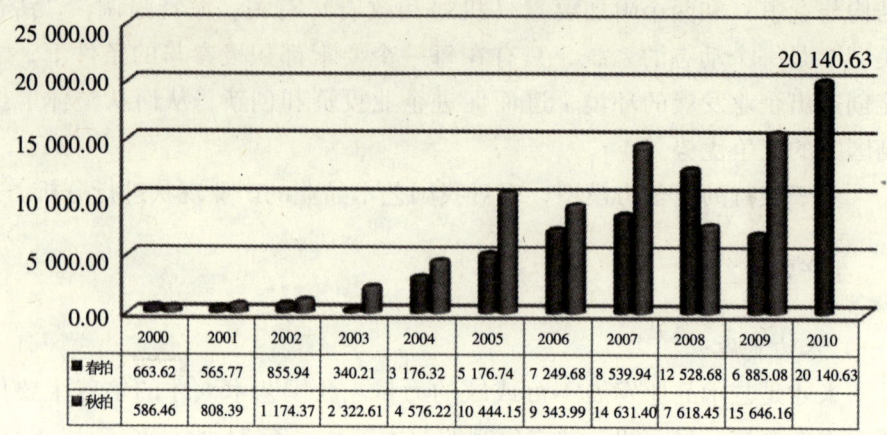

图3 2000—2010年春中国艺术品拍卖季度成交额（百万）

在国际金融危机影响下，2008年我国艺术品拍卖市场成交总额为201.47亿元，是自2000以来首次出现的成交额负增长，比2007年的231.71亿元相比下降了13.05%；2009年我国艺术品市场春拍成交额比2008年同期下降4.5%，经过上半年的积极调整后秋季成交额迅速回升，达到156.46亿元，占到全年成交总额的69.44%，同比增幅105.37%，带动全年文物艺术品拍卖成交额的增长，2009年总成交额比2008年增加了23.84亿元，增幅达11.83%；2010年艺术品拍卖仅春拍成交额就达到201.40亿元，较2009年秋拍资金增量为45亿元，比2009年同期增长了近两倍，呈现明显的"V"形复苏的走势（图3）。

二、需求条件

（一）文化消费需求

从买方看，目前我国艺术品消费主要集中于企业家等富裕阶层手中，购买者的行业背景主要集中在金融、房地产、能源、高科技等近年来个人财富增长最快的领域，其中金融投资行业背景的私人收藏家比例最高，名列国内各行业之首。

地区上，国内艺术品重点消费区域集中于经济发达地区（图4）。京津塘地区优势地位稳固，成交额比重不断上升，到2009年春季已占据全国成交额的52.40%，继续保持艺术品交易中心的趋势；港澳台地区下滑趋势明显，2008年春拍同比下降了1.8个百分点，后两季度持续下降，2009年秋拍占比率不到京津塘地区一半；长三角地区发展乏力，2009 年春拍占比率较去年同期略微上扬，2009 年秋拍占比率为 11.09%，环比下降 0.65 个百分点，与京津塘地区差距明显；珠三角地区 2007—2009 年春 5 个季度中占比率均排最末，2009 年春拍仅有 0.95%，艺术品市场规模及潜力则非常有限。

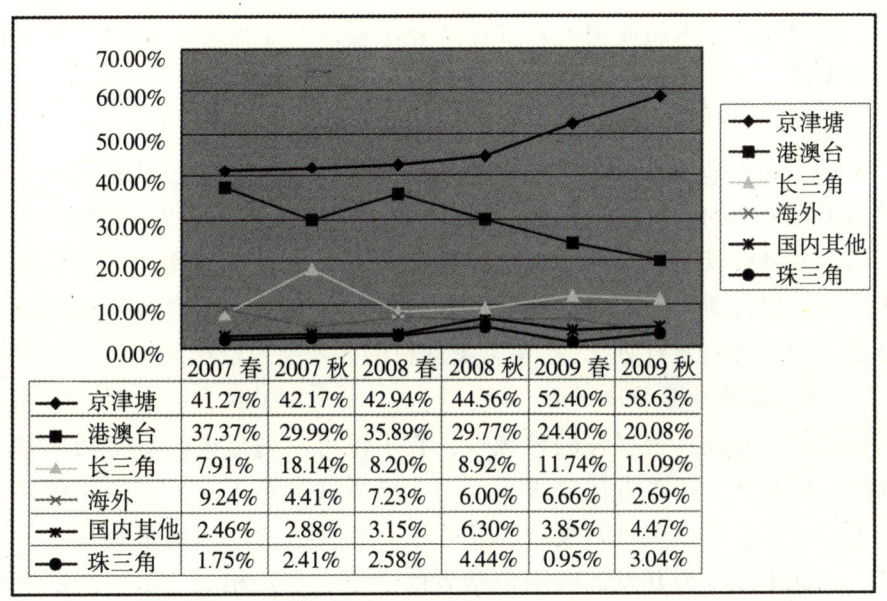

图 4　2007—2009 年各季度各地区成交额占比

"经典化"艺术品需求旺盛，尤其是具有明确文化价值和社会共识的稀缺性艺术资源供不应求。近两年，国内艺术品拍卖市场高价拍品主要集中在中国古代书画和社会认知度较高的近现代大师（如齐白石、张大千等）的作品，2009 年秋拍高价拍品前 100 位作品（总成交额 17.4 亿元人民币）中国古代书画入围 33 件，成交额 13.3 亿元人民币，占比 76.44%，瓷杂类 34 件上榜作品总成交额 7.8 亿元，近现代书画入围 17 件，油画及当代艺术类入围 16 件，成交额 3.8 亿元；排名前 100 位近现代书画拍品中，艺术家分布非常集中，傅抱石、徐悲鸿、齐白石、张大千等人近年来始终位于排名前列。

（二）投资需求

艺术品作为一种投资工具具备稀缺性、投资风险较小而收益空间较大的独特优势，符合投资者在不确定的经济环境中进行资产保值的需要，长江商学院金融学教授、"梅·摩艺术品投资指数"创建人梅建平表示，在过去 50 年中，艺术品投资的年均投资回报率为 10%，股市为 10.4%，投资需求是推动艺术品产业发展的另一动力。

三、相关与支撑产业

现阶段，艺术品业相关及支撑产业主要涉及金融业、房地产业和信息传媒业。

（一）艺术品产业和金融业

21 世纪初以来，随着艺术品市场的火爆，资本介入艺术品市场已经成为不可阻挡的潮流。2007 年，民生银行推出"艺术品投资计划"1 号产品，大量投资基金相继涌现。2008 年 9 月，建设银行浙江省分行业率先成立了建行浙江艺术财富理财中心。2009 年 6 月，招商银行私人银行推出"艺术品鉴赏计划"，是一款类期权的艺术品投资产品。

（二）艺术品产业和房地产业

房地产开发具有很强的地域性，它不仅可以满足人们对生活的基本需要，同时有寄托着古往今来人们对生活方式、对生存状态的一种理解和追求。开发商在项目开发中，其技术和功能上的东西是很容易学习来的，因此不能作为开发商吸引消费者的一个亮点。相反，房地产所潜藏的特有的地域文化和社会内涵是很难简单地移植和嫁接的。一旦开发成功，将给它带来特有的价值内涵。

（三）艺术品产业与传媒业

目前媒体与艺术品业结合有三种方式：一种是传统的，面对面的直观报道；第二种是网络信息与营销，比如艺术品交易的电子商务平台等；第三种是以各种方式参与用户体验的，这在各级艺术品博览会中经常会出现。第一种方式比较常见，如各大报纸各类杂志都有关于艺术品的收藏版。第三种方式近年来出现的也比较多，如央视的《鉴宝》，北京电视台的《天下收藏》，西安电视台的《天下宝物》以及河南电视台的《华豫之门》等。

四、企业发展战略

艺术品企业普遍采取集群化和集团化发展战略。其中，集群化即通过地理位置上相对集中的若干企业、机构和创作个人相互结合，从而具有很强的群体竞争优势和集聚发展的规模效益。如北京的798、大山子、草场地、环铁、观音堂、酒厂等已成为当代艺术聚集区,一方面降低了宣传成本,另一方面扩大了受众群体,并且有力地带动其周边地区的房价、物价、旅游、餐饮、交通等各行业的发展。

集团化发展战略,指拍卖行、艺术企业与文博机构之间通过国内联合或跨国合作形成庞大的信息传播网络,进行有组织、有系统的集团化作业方式,许多大型艺术品拍卖集团公司和连锁拍卖公司的出现就是集团化战略的产物。如,2009年北京通银典当行与北京歌德拍卖公司开展艺术品典当合作业务,促进社会资本进入艺术品产业,起到推动艺术品产业发展的作用。

五、政府行为

首先,政府购买不断拉动艺术品消费。目前官方购买主体主要是各级政府与经政府授权的各所属博物馆及各地国有文物公司,各级政府用于购买艺术品的资金来源于财政收入,各博物馆购买艺术品的资金基本来自财政拨款。2000—2009年我国财政收入一直保持高于GDP的速度增长,按这种趋势估计,政府投资于艺术品产业的资金将有更大上升空间。

其次,国家立法和地方法规有助于艺术品产业的规范发展。1992年我国加入了《伯尔尼保护文学和艺术作品公约》和《世界版权公约》,2001年修正了《中华人民共和国著作权法》,并起草《文化经纪人管理办法》,建立艺术经纪人制度,2004年重新修订了《美术品经营管理办法》,2005年正式实施《拍卖管理办法》,一系列法律法规的制定将不断引导艺术品业走上规范发展之路。

最后,除了政府购买行为与相关法律法规的制定完善外,各级政府还在多方面采取措施鼓励艺术品产业发展,如保护自发形成的各种画家村、建立文化(美术)产业示范基地等,以"孵化—投资"形式为艺术品业提供发展条件。

六、机 遇

(一)经济快速增长为艺术品产业发展提供了经济基础

鉴于艺术品市场上拍卖市场所占比重较大,艺术品拍卖市场的走势可以直接反映出整个艺术品市场的发展状况,利用2000—2009年艺术品拍卖市场成交额与国内生产总值的年增长率进行计量分析(为消除异方差影响，数据均取对数，拍卖额用 y 表示，GDP 增长率用 rgdp 表示）。回归结果见下表（表1）：

表1　拍卖市场成交额与 GDP 增长率回归结果

因变量：y

变量	系数
$RGDP(-1)$	3.068 963＊＊＊
	(5.622 750)
C	10.44 156＊＊＊
	(9.985 445)
样本	8
$R-squared$	0.840 491
$Adj\ R-squared$	0.813 906
$S.E.$	0.421 021
$D-W$	2.234 720
$F\ Prob$	0.001 352

注：＊＊＊表示在1%水平下显著，括号内为 t 统计值。

$D-W$ 检验为 2.234 720 表明回归方程无自相关，F 统计量通过检验，调整后的 $R2$ 值为 0.813 906，意味着用 GDP 增长率能解释拍卖成交额变动的 81.39%，艺术品市场与经济变化存在很强的相关关系，因此快速的经济增长为繁荣艺术品产业提供了机遇。

（二）居民消费重构为艺术品产业全面发展注入活力

社会消费品零售总额十年来迅速上升，2009年达到12.53万亿元，比上年增长15.5%（扣除价格因素后实际增长16.9%）；同时居民用于文化消费支出不断提高，表明人们的消费观念、消费层次、消费实力、消费水平产生了深刻的变化，社会对艺术品的总需求量越来越大，公众艺术品的总购买力越来越强，为艺术品产业全面发展提供了强劲支持（图5）。

（三）文化振兴为艺术品产业发展提供了良好的外部环境

文化部《2003—2010年文化市场发展纲要》把艺术品市场列为文化市场六大门类之一，并提出"争取在5~10年内使中国成为亚洲艺术品市场中心之一"的目标。各省市区大力发展艺术品产业，继琉璃厂、潘家园、北京古玩城、亮马古玩城之后，正在改建中的北京琉璃厂文化产业园将被建成京城规模最大的文化艺术品集散地，上海泰康路"艺术特色街"、深圳"大芬油画村"，以及天津廊坊市、山东威海市、陕西西安市纷纷打造艺术品一条街和艺术品博览中心等，这些都是有利于艺术品产业培育发展的市场环境。

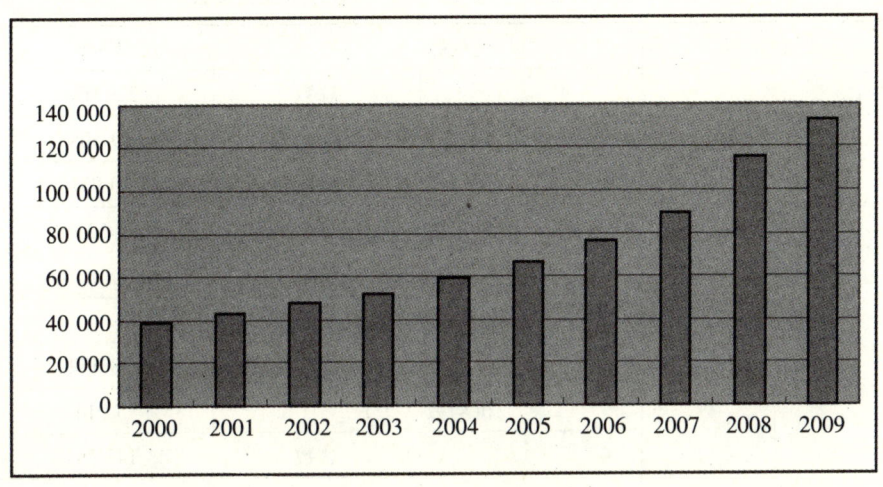

图5　2000—2009年社会消费品零售总额（亿元）

（四）投资市场的反弹将持续支撑艺术品产业的发展

金融危机有利于降低艺术品市场的投机行为，伴随西方操纵的艺术资本和部分投机者的退出，国内艺术品价格出现调整和回落，艺术品价值的判断标准更趋于理性，全球经济"V"形复苏和宽松的信贷政策带来充足的流动性，为优秀的企业和资本介入艺术品经营提供了最佳时机。

第二节　我国艺术品产业的问题

尽管上述"钻石模型"的分析结果表明，艺术品产业发展整体向好，但就目前而言，艺术品产业仍然存在以下问题，阻碍了产业进一步健康可持续发展，这表现在：

一、高端人才缺失分化明显

虽然艺术品产业从业人员数量逐步扩大，但艺术品领域的专业性人才，特别是高级专门人才还存在着很大的缺口。以书画艺术品市场为例，创作者包括艺术家、画家与美术爱好者，人数众多，但真正有创造力的艺术家凤毛麟角。2008年统计数据显示，艺术业从业人员数及人员中具有职称的人员数分别如下表（表2）所示：

表2 2008年全国艺术业产业机构数、从业人员数

总　计	机构数（个）		7 366
	从业人员数（人）	总数	229 038
		高级职称	19 308
		中级职称	40 931
文化部门	合　计	机构数（个）	4 521
		从业人员数（人）总数	168 880
		高级职称	18 411
		中级职称	38 559
	国有经济	机构数（个）	3 914
		从业人员数（人）总数	147 791
		高级职称	17 153
		中级职称	35 105
	集体经济	机构数（个）	462
		从业人员数（人）总数	15 535
		高级职称	713
		中级职称	2 842
	其他经济	机构数（个）	145
		从业人员数（人）总数	5 554
		高级职称	545
		中级职称	612
其他部门		机构数（个）	2 845
	从业人员数（人）	总数	60 158
		高级职称	897
		中级职称	2 372

对上表中相关数据作进一步的比较分析后可以发现，艺术机构中文化部门机构数和从业人员数占据相当高的比例，分别为61.38%和73.72%，并且从业人员数量优于其他部门；职称是衡量人员知识水平和素质高低的重要标准之一，在文化部门内部的国有经济中，拥有中、高

级职称人员在总从业人员中所占的百分比远远高于另外两类所有制形式，在其他部门中，有职称人数占比仅为5.43%（表3）。这意味着在艺术品业，尤其是非国有部门中，人力资源（特别是高级从业人员）仍然存在着供不应求的局面。

表3　2008年艺术业机构数与从业人员数及占比情况

	机构数（个）	机构数占总数百分比	从业人员数（人）	从业人员数占总数百分比	平均机构从业人员数	有职称人数占总从业人员百分比
总　计	7 366		229 038		31	26.30%
文化部门合计	4 521	61.38%	168 880	73.72%	37	33.73%
国有经济	3 914	53.14%	147 791	64.51%	38	35.36%
集体经济	462	6.27%	15 535	6.78%	34	22.88%
其他经济	145	1.97%	5 554	2.42%	38	20.83%
其他部门	2 845	38.62%	60 158	26.26%	21	5.43%

与此同时，艺术品产业人才的两极分化情况比较严重：一方面，随着国内艺术品产业的不断发展，许多知名艺术创作杰出人物在北京、上海等艺术品产业发展较好的城市或地区都有创作室或展示室，作品丰富、精品较多，并经常在国内知名的艺术品博览会或拍卖公司形成艺术品交易；另一方面，一些还未成名或者名气较小的艺术品创作人还承受着来自各方面的压力，作品数量、价值相对弱势，更有数量庞大的青年艺术家沦为广告公司工作人员，或成为温饱问题尚未解决的SOHO一族。

二、艺术品市场资本投入不足，投机现象严重

目前的艺术品投资、收藏活动是以个人为主，少有大机构、大藏家全面进入；买家以中国人为主，未有太多欧美资本注入。在个人收藏、投资者中，追求短期效应的人又占多数，真正"理性投资"艺术品的收藏家并不太多。自2006年春拍高潮后，艺术品产业的发展开始放缓，2006—2007年间部分藏家减少了对艺术品的购买，将大量资金投向股市，在2008年奥运会的背景下，大量资金转头投向房地产行业，少数金融机构、银行及外资涉猎艺术品领域也主要是为了利用艺术品装饰工作环境，以运营性为目的的资本全方位介入艺术品市场很少或几乎没有。2010年，各大拍卖行拍卖额节节攀升，但在这

种现象的背后，除了投资者出于投资爱好或者保值增值的目的以外，也有部分企业仅出于避税的目的进行艺术品投资。

三、艺术品市场运作不规范，监管力量薄弱

（一）艺术品鉴定、交易混乱，造假、售假、拍假现象严重

目前，国内艺术品造假朝着区域集团化和产销一体化方向发展，甚至极少数地区的某些乡镇已发展到家家户户造假的程度；在售假环节，具有规模化、网络化的发展趋势，现有十多万家画摊、画店、画廊，其中，小、乱、散、差的画摊、画店中有相当一部分销售假的艺术品，拍假公开化的问题十分严重。

（二）一级市场不健全，私下交易盛行

从运作上说，拍卖市场和画廊等艺术品交易渠道存在严重的职责错位。目前，国内的艺术品市场现状是拍卖行十分火爆，而画廊形同虚设，国内的艺术家倾向于直接出售作品，减少中间环节。私下交易盛行不仅造成严重的偷税漏税，而且由于其不稳定性和定价的随意性，极大地破坏了市场秩序和游戏规则，严重制约了艺术品市场中介机构的发展。

（三）品牌化专业化拍卖公司缺少，良莠不齐

据不完全统计，全国拍卖公司有4 000多家，定期或不定期拍卖艺术品的拍卖公司约1 000家，每年拍卖700～800场，近千家企业主要集中在北京和"珠三角"、"长三角"等经济发达地区，且80%以上的营业额和优势资产是由前20位大型品牌拍卖公司长期占据。许多拍卖公司属于低水平的重复建设，规模小、资金少、人才缺乏、经营水平低，造成资源的极大浪费；并且，由于拍卖公司众多，导致企业间的恶性竞争，行业内耗增加，使市场处于一种无序的竞争状态，违法或不规范经营的现象比比皆是。

四、法律法规建设滞后

从政策层面来看，目前国家对艺术品机构运营的相关经济政策和法律法规一直没有出台，没有在整合、规范市场以及引导、管理艺术品市场上下大力气，使艺术品产业主体机构处于任意发展状态；在通货膨胀严重、股市与房市受宠、艺术品市场遭冷落的情势下，国家也没有出台很好的艺术品政策进行宏观调控。虽然存在一些法律规章，但随着艺术品市场深入发展，原有法律条文略显粗糙落后。对拍卖业进行调整的现

行法律法规目前有《中华人民共和国拍卖法》和《中国拍卖行业拍卖通则》两部,但这两部法律规范对不成熟的艺术品市场适用性还有待改进,部分条款不够完善。如,《拍卖法》第六十一条规定的"拍卖人、委托人在拍卖前声明不能保证拍卖标的物的真伪或者品质的,不承担瑕疵担保责任"。为拍卖行逃脱责任留下了漏洞;规范文物购销经营活动的《文物保护法》及其《实施条例》虽然在文物市场准入方面取得重大突破,但有关规定部分内容超前性过强,对历史形成的现有文物市场诸多经营形态缺乏针对性,操作性不高;艺术品市场的专项立法也只有文化部制定的《美术品经营管理办法》而已。

第二章 艺术品产业链:一个分析框架

本章通过分析艺术品产业链的构成,及其演化与动力机制,为分析第二章中艺术品业发展困境提供一个基于产业链的理论框架。通过理论分析,艺术品业目前之所以存在上述问题,是由于:(1)艺术品产业的价值增值主要发生在生产制作或加工阶段,其价值链大致处于全球价值链体系的低端,即"微笑曲线"的底端,产业附加值较低;(2)由于缺少有效的资本投入以及法律规范,艺术品产业实质上缺乏创意设计,产业发展缺少核心竞争力、不具可持续性;(3)艺术品市场现阶段的社会分工程度较低,限制了艺术品市场交易的扩展,由此约束了艺术品产业链的延伸和深化,如此往复,整个产业发展陷入一个恶性循环;(4)政府定位的"错位"及功能"缺失"应对上述问题的出现负主要责任。在此基础上,进一步指出艺术品业发展困境的破解机制在于政府由传统的"生产者"角色转变为"服务者"角色,在制度供给方面则应采取"供给主导型",从而为艺术品产业组织制度变迁提供导向。

第一节 艺术品产业链分析:构成、演化与动力机制

一、艺术品产业链的构成

艺术品产业链的形成集合了艺术、技术、商业等多项生产要素,围绕着

艺术创意所特有的知识产权的形成、发展、授权、升值、转化与再增值，将原创性的艺术创意市场化产业化，使之产生经济效益。艺术品产业链的发展是个不断增值、不断创新的过程，它主要由以下几个部分构成（图6）。

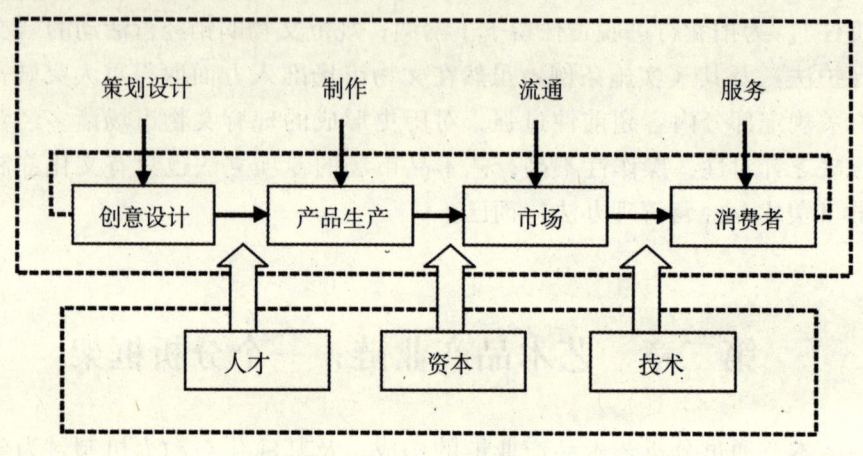

图6　艺术品产业链构成

（一）艺术创意的策划

艺术品创意来源于艺术家、雕塑家或民间工匠的灵感或创造，正是这一群体成为艺术品产业的真正推动者。这个环节是艺术品产业价值链的源头所在，在任何情况下都是控制整个链条价值体系的关键环节，主要增值部分就在其原创性的知识创新之中。

（二）艺术品的生产制作

这一阶段是依靠技术创新将创意或设计转化为艺术品的过程。被授权生产的艺术品生产企业以尽可能多、尽可能贴近不同消费者需求的产品形态承载艺术价值。这一过程中，艺术创意内容通过不同的承载方式，不断改进和完善其艺术服务价值，实现艺术品的边际效用递增。

（三）艺术品的市场流通

在此过程中，代理人、经纪人和其他艺术品中介等对艺术品产权进行整体或部分分割，通过包括画廊、博览会和拍卖会等在内的营销模式，利用市场机制将其让渡给主观期望较高的消费者，在此过程中，权利主体双方同时实现价值增值。没有销售或发行通路，再好的艺术品也变不成产业，因此市场流通环节在艺术品产业链中居于重要地位。其运行的有效性极大影响着艺术品整个产业发展的可持续性。

(四) 艺术品的消费

随着大众可支配收入的不断增加，大众对艺术品的消费需求提出了更高的要求。消费者不仅仅注重其交换价值和使用价值，更强调艺术品的文化诉求和审美诉求。在此过程中，艺术品相关企业可以利用消费者的这一特点，从消费者的进一步需求出发，为消费者提供众多服务，实现艺术品产业的多元化价值创新。

需要指出的是，以上艺术品产业链的每一个环节都需要充足的技术、资金和专业人才作为生产要素参与其中。有学者认为产业投资仅限于艺术品产业链的始端环节，即艺术品的创意设计。但实际上，资本支持在艺术品产业链的每一个环节都是必不可少的。如果说艺术品产业链的功能在于艺术价值和经济价值的增值，那么，金融资本对艺术品产业链的作用在于通过"乘数效应"扩大这种增值的可能性。同样重要的还有技术和专业人才，这三种要素对于艺术品产业发展来说缺一不可。

二、艺术品产业链的演化

随着技术的不断进步，艺术品产业和其他产业融合度在不断增强。从分工与专业化的角度看，艺术品产业链由最初的垂直一体化向以知识创新为核心的网络状产业链演化，即垂直分离。也就是说，艺术品的创意设计、生产、流通环节，由先前的单一大企业组织，变成由众多相互关联的中小企业分别组织，从产业链角度看，表现在艺术创意设计、艺术品生产、艺术品流通之间的分离（图7）。

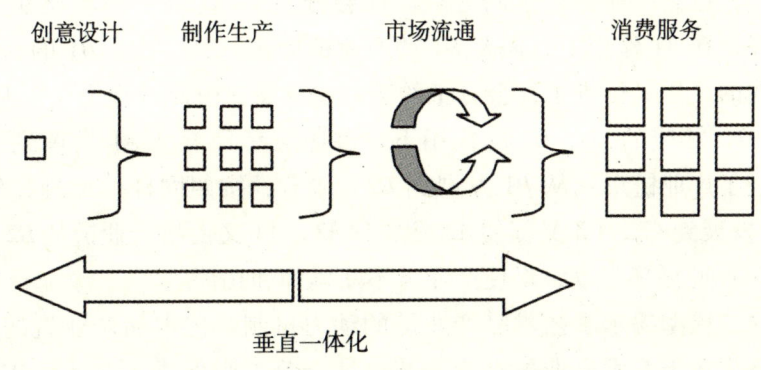

图7 艺术品产业的垂直一体化

具体来讲，外部市场的多变性和技术的发展，特别是对产品需求的不确定性增强，艺术品产业传统的垂直一体化发展方式已经不再适合，需要向垂直分离与柔性生产方式转变。艺术品产业的高度融合性使艺术品产业在经过垂直分离后，艺术品企业之间的关系演变为以大量中小企业所组成的网络化产业链，其中部分大企业可能对产业网络化程度起到决定作用。小企业与大企业间保持着社会和专业方面的合作关系。从公司战略的角度，这是在市场或制度框架改变后，大企业为了维持它的核心业务而实行的剥离战略，这一过程对艺术品产业的发展具有积极的动态效应。首先，艺术品产业的垂直分离，导致了众多大企业从非核心业务中退出，这给中小企业留下了广阔的发展空间。其次，大企业和小企业各自专注于其专业，有利于各自更好地利用分工与专业化带来的效益。

三、艺术品产业链的动力机制

一般的，产业链的动力机制在于产业价值的创造和实现，其首先是由社会分工引起的，在交易机制的作用下不断引起产业链组织的专业化。图8中所示模型展示了产业运行的动力机制，其中 C 轴表示社会分工程度，且 $C_1<C_2<C_3$ 表示社会分工程度的不断加深；A 轴表示市场交易程度，且 $A_1<A_2<A_3$ 表示市场交易程度的不断扩展；B 轴表示产业附加值，且 $B_1<B_2<B_3$ 表示产业链条的不断延伸和产业链形式的日趋复杂。三个坐标相交的原点 O，表示既无社会分工也无市场交易更无产业链存在的初始状态。

从 C_1 点开始，而不是从坐标原点开始，意味着社会分工是市场交易的起点，也是产业链产生的起点。社会分工 C_1 促进了市场交易程度 A_1 的扩展，在 A_1 作用下，需要 B_1 的产业链形式与其匹配。B_1 的这种产业链形式的产生又促进了社会分工的进一步发展，由此社会分工就从 C_1 演进到 C_2。相应的，在 C_2 的作用下，市场交易程度从 A_1 发展到 A_2，A_2 又促进了产业链形式从 B_1 发展到 B_2。接着，按照同样的原理，B_2 又促进 C_2 发展到 C_3，C_3 又促使 A_2 发展到 A_3，A_3 又促使产业链从 B_2 发展到 B_3……如此循环往复，促使产业链不断延伸和拓展。

这一模型揭示了艺术品产业链的动力机制。艺术品产业链的形成和发育首先源于艺术品业的社会分工，社会分工则促进了艺术品市场交易的扩展，市场交易的扩展则要求艺术品产业链的进一步分化，这又对艺术品业社会分工起到促进作用。艺术品产业链正是处于这样一种动力机制下，实现了链条的不断延伸、分工的不断深化和价值的不断增值。

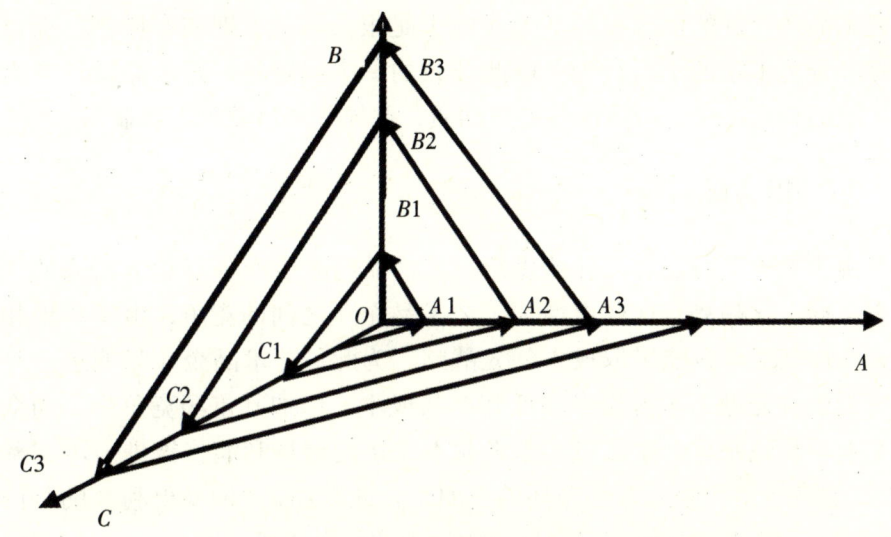

图 8　产业链动力机制

第二节　艺术品产业的困境：分析与破解

正如第二章中显示的，从产业链角度看，我国艺术品产业在"创意设计"、"生产制造"、"产品流通"和"消费者服务"四方面都存在着发展困境，现对其原因作如下理论分析。

一、创意设计方面

由于长期以来"GDP"挂帅的增长目标，使得政府将大量要素资源投入传统产业，政府更多强调其"生产者"角色，而忽视了其"服务者"角色的扮演，导致基础法律体系方面存在严重缺失，这尤其表现在知识产权保护供给上的短板。由于缺少知识产权保护，尽管有所创新，但也会由于短期内被同行轻易模仿而失去独创价值，一定程度上也打击了艺术家或艺术企业原创的积极性，驱使其逐步向精神"工业化"和手工"工业化"方向转变，大量复制自己或他人的创作题材，提高创作速度和产量，置艺术的独创性和多样性于不顾。

由于艺术品业高端人才、尤其是艺术原创人才的缺乏，直接导致了我国艺术产品的原创性大打折扣，产品附加值随之减少。换句话说，我国艺术品产业链的创意设计环节实际上是很薄弱的，即使有原创，那也只是部分艺术家的个人行为。由此导致的一个问题是，艺术品设计者之间广泛的相互抄袭，产品设计趋于同质，差异化竞争效果不明显。

二、生产制作方面

由于缺少上游创意设计的供给，艺术品产业生产环节制造出来的产品多呈同一化趋势。这样更增加了艺术品企业之间的竞争，由于质地相仿，所以其竞争只能采取成本领先战略。为此，艺术品企业只能进一步从国外引进先进工艺流程来降低其产品成本、增加其市场竞争力。当众多企业争相炮制这一做法时，原来就不充裕的市场利润将被进一步"稀释"，企业竞争将陷入恶性循环的怪圈，长此以往，"渔翁得利"的是国外的在全球产业价值链分工中居于领导地位的企业或个体。

与此同时，随着市场利润的日趋"稀释"，企业将越发缺少动机投资创意设计或研发，如此将越发缺乏对自己产品核心竞争力的培育，核心竞争力的缺失则将国内艺术品企业进一步限定在"生产制作"或加工阶段，如此循环往复导致的路径依赖则使艺术品产业陷入一个更大的恶性循环怪圈。

三、市场流通方面

艺术品市场流通方面的主要问题表现在，一方面，艺术品是一个典型的信息不对称市场，市场中充斥着各种赝品，造假、拍假、售假的现象特别严重，威胁到了市场的有效性；另一方面，艺术品市场的资本准入太高，外部流动资本难以自由进入，限制了艺术品市场的扩大。

上述两个问题出现的直接原因在于，艺术品市场的市场参与主体的培育还不够充分，艺术品业的社会分工还不够深化，缺少以质量检验中心、价格评价机构为代表的信息化中介服务组织，以及银行、保险公司等金融化中介服务组织，而这部分的现象也是由于政府定位的"错位"及功能的"缺失"导致的结果。

当然，诸如专业法律法规缺失、监管力度不足，以及由此导致的艺术品投机和串谋等不良市场行为,都阻碍了艺术品市场流通有效性的维持。

四、消费服务方面

消费服务阶段的问题基本是前面三个阶段问题的引致性问题,这表现在,通过市场流通进入消费者手中的艺术品,其生产制作的日益趋同性降低了消费者的主观审美感。即使有部分消费者能够最终获得主观评价很高的艺术精品,但由于艺术品公共服务供给的不足,使得消费者不能尽可能多地增加后续增值服务享受。

通过上面的分析,可以得出以下几个基本推论:

推论1:从艺术品产业的构成角度看,由于缺少有效的资本投入以及法律规范,我国艺术品产业实质上缺乏创意设计,产业发展缺少核心竞争力、不具可持续性。

推论2:从艺术品产业的演化角度看,我国艺术品产业的价值增值主要发生在生产制作或加工阶段,其价值链大致处于全球价值链体系的低端,即"微笑曲线"的底端,产业附加值较低。

推论3:从艺术品产业的动力机制角度看,我国艺术品市场现阶段的社会分工程度较低,限制了艺术品市场交易的扩展,由此约束了艺术品产业链的延伸和深化,如此往复,整个产业链陷入一个恶性循环。

推论4:政府定位的"错位"及功能"缺失"应对上述问题的出现负主要责任。

从产业组织的角度看,艺术品产业价值链可以看做是一系列高度关联的组织制度安排。艺术品产业价值链有效性的缺失意味着艺术品产业组织制度安排缺乏有效性,从匹配的角度看,这需要制度变迁予以解决。制度变迁到底采用或选择何种方式,即变迁形式、速度、突破口、时间、路径等,主要取决于一个社会的利益集团之间的权利结构、谈判能力、资源可获得性以及社会的主流偏好等。

总体来看,制度变迁大致上可分为"需求诱致型"与"供给主导型"两种方式。制度变迁的需求决定论假定,追求利益最大化的单个行为主体总是力图在给定的约束条件下,谋求确立预期对自己最有利的制度安排或权利界定。一旦行为人发现创立和利用新的制度安排能够使净收益增加时,就会产生制度变迁的需求。如果需求者集合的行动受到社会或权力部门（包括法律、规章制度）的认可，即导致制度变迁。供给主导型制度变迁，则是由权力中心通过命令、法律或规章等引入实行的，往往以强制性变迁形式进行。

虽然上述诸多发展困境主要是由政府定位"错位"和功能"缺失"引起的，但我们仍主张艺术品产业发展困境的破除，其关键在于采取"供给主导型"制度变迁方式，原因不仅在于中国目前的"需求诱致型"变迁面临着供给的极度约束以及变迁绩效的弱减，而且也在于政府作为制度变迁供给主体所具有的比较优势：(1) 政府主体在政治力量的对比与资源配置权力上，与非政府主体参与制度安排的社会博弈相比，均处于绝对优势地位，它的制度供给能力和意愿是决定制度变迁的方向、深度、广度、形式的主导因素。(2) 政府主体可以借助行政命令、法律规范及经济政策，来推进和规范制度的安排与实施。(3) 由于制度具有资源共享的特征，因而制度的"供给生产"由政府部门进行最为合适。(4) 政府在制度的创新和安排中，具有规模经济优势。(5) 为避免因制度变迁造成利益团体的冲突，政府拥有政治动员或"思想教育"优势，同时还可以利用垄断租金进行利益格局调整。(6) 政府历史地肩负着谋求经济增长、社会公平的使命，因而有通过制度改革与制度变迁来降低交易费用以及使社会总产出最大化的持久动力。由此可以得到以下研究假设：

研究假设："供给主导型"制度变迁方式有利于艺术品业发展困境的突破，通过自身定位的"调整"与功能的"补充"，政府能够确保艺术品业发展的有效性。具体表现在，通过实施财税优惠、保护知识产权、扶持金融市场等一系列措施，政府能够引导艺术品业从低端的生产加工恶性循环中"跳"出来，向具有高附加值的上游创意设计阶段以及下游的消费服务阶段扩展与深入，能够消除市场参与主体培育过程中的阻碍，促进艺术品业分工与专业化水平的提升，实现产业跨越式、螺旋状发展。

第三章 产业案例分析：以深圳大芬油画村为例

本章主要通过分析深圳大芬油画村的发展现状，介绍大芬油画村的发展历程及其发展的成功经验，以经验材料支持第三章提出的研究假设，并为第五章提出我国艺术品业发展思路与目标模式等提供现实依据。

第一节 大芬油画村的发展历程

大芬村现为深圳市龙岗区布吉街道下辖的一个居民小组（2004年8月之前为布吉镇下辖的村民小组），位于深惠路和布沙路相交的大芬立交桥周边地区，占地面积0.4平方公里。2004年以前，大芬村一直是一个农村村民小组。2004年8月，深圳实行农村城市化之后，大芬村成为深圳市龙岗区布吉街道办事处下辖的一个居民小组。从种田养猪的农村到以油画生产为主体的美术产业基地，大芬油画村走过了16年漫长的发展道路。回头来看，这16年大概可以分为三个阶段：自发发展阶段，政府推动阶段，跨越式提高阶段。

一、自发发展阶段（1989—1998）

在自发发展阶段，画家所租用的只是农民的房子，因为画家人数不多，没有形成规模，简陋的民房就成了画家的工作室和油画仓库。到20世纪90年代后期，随着画家画工的增多，油画的销售开始突破了画商收购的单一渠道，一些画家开始租用村里临街的房子开门设店，面向公众公开销售。

二、政府推动阶段（1998—2003）

新闻媒体的报道，引起了当地政府对这个小村的关注。1998年上半年，区镇政府决定对大芬村进行环境改造。经过近一年的改造，大芬村开始摆脱了农村的旧面貌，融进了城市风格和艺术特色。经过这次改造后，大芬村经营油画的门店一下子增了100多家，开始形成了一个小有规模的交易市场。

三、跨越提高阶段（2004—2005）

2004年初，深圳市负责宣传文化工作的领导到大芬油画村视察之后，对大芬油画村油画产业发展的模式给予了充分肯定，并确定将大芬油画村作为当年11月举办的首届深圳国际文化产业博览会的分会场。为了迎接文博会的召开，区镇两级政府邀请专业规划设计部门，对大芬村又作了两个方面的规划设计。

第二节 大芬油画村的发展现状

截至2008年10月,在大芬油画村0.4平方公里的范围内,共有以油画为主的各类经营门店839家,其中从事油画经营的有626家,从事国画、书法创作和销售的61家,从事画框、颜料等相关配套产品经营的90家,从事工艺、雕刻、刺绣、装饰及书画培训的62家(表4)。另外,向大芬村画商供画的画师或画工,除了大芬村及周边的社区、深圳市内的画家以外,还有不少来自全国其他省市区。据不完全统计,以大芬油画村为中心,在整个布吉街道及周边地区从事油画生产的画师、画工及学员至少在1万人以上,仅居住在大芬村内的画家、画工就有5 000多人。

表4 大芬油画村的经营门店发展规模

	油画经营	国画、书法	画框、颜料等配套	工艺品、雕刻、刺绣、装饰及书画培训	总计
数量/家	626	61	90	62	839

随着越来越多的画家、画工进驻大芬村,"大芬油画"成了国内外知名的文化品牌。2004年11月,文化部正式授予大芬油画村"国家文化产业示范基地"的称号,其后相继被中国美术家协会、广东省版权局、深圳市文化体制改革与文化立市工作领导小组和深圳市知识产权等单位,命名为"文化(美术)产业示范基地"、"广东省版权兴业示范基地"、"深圳市文化产业示范基地"和"深圳市版权兴业示范基地"。

第三节 大芬油画村发展的成功经验

一、政府引导、扶持与公共管理、公共服务

(一)加大基础设施建设

市、区两级政府对大芬油画村的基础设施建设投入主要有:一是大芬美术馆。二是公共租赁住房。三是大芬壁画。四是咖啡休闲街。

这些高规格的硬件设施的建成,大大提升大芬油画村的档次,使大

芬油画村朝着建设成为最重要国际油画交易中心之一的发展目标又迈进了一大步。

（二）制定政策，引进优秀人才

为了引进高水平的原创艺术家，市政府特批省级以上美术家会员入户大芬。到目前为止，已经推荐了20多位画家入户大芬；举办了三届大芬油画村画工入户考试，有80多位画工成功入驻大芬。

（三）扶持成立产业协会

为了让大芬的画家和画商们有自己的"家"，有组织地开展活动。2004年11月12日，大芬美术产业协会正式成立。现有近600名会员。大芬美术产业协会成立后，发挥自身功能，引导合法经营，避免恶性竞争，加强美术产业经营者守法、诚信的自律管理；同时，发挥对外"窗口"作用，服务会员，维护会员合法权益，组织画家、画商们开展艺术交流、培训活动，进一步扩大了"大芬油画"品牌的知名度。

（四）扶持企业建设培训学校

为了给大芬油画村建立造血功能，在区政府的支持下，大芬油画村集艺源文化艺术发展有限公司投资近千万元，开发建设爱心艺术培训学校。

（五）组织画家采风写生

为了提高大芬油画村画家的创作水平。区、街每年投入数十万元，组织画家到西藏、福建等各地进行采风写生，搜集创作素材，开阔视野。并组织采风写生的作品到香港、北京和国外等地进行展出。

（六）组织企业参加各种展销会

为了扩大大芬油画品牌的知名度，由区政府出面协调，为大芬油画村企业在广交会上争取了20个展位，使大芬油画开始在广交会上接外商订单。2007年两届广交会，大芬油画村就签订了2 500万元人民币的订单。从第一届文博会开始，区、街还组织大芬油画村的画家和画商到美国、香港、北京、厦门等国内外参展。

（七）文博会平台

大芬油画村的跨越式发展，得益于文化产业博览会这个平台。首届文博会，大芬油画村作为唯一的分会场，迎来了李长春、刘云山、孙家正等中央及部委的领导，他们对大芬油画村"艺术与市场对接，才华与财富转换"的发展模式给予了充分肯定。在市、区和街道的大力扶持下，大芬油画村的发展进入了快车道。

（八）建立健全管理机制

2004年5月成立的大芬油画村管理办公室可能是全国最基层的文化产业管理单位，5个编制全部由政府财政全额拨款。此外，不断完善大芬油画村的管理机制，对包括美术馆在内的产业市场进行综合管理。

二、市场化发展

目前，业界有许多专家对大芬模式进行深入的研究，原因就是它这里有特色的、产业化的艺术发展道路，其市场化发展值得探索。

（一）准确的产业定位

在大芬美术产业市场定位过程中，有一个全新的名词叫做"墙壁量"，它直接瞄准全世界与本位文化区域相关的国家每年大量增加的"空闲"的墙壁，而不是收藏家们床底和保柜里狭小的空间。也就是说，大芬油画面对的主要是需求量极大、作为装饰用的油画艺术品市场，这是大芬美术产业市场运作的一个重要定位。

（二）准确地切入市场

在大芬艺术品产业市场形成的过程中，创业者从一开始就准确切入市场，没有过多条条框框的束缚，他们更相信订单；之所以立足大芬，是因为这里有方便、廉价的创业条件，有政府打造文化大都市的思考力推动和良好的政府服务机制。于是，以低成本扩张后得到初步发展的大芬，很快就带动了产业链的形成，大批画廊应运而生，美术材料店、美术培训班、油画加工流水生产线、现代化画框工厂相继出现，各地原创画家也纷纷南下入驻大芬。

（三）建立多元化的投融资体制

大芬在资本运营中也探索出一条新路，特别是吸引了港资和民营资本。我国在民营资本吸纳社会资本进入包括艺术品业在内的文化产业方面已经出台了政策，事实上大量的社会资金希望能够进入文化产业，但是政府逐步放开的方式跟不上市场的发展。大芬村在这方面很好地解决了一个瓶颈的问题，就是吸纳港资、吸纳社会资金，特别是民营资本来进入这个产业，以谁投资谁受益、通过市场化的运作方式做强。

（四）政府扮演正确的角色

政府在发展艺术品产业方面怎么样扮演好自己的角色至关重要。大芬村所在的市、区、街道政府主要做了三方面工作：一个是合理的规划、科学的规划；二是引导和协调，协调好各种资源的要素，尤其是资本、劳动力、土地、技术、信息这五大市场资源积累要素；三是提供了扶持和服务；四是宣传和推广。政府在这方面扮演了应该扮演的、比较好的角色，这应该是大芬艺术品产业长足发展非常强有力的支撑。

(五) 立足特色、创新机制

就国内和国际的艺术市场来看，大芬主要走的是一种差异化的发展策略，即人无我有，人有我强，让市场引导产业，靠低端企业，却在高端出货，大量复制名画，市场价不高，普通老百姓也可以买得起。

(六) 采取走出去的战略

大芬从复制临摹起家，瞄准国际市场，每年几个亿的产业，占领了美国的市场、非洲的市场以及世界几大洲的市场。"走出去"的战略一直是我国的发展方向，特别是在国内和国际的发展竞争当中，如何使一个产品服务和国际集团的产品服务进行竞争，在竞争当中赢得市场、赢得品牌，并非易事，大芬村却从中找到自己的突破口，从这个小小的突破口走进去，把它做大做强。

三、产业集聚发展

(一) 创新的经营模式

大芬油画产业的生产采取了产业集聚模式。大芬油画村经过十多年的发展，已经形成了相对稳定的产业结构和交易市场。大芬油画村的产业结构主要由三大部分组成，一是十多家大公司，成为油画产业的龙头企业；二是一批个体经营者，成为油画产业的主力军；三是一批高品位的原创画家，成为大芬油画村产业升级的新生力量。目前，大芬油画村已经形成了茂业书画交易广场、黄江油画艺术广场、集艺源油画城、大芬油画交易广场和大芬卢浮宫五个相对集中的交易中心。

(二) 集聚中的协作模式

大芬集聚中的协作模式可分为油画生产经营者之间的协作及油画生产与配套生产之间的协作。目前，大芬的800多间经营个体中，有60家左右的企业法人组织，这些规模较大的油画经营商具有较强的接单能力。其余大部分经营者本身从事油画的制作生产，他们既有自己的经营门店，又有自己的生产作坊。这些油画经营体之间互相依附程度很高，生产协作非常普遍。由于大的油画经营商有参加广交会等展会的资格,面对的客户较多,他们通常会将大的订单直接转包给小规模的经营者和生产作坊;另外,如果小规模的经营者接到较大的订单后,也会找同等规模的经营者或生产作坊协同完成。这种协作一方面减少了企业的管理费用,另一方面可充分发挥各个生产作坊的特长,有助于保质保量地完成订单。由油画销售引起的相关产业链的完善,也是"大芬模式"的一个特点。从画布、颜料、画笔到画材、画框、配件到书籍、培训、物流,产业链上的相关企业都能在大芬找到,十分便利。同时,这些企业之间的协作也非常普遍,共同为客户提供良好的产品和服务。

第四章 艺术品产业发展:思路、组织框架及路径选择

第一节 基本思路

我国艺术品业呈现出良好的发展势头,需求和供给旺盛,且大致相互适应,但是在产业发展上仍存在着一定的偏差,表现在"低端锁定"、市场有效性和公共服务缺失上。我们认为,"产业集群化"与"营销网络化"发展,是艺术品业发展破除上述问题的基本思路。

艺术品业发展不仅受资本、劳动等投入要素和技术水平的制约,而且还受到时间(如主流艺术流行时间)、空间(如区域气候)等因素影响,不能像工业生产那样,完全以大规模、标准化来操作,因此在产业组织上不能仅仅依靠大企业的形式,还应该在全国范围内形成产业集聚区,依靠众多中小型企业的集聚网络来完成,也就是实行区域产业集群战略。不同的区域,针对某一特定产品的子行业领域,大量具有产业关联性的企业集聚成群,辅之以配套的金融、研发、行业中介和地方政府,共同形成区域经济实体,以市场为导向,依靠区域各行为主体的协同作用,提高艺术品产业的效率。集群战略能提高产业总体效率主要体现在三个方面:(1)有利于企业家和艺术家的培育;(2)降低生产成本;(3)促进基于质量基础的产品差异化和产品创新能力。

此外，艺术品业通过集聚，往往会形成"区位品牌"。通过移动互联网、物联网等技术支持，积极利用电子商务等当代网络化营销方式，在扩大艺术品业"区位品牌"的影响力和吸引力的同时，进一步提高艺术品市场交易的效率。一般的，这可以分为两个阶段来实施：（1）"区位品牌"形成。企业通过集聚，利用集聚效应，形成"区位品牌"；（2）网络化营销。企业群体在"区位品牌"驱动下，进一步利用移动互联网、物联网等技术，开展以电子商务为代表的网络化营销，在降低交易成本的同时，扩大艺术品业的产业认知度和产品辐射范围。这不仅有利于艺术品大企业发展，而且中小企业也有机会拓展国际市场。

第二节 发展原则与目标

一、发展原则

（一）坚持政府引导与市场推动相统一的原则

艺术品产业发展过程中存在的"低端锁定"、市场有效性和公共服务供给缺失的困境表明，市场自身存在不可调和的缺陷，单纯依靠市场自发带动整个产业的健康可持续发展并不可能。政府引导有利于弥补市场的内在不足，帮助市场充分发挥其基础性资源配置作用，在维持市场运行有效性的同时，通过行政手段改变艺术品市场参与主体的决策行为，为艺术品市场的发展指明方向。

（二）坚持体制改革与产业发展相统一的原则

艺术品及其行业传统地被定位于文化事业范畴，发展过多遵循计划体制，突出强调政府对行业发展的主导，忽视了艺术品的产业发展需要。这要求在加强艺术品行业的市场化体制改革的同时，凸显其产业化的发展方向，将包括艺术品创作生产、艺术品流通以及艺术品服务等在内的价值链环节全部囊括进产业发展规划之中，注重对艺术品产业集聚的培育，充分发挥其与相关产业的联动作用。

（三）坚持社会效益和市场效益相统一的原则

艺术品产业必须最大限度地提高其生产效率和经济效益，不断提高经营管理水平，为市场提供适销对路、内容健康、丰富多彩的艺术产品和服务，获取最大的社会效益和最佳的经济回报。当市场效益与社会效益发生冲突时，应将社会效益放在首位，经济效益无条件服从社会效益。

（四）坚持重点突破与全面发展相统一的原则

尽管艺术品市场呈现典型的"小、散、弱"的特点，但这侧面说明我国艺术品资源十分丰富。集中整合资源、重点突破才是艺术品产业发展应有的态度。在艺术创作上要突出精品意识，不能以降低文化价值和艺术价值来追求规模的盲目发展。这需要秉承精益求精的态度，按照规范、有序的基本要求，不断提升艺术品市场的发展愿景与运行质量。

（五）坚持传承与创新相统一的原则

我国艺术品资源很大一部分来自于历史传承，这为艺术品产业的发展奠定了坚实的物质基础。在批判性传承艺术品历史资源的基础上，不能裹足不前，而要不断突出创新。只有不断创新，艺术品才能彰显其暗含的文化价值与艺术价值。

（六）坚持生态化发展与可持续发展相统一原则

以服务于经济建设为中心，不断调整和优化艺术品产业结构，促进艺术品市场内部与其他产业以及各地区艺术品产业之间的协调发展。在保持经济快速增长的同时，依靠科技进步和提高劳动者的素质，加强对艺术品产业资源的可持续利用，在保护、开发和利用中使艺术品产业能够在一种健康、稳定和平衡的产业格局中获得快速增长。

二、发展目标

积极发展艺术品产业，有利于增强全社会艺术品的市场化意识和产业化意识，深入挖掘艺术品丰富的艺术价值和经济价值，增强艺术品业的产业竞争力，完善文化产业结构体系，促进区域产业结构提升，继而实现经济增长方式的成功转变。具体发展目标包括：

（一）打造多层次的艺术品市场体系

培育包括艺术家、画廊、拍卖行、展览馆、消费者等众多市场主体参与其中的艺术品市场，完善包括"激励—约束"机制、"分工—合作"机制、"决策—信息"机制和"分化—整合"机制等在内的市场运行机制。建立健全艺术品经纪人制度，积极培育买方市场，打造一流的艺术品电子商务平台，建立规模化、专业化、社会化的艺术教育培训机构。

（二）以挖掘艺术品市场的需求为核心扩展市场规模

艺术品内需市场的挖掘，对于艺术品业发展活力与可持续性的培育至关重要，而其发展的关键在于全民性发展。充分整合民间社会资本，通过举办巡回展、重视地方场馆建设、策划各种形式的艺术活动与作品展览等方式增强全民的艺术品消费意识，实现内需的真正扩大。

(三) 完善文化产业结构体系

通过与文博会展业、出版印刷业等其他相关文化产业的联动发展，促进文化产业竞争力的整体提升，避免产业发展过程中可能出现的"短板"，实现文化产业结构体系的日趋完善。

(四) 提升区域经济自主创新能力

艺术品产业的发展应强调对创新和创意的突出，通过艺术品自身具备的较强收益性，将暗含在艺术品中的艺术家的创新精神向相关产业从业人员传播，促进相关产业的自主创新意识的增强，实现区域自主创新能力的提升。

(五) 参与世界经济竞争格局的重组

艺术品产业发展的最终目标在于"走出去"，在世界范围内搜寻全新的价值空间。利用艺术品产业的竞争优势，扩大包括艺术品业在内的文化产业在世界上的影响力与传播力，凭借足够的"软实力"在世界经济竞争重组格局中占有一席之地。

第三节　组织框架与发展路径

一、组织框架

为了实现上述发展目标，艺术品产业发展的组织框架构建需要考虑到两个基本方面：

一是发挥政府的导向调控作用。这主要体现在，政府通过制定政策、法规等行政手段对生产者、消费者和中介组织进行引导，激励市场主体进入市场并对其市场行为进行必要的监管，从而保证艺术品市场运行的有效性。

二是发挥中介机构市场协调的中心作用。这主要体现在，代理人（如画廊、拍卖行、博览会）和经纪人（如经纪公司）分别作为生产者和消费者的代表，协调艺术品流通过程中出现的各种市场问题。质量检验公司、价格评估公司和艺术品博物馆等则为交易的顺利实现提供专业的质量、价格等方面的信息服务体系。银行、保险公司等金融机构则在为交易双方提供大量运作资本的同时，应对艺术品市场中广泛存在的不确定性，降低市场参与主体承担的市场风险。

此外，中介组织需分别向政府相关部门、艺术家和消费者积极地进行信息反馈，协调各主体之间的信息水平。

补充说明的是，图示中列举的组织框架要素只具有代表性。比如，艺术品金融市场体系中，除了银行和保险公司外，还有城市信用合作社、证券公司、财务公司等金融机构；艺术品代理人中，除了画廊和拍卖行，还包括艺术博览会等。其他不一而足。

图9显示了构成艺术品产业发展模式的组织框架。

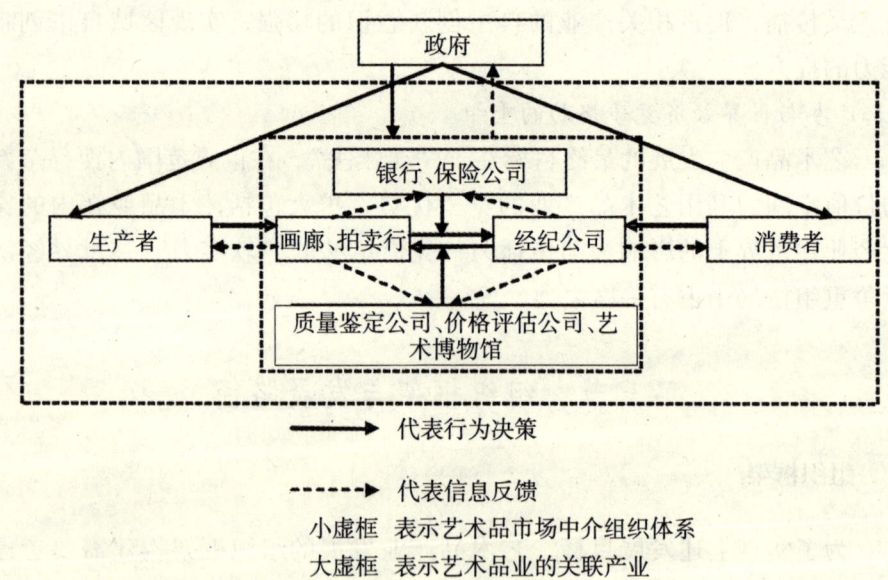

图9 艺术品产业发展的战略框架

二、发展路径

（一）坚持政府主导，指引艺术品产业发展方向

这里所说的政府主导，强调的是政府对艺术品产业发展进行适当宏观调控与监管，具有鲜明的政策性导向特征。政府的角色被定位为"服务者"，其手段主要是行政指令和政策法规，其基本目标是利用政府在制度安排方面的比较优势维护艺术品市场的有效性，避免由于市场自身缺陷导致的各种市场失灵问题。在此基础上确保艺术品产业发展的公平、公开与有序。为实现有效的管理，还需要建立健全艺术品产业发展的立法体系和监督、执行机制，避免由于政府过度主导产业发展带来的广泛"寻租"问题。

具体而言，政府在艺术品产业发展方面的主导作用可从以下两个方面考虑：

（1）从艺术品需求方面考虑，主要是为艺术品中介企业提供优惠政策，间接刺激全社会对艺术品的需求。比如，政府通过对第三方质量检验中心给予财税优惠，鼓励其为艺术品需求者提供质量检验服务，降低消费者买到赝品的几率，从而间接刺激消费者对艺术品的需求。

（2）从艺术品的供给方面考虑，又可从两个方面着手：一方面，加强对于艺术家原创作品的知识产权保护，必要时甚至可给予一定奖励；另一方面，加大对艺术品市场监督和管理力度，完善艺术品产业健康持续发展必需的法律法规，坚决打击各种艺术品侵权行为，做到违法必究、执法必严、严惩不贷。

随着艺术品的创作生产形成一定规模的品牌效应，艺术品市场流通日趋高效，艺术品服务逐渐完善时，政府在艺术品产业发展中的作用就需逐步减弱，由艺术品市场逐步代替资源的基础性配置作用。此时政府的职能作用仅限于制定必要的行政法令用以规范艺术品市场参与主体的市场行为，维持艺术品市场运行及产业发展的有效性。

（二）实施机制创新，加强艺术品市场体系能力培育

艺术品市场正处于成长阶段，通过机制创新，加强市场体系的能力建设有利于增加艺术品市场的整体运营活力，也有利于增强产业发展有效性的维持。这一路径可以从两方面来理解：

（1）采取新的经营理念、运作方法，培育包括艺术家、画廊、拍卖行、展览馆、消费者等在内的市场主体，尽快完善艺术品市场主体运行机制，提升艺术品市场的创新能力。改善个人参展过多、场外交易大于场内交易的局面，确保艺术品市场向规模化、规范化、品牌化方向发展。

（2）建立退出机制，培育能帮助市场主体顺利撤出的退出渠道，不仅会创造出资本大幅增值的变现方式，更会促使艺术品消费者增加风险意识，在运作失误、经营难以为继的情况下及时退出，最大限度上避免更大损失，以提升艺术品市场的竞争能力与可持续发展能力。

进一步讲，艺术品的市场化体系建设需要一系列行业法规予以支持，以确保市场的有效运行。主要包括两个方面的规则：（1）艺术品市场交

易规则,保证公平交易、自由交易和契约化交易;(2)艺术品市场监督和仲裁规则,有效协调和解决艺术品交易中出现的矛盾,加强产业管理力度,建立市场权威。

(三)持续技术创新,促进艺术品业产业结构升级

创新就是"建立一种新的生产函数",也就是说把一种从来没有过的关于生产要素和生产条件的"新组合"引入生产系统。技术创新对于艺术品业发展具有巨大的经济意义,这表现在艺术品企业只有持续坚持技术创新,才能持续获得产业竞争力,也有利于引起产业结构的升级。这可以从三个方面来理解:

(1)培育艺术品创意设计。技术创新的本质是一种知识创新,加大技术创新对艺术品产业链上创意设计环节的支持,有利于艺术家在不断吸收、提炼知识的同时,不断迸发最新的原创性理念,增加艺术品创意设计环节的价值含量,最终形成完善的艺术品创意设计。

(2)完善艺术品生产制作。技术创新通过改善生产技术、设备等手段,有利于企业获取"迂回生产"带来的规模效益,提升艺术品生产制作的效率,增加艺术品生产制作环节的价值增值。

(3)丰富艺术品消费服务。技术创新使得企业能够运用最新科技技术,对艺术品消费者异质性消费需求进行充分调研,在此基础上,提供针对性更强的艺术品消费服务。在满足消费者个人效益最大化的同时,实现产业价值在这一环节的增值。

(四)鼓励中介参与,凸显艺术品市场发展中心地位

艺术品市场的健康培育不仅需要艺术品交易主体双方的积极参与,还需要诸如经纪人、代理人和评估公司,以及银行、保险等金融中介机构扮演积极的市场参与角色。发达国家艺术品市场的发展经验表明,艺术品中介机构的积极参与有利于艺术品产业分工与专业化水平的提升,从而有效提高艺术品市场和产业的健康持续发展。中介组织之所以在艺术品产业发展中处于中心地位是由如下几个方面的原因决定的:

(1)艺术品市场信息化的要求。作为健康艺术品市场培育和发展过程中不可或缺的组成部分,艺术品中介机构的积极参与能够减少双方的信息搜寻成本、降低各自交易费用,这有利于整个艺术品产业流通环节效率的提升。

(2)艺术品产业发展专业化的要求。专业化经营要求艺术品市场必

须建立完善的市场体系。艺术品中介机构能够利用其自身信息、技术和资本优势,为客户提供艺术品价值链中的多种增值服务。

(3) 艺术品产业发展资本化的要求。当下艺术品作为一种投资门类,已经与股票、房地产投资并驾齐驱,成为投资的第三极。如此情势下,需要银行、保险公司等金融机构为艺术品产业的进一步发展提供资本支持。

(五) 注重产业集聚,增强艺术品业竞争优势

企业通过地理空间集中和产业组织优化带来的群体协同效应获得经济要素的竞争优势。而且与一般企业相比,集聚区内企业间的分工与专业化水平更为深入,在产品多样性和成本控制方面具有比较优势,因此有利于获得消费者的认可,增加艺术品产业竞争优势。这一路径可以从以下方面进行理解:

(1) 培育企业家和艺术家。大量企业集聚在一起发展艺术品业,加上政府、行业协会、中介机构、教育研究等部门的引导和鼓励,在区域内自然而然形成一种产业文化,或者由于财富效应、或者由于环境熏陶,或者由于兴趣爱好,引导更多的人不断集聚。他们之间相互交流合作,在此过程中不断培育出企业家、艺术家。

(2) 降低生产成本。大量中小企业集聚在一起,形成外部规模经济和外部范围经济。众多企业通过外部范围经济,获得类似于大企业垂直一体化生产的效益,却避免了大企业等级制管理和运行造成的低效率。

(3) 促进基于质量基础的产品差异化和产品创新能力。竞争不仅促使企业努力降低生产成本、应对价格战,而且使企业努力追求产品的质量和产品的差异化,通过建立在质量基础上的产品差异化,满足顾客们多样化的需求。

(4) 改变营销方式。与产业集聚相匹配的营销方式是以电子商务为代表的网络化营销。通过利用"区位品牌",在互联网、物联网技术的支持下从事电子商务,在扩大艺术品产业区域影响力的同时,还有利于降低交易费用,提高市场交易效率。

(六) 发展关联产业,增加艺术品业的产业影响力

关联产业的发展,能有效带动艺术品产业链的横向拓展,充分利用范围经济效应,在增加产业影响力的同时,实现产业价值增值的进一步扩大。这一路径可以从两个方面理解:

（1）政府相关部门在制定文化产业规划时，经济政策上应偏向加强艺术品业与相关产业，比如舞蹈艺术产业、戏曲艺术产业，以及金融业、房地产业、信息产业等之间的关联度，强化这些关联产业之间的多产业集聚及其效应发挥。

（2）鼓励不同产业间企业建立跨产业企业战略联盟，共享知识、信息和技术，充分利用外部经济降低企业经营成本、丰富产品服务内容、增加产品和服务的竞争优势。

第五章　艺术品产业发展：对策与建议

一、建设艺术品公共服务平台

（一）设立艺术品专项基金扶持平台

根据各地财政金融和产业、企业的非政府组织等不同特点，设立不同的艺术品专项基金。如果是财政实力雄厚的城市，可以以城市财政投入的形式成立文化基金；如果是金融资本市场非常发达的城市可以引导金融资本主体投资基金；如果是产业发展比较发达的城市，则可以引导企业投资设立文化产业基金等。一个城市根据不同的情况可以设立不同的基金。由政府主导的基金可以更多地作为扶持基金，由市场主导的基金可以作为经营性基金。

（二）建立艺术人才集聚平台

一是提供吸引艺术文化人才集群与发展的空间平台，比如，北京的"798"的前身就是一处废旧工厂。二是在城市的文化氛围、市场环境、政策环境、制度环境等方面不断改进，进一步提高城市的吸引力。同时，要构建多元的人才开发体系，既要注重学历教育，更要注重在职培训、终身教育；改善原有教育模式，侧重创意能力培养，通过多种渠道提高人才的创意能力，构建多层次、系统规范的社会培训体系，拓宽人才开发途径，打破学历、资历和身份限制，通过举办专业竞赛、行为评比、资格认证、公开招聘等方式发现和集聚人才。

（三）建设艺术品公共信息平台

一是改善艺术品信息传递方式和方法，鼓励艺术品企事业单位深入研究艺术品市场的供求变化，加快信息的加工与交流，提高艺术产品和服务质量，增强艺术产品供给能力。二是加快艺术品资源信息的整合，加强公共艺术文化信息基础设施建设，不断推进公共艺术文化信息整合。

（四）发展艺术品会展平台

城市艺术品会展是提升一个城市文化品位，促进艺术品产业发展的重要环节。不仅可以使来自不同地区的文化、经济、技术在此交流融合，丰富市民的精神生活，同时能使城市自身形成文化艺术品牌并向外推介，进而形成具有竞争力和吸引力的城市文化。另外，会展的主题与当地的文化传统和艺术品产业特色密切相关，在会展的过程中，既有各种演出、观光和研讨活动，也有大量的广告宣传、展馆布置甚至请柬资料等，能够全方位体现主办城市的文化品位与文化特质。

（五）打造多样化的艺术品宣传平台

媒体设施是艺术品公共文化平台建设的重要组成部分，它是各类媒体活动的载体和平台。一是通过传统的媒体设施，包括广播电视、电信、印刷、编辑、发行、物流等宣传艺术品的最新动态信息。二是积极采用当代先进媒体设施，包括网络、卫星、数字化设施等，扩大艺术品业发展的影响力与吸引力。

（六）健全城市艺术品商贸平台

城市艺术品商贸平台不仅是艺术产品交易、物流与仓储的主要基地，同时也是艺术产品"走出去，引进来"的主要场所，一方面为本地区的文化消费提供文化产品与文化服务，另一方面，也为城市艺术产品的外贸提供渠道。

二、建立艺术品金融信贷体系

（一）创新适合艺术品业发展的金融服务品种

艺术品产业内中小企业除享受各金融机构为支持其发展的各类特色金融服务以外，各金融机构还应专门为中小艺术品企业量身定做特色金融服务品种和融资模式。如，为支持艺术品产业的发展，兴业银行专门针对福建仙游县榜头镇古典家具企业生产经营特点而设计出"置换式贷款"和"个人经营性循环贷款"融资模式。前者主要以房产作抵押，银行以按揭贷款的方式发放，期限在5~10年，金额在120万元之内，还贷方式是按月分期还清本息。后者主要针对从事工艺行业的个体工商户，一次授信期限2年、最高信用额度可达120万元。在授信期内，个人经营者根据需要随贷随还、循环使用。

（二）鼓励银行信用社为艺术品业发展提供资金支持

各级农村信用社应努力发挥支农服务主力军的地位和作用，合理调整和布设农村地区的金融服务网点，创新各种支付结算方式和信贷产品。如福建省莆田市积极支持莆田市金银珠宝特色产业发展，截至2009年5月末，北高镇农村信用社发放贷款余额达2 815万元用于支持近592户农民发展黄金珠宝行业，占该社贷款总额的31.92%。

另外，也可以通过担保公司为艺术品企业的发展初期提供担保或者让业主进行联保，为部分急需资金的企业主提供融资支持。同时，努力推广网上银行、电子汇兑、信用卡结算等结算工具，协助域内外工艺品厂商结算资金。

（三）发展有利于艺术品业发展的信用担保公司

政府可引导当地成立艺术品行业协会，由艺术品行业协会作为艺术品企业融资的桥梁，帮助企业进行贷款融资等活动。以莆田市为例，莆田市通泰投资担保有限公司，注册资金0.6亿元，也是在福建省古典工艺家具协会的协调下，于2008年末由行业龙头企业筹资设立，专为古典工艺家具企业贷款提供担保服务，2009年已与中国银行莆田分行协作，并获得授信担保额度3亿元，目前已对9家较大规模的工艺企业发放贷款6 500万元。

（四）委托保险公司开发艺术品投融资险种

政府可以与保险公司合作，通过政府、企业、保险公司、经纪公司共同参与的方式，一起开发出有关艺术品投资的险种，如艺术品质量检验险、艺术品价格评估险等，降低艺术品市场主体承担的风险，提高其市场参与积极性。

三、规范艺术品行业管理秩序

（一）加大艺术品业政策法规体系建设

（1）政府部门与艺术品企业、行业协会等市场主体，共同协商制定《艺术品行业经营管理条例》，提高艺术品业的行业管理水平。

（2）立足于现实条件，对现有《拍卖法》、《美术品经营管理办法》、《经纪人管理办法》等进行修改或重新立法，制定实施《艺术品市场标准化管理办法》、《艺术品公共服务规范准则》等在内的相关法规，完善艺术品业政策法规体系建设。

（3）加紧改进立法技术和评价机制。重视艺术品政策研究的实证方法，采用有效的政策评价机制，对艺术品政策法规进行比较与价值分析，实现立法专业化、正规化和科学化。

（二）建立艺术品业行业会商机制

（1）由政府带头，艺术品企业、行业协会、拍卖行、经纪公司等众多市场主体共同参与，商讨建立艺术品业行业会商机制。

（2）规定每季度一次例会，每次例会时各方代表必须全部参加，共同讨论行业发展过程中，不同部门或不同当事人之间的摩擦及其协调解决方案。

（3）政府相关部门作为法定监督者，负责监督方案的执行情况。对于拒不执行或是执行力度较慢的当事人，可以给予一定经济处罚，情节严重者可申请司法介入。

（三）完善艺术品知识产权管理

（1）建立健全知识产权管理机构。各级政府要建立知识产权工作领导机构，安排专门人员，落实必要的工作经费，切实加大对艺术品知识产权保护的宏观指导和统筹协调，努力形成责权明晰、规范统一、运转高效的知识产权工作管理体系。

（2）发挥艺术品企业创新的主体作用。各级企业特别是规模以上企业，要健全知识产权工作机构和知识产权管理制度，将知识产权工作纳入企业研发、生产和经营全过程，充分发挥知识产权制度的激励、保护功能，不断增强自主创新能力。

（3）加强知识产权中介机构建设。鼓励和扶持知识产权代理、评估、诉讼、交易等中介服务组织的建立和发展，加强对知识产权中介服务机构的监督管理，规范服务行为，逐步建立管理规范、服务优质的知识产权中介服务体系。

（四）建立艺术品市场标准化体系

（1）在深入开展艺术品市场标准化基础理论研究的基础上，以《文化标准化中长期发展规划（2007—2020）》为基础，建设包括质量管理标准体系、中心定价标准体系、信息咨询标准化服务体系、监督检查体系等在内的艺术品市场标准体系。

（2）要重视艺术品市场标准化人才建设，有计划、有步骤地每年培训一定数量的艺术品市场标准化专业人才，逐步建立艺术品市场标准专家率机制。

（3）加强与国家标准委员会联合联动，进行艺术品市场标准化人才培养。

四、培育艺术品业龙头企业

（一）优先进行产业规划

（1）合理规划集聚区内主导产业及关联产业之间的空间布局，避免由于缺乏规划而导致产业集聚的无序和低效。

（2）制定集聚区企业的服务规范和服务评价体系，为广大中小企业提供优质的公共服务。

（二）制定优惠政策

（1）根据地方财政收入的不同，各级政府每年安排一定数额的龙头企业培育专项扶持资金，对筛选确定的艺术品产业龙头企业在标准化基地建设、新产品开发、新技术引进以及技术改造等方面给予补贴，其中对出口创汇能力强的龙头企业优先扶持。

（2）对税率进行分层，不同行业内的艺术品龙头企业给予不同税率，对于同一行业内的艺术品企业，按照成为龙头企业的先后，也给予不同税率。比如，首批龙头企业，给予30%的税收减免；第二批则给予25%的税收减免；第三批则给予20%的税收减免，等等。

（3）采取退还或减免出口商品所缴纳的销售税、消费税、增值税、所得税等国内税，对进口原料或半制成品加工再出口给予暂时免税或退还已缴纳的进口税，免征出口税，对出口商品实行延期付税、减低运费、提供低息贷款、实行优惠汇率以及对企业开拓出口市场提供补贴等。

（三）引导现有艺术品小企业、小作坊注册为公司

（1）引导规模企业增资扩股，并在企业融资、技术改造、新产品开发等方面予以支持。

（2）深化实施品牌发展战略，鼓励企业开发新产品，培育自主品牌，并对争创品牌企业予以一定的资金奖励。

（3）加快建设艺术品产品检验检测中心，推行产品质量管理体系认证，严格执行行业质量标准，倡导运用现代科技成果和管理方式，提升

企业生产能力和质量水平。

五、强化艺术品业人才培养

（一）进行人才培养准确定位

艺术品业人才主要分为艺术品原创人才和艺术品从业人才。对于前者，要注重对其文化艺术素质、艺术创作创新能力等的培养，丰富其艺术知识结构；对于后者，要注重对其市场意识、管理能力等的培养，提高其从业水平。

（二）完善从业人才培养理念

艺术品业从业人员应具有以下四个特征：文化和艺术素质较高；创造性和创意能力强；知识结构和能力结构呈复合性；市场意识敏锐。据此，在艺术品从业人才培养过程中，要做到以下几个方面：对现有从业人员进行提升培养；对乡土文化传人进行挖掘、保护与延续；通过各大高校进行文化艺术品产业人才的培养；通过企业、基地、科研开发机构联合进行艺术品产业人才培养。

（三）建立艺术品人才培养体系

充分利用高等教育、科研优势力量，加快培养艺术品业发展所需要的专业管理人才、专业经营人才、专业技术人才（艺术品拍卖师、艺术品投资操盘手、艺术品鉴定师、艺术品投资咨询师、艺术品市场分析师等）、专业理论人才（艺术品产业经济学家、美术市场批评家、艺术品市场宣传人才等）、艺术法律人才等。

（四）制定人才培养详细规划

在上述不同人才培养定位的基础上，各自制定人才培养规划，包括人才培养制度规章、人才培养激励机制、人才培养考核机制等，使人才培养向科学化、计量化方向发展。

六、重视高新技术对艺术品业的支持

（一）大力发展网络信息服务业

（1）借鉴已有的成功经验，例如定位准确、信息量大、更新及时、覆盖面广、搜索简便等，建立专门网站提供艺术产品的有偿检索服务、商务信息服务和人力资源信息服务等。

（2）与图书馆、档案馆等文献单位合作，建立网上图书馆、网上档案馆，以市场化运作方式提供艺术品信息服务。

（二）利用移动互联网、物联网改变营销模式

（1）构建艺术品电子商务平台，将艺术产品数字化并建立专门网络，降低艺术品信息搜寻费用，促进艺术品市场主体之间的在线交易。

（2）采用最新物联网信息技术，增加艺术品买方对艺术品的参与式体验，降低双方交易过程中可能存在的信息不对称问题，刺激其消费需求。

七、积极促进艺术品产业对外贸易发展

充分利用国内国外两种文化资源，开拓国内国际两个艺术品市场，提高艺术品产业的影响力和竞争力。

（1）大力发展外向型艺术品企业。实施政府推动和企业市场化相结合的模式，打造一批具有国际竞争力的艺术品企业。政府部门加大对艺术品出口企业的税收优惠和财政补贴力度，并为信誉好的企业提供担保，适当延长出口企业对生产要素的价格支付时间。

（2）重点扶持大型艺术品企业的对外艺术品贸易，做大做强对外贸易的艺术品品牌，扩大艺术产品和服务在国际市场的份额。在政府部门的协调下，金融部门给予出口企业一定程度的资本投入，增强其资金流应付风险的能力，并通过保险手段，降低企业出口的风险预期，鼓励其"走出去"。

（3）鼓励社会中介机构与艺术品企业进行合作和联营，共同开发国际艺术品市场。加强与跨国集团的合作，积极组建艺术品跨域营销联盟，利用其成熟的市场组织体系和网络营销系统，进一步开拓国际艺术品市场。

参考文献

［1］秦春荣：《艺术品投资》，上海大学出版社 2005 年版。

［2］陈炎：《美学与艺术也是一种生产力》，载《文史哲》2004 年第 3 期。

［3］顾江、邹亚军、陈海宁：《江苏省文化产业区域协调发展战略》，载《江苏发展研究》2006 年第 1 期。

［4］胡慧源、王京安：《科技保险：目标模式与政策含义》，载《中

国科技论坛》2010 年第 4 期。

[5] 黄鸣奋：《关于艺术产业及其定位的思考》，载《宁波广播电视大学学报》2007 年第 4 期。

[6] 厉无畏：《创意产业导论》，学林出版社 2006 年版。

[7] 李于勤：《民族民间文化艺术品行业营销策略初探》，载《商业时代》2010 年第 20 期。

[8] 陆霄虹、郑奇：《论艺术产业中核心艺术的产业化》，载《现代艺术与设计》2007 年第 10 期。

[9] 栾布：《艺术品市场投资探悉》，载《企业经济》2004 年第 10 期。

[10] 罗必良：《新制度经济学》，山西人民出版社 2005 年版。

[11] 吕孟荣：《浙江制造业产业集聚区产业结构升级的路径选择》，载《经济论坛》2008 年第 24 期。

[12] 罗兵：《国际艺术品贸易》，中国传媒大学出版社 2009 年版。

[13] 马健：《艺术品市场的经济学》，中国时代经济出版社 2008 年版。

[14] 迈克尔·波特：《国家竞争优势》，中信出版社 2007 年版。

[15] 于启武：《北京 CBD 古典家具和古玩艺术品产业园区发展中的问题和对策》，载《首都经济贸易大学学报》2007 年第 2 期。

[16] 魏守华：《花卉产业现状分析及发展思路》，载《农业技术经济》2002 年第 5 期。

[17] 吴金明、张磐、赵曾琪：《产业链、产业配套半径与企业自生能力》，载《中国工业经济》2005 年第 2 期。

[18] 西沐：《中国艺术品市场年度研究报告》，中国书店出版社 2010 年版。

[19] 徐敦广、刘莉：《当前我国艺术产业发展中的主要问题及对策探析》，载《东北师大学报》2005 年第 5 期。

[20] 詹姆斯·海尔布伦、查尔斯·M. 格雷：《艺术文化经济学》，中国人民大学出版社 2007 年版。

[21] 张兴军：《急需培养艺术人才走向市场　解读艺术市场新势力》，载《收藏·拍卖》2007 年第 12 期。

[22] 张可：《大芬油画村美术产业发展模式研究》，天津大学 2009

年论文。

[23] 中国人民银行莆田市中心支行课题组：《金融支持莆田市工艺美术产业发展的调查与思考》，载《福建金融》2009年第8期。

[24] 中国拍卖行业协会：《拍卖案例分析》，中国财政经济出版社2005年版。

[25]《中国艺术品拍卖市场调查报告（2009年春季）》，雅昌艺术市场监测中心，2009（08）。

[26]《中国艺术品拍卖市场调查报告（2009年秋季）》，雅昌艺术市场监测中心，2010（02）。

课题组成员名单

课题负责人：

顾　江　南京大学国家文化产业研究中心常务副主任，三江学院文化产业管理学院院长，教授，博导

课题组成员：

胡慧源　南京大学国家文化产业研究中心博士
吕　寒　西安外国语大学商学院讲师
周　锦　南京大学国家文化产业研究中心博士
陆春平　南京大学国家文化产业研究中心博士
周　莉　南京大学国家文化产业研究中心博士生
黄彦婷　南京大学国家文化产业研究中心主任助理
程晶晶　南京大学国家文化产业研究中心硕士生
严　超　南京大学国家文化产业研究中心硕士生
赵岳峻　江苏教育学院美术系主任
胡　雷　南京大学国家文化产业研究中心硕士生
张　宇　南京大学国家文化产业研究中心硕士生

我国演艺产业发展思路与政策建议

上海交通大学国家文化产业创新与发展研究基地

- 278 一、现状评估
- 287 二、发展思路
- 295 三、政策建议
- 308 四、主要结论
- 311 参考文献
- 312 课题组成员名单

中国历来是演艺大国，鲜明的民族风格、丰富的人文内涵、独特的表现形式和强烈的艺术感染力是中国表演艺术的传统特色。今天，表演艺术又以其视听兼备、现场互动、表现形式多样等特点而成为满足人民群众多层次、多方面精神文化需求的重要途径，成为社会主义先进文化的重要载体。全面落实科学发展观，推动演艺产业的大发展大繁荣，不但有助于建立公民的文化认同，促进社会的和谐稳定与可持续发展，提升中国文化的软实力，而且可以丰富文化的多样性、提高人类的创造力，为全球化时代的人类文明作出贡献。

在文化部产业司、上海交通大学国家文化产业创新与发展研究基地有关领导和专家的高度重视和大力支持下，"我国演艺产业发展思路与政策建议"课题组成员从2010年4月下旬到9月中旬，认真学习、研究了近十年来国家有关演艺产业的各项政策，比较分析了国外有关演艺产业方面的材料，并分别前往上海、北京、广州、浙江、江苏、山东、安徽、河南、内蒙、云南等地，走访当地的文化主管部门、演出中介机构、剧团、剧院等相关单位，听取了演艺界若干专家的意见和建议，对我国演艺产业的现状进行了实事求是的归纳和分析，对今后一个时期的发展思路进行了较为具体的探索和展望，并在此基础上提出若干对策建议。

一、现状评估

在中国经济持续增长、文化日益繁荣、体制改革不断深化的社会条件下，我国演艺业总体上呈现出良好发展的势头，目前所存在的若干问题，也是发展中的问题。

（一）基本形势

截止到2009年底，全国国有剧团2 494家，民营院团超过6 800家[1]。2008年数据显示，全国有艺术表演场所1 944个，从业人数42 049人；艺术创作室（组）164个，从业人数859人[2]；演出经纪机构1 305个[3]。2008年全年上演剧目44 051个，演出90.5万场，国内演出观众人数达63 186.8万人次[4]，文化部门艺术演出团体总收入达80.3亿元，比

---

[1] 蔡武：《促进民营艺术院团可持续健康发展》（蔡武在首届全国民营艺术院团优秀剧目展演表彰大会上的讲话），http://news.cntv.cn/20100728/105414.shtml.
[2] 文化部财务司：《中国文化文物统计年鉴2009》，北京图书出版社2009年版，第74页。
[3] 文化部财务司：《中国文化文物统计年鉴2009》，北京图书出版社2009年版，第12页。
[4] 文化部财务司：《中国文化文物统计年鉴2009》，北京图书出版社2009年版，第88~89页。

2007 年增长 16%①。这些基本情况表明,在文化主管部门的高度重视和广大演艺工作者的积极努力下,我国演艺产业的外部环境和内在结构已经发生积极变化,由市场驱动的投资与生产、生产者与消费者共同拉动演艺业发展的格局已露端倪,演艺业可以也应当在当代文化生活和文化产业的总体格局中发挥与日俱增的影响力。

1. 转企改制成效初显

2009 年 7 月出台的《中宣部文化部关于深化国有文艺演出院团体制改革的若干意见》,推进了国有文艺演出院团转企改制的步伐,为培育新型市场主体提供了政策保障。目前,全国共有 123 家文化系统国有文艺院团完成转企改制,其中 2009 年转企改制的有 69 家,超过了过去六年的总和②。

转企改制明显增强了国有院团的发展活力和市场竞争力。转制以后,国有院团在演出场次、演出收入都有明显增长(见表 1)。

表 1　国有院团体制改革成效对比表

剧团		改制前	改制后
北京儿童艺术剧院	演出场次	2003 年:144 场	2008 年:666 场
	总收入	2003 年:77 万元	2008 年:7 560 万元
北京歌舞剧院	演出场次	2005 年:800 多场	2006 年:1 300 场
江苏演艺集团公司	演出场次	2003 年:1 736 场	2008 年:5 119 场
安徽芜湖艺术剧院有限公司	演出场次	2006 年:30 余场	2008 年:186 场

北京歌舞剧院资料来源于:道略文化传媒产业研究中心:《北京演出市场调研报告》,2009 年 7 月。

其他剧团资料来源于:《文化脉动:青山春意重 千帆隐映来》,载《人民日报》2009 年 8 月 7 日版。

2. 产业化势头不可逆转

根据国务院于 1997 年颁布实施、并于 2005 年和 2008 年两次修订完善的《营业性演出管理条例》(以下简称《条例》),文化部于 1998 年颁

---

① 蔡武:《国务院关于文化产业发展工作情况的报告》,载 http://www.npc.gov.cn/npc/xinwen/2010-04/28/content_ 1570904. htm 2010 – 04 – 28。
② 蔡武:《国务院关于文化产业发展工作情况的报告》,载 http://www.npc.gov.cn/npc/xinwen/2010-04/28/content_ 1570904. htm 2010 – 04 – 28。

布了《营业性演出管理条例实施细则》,2002年、2004年、2005年和2009年又对此作了4次调整和修改。所有制和行业壁垒的破除,吸引了大量社会资本、民营资本涌入演出市场,经营主体呈现出多元化的发展方向,改变了国家办演出的格局,创造了有利于竞争机制形成的市场新局面,促进了国内演出资源的整合,推动演出行业的集约化、规模化经营。

演艺市场初步激活的一个重要标志,是2010年5月11日至14日在广州举行的"第九届中国优秀舞台艺术演出交易会"。这次交易将分散在不同地区、机构、领域的演艺资源,如,剧目、导演、编剧、演员、舞美、经纪人等汇集到一起,通过市场手段推动了舞台艺术生产方、采购方、演艺中介的对接与互动。据有关部门统计,此次演交会签约项目共66个,合计演出场次1 540场,累计交易金额达17 748.46万元[①]。

3. 演出市场日趋繁荣

经过社会各界特别是文化主管部门的不懈努力,我国演艺市场已经初步复苏,演艺产业已进入良性发展的轨道。

从空间分布上看。一是中心城市、大城市已基本形成了较为稳定的观众群体,新的演出场所不断出现,演艺产品日趋丰富。上海大剧院、保利剧院对上海、北京的市场前景都抱有乐观判断,深圳的演艺产业已具有较大规模。其他一些已经建设了大剧院的城市,演出场次和票房收入也趋于平稳。二是许多农村地区的演出活动也非常活跃。在河南、山东、浙江、广东的农村地区,民营剧团和业余剧团数量多、演出多、观众多。当然,农村演艺发展也是不平衡的,一般地说,历史悠久、经济发达的乡村,演艺生活也较丰富,而其他地区则比较贫乏。从全国来看,演出市场较为贫乏的是中小城市特别是县城以及一些经济落后的偏远农村地区。

从演艺类型上看,近年来也出现了一些新的演艺业态。除传统的歌舞、话剧、戏曲之外,魔术、音乐剧、合唱、音乐会等各类型的具有较高艺术水准的演出也趋于成熟。其中,最具规模的是云南的旅游演艺。

4. 国际化进程明显提速

经文化部文化市场司批准的涉外演出(含香港、澳门特别行政区和

---

① 《"演交会":重大创新 成功尝试》,载 http://www.ccnt.gov.cn/xxfb/xwzx/whxw/201005/t20100527_ 79640.html 2010-05-27。

台湾）从 1998 年的 162 起增加到 2008 年的 657 起；外国知名文艺演出团体和个人来华在大型演出场所的营业性演出，由 22 起增至百余起。北京保利剧院引进的外国演艺节目占整个演出的 40%，而中国上海国际艺术节、北京国际戏剧演出季、北京国际音乐节等国际演艺盛事，也吸引了世界知名文艺演出团体的参演。2008 年，共有 54 个国家 15 179 人次的演员访华[1]。

在引进国外优秀演艺作品的同时，国内演出单位也积极参与国际演艺市场的竞争，演艺作品出口的数量和质量都有明显提高。2009 年，我国涉外商业演出团体约为 426 个，演出场次 16 373 场，实现演出收益约 7 685 万元[2]。具有民族文化特色和自主知识产权的知名文化品牌不断增加并迅速打入国际市场。其中，音乐剧《I LOVE YOU》在美国百老汇完成 23 场商业演出，开创了中文版音乐剧在百老汇演出的先河；大型功夫剧《少林武魂》在美国半年内连演 150 场，创下国内原创大型剧目欧美定点演出场次最多的纪录。

(二) 存在问题

在社会转型的大背景下，演艺产业发展也受到诸多制约，特别是区域不平衡、城乡不平衡的难题更为凸显。

1. 优质演艺产品相当稀缺

中国艺术节、中国京剧艺术节等重大文化活动，"文华大奖"等重大艺术奖项，"国家舞台艺术精品工程"等等，都带出了一批优秀演艺作品。然而，这些优秀作品中的相当一部分闲置浪费，未能发挥引导市场、培育观众的作用。更重要的是，这还造成了另一面的后果。一方面，剧团在积极争取政府支持的同时，眼睛向上，过多注重主管部门以及上级政府的偏好，过于注重创作、编排、演出适应当前形势的作品，把赶任务、赶节庆作为院团的主要业务，而较少关注群众需要和市场行情，较少关注对传统文化遗产的保护和继承，逐步丧失了面对变幻无常的演出市场不断调整表演风格与剧目的能力，以至于出现"政府是投资主体，领导是基本观众，得奖是根本目的，仓库是最终归宿"的现象。另一方面，在"出人出戏"观念指导下，重创作轻演出，重生产轻消费，较少

---

[1] 《引进海外演艺项目逆势上扬》，载 http://www.artsbird.com/newweb12/artsnews.php?idx=1&db=1&thisid=31723.
[2] 《国务院采取多种措施推动文化产业加快发展》，载《中国文化报》2010 年 4 月 29 日第 1 版。

在产品营销、市场开拓方面下工夫,不是为演出而创作,而是为创作才演出。因此,尽管新创剧目日益增多,但思想性、艺术性、观赏性、市场性俱佳且真正为广大人民群众喜闻乐见的演艺作品还比较少。

国有演出团体和演出场所目前仍然是我国演艺市场的主体,但产品能够长期演出的还太少。像北京、上海、广州、深圳这样的中心城市,平均每年至少需要上百个国产原创产品长期演出,远远超过了国有院团的生产能力。2009 年,全国共有国有剧团 2 494 家,每个院团平均每年演出 169 场,共演出 42 万场,观众为 4.31 亿人次,全国平均每人每年还看不上半场演出[①]。获奖、拨款、赠票总是同国有院团形影相随。公益演出,常常成了打发低水准产品的好去处。

民营剧团是农村演艺市场的主要供给者。为规避与主流演艺作品的冲撞,民营演出团体有意在主流演出市场之外(或边缘)寻求生存空间,因而缺乏明确定位、方向和目标,演艺总体水平不高,快餐文化的特征非常明显。有相当一部分民营剧团是临时凑合,其成员没有经过正规的训练,演艺水平低下。为追逐经济利益,有些演出团体迎合少数观众的低级趣味,轻浮卖弄、哗众取宠。

这样,在"阳春白雪"与"下里巴人"之间,目前演艺市场最缺乏的就是具有较高的艺术水准、健康思想内容,能够占有演出市场的优秀节目。

2. 演艺机构仍未摆脱困境

尽管体制改革在不同程度上增强了国有院团的活力,但多数的表演艺术团体的生存和发展能力非常薄弱。据统计,2008 年,国家核拨经费的艺术演出团体和演出场所支出共 61.8 亿元,占全国文化事业费总支出的 25%,而演出收入仅有 13.3 亿元。国有团体经费自给率从 1995 年的 40.3% 逐年下降至 2008 年的 29.5%。[②] 不少省市一级剧团仍处于"过年过节不过日子"的困境之中,市县一级更糟。广东湛江市实验雷剧团则由于演出市场份额少,戏筹偏低,财政拨款不足,剧团没钱交社保金,拖欠社保局 50 多万社保金,造成职工退休办不了退休手续。图 1 为河南滑县豫剧团大门,其生存压力可想而知。

很明显,如果缺少国家财政的供养,绝大部分院团根本无法生存,不同层次的国家院团大都希望政府加大对院团的财政支持力度。根据辽

---

① 《从只有改革创新才有活力看希望田野上的民营剧团》,载《光明日报》2010 年 7 月 7 日版。
② 《文化脉动:青山春意重 千帆隐映来》,载《人民日报》2009 年 8 月 7 日版。

宁省政协调查，辽宁共有文艺演出团体536家，其中国有剧院团体64家，民营演出团体464家。2008年所有演出团体全年演出收入1.47亿元，而以赵本山为团长的辽宁民间艺术团全年收入已达9 660万元[①]，其余535家的演出收入可想而知。广东梅州地方戏剧演出市场基本上是政府行为的政治任务演出，商业演出、民俗演出所占比例很小。

图1　河南省滑县豫剧团

2009年底，全国民营演出团体在数量上达到所有演出团体数的73.2%，但民营演艺团体基本处于自发的、分散的、低水平、小规模的粗放状态，竞争能力和抗风险能力比较弱。由于演出收入过于微薄，融资渠道匮乏，演出团体很难扩大规模，因而非常脆弱，其生存已难以为继。为了在激烈的市场竞争中求得生存，民营剧团在演员配置、剧目生产、经营管理等方面都有着近乎苛刻的成本计算。以山西省为例，基层

---

① 毕玉才、刘勇：《艺术精品为何"出功"不"出利"》，载http://www.gmw.cn/02blqs/2010-03/07/content_ 1136208.htm。

民营剧团规模一般都不大，戏剧团体基本控制在35人左右，歌舞团平均演职人员为20人以下①。

演出公司是演艺市场的主要中介机构。中国演出市场的滞后性，演出产业的不成熟性，决定了经纪公司是使演出市场资源有效配置的必不可少的一个环节。但大多数民营演出经纪公司生存极为困难。以广东为例，民营演出公司占90%，这些公司中的相当一部分，实际上已较少直接从事演艺中介，多是与某一地方政府、某一机构关系密切，承办对方的一些节庆活动，一年一两次。

3. 演出场馆有效供给不足

在大城市和中心城市，投资过亿、十几亿甚至几十亿的大剧院成为各地打造文化强省、文化强市的地标性建筑。但除了少数演出场所档期排得很满，需要提前半年时间预约以外，相当一部分演出场所因为缺乏明确定位、没有艺术特色、节目来源不足，一年中有大部分时间只能闲置或改作他用，有的设施在经历了短暂的使用之后，或因年代久远、设施陈旧、设备落后，或因安全、消防问题存在隐患，缺乏有效管理和维护而处于瘫痪状态。

上海是中国演艺最为成熟的城市，但在市区45家演出场所中，配套设施比较完善，能够满足大中型剧目演出需要，年度演出在180场以上的剧场，仅有上海大剧院等10家。它们的演出场次占全市演出总次的20%到25%，并承担了几乎所有涉外文化交流演出项目。而市区其他35家演出场所的演出使用率则相当低，年平均在50场左右②。市区一些兼演场所（文化馆、俱乐部等）和郊区绝大部分剧场普遍设备陈旧、设施缺乏，个别仅剩下空壳，已无法正常营业。

北京目前持有演出许可证的共有80多个剧场，主要分布在老城区，近年来涌现出来的新兴商业区、新城区缺少或基本没有演出场所；并且有相当一部分演出场所属于兼用型的综合性场所，专业化程度低，演出效果不尽如人意。每年1万多场演出大部分仅由不足30个主要剧场承担，其余50多个剧场、影剧院、礼堂演出少或者根本没有演出，处于长期闲置状态。

---

① 《山西艺术表演团体调研报告》，载 http：//www.sxwh.gov.cn/Article_Show.asp?ArticleID=441&Classid=6 2008-05-07。
② 上海市文化广播影视管理局：《关于上海剧场建设的思考和对策》，载 http：//wgj.sh.gov.cn/node2/node741/node743/node763/node1069/u1a29308.html 2008-10-13。

作为政府投资建设的演出场馆，应充分体现出其公益性、服务于民的特征。但目前很多场馆虽由政府财政拨款维持经营，却又收受场租，设立小金库，严重违反了公共文化服务的公共性。高昂的场租费用，常常使一些由民营公司投资运营的让群众喜闻乐见的演艺产品难以有机会走上舞台。以广州歌剧院为例，这座耗资达14亿元之巨的歌剧院，每场场租高达20万元。目前，几乎很少有民营公司具有这种胆识和魄力缴纳20万元场租经营一场商业性演出，这类现象在国内很常见。

4. 表演艺术消费尚未形成习惯

民众的消费观念直接影响着文艺演出市场的健康发展，有什么样的观众就有什么样的演出产品。在西方国家，观看演出、欣赏艺术历史被当做日常生活的一个重要内容。在维也纳，人均一年听音乐会3~5场，一个城市一年消费音乐会800多万场[①]。2000年，对纽约18岁以上的成人调查显示，有49%的人看过音乐表演（其中，23%的人看4次以上），43%的人看过艺术表演或参观过博物馆（其中，18%的人看4次以上），36%的人去过剧院看戏（其中，12%的人看4次以上）[②]。但在我国，即使是经济发展较快的地区，目前进剧场看戏的仍是"小众"，欣赏艺术还远未能成为多数民众的经常性选择。在2 000万人口的上海，人均每年看演出也不过三分之一场。据统计，南京有623万人口，如果有1/10的人一年看一场演出，平均每年就有1 643场，可事实上每天一场正规演出都做不到[③]。杨丽萍的《云南映象》、黄豆豆的《醉鼓》走出国门蜚声在外，回到国内却是"门前冷落"；金星的《上海探戈》在艺海剧院演出时票房平平，而在巴黎居然能在3 500人的剧场里连演10场，并且场场爆满。从总体上看，我国公民不像西方公民那样把演艺消费当做日常习惯，但就是这难得一次的演艺消费，大多数消费者也仅仅把演艺消费当做消遣娱乐，而较少考虑到其在潜移默化中提高生活境界的功能。

5. 农村演艺市场面临诸多困难

改革开放以来，以经济和城市发展为导向的非均衡发展模式，在效

---

① 《市场化文化消费空间待开掘》，载 http://news.sohu.com/20070509/n249907892.shtml 2007 - 05 - 09。
② 黄发玉：《深圳与纽约城市文化比较》载《2003年中国经济特区论坛：特区发展与国际化问题学术研讨会论文集》，2003年版，第237~245。
③ 《市场化文化消费空间待开掘》，载 http://news.sohu.com/20070509/n249907892.shtml 2007 - 05 - 09。

率优先的前提下加剧了各种二元结构的分化,导致文化资源在区域、城乡、人群之间的差别化配置,事实上造成了城市与农村、市民与农民在文化生活享受、文化权益保障方面的不平等,并逐渐固化为现实的利益分割体系。在与演艺产品提供有关的财权事权上,中央政府与地方政府、省级以下政府之间存在着明显的纵向非均衡关系。1994年财政分税制改革以后,在财权方面呈现向上集中趋势的同时,事权却越来越多地分散到各级基层政府,中央政府基本放弃了提供农村文化公共品的责任。而新世纪开始的农村税费改革及农业税的取消则不可避免地给地方乡镇政府的财政状况造成了很大的冲击,在集体经济不发达和地方经济发展水平不高的地区,乡镇政府普遍面临着农村文化建设资金不足的局面。更重要的是,许多乡村地区只抓经济,忽视文化。在乡镇机构改革过程中,文化阵地严重萎缩,许多乡镇文化服务中心只有1~2名工作人员、一间办公室和一间活动室。农村演艺市场虽然红火,但演出主体多是个体经营的小企业,难以适应市场变化的需要。

图2　河南滑县后营村戏台

演艺场馆匮乏。农村基本没有合格规范的剧场,现有演出多是利用祠堂、文化站的场地或在露天临时搭台。国有院团送戏下乡，也只能因陋就简搭台演出。即使像中山小揽这样的经济发达、文化繁荣的镇，演出也只能在电影院或广场进行。据有关机构对全国 8 个农村地区的问卷调查发现，农村地区文化设施和场所严重匮乏，有 82% 的受访者根本找不到剧院或音乐厅①。湖南汨罗市是湘北相对富裕的县级市，有 29 个乡镇（场）、410 个行政村（居委会），每个乡镇有 7~8 个业余剧团，但全市乡镇无一个剧场②。即使所谓的演出场地，场景也颇为凄凉。图 2 中的河南滑县后营村戏台可见一斑。演出场地的缺乏，影响了演出形式的创新和农村演出市场的可持续发展。有些乡镇、村寨已多年没有剧团演出，客观上已成为被文化遗忘的角落，农民普遍存在看戏难、享受艺术难等问题。

剧团举步维艰。农村民营演艺团体面临着许多挑战和困难。在被誉为我国戏剧演出"绿洲"的广东粤东、粤西农村，县级剧团却大多处于惨淡经营的状况。当地艺人们说：他们过的是猪眠狗食的生活，干的是牛马一样的活，拿的是农民工的工资。

市场难以形成。演出的票价居高不下是制约演出市场发展的主要原因。一张票，少则百元，多则上千元，看演出已经成为少数人的一种生活方式，或者是公款追星的交易行为，普通农民很难有经济能力去支付如此高昂的费用，票价与人们的收入不成正比。

二、发展思路

从根本上解决我国演艺产业面临的问题，真正走向演艺产业的大发展大繁荣，需要中国社会的整体变革和进步。目前，最重要的是如何正确处理政府扶持与市场运作的关系问题。

市场不是万能的。其一，市场的信息失灵。一是消费者的无知，二是市场变化莫测。文化消费较少规律性可寻。同一个演艺节目在不同地区和不同时间，可能会出现完全不同的市场效果。于是，市场机制中的价格决定论将扼杀许多无法反映成本的艺术创作和展演。其二，市场调控不能保证公平。大量的研究均表明，低收入人群在演艺表演的观众中所占比例非常低。根据美国国家艺术基金会（NEA）1982 年和 1997 年的

---

① 王福鑫：《湖南农村演出市场的现状及其培育》，载《市场研究》2010 年第 2 期，第 48~52 页。
② 王书平：《关于农村文化娱乐场所匮乏现状需重视的提案》，载 http://www.cflac.org.cn/zt/2008-03/07/conte变nt_12637491.htm 2008-03-07。

调查显示，对古典音乐表演而言，最高收入人群的参与率是 30.1%，最低收入人群参与率是 8.2%，两者相差 4 倍左右；而对戏剧而言，最高收入人群的参与率是 33.1%，是最低收入人群参与率 6.1% 的 5 倍左右[①]。

市场的信息失灵和公平的缺失，需要通过政府的介入来解决。然而，政府介入并不意味着不要市场，更不意味着它可以无视市场的一般规律。由于政府能力赖以建立的物质基础、信息资源、管理水平和社会支持等都是有限的，因而政府的能力也必定是有限的。而且，演艺生产的根本动力在于自由创造，只有在一个自由的创造环境中，才有可能产生优秀的艺术产品。弗莱（Rruno S. Frey）（2002）认为，政府的支持通过直接的干预一般来说不利于艺术的创新，政府的支持必须强调艺术家的自主性而使他们感觉受到礼遇，才能使他们致力于创造[②]。政府对文化的过度干预和控制，势必使文化走上单一、庸俗乃至濒于消亡。因此，政府对文化产业的支持，始终应坚持的一个基本原则就是弥补市场的失灵，为演艺产业的发展提供一个公平公正的政策框架、具体有效的促进机制和永续经营的生产秩序。

产业发展的根本任务，是提高效率，保障公平。这里所讨论的是，集中在政府之所能为和所当为。

（一）以增强竞争力为核心，提高效率

发展演艺产业的中心任务和主要目标也是通过增强竞争力来提高效率。在有关产业竞争力的大量研究中，有"竞争战略之父"之称的迈克尔·波特（Michael Porter）的"钻石模型"（图3），为如何增强演艺产业竞争力提供了较为适用的分析框架。

在这个模型中，产业竞争力取决于企业自身状况、相关及支持产业、演艺生产要素以及市场需求等四大重要因素的匹配与相互作用。

企业状况：企业或机构是演出市场发展的主体力量。演出市场的繁荣取决于演艺产业相关企业的竞争能力和活跃程度。

相关及支持产业：单独的几个演出企业或者几个演出场馆是很难保持竞争优势的，只有在同质的产业间形成有效的"产业集群"（Industrial Clusters），上下游产业间构建产业链，由此形成企业间良性互动，才能使

[①] 詹姆斯·海尔布伦、查尔斯·M. 格雷：《艺术文化经济学（第二版）》，中国人民大学出版社 2007 年版，第 47 页。
[②] Rruno S Frey (2002). Creativity, Government and the Arts. De Economist. Volume 150, Number 4: 363~376.

演出市场获得持续的竞争优势，才能持久发展。

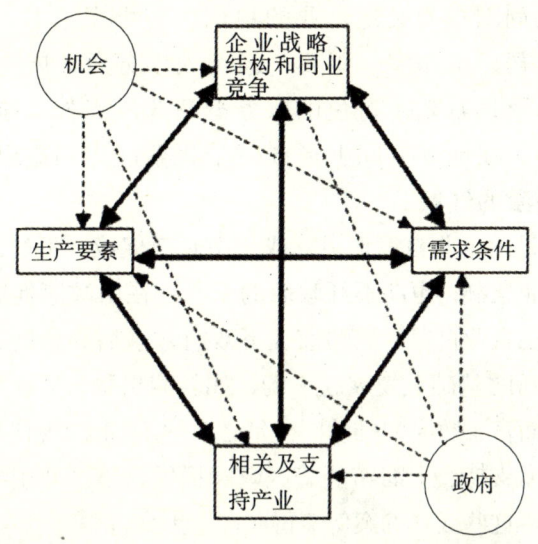

图3 演出市场竞争力的分析模型：钻石模型

生产要素：演出生产要素包括天然条件（如文化氛围）、基础设施（场馆）、资金、信息等。

市场需求：是否具备足够规模且具有支付能力的演出观众，是演出市场获得发展的动力和基础条件。

四大要素之外还存在着两大变数：政府与机会。机会是无法控制的，而政府政策的影响则是不可忽视的。政府作用并不在于凭空创造出有竞争力的演出市场，而是在"钻石体系"上述四要素的基础上加以引导，为产业的发展提供良好的宏观大环境。所以本报告只集中讨论与政府决策关系密切三个问题。

1. 鼓励相关产业协同合作 创建产业集群

演艺产业集群是提高演艺业生产力的重要方式。以百老汇为例，这一集聚有三个"圆圈"。"内圆"是演艺产业相关资源的集聚。从上游的创意、策划、投资、剧场整修，到演出的组织、演员的培训、票房的推销、宣传活动的组织、纪念品的销售等，都按照社会化规模生产进行细致分工。成百上千个细分化的专业公司构成戏剧产业链中的不同环节，并不断探索着自身的生存发展之道。"中圆"是若干剧场的集聚。不但百老汇自身的 39 个剧场抱成一团,还有外百老汇、外外百老汇的 200 多个剧场及其他演艺场所为其基础和衬托,它们相互影响、相互激励。"外圆"是时报广场周围相关文化企业的集聚。与影视艺术、视觉艺术、设计艺术相关的公司、工作室、画廊、经纪人事务所,展览馆、图书馆等各种文化设施以及具有艺术特色的服务型商业网点如咖啡馆、餐馆、形象设计沙龙等等,在地理空间上形成一个集聚区,创造出相互烘托、相互宣传、相互刺激的气氛。

产业集群或是由企业自发形成,或是由政府促成。不过,即使是企业自发形成的文化产业集群,也离不开政府的引导。在由政府促成的文化产业集群中,大多数是在企业自发形成的前提下政府才事后介入的;有的文化产业集群是在政府垄断的基础上发展起来的,如新闻出版、广播影视、书刊发行等。就演艺产业而言,政府的推动同样是必要的。"上海现代戏剧谷"就是上海市委宣传部大力支持、上海市静安区政府提供具体产业引导政策和专项扶持资金而建成的。这些成熟的案例值得向产业推介。

2. 引导社会资本进入　推动产业发展

演艺产业的最大瓶颈是融资难。根据 2009 年文化部对 300 家民营文化企业的调研结果,56.7% 的企业认为融资困难,超过 80% 的企业主要依赖自身积累,融资方式极为单一[①]。融资难有两个原因。其一,现行的信贷政策限制了演艺企业的间接融资。演出的不确定因素太多,风险很难防范,而银监会对商业银行的风险有各项指标要求,以传统财务报表的眼光看,大多数演艺企业"质地"不佳。演艺业主要是以知识产权和品牌价值等无形资产作为资产存在的表现形式,由于目前缺乏演艺产品版权和产权交易平台,缺乏对文化产权内在价值的市场评估,抵押无法落实,使产业与金融资本无法实现有效对接。其二,演艺行业迄今为止还没有企业上市。由于缺乏灵活有效的风险资本退出渠道,风险投资的进入也非常有限。除了网络文化领域之外,风险资本对其他文化产业领域的介入都不深。

引导社会资本进入演艺业有两个方面,就演艺业而言,必须坚决破除"政府是唯一提供者"的观念,打破公共部门的垄断地位,从单独依靠政府的能力转变为借助于社会团体的能力和资源以实现政府的职能目标。这就是说,

---

① 《文化产业首获金融支持　演艺行业融资难破解》,载 http://ent.qq.com/a/20100419/000281.htm 2010-04-19。

在争取政府加大对演艺业的支持力度的同时，必须创新机制，探索演艺业的社会化与市场化道路，寻求社会力量的合作。就政府而言，也要调教在经济上扶持演艺业的方式，既不是没完没了地把钱花在演艺产业上，也不是把演艺业所需的经济支持全部交给市场和社会，而是为演艺业的融资提供良好的政策环境。目前首先要做的，就是把2010年4月中宣部等九部门《关于金融支持文化产业振兴和发展繁荣的指导意见》中的有关原则性精神进一步细化落实。如："对于租赁演艺等相关设备的企业，可发放融资租赁贷款。""扩大对演艺娱乐等综合消费信贷投放。""进一步发挥人民银行支付清算和征信系统的作用，加快完善银行卡刷卡环境，推动文化娱乐等行业的刷卡消费，促进文化市场的繁荣发展。""探索开展知识产权侵权险，演艺等适合文化企业特点和需要的新型险种和各种保险业务。"在探索金融支持演艺产业的过程中，可以借鉴美国电影产业的融资模式，即经纪公司、院团和剧院捆绑在一起，剧院愿意为演出公司提供演出场地；院团有节目提供；经纪公司提供产品推广，各个职能部门的关系理顺了，就可以三方银行贷款，降低银行的风险。

3. 开发演艺需求市场　提高市场容量

一般认为，几百元、上千元的高票价是制约演艺市场的重要原因。在中国公民目前的收入水平下，票价适宜当然是能否进剧院的一个重要因素。然而，与人们通常的想象不同，大量研究表明，对于演艺产品，其需求是缺乏价格弹性的，即价格下降以后，需求量的增加幅度小于价格下降的幅度（表2）。

表2　对表演艺术产品需求价格弹性的估计

调查者	行业和地点	时间间隔	研究类型	需求价格弹性
摩尔	百老汇剧院，纽约市	1928—1963	时间序列	-0.48至-64
摩尔	百老汇剧院，纽约市	1962	横截面	—
霍撒克	戏剧、歌剧、非营利表演艺术，美国	1929—1964a	短期的时间序列	-0.18
			长期的时间序列	-0.31
兰格和鲁克塞提斯	交响乐团，美国	1970	横截面	-0.49

续　表

调查者	行业和地点	时间间隔	研究类型	需求价格弹性
索斯比和威瑟斯	戏剧、歌剧和非营利表演艺术	1929—1973	时间序列	-0.90
古德瑞恩和德卡姆	戏剧，荷兰	1948—1975	时间序列	-0.50
古德瑞恩和德卡姆	音乐会，荷兰	1948—1975	时间序列	-0.58
古德瑞恩和德卡姆	戏剧，荷兰	1979	横截面	—
古德瑞恩和德卡姆	音乐会，荷兰	1979	横截面	—

注：1942—1945 年除外。

资料来源：詹姆斯·海尔布伦、查尔斯·M. 格雷：《艺术文化经济学（第二版）》，中国人民大学出版社 2007 年版，第 97~98 页。

　　欣赏艺术是一种兴趣和习惯，欣赏艺术的时间越长对它的兴趣就越大，其习惯就越难改变，艺术欣赏的可替代性就越下降。懂得欣赏芭蕾、歌剧或是戏剧的人，都会对现场表演着迷。电影、磁带、录像等或许可以在一定程度上满足观众的需求，但虚拟的场景显然无法替代现场的真实表演。随着爱好者的热情越来越强烈，他们对门票价格的考虑会越来越少。同样，对于很少观看交响乐音乐会、歌剧或芭蕾表演的人来说，欣赏这些表演也许是非常无聊的事情，仅仅通过降低门票价格来吸引这些观众其实是非常不容易的。道略文化传媒产业研究中心对北京演出市场的调研结果表明，76.6% 的观众认为对演出节目的兴趣和爱好是影响观看演出的最重要的因素[1]。

　　因此，为培养对演艺产品的消费习惯，帮助公众获得对艺术的品味、提高公众对艺术的鉴赏力无疑更为重要。在"迎世博·长三角名家名剧月"举行期间所作的观众调查显示，如果把从未看过戏曲的观众定义为新观众，2008 年这类新观众占 2/3，但 2009 年看过戏曲演出的观众比例则上升至 83%，其中很大的一部分是回头客[2]。艺术素养的普及如果能渐渐形成一种文化效应和文化风尚，就可能在一定程度上带动整个演出

---

[1] 道略文化传媒产业研究中心：《北京演出市场调研报告》，2009 年 7 月。
[2] 《一生至少看一次中国戏曲》，载《东方早报》2009 年 4 月 29 日 B06 版。

市场的兴盛与多元。

(二) 以丰富农村演艺市场为中心，确保公平

1. 改善供给方式，实现供求总量均衡和结构匹配合理

公共文化服务的均等化有两层含义：一是实现静态层面的制度公平，即在同一历史条件背景下，规范化、长效的制度安排应该遵循公平公正的原则，确保每个公民享有平等的文化权利。二是追求动态层面的逐步均等，即必须正视社会的和经济的不平等现象存在的现实性，调节文化资源分配上的差异，保证文化资源和文化财富在分配对象、内容和方式上的公平正义。自 1995 年中宣部、农业部、文化部发起文化下乡活动以来，"送戏下乡"越来越成为新农村建设的一项重要指标和常态工作，也是政府对农村演艺市场提供产品的主要方式。鉴于"送戏下乡"中存在问题，政府在提供农村演艺产品时必须实现总量均衡和结构匹配。

其一，总量均衡。"送戏下乡"的效果与经济水平有关。有经费保障的地方，送戏的经常化程度高，管理的规范性强，群众的追捧率也高；财力缺乏的地方，由于政府的补贴不足以弥补下乡送戏的成本，使演出团体左右为难，从而导致送戏的随意性很大，送戏数量和质量都受到影响。安徽临泉县人口超过 200 万，辖 31 个乡镇和 1 个工业园区，全县唯一的国有剧团临泉县梆剧团每年的公益演出有 50 场左右，除了县城社区之外，在各乡镇只能"点到为止"，真正进村入户的公演少之又少①。广东的连州市由于地处边远山区且经济相对落后，无法接待广东粤剧院来"送戏下乡"，当地的演出主要由市群众艺术馆组织业余爱好者编排节目来提供。鉴于此，必须有制度性的经费安排，保证"送戏下乡"的必要经费。

其二，结构匹配。目前"送戏下乡"的行为更多处于行政指令与义务演出状态，未能适应当前农民日渐成为利益主体的现实，在产品供给体制上依然保持强制性供给的特色。其明显表现是，政府、演艺产品相关提供机构与农村社区之间只存在着单向的服务输出关系，社区和机构以及公众几乎完全处在被动的地位，既不掌握相关信息，也无法对接受服务的过程进行问责，更无法定的参与渠道和地位权利。在一些地区，"送戏下乡"这一惠民工程与地方政府的政策宣传联系在一起，所送节目

---

① 新华调查：《送戏下乡，道阻何处？》，载 http://www.msvnet.cn/html/Culture/Articles/2009/0326/243.html 2009-03-26。

多是政治性、政策性的，不能满足群众需求。在浙江温州市，农村人口中老弱病残居多，对艺术性、民间性不强的节目反应冷淡，有时会出现台上20个演员、台下十来个老人的现象。久而久之，乡镇政府对此也不太热心，甚至出现婉拒"送戏下乡"的情况。要把"送戏下乡"落到实处，必须让农民真正成为"送戏下乡"的主体。

"送戏下乡"只是一个典型。迄今为止，计划经济的痕迹在我国公共品的供给中仍然非常明显。政府机构不仅掌握着资源，而且垄断了供给的方式和内容，使得民众的需求难以进入公共品供给的决策结构中。由于我国当前公共文化需求的表达、意见搜集和社会评估等环节上的制度设计依然薄弱，客观条件也很难表现出对民众需求表达权与参与权的尊重。这种缺乏平等参与和均衡关系的演艺供给过程很容易导致演艺业供给与需求之间的脱节和扭曲，导致有限的资源难以得到合理的利用，从而大大阻碍了演艺业在城乡和地域间的均衡发展。在这种情况下，各地文化主管部门应从实际情况出发，改善农村演艺产品的供给方式，既要有总量的保证，也要有结构的合理。

2. 加强市场监管，建立农村演艺市场新秩序

无论是总量均衡还是结构匹配，仅仅依靠"送戏下乡"等政府供给是不能解决问题的。目前，农村演艺产品的主要供给者还是农村民营剧团、业余剧团。2002年文化部修订颁布的《营业性演出管理条例实施细则》实施后，演出市场全面对内开放，农村中出现了大量民营剧团，它们为丰富农村演艺生活作出了贡献。到目前为止，民营剧团、业余剧团的演出仍然是农村演艺市场的主体。

但是，农村民营剧团还处于草创阶段，演艺市场非常混乱。在河南邓州，除2个国有剧团和1个演出公司外，民营剧团、喇叭班、个体演出经纪人几乎都未经文化部门审批、办理备案登记。虽然经常有剧团在演出时悬挂"××豫剧团"、"××豫剧院"、"××艺术团"的横幅，但多属于"挂羊头卖狗肉"。一些根本不具备演戏资质与设施条件的各种民间草台戏班蜂拥而上，不仅有大量演出质量低劣、大打价格战的草台班的存在，还有相当一部分演出经纪人未经政府有关部门批准而私自经营，有些还和黑恶势力有紧密联系，往往通过贿赂或威逼等不正当手段，控制戏源和垄断某一地区的演出市场，对剧团的演出进行重利盘剥，在演出市场上欺行霸市，使得农村演出市场整体上处于混乱、无序的状态，

造成市场价格严重扭曲。

开放演出市场是繁荣农村演艺的第一步，接下来还需要建设农村演艺市场秩序。几百年来民间自发形成的演戏规则、戏班行规既已被打破，政府就有责任组织制定并管理维护新的行业规则、市场秩序。但实际上，许多市、县文化主管部门还没有真正把民营文艺演出团体的发展作为一项重要工作来做，既未能按国务院《营业性演出管理条例》和文化部《营业性演出管理实施细则》的要求，对申办剧团所必备的条件，如资金、演职人员的数量和从业资质等进行认真严格审核，以至无证经营、冒名演出的现象蔓延；也未对已审批剧团的经营状况进行有效管理，不少地方对那些正式挂牌的剧团只满足于收费、收税，缺少切实有效的监管。因此，在今后一段时间内，发展农村演艺市场的核心问题是加强引导、严格管理。政府必须负起责任，结束民营剧团、业余剧团放任自流的现状，帮助民营演艺团体实现从量的扩张向质的提高的历史性转型。

三、政策建议

制定政策、调整政策是我国政府治理的主要方式之一。由于直接针对具体企业和项目的支持，很容易导致企业把注意力从市场转移到政府，不是在市场和产品创新上下工夫，谋求竞争优势，而是热衷于各种优惠政策的争夺，谋求从政府部门获得特殊的政策待遇。20世纪90年代以来，若干发达国家产业政策的重点已经从直接扶持个别企业和项目转变为通过市场导向的结构调整提高产业竞争力，即主要致力于发展竞争力导向的产业政策，充分发挥市场的作用，为产业发展创造一种公平竞争的政策环境，让企业在市场机制作用下自觉地进行生产要素的优化组合和更新换代。

（一）优化产业环境，深化制度改革，改善政府服务方式

1. 引入"非营利机构"概念，调整演艺产业经济政策

文化产业同时具有文化与产业双重属性，这两种属性在不同的文化形式中又有不同的组合方式。表演艺术属于高成本、多门类、市场小且不易用经济价值来评判、衡量的精神产品，其生产与供给不能仅仅靠市场化运作来支撑。而在演艺产业系统中，不同的产品种类、不同的剧团剧场，其文化属性与商业属性的分量、比重又是不同的。比如，在世界大多数国家中，戏剧演出都具有无法营利的性质。因此，将演艺机构分

为营利性和非营利性组织区别对待、分别管理,就成为演艺产业健康发展的必由之路。

"非营利性机构"是指一种"禁止将其净盈余分配给享有控制权组织"的制度安排,它通常被视作与政府部门、私人机构(企业)相并列的第三部门。其存在的目的,在于普及艺术教育、提高公民的文化素养及培育未来的市场,在缓解市场失灵的同时,也在一定程度上补充了政府能力的不足。正是基于此,非营利机构不仅可以得到政府财政资金的支持,还可以寻求社会个人、企业的捐赠和赞助,其来自各个方面的资助一律免税,并且,其自身的经营收益也可享受免税的优惠待遇;而营利机构则被要求依法经营、照章纳税,一般不得接受捐赠与赞助,不能享受税收优惠政策。

目前,我国的演艺业中基本不存在"非营利机构"这一概念,对于公益性的项目和营利性的项目也缺乏区别对待的法律制度。以剧场为例,作为文化演出的载体,剧场虽以经营方式为广大群众提供文化产品和文化服务,但仍具有较强的公益性。但由于国内缺乏对非营利性剧场的政策,所以对所有的演艺场所均实行"一刀切",在规划立项、土地划拨、资金投入、拆迁还建、财政税收等政策措施方面与商业设施并无二致。如一些演出场所因城市改造被拆除多年,在重建问题上困难重重,进展缓慢。而且,演出场所除了要缴纳企业所得税外,还必须按照与商业设施相同的税率承担房产税和营业税等。根据现行的政策规定,剧场主办项目的营业税率是3%,房产税则按房产余值的1.2%缴纳;租场项目的营业税率是5%,同时按场租收入的12%缴纳房产税。姑且不说对演艺场所没有给予政策倾斜,对场租收入还明显存在着房产税和营业税重复课税的现象。过重的税负导致很多单位内部礼堂宁愿闲置,也不愿作为营业性场所对外开放。

要保证演艺市场的良性运行,创造适合演艺市场发展的良好的政策环境和法律环境,对表演艺术机构的体制设计和定性问题是关键,只有对演艺机构进行准确定性,并采用与之相匹配的运行模式和管理方法,才能在促进通俗艺术发展的同时,扶持高雅艺术的成长;在实现社会效益的同时,提高实现经济效益的自觉性和主动性,达到社会效益和经济效益的统一。一旦确定某一演艺机构为"非营利性机构",政府对演艺业的重视就可落实到具体的经济政策上,比如,借助各种公共媒体(公交广告站牌、电视、报纸等），为演出产品提供更多宣传推广的平台（演出类广告收费，政府可以通过税率降低等方式变相扶持演出产业），降低演出的广告成本投入。降低经纪公司的风险，调动他们的兴趣，投入演出市场的资源整合工作中来。这里需要特别指出的是，"非营利演艺机构"应当包括民营演艺机构。"在改革中被视为新事物的民营文化机构，获得了兴办戏剧商业娱乐企业的珍贵权利，但从未在法律上明确可以有非营利表演企业的规定；民营文化企业可以有捐赠行为，但没有成为社会公共服务、公益文化事业主体资格的程序。"[1]

2. 进一步整合市场资源，完善公共文化服务平台

演艺行业具有高度风险性，其稳定发展在很大程度上依赖于信息的传播。但目前演艺产业面临的一个突出问题就是信息分散、割裂，演艺资源整合度不高。为了加快文化管理部门的职能转变，切实为市场主体提供有效服务，引导社会资本进入文化产业领域，2006年12月，文化部启动了全国文化产业项目服务工程，在中国文化产业网站上设立了国家文化产业项目资源库。项目资源库作为政府统一对外服务窗口，整合了全国文化产业资源，扩大了我国文化产品和服务及投融资项目的交易量，成为文化产业信息交流、项目合作、产品交易的综合平台。

但这类公共平台如何运行，还需要充分研究。根据双边市场理论[2]，通过演艺公共服务平台，建立快速、畅通的文艺演出信息系统和信息发布渠道，使演艺资源供需双方可以在更大范围内接触到交易的潜在对象，能够避免重复投资和资源浪费，从而能够更有效率和更低成本地达成交易，获得最大效益。演艺服务平台将演出内容提供商，演出中介机构、演出场所、观众以及后现场制作等有机地结合在一起（图4）。

考虑到政府强大的资源动员能力，由政府率先引导建立演艺公共服务平台，为演艺资源供需双方提供免费或低收费的平台服务，当然是当前社会状况下比较理性而现实的选择，但有两点必须引起关注：

（1）为避免建设流于形式，公共服务平台必须有一定数量的中介服务机构介入，通过提供大量准确的产权评估、决策咨询、市场调研等专业服务，发挥盘活资源存量、规划增量、提供公共服务的作用，使其区

---

[1] 沈望舒：《小剧场与大市场——实现文化繁荣的重要价值取向》，载《中国文化产业评论》（第十卷），上海人民出版社2009年版，第151页。
[2] 陈宏民、胥莉：《双边市场 企业竞争环境的新视角》，世纪出版集团、上海人民出版社2007年版。

别于一般的信息网站。

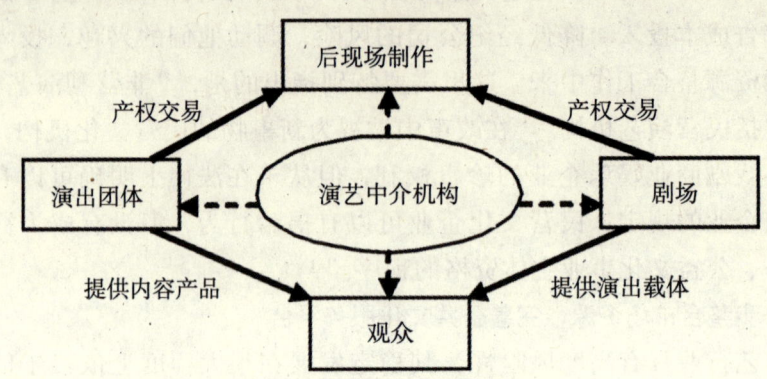

图4 演艺双边市场的运作机制

（2）进入平台的交易主体，最关心的是能否通过平台高效率地达成交易，并获得最大效益。因此，平台必须建立起一种机制来最大化地发展交易双方参与者的数量规模。大规模的参与者无疑是平台能力的体现和制胜的关键。

（二）打造演艺产业链，提高资源使用效率，建立公益性演出长效机制

产业链完善与否以及平滑运行的程度是衡量演艺产业是否成熟的重要标志，而缺少完整的产业链，正是我国演艺业面临的结构性问题。目前的演出团体、演出公司、演出场所各自独立，演出团体承担创作和演出任务，演出公司扮演经纪和中介角色，演出场所更多是体现物业和租赁的功能。2005年9月1日，《营业性演出管理条例》出台，规定演出场所经营单位可以在本场所内举行营业性组台演出，为演艺产业链的整合创造了有利条件。演出场所由物业管理向经营者转变，由经营者向制作商转变，将是必然的趋势。自2007年12月开始对外营业以来，国家大剧院的大部分演出都是由自己联系演出团体，并负责进行市场推广、票务销售以及媒体宣传；国家大剧院还主动参与节目制作，与中央音乐学院联合制作歌剧《蝴蝶夫人》、与北京京剧院联合制作京剧《赤壁》等。国家大剧院与北京东方百老汇国际剧院管理有限公司的开放性合作也成效显著，东方百老汇帮助剧院进行管理、票务、营销、客户开发方面的专业培训，还出资对剧院进行改造；剧院方面则为东方百老汇公司引进剧目的持续演出提供了保障。

在整合相关领域或相关产业资源的基础上,产品线还可进一步延伸,以拓宽演艺业盈利模式,寻求多元化的利润增长点。一是演出后产品的开发。所谓演出后产品,是指主题公园、服装、电子产品等演出衍生产品。后产品的开发改变了演出业收入来源的单一性,丰富了团体的收入渠道。如北京丑小鸭卡通艺术团立足儿童市场,开发了帽子、闪光帽和绒娃娃等三种儿童玩具。另外,他们还计划在国内打造一个亲子剧场,进行儿童剧演出后产品的开发,打造一个类似迪斯尼的品牌。二是向影视和培训等产业方向发展。由于文艺表演与影视行业具有某些共同的特征,使得由现场演出向影视业拓展成为可能,但表演又是现场性、一次性的,因此可以通过影视而得到延伸。2010年10月,美国林肯艺术中心总裁雷纳德·莱维在上海介绍说,鉴于观众更喜欢看电影而不是进剧院的现象,林肯艺术中心麾下的纽约大都会剧院就计划在全球46个国家的1500个电影放映厅转播11场歌剧《霍洛维茨》的演出实况,预计将有240万人观看这部歌剧,从而能为歌剧演出增加2400万美元的收入。而在曼哈顿的大都会剧院里,有88万人观看了这部歌剧[1]。中国也有这方面的成功尝试。如北京儿童艺术剧院有自己的影视部,他们的影视运作相对比较成熟;而"女子十二乐坊"已在深圳成立一个艺术学校,以培养艺术人才。

(三) 完善场馆建设体系,提高公众参与度,有效运作投资基金

目前,我国现有国家和地方政府主导设立的6个文化产业投资基金(见表3)。此外,北京、山东、广东、湖南等地政府也正在筹备设立文化产业投资基金,单只基金的规模多在10亿元至30亿元之间。

表3 中国股权投资市场文化产业投资基金

时间	基金名称	完成/目标规模	发起人	管理机构
2010-05-14	中国文化产业投资基金	60亿元人民币	财政部、中银国际控股有限公司、中国国际电视总公司及深圳国际文化产业博览交易会有限公司等	中银国际

---

[1] 《如何吸引观众走进剧场——林肯艺术中心总裁应邀在沪举办专题讲座》(记者张裕),载《文汇报》2010年10月20日版。

续 表

时 间	基金名称	完成/目标规模	发起人	管理机构
2010-01-08	中国文化产业股权投资基金	50亿元人民币	财政部、建银国际、社保基金、中央电视台等	建银国际、中国电影集团公司和中国出版集团公司
2010-04-01	江苏紫金文化产业发展基金	20亿元人民币	省内文化传媒类6家国有企业	江苏高投紫金文化投资管理有限公司
2010-06-22	苏州华映文化产业基金	10亿元人民币	苏州高新创业投资集团有限公司、华映资本	华映光辉基金管理公司
2009-05-05	东方星空文化基金	2.5亿元人民币	浙报集团、省财务开发公司、中国烟草集团浙江公司等	浙江新干线传媒投资有限公司
2010-05-04	华人文化产业投资基金	20亿元人民币	国家开发银行、上海东方惠金文化投资有限公司、中国宽带资本	华人文化（天津）投资管理有限公司

　　政府拨款支持文化产业发展的模式由于无法预期明确的收益，因而无法保证资金的使用效率，也无法培育受助机构的自我生存和发展的能力。与此同时，演艺机构为寻求资金的支持，需多方申请，奔走于不同的部门之间，耗费相当大的行政成本。现在，产业投资基金的运作模式突破了以往传统的政府直接拨款模式的窠臼，在很大程度上突出了其市场化、公共化、专业化的特点。

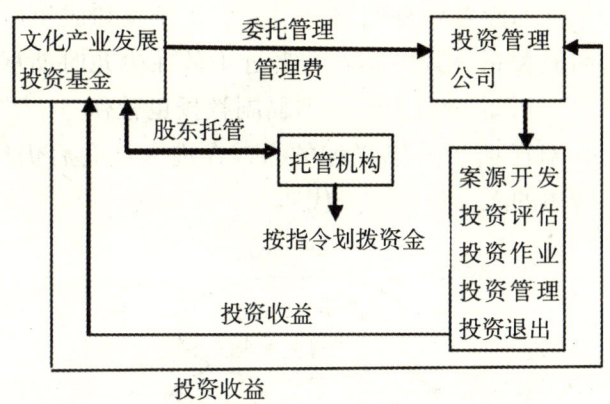

图5 文化产业发展投资基金运作模式

如图5所示,在产业投资基金的运作过程中,政府不再直接选择支持对象,而是通过设定客观条件,公开选择投资管理机构,委托投资管理机构管理并运用资金。

然而,由于基金公司的资源动员能力相对于政府来说还比较弱小,因此在处理某些问题时,难免会力不从心。而且,由于专业投资管理公司往往关注于某一特殊领域的问题和利益,其视野相对狭隘,对整体性、全局性的问题缺乏敏感性,难以在不同利益之间进行有效协调。更为重要的是,如何保证基金公司能够独立运作而不为所参与的企业、单位或政府及其部门利益所控制,以及如何保证基金公司能够严肃对待文艺创作的愿景与使命,避免其商业运作在绩效目标的追求下,过度市场化的考量影响艺术发展的方向和艺术创作的自由,还需要深入研究和探索。

(四)实施精品扶持计划,普及艺术教育,切实培育演艺市场

艺术表演不同于物质商品,它的价值是需要购买者加以解读和认识的。通过艺术教育能够引领公众逐渐对艺术表演产生兴趣,感受艺术表演活动并理解艺术表演作品,吸引住那些偶然进入剧场的观众,并促使其重复消费,成为艺术表演的忠实消费者。公众只有在深入认识艺术表演所传达的信息与意义的基础上,才能够产生艺术行为的共鸣,而这正是维持其持续参与演艺活动的动力所在。问题是,只有接触和熏陶才能熟悉,如果公众缺乏欣赏表演艺术的经验及评价其优劣的能力,他们就很难将自身置于艺术表演的熏陶中。如何打破这一恶性循环,引导和培养公众对艺术表演的欣赏能力和消费习惯,则是政府的职责所在。

加强青少年艺术教育。有调查显示，少儿经验和成年后对表演艺术的参与程度有明显关系，其中非参与者近半数在少儿时期从未接触过表演艺术（图6）①。南京师范大学孙书磊副教授也曾作过一些调查，发现当初在学生时代对昆曲培养感兴趣的人，在进入社会后仍然兴趣不减，并且还影响着身边的人，包括下一代②。

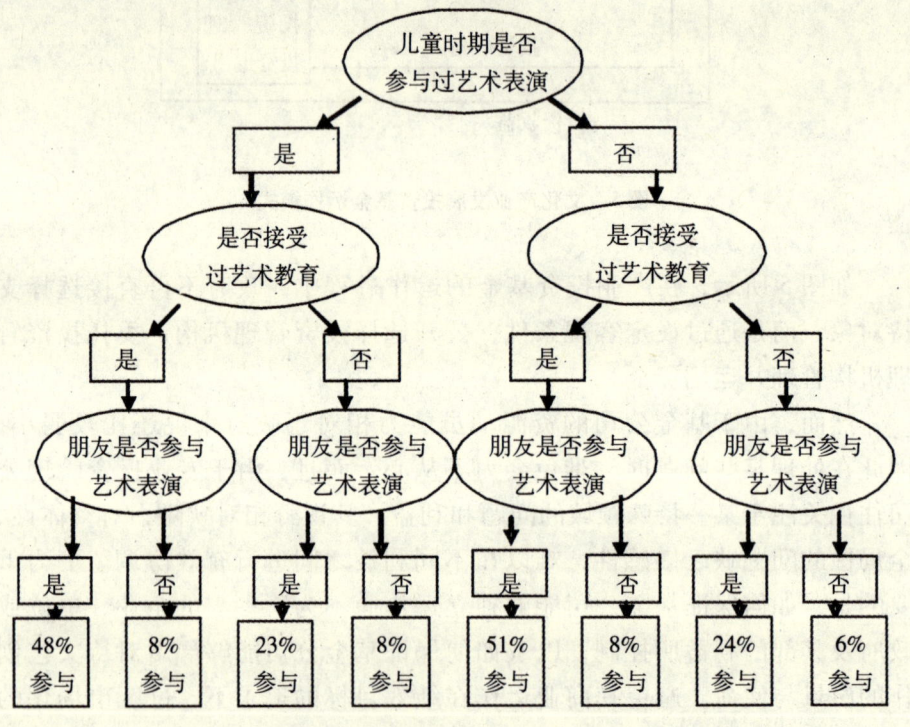

图6　同龄群体的影响力和儿童艺术教育的相对重要性

资料来源：刘珺：《公众艺术教育——艺术产品营销的实用方法》，载 http://www.ccmedu.com/bbs15_96196.html。

童年期所受的艺术教育在很大程度上塑造着其成年后对艺术的接受模式。普及艺术教育的方式之一是改革学校艺术教育，把表演艺术作为基本内容纳入中小学教育的范畴。我国基础教育课程改革的一大亮点是把戏剧、舞蹈纳入艺术课程之中，使之与传统的音乐、美术并列。但效

---

① 台湾行政院文化建设委员会：《2009年表演艺术消费调查》。
② 钱芳：《于丹不评〈论语〉改说昆曲 "高雅艺术" 通俗化传播引激辩》，载 http://www.js.xinhuanet.com/jiao_dian/2007-10/16/content_11399992.htm。

果还不是很明显,包括"送戏进校区"这一有意义的努力,在应试教育实际上仍然主宰着校园的今天,青少年在校园所接受的表演艺术教育仍然极为有限。

当然,艺术普及教育不能仅局限于校园。1996年,贝尔贡济(Louis Bergonzi)和史密斯(Julia Smith)曾运用多元回归的分析方法,对艺术教育同艺术参与情况之间的联系进行过详细的考察。结果显示:当社会经济地位因素被考虑在内时,艺术教育密度对参与情况具有强烈的影响,其强烈程度为前者的4倍,而校外艺术教育对艺术参与的影响几乎是校内艺术教育影响力的2倍(表4)。

表4 1992年美国表演艺术的艺术教育与参与情况

(因变量为参与情况;系数以标准差为单位)a

自变量	模型 A	模型 B	模型 C
社会经济地位	0.08	0.11	0.05
艺术教育密度	0.32	——	0.28
在校接受的艺术教育	——	0.09	——
校外接受的艺术教育	——	0.17	——
受教育的总年数	——	——	0.10
已调整过的 R^2	0.12	0.08	0.13

注:a 所有统计数字在0.001级均有意义。

资料来源:詹姆斯·海尔布伦、查尔斯·M. 格雷:《艺术文化经济学(第二版)》,中国人民大学出版社2007年版,第406页。

这就是说,校外的艺术普及更为重要。而校外艺术普及可以由政府直接以政府采购的方式来做,也可由政府引导剧院来做。在通过政府采购政策培育公众对表演艺术兴趣的同时,通过对演艺机构性质的认定,还可引导非营利演艺机构承担起艺术普及教育的责任。剧团可与文学创作部门和教育部门联手创作适合于青年学生的优秀戏剧作品,还可创作课本剧、寓言剧、童话剧等,配合课题教学,并组织学生观看,以吸引、培养年轻观众。在艺术教育的普及方面,上海大剧院堪称国内艺术普及教育的引领者。在上海大剧院艺术发展基金的支持下,从2006年开始,上海大剧院就推出了"上海大剧院艺术课堂"、"上海音乐厅星期广播音乐会"、"相约上海大剧院——名团、名剧、名曲公益演出季(春秋两季)"为代表的三足鼎立的公益性艺术教育项目,面向学生、教师、市民、青年艺术家，每年举办100多场。初步形成了音乐、芭蕾、歌剧、戏剧四大艺术教育内容；赏析经典、对话大师、携手琴童、粉墨群星四大艺术教育模块；现场讲解、示范表演、经典视频、互动交流四大艺术教育方式。这些方法可以逐步在全国推广。

政府购买演艺服务。青年学生之外，一般公民需要、也应当接受表演艺术教育。社会就是学校。在古希腊雅典城邦，戏剧教育一直是公民教育的重要部分，政府甚至给公民发"观剧津贴"。在现代公共文化服务中，政府购买服务是一个重要方式。从2006年9月开始，北京市文化民生工程推出"周末场演出计划"和"文艺演出星火计划"，把经营性表演团体、相关演出场所、农村文化消费群组合起来，事业资金与产业运作配套，到2007年基本覆盖。其结果，一是周边13个涉及区（县）的观众只要花10元至20元，就可以在周末欣赏到专业艺术演出团体的演出，享受到高质量的文艺服务。二是每个行政村一年可以有四场艺术演出，其中一场是市级品牌专业演出团体。在台湾，政府于2010年起推出"文艺体验券"。所有这些不同时代、不同环境的艺术教育实践，都对演艺市场的培育、未来观众的养成具有重要意义。

（五）统筹城乡演艺市场资源，确立农民受众主体性，重建农村演艺市场

农村文化市场充满矛盾：一方面传统戏剧凋零，电影院门可罗雀，文化站有名无实。另一方面，农民的文化需求非常旺盛，到处都有参与文化生活的动人故事：在安徽与河南交界的临泉县红河乡演出时，十多万人开着拖拉机顶风冒雪来看歌舞演出；在福建莆田市秀屿区，一听说村里要组建"夕阳红"文艺队，立刻就有二十多名有表演天赋的农民报名。对浙江农民文化生活的调研结果表明，农民最迫切的文化需求，看戏看演出排在第一位，所占比例达到49.98%。对农民盼望送文化下乡的内容，排在前五位的依次为：电影放映、地方戏剧演出、歌舞演出、图书上门和文艺辅导培训，其中地方戏剧演出和歌舞演出所占比例分别为48.01%和34.33%[①]。针对当前城乡演艺业发展不均衡的现状，一方面要克服传统以城市发展为导向的非均衡增长模式，另一方面则要通过资源输入、提升农村资源禀赋结构等方式增强农村演艺自身的发展能力，以提高农村演艺发展水平。

---

① 《2006浙江农民文化生活调研报告》，载 http://www.zjcnt.com/Article/2007－05－18/87286.shtml。

1. 构建以需求为导向的农村公共品供给制度，让农民成为消费主体

文化服务应以农民的精神文化需求为服务导向，以农民满意不满意作为衡量政府公共文化服务的标尺。要真正保障农民的公共文化权利，满足农民文化诉求，建构以需求为导向的农村公共品供给制度是必然选择。需要建立有农民参与的公共品供给的决策制度，以有效消除单纯政府决策中的偏差，并辅之以有效的农民需求表达和显真机制。农民的需求表达机制建设包括两个层面：一是关于公共品、公共资源以及特定公共品供给所需要的条件等相关信息被农民了解，形成选择需求表达的有效性基础；二是建立公共品供给主体对农民需求的反应机制，使得农民需求表达成为公共品供给中的关键环节。

2005年开始，浙江宁波以政府采购方式实施"千场戏剧进农村"在关注农民需求方面进行了有益的尝试。"千场戏剧进农村"面向全社会招标，对中标的演出团体和剧目，各行政村自主选择签订协议，定剧目、商票价，变政府"送戏"为农民"选戏"，积极探索和实践"超市式"供应、"菜单化"服务的模式，整合各种文化资源，提供个性化的文化服务，以提高农民对"送戏下乡"的满意度。然而，宁波市政府的操作还具有较强的随意性和非常规性。要真正满足农民日益强烈的文化需求，必须要有制度化的保证。以需求为导向的农村公共品供给制度的建构致力于将农民需求纳入公共品供给的制度结构安排中，尊重农民需求的表达权与参与权，并使之成为制度的关键和灵魂。只有这样，才能够真正满足农民多样化的公共品需求，并保证有限的公共资源被充分合理利用。这有三个方面：

第一，要有戏好送、有戏能送。政府必须将"送戏下乡"的经费纳入各级政府年度常规预算，以保证从政府的角度，既确定送戏下乡的事权，也明确配套送戏下乡的财权。只有政府买单，项目运作，送戏下乡才能更好地根植基层，服务大众，长效运作下去。

第二，在送什么、何时送的问题，要让农民成为主动者。"送戏下乡"的院团要真正树立为农民服务、为农民演出的理念，认真研究农民和农村的特点，精心制作"送戏下乡"的节目，杜绝演政策、唱政策的陋习，以农民欢迎而不是地方领导好恶为标准，注重实际效果，不做表面文章。

第三，专业演员与当地村民结合。根据湖南长沙宁乡县委宣传部的

调查结果显示,农民文化主体意识已明显增强,已经不再喜欢那种"你来演、我来看"被动文化消费模式,而是希望亲自参与,自编自导自演自办。在回答乡镇文艺联欢晚会是邀请明星歌星表演还是由各村村民选送(自编自演文艺节目)时,87%的农民选择了后者;并且有65%的农民希望以"村组或乡镇为单位"组建农民自己的文化团队如腰鼓队、舞龙队、乐队等,以丰富农村文化生活①。在浙江温州的苍南县和广东清远的连州市,省市剧院送戏下乡的机会极少,一般是县(市)文化馆组织当地有表演才能的青年排练节目,下乡后又与当地文艺爱好者结合起来演出,效果良好。

2. 规范农村演艺市场,提高农村演艺市场自我生产能力

由于成本较高,"送戏下乡"一般都以城市社区、中心乡镇为主,覆盖面有限,要想惠及所有基层群众显然不现实。农村演艺的发展繁荣,更多的还是要靠当地的民营文艺团体,正如"授人与鱼不如授人以渔"。从历史渊源和演出样式看,农村民营剧团继承了传统,起源于民间,具有鲜明的民间传统文艺特征,虽然属于"草根文化",却反映了当地特有的文化特色和传承关系,并且成为当地的非物质文化遗产赖以存续的主要方式和途径。据不完全统计,当前全国民营文艺团体已超过6 800家,年演出场次在200万场以上②。许多民营演艺团体来自农村,对老百姓喜闻乐见的演出方式有一定探索,对广大农民而言,有一种天然的亲和力。针对农村文化消费特点,这些民营演艺团体作为国有剧团的补充,以其灵活的形式、微薄的利润、敏锐的市场导向活跃在农村的大小庙会、物资交易会、集镇和年节与婚丧嫁娶的活动中,为村民送去了大量精神食粮。

农村演艺是充满生命力的,也是脆弱的,需要政府的大力扶持。目前农村演艺市场还比较混乱无序,目前特别需要采取切实有效措施,规范农村市场。

其一,制度管理。各地文化主管部门可引导民营演艺团体建立自己的行业性组织,制定行业性自律规则。一是建立剧团、演员的年度考核制度。对剧团实行演出指导价,积极推行集中定戏会,合理安排好演出

---

① 《把准农民文化需求 加快农村文化建设》,载 http://www.csxcw.com/2010/13/201001/t20100104_1053679.htm 2010-01-04。
② 《民营艺术院团成为繁荣城乡文化市场的生力军》,载《经济日报》2010年7月25日第5版。

台期。对演职员要实行岗前培训和业务考核，实行资格认证，对无证上岗或违规演职员予以制裁。二是引导剧团规范经营，不断提高。三是加强市场调控，避免恶性竞争。

其二，伦理教育。以政府规范和行业自律为基础，努力形成有利于民营演出团体健康发展的社会舆论氛围，加强对民营演出团体演职人员的职业伦理教育和法规培训，协调关系，共谋发展。

其三，资金支持。各级文化行政部门需要积极争取设立民营艺术院团专项扶持资金，努力协调金融机构为民营艺术院团提供贷款，运用扶持资金为民营艺术院团提供贷款贴息服务，对优秀民营艺术院团实行以奖代补政策。

其四，整顿市场。各地公安、工商和文化管理部门应紧密联手，整顿演出市场秩序。坚决取缔无证经营剧团（所谓的"野鸡戏班"），取缔非法中介，有力打击那些与黑恶势力勾结垄断的演出市场，对民间职业剧团进行重利盘剥的"戏霸"、"戏老虎"；强化现场监管，对危害社会公德、宣扬淫秽色情等的行为坚决制止。

3. 整合地域资源，开发农村演艺新业态

演艺产业不仅能够在演出场馆表现其最为纯粹的欣赏价值功用，而且以其最丰富活泼的形式、对文化意义最具张力的承载功能，正在渗透、融合并促进整个文化娱乐产业和服务贸易的发展。中国旅游演艺的成功典范先是深圳的民俗文化村，然后是《云南映象》、"刘老根大舞台"等等。这类旅游演艺的特点是农村资源、民俗文化、艺人制作、城市演出。这表明，农村有资源，有人才，农村演艺有广阔的市场前景，农村习俗可以经过加工成为现代文化的重要内容。事实上，在许多旅游热线上，都有小规模的农村演艺。

但是，极其丰富的农村演艺资源还远远没有整理开发出来，已经开发的也多处于市场化程度低、整合力度不够的状态。总之农村的资源优势没有发挥出来。1998年《文化部关于进一步加强农村文化建设的意见》明确提出："农村各级文化主管部门和单位，要增强产业意识，积极探索发展农村文化产业的途径。农村有着非常丰富的文化资源，既要采取措施，加以保护，又要制定优惠政策，充分开发利用，使资源优势变为产业优势，促进农村文化产业的发展。"我们不能满足于农村文化，城市展示，农村不但要给城市、给旅游者提供文化资源，也应为当地农民服务。民间基础雄厚,创作源泉丰富,虽然不可能期待所有的农村旅游演艺都有民俗文化村、刘老根那样的规模和效益,但努力开发民俗民风、人文传统、自然景观、工艺产品,发展旅游演艺或实景演出,仍然是农村演艺业的发展方式之一。

四、主要结论

综合上述,在当前既定的文化体制下,可从制度建构、资源整合、资金支持、行业规范和市场培育等方面完善相关政策举措,以推动我国演艺业的进一步发展。

在制度建构方面:

（1）对演艺机构进行清晰定位,明确非营利机构和营利机构的身份,对不同性质的机构给予不同的政策待遇。譬如,对非营利机构,可借鉴西方国家的做法,免除营业税、房产税、所得税等相关税收,以减轻其负担,鼓励其发展。

（2）建构以需求为导向的农村公共品供给制度,使"送戏下乡"活动在总量和结构上满足农村需求,真正保障农民的公共文化权利。

（3）加快演艺场馆建设,提高演出场所供给量。地方政府要根据当地群众的文化消费特点,有针对性地建设满足不同年龄、不同需求、承载不同产品的演出场馆,并纳入地方经济发展的考核体系之中。同时应加大农村地区场馆建设的投入力度,根据当地人口数量、地理位置进行合理布局。提高演出场所供给量。

（4）加强演出场所的管理,明确政府投资兴建的演出场馆其公益性和社会服务性。由政府投资建设的场馆,在管理和使用过程中,要严格界定其公益性和服务社会的功能。在引进演出项目的过程中,要根据演出项目的不同性质在场租、税收等方面制定合理的收费制度,繁荣演出市场,服务社会需求。

（5）鼓励文艺演出院团兴建自己的演出场馆,特别是鼓励地方有经济实力和市场需求的院团组建自己专业的演出场馆。由民间或由专业院团投资兴建的场馆,政府应在税收、用地等方面根据具体情况制定一系列扶持措施。

（6）统筹城乡演艺市场资源,构建以需求为导向的农村公共演艺产品供给制度,保障农民享受公益性文化演出服务的权利。要建立有农民参与的演艺产品供给制度的决策机制,辅之以畅通的农民需求表达渠道和落实机制。

在资源整合方面:

(1) 引导演艺机构完善及延长产业链,如规划建立演艺文化区、引导场团合一以及开发衍生品等,以实现优势互补、资源共享,发挥集群效应。

(2) 建立演艺公共服务平台,引入大量能够为演艺市场主体提供产权评估、信息传播、行业监测、决策与管理咨询等社会化、专业化服务的中介机构,以区别于一般的信息网站。同时,鉴于大规模的参与者无疑是平台能力的体现和制胜的关键,平台必须建立起一种机制来最大化地发展交易双方参与者的数量规模。

(3) 通过营造宽松的政策环境,前期启动经费的政府支持,借助各地地域优势,引导业态融合,创新演艺业态。

(4) 积极鼓励创建具有中华民族文化特色和国际影响力的演艺产品和品牌,建立文艺演出院团和演艺精品新型评价体系。着力打造演艺产业链前端,把支持的重点放在原创作品的开发阶段,培育一批可供市场长年演出的产品。

(5) 以多种形式推动演艺产品在内容与形式上的创新,发挥精品力作的引导作用。学习和借鉴国外成熟的演艺产业经营模式,不断开发新型演艺业态。充分发掘具有民族和区域特色的演艺资源,推动演艺与影视、旅游、会展、动漫、传媒、娱乐、科技等相结合。

在资金支持方面:

(1) 有效运作文化产业投资基金,引导基金公司严肃对待文艺创作的愿景与使命,注意防范基金公司在绩效目标的追求下,过度市场化的考量影响艺术发展的方向和艺术创作的自由。

(2) 协调金融机构为民营艺术院团提供贷款,为民营艺术院团提供贷款贴息服务,对优秀民营艺术院团实行以奖代补政策。

(3) 落实金融政策,完善演艺产业投融资体系。用足用好支持文化体制改革和文化产业发展的有关经济政策,完善银行、金融服务机构对文化产品的信贷评估体系。推动各项政策性扶持资金及时足额到位。

(4) 充分利用资本的力量,加强资源整合力度,完善演出产品在创意设计、研发生产、营销推广、衍生产品等方面的产业链建设。

（5）整合院团创作、演出经纪、剧场服务等相关资源，形成剧本创意、演出策划、市场营销、剧场经营、演出产品开发等紧密衔接、相互协作的机制。加强产业链上各环节的联动、互动和聚合机制，实现资源优化配置，增强行业竞争力。

在行业规范方面：

（1）对民营演出团体的条件资金、演职人员的数量和从业资质等进行严格审核，以规范农村演出市场。

（2）加强对演出经纪人的管理，建立文化经纪人资质标准体系。

（3）建立健全演艺产品供应市场和生产要素市场，发展票务连锁经营机制。积极推进全国票务网络建设，以大中城市为载体，打造统一的涵盖文艺演出、体育等领域的政府公共票务平台，加强票务管理，方便群众购票。

（4）坚决禁止政府或政府部门举办营业性演出活动。建立健全统一、高效、便捷的全国演艺市场监控管理体系。取缔无证经营剧团，取缔非法中介。

（5）强化演出现场监管，净化演艺市场环境，打击以次充好、内容低俗、危害社会公德、宣扬淫秽色情等的不良演艺行为。有针对性地培育专业性演出团体和消费群体，促进演出经营与消费的良性互动。

（6）积极开发农村旅游演出市场、大众化娱乐性演出市场、戏剧曲艺类剧场等多场次、低价位的演出市场，建立结构合理的多层次农村演艺市场供给体系，繁荣农村演出市场。

在市场培育方面：

（1）将戏剧纳入普通学校教育体制之中，以立法或课程计划的形式确立演艺在整个教育体系中的地位。

（2）通过政府采购的方式，或引导艺术团体普及艺术教育，使民众有更多机会接触演艺产品，接受艺术的熏陶。

（3）建立以政府为主导，以企业为主体，以市场化运作为主要方式的中国演出产品走进国际舞台的发展机制。加强文化行政管理部门与文化企业和商会（协会）之间共同探索开拓海外市场的沟通及协作机制。

（4）积极扶持和指导针对海外观众的演艺精品的创作和生产，积极搭建对外演出贸易平台，为进入海外主流演出市场，扩大中华文化的国际影响力创造各种条件。

（5）加强青少年艺术教育，提升国民艺术素养。提高基础教育中艺术教育课程的比重。配合课堂教学，鼓励演艺机构、创作部门和教育部门联合创作适合于学生主体的课本剧、寓言剧、童话剧等，组织学生观看，培养学生艺术素养。做好校外艺术普及工作。

（6）培养群众消费艺术需求，建立培育演艺市场消费主体的长期发展目标。鼓励各级政府直接参与采购具有一定艺术标准的演艺产品。

（7）深化演艺行业人才培养模式，针对社会需求培养服务于演艺产业不同环节的艺术型人才和经营管理型人才。发挥文化行政部门艺术教育与培训资源优势，将演艺人才培养纳入国家文化艺术类重点人才培养规划，在学科门类、学位设置（包括博士、硕士点）、教学研究经费上给予积极支持。

（8）大力扶持农村演艺团体，积极调动民营演艺团体参与农村文化建设的积极性。要根据实际情况制定相应措施，对非营利性的服务农民、服务基层的民营演出团体在演出场地和演出器材等方面给予必要的政府帮助和资金支持。

参考文献

[1] 文化部财务司：《中国文化文物统计年鉴 2009》，北京图书出版社 2009 年版。

[2] 《国务院采取多种措施推动文化产业加快发展》，载《中国文化报》2010 年 4 月 29 日第 1 版。

[3] 《山西艺术表演团体调研报告》，载 http：//www.sxwh.gov.cn/Article_Show.asp? ArticleID = 441&Classid = 6 2008 - 05 - 07。

[4] 黄发玉：《深圳与纽约城市文化比较》，载《2003 年中国经济特区论坛：特区发展与国际化问题学术研讨会论文集》，2003 年版，第 237~245 页。

[5] 王福鑫：《湖南农村演出市场的现状及其培育》，载《市场研究》2010 年第 2 期，第 48~52 页。

[6] William J. Baumol, *Unnatural Value or Arts Investment as Floating Crap Game* [A]. in D. V. Shaw. Artists and Cultural Consumers [C]. Akron, Ohio: Association for Cultural Economics and University of Akron, 1987.

[7] 詹姆斯·海尔布伦、查尔斯·M. 格雷：《艺术文化经济学（第

二版)》,中国人民大学出版2007年版。

[8] Rruno S Frey (2002). *Creativity, Government and the Arts* [J]. De Economist. Volume 150, Number 4: 363 – 376。

[9] 道略文化传媒产业研究中心:《北京演出市场调研报告》,2009年7月版。

[10] 陈宏民、胥莉:《双边市场 企业竞争环境的新视角》,世纪出版集团、上海人民出版社2007年版。

[11] 《2006浙江农民文化生活调研报告》,载 http://www.zjcnt.com/Article/2007 – 05 – 18/87286. shtml。

[12] 《云南、湖南两省演艺产业发展情况的考察报告》,载 http://www.ybzx.gov.cn/two_ level_ d. asp? id = 323&type = % B5% F7% D1% D0% CA% D3% B2% EC。

[13] 徐世丕:《异军突起的新兴旅游演艺市场》,载《中国文化报》2006年2月20日版。

[14] 刘珺:《公众艺术教育——艺术产品营销的实用方法》,载 http://www.ccmedu.com/bbs15_ 96196. html。

课题组成员名单

项目负责人:
单世联　上海交通大学国家文化产业创新与发展研究基地教授

课题组成员:
闻　媛　上海交通大学文化产业管理系讲师
傅延慧　北京师范大学珠海校区文化产业管理系副教授

国家艺术创意设计产业发展思路与政策建议

南京航空航天大学国家文化产业研究中心

- 314　一、前　言
- 314　二、艺术创意设计产业的主要特征和类型范畴
- 319　三、国际艺术创意设计产业的特点及发展新格局
- 329　四、国内艺术创意设计产业的动态
- 333　五、国内艺术创意设计产业存在的问题和瓶颈
- 335　六、发展艺术创意设计产业的政策与建议
- 346　参考文献
- 348　课题组成员名单

一、前 言

随着全面履行加入 WTO 后的承诺,中国广阔的艺术设计市场已逐步对国内外各类资本开放,中国正积极调整设计资源,市场对设计资源配置的基础性作用得到了发挥。设计的价值开始被一批有远见的企业家所重视,随之而来的不仅是这些企业内部的设计部门纷纷建立,更重要的是形成一批从事艺术设计、工业设计等专业设计机构和职业设计师队伍。虽然中国的艺术创意设计产业形成了一定的产业基础,但产业结构不尽合理,还未形成产业规模,其产业形态多样、小型化而分散。设计从业人员习惯于"工作室"式的经营模式,规模小、原创力不足、低层次模仿、成本高等问题。尚未形成原创性的设计研发能力、专业实力与创新竞争力。

未来艺术创意设计产业对中国经济的全面协调发展和产业结构的进一步调整,将具有越来越重要的作用。既要立足我国丰富的文化艺术资源,广泛吸收和借鉴人类创造的一切先进文化艺术;又要注重先进理念和科技成果,传统继承和时代创新的统一,历史文化与现代科技的统一,加快文化、艺术体制创新,制定出一条有中国特色的艺术创意设计产业发展之路的战略,为我国经济和社会发展注入新的推动力。

二、艺术创意设计产业的主要特征和类型范畴

(一)艺术创意设计产业的概念界定及特点

艺术创意设计产业源于创意与艺术设计,针对人类生活的自由空间、物质材料和人的意识进行具有形态认知的设计把握,将无形意识创建为有形空间,拓展有形物质的意识空间,通过有效的创意、设计和围绕这一设计创意开展的一系列活动及其由此形成的大众需求,成为人们当代生活的一种选择与样式,并最终形成一种当代最具创新和影响的文化产业。艺术创意设计产业从产品与服务的功能研发、形态设计入手,延伸到市场销售推广和生活形态与样式的推广全过程,它针对已有的文化和积淀,立足思维科学和艺术科学的方法,对人类文化进行一种新文化产业的还原与创造,因此,人们提出"设计改变生活"这一理念,使得文化产业设计化、艺术创意设计产业化。

艺术创意设计产业的关键词共有四个:艺术、创意、设计、产业。21 世纪是数字科技的世界,未来的设计是艺术、文化与科技的整合,是

以"人性"审美为文本,以"文化"的延伸为体,以科技创新为手段的增值设计。艺术创意设计产业的实质就是通过文化的延伸、推广与技术整合,如何转换成具有艺术创新的增值设计的过程。从而将设计的作用提升到"价值、创意、服务"上(图1)。

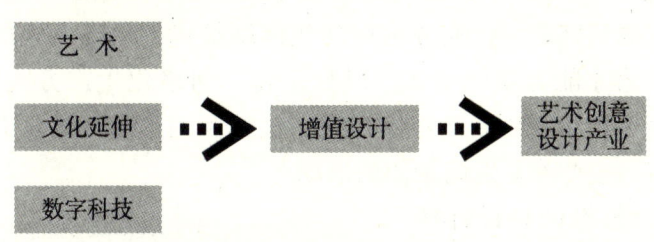

图1　艺术创意设计产业的实质

艺术创意设计产业的核心价值是设计创新,艺术创意设计产业的价值是通过设计管理使资源合理利用并对物质和精神效益进行优化,由此形成创意经济时代最有活力的审美型、创新型、设计服务型的文化创意产业,对社会的发展具有推动和提升作用。从图2中我们可以看出艺术创意设计产业在社会的发展中的重要作用。

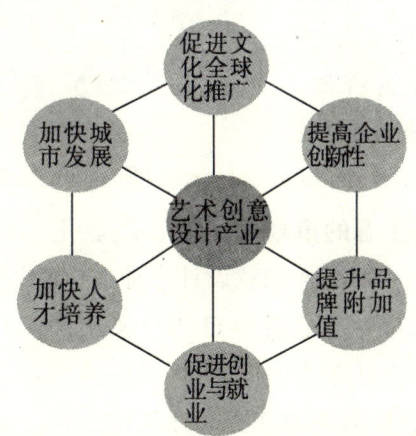

图2　艺术创意设计产业与社会发展的关系

目前,艺术创意设计产业的特点主要为两个方面:

一是,以当代高科技、传播媒介和经济实力为依托,融合文化艺术与现代数字技术的艺术设计产业集群。它的核心动力是"数字创意内容集群",是科技强势与文化艺术强势高度关联的领域。在经济发达的地区以产业集群的形式使艺术设计产业大量聚集,并形成艺术设计产品交易、设计娱乐、设计休闲、商业地产等以艺术设计产业为主的完整的产业链。数字创意集群不断渗透到各种经济产业中,使该地区的经济、文化、环境不断得到发展和提升,形成完善的艺术设计创意范围。

信息资源基础之上,充分运用现代网络技术,主要以人的精神创造力、个人技艺才能为生产要素,以数字化、网络化生产方式进行增值,引起组织变革和制度创新的经济形态,包括利用信息网络提升传统创意产业和提高传统产业创意附加值的活动。

二是,艺术创意设计源于文化并高于文化,是对文化资源创新性的艺术设计开发和利用,艺术创意设计产业有了文化,就有了灵气,有了品位,有了更强的竞争力。在民族文化优势比较强的地区,不以经济资本为主导,加强人文地理资源优势,建立在自然生态、社会生态基础之上的契合自然资源、尊重自然规律、维护自然生态且构筑健康有序、平衡发

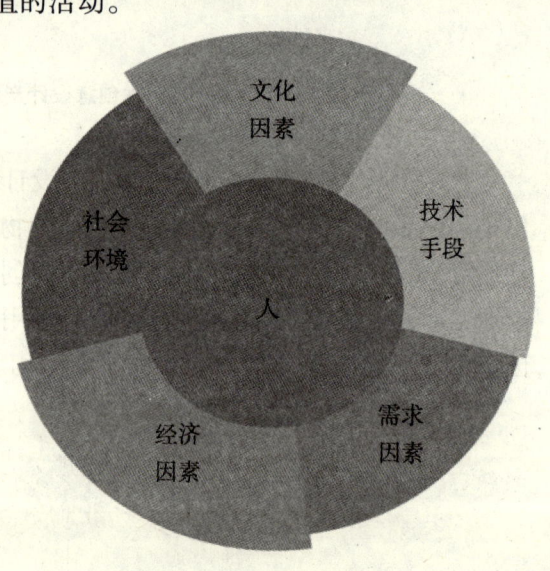

图3 文化生态设计传承

展、全面和谐的社会生态的市场性行为、产业化活动,形成"文化生态设计传承"为核心动力的艺术创意设计产业。"文化生态设计传承"为核心动力的艺术创意设计产业,尊重自然、文化优先、经济繁荣、人与自然极大和谐的设计产业(图3)。

(二)艺术创意设计产业的类型范畴及特征

艺术创意设计产业的范围极为广泛,一切建立在设计创意基础之上的艺术性、文化性、技术性产业活动当然都可以归结为艺术创意设计产业的范畴。这里需要明确的是,建立在设计创意基础之上有三个层次:

第一,以设计创意为核心产业;

第二,以设计创意为辅助产业;

第三，以设计创意为延伸产业。

以设计创意为核心的产业我们可以称之为主体性艺术设计产业，如主打产品就是艺术设计品的产业；以设计创意为辅助的产业我们可以称之为关联性艺术设计产业，如主打产品可能不是艺术设计品，但需要大量艺术设计品来支撑的产业；以设计创意为延伸的产业我们可以称之为延伸性艺术设计产业，即主打产品不是设计产品，但这些非设计产品可以伸展出新型的设计产业。

从艺术创意设计产业存在的三个层次将其划分为"数字创意内容集群"和"文化生态设计传承"两大类。

（1）"数字创意内容集群"的核心特征体现在丰富的人力资源、科技资源、资本资源，主要体现在经济发达地区。它所涵盖的产业主要是与数字技术紧密相关的艺术设计产业，将这些产业中的"设计"、"艺术"与"技术"、"经济"、"城市发展"、"商业行为"之间的关系紧密联系在一起。

"数字创意内容集群"集文化、数字科技、设计创新和经济于一身，是四者相互交融和交互发展的产物。它以设计创新为核心，以文化为内容，以艺术为原动力，以科技创意为手段和支撑，以市场需求为根本导向，是文化艺术、数字科技、设计创新和经济相结合的产物。艺术设计创新、科技创意与市场的结合成为艺术创意设计产业的发展方向。高端的文化产品和科技产品，无不强调设计创新、科技同经济的互动和互补。因此，创意产业既包括文化创意产业，艺术设计创意产业，也包括数字科技创意产业。

（2）"文化生态设计传承"的核心特征是丰富的民族文化遗产、人文地域景观。它所涵盖的产业主要是内容文化所引发的创造性产业。主要是解决人的精神需求等方面的设计。文化艺术产业是"内容为王"的产业，必须在内容生产上下大工夫，才能进入产业规律与市场轨道。否则只能是文化艺术资源的发掘，难以形成艺术创意设计产业的内容再生产与创新。中国最得天独厚的优势是具有丰富雄厚的文化艺术资源，尤其是在中西部地区，有着自己完全不同于美国和其他西方国家的悠久的文化艺术传统，在全世界，中国的古老文化也有着奇异的东方魅力。如果我们把这些文化艺术资源进行合理设计开发和再利用，进行文化艺术内容上的再生产，肯定具有无穷无尽的生命力，有很大的市场。

以"数字创意内容集群"为核心的艺术创意设计产业包含的产业为：游戏设计、动漫设计、会展设计、工业设计、玩具设计、环境设计、广告设计、时装设计、网络设计、媒体设计等。

以"文化生态设计传承"为核心的艺术创意设计产业包含的产业为：传统民族艺术设计、视觉设计、包装设计、形象设计、服装设计、摄影、手工艺设计、装饰设计、影视艺术设计、设计研究等（图4）。

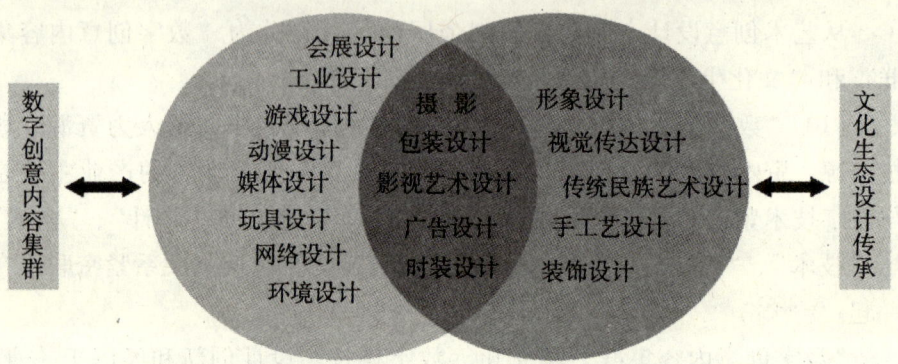

图4 数字创意内容集群与文化生态设计传承产业类型

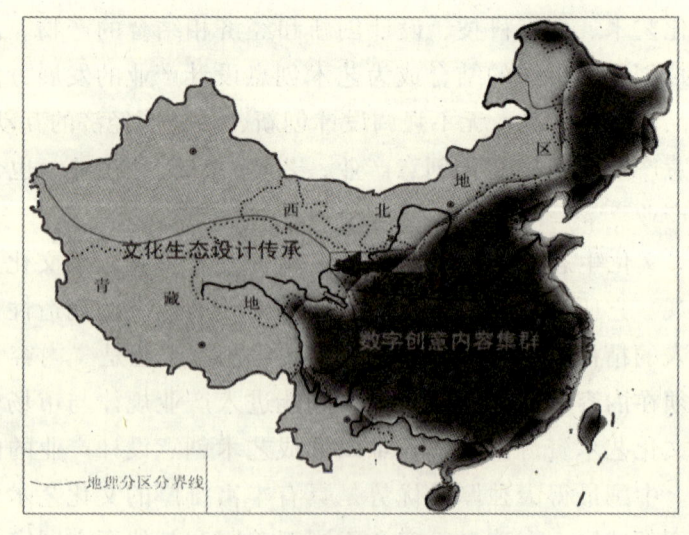

图5 数字创意内容集群与
文化生态设计传承区域分布图及发展趋势①

---

① 编者注：此图为研究简图，不涉及地缘政治、国家分界。

随着数字技术的快速发展和应用领域的不断扩大，传统艺术设计产业的发展组成形态将被逐渐打破，传统艺术设计产业的组成模块正在以数字技术为目标进行提高效益优化。"数字创意内容集群"区域领域会越来越大，"文化生态设计传承"领域逐渐被优化（如图 4），但是，以"数字创意内容集群"为核心的艺术创意设计产业并不能完全取代或覆盖以"文化生态设计传承"为核心的艺术创意设计产业。"文化生态设计传承"具有人文地域特点，具有自身独特的发展空间，"数字创意内容集群"更多的是包容"文化生态设计传承"，而不是覆盖（图 5）。

三、国际艺术创意设设计产业的特点及发展新格局

（一）国际艺术创意设计产业的特点

在经济发达的国家和地区，艺术创意设计产业已经成为经济振兴与快速发展的支柱性产业。欧洲以英国、法国等为代表，北美以美国为代表，亚洲以韩国、日本等为代表，都是艺术创意设计产业的典范国家，他们都有自己的发展特色，并产生了巨大的经济效益。

1. 文化内涵的艺术性与现代数字技术的有机融合

随着世界经济深入发展，产业的文化属性、知识属性、设计创新属性越来越强化，同样，世界经济中设计创新的推动力越来越大，经济中文化知识因素所起的推动作用越来越强。而设计产业正是创新经济时代的产物。以文化、设计创意为核心，运用知识和数字技术，产生出新的价值，使设计创意灵感在某个特定行业具有物化的表现。例如，传统的媒体艺术产业等文化产品，与现代数字媒体技术相结合，呈现智能化、艺术化、特色化、个性化的特征，它们的价值并不局限在产品本身的价值，更在于它们所衍生的附加价值。因此，艺术创意设计产业是经济、文化、艺术和技术相互交融的产物，是数字技术和艺术、文化交融和升华的数字创意集群。艺术创意设计产品是新思维、新技术的物化的艺术表现，是文化元素、艺术表现与现代数字技术的有机结合造就了艺术创意设计产业，艺术创意设计产业的科技化与科技产业的艺术化，以创意为王。数字化高端融合是艺术创意设计产业的高级形态和未来发展趋势。

2. 企业组织存在小型化与产业组织区域空间集群化的互补结合

艺术创意设计产业不是简单的个体艺术家或设计师灵感突发，而是经济、文化和技术表现构成与产业发展形态、社会运作方式的创新。艺

术创意设计产业的空间集聚特征表现为生活与工作的结合、艺术设计产品生产与消费的结合、多样化的外部环境与独特文化地域特征的结合。

不仅如此,艺术创意设计产业多集聚于像伦敦、巴黎、纽约、新加坡等世界经济中心城市,形成产业聚集群,部分企业集中在周边城市。法国的大多数艺术设计公司位于巴黎,据法国工业设计促进会的统计,巴黎聚集了全国55%的设计公司,提供了全国76%的创意设计工作岗位。在法国罗纳省聚集了全国15%的设计公司,并在工业设计上具有相对优势。这多与这些城市的产业基础直接相关。有的设计公司企业规模比较大,人数达到几百人。有的设计公司的规模很小,只有几个人,甚至一个人。法国设计公司的规模都比较小,构思规模大致可分为三个层次:1人公司、2~5人公司、10人以上的公司,设计行业中1~5人的公司占了70%。所以,中小企业是经济发展创新的源泉所在。而艺术创意设计产业的企业小型化、个性化、扁平化的特征,适合艺术创意设计产业企业灵活设计、灵活经营、灵活发展的要求(如下表)。

从艺术创意设计产业的组织特点来看,艺术设计的企业集中在经济发达的大中城市,受经济、技术、文化的影响较大,聚集性比较强,这个特点符合我们前面分析的艺术创意设计产业的"数字创意集群"分类方式。

法国设计公司的规模表

公司规模(人)	公司数目	所占比例%
1	87	36
2~5	82	34
6~10	30	13
多于10人	41	17
总　计	240	100

3. 艺术创意设计产业的横向跨越特性

艺术创意设计产业的产业关联度非常强,它的渗透性、整合性强,横向延伸广,可以渗透到许多产业部门。所以,创意产业很难从文化创意产业类型中完全分离开来。在兴起范围上,艺术创意设计产业在未独立之前,以设计创新为依托,以艺术为表现,蕴涵在众多的行业和产业领域。在定位上,艺术创意设计产业居于这些行业及产业领域的价值链高端,是一种高附加值产业。把数字技术融入传统产业,创造出新的价值增值源泉。一方面拓展传统产业的内容,推动传统产业升级进化;另一方面,创造出前所未有的新型产业门类。

(二)国际艺术创意设计产业的发展新潮流

1. 艺术创意设计产业的数字化发展新潮流

艺术设计的数字化就是将众多的复杂多变的设计信息通过引入计算机建立起来的数字化模型转变为可以度量的数字、数据,从而简单再现和创造性再现其设计的过程。当今时代是信息化时代,艺术设计信息的数字化也越来越为世界各国所重视。

数字化是多媒体技术,如数字、文字、图像、语音,包括虚拟现实及可视世界的各种信息和软件技术、智能技术的基础,也是信息社会的技术基础。数字化技术还正在引发一场范围广泛的产品设计革命,各种信息处理设备都将向数字化方向变化,如数字电视、数字广播、数字电影等通信网络现在也向数字化方向发展。

艺术创意设计产业的数字化实质是将艺术设计内容变成数字内容的过程,是艺术设计产业与信息技术结合产生的词汇,其宽泛含义是指一切采用多媒体技术,将图像、文字、音频、视频信号数字化之后的设计服务或者产品,具体包括了各类软件界面设计、动画设计、移动媒体设计、多媒体应用及设计内容制作、数字交互设计、数字印刷等。数字化内容的关键特点在于其编制和存储方式的创新性、便携性、易于复制传播等。

从艺术创意设计产业范畴特征出发,传统艺术设计产业是数字化艺术设计产业的基础,而数字化又是全部艺术设计内容产业的核心。数字化创意内容产业已逐步成为当代社会发展中的主流产业,以数字化艺术表现内容的创意设计方式成为创意经济快速增长的重要支撑,并引领当代创意产业发展的新趋势。通过数字创意设计的方式,将各种"文化资源"与最新数字技术相结合,通过艺术再现和设计创新,重塑生产方式和消费方式,构建新的设计产业群落,培育新的设计消费人群,并以高端数字技术带动传统艺术设计产业实现数字化改革,创造新的惊人的社会经济价值。

2. 设计提升产业附加值

在世界金融危机的状况下,世界各国都认识到在提升商品竞争力的目标中设计所占的重要性,为了加强企业的竞争力,一些国家都进行了设计变革，例如，韩国提出了"韩国设计"的战略目标，日本政府制定了一系列的设计振兴政策。

以日本为例，为了加强日本企业的设计力，建立品牌设计制定支援策略，设计企划开发的支援，对于中小企业的设计师派遣事业的支持，培育设计管理人才，提升国民设计创新意识。推行促进设计交易正常化的法律制度及保护设计的法律制度等。

法国的艺术创意设计发展迅速，具有良好的国际声誉。法国艺术设计业所涵盖的设计领域主要包括：工业设计、服装设计、时尚设计、企业形象设计、视觉传达设计、环境设计、包装设计、设计研究等。据法国工业设计促进协会统计：法国艺术设计业的年营业额约为30亿欧元。

3. 数字艺术成为艺术创意设计产业发展的重点

近年来，数字艺术的快速发展，对艺术创意设计产业产生了深远的影响。数字艺术不但大大缩短了艺术创意设计产业的创作过程，降低了创作成本，提高了创意设计产品的创作质量（例如，影视数字化制作等），而且也促成了创意设计产品销售渠道和消费者消费习惯的深刻变化，例如，在线销售、在线支付与消费等。

为顺应数字化的发展，英国政府采取了一系列的措施：提出的"多媒体革命"策略，开始积极计划应对数字艺术潮流，2002 年，Screen Digest Report on the Implications of Digital Technology for the Film Industry 研究了数字科技对电影生产及销售的影响，并提出应对数字艺术发展趋势的影视产业政策。

有资料显示，拥有 430 多家动漫制作公司的日本，培养了一批国际顶尖级的漫画设计大师和动漫导演以及大量兢兢业业工作在第一线的动画绘制者。为日本动漫设计市场的发展和壮大奠定了良好的基础。数字艺术的发展已经极大地改变了艺术活动的生产、传播与消费方式，教育体制和内容，有力地促进了社会的进步和发展。

（三）国外艺术创意设计产业发展存在的问题

1. 保护主义的弊端

经济全球化是世界经济发展到一定阶段的必然结果，是经济活动在世界范围内的相互依赖，特别是世界性市场的形成，使资本超越了国家界限在全球自由流动，资源在全球范围内配置，加强了各国经济的相互依赖和相互协调程度。2007 年，由美国次贷问题引发的连锁反应将恐慌与危机传染到全球各国，导致全球经济进入"严冬期"。随着负面影响的不断扩大、深化，全球范围内的投资和贸易都出现了明显的下滑。不少国家和地区为了加强对本国产业和市场的保护，采取了各种贸易保护措施限制进口。贸易保护主义的抬头阻碍了艺术创意设计产业的跨国发展。

在国际文化的强力竞争下，一些国家的文化产业发展面临外来文化的冲击，为了自身的经济利益，实行文化保护主义。法国担心英语文化产业的侵蚀，提出捍卫法语地位，阻止外来文化产业在法国发展。这在某种程度上阻碍了创意产业的发展。

2. 投机炒作的弊病

市场机制虽可借由交易与价格机制诱发"创意"的产生，但市场亦有严重的缺陷。艺术、文化与创意在本质上属于主观的创作与评鉴，因此以价格来当做评断的依据，容易产生投机炒作的弊病。例如，现今许多值得传承的传统艺术设计，却因没有市场而使大众失去了解其价值的机会。因此若着重于艺术创意设计产业的"产值"，反而容易忽略了文化艺术的本质而使其产生质变。

3. 融资渠道过分依赖政府

英国创意产业成功和可持续发展的重要保证是政府对融资的支持。产业所需的资金主要来源于政府和与政府合作的公共资金的扶持，这为英国创意产业的发展提供有力的保证，但今天看来，政府对产业在资金方面的充足支持，使企业在融资方面过分依赖政府。激烈的国际竞争和金融危机对英国的创意产业产生了很大的影响，英国的创意企业缺乏发展后劲，其根本原因在于英国的创意企业，特别是新兴企业，面临投融资困境。政府财政紧缺，政府的财政在创意产业上的投入已经是杯水车薪，光依赖政府投入的做法无济于事，这导致创意产业发展困难，导致英国经济复苏缓慢。

（四）国际艺术创意设计产业发展现状反思

1. 有利的制度环境是艺术创意设计产业发展的保障

（1）政府对艺术创意设计产业在战略高度上给予充分重视和着力引导。

通过对一些发达国家和地区最近几年来艺术创意设计产业发展的比较分析，我们可以看出，艺术创意设计产业之所以能在短短几年内在发达国家和地区迅速成长并形成巨大产业规模，除了因为艺术设计产业本身具有极强的生命力以外,还与各个国家和地区从政策上积极扶持和培育创意产业发展具有很大的关系。

英国是第一个政策性推动创意产业发展的国家,艺术创意设计产业的发展具有自身的独特性:政府积极参与到创意设计经济发展的各个链条中去,给予企业在资金上的支持。英国艺术创意设计产业以其多元化人才、富有深度的创意和革新理念,在全球业内拥有举足轻重的地位。

美国是发展艺术创意设计产业最强的国家,发展模式不同于英国:它更重视自由和市场,政府创造一个良好的环境。采取自由竞争政策,政策促使投资主体多元化,完善发达的金融投资环境,使美国的年轻人在艺术创意设计领域创业很容易。在法律保障上,美国出台了一系列法律相关的保护知识产权。

日本、韩国在艺术创意设计产业上之所以能在比较短的时间内成为世界上的强国,其主要原因是实行了举国机制的办法统筹推进,即两国实行政府为主导,将创意设计产业上升为国家战略。日、韩的特点是在政府强有力的干预和主导作用下,大力发挥市场机制配置文化资源的基础性作用,而政府干预的重要手段就是比较成功地运用宏观经济计划与产业政策。

从以上对国外发达国家和地区艺术创意设计产业发展现状来看,艺术创意设计对提升产业的竞争力和增强国家软硬实力具有重要的战略意义。

(2) 积极营造适宜艺术创意设计产业发展的宏观环境。

艺术创意设计是知识密集型产业,知识产权是其生存和发展的关键,对设计的原创性的承认和保护,其实就是尊重和承认个人创造力的价值。所以,日本、美国、英国等国家都把保护知识产权上升到战略高度,并通过各种法律和法规加大对知识产权的保护力度。如最近几年来,根据创意产业发展的新形势,日本制定了多部新的法律,如《IT基本法》、《知识产权基本法》、《文化艺术振兴基本法》等。1965年,美国国会通过了《国家艺术及人文事业基金法》,并依据此法创立了其历史上第一个致力于艺术与人文事业的机构——国家艺术基金会与国家人文基金会。这一立法,保证了美国每年拿出相应比例的资金投入文化艺术。

此外,在对创意产业的法律法规支持上,1997年起,韩国制定《创新企业培育特别法》,针对数字内容等新兴产业进行激励。1999年,韩国国会通过《文化产业促进法》，明确推进文化、艺术、娱乐及内容产业的发展。同时，韩国还制定了与特定领域相关的政策法令，如制定电子游戏产业的相关政策法令，修改与之相关的声音、录像、电子游戏产品的法令。

除了在法律上进行保障外，不少国家政府还采取各种手段积极刺激创意设计产品的市场需求。如新加坡政府就提出要带头使用优秀的创意设计作品，在公众场合和公众节日积极采用艺术和文化作品来装扮和设计；实施"创意设计社区"计划，通过将艺术、文化、设计、商业、技术等整合进社区的发展计划，来激发居民的创造力和激情；设立媒体城，将高增值的媒体制作公司和有关的科研行业集中在一个地方，以发挥产业集群的作用。

艺术创意设计产业的企业的规模特点给我们的启示是企业规模对比较大，这有利于产业规模的扩大，同时，有利于集群化发展，有利于解决我国高校毕业生的就业和创业。但也提出了企业注册的门槛高低的问题。

2. 建立完善的设计产业知识产权保护法律法规体系是产业发展的先决条件

知识成为比原材料、资本、劳动力和汇率更重要的经济因素，知识产权是其核心问题。当前知识产权的保护已成为国际政治、经济、科学技术和文化交往中一个受到普遍关注的问题。它是艺术创意设计的坚强后盾，艺术创意设计是提升企业竞争力的有效途径，其核心生产要素是设计、知识、文化和技术等无形资产，整合了知识和技能的创意能力。

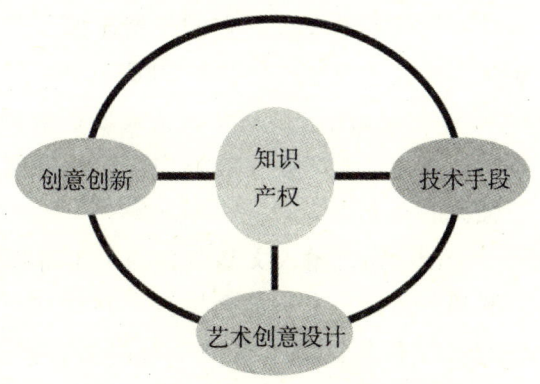

图6 艺术创意设计与知识版权的关系

这就将其与知识产权紧密联系在了一起。知识产权的生成和利用成为艺术创意设计产业的核心资产和创造社会财富的主要方式。如果没有知识产权，艺术创意设计产业将面临任意仿制和随意复制的混乱局面，整个产业都将面临生存和发展的危机。加强知识产权保护是发展艺术创意设计产业之本。韩国以立法和法规建设体现国家意志，明确产业发展方向，规范运营秩序，凝聚国力、民力，确保文化艺术产业高效有序发展。对各行业的运营规则也作出明确的法律规定，以保障其有序、快速发展；美国作为全球最大创意产品输出国，非常重视基本层面上的技术引导和相关立法，通过多年积累，美国已经建立了全球最为完备的知识产权保护法律体系，为了适应数字化时代对版权产业发展的要求，美国积极实施数字化版权保护战略（图6）。

国外的经验表明，政府对知识产权的保护力度对当地艺术创意设计产业的发展具有非常重要的影响。艺术创意设计产业作为智力密集型的产业，其设计创意、产品和设计服务的开发需要投入大量的人力和资金，并产生属于开发者的知识产权。政府对于知识产权的保护，可以帮助艺术创意设计产业的投资人获得投资收益，进而促进其发展艺术创意设计产业的积极性。

3. 在资本运作等方面提供适当的政策扶持是发展关键

在艺术创意设计产业的发展、成长过程中，来自政府以及社会各方面的资金支持是必不可少的，而对艺术创意设计资金实行支持的一个普遍形式就是建立各种创意产业或设计产业发展基金。

以英国艺术委员会为例，它成立于1946年，实行非政府运作，但代表政府辅佐艺术发展。它的经费来源于英国文化、传媒和体育部，是英国最大的艺术拨款机构，如2003—2006年的经费预算超过10亿英镑，其中8.35亿英镑用于1 000多个长期资助机构。英国还通过发行国家彩票等形式，为创意产业发展筹集了大量经费，使一批重大创意产业项目有了强大的资金支持。

美国国家艺术人文基金会则每年将基金总额的35%以上用于向各州及联邦各地区艺术委员会拨款，并将其余款项直接用于向各个艺术人文领域内的个人及团体有关项目提供直接资助，也用于优秀艺术成就的奖励。

韩国政府则采取一系列措施，多渠道筹措文化产业发展资金，按照"集中与选择"的原则，有目的、有重点地实施资金支持，在经费上确保文化产业的发展。同时，韩国还设立多种专项基金，扶持相关文化产业的发展。此外，澳大利亚、加拿大、新加坡及香港、台湾也是通过政府财政拨款建立创意产业发展基金，以及对符合条件的创意企业、项目、人才等实行免税、减税、贷款担保、贴息等多种政策来积极鼓励和推动创意产业的快速发展。

4. 注重艺术创意设计人才的培养和引进是产业发展的坚实基础

艺术创意设计产业作为智力密集型的产业，特别强调发挥个人的创造和创新能力，其发展还需要大量的创意设计人才投入，一大批真正具有创造和创新能力的创意人才是艺术创意设计产业繁荣的根本保证，目前优秀的创意设计人才资源还相对比较稀缺，因此，各个国家和地区政府都非常重视创意人才的培养，政府提供相应的优惠政策，不断培养和引进大量优秀的创意人才。

资料统计，2000—2005年，韩国共投入2 000多亿韩元，培养创意产业复合型人才，重点抓住电影、卡通、游戏、广播、影像等产业高级人才的培养。韩国文化振兴院还建立创意产业专门人才库和"文化产业人才培养委员会"，负责创意产业人才培养计划的制订、协调等，设立"教育机构认证委员会"，对创意产业教育机构实行认证制，对优秀者给予奖励和提供资金支持。此外，韩国还通过设立相关高等院校和专业、加强职业培训、增加与外国的人才交流与合作等多重形式加快创意人才培养的步伐。

美国则凭借其强大的综合国力优势，利用各种条件，在全球范围内吸引一大批杰出的创意人才进入美国，使美国的创意产业发展始终走在世界各国领先行列。此外，目前美国有30多所大学开设了艺术管理专业，培养了一批高质量的创意产业经营和管理人才。

在美国、英国的很多高校里都开设了文化管理学、艺术管理学等相关专业，为本国的创意产业发展培养了大量的优秀人才，有效地提高了这些行业的创新潜能。

5. 市场化的运作机制是艺术创意设计产业发展有效体系

对于艺术创意设计产业的发展而言，政府的扶植只是一种前期的促进手段，而艺术创意设计产业发展的关键是能够进入市场并为市场所接受。因此，培育艺术创意设计产业的市场化运作机制，是其长期健康稳定发展的基础。从国外的发展经验来看，各地政府也都十分重视艺术创意设计产业的市场化运行机制的培育和建设。

首先，各地政府都非常重视创意设计市场体系的建设。例如，瑞典政府的文化政策并不刻意强调创意设计的产业化，而是提供政策工具使设计的生产者能够更好地发挥创意，使创意设计产品更容易地被消费者接受,从而促进创意设计产品的市场交易。

其次,各国政府都在努力实现创意产业投资主体的多样化。在美国,政府对文化的直接投入所占的比例正在不断减少,而通过立法鼓励社会团体、企业和个人对文化进行捐赠和投资一些文化活动,私人、企业的投资额已经远远超过了政府的投入。

最后,各国政府都在努力为本国的创意产业开拓国际市场。例如,日本经产省与文部省联手促成建立了民间的"内容产品海外流通促进机构",拨专款支持该机构在海外市场开展文化贸易与维权活动。英国政府也为自身的创意产业制定了长期出口策略,并以驻世界各地的大使馆为推广媒介,使创意产业能通过英国大使馆人员推广出去。在美国版权产业界的积极推动下,美国也开始积极加入国际版权保护体系,不断推动国际版权保护加强合作,为美国版权产品和版权产业在海外提供了更好的保护。

6. 政府与非政府组织作用的分工合作促进产业的快速发展

英国政府在国家战略、法规、产业政策方面,根据创意产业不同发展阶段制定相应的计划、目标和政策,从而发挥主导、推动作用。在组织机构方面,英国成立了全国性的创意产业特别工作小组,由首相任负责人,负责组织协调指导全国的创意产业推进工作,包括产业政策、规划计划、预算和划拨创意产业资金等,明确特别工作小组为全国创意产业的主管部门,各级地方政府也相应成立了自己的创意产业组织领导机构。

此外,充分利用非政府组织的中介、桥梁作用,使政府的战略意图和政策措施得到充分贯彻落实,是英国发展创意产业的一大特点。在此基础上,又设立了各种形式的中介组织,政府向他们购买服务,这些中介组织主要发挥政府与企业间的桥梁作用,帮助和指导创意企业,将它们的创意产品推向市场。英国政府不直接干预市场及企业行为,从创意企业的培育、审核、认定、监督到人才、资金支持,全部由非政府组织负责实施,政府只对其进行资格认定、下达任务指标,并实行指导、监督,发达的非政府组织成为推动英国创意产业发展的一个重要因素。

7. 发展艺术创意设计产业是发展创意城市的原动力

创意产业是现代都市的灵魂,被喻为未来城市的黄金产业。创意设计产业是现代创意城市的原动力。创意城市是强调以人为本、推崇设计创新、依托人力资本投入和自主创新能力提升为主要经济增长方式、文化、设计产业高度发达的城市。大量的以知识为核心的设计创新型产业是创新型城市的重要依托，是城市知识竞争力和创新能力的直接体现。创意设计企业大多属于设计创新型企业。创意是设计创新的源泉，创意将推动产业实现由"制造"向"设计创新"的转变。创意设计产业的核心就是创意、设计、创新，创新性是创意设计产业中最具活力和能动效应的元素。因此，发展艺术创意设计产业不仅能够直接激发城市的创新活力，提升科技创新水平，而且能够促进创新型人才聚集，为企业快速提升自主创新能力提供高水平的创新人才资源。同时艺术创意设计产业的快速发展还能创造良好的创新文化氛围，增强城市创新活力，加快创新型城市的形成。

四、国内艺术创意设计产业的动态

我国上海是比较早开始艺术创意设计试探的城市，尤其是在工业设计方面，1982年成立了上海工业美术设计协会，其经济、技术、人才等实力已在全国同行业中处于领先。由于开放的先发优势，被誉为中国经济双引擎的珠三角和长三角地区同时也是中国艺术创意设计最发达的地区。目前，北京建立了我国第一个设计交易市场，地址位于中关村德胜科技园，总建设面积达6万平方米，包括交易服务区、设计招商区、品牌机构区等部分，意在打造一个资源聚集、交易活跃、服务创新、高效便捷的高水平、国际化的设计交易市场和服务平台，并力争用三年左右的时间，聚集100家以上的国内外著名设计机构和企业，推动北京设计服务业收入实现1 300亿元。

如今与艺术设计相关的设计创意园区如雨后春笋般遍地成长了起来，北京、上海、深圳、杭州、无锡、青岛、东莞和香港等城市无不有了自己的一个以至多个设计创意园区，这也不得不让人感受到有着"世界制造工厂"之称的中国在迫切呼唤着"中国设计"的巨大声响。促使我国艺术创意设计产业的发展出现不同的态势。

（一）香港文化创意产业发展现状及分析

香港在亚洲占据重要位置，在业内赢得了广泛的影响力。整个创意产业对香港生产总值的贡献越来越大，而且文化创意产业也在香港经济转型中发挥了巨大的催化作用，促进整体经济迈向知识型经济。

香港在发展文化创意产业方面有得天独厚的有利条件。第一，香港是一个东西文化交汇之地,既保留了中国文化的传统,又与西方文化进行了长期的融合,形成香港文化东西荟萃的重要特色;第二,香港拥有大批创意人才,而且对世界的创意人才具有强烈的吸引力;第三,香港具有完善的知识产权保护法律体系,这是创意产业发展壮大的必备法律保障;第四,香港是世界级的金融商贸和信息中心,资金充裕,商业文化发达,为文化创意产业提供了良好的环境;第五,经过多年的积累,香港文化创意产业已经形成了相当大的规模,为进一步发展奠定了坚实基础,香港创意产业主要面临的问题:

(1) 从政策层面来讨论创意产业,创造多少财富及增加多少就业机会是必要的基础和前提,但这不是全部的内容和最根本的目标。对整个社会的改造和更新才是创意产业的最高境界,创意产业是在发展经济的同时发展社会,发展每一个人的创造力和潜能。

(2) 对于香港创意产业政策的制定有两点需要注意,创意产业一个很重要的特点就是跨界别、跨部门,创意产业不仅仅是文化部门在做,还包括广电、传媒乃至金融、商务部门等,这就需要打破很多传统的观念和做法。另一个就是正确看待和发挥政策的作用,特区政府目前已经制定了很多政策来扶持创意产业的发展,尤其是对于电影、数码娱乐业,例如,设立基金等,但是必须把握一个原则,政策的作用在于基础性的推动和影响,而不是过多的介入和干预。民间可以做的事情,政府就不要去做;民间可以解决的问题,政府不要去管。对于企业来说,企业做不到,政府可以提供方法,去协助它们解决问题,但是不能代替它们去解决。

(3) 文化创意不是只靠一群文化人士或一群有创意、有设计能力的人士,发展文化创意产业,目标应提高到提升全国人民的素养、文化水平、包容性的高度。

(二) 上海文化创意产业发展现状及分析

近几年来,上海产业调整力度不断加强,建设国际经济、金融、贸易、航运中心之一的现代化国际大都市步伐正在加快。通过对上海17家与艺术创意设计相关的产业园区进行调研后,对上海的艺术创意设计产业的发展动态进行分析总结。

上海的创意产业经过几年的打磨,已日臻成熟,但在成熟的背后,仍然存在一些不足之处,如各类文化创意集聚区蜂拥而上,缺乏明确的主题性；经营目标不明确，甚至有的园区只为出售门面维持正常的运营，并不考虑园区发展的走向；一些园区定位不清晰，没有明确的发展战略目标等。这些现实性的问题在艺术创意设计产业中也或多或少地出现，为此，上海发展艺术创意设计产业要着重关注一下几个问题。

1. 增强艺术创意设计产业园区的主题性

主题性是一个艺术创意设计园区的关键词，是社会对其识别的标志，是在与同行业竞争中脱颖而出的特征，需要各集聚区加以重视。

从所调研的创意产业园区来看，大多数集聚区的定位和主题不甚明确，这与各集聚区经营的思路不同有关，很多集聚区的主要经营类型并不以艺术为主，经营目标模糊不清，甚至产生一种只是单纯以出租门面赚取租金维持经营之嫌，而在环境的设计上追求某种艺术品位，只是作为一种经营和招徕客户的由头，但实际的经营却根本与艺术无关。很明显，这类所谓的文化创意集聚区的市场竞争力是不强的，市场地位也是弱势的。

2. 加大与我国传统文化的关联性

传统文化与艺术创意设计产业的关系十分密切。一方面，我国传统的文化艺术是今天的艺术创意设计产业的创意源泉。任何一种艺术创意活动，都必须在一定的文化背景下进行，离开传统的基础，创意产业就会成为无源之水、无本之木。另一方面，当代的艺术创意设计产业又高于传统文化艺术产业。创意不是对传统文化艺术的简单复制，而是依靠创意人才的智慧、灵感和想象力，借助于高科技对传统文化艺术资源的再创造、再提高。我国传统文化艺术资源十分丰富，但由于缺乏好的创意和包装，致使很多资源都在闲置浪费。而发展艺术创意设计产业，则能极大地促进传统文化艺术产业的发展。这种结合也符合我国大力发展文化创意产业和艺术创意设计产业的初衷。

通过对上海文化创意产业的调研，政府应大力提倡各文化创意产业，尤其是艺术创意设计产业研发与传统文化有关的产品，重视原创设计，扶持建立国产品牌设计联盟机构，设计企业和机构也应以传统文化为基石，逐渐从技术设计走向战略设计，从视觉设计走向生态设计，树立正确的生态设计观和健康的设计伦理观，为构建和谐社会而服务。

3. 激发艺术创意设计产业人才的创造性

从最根本上讲，中国艺术创意设计产业发展的瓶颈是创意人才的匮乏，大批创意人才的教育与培养是中国未来创意产业获得大发展的前提，但中国现有的教育体制又制约了人才的创造性，这就更需要各艺术创意设计机构勇于和大力激发艺术创意设计人才的创造性。

上海是我国经济发展的龙头，对四面八方的人才具有强大的吸引力，上海艺术创意设计产业的出现，是全国各创意设计人才施展抱负的良机，上海应紧紧地抓住这个机会，借用文化产业项目吸引创意人才的柔性流动，使更多优秀人才加入这个队伍中，使上海的艺术创意设计真正能领先于全国，由"中国制造"逐步过渡到"中国创造"，从而最终创立自己的品牌，在全球文化创意产业中占有一席之地。目前，上海文化创意产业在加快人才引进的同时，对创意人才的培养也得到不断加强。上海戏剧学院创意学院、复旦大学上海视觉学院、上海师范大学美术学院等一批高校创意人才培育中心先后成立。由上海戏剧学院、上海社科院、上海文广集团和上海实业集团联合发起的上海创意产业协会还在上海戏剧学院正式挂牌，更好地实现人才培养与实践的结合。

（三）南京文化创意产业发展现状及分析

南京市白下区目前正在打造的文化产业集群有十大产业集群。这十大产业集群中有主体性艺术设计产业集群，有关联性艺术设计产业集群，也有延伸性艺术设计产业集群。主体性设计产业集群、关联性设计产业集群、延伸性设计产业集群如今在白下区都已经形成了一定的规模。

南京市白下区艺术创意设计产业基本已经形成了一个良性发展的生态系，艺术创意设计产业的类型较全面，社会效益和经济效益都已经得到了良好的体现，未来提升的基础日渐雄厚，这一切对我们形成四大启示：

（1）艺术创意设计产业要尊重生态发展的规律，充分挖掘和利用自然生态，积极打造和维护社会生态，要努力从自然生态、金融体系、文化氛围、产业政策、人才资源等多方面去构建和考量艺术创意设计产业。

（2）艺术创意设计产业除了要契合产业的外生态系，还要打造合理的产业内生态系，从教育、资金、创意、生产、销售、流通、消费、服务等几个环节上去认真构建合理、科学的生态链。

（3）政府构建良好的政策环境也是艺术创意设计产业蓬勃发展的关键，政府要有服务意识、奉献意识、整合意识，充分调动社会各类资源，从源头到产业末端为艺术创意设计产业提供便利有效的指导和管理。

（4）区域性艺术创意设计产业必须要建立在区域特征上去发展，紧紧围绕自身的特点和特长去培育人才、构建产业形态、提供产业服务，不能一窝蜂地跟风发展，只有立足自身才能打造出富有特色、形式多样的艺术创意设计产业。

五、国内艺术创意设计产业存在的问题和瓶颈

（一）发展的无序性

我国艺术创意设计产业企业分布广，数量多，发展规模比较大。但服务质量的档次悬殊、政策时效性差、市场竞争混乱，成为我国艺术创意设计产业发展的障碍。对我国艺术创意设计产业健康发展很不利。艺术设计行业入门门槛低，企业数量无序大量扩张，在数量规模上呈现出一定的泡沫膨胀现象。但是激烈的市场竞争给企业的生存带来压力，一些设计机构由于生存压力进行恶性竞争，竞相压低价格，造成市场混乱、无序。对整个艺术创意设计产业良性发展极为不利。但目前对促进艺术创意设计产业发展的政策法规和行业规范又不健全，甚至是空白，这对艺术创意设计产业的发展形成了障碍。

（二）产业组织缺乏指导和规划

我国各大城市虽然都根据自己的特色提出了相应的发展目标，建立大量的基地、园区，但由于缺乏指导和规划，主题性不强，以至于出现了规划和园区的同质化倾向比较严重。

设计产业园区的建设是必要的，但有相当一部分城市一旦某个创意园区或街区取得了成功尝到了甜头后，后面马上就跟风上马，很快就会出现一批功能相同或相近的园区，并没有从市场的容量和产业的发展规划来指导和引导创意设计产业的发展，而是盲目地只看到眼前的利益。

（三）产业的融资还比较困难

从我国各大城市对文化创意产业的政策倾斜和资金扶持力度来看，虽然力度都在加大，但企业的融资还比较困难。从另一个侧面可以看出艺术创意设计产业的融资更困难，特别是设计企业初创阶段的投资不足。

艺术创意设计产业初期发展需要资金的支持，尤其是中小型企业和刚创业的企业，而且我国目前设计企业普遍规模偏小，处于起步阶段。有些创意设计项目回报周期长、价值难以评估、投资风险较大，融资难已成为制约我国各地艺术创意设计产业快速发展的一个难点。例如，动

画设计、游戏设计等创意设计项目立项后需要资金的支持,如果没有资金项目无法开展。艺术创意设计产业投融资服务体系建设的滞后,已经成为艺术创意设计产业发展的瓶颈。

(四)产业发展不平衡

从我国创意设计产业各区域发展的横向比较来看,各地区、各门类的设计产业发展不平衡,产业结构不合理,从中国和韩国艺术创意设计产业所占比例对比,我们可以看出,我国创意设计企业大多数还处于较低层的经营状态,过于强调品牌形象和广告推广,不重视设计创新,而且,有部分企业以营销手段来弥补设计创新能力的不足。这种产业不均衡的状态对艺术创意设计产业在未来将面临很大的危机(图7)。

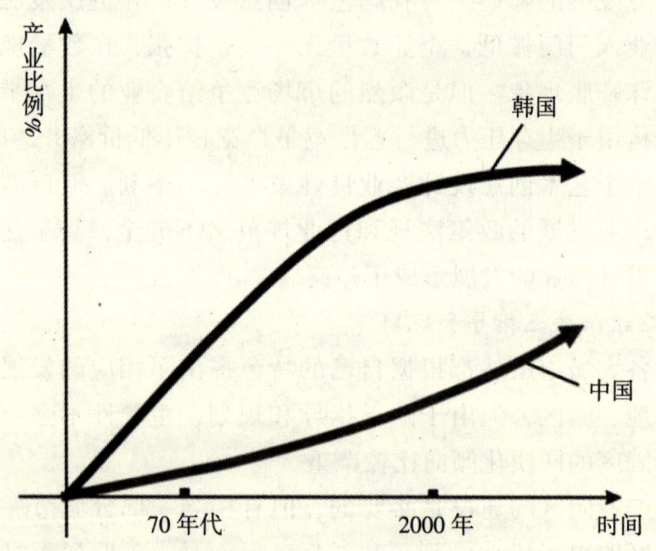

图7 中国和韩国艺术创意设计产业所占比例对比

(五)产业化不充分

在经济比较发达的地区,我国的创意设计产业尽管形成了一定的产业基础,但产业结构不尽合理,还未形成产业规模,其产业形态多样、小型化而分散,产业集群很弱,创新性研究与开发力量明显滞后,创意设计的产业化不充分。中国艺术创意设计产业发展经历了从仿造到改造、从改造到创新的过程。目前创新的力度还不够大,原创能力很不够强。由此导致目前中国艺术创意设计产业发展比较慢。

(六)产业链不完善

以动漫和游戏设计产业为例,目前国内各大城市都在大力发展动漫和游戏设计产业，产业规模很大，场景很壮观，一片热火朝天，但我们看到的只是动漫和游戏设计产业的虚热。我国动漫游戏产业总体发展与发达国家相比仍有不小差距，企业规模小、设计原创能力不足、缺少设计管理、核心竞争力弱、经营模式急需创新。从国外的成功经验看，优秀的创意产品之所以能创造上百亿的市场价值，都是依赖完整而强大的产业链，从文字小说、漫画、游戏到动画影片，再到卡通玩具等延伸产品，不断挖掘设计创意的影响力，然后生成财富链。而我国动漫和游戏设计产业只是做到了产业链的前端，中后端却很是薄弱，无法产生巨大的经济效益（图8）。

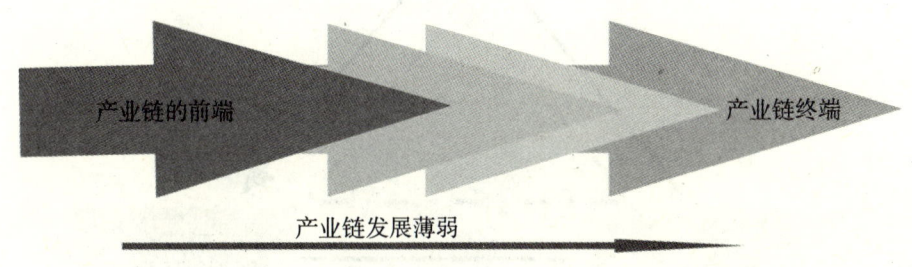

图8　我国艺术创意设计产业链发展现状

六、发展艺术创意设计产业的政策与建议

艺术创意设计产业政策与建议主要包括产业主观政策、产业环境政策、产业技术政策三个主要方面的内容。

（一）产业主观政策

产业主观政策是艺术创意设计产业政策的主要内容。政府等各部门、各组织对艺术创意设计产业发展趋势、地位和作用的认识，并进行评估，提出保证产业顺利发展的政策措施和建议。

1. 放眼全球，立足本民族文化设计，制定跨国竞争发展政策

全球化是产业生存之道，在全球化的同时要结合本民族文化发挥设计创意。在全球化与数字科技的推动下，政府要充分利用我国在政治、经济、文化的相对优势，利用国际先进的数字信息技术结合我国的民族文化，本着"艺术文化本土化，设计产业全球化"的原则，以进入、占领等分步走的策略，制定艺术创意设计产业跨国竞争发展政策，通过我国的文化意识形态领域的不断推广，扩大我国的艺术创意设计产业影响，

在向世界推销其艺术创意设计产品的同时，向世界推销中国的艺术设计价值观来不断地提高我国艺术创意设计产业的经济效益。同时，我们要充分利用先进的数字技术的优势和我国文化的包容性，重点扶持优势项目，建立艺术创意设计产业跨国公司向海外推广我们的艺术设计价值观，以此来占领有利的国际竞争优势（图9）。

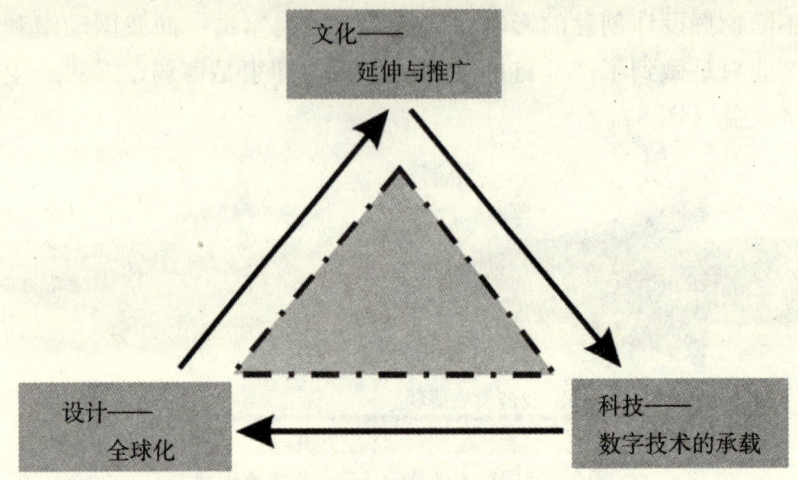

图9　影响艺术创意设计产业发展因素之间的关系

2. 推进设计优化机制，实施设计战略转移

国际金融危机正在催生新的科技革命和产业革命，发展战略性新兴产业，抢占经济的制高点，决定国家的未来，需要中国企业形成强有力的设计优化机制来帮助企业的转化。艺术创意设计产业必须抓住机遇，明确重点，有所作为，实施设计战略转移。鼓励中国设计机构与国际设计机构的合作，利用国外设计资源，加强设计管理与经营方面投入，积极促进创新设计向商品的转化。提高设计产业的整体竞争能力。通过扶持典型企业，引领各地企业，形成相互促进、特色互补的艺术创意设计产业发展模式，逐步实施设计战略转移。

3. 东部强化数字创意，西部注重传统特色

根据艺术创意设计产业的特征来看，产业政策应实施多元化，不能进行一刀切。在经济、科技发达的东部地区发展艺术创意设计产业的内容上重点应放在数字艺术创意设计上，强调数字技术与艺术创意设计的结合，重点扶持科技含量高的数字艺术设计项目，并加强国际合作，建

立多元化的数字艺术创意设计产业模式。但在经济和科技相对薄弱的西部,产业政策上应注重民族文化艺术特色,突出传统创新。对传统文化和民族文化不断进行整合、创新和再生,促进民族文化的弘扬,并成为民族力量的象征。获得巨大的潜在商机。

4. 培育设计消费意识,促进社会就业和创业

基于多个创意产业发展发达的国家数据表明,随着创意产业的快速发展,消费也相应增长,这对我国"十二五"期间以扩大内需为经济主要增长点来说意义重大。加强原创性作品的创作,形成艺术设计培训、艺术设计交流与展销,使我们的艺术设计形成不同的层次市场从而能够满足不同层次的消费者,吸引广大市民参与消费,兴起"买设计"的设计消费文化。这有助于扩大内需、增加社会就业,特别是解决我国大学生、研究生等知识型人才的就业和创业。所以,在打造产品的设计价值品牌制定相应的政策,深入挖掘现行政策,促进艺术创意设计产业的社会就业和创业,缓解我国的就业压力,有助于社会的稳定和谐(图10)。

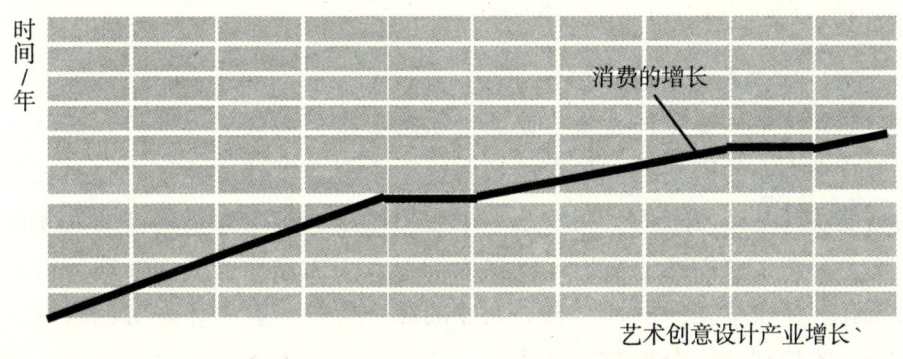

图10 艺术创意设计产业与消费的关系

5. 规范人才培养体系,培养适用设计人才

我国艺术设计教育十分繁荣,全国各类高等院校中已有一千多家开设了艺术设计专业系科,其中230多家开设有设计本科专业,招生规模逐年扩大,各种设计展览、评比和研讨活动丰富多彩,这一切都为中国艺术创意设计产业的发展提供了潜能基础。但在这繁荣背后却出现了高校人才培养过剩,就业难,企业人才需求紧缺的矛盾。政府在艺术设计教育培养创意产业人才的软件上加大投入,重视软环境建设和软力量培

育,规范人才培养体系,实施"人才强业"战略,主要做好发掘人才、培养人才和吸引人才三项工作,避免盲目扩大人才培养规模。

(1) 发掘人才

艺术创意设计人才的发掘要采取更有针对性的方法:首先,竞赛是发掘艺术设计人才的有效途径之一。设立有影响力的工业设计大赛、平面设计大赛、动漫设计制作大赛、游戏设计大赛、广告创意设计大赛、网络设计大赛、手机外观设计大赛等等这些无论是平民选秀还是选贤与能,都是抛弃传统的比赛方式,降低门槛,给不同年龄阶层、不同生活背景的人们提供一个展示自我的舞台,使他们的创意设计才能尽情迸发,让真正有实力的创意设计人才脱颖而出。

其次,实行本土化策略,充分利用当地的人才资源。可以在艺术创意设计人才集聚的地区设立办事处,除了处理通常的事务之外,还负责发掘当地的创意设计人才。

最后,通过一些中介机构对设计人才进行挖掘。主动出击去发现和寻找设计人才,由于其目标性强,搜到的设计人才通常都是企业真正需要的人才。

(2) 培养人才

培养艺术创意设计人才,要通过多种渠道,采取多种手段,具体有以下几个方面的措施:一是学校教育。艺术创意设计产业是建立在教育的高度发展基础之上的。高校是一个智力密集、科研力量雄厚的人才智力库,它在很大程度上承担了满足人们提升个人素质、工作技能等需求的重任。高校应充分发挥学科、人才的综合优势,着力加强对创意设计产业人才特别是复合型数字艺术设计人才、营销人才的教育与培养,建立创意设计产业人才培养和培训基地。在设计人才集中的地区,特别是大学周围,容易形成各种设计创意工作室乃至设计创意群落,政府可以顺势推动,促成设计产业集群的形成和发展。二是培训。创意设计产业的发展需要大量的创意设计人才和后备力量。潜在的创意设计人才和创意设计事业爱好者将是未来为创意世界产业贡献力量的主体。三是资格认证。对创意设计人才进行资格认证,是培养创意设计人才、规范设计人才市场的一个重要手段。艺术创意设计产业是个新兴产业,而且发展迅猛,因此涌现出了很多新的职业门类,需要政府劳动部门进行资格认证,以规范对从业人员的专业素质要求。

(3) 吸引人才

吸引人才、留住人才、让人才充分发挥自己所长，需要一个和谐、宽松、自由、鼓励创新、保护创新的社会环境。要制定并完善相关的人才政策，创造宽容的社会氛围，打造独具魅力的城市人文精神，来吸引更多的设计人才，尤其是国际性的高端创意设计人才，留住更多的设计人才，同时更大地发挥创意设计人才的作用（图11）。

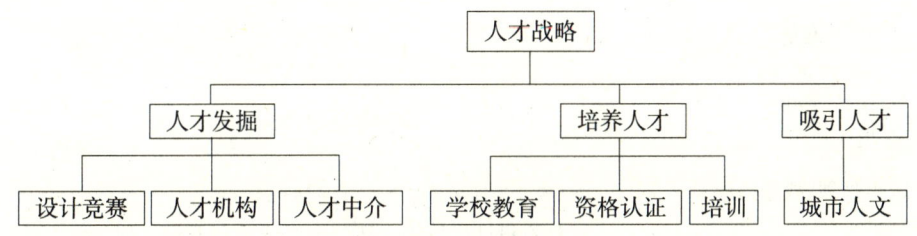

图11 人才强业战略措施

(二) 产业环境政策

产业环境政策是指对产业资源配置在空间上进行最优组合，实现区域和区际之间协调发展的一系列政策的总和。充分发挥区域优势，实现集聚效益和规模效益，提高区域的创意产业竞争。

1. 建立有效的市场机制，规范市场环境

为保障艺术创意设计产业的健康快速发展，要成立相关的专门机构，搭建产业发展的服务平台。

在政府层面上，成立有"艺术创意设计产业发展工作组"，负责艺术创意设计产业发展规划，并依据各地经济发展状况有针对性地提出发展战略，为创意产业的发展提供行动纲领和指南，并为后续发展提供战略指导。

在政府和非政府合作层面上，由于我国地域广阔，各地区经济发展状况存在明显差异，建立不同层面、不同类型的创意设计产业的公共信息服务平台，为创意设计产业发展营造良好的产业氛围。公共信息服务平台可以为各类具有创意设计才能的小团体和个人提供信息交流、展示、设计交易等中介服务，使这些创作个体通过该平台找到适宜的合作伙伴，促成创意设计产业成果向创意产品转化，进而实现创意产品的市场价值。

由政府牵头民间发起，成立各种非营利的中介机构，建立一个成本低、信息灵、效率高的投融资环境。针对大型创意设计项目建立各种

"创意设计科技研发基金会";为设计创新研发设立"设计创新基金"、为高校毕业生建立"艺术创意设计创业投资基金"等,搭建艺术创意设计产业化平台,为推广新的设计创意理念或产品提供服务(图12)。

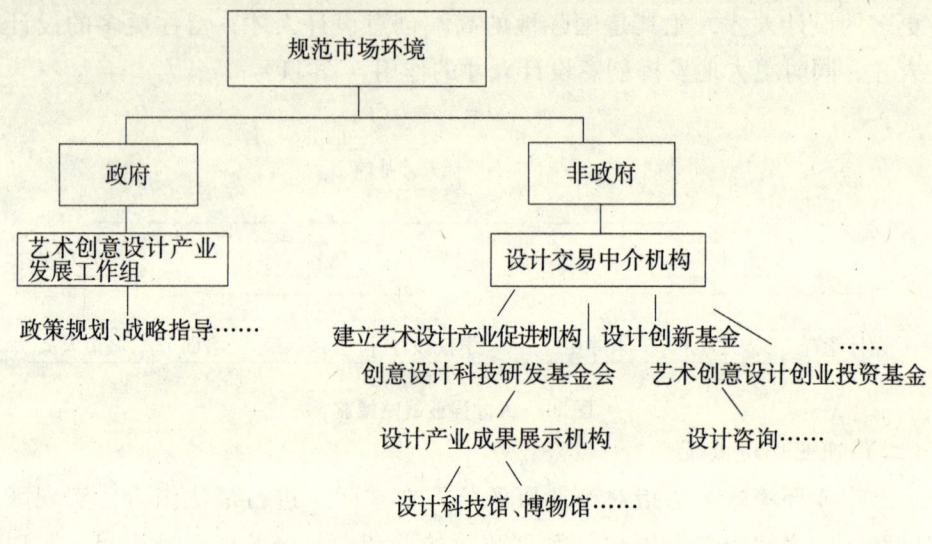

图12 艺术创意设计产业服务平台结构

(1)建立艺术设计产业促进机构,设立艺术设计创新基金。提供设计创新无偿或无息的资金支持,鼓励企业的设计创新,扶持中小企业的设计研发、减免税收,制定相关设计产业政策实施与监督细则,规范设计市场环境。

(2)建立艺术创意设计产业成果展示机构,在经济和文化发展特点不同的区域建立艺术设计成果展示机构,例如,设计科技馆、博物馆等,向人们宣传设计给人们的生活带来什么,提高人们设计审美意识,加强全民设计普及教育,进行设计消费市场的培养。促进艺术设计产业发展的宣传。

(3)建立"设计咨询"制度,让优秀的设计师将更多的精力用于设计研发创新方面。而优秀的设计咨询机构则在设计经营与管理方面,积极促进创新设计向商品的转化,打造中国设计师品牌商品。

2. 加强企业原创研发,推动艺术设计创意产业集群化发展

艺术创意设计产业发展能迅速提升产品价值,推动企业转型和结构升级,增强产业核心竞争力。然而,我国设计企业的设计创新意识和设

计研发能力尚普遍薄弱，国际竞争和知识产权保护意识薄弱。事实证明，优秀的技术和先进的技术创新相结合，大大提升产品和服务的附加价值，促进我国企业由制造型向设计创新型转变，逐步形成"设计强企"的观念。

设计创意产业的发展中最主要的资源就是人。人是开放的、流动的，具有多元视角和思维的。人的多样性带来了思维的多样性。艺术设计的无穷创意正是在不同思维的交流和碰撞中产生。集群化的创意产业园区为来自不同国家、地区、行业的人提供了一个互相交流的平台，艺术家们聚集在一起共享信息、相互交流、互相碰撞启发。

产业集群化发展是当今各种产业发展的一个趋势。以英国为例，众多企业在一定区域内聚集，既能共享资源和要素，降低了企业生产成本，又便于企业开展合作，从而产生共生、互补效应。创意设计者的汇聚，有利于促进各种不同文化信息的交流与碰撞，衍生出无穷创意；另外，产业集群的形成，其影响力能辐射到周边，促进该地区整体品味和综合实力的提升。

艺术设计创意产业集群化的辐射功能强大，艺术设计创意产业集群化发展所形成的设计创意园区或创意产业聚集区一般都是新兴产业园区，外部环境宽松、可塑性很强，并且企业的运营成本相对其他成熟行业而言，是比较低的。设计创意产业园区一旦形成，具有很强的吸引同类企业不断入驻及良好成长的能力。

研究制定相应的艺术创意设计产业发展思路和政策，保障通过艺术创意设计产业的发展加快实施中国国际名牌战略计划。以创新设计、特色设计、文化设计为特色，为培养出中国的国际名牌服务，并提高品牌的竞争力。

3. 探索产业化模式，服务创意城市经济

理查德·佛罗里达在《创意经济》一书中提到："世界经济实际上是围绕着一群称之为'全球人才磁石'的城市运转的。"之所以称这些城市为磁石，是因为它们"主要是靠占领设计前沿、应用新技术、形成密集但自由的创新者、生产者和消费者新网络而保持竞争优势"。正是"知识和人才网络，或是说创意联系，才是区域经济增长的推动力"。在创意经济时代，"城市中心总是创意力之炉"。创意产业将构成城市竞争力。发挥艺术创意设计产业以其高附加值、强渗透力以及跨界融合能力，为城市创新和经济转型发展提供设计服务支撑力,有利于城市经济增长方式转变。

随着经济的高速发展,我国也正面临着从资源消耗、投资拉动、粗放发展向资源节约、创新驱动、集约发展模式的转变。艺术创意设计产业是发展先进生产力的一个重要内容,是促进城市经济增长模式转变、实现可持续增长的有效途径。

艺术创意设计产业是智力密集型产业,产品的附加值高,处于产业链的高端,资源消耗小且无污染,发展艺术创意设计产业有利于突破城市发展面临的资源、环境、土地等瓶颈,实现可持续发展。"资源有限、创意无限"。传统产业的发展必须建立在对土地资源、矿产资源、生态资源等物质资源要素的消耗之上。而艺术创意设计产业是智力密集型、知识密集型产业,文化、信息、技术等智力资源要素对其具有决定性的影响。艺术创意设计产业具有高附加值特征,而其又可以作为资源要素注入实体经济系统中实现价值增值,实现经济增长与资源节约的和谐发展。

艺术创意设计产业具有广泛的产业关联性和极强的可溶性,其本身能够和很多行业交互发展,并带动相关行业的迅速出现,创造出大量就业机会,推动产业体系的整体发展,带来中观和宏观效益,从而实现经济增长方式转变,给未来的发展装上新引擎。

(三) 产业技术政策

产业技术政策是指政府等组织部门对艺术创意设计产业的技术指标和结构进行的规划、协调和监督等方面的政策措施。

1. 夯实研究基础,构建产业评价指标体系

以研究"创意城市"知名的英国学者 Charles Landry 强调,创意产业的推动少不了评量指标,因为指标让人必须正视问题,要求反思与不断思考,激发创意。目前,政府对于艺术创意设计产业的现状还无法进行客观准确的把握,无法对其未来的趋势作科学的预测,从而影响了政府的科学决策和对产业发展的支撑力度。因此,尽快建立国家的艺术创意设计产业评价指标体系,针对艺术创意设计产业的产值贡献、产业布局、增长速度、发展焦点等方面进行统计分析,从而全面把握艺术创意设计产业在我国的发展态势,是我们迫切需要解决的问题。

国外成功的案例表明,建立国家的艺术创意设计产业评价指标体系,应本着科学引导性、动态发展型、产业特征性和可操作性的原则进行指

定，应包含以下几个方面考虑：产业规模指标、科技与设计创新研发指标、人力资本指标、艺术设计环境指标、社会环境指标、政府投入指标以及竞争力指标（图13）。

产业规模指标：总产值、年增加值、从业人员总数、设计产业规模、年成长率、从业人员占全国劳动人口的比例、创意设计产业值占GDP的比例、创意产业人均GDP的比例。

科技与设计创新研发指标：研发投资金额的总数/增长率、政府对艺术设计研发部门的投资、民间对研发部门的投资、艺术设计技术拥有自主知识产权实现产值占GDP比重、研发经费支出占GDP比值。

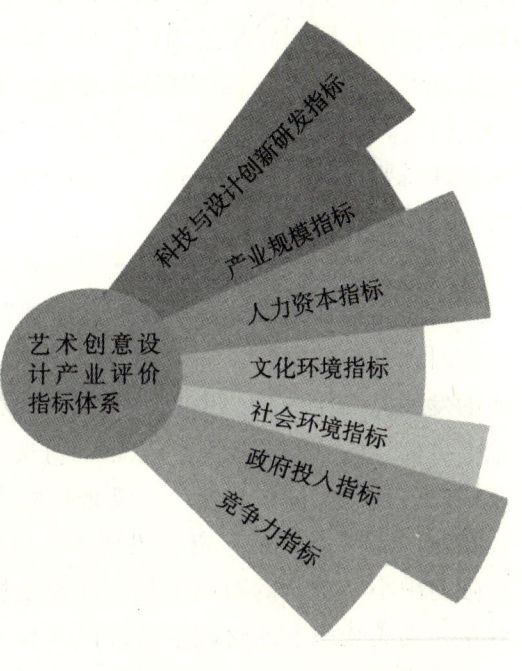

图13　艺术创意设计产业评价指标体系内容

人力资本指标：设计专业人员的总人数/比率/增长率、新增劳动力人均受教育年限、教育/训练经费的金额/比重/增长率、文教类组织的总数/增长率。

艺术设计环境指标：民众艺术设计消费占总支出中的比重、家庭艺术设计消费占全部消费的比重。

社会环境指标：人均城市基础设施建设投资额、民间艺术设计创意单位的经营自给率、民间艺术设计创意单位在基础设施建设方面的投资额。

政府投入指标：艺术设计创意事业财政补助占全部财政支出的比重、人均艺术设计事业财政补助、艺术设计创意事业基建投资额、年末固定资产值、奖励资金/金额总数/比重。

竞争力指标：国际贸易进出口指标、华人市场的营收总值/占有率/增长率、亚洲市场的营收总值/占有率/增长率、全球市场的营收总值/占有率/增长率。

艺术创意设计产业的推动与发展不仅需要清楚的概念，同时也需要客观、可靠的数据。艺术创意设计产业评价指标体系帮助我们在艺术创意设计产业产值、艺术创意设计产业增加的就业机会、研发投资金额总数及增长率。国际贸易进出口指标，政府投入艺术创意设计产业基础建设金额等方面了解以及检测政策的绩效性。

另外，要积极进行艺术创意设计产业的各项调查，由调查挖掘出新的设计需要，同时透过调查结果的公布及宣传效果，加深民众的对艺术设计的认识度。

2. 拓展融资渠道，提供风险资本和创投基金

资金供给是创意产业发展的"血脉"，任何产业的发展初期都需要资金等财政方面的支持，艺术创意设计产业也不例外。为艺术创意设计产业的发展提供在信贷、税收、投资、贸易等配套的财政政策支持。在政策上贯彻"选择与集中"的原则，对选定的重点扶持对象，从创意到设计研发、创作、制作和营销、流通的每个阶段，都提供必要的资金扶持。在拓宽产业融资渠道，资金投放管理，贸易扶持等方面制定政策建议。加强对中小型企业的财政支持，建立从国家到地方各个层面的相关扶持政策，尤其是地方的财政支持、民间投资和上市融资对艺术创意设计产业的健康发展尤为重要，逐步建立公共投入与私营投资共同协力，以保障迎来创意企业的大发展。

首先，建议我国在中央和一些适合发展艺术创意设计产业的地区设立"中国艺术创意设计产业发展银行"。其资金来源渠道主要有：一是财政拨款；二是经批准发行的金融债券；三是企事业单位捐赠、投资和海外投资等。主要用于艺术创意设计产业的基础性大型项目融资。地方一级的"中国艺术创意设计产业发展银行"应该侧重于辅助具有本地特色的设计创意产业。其次，通过政府组织和非政府组织的组织协调，成立了产业发展基金会，建立了政府、银行和行业基金及艺术创意设计产业之间紧密联系的融资网络。再次，建立公共资金和私人投资等资金来源渠道，并建立企业信用评价体系，可以借鉴风险投资的项目成长性及价值评估体系的内核。为我国艺术创意设计产业的发展奠定了资金基础（图14）。

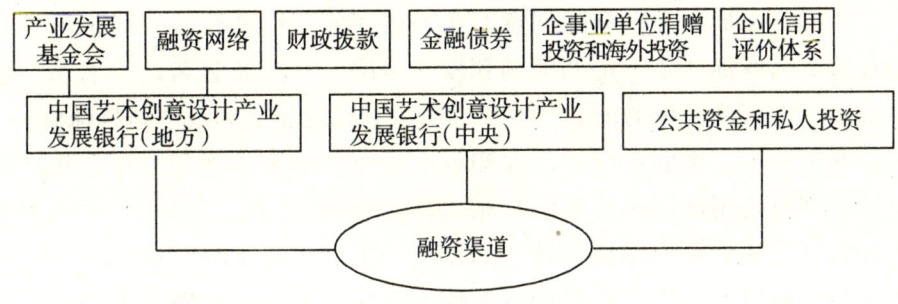

图14　拓展融资渠道的建议

另外，我们应清醒地认识到政府等公共部门的角色与地位，它们不应该成为企业投资需求者的"救命稻草"，因为政府等公共资金有限，并不足以对创意领域的融资短缺问题的解决形成太大的实质性影响。从长远的发展战略意义来看，政府的角色应该是创意产业的推动者，是个中介，是个拥护者；它的眼光应该放在更长远的开发私营投资市场，负责营造一个适宜产业发展和私营投资的外部环境。

3. 重视版权保护，实施数字化保护战略

在当代经科技全球化的趋势下，知识产权在国际竞争中的重要性与日俱增，正如温家宝总理指出的，"世界未来的竞争就是知识产权的竞争"。知识产权是文化产品流通、交换的必要规则，是文化产品走向世界的"游戏规则"，是文化创意产业蓬勃发展的引擎和保护神。保护知识产权就是保护创造力，创意始终存在。但创意转化为产业却是在知识产权保护不断规范的前提下才能得以实现。

加强知识产权保护，首先，要建立健全知识产权保护体系，以完善的知识产权制度确认和保护文化产品组织者和创造者的合法权益，维持和发展文化创造活动，促进对艺术创意设计产业知识产权保护。鼓励知识产权评价机构发展，健全知识产权信用保证机制。

其次，要加大知识产权保护力度。建立知识产权协调机制，定期召开联席会议，统筹协调全国创意产业知识产权管理和保护工作，严厉打击各种侵权创意产品知识产权的行为。

再次，完善知识产权服务机制。鼓励和支持创意产业自主创新所形成的成果并及时向有关部门申请注册登记，强化知识产权社会中介服务，帮助企业建立知识产权保护机制，形成贯穿于创意产品创作、生产、流通和消费全过程的知识产权保护体系。

最后，保护和推广全国创意产业著名商标。积极鼓励和知识创意企业申报著名商标认定，定期编制和发布全国创意产业著名商标名录。被认定为全国著名商标的创意产业商标可按有关规定受到或申请特殊保护。

研究制定艺术创意设计产业知识产权保护措施和落实办法，建立健全知识产权信用保证机制。整合相关社会资源，创建专门的艺术创意交易平台，形成贯穿于创意设计产品创作、生产、流通和消费全过程的知识产权保护体系。降低艺术创意设计产品交易成本，实现艺术创意设计产品的价值转化。

随着互联网、数字技术的进步，为版权产业国际化、数字化提供了广阔的发展空间。为了适应数字化时代对艺术创意设计产业发展的要求，国家应积极实施数字化版权保护战略。

艺术创意设计产业的提出，是现代文化产业发展的必然。积极发展艺术创意设计产业，对于改造和提升我国传统文化艺术产业，解放和发展文化艺术生产力；对于调整优化产业结构，促进经济增长；对于发展各项社会事业，推动学院艺术设计教育改革，都具有战略意义，值得认真加以研究。

参考文献

［1］叶辛：《上海文化发展报告2009》，社会科学文献出版社2009年版。

［2］朱维麟：《国际文化创意产业园区发展研究报告》，中国人民大学出版社2007年版。

［3］高原：《工业设计产业化与创意产业》，湖南大学2007年硕士学位论文。

［4］柳絮青：《欧美视角下的创意产业研究》，浙江大学2009年硕士学位论文。

［5］闫琨：《促进我国创意产业发展的政策研究》，东北师范大学2009年硕士学位论文。

［6］贾楠：《创意产业的兴起及我国的对策》，河北师范大学2008年硕士学位论文。

［7］刘颖：《文化创意产业评价方法研究》，山东大学2009年硕士学位论文。

[8] 柴越尊：《我国创意产业评估统计指标体系研究》，载《商业时代》2007年第7期。

[9] 张晓明：《关于文化产业的分析框架》，载《WTO与中国文化产业》，文化艺术出版社2001年版。

[10] 创意中国官方网站，http://www.xxidea.com/。

[11] 陈妹吟：《文化创意产业与国家品牌之相关性研究》，国立中山大学2006年硕士学位论文。

[12] 蒋三庚：《文化创意产业研究》，首都经济贸易大学出版社2006年版。

[13] 李江虹：《城市品牌塑造及其评估》，西南交通大学2005年硕士学位论文。

[14] 英国文化媒体体育部网站，http://www.eulture.gov.uk/。

[15] Turner, Management of Design, *Industrial and commercial techniques Ltd.*, London, 1998。

[16] Kevin Mc cullagh Situating technological change, *Within social and business dynamics.* Design Management Journal Spring, 2003。

[17] Billy Matheson. 2006. *A Culture of Creativity*: Design Education and the Creative Industry [J]. Journal of Management Development, 25。

[18] GranhamN. 2005. *From Cultural to Creative Industry* [J]. International journal of Culture Policy, 11。

[19] 路爱国：《国外产业政策研究若干新进展》，载《经济学动态》2006年第10期。

[20] 金元浦：《文化创意产业的多种概念辨析》，载《同济大学学报（社会科学版）》2009年第20期。

[21] 秦琴：《海淀区文化创意产业竞争力评价指标体系设计》，北京林业大学2008年硕士学位论文。

[22] 陈瑾玫：《中国产业政策效应研究》，辽宁大学2007年博士学位论文。

[23] 范嵘：《中国动漫产业发展问题研究》，载《科技创新导报》2008年第30期。

[24] 李思屈：《中国数字娱乐产业品牌战略研究》，社会科学文献出版社2007年版。

［25］花建：《文化产业集聚发展战略研究》，载《国家文化产业课题研究报告（2009 年度）》。

［26］上海创意产业中心：《上海培育发展创意产业的探索与实践》，上海科学技术文献出版社 2006 年版。

［27］朱上上、潘云鹤、罗仕鉴、庄越挺：《基于知识的产品创新设计技术研究》，载《中国机械工程》2002 年第 13 期。

［28］赵江洪：《设计艺术的含义》，湖南大学出版社 1999 年版。

课题组成员名单

课题负责人：

肖　平　南京航空航天大学国家文化产业研究中心主任
　　　　南京航空航天大学艺术学院院长，教授

课题组成员：

黄　秋野　南京航空航天大学艺术学院副教授
张　奔　南京航空航天大学艺术学院副教授
叶　红　南京航空航天大学图书馆中级馆员
成　乔明　南京航空航天大学艺术学院讲师
张余司政　南京航空航天大学艺术学研究生
纪　昀　南京航空航天大学艺术学研究生
韩　秀娟　南京航空航天大学艺术学研究生

文化系统文化产业人才中长期规划研究

中国海洋大学国家文化产业研究中心

- 350　一、充分认识文化系统文化产业人才队伍中长期规划的重要性和紧迫性
- 353　二、文化系统文化产业人才中长期规划的指导思想、基本原则和总体目标
- 356　三、文化系统文化产业人才中长期规划的主要任务
- 370　四、实施文化系统文化产业人才中长期规划的政策措施
- 377　参考文献
- 378　课题组成员名单

在当今世界的经济发展中,文化产业日益成为经济发展新的增长点,越发成为国民经济新的支柱产业。文化产业人才战略是发展文化产业的第一战略,文化产业人才资源是第一资源。加强文化系统文化产业人才的队伍建设,是我国文化系统贯彻落实科学发展观、实施文化战略、发展"低碳经济"、实现跨越式发展和可持续发展的重要战略举措,也是我国加快新型工业化进程、促进经济协调发展的重要保障。根据国家"十一五"时期文化发展规划纲要和《国家中长期人才发展规划纲要》的精神,结合全国文化系统人才工作会议精神,为了推动我国文化强国战略,切实加强文化产业人才队伍建设,根据文化产业发展的需要和人才成长规律,应该对我国文化系统文化产业人才队伍中长期规划进行科学研究。

一、充分认识文化系统文化产业人才队伍中长期规划的重要性和紧迫性

根据国家统计局发布的 2008 年我国文化产业发展情况的报告:截止到 2008 年底,我国文化产业共有法人单位 46.08 万个,非法人单位 2.43 万个,个体经营户 49.69 万户。文化产业从业人员总数为 1 182 万人,占全国从业人员的 1.53%,占城镇从业人员的 3.91%。这一统计表明,我国文化产业人才的数量远远不能满足文化产业跨越式发展的需要,而文化产业人才的质量更是存在许多薄弱环节。

(一)我国文化系统文化产业人才队伍的薄弱环节

根据国家统计局《2009 年国民经济和社会发展统计公报》的统计,2009 年国内生产总值 335 353 亿元,比上年增长 8.7%。其中,第一产业增加值 35 477 亿元,增长 4.2%;第二产业增加值 156 958 亿元,增长 9.5%;第三产业增加值 142 918 亿元,增长 8.9%。第一产业增加值占国内生产总值的比重为 10.6%,比上年下降 0.1 个百分点;第二产业增加值比重为 46.8%,下降 0.7 个百分点;第三产业增加值比重为 42.6%,上升 0.8 个百分点。从国内外文化产业对经济增长的作用来看,文化产业是促进经济发展的重要力量,只有大力加强文化产业人才队伍的建设,才能为文化产业的跨越式发展提供人才资源的支持。2009 年末,全国就业人员虽然高达 77 995 万人,但全国文化从业人员仅仅 198.4 万人,能够从事文化产业的专业技术人才和高技能人才比较匮乏,不能满足我国文化产业跨越式发展的现实需要,更不能满足文化产业发展的长远需要。在全国 500 家大型文化企业中,目前还没有一家文化企业能够跻身全国

500强。

我国文化产业人才总量不足、结构失衡,没有形成规模效应,缺乏可持续发展的能力,与实现中长期文化产业发展目标存在较大差距。根据我国文化产业发展的需要,演艺业、动漫业、文化娱乐业、游戏业、文化会展业、文化旅游业、艺术品和工艺美术、艺术创意和设计、网络文化、文化产品数字制作与相关服务的各类文化产业人才总量缺口较大。

文化产业人才的不足主要表现在以下几个方面。

1. 缺乏既懂文化又懂产业的复合型经营管理人才

文化产业经营管理人才应该具有复合型的知识结构与能力结构,但由于缺乏既懂文化又懂产业的复合型经营管理人才,客观上难以满足文化产业经营与管理的需要。

2. 具有文化创意的高端人才奇缺

文化创意是文化产业链的第一根链条,没有文化创意人才,就不可能发展具有创造性的文化产业。缺乏文化创意人才,客观上严重制约了文化产业的创新与品位的提升,导致文化产业低层次的重复建设。

3. 缺乏能够从事文化产业研发的高级技术人才

文化产业本质上是对文化创意的转换和物化。由于缺乏从事文化产业研发的高级技术人才,因此客观上影响和制约了在文化产业的技术层面上与国际先进文化产业的衔接与合作。

4. 具有国际化视野的文化交流传播人才总量不够

文化产业的国际化客观上需要若干具有国际化视野的文化交流传播人才,但由于缺乏具有国际化视野的文化交流传播人才,必然影响和制约我国文化产业走向国际化。

5. 缺乏把丰富的文化资源转化为文化产业的推广、转化与传播人才

我国拥有丰富的文化资源,文化产业的发展需要大批能够把丰富的文化资源转化为文化产业的推广、转化与传播人才;如果缺乏这类人才,我国丰富的文化资源就不可能转化为文化产业。

6. 缺乏一大批既懂文化又懂产业的文化产业企业家

发展文化产业客观上需要能够融通文化与产业的文化产业企业家,这类企业家熟悉文化,也熟悉产业经营,是复合型的企业家。如果缺乏文化产业企业家,文化产业就难以实现跨越式发展。

7. 各类文化产业技术人才缺口较大

演艺业、动漫业、文化娱乐业、游戏业、文化会展业、文化旅游业、

艺术品和工艺美术、艺术创意和设计、网络文化、文化产品数字制作与相关服务的各类文化产业人才总量缺口较大。

8. 各类民间艺人和乡土文化人才的文化传承面临严峻挑战

由于产业化程度低,各类民间艺人和乡土文化人才的文化传承面临严峻挑战,某些民间艺术可能出现后继无人的困境。

针对我国文化产业人才总量不足、结构失衡的现状,在宏观上,通过文化系统、教育系统和企业系统以及科研系统的联合培训,扩大文化产业人才的总量,根据文化产业结构的升级,不断优化文化产业队伍,形成文化产业发展的整体合力;在微观上,通过开发文化系统文化产业人才,开发其智力,激发其活力,使文化系统每一个文化产业人才都能够成为创造文化和传播文化的重要载体,成为文化生产力的创造者。

(二)高度认识我国文化系统文化产业人才队伍建设的重要性和迫切性

人才是一个国家和民族最核心的竞争力。人才的质量、数量和结构直接决定一个国家和地区经济发展的规模、速度、效益和竞争力。文化产业人才是推动我国文化系统文化产业跨越式发展的第一动力。加强文化产业人才队伍建设,努力培养和造就一支数量充足、素质优良、结构合理、具有文化创意能力、能够适应文化产业发展需要的文化产业人才队伍,是我国加快文化产业发展和促进产业升级、转变经济发展方式的重要举措,是我国加速生产力发展最重要和最根本的动力,也是促进我国文化产业可持续发展和跨越式发展的必由之路。

文化产业人才是促进我国文化系统文化产业科学发展的第一资源。我国虽然文化资源非常丰富,但文化产业的发展远远落后于美国、日本等发达国家,而影响我国文化产业发展的最根本的原因,是我们缺乏一大批优秀的文化产业人才。在我们对文化宣传和教育部门公务员124份的问卷调查的多项选择中,"你认为影响我国文化产业发展的最重要的因素是什么?" 45.16%的人认为我国缺乏文化产业的管理人才,53.23%的人认为我国缺乏文化产业的创意人才,50%的人认为我国缺乏把文化转化为文化产业的研发人才,21.77%的人认为我国缺乏文化产业的企业家。对于这个多项选择题的回答,全国18所高校的72位大学教师中,55.56%的人认为我国缺乏文化产业的管理人才,72.22%的人认为缺乏文化产业的创意人才,62.50%的人认为缺乏把文化转化为文化产业的研发人才,31.94%的人认为我国缺乏文化产业的企业家。

通过调研我们发现，影响我国文化产业发展的最重要的因素就是缺乏各类文化产业人才，尤其是缺乏文化创意人才和文化产业管理人才。因此，我们只有大力实施人才资源强国战略，加大文化产业人才队伍建设的力度，增加文化产业人才培养的经费投入，充分发挥人才的第一资源价值，才能真正促进我国文化产业结构的优化和升级，实现我国经济社会的全面协调发展。

二、文化系统文化产业人才中长期规划的指导思想、基本原则和总体目标

（一）文化系统文化产业人才中长期规划的指导思想

高举中国特色社会主义伟大旗帜，以邓小平理论和"三个代表"重要思想为指导，深入贯彻落实科学发展观，按照《国家"十一五"时期文化发展规划纲要》和《文化产业振兴规划》的要求，遵循文化产业的发展规律和文化产业人才成长规律，以全面提升文化产业人才的整体素质和创新能力为目的，紧紧抓住培养、吸引、用好人才三个环节，通过对文化系统文化产业人才中长期规划，加快文化产业人才发展体制改革和政策创新，通过对文化产业人才的整体性开发，在世界范围内广开文化产业人才资源，充分利用扩大对外开放，开发利用国内国际两种人才资源，以培养文化创意人才为核心，以培养文化产业管理人才为抓手，全面统筹推进文化系统各类文化产业人才队伍建设，为发展文化产业和实施文化强国战略，提供充足的人才保障和广泛的智力支持。

（二）文化系统文化产业人才中长期规划的基本原则

在基本原则上，总的来说是"服务发展、人才优先、以用为本、创新机制、高端引领、整体开发"。具体而言，要坚持政府引导、市场调节、文化企业为主体的原则，充分发挥政府在宏观指导、政策支持及协调服务方面的作用，强化文化企业在人才开发利用中的主体地位；坚持文化系统文化产业人才队伍建设与文化产业发展互动协调的原则；确保文化产业人才优先发展，充分发挥文化产业人才引领文化产业发展的动力和保障功能；坚持扩大总量与激活存量相结合的原则，把促进文化系统文化产业人才的创造活力，提高文化产业人才的贡献能力，作为发展文化产业的出发点和立足点；从我国文化系统文化产业人才的现状和文化产业未来的发展要求出发，借鉴发达国家文化产业人才队伍建设的成功经验，对我国文化系统文化产业人才进行中长期的科学规划。

(三) 文化系统文化产业人才中长期规划的总体目标

文化系统文化产业人才队伍中长期规划的时间界定：中期规划：2010—2015 年；长期规划：2016—2020 年。

在 2010 年 6 月 29 日全国文化系统人才工作会议上，欧阳坚副部长提出实施"人才兴文"战略，要求编制好《全国文化系统人才发展规划》，提出文化人才发展的指导思想、基本原则、主要目标和具体措施，指导和推进文化人才工作。欧阳部长要求建设好七支人才队伍，即培养造就一支政治坚定、勇于创新、勤政廉洁、求真务实、奋发有为，能够推动文化事业科学发展的高素质党政人才队伍；一支熟悉市场、具有先进管理水平的优秀文化经营管理人才队伍；一支宏大的高素质的文化艺术专业技术人才队伍；一支职业化、专业化的公共文化服务人才队伍；一支门类齐全、技艺精湛的高技能文化人才队伍；一支掌握现代高新技术、善于运用科技手段推动文化发展的文化科技人才队伍；一支数量充足、年龄结构合理、专业面广、语种丰富的复合型文化外交人才队伍。要实施好文化名家工程、党政干部能力建设培训工程、基层文化人才培养工程、文化产业高层次经营管理人才培养工程、文化艺术专业技术人才知识更新工程、非物质文化遗产保护管理和专业人才培养工程，实施好西部地区文化人才支持计划、海外高层次文化艺术人才引进计划和优秀青年文化艺术专业人才扶持计划。欧阳部长提出建设"七支人才队伍"的思想，对于研究我国文化系统文化产业人才中长期规划，具有重要的指导意义。

我国文化系统文化产业人才的中长期发展规划，要建设一支高素质的管理文化产业的党政人才队伍；建设一支高素质的企业经营管理人才队伍；建设一支具有创新活力的高素质的文化创意人才队伍；培养一大批能够把文化资源转化为文化产业的文化推广、转化与传播人才。根据我国中长期文化产业的发展方向和发展重点，我们还应该建设一支能够掌握先进技能的文化产业专业技术人才队伍，重点培训演艺业、动漫业、文化娱乐业、游戏业、文化会展业、文化旅游业、艺术品和工艺美术、艺术创意和设计、网络文化、文化产品数字制作与相关服务的各类文化产业人才。

我国文化系统文化产业人才长期的发展目标：到 2020 年，我国文化系统文化产业人才发展的总体目标是：培养和造就一支规模宏大、结构优化、布局合理、素质优良的文化产业人才队伍，确立我国文化系统文化产业人才竞争的优势，引领我国文化产业的整体发展，为实施文化战略与低碳经济的飞速发展，提供足够的人才支撑。为此，需要保障文化系统文化产业人才资源总量稳步增长，不断提高文化系统文化产业人才的整体素质，进一步优化文化产业人才的知识结构和能力结构，文化创意人才的数量达到文化产业人才总数的10%，高技能人才占文化产业人才总数的30%。通过优化文化系统文化产业人才的结构，促进文化系统文化产业人才的分布和层次、类型等结构趋于合理；通过不断完善文化产业人才发展和管理体制，促进文化产业人才辈出、人尽其才，使文化产业人才资本对经济增长贡献率达到35%，人才贡献率达到40%。

到2015年，管理文化产业的党政人才队伍中具有大学本科及以上学历的干部占党政干部队伍的90%；到2020年，达到98%，进一步提高管理文化产业的党政人才队伍的学历层次和专业能力，优化党政人才队伍的知识结构和能力结构。到2015年，文化产业经营管理人才（包括文化产业企业家）总量达到100万人；到2020年，文化产业经营管理人才总量达到150万人，培养造就10~15名能够引领中国企业跻身世界500强的战略企业家；国有及国有控股文化企业国际化人才总量达到1万人左右；国有文化企业领导人员通过竞争性方式选聘的比例达到60%。到2015年，文化产业创意人才的总量达到100万人，2020年达到300万人；通过对文化创意人才的整体性开发，争取到2015年，造就200名文化创意大师级的领军人物；到2020年，达到500名。到2015年，文化系统各类文化推广、转化与传播人才总量达到2万人；到2020年，总量达到5万人。到2015年，文化系统文化产业专业技术人才总量达到500万人；根据2009年末全国就业人员77 995万的统计数字，到2020年，全国就业人员可能达到80 000万人，文化产业的就业人员应该达到16 000万人，占从业人员的20%左右，其中，文化系统文化产业就业人员至少增加到2 000万人。

通过5~10年的努力，实现我国文化系统文化产业人才的"一个创新"、"两个扩大"、"三个提高"和"四个优化"，即创新文化系统文化产业人才的管理机制；扩大文化系统文化产业人才的总量，扩大文化系统文化产业人才的国际化视野；提高对培养文化创意人才重要性的认识，提高文化产业人才的创新能力，提高文化产业在经济社会发展的重要地位；优化文化系统文化产业人才的知识结构和能力结构，优化文化系统文化产业各行业之间人才结构类型的科学配置,优化文化系统文化产业人才与发展文化产业之间的互动关系,优化文化系统文化产业人才与非文化系统文化产业人才、非文化产业人才之间总量的科学配置。到2020年,争取建立一支数量宏大、具有创新能力和国际视野的高素质的文化系统文化产业人才队伍,为实现我国文化产业的跨越式发展夯实坚固的人才资源基础。

三、文化系统文化产业人才中长期规划的主要任务

(一)培养一支具有高素质的文化产业管理队伍

适应文化系统文化产业结构优化升级和实施"走出去"战略的需要,以提高文化系统文化产业现代经营管理水平和企业国际竞争力为核心,以战略企业家和职业经理人为重点,加快推进文化企业经营管理人才职业化、市场化、专业化和国际化的进程,培养造就一大批具有全球战略眼光、市场开拓精神、管理创新能力和社会责任感的文化产业优秀企业家和一支高水平的文化产业经营管理人才队伍。

1. 加大培训通晓文化产业的党政人才的力度

加大对通晓文化产业的党政人才的培养选拔力度,提升各级党政领导干部管理文化产业的能力。这里所说的"党政人才"主要指各级党委宣传部、文化局、旅游局、财政局、经贸委、广电局、教育局、信息产业局等直接或间接与文化产业相关的党政职能部门的相关公务人员。

实施"文化产业党政干部管理人才培训工程",大力培养和选拔一大批熟悉文化产业、懂企业管理的优秀管理干部,为文化产业的跨越式发展提供高质量的公共管理与公共服务。组织人事部门拓宽选才用人视野,一方面注重从文化企业、高等院校和科研机构中选派专业人才到党委政府挂职锻炼,另一方面可以把党政人才放到文化产业中挂职锻炼,让他们带着问题到高校进行短期深造,通过"产学研"的结合,把管理知识和管理才能与"产学研"的修炼紧密结合起来。党政人才在知识结构方面,要熟悉文化产业,懂文化,懂教育,懂经济,具备"山形人才"①

---

① 所谓"山形"人才,是指人才的知识与能力结构像一个"山"字形。"山"字中间的"丨"代表人才知识结构与能力结构的主要专长;"山"字两边的"丨"代表围绕主要专长的双翼;"山"字的"_"即"山"字的底部,代表人才知识结构与能力结构的宽基础或基本能力。"山"字形人才意味着人才具有通才的知识结构和能力结构,既有主要专长,还具有两门次级的专长,是一种全新的复合型人才。

的复合型结构。到2015年，各省、各地市和县级相关职能部门，都要至少配备1名分管文化产业的专职干部，到2020年要配备不少于2名的专职干部。到2015年，各级分管文化产业的党政干部都要接受比较系统的文化产业知识方面的培训。

  按照加强党的执政能力建设和先进性建设的要求，以提高领导水平和执政能力为核心，以中高级领导干部为重点，造就一批既通晓中国文化和世界文化，能够掌握国家的文化政策和经济政策，又熟悉文化企业管理的党政领导人才，建设一支政治坚定、勇于创新、勤政廉洁、求真务实、奋发有为、善于推动文化产业科学发展的高素质党政人才队伍。

2. 加大对文化产业企业管理人才的培养力度

  文化产业企业的管理人才是文化产业企业发展的核心，也是直接决定文化产业企业发展的决定性因素。要实现文化产业的跨越式发展，必须加强文化产业企业管理人才队伍的建设，以提高管理人才的决策力和领导力。

  根据我们对18所大学部分教师的调研，在多项选择中，72.73%的教师认为"文化产业管理人才应该具备的主要能力"是具有文化创意的能力，86.36%的教师认为是"驾驭文化市场的能力"，68.18%的教师认为是"实施文化产业人才战略的能力"，只有27.27%的教师认为应该具有"文化产业的研发能力"。围绕我国文化产业的发展目标，应该大力建设一批精干高效、能够适应文化产业跨越式发展的"山形人才"和创新性的经营管理团队；培养一批具有文化产业素养，具有文化市场意识和开拓能力、熟悉国内外文化产业市场及其经济规则的中高层经营管理人才；造就一批忠诚度高，具有战略思维和全球视野，能够协调处理各方利益、引领大企业大集团发展的文化产业优秀企业家。每年选拔1 000名中青年文化产业企业的经营管理者赴国内外著名院校、培训机构和知名文化企业，进行现代管理知识和经营管理能力强化培训。到2015年，完成省属以上文化企业70%的中层以上文化产业经营管理人员的培训；到2020年，完成全部的培训。

  为了培养既懂文化又懂产业的"山形"经营管理人才，拟对三类人才进行高级培训：第一，对已经在文化产业岗位上从事管理的人才，进一步提升他们的文化素养和管理能力；第二，对一些具有文化创意能力和文化产品研发能力的高端人才，政府或企业可以把他们送到高校培训管理学方面的知识,并到一些发展比较好的文化产业企业进行锻炼和交流;第三,鼓励企业家和其他管理人才从事文化产业的创业,对这些企业家和管理人才进行相关的文化培训。

3. 创新文化产业管理人才的管理机制

按照民主集中制与市场化相结合的原则,全面引入管理人才的竞争机制,通过公开招聘、竞争上岗、市场化猎取等方式择优选用文化产业经营管理人才。积极运用现代测评技术和工具,对文化产业经营管理人才的素质能力进行测评;全面推行文化产业管理人才聘任制、任期制和任期目标责任制,实行契约化管理,逐步形成能上能下、能进能出的人才流动和退出机制;建立文化产业管理人才的任职资格认证体系,通过资格审查、学习培训、能力素质测试、专家考试、经营业绩考核等人才资源开发、管理工作,大力提高文化产业管理人才的创新力和领导力。到2015年,60%的规模以上企业中层以上管理者达到中级以上任职资格水平,高管层70%全部达到高级任职资格水平;到2020年,企业中层以上管理者全部达到中级以上任职资格水平,高管层全部达到高级任职资格水平。

(二)建立一支具有高度创新能力的文化创意队伍

影响我国文化产业发展的一个重要因素是缺乏文化原创能力,即缺乏具有文化产业创意的各类高级人才。目前,我国文化创意产业急需四种创意人才:内容创意人才、将内容产业化和市场化的人才、策划和经营类人才、文化创意人才的领军人物,尤其是缺乏能将创意文化产业链贯穿起来的人才。因此,在文化系统文化产业人才的中长期规划中,要特别加强培养文化创意人才的力度,把培养文化创意人才视为文化产业人才战略中最重要的战略。

1. 加快文化产业的创新型团队建设

文化创意人才是发展文化产业的核心能源和内在动力,创意人才人文素质的高低是决定创意质量好坏的关键因素。创意人才既要有深厚的文化底蕴,又要有优化的知识结构和能力结构,应该具有开阔的国际视野。

目前,我国文化创意人才具有以下两个特点:第一,文化创意产业的从业人员近八成年龄在20~25岁之间,七成从业人员的从业年限在两年及以下,七成从业人员的学历在大学本科以下,从业者大多缺乏创意经验和创意能力。第二，文化创意人才队伍不够稳定，流失较快，超过九成的企业高层管理人员流失率在2%以内；中层管理人员流失率在5%以内的企业约占九成；一般员工流失率在10%以内的企业约占七成。

根据我们对全国18所高校部分教师的问卷调查，在"您认为文化创意对文化产业的发展"的单项选择中，认为"很重要"的占81.82%，认为"比较重要"的占18.18%，还有59.72%的教师认为"我国需要文化创意人才的数量"应该在1万人以上，网上问卷中有70.97%的人认为"我国需要文化创意人才的数量"应该在1万人以上；在对部分人才学家的问卷中，有62.5%的人才学家认为"我国需要文化创意人才的数量"应该在1万人以上；在对非文化产业本科生的问卷调查中，53.1%的人认为文化产业目前最需要的人才类型是文化创意人才。由此可见，我们的文化产业非常需要数量较多的文化创意人才。根据我们课题组的研究和思考，我国文化产业实际上需要的文化创意人才绝不仅仅是1万人，而是更多的文化创意人才。

根据我国文化产业跨越式发展的需要，围绕文化产业发展和文化产业重大工程建设中的重点、难点和关键性技术问题，应该创建文化产业创新团队，加强文化产业高层次专业技术人才创新团队的培养。我们认为，到2015年，全国高校、科研机构和中型以上的文化企业中，应该至少建立5 000个创意团队，其中建立国家级创意团队100个，省级和大型文化产业企业的创意团队1 000个。到2015年，创意团队和社会分散的各类创意人才总量达到100万人，2020年达到300万人；通过对文化创意人才的整体性开发，争取到2015年，造就200名文化创意大师级的领军人物；到2020年，达到500名。为了培训创意人才，政府建立3~5个国家级文化创意人才培训基地或培训中心，定期举办文化创意人才与经营管理人才高级研修班。

为了扶持文化创意团队建设，政府可以为具有创造潜能的团队提供政策支持、资金支持和税收优惠，支持创新团队申请国家、国际扶持资金，激发文化创意团队的创造活力。政府设立文化创意团队基金，通过科研创新立项，促进文化创意团队的良性循环和可持续发展；政府设立"文化创意产业发展专项资金"和"文化创意产业集聚区基础设施专项资金"，一方面为学校、企业和科研机构对文化创意产品的研发与创意人才的培养提供必要的资金支持，表彰和奖励在文化创意中作出突出贡献的各类人才，另一方面通过"文化创意产业集聚区基础设施专项资金"，支持文化创意产业集聚区的环境整治、基础设施和公共服务平台建设等公共设施工程。政府在培养文化创意人才中要发挥积极的导向作用，鼓励文化创意产业自主创新形成的成果及时申请、注册相关专利；建立健全知识产权保护的法律法规，营造良好的法治环境，落实有关保护措施，加大保护力度，进一步提高文化领域知识产权保护水平。

2. 积极实施"文化创意人才创新工程"和"文化创意专家建设工程"

建议政府实施"文化创意人才创新工程"和"文化创意专家建设工程"，完善"中国文化艺术政府奖"等各种奖项，营造有利于培育出高端文化创意人才的社会文化环境，在弘扬中国传统优秀文化的基础上，注重原创性与现代性的融合，举全社会之力，培养出一批具有传统文化深厚底蕴、能够融汇古今中西、作出原创性贡献的文化创意大师。

文化创意人才主要包括以下六类：文艺演出管理人才、出版发行和版权贸易人才、影视节目制作和交易人才、动漫和网络游戏制作人才、会展产业人才和艺术品创作及交易管理人才。目前，我国文化创意产业急需四种创意人才：第一，内容创意人才；第二，将内容产业化和市场化的人才；第三，策划、经营类人才；第四，文化创意人才的领军人物，尤其是缺乏能将创意文化产业链贯穿起来的人才。

文艺演出管理人才指具有艺术管理、文化产业管理、国际文化交流等专业背景的高端经纪人才和策划人才；出版发行和版权贸易人才指具有出版、编辑、印刷工程、版权等专业背景的高端创意人才和策划人才；影视节目制作和交易人才指具有影视制片、影视媒体技术、广播电视数字技术等专业背景的高端创意人才和策划人才；动漫和网络游戏制作人才指具有美术、动画、计算机等专业背景的高端创意人才和策划人才；会展产业人才是指具有会展经济、会展策划设计、文化传媒创意等专业背景的高端创意人才和策划人才；艺术品创作及交易管理人才指具有艺术品经营、拍卖、研发设计创意等专业背景的高端创意人才和策划人才。

实施文化创意人才的创新工程，对文化创意人才进行整体性开发。为了激励文化创意人才，政府可以设立国家级各种文化创意大赛，设置各种表彰和奖励，实施国家级文化创意人才创新工程；各省市区和文化企业也可以制定不同层次的文化创意奖励政策，实施符合各省市区和企业发展需要的文化创意人才创新工程。通过政府和各省市区以及文化企业的共同努力,大力实施"文化创意专家建设工程",大力培养文化产业各领域的高级创意专家、工程师和学科带头人。

3. 积极鼓励各类文化创意人才的奇思遐想

文化创意人才对于新事物一般都具有很强的好奇心,敢于突破常规,敢于创新,不拘泥于传统的思维定式,不循规蹈矩、墨守成规。文化创意人才是文化产业软实力的核心价值。对文化创意人才应该采取激励管理、弹性考核和长远评价。我们不能按照企业管理的常规来判断文化创意人才的价值和贡献,而是要注重文化创意的特殊性以及对文化产业的弹性贡献和长远贡献。

要培养文化创意人才,首先要发挥政府在培养文化创意人才中的导向作用。培养文化创意人才,要追求长远的战略价值和长远的经济效益,不能急功近利。在这方面,政府要采取有效措施,除了给予创意人才的政策性保障以外,还要通过新闻媒体舆论等,在价值观上引导全社会正确认识文化创意的巨大价值,引导社会和文化企业充分认识文化创意人才的特殊贡献和长远贡献,为文化创意人才创设良好而又宽松的社会环境和企业环境,为文化创意人才在思想上松绑,为文化创意人才创造力的喷发提供实现的土壤和舞台。

其次,发挥高校培养文化创意人才的主体作用。美国的文化创意产业发展始终处在世界各国的领先地位,它们有30多所大学开设了艺术管理专业,培养出了一大批高质量的文化创意产业策划、经营和管理人才。我国高校应该借鉴国外的先进经验,加大对文化创意人才的培养力度。创意,本质上是创新意识、创新思维和创新能力的和谐统一,因此,高校培养文化创意人才应该注重培养学生的创新意识、创新思维和创新能力,特别是在培养内容创意人才中,高校具有独特的师资优势和良好的氛围;想象力是创新能力的核心和关键,高校在课程设置与实践创新中,应该特别重视对学生想象力的开发,尤其是要注重对学生各种潜能的开发;激发创意,需要把放飞想象力与思维聚焦和谐统一起来,把辐射思维与辐集思维和谐统一起来。高校在培养文化创意人才方面,应该高度重视文学创意写作学科的建设,开设故事建构等创意写作训练系列课程,可以招收创意写作方面的硕士。

再次,要发挥企业培养文化创意人才的实践孵化作用。文化产业企业可以根据企业的条件,酌情建立文化创意研发机构或文化创意培训基地，鼓励创意人员结合企业发展的需要，大胆批判，大胆设疑，大胆突破，大胆创新。

我国文化产业在中长期的发展过程中，需要大批的文化产业人才，尤其是要加大培养文化创意人才的力度，把培养文化创意人才视为文化产业人才战略中最重要的战略。政府要加大培养文化创意人才的力度，把培养文化创意人才视为文化产业人才战略中特殊的重要战略。政府、企业、高校和科研机构要成立创意团队，鼓励思维创新的"大兵团作战"，运用"头脑风暴法"思维互荡，建构"智力磁场"激发创意。同时，鼓励个人在创意方面"单兵作战"，以激活和形成星火燎原的创意火花。

（三）培养一批具有战略开拓能力的文化产业优秀企业家

文化产业的发展需要一大批文化产业企业家。我国文化产业起步较晚，缺乏具有国际竞争力的文化产业。我们既要对目前已经粗具规模的文化产业的企业家进行素质、能力的提升性培训，又要鼓励其他行业的企业家投资文化产业。

根据我们对18所大学部分教师的调研，在"你认为影响我国文化产业发展的最重要的因素"的多项选择中，55.56%的教师认为"缺乏文化产业的管理人才"，72.22%的教师认为"缺乏文化产业的创意人才"，31.94%的教师认为"缺乏文化产业的企业家"，62.50%的教师认为"缺乏把文化转化为文化产业的研发人才"。另外，通过对动漫游戏产业"消费对象"的问卷和"喜欢的影视节目"问卷发现，我国的文化产业也存在明显的不足。在对全国18所高校的部分教师问卷中，"您认为动漫游戏产业的消费对象主要是"的多项选择中，认为主要是"幼儿和儿童"的占86.36%，认为主要是"青少年"的占95.45%，而认为是"中年人"和"老年人"的分别只占9.09%和4.54%。这表明我国游戏生产未能生产出可以供中老年欣赏和消遣的游戏产品，也说明我国游戏市场的后劲严重不足，因为我国正在迈入老龄化社会，中老年人实际上也非常需要游戏，这完全符合人的生理和社会本质。在对非文化产业管理专业大学生的"你最喜欢的影视节目是（选两项）"的问卷中，喜欢中国内地的影视节目的占21.7%，喜欢中国港台的影视节目的占23.5%，喜欢美国或欧洲的影视节目的占36.4%，喜欢日本或韩国的影视节目占18.4%。这说明我国内地的影视节目创造力不高，不能满足我国大部分观众的需要，影视作为重要的文化产业客观上成为美欧和日韩获取我国利润的重要来源。

很显然，要实现文化产业跨越式发展，必须建立一支强大的文化产业企业家队伍。建议实施"文化产业优秀企业家建设工程"，遵循文化产业企业家成长规律，按照职业化、市场化、现代化和国际化的要求，不拘一格地培养优秀的文化产业经营管理人才，不断增强他们开拓国际国内市场的能力。重视民营文化企业经营管理人才的培养，选择部分大型民营文化企业集团进行人才专项服务试点，为民营文化产业企业家的成长提供良好环境。到 2015 年，文化产业企业家总量达到 200 万人；到 2020 年，总量达到 400 万人，培养造就 10~20 名左右能够引领中国企业跻身世界 500 强的战略企业家，培养造就 20~30 名中国企业 100 强的文化产业企业家，重点扶持培养 200 名具有战略思维和全球视野、熟悉国内外文化市场、开拓创新能力强的优秀文化产业经理人。

培养一批具有战略开拓能力的文化产业优秀企业家，特别需要建设一支能够把文化资源转化为文化产业的文化推广、转化与传播人才队伍。在全球化时代，文化产业更加具有国际化的性质，特别需要一大批具有国际化视野的文化交流传播人才。我国文化资源虽然很丰富，但缺乏把文化资源转化为文化产业的文化推广、转化与传播人才，严重制约了我国文化产业的发展。我们既要研究文化资源转化为文化产业的内在规律、途径和方法，又要有针对性地从一批优秀的企业家中培养一批具有把文化资源转化为文化产业能力的文化推广、转化与传播人才。

（四）加大培训各类文化产业技术人才的力度

在现代经济的发展中，文化产业在专业技术方面大多具有先进性、科学性和尖端性的特点。在文化系统文化产业人才的中长期规划中，要适应文化系统现代文化产业发展的需要，以提高文化产业专业水平和创新能力为核心，以高层次人才和紧缺人才为重点，打造一支高素质的文化产业专业技术人才队伍。特别要在文化产业的技术层面上加强与国际先进文化产业的衔接与合作，培养一大批具有进行文化产业研发的高级技术人才。

1. 文化产业技术人才需要重点培训的几种主要类型

根据我国中长期文化产业的发展方向和发展重点，我们还应该建设一支能够掌握先进技能的文化产业专业技术人才队伍，重点培训演艺业、动漫业、文化娱乐业、游戏业、文化会展业、文化旅游业、艺术品和工艺美术、艺术创意和设计、网络文化、文化产品数字制作与相关服务的各类文化产业人才。

培训演艺业人才。演艺业人才主要是指从事舞台艺术创作和表演的艺术人才。随着社会的发展进步和人们闲暇时间的增多，社会对演艺业将会产生巨大的需求，因此，培养大批高素质的演艺业人才，这是培养文化产业人才的重要内容。培训演艺业人才，应该注重提高演艺业人才的综合素质和艺术表现能力，使其能够满足观众对艺术的精神和审美的双重需求。同时，要促进演艺与旅游、会展、传媒、科技等要素的结合，打造富有特色的演艺项目；提高影视艺术人才表演的科技含量，推动传统技术与数字技术的融合，形成数字电影规模化生产和制作能力，全面提高我国电影的拍摄和制作水平。

培训动漫业人才。动漫业人才主要是指从事动漫业原创和制作的专业人才。动漫业是文化产业的重要组成部分，应该引起我们的高度关注。培训动漫业人才，一是要培训从业人员的原创能力；二是要提高动漫制作的科技含量和审美水平。要引导动漫业人才不仅要关注青少年消费者，而且也要关注中老年对动漫业的消费需求，增强动漫的原创制作能力和衍生产品开发能力，培育一批充满活力、专业性强的动漫企业和具有中国风格、国际影响的动漫品牌。

培训文化娱乐业人才。文化娱乐业人才主要是指从事文化娱乐业的专业人才。文化娱乐业未来的重要特征是满足消费者闲暇时间对文化娱乐的多方面需求，因此，在大中城市积极发展集演艺、休闲、旅游、餐饮、购物、健身等为一体的综合性文化娱乐设施，客观上必然成为发展文化娱乐业的重要动力。文化娱乐业人才要具备多方面的文化素质，具有良好的人际沟通能力，能够把雅俗共赏的文化娱乐与消费者的精神愉悦、休闲等活动结合起来。

培训游戏业人才。游戏业人才主要是指从事游戏业原创和制作的人才。在未来的文化产业规划中，我们要从对人性的认识上加深对发展游戏业的认识，因为人性无论是人生的青少年、儿童、幼儿抑或是中老年时期，人的一生都非常需要游戏，因此，我们要在"以人为本"的前提下，增强游戏产业的核心竞争力，优化游戏产业结构，提升游戏产业素质，提高游戏产品的文化内涵，促进网络游戏、电子游戏、家用视频游戏的协调发展。

培训文化会展业人才。文化会展业人才主要是指从事文化会展业的各种专业人才。上海世博会的成功举办，成为推动文化会展业的重要榜样，在文化产业未来的发展中，各种文化会展业将会成为传播文化、推动经济发展的特殊行业。如各种图书音像博览会、文化产业博览交易会、影视艺术节、各种动漫节、各种民俗文化展览等，都可以成为文化会展业的重要方式。因此，培训一大批高素质的文化会展业人才，也是文化产业中长期人才培训的重要内容。

培训文化旅游业人才。文化旅游业人才主要是指从事具有文化内涵的旅游管理、旅游设计与导游人才。在未来相当长的时期内，旅游业是持久不衰的重要产业之一。文化旅游人才是旅游专业技术人才，也是重要的文化传播者。建设一支高素质的文化旅游人才队伍，既是发展旅游经济的需要，也是文化传播与实施文化战略的需要，因此，我们应该把建设高素质的文化旅游人才队伍纳入教育战略和人才战略的高度进行定位，优化导游人才的管理体制和培训机制。

培训艺术品和工艺美术人才。艺术品和工艺美术人才主要是指从事艺术品创作和工艺美术制作的专业人才。随着人们鉴赏力和审美力的提高，各种艺术品创作、仿制、艺术品拍卖行、家庭装修、房间布局与摆设、人体彩绘业等都与艺术品和工艺美术存在着密切的联系，因此，在未来相当长的时期内，文化产业将会需要大批的艺术品和工艺美术人才。培训艺术品和工艺美术人才，重点是提高他们的艺术鉴赏力和艺术创造力。

培训艺术创意和设计人才。艺术创意和设计人才主要是指从事文化产业中具有艺术创意和设计能力的专业人才。在未来的平面设计、外观设计、工艺美术设计、雕塑设计、服装设计及展览设计中，需要大批的艺术创意和设计人才，需要提升设计创意能力和水平。其中，艺术创意人才是文化创意人才的重要类型，需要高度的想象力、审美力与设计能力的完美结合。

培训网络文化人才。网络文化人才是指从事网络文化制作和网络文化传播的专业人才。随着网络的普及，网络文化的制作和传播已经成为现代信息社会重要的文化产业，以网络游戏、网络影视、网络音乐、网络美术和网络营销为主要内容的网络文化，需要大批精通网络技术的专业人才。为了适用现代信息社会网络文化的需要,我们要大力培训网络文化专业人才的策划能力、原创能力和网络文化传播和营销能力。

培训文化产品数字制作与相关服务人才。文化产品数字制作人才主要是指对舞台剧目、音乐、美术、文物、非物质文化遗产和文献资源进行数字化转化和开发的专业技术人才。随着网络技术的普及,发展以数字化生产、网络化传播为主要特征的文化数字内容产业,大力采用数字技术传播文化产品,丰富文化表现形式和传播渠道,客观上必然成为未来文化产业的重要导向器。为此,我们需要提高文化产品数字制作人才的网络技术水平,提高数字化转化的抽象思维能力。

2. 完善文化产业技能人才培养体系

逐步实施文化产业高技能人才培训工程、新技师培养带动计划,构建文化产业高技能人才培养选拔体系,建立和完善以高层次、高技能文化产业人才为重点的人才培养选拔机制,以文化产业的研发和制作能力建设为导向,以工作业绩为重点,加强文化产业技能人才队伍建设。

根据我国文化产业发展的需要,积极培养一大批熟练掌握新技术和新工艺,能够从事文化产业研发和制作的技能型文化产业人才。建立健全以文化产业企业为主体,职业院校为基础,校企合作为纽带,政府推动与社会支持相结合的文化产业技能人才培养体系。各类文化企业特别是大型文化企业,应结合文化产业发展和技术创新的需要,制定符合文化产业需要的技能人才培养规划,可以为本企业和其他中小文化企业培训技能人才。根据全国文化产业发展的需要,到2015年,全国重点建设20个文化产业高技能人才培训基地,建设20所规模较大、设施完善、特色鲜明的文化产业技能人才培训学院;到2020年,全国重点建设30个文化产业高技能人才培训基地,建设40所规模较大、设施完善、特色鲜明的文化产业技能人才培训学院;大力发展民办文化产业技能人才教育,鼓励文化企业行业通过自办培训机构、联合举办职业院校、委托培养等方式,加快文化产业各种技能人才的培养。

3. 提升文化产业技术人才的创造活力

文化产业技能人才是文化产业创意人才重要的后备军,也是提高文化产业生产效率和经济效益的基本力量。通过健全和完善文化产业技能人才考核评价制度,以文化产业研发和制作能力建设为导向,以工作业绩为重点,注重职业道德和技术能力的文化产业技能人才评价体系。根据文化产业研发和制作的需要，开展各种不同层次的文化产业技术能手竞赛活动，表彰和奖励竞赛中涌现出来的优秀技能人才，按有关规定直接晋升或破格晋升职业资格；设立国家级文化产业技术能手奖，每两年开展一次文化产业高技能人才评选奖励活动，激励文化产业技术工人的自信心和自豪感。行业主管部门和行业组织要建立文化产业高技能人才信息库，建立文化产业发展急需技能人才的信息发布制度，及时发布文化产业重点企业的人才需求目录，促进我国文化产业技能人才的合理流动，增强文化产业技能人才的创造活力。

4. 积极培育和鼓励各类文化产业技术能手的精湛技艺

根据中共中央办公厅、国务院办公厅《关于进一步加强高技能人才工作的意见》的精神，为加快文化行业高技能人才队伍建设，文化部已经决定2010年开展首届文化行业高技能人才选拔表彰工作。为了培养大批各类文化产业技术能手，政府设立国家级文化产业技术能手奖，举办中华文化产业技能大赛，开展全国文化产业技术能手表彰活动，颁发"文化行业高技能人才"荣誉证书。对于获得最高级别技术能手的人员，可以授之"技圣"或"技贤"等荣誉称号，到2015年文化系统各种文化业技术工人达到500万，选拔出1万名文化产业技术能手；到2020年，文化系统各种文化技术工人达到1 000万人，选拔出2万名文化产业技术能手。各省市区和文化企业结合自己的实际情况，也可以冠之以相应的荣誉称号，通过倡导文化产业技术人员精湛的技艺，在全国范围广泛树立尊重人才和尊重技术的价值取向。

（五）加大对农村、少数民族与经济欠发达地区文化产业人才的开发力度

根据统筹城乡与协调发展的总体要求，我们还应该加大对农村、少数民族与经济欠发达地区文化产业人才的开发力度。

为了促进全国文化产业的协调发展，要有计划地组织农村、少数民族与经济欠发达地区文化产业人才到省内外发达地区文化产业知名企业、特色学校学习培训、挂职锻炼；鼓励、支持企业家、文化产业专业的大学生和研究生到农村、少数民族与经济欠发达地区文化产业人才参与投资、创业或挂职；对农村、少数民族与经济欠发达地区的大学生和研究生进行定向培养，毕业后回到生源地区挂职或投资创业，政府资助一定的创业基金；对于从农村、少数民族与经济欠发达地区到城里打工的"新市民"，采取倾斜政策，给予一定的创业资金扶持和技术支持服务，

鼓励他们回家乡建功立业。对于农村、少数民族与经济欠发达地区的文化产业，政府要通过实施文化人才战略，不断加大对少数民族与经济欠发达地区的文化产业开发的投入力度。各省市区级财政每年安排专项资金，不断增加对少数民族与经济欠发达地区的文化产业文化产业人才建设的投入。要纠正只有在发达的城市才能发展文化产业的片面认识，扶持农村、少数民族与经济欠发达地区的文化产业，因为发展文化产业不仅仅是经济问题，也是文化发展的大问题。

(六) 加强民营文化企业的人才开发

民营文化企业是我国文化产业发展重要的生力军，民营文化产业企业中的人才是整个文化产业人才队伍的重要组成部分。政府和文化产业管理部门应该把民营文化产业人才的开发纳入文化战略和人才战略，加大民营文化产业人才的开发力度。

在政府奖励、职称评定、专家评审等人才政策上，对各类民营文化产业人才要一视同仁，努力做到用人的"四不唯"。根据我们对20位人才学专家的调查，在"民营文化企业专业技术人员在职称评定方面与国有单位是否应该享受同等待遇"的问卷中，75%的专家认为应该与国有单位"享受同等待遇"，只有6.2%的专家认为"不应该"，而认为"不知道或不好说"的专家占18.75%。这说明大部分人才学家还是肯定了对各类民营文化产业人才一视同仁的合理性。政府在面向社会的资助、基金设置、培训项目、人才信息库等公共资源的运用上，对于民营文化企业也要平等开放，在改善创业环境和工作生活条件上提供同等服务；制定优惠政策，引导和鼓励各类人才特别是高校毕业生，到民营文化产业企业就业或自主创业。政府要引导和鼓励民营文化企业加大企业自身培养人才的力度，民营文化产业企业要注重自身的人才规划，舍得在人才培养上投资。

(七) 加大对海外文化产业留学人才的引进力度

海外留学人才大多具有国际化视野，掌握比较先进的新技术，对于发展我国文化产业具有特殊的重要意义。海外留学人才是中国与世界接轨的重要桥梁，他们在国外学习到的先进管理理念以及国际化思维、国际化视野，有利于促进我国文化产业融入世界文化产业发展进程，也有利于促进人们思维的开放性、前沿化和国际化。

运用人才推拉定律，吸引具有文化产业相关背景的留学生和海外侨胞回国参加文化系统文化产业的经营与创意。实施海外文化产业及其相关专业留学人才引进的"千人计划",引进海外文化产业高层次人才的"百人计划"、文化产业创新人才推进"百人计划"、文化产业高素质人才培养工程"百人计划"。实施留学人员回国进行文化产业创业启动支持计划、海外赤子为国服务行动计划,加大文化产业留学人员创业园建设力度,完善文化产业留学人员回国服务体系,形成文化产业留学人员以多种形式为国服务的良好局面。到2015年,全国引进文化产业领域的留学人才总量达到1万人,其中高层次人才1 000名;到2020年,引进文化产业领域的留学人才总量达到5万人,其中高层次人才达到5 000名。

我国文化资源虽然很丰富,但缺乏把文化资源转化为文化产业的文化推广、转化与传播人才,严重制约了我国文化产业的发展。现在已经出现了"中国文化搭台,外国经济唱戏"的苗头。海外文化产业留学人才熟悉国内外文化产业的现状和发展趋向,加大对海外文化产业留学人才的引进力度,有利于他们研究中国丰富的文化资源转化为文化产业的内在规律、途径和方法,通过知识结构和能力结构的转化提升,也有利于促进他们成为把文化资源转化为文化产业能力的文化推广、转化与传播人才。

(八) 加大对国际文化产业人才的引进力度

运用人才流动的推拉定律,加大引进国际人才的力度,吸引发达国家文化产业的专业技术人才、文化产业管理人才来我国工作。

从文化产业的角度来看,美国、日本和韩国的文化产业能够产生巨大经济效益最根本的原因就在于他们拥有数量众多、创新能力强的文化产业人才。随着经济的发展,文化产业已经具有高度国际化的特点,但是,我国文化产业从业人员只有1 200万,只占总人口的1%左右,人才数量少,层次较低,远远落后于美国和日本等发达国家。因此,我国除了加大文化产业人才的培养力度以外,还应该广采国际智力,加大对国际文化产业人才的引进力度。

制订我国文化产业紧缺急需的人才引进计划,扩大和畅通引进外国人才的绿色通道。政府要鼓励文化企业采取团队引进、核心人才带动引进、项目开发引进等多种方式引进国外高层次文化产业人才,制定政策,鼓励和推行国外高层次人才柔性引进,鼓励文化企业以岗位聘用、项目聘用、任务聘用和人才租赁等灵活方式引进国外高层次急需人才和智力,鼓励国外各类高层次文化产业人才来我国从事兼职、咨询、讲学、科研和技术合作、技术入股、投资兴办文化企业服务。各省市区和有条件的县（市）可以根据财力状况安排专项经费，或在税收方面采取优惠政策，加大对外国高层次文化产业人才来我国进行文化产业创业的支持力度。吸引在我国学习的外国留学生留在我国从事文化产业的创业或就业；吸引外国的各类文化产业硕士生和博士生来我国从事文化产业的创业或兼职等工作。

到 2015 年，吸引外国高层次的文化产业人才 100 名，外国各类研究生 500 名，在我国学习的留学生留在我国从事文化产业工作的 500 名；到 2020 年，吸引外国高层次的文化产业人才 500 名，外国各类研究生 1 000 名，在我国学习的留学生留在我国从事文化产业工作的 1 000 名。

为了加大对国际文化产业人才的引进力度，要充分发挥我驻外文化机构作用，构建引进外国人才的国际渠道。驻外使（领）馆文化处（组）、文化中心要提高对引进外国文化产业人才重要性的认识，帮助文化企业了解外国文化产业人才的信息，利用国外大型文化活动，积极协助文化企业引进外国智力。

四、实施文化系统文化产业人才中长期规划的政策措施

(一) 加强实施文化系统文化产业人才中长期规划的组织领导

要实施文化系统文化产业人才中长期规划，改革和完善文化系统文化产业人才的管理体制，激活和提高文化产业人才的积极性、创造性和贡献力，必须加强组织领导的力度。为加快推进我国文化系统文化产业人才的队伍建设，实现文化产业人才的新型产业化，建设一支规模宏大、素质优良、创新高效的文化产业人才队伍，文化部与中央组织部、国家人力资源与社会保障部建立协同机制，统一思想，达成共识，拟成立以文化部主要领导为组长、文化产业司领导为副组长、文化部组织人事以及各有关部门参加的文化产业人才队伍建设领导小组，把文化产业人才队伍建设作为人才建设的重点，纳入我国文化产业人才强国战略。为了统筹全国文化系统文化产业人才队伍的建设，各省、自治区与直辖市等各级文化厅（局）都要成立相应的领导小组，加强与各级组织人事部门的沟通和联系，明确以各地文化厅（局）牵头，形成各级分工负责的管理机制，逐步规范和完善文化系统文化产业人才建设的管理流程。

（二）建立文化系统科学完善的文化产业人才培训体系

1. 建立国家级文化产业人才培训基地或培训中心

以更新知识、扩大文化产业人才的国际视野、转变思维方式、提高文化产业管理能力和文化创意能力为目的，设立国家级文化产业人才培训基地或培训中心，加强文化产业人才队伍的建设。通过对20位人才学专家的问卷，在"您认为政府对文化企业应重点加大哪方面鼓励政策和措施（可多选）"的回答中，认为是"人才支持"的占43.2%，"财政支持"的占37.8%，税收支持的占18.9%。由此可见，最重要的是"人才支持"这一项。

以国家文化产业研究中心和相关高校为依托，到2015年，建立5~8个国家级文化产业人才培训基地；到2020年，建立10~15个国家级文化产业人才培训基地。主要培训对象是文化创意人才、文化产业管理人才，包括管理文化产业的党政人才（含地方政府文化局长、副局长等）、文化产业经营管理人才、文化产业企业家等；在内容和性质上，主要是对各类文化产业人才进行提升性培训，以新理论、新知识、新技术、新方法为主要内容，注重提高各类文化产业人才的综合素质和创新能力。

政府、企业、学校和科研机构通过全方位的合作，充分发挥高校从事文化艺术等具有文化创意能力的专家学者的作用，建立和完善文化系统文化产业人才的培训体系，对文化产业人才的培训，立足文化产业的现实需要，更着眼于文化产业未来发展对人才的动态需求。

2. 指导和鼓励文化企业实施员工培训计划

根据调研发现，文化系统的一些文化企业缺乏对文化产业人才战略的认识，急功近利，急于求成，片面追求经济效益。许多文化企业没有制订员工培训计划，原因主要有以下两点：一是没有真正认识到人才资源是第一资源的重要性，更多地注重企业眼前的物质效益，偏重于营销策略；二是缺乏足够的资金支持，客观上没有充裕的经费实施员工培训计划。有鉴于此，政府应该采取有效对策，指导和鼓励文化企业认真实施员工培训计划。具体做法：一是在价值观念和企业发展战略层面上，引导从事文化产业管理的党政人才和企业管理人才，认识实施员工培训计划对于发展文化产业的重要性；二是给予发展势头良好但又缺乏资金支撑的文化企业，政府给予必要的资金支持，对中小文化产业企业实施员工培训计划给予必要的指导和帮助。

3. 指导和鼓励文化企业与科研机构、高等院校进行联合培训

为了培养文化产业人才，除了设立国家级文化产业人才培训基地或培训中心以外，还需要文化企业与学校和科研部门积极沟通，三方通力合作，形成"产、学、研"人才培养的合力。但由于人才培训是长线投资，短期内难以得到相应的经济回报，各个部门对人才培训的经费投入较少，不能从根本上满足人才培训的需要。对此，可以采取如下措施：一是鼓励文化企业根据需要，定期安排员工到相关科研机构和高校学习深造；二是聘请科研机构和高校的专家学者担任文化企业的顾问，鼓励专家学者为文化企业的发展以及员工的生涯设计与人才开发进行策划；三是允许科研机构和高校的专家以知识资本在文化企业中入股或直接兼职；四是聘请科研机构和高校的专家学者经常到文化产业企业举办学术讲座；五是文化企业设立文化产业人才资源开发的专项研究课题，吸引专家学者参加研究，或者聘请人才学专家对企业的人力资源管理与开发进行统筹规划。

4. 改革和完善高校文化产业人才的教育体系

在我们的调研问卷中，大部分参加问卷者认为我国高校对文化产业人才的培养不能满足文化产业的需要。根据对全国18所高校部分教师的问卷统计，在"你认为我国高校对文化产业人才的培养是否能够满足文化产业的需要"的单项选择中，认为能够满足文化产业需要的只占2.78%，认为"基本能够满足文化产业需要"的占8.33%，认为不能满足文化产业需要的占44.44%，认为"与文化产业对人才的需求脱节"的占45.83%；在对非文化专业本科生的问卷调查中，认为"我国高校对文化产业人才的培养能够满足文化产业的需要"的占1.8%，"基本能够满足文化产业的需要"的占29.8%，认为"不能满足文化产业的需要"的占40.4%，认为"与文化产业对人才的需求脱节"的占28.1%；在对文化产业专业本科生的问卷中，认为我国高校对文化产业人才培养"能够满足文化产业需要"的占0.75%，"基本能够满足文化产业需要"的占12.8%，"不能满足文化产业需要"的占15.1%，"与文化产业对人才的需求脱节"的高达41.4%，认为"课程设置基本合理"的占12.7%，认为"课程设置不太合理"的占43.3%，认为"教材脱离文化产业实际"的占44%，149份问卷中没有一人认为课程设置科学合理。在对文化产业管理本科生的问卷"你毕业后的就业打算是（选一项）"中，愿

意从事文化产业方面的管理工作的占8.3%，愿意从事文化产业的创意与研发的占14.39%，愿意考公务员的占15.8%，愿意从事文化产业方面的教学与研究的占4.5%，愿意从事其他方面的工作的占30.8%，愿意攻读研究生的占26.3%。这一统计表明，文化产业管理的本科生愿意从事文化产业工作的总数才27.19%。这说明文化产业专业教育不能满足大学生和社会的需要，而作为方兴未艾的朝阳产业，还缺乏吸引大学生的魅力。

在对人才学专家的问卷中，有50%的专家认为我国高校对文化产业人才的培养"不能满足文化产业的需要"，而对于"能够满足文化产业的需要"的回答为"0"；通过网上问卷调查，认为我国高校对文化产业人才的培养"不能满足文化产业的需要"的占38.71%，认为"与文化产业对人才的需求脱节"的占43.55%。

以上调研表明，高校对文化产业人才的培养存在许多不足，其原因一是文化产业专业是新设专业，客观上缺乏高质量的师资；二是课程设置不够科学合理，没有突出文化创意教育和文化产业技术的训练；三是教育理念、教学方式与教学内容比较滞后，与文化产业的实际联系不够紧密；四是文化产业的教育缺乏国际视野。基于此，我们应该加大对文化产业专业建设的力度，设立全国文化产业特色专业，发挥特色专业的示范效应，逐步完善高校文化产业人才的教育体系。

5. 制订和实施文化产业管理干部、文化产业企业家和专业技术人才的国际培训计划

制定和实施文化产业管理干部、文化产业企业家和专业技术人才的国际培训计划，这是促进我国文化产业跨越式发展的重要举措。

第一，制订文化产业管理干部、文化产业企业家和专业技术人才的分年度培训计划、中期培训计划和长期培训计划，争取在五年内把文化产业管理干部、文化产业企业家和副高以上专业技术人才轮训一遍，到2020年，确保文化产业管理干部、文化产业企业家和副高以上专业技术人才每五年培训一次。

第二，优化培训方式和培训内容，可以聘请国外的文化产业技术人才和文化产业管理人才来我国讲学；制订海外培训计划，定期把我国的文化产业管理干部、文化产业企业家和副高以上专业技术人才送出去参加国际培训。

加强文化系统文化产业人才的培训，建立和完善文化系统文化产业人才的培训和继续教育制度，是我国建立文化系统文化产业人才队伍的重要举措。要重点加大对文化产业领域的领军人物、创意创新人才、专业技术人才和经营管理人才的培训力度；鼓励文化单位与高等学校合作举办研修班、培训班；鼓励高校在有条件的大型文化企业设立博士后科研工作站；鼓励政府部门、科研机构、企业与高校联合建立文化产业人才培养基地；完善文化产业人才的公平竞争和分配激励机制，建立有利于优秀的文化产业人才脱颖而出的人才制度；完善文化产业人才职称评定制度，力求各类文化产业人才能够得到及时确认；参照科技人才引进政策和科技留学归国人才政策，加大引进文化产业人才的力度。

（三）加大文化系统文化产业人才队伍建设经费的投入力度

加强文化系统文化产业人才队伍建设，加大人才培训经费的投入力度，这是实施文化产业人才战略的基础保障，没有充足的人才培训经费，就不可能真正实施文化产业人才战略。因此，各省市区政府以及大中型文化产业企业都要设立文化产业人才培训专项资金，确保文化产业人才队伍建设的经费。政府主管部门每年都要安排一定数额的专项资金，用于主管文化产业的党政领导干部和文化企业管理干部的培训工作；文化企业要根据企业的经营状况，确定每年预留的文化产业人才培训经费，可以根据企业员工工资总额5%~10%的比例提取职工教育培训经费，政府部门给予文化企业的人才培训给予一定比例的经费匹配，形成政府、企业与员工三位一体的培训体系，以此鼓励文化企业对人才的培训。

（四）建立科学的文化产业人才评价、任用、管理与流动机制

要加强文化系统文化产业人才队伍建设，必须改革和完善文化产业人才的管理体制。在这次调研中，我们通过对全国18所高校部分大学教师的问卷调查，有80.56%的人认为我国目前文化产业人才的管理体制"不能适用我国文化产业发展的需要"，有86.11%的人认为制约我国文化产业人才战略的原因主要是"文化产业人才管理体制不能适用文化产业的需要"；在网上的124份问卷中，有75%的人认为我国目前文化产业人才的管理体制"不能适用我国文化产业发展的需要"；在对149名文化产业专业本科生的问卷中，有62.7%的人认为我国目前文化产业人才的管理体制"不能适用我国文化产业发展的需要"；非文化产业专业的298名大学生问卷中，有55.1%的人认为我国目前文化产业人才的管理体制"不能适用我国文化产

业发展的需要";通过对24位人才学专家的问卷,有62.5%的专家认为我国目前文化产业人才的管理体制"不能适用我国文化产业发展的需要"。由此可见,参加问卷的不同群体中,占55%以上的人认为我国目前文化产业人才的管理体制"不能适用我国文化产业发展的需要"。

改革和完善文化系统文化产业人才的管理体制,把那些具有较高的文化素养、懂得经济管理和文化产业的优秀人才选拔到党政人才的队伍中来,按照用人的"四不唯"的原则,不拘一格选拔人才,制定不同层次、不同类型文化产业党政人才的岗位职责规范,扩大民意在干部考核评价中的作用,增加选拔人才的透明度和民主度,建立能上能下的用人机制;选拔和评价文化产业经营管理人才,重在文化产业市场的检验,注重出资人和文化产业员工的认同,建立反映文化产业经营业绩的财务指标和反映综合管理能力等非财务指标相结合的文化产业经营管理人才评价体系,探索社会化的文化产业职业经理人资质评价制度;选拔和评价文化产业专业技术人才,重在社会学术和科研机构的专业评价,注重业内专家的认同;允许民营文化企业专业技术人员在职称评定方面与国有单位享受同等待遇;支持各种文化艺术人才按照才艺的水准在相应的文化产业企业中入股,以激发文化艺术人才的积极性和创造性。

从规范文化产业职位分类与职业标准入手,打破学历、资历、职称、身份的限制,建立以业绩为重点,以文化创意为核心,由品德、知识、能力等要素构成的文化产业人才评价指标体系,逐步推行文化产业人才职业的考核制度,促进文化产业职业考核资格的国际互认。深化文化产业行业的职称制度改革,打破专业技术职务终身制,全面推行专业技术职业资格制度,加快执业资格制度建设,探索资格考试、考核和同行评议相结合的专业技术人才评价方法,逐步形成个人申报、社会评价、单位聘用、政府调控的文化产业专业技术人才评价和管理体系。进一步落实文化产业用人单位和文化产业人才的自主权,促进用人单位通过市场自主择人,人才自主择业,促进文化产业人才在国内的合法、合理与有序流动。

(五)努力营造有利于文化产业人才脱颖而出的社会环境

根据我们在网上问卷"你认为影响我国文化产业发展的最重要的因素是什么"的多选题,37.9%的人认为"政府对发展文化产业的重要性认识不足";在"你认为影响我国文化产业创新能力的主要原因是什么"的多选题中,39.52%的人认为"社会缺乏创新机制",47.58%的人认为

"社会对文化软实力的重要性认识不足";在"你认为制约我国文化产业人才战略的原因主要是什么"的多选题中,40.32%的人认为"社会对文化产业人才的战略性认识不足";在"你认为制约我国文化产业人才战略的主要原因"的多选题(限选两项)中,认为"文化产业人才管理体制不能适用文化产业的需要"的占33.7%,认为"文化企业对人才培训不够"的占15.8%,认为"社会对文化产业人才的战略性认识不足"的占32.6%,认为"政府对文化产业人才的培训力度不够"的占17.9%;在"你认为制约我国文化产业人才战略的原因(选两项)"的问卷中,人才学专家35.7%的人认为"文化产业人才管理体制不能适用文化产业的需要",认为"社会对文化产业人才的战略性认识不足"和"政府对文化产业人才的培训力度不够"的都是28.6%。

通过问卷调查发现,我们虽然在文化产业政策和对于发展文化产业的宣传方面做了很多的工作,但为了文化产业的跨越式发展,需要进一步优化和完善能够促进文化产业发展的社会环境,需要进一步营造良好的社会氛围,需要进一步形成有利于发展文化产业的舆论导向,使文化产业人才成为普遍受人尊敬、令人向往的创造群体;大力宣传文化产业人才中的先进典型,在全社会形成关心、尊重文化产业人才的社会氛围,强化文化产业人才创造贡献的价值取向;把文化产业人才资源当做发展文化产业最重要的动力,支持社会各界人士积极参与文化产业的创业,鼓励和引导专家学者和企业家争当文化产业的创业家、文化产业企业家;进一步健全文化产业与文化产业人才法规制度,切实保护知识产权,保护文化产业人才的合法收入与合法权益。通过政策和舆论引导,在全社会形成"文化生产力"的共识。

(六)建立文化产业人才的激励机制

对文化产业人才实行特殊的精神激励和物质激励。制定促进文化系统文化产业人才的发现、培养和管理的一系列人才政策,建立符合文化产业人才特点和规律的职称晋升、任期考核与科学评价机制,尤其是注重对文化创意人才的弹性考核;设立我国杰出文化产业人才奖,实施文化产业杰出人才"千人计划",每年评选1 000名杰出的文化产业人才,给予表彰和重奖;有条件的国有文化企业,可以逐步推行股票期权制、职工持股、技术和知识产权入股等多种分配形式,允许各种文化艺术人才按照才艺的水准在相应的文化产业企业中入股,以激发文化艺术人才的积极性和创造性；对在文化产业关键岗位的技术和管理骨干、承担文化产业重点工程和科研项目的带头人，实行特殊的优惠政策；对从事农村文化产业、经济落后地区文化产业和少数民族地区文化产业工作者给予地方补贴或特殊津贴；进一步健全文化系统文化产业人才保障制度，把各类文化产业人才的养老、失业、医疗等社会保险待遇落到实处，解除各类文化产业人才的后顾之忧。

（七）完善文化产业人才成长的市场服务支撑体系

改革和完善文化系统文化产业人才的管理体制，需要建立和完善运行规范、服务周到、指导监督和制度健全的文化系统文化产业人才市场体系。加强国家级、省级和市级人才市场建设，设置文化产业人才专门市场区域；建立和完善网上文化产业人才市场，充分利用现代信息手段，发挥网络集聚和配置文化产业人才资源的重要作用，加快全国统一的文化产业人才资源信息网络建设，开展网上招聘应聘、人才推荐、远程面试等活动，建立各类文化产业人才信息数据库，定期发布文化产业人才市场供求信息；积极培育文化产业经营管理者、文化创意人才、文化产业高技能人才和文化产业专业毕业生等各类专业人才市场；拓展各类文化产业人才市场、人事代理业务，开发人才派遣、测评、租赁、猎头、转让以及薪酬设计、管理咨询等文化产业专业化程度较高的服务项目；完善文化产业各种政策法规，加强对文化产业人才市场的监管和调控，强化文化产业人才市场的服务功能。

综上所述，文化系统文化产业人才队伍建设是一项关系我国文化产业科学发展、跨越发展与持续发展的长期战略任务。各级党委、政府和文化企业，只有增强做好文化系统文化产业人才工作的责任感和紧迫感，把大力加强文化产业人才队伍建设作为实施"人才强文"战略的重要内容，共同营造尊重人才、尊重创新、尊重文化、鼓励发展的良好氛围，激励广大文化产业员工立足本职，爱岗敬业，学习成才，岗位成才，形成人人关心人才、人人竞相成才的良好风尚，才能促进全国文化产业人才辈出与文化产业协调发展的共生效应，才能开创我国文化系统文化产业跨越式科学发展的新局面。

参考文献

[1] 厉无畏主编：《创意产业导论》，学林出版社2006年版。

［2］（加拿大）马修·弗雷泽著，刘满贵译：《美国电影、流行乐、电视和快餐的全球统治》，新华出版社2006年版。

［3］张成京主编：《中国创意产业发展报告（2010）》，中国经济出版社2010年版。

［4］顾江编著：《文化产业经济学》，南京大学出版社2007年版。

［5］向勇主编：《文化产业人力资源开发》，湖南文艺出版社2006年版。

［6］姜毅然等编著：《以市场为导向的日本文化创意产业》，人民出版社2009年版。

［7］张晓明、胡惠林、章建刚：《2010年中国文化产业发展报告》，社会科学文献出版社2010年版。

［8］文化部课题组：《当前形势下加快文化产业发展研究报告》，文化艺术出版社2009年版。

［9］中国文化产业学术年鉴编纂委员会：《中国文化产业学术年鉴》（2008年卷），文化艺术出版社2009年版。

课题组成员名单

课题负责人：

薛永武　中国海洋大学国家文化产业研究中心主任、文学与新闻传播学院院长、博士、教授、博士生导师

课题组成员：

薛乔珊　西班牙加泰罗尼亚理工大学管理学专业博士生

张　宇　中国海洋大学文学与新闻传播学院现代文学与文化产业研究生

刘承海　中国海洋大学文学与新闻传播学院现代文学与文化产业研究生

张晶晶　中国海洋大学文学与新闻传播学院现代文学与文化产业研究生

王贝贝　中国海洋大学文学与新闻传播学院现代文学与文化产业研究生

王雪屏　中国海洋大学文学与新闻传播学院文化产业系学生

促进我国文化产业博览会规范发展之对策研究

华中师范大学历史文化学院
华中师范大学国家文化产业研究中心

- 380 一、我国文化产业博览会的发展现状
- 392 二、如何规范发展我国文化产业博览会
- 408 课题组成员名单

本文研究对象文化产业博览会（简称文博会）是以文化产业为展示对象的博览会，文化产业的物化形态是具有商品意义的文化产品，因此，文博会也就是展示文化产品的博览会。在我国，已经存在的文博会可以分为几类，按地域规模和主办单位的级别，可分为具有国际水准全国性的文博会、全国性文博会和地域性文博会，目前只有中国（深圳）国际文化产业博览交易会获得了全球展览协会（UFI）的认证；按展品综合程度，可分为综合性文博会和专业性文博会。至今，我国文博会中专业性文博会比综合性文博会要多得多，而且，我国文化产业范围还不是很清晰、统一，涉及文化产业的主管部门也较为多头，因此有不少专业性文博会还未纳入文化主管部门的视野。本文主要鉴于为文化部规范发展文博会提供对策性建议，因而基本没有涉及专业性文博会，研究对象主要限于由文化部主办的全国性综合文博会，即中国（深圳）文化产业博览交易会、中国西部文化产业博览会、中国东北（沈阳）文化产业博览会、中国北京国际文化创意产业博览会和中国义乌文化产品交易博览会，兼及山东文化产业博览会等地方性综合文博会。而且，本文主要是在分析文化部主办的五大综合性文博会之现状的基础上，从宏观上思考"如何规范发展文博会，使文博会促进文化产业发展的作用最大化？"并未深入具体博览会的操作运行层面和制度规范层面，比如，构建文博会的评估体系，加强对文博会的评估；制定文博会的相关制度，使得文博会有个制度规范；五大综合性文博会和其他大型专业性文博会如何发展成为有影响的品牌博览会，等等，这些都不是本文所要解决的问题。

一、我国文化产业博览会的发展现状

（一）我国文博会兴起和发展历程

文博会属于文化会展之一种，文化会展要比文化产业会展宽泛得多，也更为复杂。可以说，以文化物态和文化内涵为活动内容的各种会议、展览、节事等活动都可称为文化会展。文博会是以文化产品为主要展品的博览会，是以展示文化产品为主要活动，以培育文化企业，开发文化市场，促进文化产业发展为主要目的的文化会展。

文化会展在我国历史悠久，古已有之，到近代就已较为频繁，甚至在1929年、1937年举办了两次全国性的美术展览会，1929年举办了全国教育展览会，新中国成立后，以宣传社会主义为主的文化会展更是接二连三，20世纪80年代以后，各种文化会展出现大繁荣局面，时至今日，大大小小的文化会展无以数计，几有泛滥之势。以文化产品为主要展品的博览会虽然在近代就已出现，比如，在20世纪20年代，各地民众教育馆就举办了以教育产品为展品的展览会，但作为会展经济一部分，以文化产业为依托，以促进文化产业发展为目的的文博会却是最近十年来产生的新鲜事物。

文博会是我国文化产业发展到一定程度的产物。文化产业是我国社会经济和文化发展到一定程度的需求和产物，也是我国文化体制改革的必然结果，同时又是在全球科技革命、世界文化产业影响下产生的。文化产业作为新兴产业，于20世纪80年代产生之后，发展迅猛，在国民经济中的比重不断提高，至今成为了我国国民经济新的增长点和一大支柱产业。文博会是适应文化产业发展而出现的，是促进文化产业发展的一种有效途径。

众多城市纷纷强调"文化立市"，大力发展文化产业，而略早于文化产业兴起之前，各地也纷纷发展会展业，欲以会展拉动区域经济发展，会展与文化产业相结合，无疑会推动文化产业发展，因而，近十年来，众多城市纷纷举办文博会。

深圳市早在1998年就有举办文化产业节庆活动的想法，2001年正式提出举办文博会，并把"文博会"作为"文化立市"的重要举措，经过详细调研论证，2003年深圳市拿出了总体方案，并上报中央，得到文化部批准，并引起中共中央政治局常委李长春的高度重视，亲自批复："在广东搞国际文化产业博览会的创意很好，望加强协调指导。建议搞成全国性的，产品是我国的，客户是中外的，类似广交会。"随后，文化部、广东省和深圳市共同筹办文博会。2004年11月，首届深圳国际文化产业博览会正式举办，2006年5月举办了第二届，此后每年5月份举办一次，至2010年已经举办了六届。这是我国第一个全国性的综合性文博会。

2004年，深圳文博会犹如打开了全国举办文博会的闸门，紧随其后，全国各地开始纷纷举办文博会。特别是2006年国家颁布《"十一五"时期文化发展规划纲要》，强调要把文化会展业作为重点文化产业加以重视，要发展各类综合性及专业文化会展，使文化会展成为促进我国文化产业发展的重要平台，要重点支持八大文化会展，即：中国国际广播影视博览会、中国国际广播电视信息网络展览会、中国国际动漫节、中国国际音像博览会、北京国际图书博览会、全国图书交易博览会、中国（深圳）国际文化产业博览交易会、上海国际电影电视节。这更是给各地办文博会以鼓舞，使得文博会在全国方兴未艾，蜂拥而上。

至今全国到底举办了多少个文博会，没有精确统计，估计非常多，在全国基本已经遍地开花。这些文博会既有综合性的，也有专业性的，既有全国规模的，也有区域规模的。全国性的综合性文博会有五个，除了中国（深圳）国际文化产业博览交易会之外，其他四个是：（1）中国西部文化产业博览会，2005年12月在云南昆明举办首届，此后每年一届，相继在成都、呼和浩特、西安举办，从2008年第四届开始，就定点在西安举办，并改为两年一次，2010年举办了第五届。（2）中国东北（沈阳）文化产业博览会，2005年9月举办第一届，每两年一届，至今已经举办三届，2011年要举办第四届。（3）中国北京国际文化创意产业博览会，2006年12月举办第一届，每年举办一次，至今已经举办五届。（4）中国义乌文化产品交易博览会，2006年4月举办第一届，每年一届，至今已经举办五届，2010年正式升格为国家级，由文化部与浙江省政府共同主办，义乌市承办。此外，2006年10月，在武汉举办了首届中国中部文化产业博览会，这也是国家级的，但此后，中部文博会就不了了之，至今也没再举办过。

除国家级的外，还有省市级的，不少省市，乃至县都举办过综合性文博会。比如，山东文博会，于2006年开始举办，每两年一次，至今已有三次，还有2010山东德州文博会、2010年大庆市文博会、2010年湖北文化产业招商博览会、2010年连云港文博会、海峡两岸（厦门）文博会、中国长春文博会、郑州中原国际文博会、商丘文博会、南京文博会、盐城文博会，等等。

至于专业性文博会更是难以胜数，除了"十一五"时期要重点支持的七大博览会外，还有中国（上海）国际动漫游戏博览会、中国（天津）演艺交易博览会、中国（宁夏）国际文化艺术旅游博览会、云南休闲文化产业博览会、长春国际科技文化产业博览会、苏州婚庆文化产业博览会、青岛国际艺术品及收藏品博览会，等等，不一而足，几乎每个省市区每年都会举办为数不少的专业性文博会，这些文博会"多而杂"，有泛滥之势。

(二) 我国文博会的地位和作用

毫无疑问，文博会作为我们文化产业发展的重要平台，尽管有不少问题，但其促进我国文化产业发展的地位和作用巨大，不可低估。具体说来，有如下作用：

第一，为文化产业发展搭建了平台，促进了各方的沟通与交流。博览会是促进经济发展的最好平台，它方便、快捷、有效。文博会所发挥的平台作用是多方面的：（1）沟通政、产、商、学等有关文化产业发展的各界，让政府、文产企业、文产市场、文产智囊汇聚一堂，直接面对面，开展多边交流，这是其他沟通交流渠道和方式难以企及的。（2）沟通各省市区，了解地区文化产业发展差异性。综合性文博会能把全国各省市区聚集在一起，让其相互展示各自文化产业发展现状，既有利于全面了解全国文化产业状况，也有利于把握各省市区文化资源和文化产业的特性和发展程度。（3）沟通中国与国外，增进与世界文化产业的交流，正确认识我国文化产业的特性和优势，以及与世界发达文化产业之间的差距。大型综合性文博会的国际化水准不断提高，国际化的文博会能吸引国外文产企业和文产商家，使得国内文化产业界与国际先进的文化产业进行"亲密接触"，既可学习世界先进经验，把握世界文产的发展趋势，又可寻找国际商机，开拓国际市场，还可明晰自己的优劣势，找准今后改良和发展的方向。（4）传递信息，传播科技，启发创意。文化产业是富有创意的科技含量很高的产业。文博会所展示的基本都是我国最先进的文化产品，吸引到的国外文产企业，也基本是先进的。把这些先进文产企业和产品展示出来，文博会上召开各种论坛会议，必然会传递相关有效信息，他们彼此观摩比较，相互学习，也必然会促进文产科技的传播与发展，并能启发创意，推动文产观念和科技的创新。

第二，产生了较好的整体经济效益。姑且不论具体文博会的收支是否盈亏，我们要看文博会的整体经济效益。我国文博会很大程度不是单纯的经济活动，而是社会经济活动，追求的不是某一次文博会的经济收益，而是对文化产业的整体发展效益，从这个角度讲，我国文博会的整体经济效益还是比较好的。这可从我国五大全国性的综合性文博会历次达成的项目签约协议总金额看出来。

从上表可知，这五大全国性综合文博会从2004年诞生以来，推介项目达成的协议总金额，七年内累计达到了7 439.50亿元，而且发展迅猛，最近两年每年都增长约40%。姑且不论这些数字最终落实得如何，到底有多少"虚"的成分，但整体上基本能反映出文博会对文化产业所带来的经济效益。

我国五大国家级综合性文博会项目签约协议总金额表（单位：人民币亿元）

名称 交易额 年份	中国（深圳）国际文化产业博览交易会	中国北京国际文化创意产业博览会	中国西部文化产业博览会	中国东北（沈阳）文化产业博览会	中国义乌文化产品交易博览会	合计
2004	356.90					356.90
2005	未举办		152.00	1.20		153.20
2006	275.40	295.77	221.80		13.60	806.57
2007	499.13	281.28	121.14	198.00	17.50	1 117.05
2008	702.32	320.58	90.01		18.60	1 131.51
2009	880.69	375.46	未举办	330.00	18.49	1 604.64
2010	1 088.56	478.00	675.00		28.07	2 269.63
合计	3 803.00	1 751.09	1 259.95	529.20	96.26	7 439.50

注：（1）中国北京国际文化创意产业博览会2006年至2009年的数据是根据当时的汇率（分别为7.86、7.35、6.85、6.82）换算而成，原数据分别是37.63、38.27、46.80、55.2亿美元。（2）中国义乌文化产品交易博览会是成交总金额。

第三，展示了富有生机的文化形象及文化产业发展前景。我国大型文博会很大程度上是一种形象展示，特别是综合展区的各省市区展馆，热闹非凡，展示了各地良好城市文化形象和富有生机的文化产业发展前景，这些无疑会给人以精神鼓舞，形成了一种追求发展的精神动力，也会形成一种无形的对城市的注意力，吸引外地客商来投资、发展。

第四，培育促进文化产业发展的诸多要素。文化产业发展，需要企业、资金、科技、市场、人才，这些在文博会上都可得到培育。文博会展示的文化产品和文产企业，能推介文产项目，有利于招商引资，能展示文产高科技，并予以推广，能吸引大量的观众，特别是文化产业界的专业观众，他们代表的是文产市场。此外，参加文博会能让文产企业相互比较，把握文产发展现状和趋势，从而明确今后进一步发展的方向，同时，文博会上所召开的各种高峰论坛，有利于文化产业的科技发展、投资融资、人才培养，等等。

第五，促进文化体制改革。文化产业发展是与我国文化体制改革相伴随的，文化体制改革促进了文化产业的兴起和发展，反过来，文化产业发展又推动了文化体制改革。文博会是为了促进文化产业发展，是发展文化产业的一种途径，是运用博览会促进文化产业发展、培育文化市场的一种举措，在我国是新鲜事物，在摸索中发展、完善，毫无疑问，不断发展、完善的文博会也会通过促进文化产业发展来进一步促进我国文化体制改革，为促使文化资源市场化提供有益经验。

第六，促进举办城市区域经济和区域社会发展。文博会如其他博览会一样，也具有产业联动效应、引擎发动效应、磁场聚集效应，不仅促进了当地文化产业发展，而且带动了当地交通、旅游、酒店等相关行业的发展。大型文博会也促进了举办城市市政建设，改善和提升城市形象，繁荣城市文化事业，从而有利于城市区域社会发展。

(三) 目前我国文博会的特征分析

至今，我国文博会整体上表现出如下一些特征：

1. 政府主导

我国文博会，特别是大型综合性文博会基本都是政府主导主办。这体现在以下几方面：第一，规划布局带有浓厚的政府行政色彩，而不是根据举办城市的产业基础、区位优势、资源禀赋等。五大全国性综合文博会分别布局于华南的深圳、华东的义乌、华北的北京、东北的沈阳、西部的西安。在最初规划文博会时，西部文博会是想在西部十二省市轮流举办，也规划于2006年在中部的武汉举办首届中部文博会。显然，这样的文博会区域布局带有区域均衡色彩。在时间上，这些文博会基本是在制定、颁布"十一五"时期文化发展纲要前后出现，2006年时一下子就出现六大全国性综合文博会，这无疑也体现了政府行政规划的色彩。此外，这些文博会基本是地方省市区规划，向中央提出申请，得到文化部批准，然后由中央与地方政府共办，这实际上是中央与地方行政联动布局。不过，义乌文化产品交易博览会比之其他文博会有所不同，它虽然最初是由义乌市、浙江省共同启动，但基本是依托义乌小商品城，受文化产品市场和展览市场双重驱动和需求而逐步扩大，并发动文化产业行业组织的力量，在产生影响后引起中央重视，最终升格为国家级，由文化部与浙江省等单位共同主办。

第二，基本由政府直接主办文博会。我国文博会基本是由相应政府主办。

不仅举办文博会的场馆大多是政府投资兴建,而且相应政府基本负责了文博会的方方面面,包括规划方案、招展招商、资金投入、会场各项活动,等等。可以说,政府对文博会是大包大揽。不过,如今有的文博会开始加入社会力量、市场力量,比如,义乌文博会就开始把办展的一些具体事项交由专业的会展公司和相关行业协会办理,早在2006年第二届深圳文博会时就成立了深圳国际文化产业博览会有限公司,开始尝试市场化办展。即使有这些社会力量、市场力量开始参与博览会,但整体上文博会还是由政府包揽,出现了亏损由政府买单,所有的资金基本是政府承担。

第三,政府组织参展文博会,政府参展最为"出彩"。当五大综合性文博会举办时,各省市区参展主要是政府行为。这些文博会都设有各省市区专门展区,它们参展很多程度上不是出于自愿,更不是出于要推广、发展各自的文化产业,很大程度上出于一种"兄弟关系",出于对上一级主管部门的"尊重"。参展的诸多事项和经费都是政府提供,企业参展也由政府动员并补贴经费。因此,很多省市区展馆并不主要展示各地的文化产业,更多是展示各地的文化资源和文化形象,运用现代媒体手段,乃至在现场进行吹拉弹唱跳,显得非常热闹。

可以说,我国文博会基本属于政府的"政务",与德国等国由政府主导会展业的性质完全不同,它们是政府主导博览会事业,但具体的博览会基本是交给了社会和市场的,而我国基本是有关文博会的一切都纳入了政府的施政之列。

2. 宗旨与主题

我们先看看五大综合性文博会的宗旨与主题。

深圳文博会在其历届规划法案里并未见到其"宗旨",不过,基本强调其主题是"博览与交易",其实,博览和交易只能算作是它的功能。在"博览与交易"这一永恒主题之下,把深圳文博会定位于国家级、国际性、综合性博览会,突出"两个平台"、"两个核心"。"两个平台"是中国文化产品及文化产业要素与信息展示和交易交流的综合平台、中国文化产品和服务的出品贸易平台,"两个核心"是拉动中国文化产业发展、推动中国文化产品出口。

西部文博会历届的宗旨和主题都不一样,有的还不明晰。首届西部文博会是以"融合文化资源、汇聚文化产品、搭建交流平台"为宗旨,没有拟订主题,但强调其目的是"推介项目、招商引资、洽谈贸易、展示成就、扩大影响、树立形象，实现经济效益和社会效益双丰收"。第二届以"资源展示、项目推介、产品交易、产业发展"为宗旨，以"资源·创意·合作"为主题，强调全方位、大规模展示西部文化资源，推介西部文化产业建设成果，扩大西部特色文化产品和服务贸易，推动文化资源向文化资本转变，促进西部文化产业升级发展，搭建一个文化交流的高端平台。第三届没有明确的"宗旨"，但强调以贯彻"三个代表"重要思想，全面落实科学发展观和建设社会主义和谐社会为指导，以"博览、贸易、合作、发展"为主题，以搭建文化交流平台、汇聚文化产品、促进文化贸易为目的，全方位集中展示中国西部12个省市区乃至全国文化产业发展成就，着力打造文化产业互惠共赢的合作平台，努力培育文化产业发展商机，推动西部地区经济社会和文化产业快速发展。第四、五届都没有"宗旨"，第四届强调以"合作、创新、发展、繁荣"为主题，以促进西部文化产业发展、推动文化创新、扩大文化繁荣为目标，全面展示西部地区的历史文化、民族文化、旅游文化和现代文化，促进国际国内和东西部文化产业交流、合作，这次文博会定位于"探索创新政府主导、市场化运作、企业办会的运作模式和打造全国性文化产业合作与交流平台的一次文化产业盛会"。第五届以"创意、科技、人文、多彩"为主题，以文化资源向资本转化为核心，努力打造"资源向资本转化、资源与资本结合、产品与市场对接"三大功能平台，以资本为纽带，以科技为动力，以体制创新为突破，实现西部文化资源与资本融合转化，推动西部文化产业的跨区域合作与发展。

北京文博会"宗旨"不明晰，但历届的"主题"很清楚。首届以"创意、科技、文化"为主题，以"点亮创意智慧，融入科技力量，焕发文化魅力，创造财富价值"为活动宗旨。第二、三、四、五届的主题分别为"文化创意与人文奥运"、"文化创意与服务贸易"、"激发文化创新活力，促进经济持续增长"、"激荡文化创新活力，促进发展方式转变"。

东北文博会历届的宗旨和主题都很明确，三届文博会的宗旨都是一样，为"繁荣文化事业，发展文化产业"，但主题都不一样，分别为"彰显文化内涵，创造文化价值"、"传承、融合、创新、发展"、"文化、融合、创新、发展"。

义乌文博会历届的宗旨和主题都很明晰。首届以"繁荣文化事业，发展文化产业"为宗旨，以"展示文化成果，创造文化商机"为主题。第二届以"扩大文化产品出口,壮大提升文化产业"为宗旨,以"文化交流,创造商机"为主题。第三、四、五届都以"提升文化内涵,壮大文化产业"为宗旨,第三届以"文化交流,创新发展"为主题,第四、五届都以"文化产品交易、文化创新发展"为主题。即将举行的2011年第六届打出了"打造文化产品交易平台、推动文化产业跨越发展"的主题。

宗旨是文博会一贯追求的最高价值目标,所有文博会、历届文博会应该都是一致的。我们认为,文博会就是促进我国文化产业发展的博览会,所有文博会都应以如何促进文化产业发展为宗旨,主题是为宗旨服务的,不同文博会、历届文博会的主题可以不一样,但必须围绕"宗旨"做文章。纵观我国这五大文博会,在整体上,这些文博会宗旨定位不是很明晰、到位,有的主题与宗旨还有些混乱。

3. "大管小办"、"多管少办"、"官重民轻"

这是我们对我国文博会主办机构和主办力量的概括。"大管小办"即管理、主办的机构级别都比较高,属于高级别的"大机构",而具体办事的机构级别要低得多,大多是地市一级政府和相应的文化厅局。"多管少办"即主办、协办单位很多,主办单位基本都是文化部、广播电影电视总局、新闻出版总署和相应的省级政府(主要是省委宣传部),协办单位主要是相关各省市区政府,或者是省市区内众多相关单位,而具体承办的单位一般只一个,即相应的市级政府,或省市文化厅,或省文产办,深圳文博会是专门成立一个博览会办公室,北京文博会是由中国国际贸易促进委员会北京市分会承办。而具体负责办事的人却比较少,有的文博会甚至只有几个人。"官重民轻"是指文博会基本是由政府力量主办,而较少借助社会力量、市场力量,没有充分发挥行业协会、商会等商人组织和会展公司的作用,也没有充分发挥专家的作用,即使强调"市场化运作",也是由政府主导的"市场化运作"。不过,现在有的文博会已经开始利用企业力量和行业协会的作用,比如,西部文博会专门指定了承运单位,即陕西文化产业投资控股有限公司、西安曲江文化产业投资(集团)有限公司,义乌文博会利用行业协会招展招商。

以上这种状况与我国行政运行体制有关,主管主办单位级别高,协办单位多,便于协调相关事宜,使得文博会举办更为顺利。同时,这种状况导致文博会出现如下一些情况和现象。

第一,文博会组委会等机构较为庞大。以第三届西部文博会为例,主办单位4个，协办单位11个，承办单位24个，支持单位41个，文博会组委会主任4个，常务副主任2个，副主任14个，执行委员会主任16个，副主任29个，组委会办公室主任2个。一个一年一度，为期只3天的文博会，牵涉80个行政单位，设立了67个主任、副主任。其他文博会虽然没有如此之多，但亦不少，比如，第五届北京文博会主办单位4个，承办单位1个，协办单位26个，文博会组委会名誉主席1个，主席4个，副主席5个，常务副秘书长1个，副秘书长29个。第七届深圳文博会组委会主任7个，副主任7个，成员28个。这虽然有利于方便文博会行事，但也无疑大大增加了文博会的行政成本。

第二，"管办结合"。政府既监管文博会，也操办文博会，负责了文博会的方方面面，成了文博会的"管家婆"。这既导致各层级政府具体负责文博会的人十分辛苦，也导致政府行政开支过大，却又不计文博会的实际收益，文博会的亏盈都是政府的事，亏了政府补贴、买单。不过，现今有的文博会开始尝试"管办分离"，比如第七届深圳文博会，中央、广东省政府、深圳市政府等各级政府都变成了主办单位，退居幕后，专负管理之职，而办理之权交给了深圳报业集团、广播电影电视集团、出版发行集团和深圳国际文化产业博览交易会有限公司。

第三，开幕式十分隆重。因为文博会组委会机构庞大，所以其开幕式嘉宾都较多，能邀请到多少嘉宾，来的嘉宾的级别有多高，很大程度上能决定这个文博会的"级别"和"影响力"。文博会往往都会花大力气举办开幕式，以招待各方嘉宾。有的文博会会期只三四天，但一个开幕式就要开个半天。举办开幕式的费用，以及其他招待费，就占用了文博会经费的很大一部分。

4. "务实"与"务虚"

文博会之"务实"就是要切切实实促进文化产业发展，其"务实"的工作不言而喻，举办文博会本身就是一种促进文产发展的"务实"之举。文博会期间，编印项目推介册，举办项目推介会、项目交易会、各种发展文产的高峰论坛、投融资会议，等等，这些都是有利于文产发展的。"务虚"并非是说文博会之工作是"花架子"，没有做实事，而是说这些工作可能与文博会促进文化产业发展之宗旨不甚相符，促进文化产业发展的实效可能会大打折扣。文博会之"务虚"主要体现在以下几方面。

第一，重"形象"展示。很大程度上，大型综合性文博会变成了一种形象工程，事实上追求的是一种形象的展示效果。整体上看，不少文博会强调展示我国文化形象和文化产业发展的美好前景，很注重外表的热闹和光鲜，从各展区来看，各省市区参展更多注重宣传各自的文化形象、文化资源、城市形象。以各省市区为主的综合展馆是文博会最"辉煌"的展区，有演员、模特现场助阵，有各种高科技手段宣传、推介美好的人居环境、丰富的文化资源、悠久的历史文化，可谓光怪陆离，热闹不凡，很是吸引眼球，但仔细一看，若作为专业买家，而非看热闹的普通观众，却很难发现其有特色的、优势的拳头文化产品到底为何。不少省市区展馆都有这种尴尬境地。之所以出现这种状况，要么是这些省市区确实无优质文化产品可展，出于行政需要和考量，才勉强参展，要么就是无意识以发展文化产业为根本，以培育、发展文产企业为主旨，只有意识宣传各自的形象，显示一种"政绩"。不过，而今有些文博会开始发生了变化，比如，深圳文博会就强调其是"中国文化产业发展年度检阅与总结的盛会"，是"中国最优秀文化产品集中展示与交易平台"，这种定位是正确的，但关键是要把这种定位做"实"，要在会场各项活动中切切实实加以体现。

第二，"虎头蛇尾"。大型文博会很重视组织工作和宣传动员工作，一年一度的文博会，虽然时间紧迫，基本是上届文博会一结束，马上就要开始下一届的准备，但组织得很完备，有的文博会设立了优秀组织奖。三四天会期，第一天有盛大的开幕式，往往都很很热，但随后的两三天，特别是最后一天，基本就有些"冷场"了，观众大大减少，甚至有些展台已无人把守。但文博会却缺乏有效的善后工作，比如，有的文博会缺乏完整的资料汇编，大多是"一个总结"就完事，好一点的就编印以汇集文件、领导讲话、文博会组织活动为主的"全记录"，而在文博会结束之后，如何对文博会进行评估和反思，以及对会场上达成的意向协议进行跟踪，加强其落实效果，如何引导、推动文产企业改良发展等诸多与完善文博会、切实发展文化产业密切相关的工作却较为忽视。不过，深圳文博会善后工作做得要好一些，每届都会以课题形式委托专家做评估，结束之后都会有详细的评估报告，资料也保存较为完整，有系统的剪报集、资料汇编和影音资料。

第三，"旗大杆小"。全国性综合文博会级别高，宣传声势大，场面拉得也大，一些省市区级举办的综合文博会也是如此，所涉内容基本是面面俱到。开幕时，要请诸多领导到场讲话，要请领导发贺信贺电，注重三四天会期到了多少万的观众，有多少项目达成协议，签约了多少意向金额，等等。"旗子"打得很大，也宣传得很大，都是很好的。但"旗子"之下，"杆"有多粗却一定程度上忽略了，有"杆小"的现象。"杆小"有三层含义：一是真正作为文博会主体的文产企业和文产产品被忽略了，若除去各省市区政府的展馆，会场就会冷落许多，文产企业和文产产品不足以支撑文博会的大场面；二是文博会所吸引的大批观众，有不少是看热闹的普通观众，真正有利于文化产业发展的专业观众却是少部分，会场意向签约项目和签约资金真正落实的不多，对文化产业发展的作用有限；三是真正促进文化产业发展的举措被宏大的"旗子"掩盖了，比如现场的展演不是以企业和产品为主，缺乏专家对展品的研究，对文化产业各行业发展的把脉，虽然有不少会议论坛，但参会的大多是领导，而专家只是少数，没有详细的展品及其所代表行业的品评报告，没有对参展商和展品的审查评奖，但有对组织机构设立的奖项。通过一届文博会，我们很难全面把握一两年来我国文化产业发展的现状，更无法清楚如何在未来促进我国文化产业发展。如果文博会文化产业的全面展示功能和对文化产业发展的预示功能缺失了，文博会的价值就会大打折扣。

5. 低水平的同质化现象

五大综合性文博会和其他综合性文博会很大程度上是"同质"的，即展示的文化产品和展馆设计大同小异，召开的诸多论坛会议也有相似之处，甚至举办文博会的程式都较为类似、固定化。因为文博会的举办时间间隔只为一到两年，每年要举办的全国性文博会有好几个，因此，不少参展商和政府像赶集一样组织参加文博会，极少总结参展经验，很难在完善参展展品之后再参加其他文博会。这样，虽然不同文博会在展区布置，具体展示方式上有所变化，但展示的内容内涵却无质的提升。

同时，文博会的展品，参展企业整体上质量不高，虽然有一些高科技的展品和企业，但大部分都是工艺品、艺术品，科技含量不高。这与我国文化产业发展整体水平有关，虽然近年来我国文化产业发展迅速，超过了国民经济发展的平均水平，在国民经济中所占比重越来越大，但相比发达国家，不仅在国民经济中所占比重偏低，有着较大上升空间，而且科技含量低，文化与科技结合融合度还不高，即使有一些高科技产品，但整体质量偏低。这种现状无疑会使得文博会展品的品质不会很高，与国外会有较大差距。

二、如何规范发展我国文化产业博览会

（一）文博会要符合我国文化产业发展的水平和特征

毫无疑问，文博会是为发展文化产业服务的，因此，必须符合我国文化产业发展的大方向，要与我国文化产业的特征和现今发展水平相适应。从这一角度看，我们以为，文博会要处理好以下几个问题。

1. 我国文化产业意识形态融合与市场化问题

文化产业比之其他产业，一个很大的不同就是其与"文化"有关，是为文化消费服务的。同时，文化消费又不是一个单纯的物质生活性消费，与精神、意识、文化观念有着很大关系，因此，文化产品必然会承载着娱乐享受、精神追求与意识教化的内涵和功能。我国文化产业发展也就必须要与我国社会主义文化建设的精神内核不能相违背。文博会不管是作为我国文化产业之一部分，还是作为发展我国文化产业的一种举措，都必须要承载一定文化意义，与我国社会主义文化发展的大方向保持一致。

但也不能因此而把文博会给束缚住。毕竟文化产业的核心是"产业"，而不是"文化"，它作为一种经济业态，是要讲市场的。同样的，文博会不管是视为文化产业，还是视为会展业，都应该面向市场，要符合文化产业和会展经济的一般规律，要适应社会主义市场经济体制，顺应社会主义市场经济发展的大方向。因此，文博会就不只是展示"文化"的博览会，更多是展示与"文化"有关的产业的博览会，不仅是展示我国文化形象，展示城市和区域形象的博览会，更是以展示文化产业为主的博览会。

目前，我国不少文博会太过于展示"形象"了，可能出于"文化"的考量，主管部门也不太放手文博会，有的文博会就直接由党委宣传部门主管主办。

但文博会也不能忽视"文化"问题，怎么才能把文博会的市场化与文化意识形态相结合呢？我们认为，可以把文博会视为一种文化产品，把社会主义文化意识形态内化到这一产品之中，同时按照社会主义市场经济体制去制造这一产品，实现市场与文化意识的融合，让人们享受文博会大餐时，潜移默化地接受一种意识形态的熏陶。

2. 我国文化产业发展和欠发达问题

博览会是社会经济发展到一定程度的产物，反过来，它又会促进社

会经济的发展。在社会经济高度发展的生态环境里，博览会更多的是尊重市场规律，注重展示和交易，追逐其本身的利润和对相关产业所起的平台效应。但在社会经济不是充分发展的生态环境里，博览会虽然要强调其一般意义，但追逐其本身利润倒是其次，更多是要促使相关产业发展，起到"劝业"的效用，追求发展的意味要更浓，目的性要更强。

文化产业在我国虽是新兴产业，但发展迅猛，有着快速发展的势头，每年实现的增加值不断提高，增长率超过了同期的 GDP 和第三产业增长速度，在国民经济中比重不断提高，至今成为了我国第四大支柱性产业。即便如此，我国文化产业相比发达国家，还比较落后，是欠发达的，文化产业的经济总存量还不很大，市场发育还不很完善，还有着很大的发展空间。

文博会的产生是我国文化产业发展的表现，但举办文博会并不说明我国文化产业已经很发达，刚好相反，我们是因文化产业还处在发展之中才举办文博会。因此，我们举办文博会不能以文化产业发展之展示为主，而要以如何促进文化产业发展为主，不能仅仅只是强调文博会是我国文化产业年度发展的大检阅，展示文化产业发展一片大好的形势，而要注重通过文博会对文化产业的整体展示，分析我国文化产业发展的优劣势，把握未来几年的发展趋势和方向，既要注重文博会展览和交易的平台作用，关注文博会所产生的直接经济效益和对经济发展的拉动效应，又要更注重为文化产业发展把脉，真正作为"劝文化产业之兴"，且是"长久之兴"。文博会要有"奋发图强"的精神意念。

3. 我国文化体制改革与文博会创办机制问题

我国文化产业发展是与我国文化体制改革相伴随的。在计划经济体制下，我国只有文化事业，没有文化产业。在以社会公益为目标的文化事业之下，文化产品被高度意识形态化，只注重教化功能，文化消费和文化娱乐服务于文化教育。到 20 世纪 80 年代，特别是到 20 世纪末 21 世纪初，随着文化体制改革的启动和深入，在计划经济时代的文化事业的基础上，我国文化产业开始萌生并获得较大发展。没有文化体制改革，我国文化产业就很难发展起来。

文化体制改革对文化产业发展的意义体现在三个层面：一是文化机构的调整，包括文化行政管理机构和文化事业实施机构，以及文化事业管理体制的改革。这是文化体制改革的低层次，是在为文化产业发展松绑，在硬性管理上松绑。二是观念上开始认同文化经济，承认文化市场，促使文化产业兴起和发展。随着社会主义市场经济出现和发展完善，市场观念开始渗透到文化事业领域，思考文化如何与经济结合，如何与利润挂钩。文化的价值不仅仅在于其精神价值，还可为产生经济价值服务。文化不仅可提升经济形态的品质，从而提升其价值，而且其本身就可视为一种资源进行经济开发，文化资源开发得当，既保存、发展了文化，也产生了良好的经济效益和社会效益。这也是在为文化产业发展松绑，是在软性监管上松绑。三是观念上如何把握文化消费中的教化功能。这是文化体制改革最艰难迈出的一步。人的文化消费可以分为大众娱乐文化消费、追求精神品质的消费和富有意识形态教化功能的消费，渗透教化功能的文化意识形态又可分为作为人类共有的精神意识、民族与国家的文化意识和执政党、社会制度的指导思想这三个层次。文化产业市场是受这些文化消费驱动的，若这些文化消费结构实现良性互动，文化产业市场就可得到良性开发和发展，否则，文化产业市场就很难解决观念瓶颈。文化消费需要正确引导，文化产业市场需要精神内核，若把引导和内核内化到文化消费之中，成为文化产品的一种精神，而不是以管制的方式，渗透到文化产业市场的方方面面，那么，不仅文化产业市场会得到发展，而且文化消费的教化功能也更容易实现，取得实效。

文博会，特别是综合性文博会，是文化产业的大集结，是从生产和消费两个方面培育、发展文化产业，可涉及文化体制改革的三个层面：从机构与制度改革层面看，综合性文博会涉及文化产业的方方面面，也就与文化事业的诸多主管部门有关，宣传部门、文化部门、广电部门、新闻出版部门，等等，如何行政效益最大化地把这些机构协调起来共办文博会？从文化经济与文化市场这一观念层面看，文博会既属政府施政之列，也是一种市场行为，属会展经济和文化经济的交叉范围，那就要思考如何面向市场办文博会，如何以市场模式运作文博会，如何使文博会真正产生发展文化产业的实效？从文化思想意识的教化这一观念层面看，文博会不仅仅是文化产业展示的盛会，更是文化产业"奋发图强"，振兴民族经济的盛会，既要展示一定的"形象"，但内核应是形成促进文化产业发展的良好氛围，既要把握社会主义文化的大方向，也要适应文化消费规律。

（二）政府要合理规划布局，正确处理"管"与"办"的关系

后发现代化国家几乎有一个普遍规律，即政府在社会经济发展中起着关键性作用，文化产业作为新兴业态，在我国处于起步发展阶段，因而政府的

支持、引导十分重要，文博会不管是作为促进文化产业发展的手段，还是本身就是发展文化产业，其成长阶段同样需要政府的支持、引导，乃至直接需要政府主办。可以说，政府在文博会的发展中举足轻重。

那么，政府如何在文博会中发挥作用，以使文博会健康发展，发挥最大化效用呢？我们认为可从以下几方面着手。

1. 从宏观层面来讲，要做好文博会的规划布局

这是国家级政府部门发挥良好作用的最直接体现。在空间上文博会的全国性布局，要体现区域差异性。这个布局至少要考虑两个因素，即文化产业发展基础和办大型会展的基础设施条件。博览会是社会经济发展到一定程度的产物，要有相当的产业基础。文博会是以文化产业为主体的博览会，应有一定的文化产业基础，若举办地文化产业发展薄弱，是不适宜举办大型文博会的，虽然文博会的功用是为了促进文化产业的发展，但也不能硬着头皮扯大旗，结果会适得其反，会搞得还在培育中的文化产业企业精疲力竭，最终只有政府出面撑面子了。同时，文博会属于会展，而会展是一个城市的窗口，是城市形象的集中体现，举办大型会展能提升城市形象，但也需要较完善的城市基础环境，包括硬性基础设施和人文社会软环境，还要有较合适的城市地理环境，并不是所有的城市都适合办大型会展的。

此外，现在要对已有文博会进行重新规划布局的话，还要考虑已有规划布局的依赖性，比如，深圳文博会已经投入那么大，且已经举办了六届，北京文博会处于政治中心，得到中央领导的大力支持，这两个文博会无论如何都要办下去。

根据我国文化产业发展现状和空间地理格局，以及已有文博会规划布局的现实，我们以为大型文博会可作如下布局和调整。

（1）深圳文博会。这是我国第一个全国性综合文博会，在各级政府的大力支持下已经举办了六届，产生了较大影响，已有一定品牌影响力，是目前我国最有品牌效应的文博会。深圳是我国改革开放的窗口，也应成为我国文化产业发展的窗口。深圳文博会要在国际化上办出特色和影响，以国际标准，立足全国，面向世界，要能带领全国文化产业发展，跻身世界先进行列，要成为中国文化产业企业与世界先进文化产业企业加强联系和交流，走向世界的桥梁。要在"国际化"上大做文章，想千方百计吸引国际一流展商和专业观众。深圳文博会的定位应是国际化的

全国综合性文博会。

（2）某某文博会。此文博会放眼全国，与国际化的深圳文博会相呼应。它可在深圳文博会之后举办，对照深圳文博会上国际一流文化产业发展现状，检视全国文化产业之发展，寻求我国文产发展之道。若深圳文博会是"开眼看世界"，那此文博会就是"关门练内功"。此文博会的定位是全国的综合性文博会，以全面展示全国文化产业现状为主。此文博会在哪里举办合适？我们认为武汉是较为合适的城市。因为武汉交通便利，处于全国交通圆的圆心，通达东西南北最为便捷，而且武汉城市基础设施条件、会展业基础等也适合办大型会展，此外，武汉文化教育较为发达，文化产业基础也比较好。若湖北省和武汉市十分重视的话，办一个全国性的文博会是可行的，也是更合适的。早在2006年就已在武汉举办了中国中部文化产业博览会。

（3）西部文博会。西部文博会首先要找准自己的特色。西部文化产业不占优势，而且，城市发展程度和地理环境也不占优势，但西部的文化资源十分丰富，少数民族文化资源、历史文化资源和自然旅游资源，等等，都较为丰富。文化资源是文化产业发展的一大资源和动力，对文化资源进行市场化开发，那文化资源就变成了文化产品，就会形成文化产业。西部文博会可从文化资源上大做文章，以文化资源的展演为主，寻求文化资源项目的合理开发之道。西部文博会定点在西安举办是可行的，因为西安的文化资源丰富，也有较为成功的文化资源产业开发的经验，而且西安的交通也较为便利，城市建设、文化教育等也较为发达。

（4）北京文博会。文化产业发展除了可依据文化资源之外，还要靠科技和创意，特别是现代化的文化产业，离不开高科技和创意。科技和创意是推动文化产业发展的两大动力。以科技和创意为主题举办文博会的城市，在我国最合适的就是北京和上海。北京先行了，从2006年就开始举办中国北京国际文化创意产业博览会，至今举办了五届。北京文博会应高举科技和创意旗帜，启示如何运用高科技、好的创意去发展我国文化产业。科技和创意无国界之分，所以，以科技和创意为主题的北京文博会也要如深圳文博会一样，要有"国际化"定位，瞄准世界一流的文化科技和文化创意。

（5）东北文博会。东北举办文博会的最大优势在于其区位。已经举办三届的东北文博会若要继续办成国家级的，不应面向全国办展，应该面向东北亚，拓展到韩国、日本、俄罗斯、朝鲜，应定位为以我国东北三省为主，延伸至华北，包括周边四国的区域性国际文博会。

（6）西南文博会。在我国适合办成区域性国际博览会的地区，除了东北外，还可在西南，较为理想的地方是南宁和昆明。不过，在南宁已经有了中国—东盟博览会，这是一个辐射东盟十国的综合性博览会，是为中国与东盟建立的自由贸易区服务的，是否再在西南办一个文博会可以调研后再确定。若要办，在南宁和昆明办都可以，要定位于区域性国际文博会，面向东南亚、南亚诸多国家。

（7）义乌文博会。客观地说，义乌无论是城市区位，还是城市基础建设，都不适合办大型博览会，但义乌有自己的优势，最大的优势就是有好的城市经济环境，地方政府对发展经济、发展会展业十分重视，产业市场基础比较好。市场和资源、科技、创意一样，也是文化产业发展的动力和风向标，而文化产业市场的需求又是文博会发展的最大的内在驱动力。义乌会展业是典型的产业市场推动型，义乌文博会也是依托义乌全球小商品城，在文化产品市场的推动下，首先由义乌市启动起来的，经过几年发展壮大，相继得到浙江省政府和中央政府重视，到2010年正式升格为国家级。与其他综合性文博会都不同，义乌文博会是典型的文化产业市场推动型，是在市场推动之下，自觉成长起来的。可以把义乌文博会办成市场主导型的文博会典型，让它继续发展壮大。各级政府给予政策支持，予以协调，做好行政服务。

以上布局规划基本是以我国文化产业发展特性和文化产业发展规律为依据，以如何促进我国文化产业发展为宗旨。该规划布局如下表：

全国综合性文博会规划布局表

布局依据	名　称	特色定位
全国整体性长远布局	中国（深圳）国际文化产业博览交易会	全球性的国际化
	中国（武汉）文化产业博览会	全国性、内向型
文化产业发展动力三要素	中国北京国际文化创意产业博览会	科技与创意驱动
	中国西部（西安）文化产业博览会	文化资源驱动
	中国义乌文化产品交易博览会	文化产业市场驱动
区域国际化	中国东北（沈阳）国际文化产业博览会	东北亚区域
	中国西南（昆明）国际文化产业博览会	南亚、东南亚区域

对于各省市区举办的文博会,要加强规范,甚至可实行审批,不可与国家文博会的整体规划冲突。文博会同质化举办,不仅造成资源浪费,而且使得文产企业疲于奔命,无暇落实文博会的实效,可谓劳民伤财。

至于专业性文博会,可根据各地动漫、图书、影视、演艺、文物工艺品、艺术品等文产市场进行规划。我们建议,专业性文博会要大力培育、发展,主要交给行业组织和社会力量去办,政府退居幕后予以引导、支持。

此外,在时间上文博会也要合理规划。这个时间规划有两个方面,即培育一个成熟的文博会花多少时间和两次文博会之间间隔要多少时间。对于前者要根据文博会的实际发育程度而定,文博会发育成熟到一定程度后,政府要逐步退出,交给社会力量去操办,培育一个成熟的品牌博览会,非一日之功,政府要有长远规划。而后者则要依据会展的特性来定。通过会展带动产业经济发展,非一日之寒,不可一蹴而就,不是今年办了文博会,文化产业发展马上就可立竿见影。会展促进产业发展,很大程度上不是体现在会中,而是会后相关产业如何落实会中所取得的成效。我们以为,综合性大型文博会以两到三年为周期比较适宜,上面所提的七个文博会可以交叉着办,这样可以使文化产业企业和相关机构有时间和精力去消化通过文博会所取得的成效。面向全球的深圳文博会可以一年一办,这样可以让国内文化产业界随时把握国际文化产业界的新发展。

2. 文博会促进文化产业发展的宗旨要坚定不移

文博会就是为文化产业发展服务的,促进文化产业发展应是其最高价值追求,所有与文博会有关的工作都应围绕着促进文化产业发展这个宗旨展开。这可谓政府对文博会的整体定调。

据我们对各地文博会的调研,不管是举办文博会,还是参加文博会,不少地方都纳入政府"施政"之列,有把文博会事业视为短期的形象过程和政绩工程之嫌,而忽略了文博会促进文化产业发展之宗旨。

显然,文博会作为长远的促进文化产业发展的社会事业,不能当做一项政府政绩的形象工程来办,而应该切实地以促进文化产业发展为主旨,要有非常强的追求发展的意识,且要把这种意识贯彻落实到文博会的方方面面,真正做到"劝业"。这可借鉴近代中国和日本办各种"劝业会"的经验,比如,中国举办的1910年南洋劝业会和1929年西湖博览会，明确以"劝兴工商"为宗旨。日本在早期举办的国内劝业会更是有非常强的促进产业起飞的色彩。我国文化产业目前处于起步发展阶段，与发达国家还很有差距，因此，如日本一样，举办文博会必须要有追求发展、缩小差距的意识和动力，而不能当做政绩工程，不管办的效果如何，都吹捧一番，缺乏应有的反思。为此，我们建议：

（1）缩小开幕式规模，甚至可取消开幕式。邀请高级别的领导和诸多嘉宾参加开幕式，把开幕式办得有声有色，十分光鲜，成了文博会的重头，甚至压倒了招商招展和邀请专业观众的工作。这不仅占据了大量文博会经费，而且转移了文博会的工作重心。庞大光鲜的开幕式对文博会的宗旨并无实效，相反，还有点南辕北辙。其实，现在即使国内，也已经有不少大型博览会大大简化了开幕式，甚至取消了开幕式，更不用说国外了。

（2）改变政府参展模式，或改善政府参展状况。现在各省市区参加不少文博会都是由政府主办，这些政府参展要么动员一些企业，征集一些展品布展了事，要么直接由政府办展，主要展示自己的文化资源和形象，极少思考通过参展如何带动本地文化产业发展。其实，不少企业对政府组织参展并不积极，甚至政府出钱都不积极。这导致文博会上最热闹、最光彩纷呈的各省市区综合展馆基本就是一种形象的展示，本该最好体现文博会精神的，却不能最集中而直接地体现文博会宗旨。我们建议：文博会按专业和主题设立展馆，取消各省市区政府展馆，若参展文博会对企业确实有益，企业还是很乐意参展的。即使保留各省市区展馆，也是象征性的，重在展示各省市区文化产业发展的整体状况。文博会可在各省市区和国外设立分支机构，与当地政府部门，或民间组织一起征集展品，招商与动员专业观众。

（3）做好文博会的总结工作。我们在调研各文博会时，发现文博会的总结工作很有问题。文博会的总结工作应该注重两个方面：一是就文博会自身作出总结，包括资料汇集、文博会效益分析、如何更好举办文博会，等等。目前，文博会的总结基本都是集中于这一方面。深圳文博会做得比较好。其他文博会要差得多，大多是政策文件、领导讲话、文博会日常工作资料的汇集，有的连这个汇集都没有，就一个闭幕式时领导总结讲话稿、向上级部门汇报的总结报告了事，都是大夸特夸之言，极少对文博会进行深思、反思。往往注重形象，注重政绩，就忽视了对不足的反思。缺少深思、反思的文博会，笼罩在"一片大好"的思维路径和言论范围里的文博会，是很难得到茁壮成长的。二是就文化产业发展、文博会如何促进文化产业发展的效用进行总结，这应是文博会总结的根本，只有做好这个超越文博会自身的总结，才能更好发挥文博会促进文产发展的作用。这个总结可能会超越文博会主办机构的能力，必须发挥专家的作用，组织专家在会场认真观摩、考察，对展品展商和各项活动认真进行品评、研究，然后写出相关研究性的总结报告。这个总结工作很繁重，但对文化产业发展至关重要。现今，各文博会还没有一个做了这方面的总结工作。

3. 正确处理"管"与"办"的关系

文博会属于会展，而会展业是高端综合性服务业，会展是大型综合性的社会基础事业，举办会展所需的大型场馆、配套的完善的城市基础设施条件和良好城市人文环境，都不是会展本身所能解决的问题，这些都必须要相应的政府部门予以解决。文博会对举办城市意义非同小可，所在地城市的政府应大力支持，为文博会营建良好的城市硬环境和软环境。无论文博会发展到什么程度，政府都应要完善城市环境，为文博会提供良好的城市环境。

同时，在中国，要打造一个有影响的品牌博览会，必须要有政府的培育，包括提供资金，给予免税，减少展品运费，对参展企业予以补贴，等等，甚至政府直接出面主办。文博会是培育、发展文化产业的社会性事业，不是为某个企业服务，而是为整个文化产业服务，带有一定公益性质，因此，政府要对文博会予以培育和大力支持，包括资金支持、政策扶持，乃至直接出面组织。但政府直接主办文博会要有个过程，在文博会开办之初的前几届，可由政府负责办理，但经过几届之后，要"管"与"办"适当分开，让社会力量参与其中。

至今文博会已经六七年了，都举办了五六届，从政府培育角度讲，已经到了一定程度，政府直接主办文博会的局面可以有些改变了。

从"办"的角度讲，这个"办"是指技术层面的文博会的营运，让社会力量参与其中，让专业人办专业事。包括由知名的品牌会展公司，或者成立文博会有限公司，直接负责文博会的操办与营运，选择什么样的会展公司，可以实行公开招标。同时，发挥行业组织的作用，行业组织对行业情况更为熟悉，他们招展招商以及组织专业观众更为驾轻就熟，还要充分发挥专家和行家的作用,让他们参与文博会,对文博会,对文博会的展品和项目进行研究,积极参与各项论坛。

从"管"的角度讲,这个"管"涉及文博会非技术层面的诸多事务,政府要做好如下工作:第一,规范制度。为了使文博会紧扣促进文化产业发展的宗旨,可以颁布一个有关文博会的规章制度,对举办文博会的工作加以规范,还可对举办文博会予以审批。第二,对大型文博会在政策、税收、组织工作协调、展品征集上予以支持。第三,对大型文博会实行会后评估。第四,重点负责文博会如何促进文化产业发展的工作,包括组织专家、行家对展品进行审查、研究,撰写行业评估和研究报告,对展品进行评奖,会后汇编完整的资料集,等等。这个"管"所涉及的事务,可由与文博会相关的从中央,到省市区,再到具体负责的政府部门共同承担,明确分工。而具体文博会的相关事务,可以成立一个专门的机构具体负责,比如,深圳文博会就专门成立了一个文博会办公室。

(三) 具体的文化产业博览会如何开办

就一个个具体的文博会而言,其操作层面的工作办得如何,也很能影响其效果。根据我们对已有文博会的考察和思考,并结合博览会的一般经验,我们有如下建议。

1. 明晰文化产业的范围与类别,以便规范文博会的展品和举办专业性文博会

博览会有着很强的主体确定性,博览会的主体就是展品,有着清晰的展品范围和展品形态。举办博览会首先要搞清楚"要展什么"。文博会的主体肯定就是文化产品,是展示文化产品的博览会。那么,什么是文化产品?哪些是文化产品?这是我们举办文博会首先必须要搞清楚的问题,否则,文博会的展品征集就失去标准,就难以做到有的放矢,就会产生展品包罗万象却无目标性的问题。其背后实际要求搞清楚什么是文化产业,文化产业包括哪些范围。目前,虽然政府和学界、业界对文化产业有了较明确的定性,但对文化产业的范围和类别还没有明确而统一的说法。根据全国各地发展文化产业的实际活动,似乎文化产业包罗万象,如制造业、农业,只要与"文化"沾边,都被贴上了文化产业的符号。

这种不明确会导致文博会展品较为混乱。正因为此,某些文博会加

入了制造业、金融业、农业等，似乎蕴涵了文化元素的企业都属于文化产业，比如，有的文博会展示矿冶企业、钢铁企业，因为它们有好的企业文化，有的文博会展示农产品及其副产品、养殖品及其副产品，因为它们有悠久的农业文明和制作工艺，似乎所有服务业都可纳入文化产业，比如，有的文博会展示为企业及个人经济活动而非文化需求服务的金融业。还有很多文博会都把文化资源混为文化产品加以展示，比如，某个省（市区）以政府名义，集中展示该省（市区）的文化特色、文化资源、城市形象，甚至在其展台上吹拉弹唱跳，热闹非凡，很是吸引眼球，但细看后却难以清楚该省（市区）有名的文化产品到底为何，文化产业发展现状到底如何。文化，乃至文化资源，不是文化产品，历史文化悠久，文化资源丰富，不代表文化产业发达，必须把文化资源开发成文化产品，文化才有了经济的意义。文化是一种生产力，但文化自身难以单独成为生产力，必须作为资源，依附于其他生产力要素，才能具有生产力的实际意义。而且，有文化内涵的产品并非都是文化产品，有文化内涵的企业也并非都是文化产业企业。文化产业之"文化"不可被泛化，否则，文化产业就可包罗万象，所有产业门类，及还未被赋予经济意义的文化资源都可囊括其中。

因此，我们建议，结合国际上对文化产业的不同界定，以及我国文化产业发展的现状和特色，学界、业界与政界共同明确文化产业的内涵、范围和分类，以便明晰文化产品。这对举办文博会至少有两大好处：一是把文化产业分类清晰之后，可以按类举办专业性文博会，便于文博会向专业化发展；二是便于文博会围绕展品开展工作，包括征集展品，招徕展商和邀请专业观众，并可按文化产业门类对展品进行分类和设置展馆，可根据分类展品组织相关行业专家进行研究，按门类写出研究报告，等等。

2. 坚定秉承促进文化产业发展的宗旨

文博会要以促进文化产业发展为最高追求，并要贯穿落实到具体工作的每一个环节，使文博会充分发挥平台搭桥效应、引擎发动效应、磁场聚集效应、产业关联效应，从而产生良好的直接和间接效益。虽然我国近三十多年来社会经济发展取得了举世瞩目的成就，整体上成为了世界第二大经济体，但比之发达国家，在经济质量上仍有较大差距，新兴的文化产业更是要落后于发达国家，因此，文博会不能仅仅只是展览展示和交易的平台，更多的应是促进文化产业发展的手段，要具有追赶世界文化产业发达水准的竞争意识，以发展我国文化产业，培育文化产业企业这一市场主体作为当前唯一使命和宗旨。围绕这一宗旨，文博会要务实，不要务虚，应着力开展如下工作。

（1）关于展品。展品是文博会的灵魂，展品工作开展得如何，直接关系到文博会的成败。展品工作包括展品征集、展品展示介绍、展品品评研究。为了便于征集展品，业界、学界和政界可以合力开展文化产业调查，编辑文化产品调查册，让各界对全国文化产业发展现状和文化产品状况一目了然，然后动员各界力量，花大力气动员参展商，征集各方产品。同时，为了便于比较，要对国外发达的文化产业和文化产品了如指掌，并要征集有代表性的展品到会展览。对征集到的展品一定要注意介绍，会场展示设计要专业，要把展品最优化地展示出来，可以采用详细文字说明、现场动态演示、现场详细讲解等诸多方式。展品品评研究是关键一环，不能受利益驱使，只关注会场上能卖多少商品，能达成多少交易，更重要的是通过比较、研究、品评，明了各展品的优劣势，把握行业现状和趋势，明晰与发达的文化产品，特别是国外优势产品之间的差距，并找明原因在哪里，然后奋起直追，因此，可组织行业专家对各展品进行品评研究，对各展品以及各行业要写出详细研究报告，给予改进之策和发展之道，并依据专家的意见，进行评奖，对优者给予奖励。文博会的奖励不能仅仅只给予组织者，更重要的是要对优秀展品及其企业给予颁奖。获奖对企业来说，更多是一种荣誉，是对其品质的认可，奖项对企业来说，既是对其追求发展的认可，也是促使其进一步追求发展的动力，还可成为企业品牌文化建设的一部分。因此，文博会针对展品和企业进行评奖的工作，不可或缺。

（2）关于会中会。在博览会之中举办相关会议是会展业的特色和趋势。文博会也必须要举办各种高质量的"会"：一是行业研讨会议。拟订主题，由专家和业界著名人士在一起探讨行业如何发展。二是参展商和专业观众之间的见面会。通过见面会，让参展商推介自己的产品和项目，而专业观众亦可找到自己所需要的商品和项目，这样可沟通产销，开发出潜在市场。三是项目交流会。博览会现场只展不卖，现场零售只是附带，主要是达成项目合作意向。对有意向合作的项目应进一步加强沟通交流，这就需要项目交流会。项目交流交易会可在文博会之中和之后举办。这些"会"的主角是专家和行家，政府机构和文博会主办单位一起负责组织和服务工作，相关官员亦可参加。

（3）关于宣传。博览会的宣传工作可在会前、会外和会中。文博会的宣传工作要注意：一是宣传重点要明确、准确。博览会宣传工作应主要集中于博览会本身和与博览会相关的展品、展商、专业观众等事项。显然，文博会宣传的重点不应是文博会取得多大的成就，而应对文博会本身和对展品、展商、项目、专业观众、企业等与文博会和文化产业切实相关的事项进行宣传，特别是对后者要加强宣传。二是宣传方式可多样化。既可通过各种新闻媒体宣传，还可采用编辑宣传册、编印报刊、邀请专业人士到场演讲等方式加强宣传。面向国际的品牌博览会要加大国际宣传。

（4）关于会后结束工作。博览会不是时间结束，展位撤销就完事了。博览会要真正取得促进行业发展的实效，重点还在会后。目前，文博会都是只有三四天的时间，要在如此短的时间里，给予文化产业巨大而长远的发展动力，是不可能的，必须要充分发挥其带动、搭桥和关联效应，才能使文博会的效益最大化，而这些都是主要靠会后才能实现。文博会结束之后，首先要跟踪服务，特别是会场上达成的项目交流意向落实得如何，专家给予的改良建议和发展计策落实得如何。其次是要编印详细的资料册，否则，本是造福后世的好事，若干年后就会消失得无影无踪，编印资料册的重点不是汇集政策文件、领导讲话，而是展品、展商、观众等文博会的主体，以及文化产业各门类的发展状况。这些资料册是保存文博会历史和从业人员了解文化产业现状的重要依据。文博会会后工作落实得如何，很大程度上能决定文博会的实效有多大，文博会对发展文化产业、培育文产产业市场主体能产生多大实效。

3. 主题确定问题

文博会的主题确定要明确。我们认为文博会的主题确定要分三个层次：一是要为文博会促进文化产业发展这一宗旨服务，所有文博会的主题都应该要围绕这一宗旨来确定；二是具体文博会要紧扣各自的特色，前文所建议的七大综合性文博会都要分别根据自己的特色确定一贯的主题，其他的专业性文博会也要根据自己的目标定位、特色确定一贯的主题，然后历届文博会都要围绕着这一主题；三是每一届文博会根据文化产业发展形势和趋势，都可确立一个主题，这个主题在为前两个层次的主题服务外，还要能引领行业发展动态，这一层次的主题可以根据文化产业发展状况进行调整。第二层次的主题确定至关重要，它涉及文博会的整个定位问题，需要对文博会进行长远规划，该主题确定正确了，就要坚持不懈，若干年后，某某文博会就会成为有影响的品牌博览会。

4. 展馆设置和布置问题

我们参观了一些文博会，觉得这些文博会的展馆有些混乱，布置也不得法，与促进文化产业发展的宗旨有些违背。展馆的设置和布置一定要围绕着文博会的宗旨和主题。我们建议，文博会可根据文化产业门类设立专题展馆，弱化综合性展馆，省市区展馆可以考虑取消，若要保留，可重在展示各省市区文化产业发展现状，另外，还可设立项目推介展区、文化资源展区，以吸引资金和专业人士去开发这些项目和文化资源，还可设国外参考展区，以便增进对国外文化产业的了解。大型文化产业企业也可设独立展区。

展馆布置也要有讲究，要把各展馆内容最优势的东西展示出来，要非常便于观众观展，便于观众了解自己的展品，为此，可以布置展品详细说明，安排专人现场解说、演示，还可采用高科技布展，不一定要邀请模特、演员助阵，让人眼花缭乱，否则，观众就去看热闹了，反而忽视了展品。当然，文化资源展区可以邀请非遗传承人现场表演。

与展馆布置有关的就是设立分会场的问题。大型综合性文博会基本都设立过分会场，这些分会场主要是依托相应卖场而建，比之主会场，显得冷冷清清，与日常无异，不同的是多了一些宣传条幅和指示标牌，再热闹一点就是去了几个领导视察，并没有体现出文博会的宗旨与主题，有的只是为文博会壮大声势之嫌。因此，我们建议取消分会场，特别是按专题设置展馆之后，分会场更可以取消。若一定要设分会场，也不要为了便利依托卖场而建，可以另辟展馆，且要提升分会场的品质，体现文博会的宗旨与主题，为发展文化产业做切实工作。

另外，会场卖场和展场要剥离。博览会一个基本特点就是展品不是商品，而是商品的宣传品，所以只展不卖，因而博览会的会场基本没有卖场，更没有在展场中卖展品的，博览会是培育、开发潜在市场，而其本身并不具有"市场"功能。不过，有的博览会附设有临时商场，主要是满足普通观众的购物需求。现在不少文博会的会场都有展品的买卖行为，特别是工艺品、美术品及服饰品展区，甚至展品就是商品，把销售置于展示之上，把文博会变成展销会，好似文博会是一个临时大卖场一样。因此，我们建议，文博会会场要禁止销售行为，把卖场和展场完全分开，若卖场是零售，那么展场主要是开发"批发"，批发交易应在会后完成。

5. 建立常态化的项目研究、推介与交易平台

三四天的博览会重在"览"，其功能主要由"览"促发而来，博览会的诸多作用很大程度上不是靠三四天的博览会本身实现的，而是靠会外所做的工作，博览会只是一个平台和引擎。文博会促进文化产业发展的一个很重要体现就是推介文产项目，而这些项目不可能在短短的三四天文博会期间得到萌生、落实，而且，三四天的项目推介所产生的效果也是有限的。同时，博览会重在开发潜在市场，而潜在市场的培育和开发非一日之功，三四天的博览会只是牵线搭桥，批发交易还要在会后进行。因此，我们建议：每个文博会都可实行网上常年展示，这个网上展示不是现实版文博会的翻版，应弱化新闻报道，重在介绍展品和项目。此外，还可建立常年的项目研究、推介和交易中心，既可为文博会规划出优秀的推介项目，又可监督文博会后项目落实情况，并可为项目开发提供智力支持，还可为文博会上达成的批发交易服务，并可在文博会后为企业寻求更多的批发生意，而且，这个中心还可为文博会上的项目提供投融资服务。

文博会常态化的项目研究、推介和交易平台可以由政府动员搭台，予以支持，提供服务，具体事项可由行业组织和社会力量去操办。为了节省成本，不必每个文博会都要有这样一个平台，可以几个文博会联合起来共同搭建。

6. 培育行业组织，充分发挥行业组织的作用

政府对文博会实行一定程度的"管""办"分离之后，为加强文博会的规范性，提高文博会的办展效果，就应发挥行业组织的作用。在文博会中可发挥作用的行业组织来自三方面：一是会展业的行业组织，比如中国会展经济研究会、中国展览协会，以及主管会展业的带有官方性质的各级贸促委，它们对办展，对国内外会展业更熟悉，它们参与文博会，可使文博会更符合会展业的一般规律，可参谋寻找更专业的优质会展公司承办文博会，它们更熟悉博览会的运作程序；二是文化产业的行业组织，可成立诸如文化产业协会、文化产业促进中心之类的行业组织，它们对全国文化产业更熟悉，更能清楚如何运用博览会去促进文化产业发展，使文博会的作用真正落实到文化产业发展上；三是与文化产业有

关的各业别的行业组织。文化产业所涉及的各门类也会有自己的行业组织，它们更了解国内外本行业的状况，若发挥它们的作用去招展招商，去邀请专业观众，效果会更好。

7. 走专业化的发展方向

当今会展业的发展趋势是专业化。文博会也应走专业化发展方向，应大力发展专业性文博会。可根据各地文化资源优势和文化产业优势与特色，举办能体现优势和特色的文博会。在明晰文化产业门类之后，每一门类都可举办一个国家级的文博会，比如，艺术品类、图书期刊类、影视音像类、动漫类、娱乐休闲类，等等。这些文博会不一定要很大规模，但一定要定位高，瞄准国际标准，打造博览会品牌，锻造文化产品精品。至于各地举办专业性文博会，政府可以放开，让社会力量去办，由市场优胜劣汰。文博会专业化的背后，其实也有文化产业布局问题，各地发展文化产业不能一味求全求大，搞得全国发展文化产业同质化现象严重，造成资源浪费，应根据自己的文化资源优势和人文地理优势发展相应文化产业，再以强势文化产业为依托，举办相应的专业化文博会。

8. 走市场化的运作模式

在中国社会主义市场经济这一大的特色背景之下，走市场化道路并非是要完全照搬西方市场经济模式。在中国发展会展业、发展文化产业、举办文博会，目前完全脱离政府，实现全市场化，几乎是不可能的，但完全由政府操办也会问题重重。文博会经过一段时间的培育发展之后，政府应该一定程度上退出，让市场参与其中，政府和市场相结合，共同促进文博会发展完善。政府的作用就是规划布局、宏观监管，乃至给予资金和政策扶持，而具体的操办交给社会，由专业的会展公司负责文博会技术层面的运行，由它们按照市场模式去运作文博会，专业事由专业人办，效果可能更好。

9. 把观展和参展置于同等位置加以重视

目前看来，文博会虽然要把参展当做重头加以重视，包括培育参展企业，征集足够展品，如何促进展品改良发展，等等，但当文化产业发展到相当程度，展品就不会成为文博会的首要关注问题，文博会就应更关注如何开发文化产品的潜在市场，这就需要吸引优质专业性观众，而且，优质专业性观众代表了市场需求前沿，其需求基本是文化产业发展的方向，能给参展企业带来无形的市场压力和动力，从而催动它们根据市场需求进行改良、创造。因此，文博会在重视招展的同时，也必须要开始重视"观展"，要千方百计邀请到国内外优质专业性观众，这不仅可提升现场项目达成意向的可能性，开发出更多的潜在市场，也更有利于我国文化产业企业把握行业动态和市场需求，使得自己的生产和创意更能有的放矢。

10. 要具有品牌化意识

品牌就是形象，品牌也是一种资产，好的品牌形象能使消费者形成固定消费的惯性，产生一定的消费依赖性。文博会要有品牌意识，培育优质的会展文化，努力打造自己的品牌形象，成为世界一流的展会。打造品牌是一个复杂的长期过程。品牌文博会要有国际眼光，办展程序符合国际规范，要获得国际展览协会（UFI）和国际展览管理协会（IAEM）的资格认证，要得到国内外业界的认可，能代表文化产业发展的一流水准。这样的文博会才能比较容易吸引来世界一流的优质参展商和专业观众。

课题组成员名单

课题负责人：
洪振强　华中师范大学副教授

课题组成员：
马　敏　华中师范大学教授
郑成林　华中师范大学教授
付海晏　华中师范大学教授
王　娜　文化部文化产业司综合服务处副处长
周建新　中国传媒大学助理研究员

此文是国家社会科学基金艺术学项目"促进我国文化产业会展规范发展对策研究"（10BG069）之研究成果。本文写作得到了北京大学陈少锋教授、中国传媒大学齐勇锋教授、中国人民大学彭翊副教授等人惠教，得到文化部产业司及举办文博会城市相应主管部门的大力支持，于此谨致谢忱！不过，一切文责，由作者本人自负。

民营资本进入文化产业领域的现状、问题及对策建议

中国传媒大学文化产业研究院

- ◆ 410　前　言
- ◆ 410　第一章　民营资本进入文化产业的现状分析
- ◆ 416　第二章　民营资本进入文化产业领域的问题
- ◆ 423　第三章　民营资本进入文化产业领域的对策建议
- ◆ 440　参考文献
- ◆ 441　课题组成员名单

前　言

改革开放三十余年，民营资本已经成为我国经济社会的重要组成部分，它在繁荣城乡经济、优化经济结构、增加财政收入、安排劳动就业、富裕城乡群众等方面发挥了极其重要的作用。在全国"调结构，促增长"的大环境下，充裕的民营资本也面临着"二次创业"的问题。如何寻找新的投资热点，实现自身的二次增长是当前民营资本关注的重点之一。

随着文化产业的大发展大繁荣，文化产业日益成为民营资本关注的焦点，甚至被誉为"民营经济的最后晚餐"。新兴的文化产业面临着资金的瓶颈，而充裕的民营资本却游离在社会之中寻求新的利润点。

实践证明，有效实现二者的对接是实现产业与资本双赢的最佳途径。对于二者的结合，早在2005年8月，国家已经出台《国务院关于非公有资本进入文化产业的若干决定》，对非公有资本进入文化产业作出了明确规定，鼓励和支持民营资本进入文化产业，鼓励和支持民营资本参与一些领域内国有文化单位股份制改造。在国内各有关文化产业主管部门的认可和支持下，一系列有利于民营资本注入文化产业的规定和办法纷纷颁布，一向由国营文化单位紧紧把守的城堡大门终于洞开。文化产业吸引民营资本，民营资本注入文化产业，这是双方双赢互利的需要，也是繁荣与传播中华民族文化的需要。

因此，本文将全面梳理民营资本进入文化产业的政策，分析其得失；深入探讨民营资本进入文化产业的生存现状与遇到的问题，寻找突破口；有针对性地研究如何推动民营资本进入文化产业并日益成为文化产业的重要支撑力量，提出政策建议。

第一章　民营资本进入文化产业的现状分析

《中共中央关于制定国民经济和社会发展第十二个五年规划的建议》（下简称《十二五规划建议》）明确指出，"推动文化大发展大繁荣，提升国家文化软实力。培育骨干文化企业和战略投资者，鼓励和引导非公有制经济进入，发展新型文化业态，增强多元化供给能力，满足多样化社会需求，繁荣社会主义文化市场，推动文化产业成为国民经济支柱性产业。"《十二五规划建议》进一步明确了民营资本进入文化产业的政策合法性,为"十二五"期间民营文化的发展作出了强有力的政策保证。

一、民营资本进入文化产业的政策梳理

在我国加入 WTO 的时代背景下,十六大召开以后,2003 年全国文化体制改革试点工作会议在北京召开,会议根据党的十六大"关于深化文化体制改革"的要求,部署安排了文化体制改革的试点工作。之后,旨在鼓励非公有制资本参与文化产业发展的准入政策的出台为"民营资本进入文化产业"打开了政策之门,随后的政策发展按照准入政策作引导、投融资政策做嫁衣、财税政策作保障的三轮驱动模式,致力于培育真正的具有竞争力的民营文化产业市场主体,通过有效的政策调控,构建合理有效的市场机制。

(一) 准入政策

在准入政策方面,可以分为非针对性和针对性政策两个类别。非针对性政策旨在发展非公有制经济引导民间投资,其中部分与文化产业相关;而针对性政策则是针对民营资本进入文化产业的对口政策,是在前者的宏观领导下对具体产业的具体表现。

从 2004 年至今,国家先后出台了多个政策推动民营资本进入文化产业。譬如:《文化部关于鼓励、支持和引导非公有制经济发展文化产业的意见》文产发〔2004〕35 号、被称为"非公 36 条"的《国务院关于鼓励、引导非公有制经济发展的意见》(国发〔2005〕3 号)、《国务院关于支持非公有资本进入文化产业的若干决定》(国发〔2005〕10 号)、《关于深化文化体制改革的若干意见》、《关于鼓励发展民营文艺表演团体的意见》、《中共中央关于构建社会主义和谐社会若干重大问题的决定》、被称为"新 36 条"的《国务院关于鼓励和引导民间投资健康发展的若干意见》(国发〔2010〕13 号)、《文化部关于加快文化产业发展的指导意见》,等等。

至此,国家关于非公有资本,特别是民营资本进入文化产业的相关政策经历了从逐步完善向纵深发展的演变历程,民营资本的地位逐步提高,准入范围逐渐扩大,并在政策意义层面,逐步与国有文化企业平等。

(二) 投融资政策

投融资政策旨在解决政府资金不足以支持文化产业发展的资金需要

的问题，充分调动社会力量和民间资本，大力发展文化产业。近几年，我国出台了一系列文化产业投融资政策，鼓励、支持非公有资本进入文化产业，鼓励符合标准的文化企业上市融资，同时加大了金融对文化产业发展的支持力度，在很大程度上为民营资本进入文化产业提供了较好的政策氛围。

《国家十一五时期文化发展规划纲要》提出：要适时调整文化产业领域的准入、融资政策，为各类市场主体发展文化产业提供公平竞争的制度环境。

2009年，九部委联合发布了《关于金融支持文化产业振兴和发展繁荣的指导意见》提出完善授信模式，加强对文化产业的金融服务，大力发展多层次资本市场，扩大文化企业的直接融资规模，健全配套机制等相关政策，为民营中小企业及已经具有一定规模的文化企业提供了有效的融资渠道，"文化部会在《指导意见》框架下逐步完善文化产业的投融资体系……研究专门针对中小文化企业的优惠政策"[1]，从资金上保证了其发展空间。

（三）财税政策

财税政策主要分为两个方面，一方面是着力于直接资金支持的财政支出，例如设立专项资金等；另一方面是在税收政策上给予市场主体一定量的减免和优惠。

目前，在我国具有代表性的政策是《国务院办公厅转发财政部等部门关于推动我国动漫产业发展若干意见的通知》（国办发［2006］32号）、《文化部、财政部、人事部、国家税务总局关于鼓励发展民营文艺表演团体的意见》（文市发［2005］31号）及地方性政策例如《陕西省关于加大我省财政对民营文化产业扶持力度的提案》、《杭州市人民政府办公厅关于统筹财税政策扶持文化创意产业发展的意见》等相关政策。政策主要手段有两种：建立扶持文化产业发展的专项资金，不断扩大专项资金的数额，实现资金保障的长效机制；对文化产业所涉及的税种，在政府职权官位内予以税收优惠。目前，我国针对民营资本进入文化业的相关财税政策体系并不成熟，尚需进一步完善和优化。

---

[1] 中央政府门户网站，http://www.gov.cn/。

二、"民营资本进入文化产业"政策的东中西差异

《十二五规划建议》指出:"坚持区别对待,分类指导,引导投资更多投向中西部地区。"在我国,文化产业发展面临着区域不平衡的现状,东中西部地区在"民营资本进入文化产业"政策上也存在一定差别。

(一) 东部地区

发展程度较高的东部地区各省市区,具有发展文化产业资金和人才方面的诸多优势。地方政府重视文化产业的发展,依照中央的相关精神和国家级的政策,结合本地域内的相应特色制定了一系列地方性政策,旨在促进民营资本进入文化产业,建立长效健康的市场机制。

以天津市为例。天津根据《国务院关于鼓励支持和引导个体私营等非公有制经济发展的若干意见》,出台了《天津市政府关于鼓励支持和引导个体私营等非公有制经济发展的若干问题的意见》,除了强调国务院文件中的相关精神之外,结合本地体育事业发达,民间体育运动氛围浓厚的实际,强调了对"文化体育产业"的投资引导,充分发挥了地区产业发展的特色和优势。

除此之外,结合东部地区经济发展的优势,产业政策较多地集中于传媒行业、动漫行业、演艺行业、娱乐、会展、中介等行业形式,准入范围广,政策数量多。

(二) 中部地区

中部地区省市区在资金和人才方面相对于东部地区来说有所欠缺,但是部分省市区克服不足,成为文化产业发展的重要案例。例如,属于中部地区的湖南省。但是在政策方面,特别是关于民营资本进入文化产业的相关政策方面,存在着数量和针对性两方面的不足。

目前,中部地区的文化产业政策,除了个别省市区以外,大多是在文化产业发展政策或支持非公有制经济发展的相关政策中,对民营资本进入文化产业部分有所涉及。具体内容主要集中在对准入范围进行划定,鼓励民营资本进入文化产业,支持民营资本参与文化市场竞争。其中以安徽省相关政策最为密集,结合本省资源特征由安徽省文化厅出台了《鼓励发展民营文艺表演团体意见》等措施鼓励民营资本进入文化产业。

总的来说,中部地区在民营资本进入文化产业相关政策方面发展程度较弱,但具有非常大的完善空间。

(三) 西部地区

西部地区相对经济发展程度低，但是许多西部地区省市区具有发展文化产业的独特资源。例如，少数民族民俗资源等。借助这种天然优势，西部地区的政策制定上也具有一些区别性明显的特征。

以云南省为例，在中央文件的指导下制定了本省的《关于加快非公有制经济发展的若干意见》，规定所有企业一视同仁享受政策利好。在云南省人民政府《关于深化文化体制改革、加快文化产业发展的若干意见》（云发〔2004〕15号）中提出：大力发展民办文化产业。强调简化审批程序，适当放宽注册资本。更具特色的是该意见中还提出了：放宽企业名称冠以"云南"字样的条件，在促进区域文化产业大发展的同时，着力打造具有影响力和号召力的区域品牌。

除此之外，西部地区多数省份的民营资本进入文化产业相关政策并未得到充分发展，与经济发展程度存在一定的关联。

纵观东中西部的产业政策分布可以得出：政策是产业发展的开路者，产业政策的制定要与实际情况相结合，充分发挥本地域的优势，规避劣势，寻求民营资本在文化产业领域内最具发展潜力的增长手段。

三、我国民营文化企业的分布现状与特征

由于传统的经济体制，我国产业集聚和企业发展具有强烈的政策主导性。民营文化企业在产业发展的过程中，同样存在着这样的情况。

由于文化产业发展的不平衡，我国民营文化企业在全国分布并不均衡。由于资本的趋利性，大部分民营文化企业设在经济发展较好的地区，主要集中于北京及东部沿海发达地区，比如，上海、深圳、广州、江苏、浙江等地；其次是中部文化产业发展较快的地区，比如，湖南、安徽、河南等；而西部地区除了个别省份，大部分地区民营文化产业发展较慢，民营文化企业在质量和数量上都不成规模。

由于地域、市场、文化消费等能力的不同，全国范围来看，民营文化企业根据其涉及的行业、成果等综合调研，我国民营文化企业在产品属性方面呈现出三个重要特征，也就是民营文化企业的三个类型：生产主导型阶段、消费主导型阶段和创新主导型阶段[①]。

---

① 范周：《中国文化产业新思考》，光明日报出版社2010年1月版，第46页。

生产主导型：民营文化企业的产品生产主要集中在生产传统的文化作品，譬如，出版书籍、制作相关电视剧、发行唱片等。

消费主导型：此类民营企业的产品更多地倾向于快速消费的各种文化娱乐产品，即根据某种市场需求和某类文化流行元素，有针对性地生产文化产品，譬如，各种畅销书书商、文化传播公司等。

创新主导型：此类民营文化企业更多地集中于动漫、新媒体、网络等科技型文化产业新形态中。这些企业立足于市场，结合科技创新和制度创新等来满足市场需求。譬如，百度。

这三个大类的民营文化企业的分布恰好印证了东中西部文化产业的发展情况。根据调研的图谱，可以较为清晰地看到民营文化企业的分布从东到西依次呈现出创新主导、消费主导、生产主导的趋势与过渡，这也是和我国文化、经济东中西不平衡的状态相一致的。

四、民营资本进入文化产业的人才现状

目前，缺乏高水平创意、管理、经营人才成为整个文化产业发展的重要瓶颈问题。随着民营文化产业的发展与崛起，对人才的需要问题将更加突出。调研中，不少民营文化企业家有相同的困惑：人才不好找，班子不好带，员工不好管，听话的不能干，能干的则不听话。一言以蔽之，就是招不到人、管不好人、用不好人、留不住人。

调研中发现，民营文化企业的人才状况呈现出"流动快"、"保障弱"、"创新人才团队少"三大特征。

流动快。这一方面，文化劳动力进入企业希望有一定的经验积累和发展空间；另一方面，由于大多数民营企业属于中小型企业，希望招进来的是熟练工，能很快地创造效益，但是在个人发展空间、人才培训等方面却无法提供有效的保障机制。因为利益的无法趋同，使得员工跳槽几率大增。企业与员工缺乏长期合作利益、相互之间的不信任，是造成目前民营文化企业人才流动过快的重要原因所在。

保障弱。目前，民营文化企业在人才培养、职称评定、人才晋升、户口安置等方面都存在着明显的不足，难以吸引到较高层次的文化产业人才。同时，由于自身平台的限制，无法为人才营造出良好的"创新创意"保障空间，特别是不完善的公司形态，也是阻碍人才进入的重要原因。

创新人才团队少。这是民营资本进入文化产业过程中日益突出的问题。不少民营文化企业都集中在生产型、消费型阶段，产品的同质化造成了资源的重复浪费，使得市场的低水平竞争更加激烈。然而，在"有自主产权的产品创新方面"却着力甚少，重要原因在于民营资本对于"利润追逐的短视性"，不愿意拿出大量资金作"科研创新"，不愿意组建自身的创新人才团队，从而造成企业产品的雷同化，无法实现自身产品在市场上"创新赢利"。

人才问题严重制约着民营资本进入文化产业的力度及发展态势。目前，全国文化产业类专业每年培养数以万计的文化创意人才，如何有效地吸引人才、用好人才，这是民营资本进入文化产业过程中必须重点思考的问题，也是民营文化企业进一步发展壮大的重要措施。

五、民营资本在文化产业内的投融资现状

目前，民营资本成为文化产业内部最活跃的因子。民营资本进入文化产业，不但有效地缓解了国家对文化产业投资不足的难题，而且为文化产业内经济结构的多元化形成了较好的推动力。

但是，由于文化产业项目高投入的特性，民营文化资本进入文化产业后也存在着自身进一步融资实现自身实力再增长的要求，也存在着需要融合更多资金发展重大文化项目等问题。

目前，民营资本在文化产业内主要以直接上市融资、买壳上市或借壳上市、银行授信等形式运作。另外，私募、自主注资等方式都是民营资本自身运作过程中吸纳外来力量的重要途径。

随着关于民营资本进入文化产业的各种政策出台，民营文化企业面临的发展环境越来越好，但是，由于传统经济体制和文化体制，民营资本进入文化产业及其发展还是面临着很多问题，影响了民营资本的作用发挥。

调研发现，当前民营资本进入文化产业存在的问题集中体现在对民营资本的内涵及作用认识不到位、对文化产业发展规律不清楚、缺乏公平的发展环境扶持、机制不到位、文化管理机制不符合当前民营资本发展的需要、政策引导体系不够完善五个方面。

第二章 民营资本进入文化产业领域的问题

尽管国家出台了各种政策，鼓励支持民营资本进入文化产业，但是在实际的操作过程当中，还存在各种问题，总体而言，主要反映在以下五个方面。

一、对民营资本的内涵及作用认识不到位

由于传统体制和文化产业的特殊属性，政府的投入成为文化产业发展的重要特征。许多政府部门主管领导的思想意识还处于传统经济体制的束缚之下，对文化产业还存在着浓厚的"意识形态"认识观，不了解民营资本在文化产业中的独特地位甚至惧怕不敢正视民营资本的巨大效益。具体表现为：

（一）对民营资本的概念和范畴不清楚

"民营资本"顾名思义，"民营"是与"国营"相对应的两个并列互补概念。民营资本与国营资本因而也是两种平等相连、互为补充的资本形态。它们共同构成国民经济的统一主体和整体。

由于历史原因，人们习惯上认为民营经济就是私营经济，过于发达会威胁到公有制的主体地位，会削弱国有经济的主导作用。因为没有明晰民营经济的概念内涵，政府官员对概念的误读直接影响了民营资本进入文化产业。

笼统地讲，民营资本是指除国有企业资本、外国企业资本之外的国内中小企业资本及民间闲置资本，它包括个体、私营、合伙私营、乡镇、集体、股份私营（联合）、混合型集团股份企业以及外商投资企业所有的资产。民营资本主要集中在传统产业，从事产品价值链低端的低附加值产品的生产，普遍存在着企业规模小、技术水平低、研发能力弱、能源和资源消耗高等问题。

当前，民营资本进入文化产业呈现出两个特点：第一，由传统的第一、第二产业转向投资文化产业，实现原有产业的结构升级和提高产品的文化附加值；第二，直接从事文化产业，此类更多呈现为小型文化产业。

（二）对民营资本的作用认识不清楚

由于对民营资本的具体内涵和外延认识不到位，因此对民营资本在文化产业中的作用的认识还不是很清楚。

传统上，文化产业、文化事业都是由政府投入。投融资渠道单一。这种惯性思维方式和发展模式束缚了民营资本参与文化产业发展。整体

而言,对于整个民营文化经济发展来说是不利的。

调研中我们发现,部分领导干部思想较为保守。在实践中,思想上认同也鼓励民营资本从事文化产业;但是在实际产业发展中,却无视或者忽视民营文化资本对国有文化经济的补充作用。

上海建设"东方明珠"时,政府拿不出8.3亿元资金,但他们大胆解放思想,率先在全国放开文化领域,允许民间资本参与建设,在极短的时间内筹集了民间资本4亿元,再加上贷款,全国第一高塔便轻松建成。现在"东方明珠"每年经营收入1.5亿元,超过了法国埃菲尔铁塔每年500万美元的经营利润,居世界同行业第一。

因此,在文化产业发展中,政府应该积极转变观念,充分认识到民营经济的重要作用。民营资本经过30年的积累,积攒了大量的资金,这将为文化产业提供有效的资金补充,有助于在文化产业内形成以公有制为主体,多种所有制经济共同发展的文化体制格局,这也是推动我国文化产业现实跨越式发展的迫切需要。把制定政策的出发点和落脚点真正放到激励全民创业、促进民营经济发展上来,放手让一切劳动、知识、技术、人才、管理和资本的活力竞相迸发,让一切创造财富的源泉充分涌流,把民间对文化产业的创业激情充分调动起来,吸引民营资本投入文化产业,发展文化经济。

二、急需明晰文化产业的发展规律

文化产业是一门产业类型,具有自身的经济发展规划和市场运行规律。当前,政产学研对于文化产业发展规律的认识仍处于探索阶段,学理研究上学术体系也不完善。

对于文化产业的重要性,民营资本对其的认识也在逐步加深。当前,民营资本在文化产业中已经作出了巨大的成绩,但是从民营资本整体来看,这个体量还不够,仍有大量的民营游资尚在观望。对于目前的文化产业,他们看到了这个新的热点,但是却没有很快地进入。

调研中,不少民营企业认为文化产业风险太大,对投资文化产业存在着较大的畏难情绪。不少人抱着等等看的心态,等到"别人的好点子成长为文化产业的赢利点"之后才跟风进入,这实际上错过了发展机遇期。当下"主题文化餐厅"同质化现象严重就是最佳例证。在强调"创意"和"体验"的文化产业内,同质无疑是失败的"孪生体"。

究其原因，关键在于民营资本对于这个新兴产业的发展规律、赢利模式、市场运营等不熟悉不了解，难以作出有效的判断，盲目跟风容易造成利益的损失，严重影响了投资热情。这也是目前民营资本进入文化产业的一个重要桎梏：民营资本本身的认识问题。

因此，要加强"文化产业发展观"的宣传与普及，提升民营资本对文化产业的认识。文化产业的培育是一个高投资高收益、小投资小收益、不投资没收益的具有较高风险性的长期投资过程。这就需要民营资本者们具有敏锐的眼光、较高的政策水平、较强的市场驾驭能力和敢想敢干的事业魄力。同时，民营资本也应进一步领会中央精神，分析当前中国文化产业现状，转变思想观念，通过科学论证与严谨的市场调研，创造性地进入文化产业市场，寻求新的发展空间和利润增长点。

三、缺乏公平的发展环境和有效的扶持机制

文化产业是一个充满自由、需要空间的产业。在文化产业发展道路上，越来越多的民营企业嗅到了文化产业这块大蛋糕的诱人芳香。在这样的大背景下，民间资本纷纷叩击文化产业的大门。民营资本进入文化产业，就要破除政府单一投资主体的旧格局，形成多渠道、多元化的文化产业投入机制，为民营文化企业创造公正、平等的政策环境和市场环境。

（一）民营资本的发展环境

在实际产业发展中，民营资本进入文化产业并非一帆风顺，由于历史、体制等各方面原因，在政治地位上还存在以下几个突出矛盾。

第一，民营文化企业的国民待遇与国有文化企业国民待遇的不平等矛盾加剧。本着"平等准入、公平待遇"的原则，放宽民营资本等社会力量进入文化产业的准入政策，积极鼓励和支持民营企业进入文化产业，但是，实际上，很多优惠政策无法普及到民营文化企业。难以与国有文化企业一视同仁。

第二，民营资本的遭遇不仅不如国营资本，而且在有些方面甚至不如外资。在落实加入 WTO 承诺放松市场准入限制的同时，对内却加强了市场准入管制，致使中国的市场主体面临新的超国民性待遇的不平等竞争。凡是允许外国投资者进入的，都允许中国的投资者进入的政策并未

得到充分有效的落实。在民营资本进入传媒产业领域表现得尤其突出①。

第三，民营文化企业在申办过程中，市场进入和经营的成本比较高，审批等行政手续相对更加复杂，不利于民营企业的发展。具体而言，高门槛限制了民营中小文化企业的经营范围，政府审批行为在程序和规定上的复杂性和相对不透明性，提高了民营企业市场进入和日常经营的风险程度，从而增加了民营企业的经营成本。

另外，由于文件的政府门类属性，使得其适用范围较为狭窄，使得有些政策无法落实到位。以《关于鼓励、支持和引导非公有制经济发展文化产业的意见》为例，因为文件是文化部下发的，所以目前只是在文化行政管理的职权范围内，即文化系统适用。而图书分销等业务由新闻出版署在归口管理。这是民营经济面临的一个问题。可见，政策的适用性和适用范围亦对民营资本进入文化产业也造成了一定的困扰。

(二) 缺乏有效的扶持机制

尽管近些年，相关部委都出台了一些政府支持民营资本进入文化产业的政策。但是在实际的文化行政体制中，民营资本在运作中还是遭遇到很多不平等待遇，很多方面享受不到国营资本的待遇和相关优惠政策，在不少方面甚至不如外资在国内享受的地位，处于相对弱势的地位。这是目前民营经济遭遇到的普遍问题。

第一，文化信息的不对称。国家许多大的文化信息直接流向国有大中型的文化企业和文化单位，一般的民营文化单位很少能看到这些信息，与政府在文化信息、文化政策等多个方面存在一定的"知识鸿沟"。

第二，资金运营问题。从调研访谈和实际的政策梳理来看，且不论国家省市区的专项扶持资金，单是从银行贷款来说，对于中小文化企业来说都是非常难的。民营资本的信用担保体系不健全。大多数被调研走访的企业认为政策扶持的力度不够、办法的可操作性不强、创新基金总额偏少，绝大部分企业依靠创新基金难以达到融资目的。由于文化产业项目的高投入和高风险性，银行对于该类的贷款非常慎重乃至过于保守。

第三，在鼓励民营资本进入文化产业的过程中，缺乏相关特色性人事政策的安排或是有政策却没有得到很好的落实。对于重大民营文化项目，是否提供户口、职称晋升、专业培训等多方面都缺乏必要的扶持和

---

① 佚名:《当前我国文化产业发展中的几个突出矛盾与问题》, 载 http://www.douban.com/group/topic/1604812/.

鼓励政策。目前，许多民营文化企业难以享受政府部门举办的学习培训机会，无法平等参与专业技术职称评定。

第四，各种评奖等激励机制仅限于国营文化企业，对民营资本关注较少。特别是在申报文化产业示范基地、政府文化项目采购和招投标等方面。民营文化企业在项目审批、资质认定、科研立项、人才引进、职称评定、政府采购、融资以及命名、评比、表彰等方面。

四、文化管理机制不符合民营资本发展的需要

文化产业是一个特殊的产业，而且目前还处在发展和转型过程中，经济的高速发展，体制性的问题成为文化产业发展的一个瓶颈。"监管什么"和"怎样监管"既是政府进行文化产业监管的重要课题，更是民营资本投资文化产业面临的关键问题。

（一）监管什么

在新的经济条件下，民营文化经济日益成为国民文化经济的重要组成部分。经济的健康有序发展离不开政府的产业政策，而产业政策的出台离不开对市场的监管和对产业发展的跟进。但是，在调研中发现，在文化产业的很多门类中，政府对市场的监管在加强，而对产业发展的态势却没有做到与时俱进，从而造成"监管什么"出现漏洞，对有些新的文化形式没有做到及时的监管，而对旧有的但是现在可以逐渐放开的领域却依然抓得很紧。

以纪录片的发展为例。作为一种较新的传播方式，长期以来，在各种文化形式传播中处于相对的弱势地位。既没有相关的政策加以规范。随着"国家软实力"和"中国文化走出去"等国家战略的实施，纪录片的作用特别是在"跨文化"中的宣传作用得到重视。在此状况下，广电总局出台了"22条"等法规对纪录片进行监管。调研中，一些独立制作人表示：新的政策对民营资本做纪录片并没有实质性的行业导向作用，更多的是从政治管理制度本身出发而非从行业内容发展出发。另外，国内对纪录片的扶持还是比较弱，一些民营的制作公司更愿意借助于国外资本进行纪录片的制作和在国外平台上播放。在此基础上，如何进行有效的内容导向和监管又成为相关部门"怎样监管"的重要内容。

（二）怎样监管

"怎样监管"一方面涉及新内容的监管，另一方面在与时俱进地进行

监管方式和内容的调整。以传统书业出版为例，长期以来政府通过"书号"对出版进行监管与调控。国有资本的相关出版单位掌握着"书号"这种特殊资源，形成了实质性的行业上的垄断。这种文化垄断不打破，文化产业的发展势必受到制约。因此，在加强监管的前提下，应拿出一部分资源与民营企业合作，通过引进民营体制和机制来参与和促进整个文化产业的发展。在国际竞争日趋激烈的背景下，应给民营企业更多的机会，必须突破体制上的局限。同时，对"监管政策"进行有效的与时俱进的调整。

五、政策引导体系不够完善

目前，国家出台的不少政策明确支持民营资本进入文化产业，具体的行业门类也很清楚。但是在进入过程遭遇的很多问题上缺乏体系性的法律法规和指导意见，不论是政策体系建设、具体的行动方案还是在各种保障措施上，政府的引导问题尤为关键。特别是在中国特殊的国情下，这种引导与监管就显得尤为重要。

在调研中发现，不少民营文化企业不是不按照所谓的规范进行文化企业的相关运营，而是在政策引导和具体的宣传上存在信息的不对称。诸如此类的问题不在少数。根据调研结果，我们总结出民营资本进入文化产业的政策引导上还存在以下问题。

（一）相关政策条文过于宏观，缺乏必要的指导意见和具体措施

"按照'谁投资、谁所有、谁收益'的原则，引导民营文化企业通过发行股票、债券、转让产权等方式直接融资，广辟融资渠道"的条文已经出台很久，但是民营文化企业上市需要经过很长的审批过程，而获得批准的几率又非常小。如何简化行政审批手续、完善相关手续等都是下一步文化政策制定部门需要考虑的问题。又譬如"发挥民营企业信用担保体系的作用，推进政府、银行、企业、担保机构的合作，健全向银行推荐优质项目的长效机制"，民营企业的信用担保到底由谁来做，由谁来评估，又由谁给出最后的鉴定？执行政策不够具体。

（二）产业投资的宏观调控与引导需进一步加强

目前，文化产业的跟风现象比较严重。民营资本进入文化产业，从投入到回报的过程较长，投资者必须有准确的眼光、长久的耐心和对文化的热心。只有这样，文化产业本身和投资者才会双赢。早几年的"传

媒虚火"中，不少民营企业通过多种方式进入文化产业，投入了大量资本却收获甚少，于是纷纷退却。因此，民营资本在进入文化产业时多一些理性少一些跟风、多一些务实少一些投机，只有这样才能获得真正的双赢、多赢。这需要政府引导，并且需要成立相关的咨询机构为企业发展提供一定的政策建议和市场评估，同时做好宏观政策调控，引导民间资本往真正缺乏资金但有发展潜力的产业门类中去，避免出现新一波的"文化产业虚火"。

(三) 文化项目的引导上过于保守，目前还是以国有资本为主

政府在文化项目的设计和外包中，对民营资本也不重视。因此，不少希望投资政府文化项目的企业无法找到合适的对接口。究其原因，首先是政府特别是不少区县级政府尚没有建立起对"民营资本"的信任。即使是在文化设施建设这类的项目招投标中，同样条件下还是国有资本的文化企业更占优势。这种现象的存在在很大程度上限制了民营资本的进一步发挥作用。

(四) 专业人才的培养和现代企业制度的建立

许多企业在发展过程中遇到了资金的瓶颈，行业的发展需要民营资本介入。开放民营资本进入文化产业，不仅要改变思想观念、减少行政干预、规范市场管理，还要解决一个产权归属问题。产权不分明，很多投资者都抱着一种暴富的心态，不会在品牌推广上投放太多的资金和时间，只会追求短期效益，这样的投资不利于行业发展。还有一个普遍存在的问题，同时也是许多民企投资文化产业"短命"的原因：由于老板本身不是"文化人"，不了解"文化人"的心理，用自己的管理方式管理文化企业，导致投资失败。

第三章 民营资本进入文化产业领域的对策建议

民营经济进入文化产业已经成为"十二五"时期文化产业发展的重要特征之一。引导民营资本进入文化产业，不仅仅要考虑其"进"的问题，更要思考其后续发展的问题。虽然国家层面高度重视民营资本在文化产业中的作用，但是由于各种原因，民营资本在文化产业实践中还没有发挥出其应有的能量。因此，必须进一步解放思想，创新方式方法，转变工作理念，加大人才培养力度，做好民营文化企业中的人才培养与

输入工作，为民营资本进入文化产业提供强有力的保障。

一、进一步解放思想，提升对"民营资本"的认识

邓小平同志指出："解放思想，就是使思想和实际相符合，使主观和客观相符合，就是实事求是。"当前，文化产业领域中很多从业人员包括部分官员与学者对于"民营资本进入文化产业"还存在各种疑虑，思想认识还不能紧跟科学发展观的要求，这就造成了对民营资本进入文化产业的严重制约，因此，急需通过解放思想，提升各级政府对"民营资本进入文化产业"的认识程度，为民营资本进入文化产业做好宣传工作。

解放思想要从两个方面着手，一是思想观念革新，一是发展思路更新。

（一）思想观念革新

（1）以发展的眼光看待民营资本，在主流文化与其他文化的关系上，破除民营文化企业不能反映社会主义核心价值体系的观念误区，树立既保证主流文化发展又能百花齐放、百家争鸣的新理念。

文化产业具有文化和产业的双重属性，因此文化产业发展道路的正确与否关系着一个国家的文化安全。但是，民营资本进入文化产业并不代表民营文化企业的产品一定是低俗的不符合社会主义精神文明建设的。相反，民营文化企业正是支撑相关文化产业的重要力量。从电影产业的例子中可以看到：每年票房过5 000万或者过亿的电影大多都是由民营电影公司制作的，而这里面又以华谊兄弟所占份额最多。一大批叫好又叫座的电影作品极大地丰富了国民的精神生活，而这些作品中不乏反映社会主流文化的优秀作品，例如《可可西里》、《集结号》、《唐山大地震》等。

（2）以发展的眼光看待民营主体进入，在准入与监管的关系上，建立对民营文化资本的信任度，树立建立放宽准入为前提、新型监管模式为保障的新理念。

民营文化资本的根本属性是产业，并没有资本主义或社会主义之分，重在政府如何有效利用这股资本力量推动经济的发展。因此，在国家准入的领域内，相关部门应该树立对民营文化资本的信任，为进入文化产业提供各种便利，而不是担心其属性等意识形态问题从而设置关卡。在建立信任的基础上，保障准入范围的扩大，破除政策"玻璃门"，同时，

从法律、政策、制度上，积极履行监管职责，形成新的监管机制，不能因放宽准入而形成职能缺位。

（3）以发展的眼光看待民营资本进入，在民营文化企业与国有文化事业单位的地位关系上，破除仅以国有企业为重的固有认识，提高民营资本进入文化产业后的地位，树立"一视同仁、地位平等、公平竞争"的新理念。

在思想上拉平国有与民营企业的地位，并通过各种手段，如授予荣誉、媒体报道会等方式不断提升民营企业的社会地位和竞争地位，这样才能保证不对民营资本进入文化产业戴上"有色眼镜"。

（4）以发展的眼光看待民营资本进入市场后政府的作用，在政府主导与企业自觉发展的关系上，破除文化产业发展政府必须亲力亲为谋划发展全过程的误区，树立从"办文化"到"管文化"再到"服务文化"的角色转换新理念。

位于山东省中部的临朐县拥有丰富的奇石。观赏石资源，具有发展文化旅游和特色文化产品的资源优势。依托已有的资源优势，县委、县政府承担起了为文化产业发展铺路的责任，充分服务当地的文化产业发展。投资1 000多万元，建起了奇石交易市场，并追加投资200多万元建立了临朐奇石馆。除了在硬件上的保障之外，还在软件即政策上给予充分的支持：制定"减一、免二、缓三"和"一个漏斗收费"等政策，3年内还免收各种行政性费用，从而推动了全县奇石产业的发展。真正做到政府主导与企业自觉发展的有机结合。

（二）发展思路更新

（1）充分发挥民营资本所具有的对市场变化的敏锐性和活跃性的特点，有效弥补国有文化企业发展模式中的不足。

一方面国有文化企业大多机构庞杂、人员冗余、对市场的灵敏度不够，即使完成转企改制后，仍带有国有企业的诟病。而民营企业在市场变化中具有灵敏的嗅觉，能够相对准确地抓住市场机遇，弥补国有文化企业发展模式中的不足。另一方面对于资金要求不高、规模不必太大的文化产业，如设计服务、数码娱乐、网络游戏开发等，非常适合中小民营企业发展，应该适度予以鼓励，促进国有文化企业和民营文化公司的协调发展。

例如，凤凰出版集团作为中国出版业唯一资产和销售收入超过百亿的国有文化企业，2009年4月与北京共和联动图书有限公司合作，成立合资公司——北京凤凰联动文化传媒有限公司。这家国有企业与民营公司合资新创的民营公司充分弥补了原来国有企业凤凰出版集团的不足，具有灵活的机制、敏锐的市场感悟力、更强的选题策划能力，使出版的图书更具有市场价值，实现了国有企业和民营企业的优势互补。

（2）充分发挥民营资本"去意识形态"优势，助力文化"走出去"战略。

非公有资本进入文化产业，其产出的文化产品因为主体的"非政府性"，意识形态痕迹较为不明显，在文化"走出去"战略中更容易被其他国家所接受，更容易打开文化输出的市场大门。非公有资本为主体的企业生产出的文化产品的意识形态属性没有公有资本为主体的企业明显，文化产品选题范围广、趣味性强、更具有观赏性，不用刻意地宣扬中国文化和主流价值观，同时也便于国外人们理解和接受，从而扩大文化产品向外输出，实现文化"走出去"战略。

由法国仙女出版社与北京天视全景文化传播有限责任公司共同策划、出版的《包拯传奇》正是民营企业"走出去"的最好实例。这部漫画根据欧洲人的阅读习惯和思维方式进行创作，增加了漫画的趣味性和现代感。这部漫画是目前在欧洲市场单月销售最好的中国漫画。其德文版、意文版即将上市，在国家文化"走出去"战略中留下了浓墨重彩的一笔。

（3）充分发挥中小型民营文化企业的"灵活性"，开创发展新模式。

进入文化产业的民营文化企业大多是资产总额小、业务范围单一的中小型企业，这些企业因其规模上的原因具有非常大的灵活性，能够及时"调头"。中小型民营文化企业在文化市场的投资、文化产品的生产、销售、分配等各方面，表现出强烈的竞争意识、灵活的经营机制和快速的反应能力。当遇到市场波动、供求变化或产品结构调整时，能够快速地针对市场需要作出调整，有效地避免危机对民营文化企业发展的影响。

譬如，在民营演艺事业发达的安徽省，民营资本进入演艺市场的主要方式可以分为三种各具特色的类型："戏班模式"——简单的初级低层次类型；"歌厅模式"——较大规模的中级层次类型；"艺场模式"——最复杂的高级层次类型。这三种类型因为规模的不同和需要的投入不同，成为民营资本依据自身规模条件寻求演艺业切入点的不同选择。安徽省合肥市的"琴港演艺广场"采取的是第三种："艺场模式"。所谓"艺场模式"就是：民营资本从产品开发到包装再到营销获利全程全面投资参与，其特点在于表演团体、演出公司、演出场所的三位一体化经营。大大降低了市场风险和经营成本。由此可以看出，民营资本的灵活性，有助于市场的丰富和发展。

综上所述，解放思想的目的是为了保证改革得以顺利实行，拿出具体措施，切实履行思想解放指导下具体政策的落实才是真正的关键，不然就会落入"空场一百年，不值一文钱"的尴尬境地。

二、拓展民营资本进入文化产业的途径

拓展民营资本进入文化产业，重在转变政府职能，为民营资本创造一个良好、公平的市场运营环境。降低其运营成本，出台优惠政策，有效引导其参与市场竞争，优化服务体系，为其发展提供坚实有力的保障。

（一）调整政府职能，完善管理环境建设

正确认识民营文化企业在推动文化产业发展、转变经济增长方式、满足人民精神文化需求方面的积极作用，重视民营资本的内涵和作用以及产业发展规律。

首先要坚持国退民进，调整政府职能向管理与监督转变。改变政府部门多头管理、条块分割的局面，建立专门的民营文化产业领导管理组织，集中监管职能。重视各级文化产业民资投入的数据统计，加强对文化产业规划和项目策划落实情况、园区准入资格、资金使用、信用担保机制的监管。通过完善内容监管体系保障文化安全。

其次是为民营企业提供政策解读，了解政策环境。引导和帮助民营资本有序、有效地进入文化产业领域。

（二）促进经济结构转型，吸引民营资本注入

1. 进一步拓展文化产业优惠政策，拓宽资本注入渠道

优惠政策涵盖产业各个方面，如出台鼓励第一、二产业转型的税收、土地优惠政策，放宽园区进驻资格、降低土地租赁成本、为小规模企业延长免税年限等。

2. 建立现代文化企业制度，探索商业发展模式

无论是民企从文，还是文企改革，都应该努力探索适合文化产业发展的现代企业制度，靠拢文化产业属性，充分认识文化产业的产业属性和发展规律，探究适应文化产业发展规律的赢利模式，促进文化产品商业化，强化对专业人才的培养，包括上游创意、销售及中层管理人才、下游制作加工等。

鼓励有能力的企业集团化发展，重视实体经济和品牌推广，提升竞争力，吸引投融资。转企改制企业应该尽早找准市场定位，进行市场化运营管理。政府要积极引导，规避民营资本盲目投资文化产业的情况，同时应该探索适宜资本投入的领域和环境，开发新型产业业态，创新投资领域。

创新民营与国营的合作模式，发挥1+1>2的优势。合作企业应充分发挥现有体制下国有企业在政策扶持、融资渠道、地域拓展方面的优势，并结合民营企业在市场理念、业务管理、运行机制上的市场优势，寻求最佳结合途径。要填补政策空白地区，引导和规范二者的合作。其次，规范引导民营与外资的合作。国外资本雄厚，民营地缘优势明显，充分利用二者优势，结合各项优惠政策，缓解融资难的问题。

（三）体制改革逐步深入，规范市场竞争环境，促进公平

1. 深化体制改革，发挥民营资本在国有经营性文化单位转企改制中的作用

要改善现存的体制约束、扩大市场准入，实现待遇平等，解放文化生产力，促进资本在文化市场的流通，鼓励民营资本进入国有经营性文化单位，加速和改善其资本结构。

2. 健全法律保障体系，注重知识产权保护

一是重视法律层面的保护和约束，为民营文化产业发展提供刚性保护。特别是加强知识产权体系和市场监管体会，营造良好的氛围。二是充分发挥民间行业组织的作用，提供行业内的信息交流、人才培养、政企交流、国际合作、政策解读、行业维权、法律服务等。

（四）拓展专项鼓励政策

1. 加大财税支持力度，实现全产业链支持

改变目前民营文化企业遇到的政策门槛过高、产业政策不完善、配套政策落实不到位等情况，进一步制定、完善财税政策，培育优良政策环境。

首先制定全局性的协调政策，统一政策大环境。加快各行业具体政策出台，尤其是要制定文化产业新兴行业相关政策、文化科技创新的政策性扶持。充分认识数字内容、动漫游戏等数字网络新业态，重视此类民营企业成长环境。重视对新行业的引导和扶持，推动行业的数字化、技术化。

建立完善的全产业链政策支持，在研发创作、流通出口的各个产业链节点都予以政策支持。例如，对于出版业来说，民营资本需要在上游获得编辑出版资质，下游获得无区域壁垒、畅通的销售渠道。制定政策实施细则及相关配套措施，对于已出台的宏观文化政策，应尽快制定实施细则，保证政策的有效执行力。

鼓励支持对具有民族特色的文化产业项目、非物质文化遗产可给予重点扶持。

设立文化产业发展的各级专项资金，建立明晰严格的民营企业扶持审核机制，完善对于专项资金的监管和保值增值。

在税收扶持政策上，继续实行出口退税、固定资产退税、国家出口企业补贴、增值税优惠等政策。借鉴国外的税收抵扣、加速折旧等税惠政策，实现优惠方式向间接优惠转变，实现企业优惠向项目优惠转变。通过对接具体项目实施优惠，可以有效地刺激实质性文化产业的发展[①]。对文化产业从业者给予适当的税收优惠政策，例如，文化产品的知识产权转让收入的相关税收优惠政策。

2. 畅通民营资本投融资渠道

根据一份我国对以民营企业为主的中小型资金来源的调查显示，自身积累、向银行贷款、民间借贷、发行企业债券、募集股份 5 种融资方式分别占企业总数的 86%、76.7%、52.9%、3.5%、11.4%[②]。文化企业多数规模小、实力弱，有形资产少，缺少抵押能力，难以获得担保，因而很难拿到银行的信贷支持。更多中小企业不符合贷款资格，或者并非改革试点，因而无法享受贴息政策，银企对接不畅。

改变民营文化企业融资困难局面，鼓励投资主体多元化，完善投融资服务体系，畅通投融资渠道。

完善投融资担保体系，创新授信机制。进一步开发文化消费信贷产品，规范文化产权交易行为，制定各产业产权评定标准、质押物审核标准，科学测算投保数额，引导建立文化产业资产评估公司。

建立平等的投资机制，具体是民营资本与外资投入机制平等，打破区域壁垒，鼓励民营资本跨地域投资，实现民营资本异地投资享受平等待遇，例如，出版零售业。

---

① 王洪顺：《扶持民营文化产业发展的政策建议》，载《中国财政》2008 年第 23 期，第 55 页。
② 郑刘英：《中国当代民营书业营销渠道研究》，南京师范大学 2008 年硕士学位论文。

建立各级文化产业发展基金和风险投资基金，整合社会资源，对初创企业和成长较好的企业给予支持。首先是建立民营企业创意奖励基金，鼓励和支持在创新管理、创意研发等领域业绩突出的企业和个人。

3. 人才培养

创新人才培养模式，建立全国范围的人才培养优抚政策，加强从业人员资格管理，培养文化产业经纪人队伍、高端人才。探索文化产业人才资助模式，如为文化产业人才提供城市落户鼓励，降低民营文化企业社保缴纳金额等。

（五）完善民营文化企业服务体系

完善的民营文化企业服务体系是未来文化产业顺利健康发展的重要因素。只有形成完善的服务体系，才能进一步促进民营文化资本在文化产业领域中的发展。主要体现在以下几个方面。

一是完善民营资本交易平台。建立包括多媒体、出版、影视制作等多个业态的专业性交易平台，发挥市场资源配置作用。

二是建立和完善民营文企公共技术服务平台。从事网络、动漫等数字内容企业的经营成本为：人力资源成本占35%～40%，设备成本大约为30%，此外的设备租赁费用占16%～20%。设备的投入或租赁费用在企业的经营成本中占到50%左右的比重，所占比例较高[1]。搭建公共技术服务平台，可以实现资源共享、提高产业高新技术水平、减少中小型民企成本投入。

（六）扶持高校文化产业孵化器建设

支持大学生文化产业创业孵化器基地建设，提供研发、用地、设备、资金、网络、办公环境等，开展创业培训、技术服务、法规普及、政策解读、投融资指导。培育文化企业、产业业态以及产业从业者。例如，中国传媒大学文化产业研究院现已开始孵化器工作，孵化和培育大学生个人或团体的创业实践，向在校大学生提供办公场所、资金支持、行业指导，培养文化产业领域生力军。促进产学研相结合，影响和辐射一批创意企业发展，实现人才培养、成果转化、服务助推的综合目标。

（七）开放视野，鼓励民营资本走出去

促进资本出口，提升国际影响力。鼓励有实力有条件的民营文化企

---

[1] 姚腾霄：《北京民营企业在文化创意产业中的发展对策》，载《科技信息》2008年9月，第325页。

业走出去，投资境外文化产业。例如，在流通和出口阶段，为民营企业提供贷款扶持和出口税惠等。推动国际合作项目对接，建立国际文化贸易合作与交流平台，推广中国文化和优秀企业。

三、按市场规律规范和引导民营资本进入文化产业

在目前文化市场的不断开放过程中，存在着市场开放程度低、融资难、融资方式单一和市场失灵等问题，使得民营资本很难进入且投资一哄而起。目前，改变这种文化投资领域混乱无序现象的有效手段之一即充分吸收民营资本丰富文化产业市场参与主体。早在2006年，中国传媒大学文化产业研究院院长范周教授就在他提出的文化产业发展"三个乐章"的理论中，认为文化产业发展必然历经的第三个阶段就是资金介入阶段，在这一阶段中资金是制约文化产业发展的重要瓶颈，只有完善投融资体系，方能促进文化产业的健康发展①。

鉴于文化产业自身的特殊属性，在吸引民营资本进入文化产业市场领域的同时，应充分尊重社会主义市场经济规律在国家宏观调控层面对其进行科学的规范和合理的引导，即一要明确民营资本进入文化产业的政策及文化市场规律的特性；二要遵循市场经济规律，充分培育文化产业基础市场体系；三要区别对待、分类指导、循序渐进、逐步推开。

(一) 明确民营资本进入当前文化产业的政策及文化市场规律的特性

随着当前消费水平的改变和消费结构的提高，对文化消费市场的文化产品和文化服务的需求日益增长。亟待民营资本的进入，来丰富文化产品和服务，满足人民群众日益增长的文化产品与服务的需求，从而促进文化产业的发展。

但由于文化产业中部分行业涉及国家的文化信息安全或关系到社会的稳定等特殊性，所以自十六大以来，文化主管部门及地方政府都在相继发布的一系列文件中明确地把民营资本进入文化产业领域分成鼓励、限制和禁止三种情况。以此为前提，进一步开放文化市场，降低进入文化市场的门槛，简化程序，规范和引导民营资本形成以资产为纽带，通过多种形式和途径，按市场规律整合文化资源，多层次、多渠道地参与文化产业的生产、交换、分配和消费，形成跨地区、跨行业经营，在市

---

① 范周、吕学武：《文化创意产业前沿》，中国传媒大学出版社2007年7月版，第20页。

场竞争中不断使企业做大做强。

文化产业的市场规律是应用在文化产业中的市场规律与文化产业特有属性相结合的，它是共性与个性的统一。在引导和规范民营资本进入文化产业的生产、交换中介服务与消费市场时，同样要遵循文化产业的特有属性和规律。在鼓励和允许的文化产业领域里，要按市场规律规范和引导民营资本进入。

(二) 遵循市场经济规律，充分培育文化产业基础市场体系

文化产业基础市场体系涉及文化产业参与主体、文化产业要素市场、文化产业市场机制、文化产业市场运行规则等领域，是保障文化产业顺利发展和吸引民营资本积极介入的市场基础。

在文化产业基础市场体系建设中，需要政府相关部门更进一步制定和出台文化产业的分类指导政策，明确文化产业分类标准，指导、鼓励符合产业政策的文化产业发展。北京凤凰联动文化传媒有限公司就是一家有影响、有实力的国有出版企业与资质优、活力强的民营出版机构成功合作的个案，实现了出版资源强强联合、有效配置、出版企业跨越式发展的有效途径。为广大民营文化企业与国有、集体文化企业的融合与发展提供了一条新思路，是民营资本进入文化产业的新形式。

其次，对各类文化产业的税收、金融政策的支持需要加大力度，完善投融资体系，培育文化产业领域人才。健全文化产业领域法制体系，加强知识产权保护，建立起依法经营、违法必究、公平交易、诚实守信的文化产业参与主体、文化产业要素市场等文化产业基础市场体系。合理引导社会主义精神文化领域发展方向。

(三) 区别对待、分类指导、循序渐进、逐步推开

(1) 根据东、中、西部不同地区经济社会发展的不平衡性和城市与农村的差别，因地制宜，有区别地规范和引导民营资本进入文化产业的生产、交换中介和消费市场领域。一方面由于东、中、西部地区经济社会和文化消费水平与结构的差异，应因地制宜，结合实际，有所区别地采用不同标准、模式、方法鼓励和引导民营资本进入文化产业的生产、交换中介和消费市场领域。

东部地区由于经济的发达和人民对文化产品和服务的消费需求在量和质上都属高水平。因此，在东部地区要最大限度地鼓励民营资本以各种方式投资文化生产市场、文化交换中介服务市场等，促进本地区文化

产业的发展并辐射全国，形成以民营资本为主导的文化生产、中介等市场。

中部地区由于经济的一般发达和消费群体对文化的消费需求属中上等水平。因此，中部地区应在充分鼓励本地民营资本的同时，要创造优势条件大力吸引其他地区特别是东部发达地区的社会资本甚至外资投资文化产业的各个领域里，形成以民营资本为主，国有资本为辅的文化生产、中介市场。

西部地区由于经济的不发达和人们对文化的消费需求属中下等水平，而且它的民营资本在量与质上都不充足，属于中下等水平。在西部地区应大力创造各种优惠条件，在国有资本的带动下，最大限度地吸引全国各地的民营资本以及外资来本地投资兴办文化企业，形成以国有资本为主、民营资本为辅的文化生产、中介等市场。

另一方面由于城市与农村经济社会发展程度不同和对文化消费需求的差异，也需要结合实际，因地制宜地、有所区别地采用不同标准、模式、方法鼓励和引导民营资本进入文化产业。城市应形成以民营资本为主导的文化生产、中介等市场。而农村地区要形成以国有资本为主，民营资本为辅的文化市场，加大力度鼓励民营资本进入农村兴办文化企业，健全农村流通渠道，及时输送文化产品和服务进入农村文化市场。

（2）依据不同行业、不同单位的性质和特点，有针对性地分别规范和引导民营资本进入文化产业的生产、交换中介和消费市场领域。

一是我国文化产业分为九大门类，各门类有自己的特点和规律，引导和规范民营资本进入文化产业的各个门类时要根据其特点和规律分别采取有针对性的措施。像歌华有线公司除了从银行取得贷款外，还利用上市公司的优势，从资本市场上筹措资金，如增发股票、发行债券、定向募集、项目融资、收购兼并等，或使子公司上市和寻求海外上市募集资金。同时，还充分利用政策优惠，享受到许多政府财政补贴，促进了歌华企业自身业务的发展壮大，保证了国家数字电视转换进程的推进。

二是同一门类的文化企业也有不同的特点。在调研中，同为音乐企业的十三月唱片公司与太合麦田公司、影视文化企业的华谊兄弟传媒集团与华策影视，旅游演艺的宋城千古情与清明上河园等都各有特色。因此，在同一门类中，也需结合文化门类和文化企业自身的实际情况，进一步细化文化门类的特点和规律与每一个文化单位的性质和功能，有针对性地分类规范和引导民营资本进入文化产业领域。

（3）循序渐进、逐步推开地引导和规范民营资本进入文化产业的生产、交换中介和消费市场领域。文化产业对民营资本的开放也是循序渐进、逐步推开的过程，是总体目标和阶段性目标的有机统一。先点后面，先易后难，从实际出发，有计划、有步骤、平稳有序地推进非公有制资本进入文化产业。由于文化产业以及民营资本的特殊性，所以在民营资本进入文化产业领域时，不能一蹴而就，必须结合实际，按市场规律循序渐进地、逐步推开地规范和引导。

从华谊兄弟传媒集团的资本运作轨迹中，也不难发现王氏兄弟不断以"股权融资+股权回购"的手法，不仅保全了影片版权的完整性和对公司的控股权，也强化了外部资金的流动性，以及便于其获利后安全退出。这值得引起国内大多数文化企业的思考。

综上所述，要形成统一、开放、竞争、有序、健康、繁荣的现代文化市场秩序，必须按市场规律来区别对待、分类指导、循序渐进、逐步推开地引导和规范民营资本进入文化产业的各个领域，才能使文化产业健康、有序地发展。

四、加强文化管理体制改革

文化管理体制是否有所优化是民营文化资本进入文化产业的重要问题。只有从根本上对文化管理体制进行改革与创新，各项政策才能在实际中得到落实，民营资本才能在实际运用中更加畅通。

（一）加大管理机构创新力度

（1）鉴于民营资本进入文化产业的趋势性，文化部文化产业司应考虑成立专门的民营文化产业处，统筹研究、协调解决发展民营文化产业经济的重大问题，针对民营资本进入文化产业提供相关引导。

（2）建立适应文化产业发展要求的宏观管理体制，建立有效的监督制衡机制和体系，进一步理顺对民营资本进入文化产业的管理体制，努力建设"服务型"政府。

（3）提高管理能力，积极协助民营文化企业开拓海外市场，构建通往国际市场的平台和渠道。如2009年，在文化部与中国进出口银行合作协议的框架下，中国进出口银行与深圳华强集团有限公司签订了贷款额度为100亿元的《支持文化科技产业"走出去"战略合作协议》。文化部作为全国文化建设综合管理部门的组织优势、政策优势和中国进出口银行作为政策性金融机构的投融资优势都得到了充分体现。

（4）由于文化产业具有高度融合性和渗透性，对于民营资本进入文化产业，需要进一步推动政府职能转变。一方面要加强不同行业、部门间的联合；另一方面，要深化政府机构改革，完善机构设置，理顺职能分工，着力解决职能交叉，政出多门，管理不顺的问题①。

(二) 进一步细化并落实目前国家关于民营资本进入文化产业的有关法律政策规定

（1）为民营资本进入文化产业提供法律和制度保障。尽快出台《电影产业促进法》，为民营资本进入文化产业发展提供法制保障。一方面用法规来确保政府承诺的有效性，借助立法过程的严肃性、周密性、透明性、公正性减少改革的随意性、无序性、不连贯性，避免政府的政策因领导人的变换而改变②；另一方面加快立法进程，提高立法层次，淡化部门立法色彩。加快完善支持文化产业发展的财政、金融、税收、土地等方面的政策措施。

（2）明确可为不可为，通过实施可靠、有效的投资承诺吸引民营资本进入文化产业。要落实好国务院发布的《关于非公有资本进入文化产业的若干决定》，要进一步降低准入门槛，进一步理顺对新兴文化业态的管理体制。

（3）要认真研究解决阻碍民营文化经济发展的各种因素，彻底清除各类歧视性政策，实行平等待遇。各级政府和部门要按照公平、公正、竞争的原则，认真清理各种政策文件，废除和修订带有所有制差别和对民营文化企业在申请立项、资金扶持、进出口、投融资、税收、用地、人才引进、职称评定、办理证照、收费等方面存在不公平待遇的政策规定。要明确和落实相关的鼓励政策③。

(三) 促进民营文化企业的行业协会建设，加强民营文化企业的培训和指导，从而避免民营资本盲目投资文化产业，提高效率

随着文化产业的勃兴，应运而生的各类行业协会也打破了城市原有

---

① 祁县中小企业局：《进一步发挥民营资本在祁县经济社会发展中的作用研究》，晋中市中小企业网，2010年11月15日。
② 文化部部长蔡武：《全国人大常委会报告》。
③ 赵永新、尹巧蕊、高丽：《民营资本进入文化产业的问题及对策研究》，载《中国商贸》2009年第11期，第20页。

文化产业的组织格局,出现了多元并进的繁荣态势。有关部门应该制定发布各种文化产品投资开发的指导意见。同时,建立发展协调机制。针对民营资本文化企业建设过程中出现的新情况、新问题,采取不定期举办报告会、座谈会、研讨会等形式,强化理论引导,加强工作交流,促进企业建设的健康有序发展。

(四)出台相关优惠政策,针对民营文化企业创造更加宽松的发展环境

(1)鼓励一产、二产民营企业富裕资金流入文化产业。一二产投入文化产业,前三年可免企业所得税。通过股份制改造已实现投资主体多元化的文化企业,符合条件的可申请上市。社会力量兴办的各种文化企业,在税收减免方面与国有企业一视同仁。

如一些煤炭企业积极进行产业转型,从原有的第二产业转向与文化产业结合的新行业。煤焦企业投资文化旅游产业,山西省已有成功范例。经营煤焦行业的三佳煤化1995年开始投资绵山,现在每年接待游客100多万人次,收入近2亿元,光门票收入就有几千万元。此外,皇城相府也是煤焦企业成功投资旅游业的例子。类似绵山、皇城相府的文化旅游项目,在山西省还有很多。

(2)加大对民营文化资本原创文化产品的奖励和扶持力度。对民营文化企业的原创文化产品,在税收政策方面,要对具有自主知识产权的产品实行退税奖励机制。在财政政策方面,各级财政要根据实际情况支出专款,设立"文化产业发展专项资金",采取贴息、补助、奖励等方式,扶持民营文化企业发展。对于由民营企业承担的公益性文化建设项目,要确保资金及时到位。同时,鼓励民营企业自筹资金进行公益性文化设施的建设和改造,对相关企业地方财政可给予一定的贷款贴息。

(3)降低民营资本开办文化企业的门槛和开辟绿色通道,简化其审批手续。根据《人民币银行结算账户管理办法》,银行为企业开立结算账户,未规定企业注册资金数额。需要在注册资金方面进一步降低这种隐形的门槛。建议设立开辟民营资本投资文化产业绿色通道,简化办事程序,在行政大厅设立窗口,接受一次材料,同时抄告各相关部门,在规定时限办齐各种证照,实行一次性服务。

(五)加大文化市场整治力度,为民营资本进入文化产业营造良好市场环境

民营资本进入文化产业,需要有良好的市场环境作为保障。要加大

"扫黄打非"和版权执法工作力度，依法查处和制裁破坏文化市场秩序的非法经营行为，净化社会文化环境，整治互联网低俗之风，加强对动漫市场、网吧市场的监管。要完善国家知识产权保护体系，严厉打击各类盗版侵权行为。应对市场加强监管和引导，使民营资本的投资效率得到更好的发挥。

五、壮大和优化文化经纪人队伍

文化经纪作为文化市场的一种中介机构，其自身也是一种文化产业的重要组成部分，不仅将产生可观的经济社会效益，文化经纪人对发展民族文化产业所起的作用以及将带来的社会经济效益更是不可估量。要解决民营资本进入文化产业的问题，壮大和优化文化经纪人队伍势在必行。各地政府可从构建文化经纪人创业环境、进一步做好文化经纪人的培养与培训和优化经纪人业务结构、提高职业素养三个方面进行引导和鼓励。

（一）积极构建文化经纪人创业环境

政府部门以市场为导向，完善文化经纪人的创业环境，发挥其连接民营资本和文化产业的重要作用。

（1）明确发展重点，在面向民营资本开放的文化产业领域，设立民营文化经纪人才基金，出台针对文化经纪人的重点项目奖励政策。

（2）鼓励各地政府给予针对民营文化企业文化经纪人的人事政策安排，尤其是对于重大民营文化项目，可以考虑对项目有重要贡献的文化经纪人采用多方面评奖激励机制。以杭州为例：一次拿出多套市中心的住房，分配给宣传文化系统人才；在西溪文化创意园建50套"名人名居"景观别墅、萧山白马湖等地共提供150套房子[①]。类似的"广吸人才"、"一人一策"的激励措施可以在民营文化经纪领域推广开来。

（3）积极探索和实施文化经纪人才发现计划，支持文化经纪人才的创业计划。建立文化经营管理人才库和民营企业经理人才库，逐步推行人事代理制度和文化人才网络化管理，充分发挥市场在人才资源配置中的作用。尝试"民营企业 + 文化经纪人 + 文化市场"和"民营资本 + 文化经纪人 + 文化市场"两种发展模式，从而促进文化经纪人才发挥对

---

① 《巨资打造文化人天堂 杭州面向全国"挖"人才》，载新华网。

民营资本进入文化产业领域的纽带作用。

（4）建立和完善民营文化经纪人资格证考评体系，完善人才选拔、聘用机制。将"文化经纪"职业化、专业化，更要发挥其重要的引导民营资本的作用。

（5）出台有关管理民营文化经纪人的法律法规，使经纪人从事民营文化项目或引导民营资本进入文化产业领域的业务活动依法进行，保护文化经纪人的合法权益，规避文化经纪人的经营风险。

（6）建立健全文化经纪机构的现代企业制度，并建立与之相适应的收入分配制度，出台优惠政策鼓励和扶持文化经纪公司，规范文化经纪市场。

（二）做好文化经纪人的培训与培养，提高职业技能

（1）鼓励高校、教育培训等机构开设文化经纪人课程，并与中小型民营文化企业开展人才联合培养，尤其是在民营经济比较发达的地区建立以企业为主体、市场为导向、"民营企业 + 教育培训 + 文化经纪人"相结合的体系，为民营企业和文化产业注入新的活力。

可尝试建立类似"培训区 + 孵化区 + 成长区"等模式的民营文化经纪人才孵化器。

一是在人才培训区中，逐步消除认知误区，培养学员对民营资本的概念和作用的正确认识；培养学生分析国内外文化资源、文化市场、了解国家文化政策走向的能力，充分利用市场规律，实现资源优化配置。能对文化市场未来可能的有关环境和发展变化的取向，作出预测和估计。关注并研究文化市场买卖双方交易活动的发展变化，实现文化资源的质量优化、结构优化和效益优化；通过商标、专利、版权保护等培训，提高学员的知识产权意识。

二是在人才孵化区中，增加信贷融资课程，强化资本意识，培养学员关注相关金融政策信息的习惯，掌握多种渠道融资和资本运作方式，锻炼其发挥自身资源优势，将多种可利用的资本形式引入文化市场，并疏导社会闲置资金以合理利用；提高学员的全球性视野，充分认识国际市场，了解国际政策和环境，把握好文化市场进一步开放的机会，做好面对挑战的准备。加强与海外高校和研究机构的交流与合作，采取交流互换合作办学等形式，培养具有国际视野的营销和管理人才。

三是在人才成长区中，通过与企业对接的实际操练机会，实践民营

企业进入文化产业领域的各种项目、资金运作、经营管理等内容，切实培养学生独到的眼光、准确的投资意识，锻炼融资能力、经营管理能力，强化风险意识和提高规避风险的能力，培养较强的社会交际能力和坚韧不拔的毅力，建立良好的人际合作关系；课程学习结束或是人才孵化成功，将较为成熟的文化经纪人才向各类民营文化企业和文化经纪机构输送。

（2）鼓励大型民营企业开展企业内部或行业内部的文化经纪人才培养，学习发达国家较为成熟的文化经纪制度和成功的治理办法，适当引进优秀的文化经纪人才为我所用。以演艺业为例，目前国内较有代表性的是华谊兄弟传媒集团旗下的华谊兄弟文化经纪有限公司，汇集了经纪、法律、策划、宣传、公关等方面的专业人士，一改以往我国个体经纪人的单一操作模式，提供了全面、专业、系统的服务，形成了专业化的文化经纪产业链。

类似的还有北京世纪剧院、北京天桥剧院与北京和东北三省其他5家剧院共同筹建的"中国北方剧院联盟"，并成立了"北方演出经纪人"俱乐部。这些共同促进了剧院演出的良性循环。

（3）设立经理人培训机构、开设营销经理研修班，鼓励各类民营文化企业经理参加经营培训；并将潜在参与文化投资的民营企业主管或负责人培训纳入本地人才培养计划，积极树立其文化经营意识、提高对文化经纪的重视度，鼓励其参与各类民营文化产业项目。

以深圳大芬油画村为例，近几年已经形成了"市场主导，民营为主，政府引导，政策扶持，打造品牌，走向世界"的"大芬模式"。这巨大的改变离不开最初带来资金、租用民房进行油画创作和经销的香港画商——黄江，这正是我们现在需要大力培养的熟识文化市场规律、对文化行业有投资管理意识和营销理念并且能够注入资金的经理人。

(三) 优化文化经纪人的业务结构，并提高职业素养

（1）积极发挥经纪人熟悉产业熟悉市场的特长，为民营文化企业和新兴民营资本进入文化产业提供理论辅导和专业指导，助其更好更快地发展。

（2）创办民营文化经纪人协会，充分发挥行业协会的积极作用，逐步缩小民营文化企业与国营文化企业的"知识鸿沟"，减少"文化信息不对称"。

(3) 注重培育文化经纪产业链，延伸文化经纪服务，实现经纪人向经理人转变。

华谊兄弟得以快速成长壮大的原因，除了政策环境不断优化之外，与其拥有能够把握政策机遇、了解文化市场、具有资本运作意识和资本运作能力的文化经理人密不可分。

(4) 加强职业道德的规范和引导，提升民营文化经纪人的职业信誉度。建立健全民营企业经纪人员信用评价系统，实行等级认定制度，完善信用档案；配以自律惩戒机制，根据政府有关部门提供的投诉和处罚信息，对于违反行业规范和职业道德的经纪人和经纪执业人员，由协会进行相应惩戒。

民营资本进入文化产业既是文化产业发展的需要，更是我国经济体制改革，实现"以公有制为主体，多种所有制并存"格局的时代要求。鉴于传统的历史原因及经济体制，民营资本进入文化产业必将遭遇到各种问题，这既是中国文化体制改革过程无法避开的难题，更是中国文化市场建立与完善过程中不得不讨论的问题。

尽管发展道路上"公平的发展环境、有效的扶持机制、良好的政策引导、充足的人才支撑"等制约民营资本进入文化产业的难题仍需较长的时间才能解决，但是在国家"文化产业成为国民经济支柱型产业"的号召下，秉承科学发展观，从历史发展的高度明晰民营资本对发展文化产业的重要作用，大力拓展民营资本进入文化产业的渠道，把握市场规律和文化产业的发展规律，推动文化管理体制、机制改革，积极培育既有管理才能又有创意才能的人才队伍，为民营资本进入文化产业创造良好环境，提供有力的保障，民营资本必将成为中国文化产业发展的重要动力源。

"十二五"期间，民营资本将与国有资本一起，共同推进中国"文化大发展大繁荣"。

参考文献

[1] 范周：《中国文化产业新思考》，光明日报出版社 2010 年 1 月版。

[2] 荣学良：《有序推动民营资本进入出版领域的路径探析》，载《出版参考》2010 年 12 月版。

［3］王洪顺：《扶持民营文化产业发展的政策建议》，载《中国财政》2008 年第 23 期。

［4］郑刘英：《中国当代民营书业营销渠道研究》，南京师范大学硕士学位论文，2008 年。

［5］姚腾霄：《北京民营企业在文化创意产业中的发展对策》，载《科技信息》2008 年第 9 期。

［6］范周、吕学武：《文化创意产业前沿》，中国传媒大学出版社 2007 年 7 月版。

［7］赵永新、尹巧蕊、高丽：《民营资本进入文化产业的问题及对策研究》，载《中国商贸》2009 年第 11 期。

［8］文化部部长蔡武：《全国人大常委会报告》。

［9］刘玉珠：《文化经纪人与文化产业》，载《经纪人国际论坛》2003 年第 1 期。

［10］《巨资打造文化人天堂　杭州面向全国"挖"人才》，载新华网，2008 年 12 月 03 日。

课题组成员名单

项目负责人：
范　周　中国传媒大学文化产业研究院

课题组成员：
杨剑飞　中国传媒大学文化产业研究院
陈曼冬　中国传媒大学文化产业研究院
张　芃　中国传媒大学文化产业研究院 2010 级硕士研究生
韩筱旭　中国传媒大学文化产业研究院 2010 级硕士研究生
李　典　中国传媒大学文化产业研究院 2010 级硕士研究生
梁　飞　中国传媒大学文化产业研究院 2010 级硕士研究生
刘顺祝　中国传媒大学文化产业研究院 2010 级硕士研究生
齐雨菡　中国传媒大学文化产业研究院 2010 级硕士研究生
赵　雯　中国传媒大学文化产业研究院 2010 级硕士研究生
陈　烁　中国传媒大学文化产业研究院 2010 级硕士研究生

动漫衍生产业开发模式研究

上海今日动画影视文化有限公司
中国传媒大学动画与数字艺术学院

- ◆ 443 导论：动漫衍生产业研究综述
- ◆ 447 第一部分　美国动漫衍生产业开发模式
- ◆ 458 第二部分　日本动漫衍生产业开发模式
- ◆ 467 第三部分　韩国动漫衍生产业开发模式
- ◆ 472 第四部分　中国动漫衍生产业的本土化路径
- ◆ 477 参考文献
- ◆ 479 课题组成员名单

导论：动漫衍生产业研究综述

一、问题的提出

自20世纪90年代以来，世界经济全球化和信息技术的迅猛发展，使大众传播的跨文化特征和媒介融合的趋势不断深化。与此同时，世界范围内动画、漫画产业处于全球化的产业运动之中。美国、日本、欧洲等动漫产业发达国家和地区的动漫产业迎来了新一轮的繁荣，其产业结构、产业层次、运营模式和产业价值链体系日臻成熟。这些国家在本国市场已相对饱和的情况下，正在积极致力于拓展海外市场，将其成功的动漫产业和形象授权产业模式向发展中国家推广，以扩大全球市场份额和文化影响力。

动漫产业是由内容制作、媒介传播、版权授权、直接产品开发和间接产品开发所构成的价值链体系。从产业组织的关系来看，动漫内容的制作、媒介传播和衍生产品开发三者之间存在着互相依赖、相互制衡的关系。历史上美国和日本动漫产业的发展均得益于与动漫内容相关联的动漫衍生产业的支撑，动漫产业的价值实现主要来自于媒介发行收益和动漫衍生产品开发两个方面，两者的比例通常是3∶7。因此，可以说衍生产品开发是动漫产业实现产业化的重要环节，动漫衍生产品的开发深度和广度制约着整个动漫产业的发展规模和产业价值的实现。

2002年以来，我国在资金、政策、人才等各方面对动漫产业进行了大力扶植，使得国产原创动画的产量在过去十年里大幅度提升、影视动画的播出平台和产业基地得到广泛拓展、动画教育与人才培养持续升温。中国动漫产业作为文化产业的组成部分已经初步形成规模，正在上升的轨道上运行。然而，中国动漫产业的发展仍然面临着很多实质性问题有待解决，首先，当前中国动漫业缺乏艺术品质与商业潜力兼具的内容作品及其产生机制；其次，播出平台虽已经搭建但是播出市场并未形成；第三，尚未形成动漫衍生产业的有力支撑，产值实现渠道狭窄、资源配置不均衡、产业层次单一、开发深度有限。这些情况都表明中国动漫产业仍然处于初级阶段，其作为文化产业所应具有的价值递增的经济学规律还远远没有显现。

同时值得关注的是,近年来在中国、韩国、印度等动漫产业发展中国家,动画的产量都在急剧增加,世界性的动漫供给过剩时代即将到来。作为动画内容产业的延伸和支撑,动漫衍生产业的成功与否,是直接关系到整个动漫产业是否能高开高走、持续良性发展的根本因素。我国已经步入经济强国行列,百业俱兴,然而,缺乏文化参与的经济是难以成熟和稳定的,动漫产业恰恰是文化与经济结合得最紧密的产业之一,而其衍生产品的成功发展,是推进中国经济转型不可或缺的关键点,更是我国培养高端文化产业人才、深入参与国际创新经济合作的重要手段。

基于对上述问题的认识,笔者在动漫产业的范畴内提出"动漫衍生产业"的概念,并对其内涵外延进行了界定。课题组在广泛调研、深度访谈和大量英、日文原版文献资料研究的基础上,通过案例分析与比较研究,对相关假设加以验证、反驳、修改和完善。从建结构、创机制和促发展入手,着力探讨以美、日、英、韩为代表的世界动漫产业形成过程中,动漫衍生产业的产生发展进程和成功模式,以期为我国动漫衍生产业的本土化、产业化、国际化发展提供借鉴与参考。

二、基本概念界定

(一) 动漫产业及动漫衍生产业的界定

根据2006年发布的《国务院办公厅转发财政部等部门关于推动我国动漫产业发展若干意见的通知》,我国对动漫产业的概念清晰地界定为:

动漫产业是指以"创意"为核心,以动画、漫画为表现形式,包含动漫图书、报刊、电影、电视、音像制品、舞台剧和基于现代信息传播技术手段的动漫新品种等动漫直接产品的开发、生产、出版、播出、演出和销售,以及与动漫形象有关的服装、玩具、电子游戏等衍生产品的生产和经营的产业[1]。

据此,笔者将"动漫衍生产业"界定为,是指以动漫内容或形象的知识产权授权为核心,围绕动漫内容或形象进行产品或服务的生产、再生产、储存以及分配的一系列价值递增的活动。其产品形态一般为动漫直接衍生产品和动漫间接衍生产品等。

---

[1] 《国务院办公厅转发财政部等部门关于推动我国动漫产业发展若干意见的通知》,2006年。

（二）动漫衍生产品的种类与特点

《辞海》中对"衍生物"的解释为：指母体化合物分子中的原子或原子团被其他原子或原子团取代所形成的化合物，称为该母体化合物的衍生物。

动漫衍生产业不是孤立存在的，它是动漫产业的有机组成部分。动漫衍生产业处于动漫产业链的下游部分，与产业链上游的动漫内容产业形成相互作用、相互依存的关系。动漫衍生产业所进行的产品或服务的开发是以产业链上游的内容创作为母体，以构成动漫作品的故事、世界观、人物形象、音乐、场景等为基础而进行的直接产品或间接产品的再创作、再设计、生产制作、传播与营销等。

1. 动漫衍生产品的种类

按与动漫作品内容的关系及产品类别划分如下：

表1　动漫衍生产品的种类划分

衍生品种类	主要内容
直接衍生产品	（1）传统媒体内容：如动漫图书、影视动画、音像制品、舞台剧、报刊、动漫音乐…… （2）新媒体内容：电子书、网络动漫、表情、手机动漫、手机彩铃彩信、动漫网站……
间接衍生产品	（1）日用消费品：如玩具、食品、服装、鞋帽、办公用品、日用品、家居用品…… （2）娱乐体验产品或服务：主题乐园、动漫城、动漫展会、COSPLAY……网络游戏、数字娱乐、数字内容……幼儿教育产品或服务……娱乐软件…… （3）商业应用：品牌代言、广告、联合促销……

2. 动漫衍生产品的特点

（1）以动漫内容或形象为基础。

（2）以品牌授权和管理为核心的经营模式。

（3）产品生命周期长。

（4）覆盖行业广泛。

（5）品牌附加值高。

(6) 情感体验式消费。
(7) 依赖整合营销传播。
(8) 重视知识产权保护。

(三) 动漫产业的产业结构及其构成关系

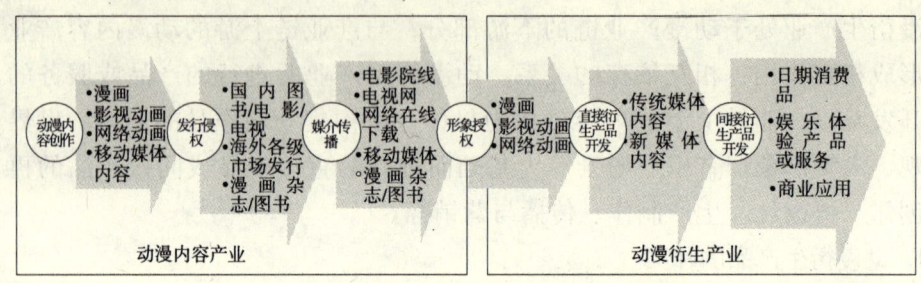

图1 动漫产业的产业结构与产业链构成

动漫产业由动漫内容产业和动漫衍生产业两部分构成有机的整体。动漫内容产业和动漫衍生产业的关系可以概括为：(1) 二者是动漫产业链上下游的相互依存关系，后者是前者产业价值链的延伸和拓展。(2) 二者通过形象授权而结合，通过品牌创造而形成价值长尾。(3) 动漫产业的发展是二者动态整合的过程。

因此，动漫衍生产业是动漫产业的组成部分，是动漫产业链下游的重要环节。它的成功运营与动漫产业的整体关系重大，可以概括为以下五个方面：

(1) 扩展动漫产业的产业链层次与产业规模。
(2) 推动动漫产业文化价值向商业价值的转化，实现产业价值的最大化。
(3) 提升传统产业的产业附加值，带动产业升级。
(4) 反哺动画内容创作，提升作品的生命力。
(5) 持续的长尾经济效应，促进产业融合与国家经济文化的可持续发展。

(四) 动漫衍生产业和授权产业的关系

动漫衍生产业属于授权产业的一个分支。按照国际授权业协会（简称 LIMA）的划分标准，授权产业主要包括以下授权类型：角色/娱乐授权、公司/品牌授权、体育授权、时尚授权、大学机构授权、艺术授权、非营利组织授权。

动漫衍生产业属于授权产业中的角色/娱乐授权的范畴,按照国际授权业协会的约定,其下又可按产品类型进一步划分为:玩具、软件/视频游戏、服装、食品/饮料、配饰、文具、家居装饰、出版、家庭用品、音乐/视频、鞋类、健康/美容、婴儿产品、促销、体育用品及其他产品。在授权产业最为发达的美国,2009年角色形象授权业的年授权收益为24亿美元,占所有版权收益额51.65亿美元的46.47%[①]。

(五) 动漫衍生产业与传统产业的关系

动漫衍生产业通过形象授权、特许经营的方式为传统的消费行业(如玩具业、服装业、食品业、文具业、家居业、电子产品行业等)带来极高的产品品牌附加值,增加产品的文化内涵,建立独特的品牌价值,提升消费者品牌好感度与忠诚度,并通过设计增加产品的差异性,提高产品的竞争力。从而使传统的消费品制造行业在产业链中的地位晋升到拥有知识产权的产业链上游,实现产业升级。

(六) 动漫衍生产业与数字娱乐产业的关系

随着数字技术的发展,传统媒体与互联网及数字移动媒体的边界正在消融。跨越电影、电视、互联网、移动媒体的新的跨媒体内容将成为未来动漫产业新的发展方向。非线性叙事、碎片化的世界观、浸入式、互动式体验将成为未来动漫产业内容创新的源泉,也必将带来动漫衍生产业形态的改变。动漫内容产业和衍生产业将打破线性垂直的产业链关系,成为纵横交织的网络状产业链。

第一部分 美国动漫衍生产业开发模式

美国是全球动漫产业的发源地,依托强大的经济实力,其动漫产品在国际市场上占据很大的份额。受好莱坞成熟的电影工业的影响,美国动漫产业主要采取高科技、高投入、高产出的"动画大片"模式。美国的各大动画公司在动画片的生产和发行环节不惜投入巨额资金,力图通过高质量的动画电影和高强度的宣传攻势来取得好的票房成绩。除了取得票房收入,动画公司

[①]《LICENSING INDUSTRY SURVEY 2010》, The International Licensing Industry Merchandiser's Association.

还通过发行图书音像，对动漫形象进行授权，围绕动漫形象开发玩具、文具、服装、游戏等衍生产品来使影片利润达到最大化。

在20世纪初，当美国动漫产业开始起步时，其动漫角色形象就实现了商业化运营。经过了多年的经验积累，美国动漫衍生产业不断成熟，形成了有效的发展模式和规范的操作程序。在过去30年，美国一共出品了53部票房超越1亿美元的动画电影[①]，相关衍生产品累计收入估计平均超过10亿美元。

一、迪斯尼公司动漫衍生产业成长分析

（一）迪斯尼公司及其动漫衍生产品的业务领域

迪斯尼公司成立于1923年，经过88年的发展，以内容平台为核心，通过产业链的纵向一体化整合，已成长为一个集影视娱乐、电视媒体网络、互动媒体、主题公园、消费产品等多种产业联动发展的跨国际、跨媒体巨型传媒产业集团。2008年，据有关研究机构发表的数据，迪斯尼公司的品牌价值已达292.51亿美元，居全球第9位，其商业价值和品牌影响力可见一斑。

迪斯尼公司衍生产品业务的开展可追溯到1928年米老鼠主演的动画短片——《威利号汽船》。通过特许经营[②]、销售版权等形式，迪斯尼从米老鼠衍生产品业务经营中收入颇丰。1955年，由华特一手策划的加州迪斯尼乐园开幕，成功拓展了动漫衍生产品的形式和内容，为迪斯尼公司带来庞大的现金流。

通过观察迪斯尼中国授权网所供应的消费产品可知，一方面迪斯尼衍生产品的种类异常丰富，涉及服装、家居用品、文具、玩具、图书音像、体育用品等多个行业领域；另一方面迪斯尼消费品的市场定位非常明确，绝大多数产品都是针对年龄偏低的少年儿童，且针对女孩的产品明显多于针对男孩的产品。

（二）迪斯尼公司动漫衍生产品业务的成功模式

迪斯尼公司无论在衍生产品的种类开发还是在衍生产品业务经营上所取得的成绩都是其他公司无法匹敌的，是动漫衍生产品业务领域当之

---

① http://www.boxofficemojo.com/genres/chart/?id=animation.htm.
② 特许经营（FRANCHISE）是指特许经营权拥有者以合同约定的形式，允许被特许经营者有偿使用其名称、商标、专有技术、产品及运作管理经验等从事经营活动的商业经营模式。

无愧的楷模,其运营经验值得我们学习和借鉴。

1. 打造以内容创作为核心的纵向一体化产业链结构

作为美国动漫领域的佼佼者,迪斯尼集团通过横向整合和纵向整合战略,完成了动漫产业链的搭建,在集团内部实现了以动漫影视作品为源头带动其他业务共同发展的动漫产业发展模式。

经过多年积累,迪斯尼公司建立起成熟的动画制作机构。通过对皮克斯工作室的收购以及与知名导演建立联合工作室,迪斯尼公司保持了世界领先的动画创意水平和制作水平。

迪斯尼公司在发展过程中构建起独立的电影发行体系,突破了好莱坞大型发行公司以及电视台对自身的限制。起初,迪斯尼公司的影片都是交给好莱坞的其他电影公司进行发行。1953年,由于与发行公司在利益分配上的意见无法达成一致,华特·迪斯尼和罗伊·迪斯尼组建了博伟影片发行公司。

迪斯尼公司很早就建立了自己的电视发行网络。1954年,迪斯尼公司通过为美国广播公司制作电视节目进入电视领域。1983年,建立起自己的电视频道——迪斯尼频道。1995年以53亿美金的高价收购了美国广播公司,获得了优质的有线电视资源。

表2 迪斯尼公司的动画片生产与发行部门

动画电影生产部门	(1) 华特·迪斯尼动画制作公司 (2) 迪斯尼卡通工作室 (3) 皮克斯动画工作室 (4) 幻影数码工作室(与罗伯特·赞米基斯合作) (5) 骷髅工作室(与蒂姆·伯顿合作成立)
动画电影发行部门	(1) 华特·迪斯尼电影公司(前身为博伟影片发行公司) (2) 博伟国际影片发行公司
电视动画片生产部门	华特·迪斯尼电视动画部
电视动画片发行部门	(1) 迪斯尼—ABC国内电视发行公司(前身为博伟电视发行公司) (2) 迪斯尼—ABC国际电视发行公司(前身为博伟国际电视发行公司)
电视动画片播出渠道	1. 迪斯尼频道 2. ABC儿童频道

迪斯尼有分工明确、功能完善的衍生产品管理部门。该部门有独立的出版发行机构，可以面向全球出版、发行成百上千种书籍、杂志、音像制品。根据消费品种类特征，该部门还划分为迪斯尼服装服饰、食品保健、文具、玩具、电子产品、迪斯尼商店、迪斯尼在线商城等多个单位，分别承担一定的授权和销售业务。

遍布全球的迪斯尼主题公园也为各种消费品提供了优良的宣传平台和销售渠道。主题公园通过互动体验式的娱乐项目强化了消费者对动画片和动漫角色的印象，极大地促进了相关消费产品的销售。主题公园本身也是天然的消费品大卖场，除旅游之外，还提供餐饮、旅游纪念品销售等服务。

在这样的结构体系之下，迪斯尼每次推出一部新片，整个集团包括迪斯尼电视频道、所辖 ABC 电视网、迪斯尼乐园、迪斯尼消费品部都会上下一致、全力配合对影片进行宣传。迪斯尼充分利用了集团公司庞大的规模体系和强大的经营网络进行整合营销，有效地带动衍生业务的协同发展。

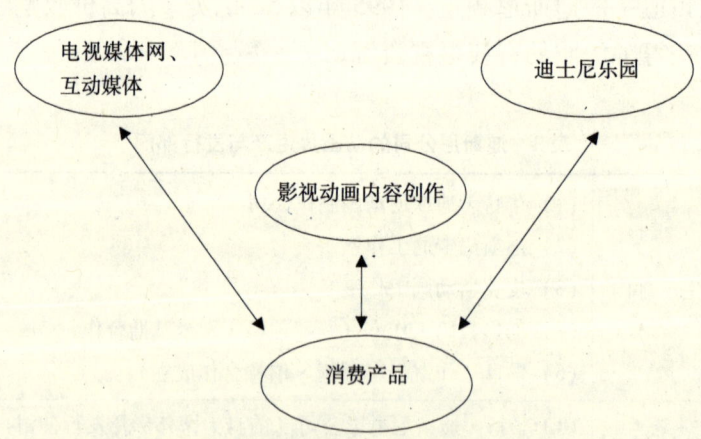

图 2　迪斯尼公司以内容创作为核心的一体化产业链结构

2. 坚持内容创新和多品牌策略，不断扩充动漫形象资源

（1）通过推出新动漫作品塑造新形象

迪斯尼的管理层早就认识到，只有通过动漫作品推出深入人心的动漫形象，衍生产品授权与开发才能步入良性循环。为了不断更新动漫形象资源，为衍生产品业务提供产品授权开发的源头活水，迪斯尼公司几

乎以每年三部的速度推出动画电影。

（2）收购其他公司的动漫形象

除了自身创作新的动漫形象以外，迪斯尼公司也通过购买其他公司的动漫形象、收购公司等等方式对自身的动漫形象库进行扩充。

A. 小熊维尼

1961 年，迪斯尼公司取得小熊维尼的授权，开始制作相关的动画片、连环画并推出其他商品。1988 年，电视动画系列片《小熊维尼历险记》在美国播出，最终让小熊维尼风靡全球，成为迪斯尼的招牌动漫形象。

B. 吉姆·汉森的木偶

2004 年，迪斯尼公司从国际知名木偶动画制作公司吉姆·汉森公司买到了一群木偶形象，包括青蛙柯米、萨姆老鹰、猪猪小姐等。这些木偶在美国拥有大批儿童粉丝，对于迪斯尼公司保持在低幼儿童消费群体中的稳固地位有着重要意义。

C. 惊奇漫画英雄

2009 年，迪斯尼公司完成对惊奇漫画公司的收购。惊奇漫画旗下拥有 5 000 多名漫画英雄，包括蜘蛛侠、金刚狼、绿巨人、神奇四侠、美国上尉等。惊奇漫画的漫画人物多针对青年男性受众而设计，能对迪斯尼原有以女性为受众的动漫形象资源进行极大的补充。

3. 对经典动漫形象进行长期有效经营

迪斯尼采取一系列措施对早期的成功动漫形象进行长期经营，成功地延长其生命周期，为衍生产品业务的发展营造出更多空间。

（1）持续推出并反复播出动画作品

以米老鼠为例，从 20 世纪 20 年代至今，迪斯尼公司一共制作了超过 150 部有米老鼠参演的动画片。每当迪斯尼公司觉察到米老鼠人气下滑，总会适时推动画作品，使米老鼠重新活跃于人们的视线中。

（2）多元化、深层次的产品开发策略

迪斯尼公司在动画电影上映之后，一般会推出续集在电视上播出，接着发行录像带、光盘，排演舞台剧，发行图书杂志，推出大量的消费产品。这样全方位地对动画片和动漫形象进行宣传，不仅使动漫形象的影响力更加持久，也使迪斯尼公司取得多轮收入，将动漫形象的商业价值发挥到极致。

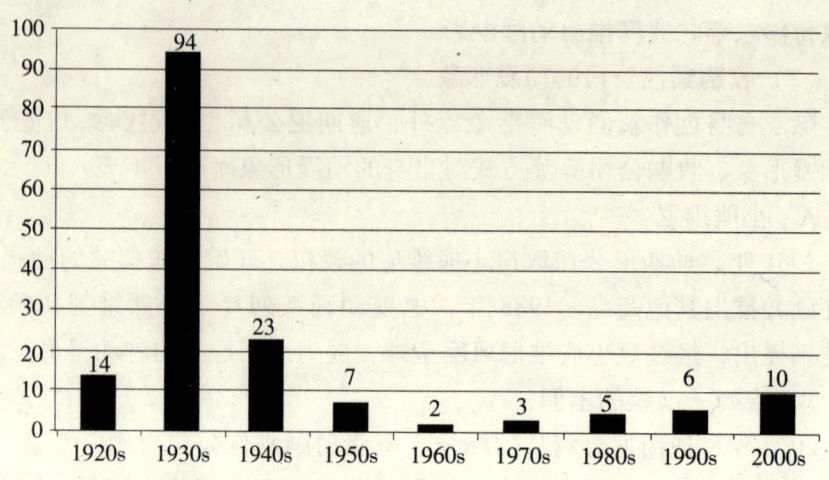

图 3 米老鼠电视动画的作品数量（单位：部）①

（3）组建卡通家族

例如，迪斯尼将米老鼠、唐老鸭、高飞、布鲁托等动画形象集中起来，组成了"米老鼠家族"。这些动画形象个性鲜明，各具特色，能够吸引不同性格的观众。彼此之间关系设定巧妙，又能发展出许多动人的卡通故事。如此一来，迪斯尼公司大大拓展了每个角色的开发潜力，为相关动漫衍生产品的开发提供了可能，而消费者也容易将这些角色认知成一个整体，产生更大规模的消费行为。

4. 建立完善的动画形象授权机制

经过多年的实践，迪斯尼消费品部已成为一个有系统、有架构、基础设施完善的版权运营机构。

在迪斯尼消费品部设有多位产品经理，分管不同种类产品的授权业务（如玩具、文具、服装、配饰、家居用品等）。这些产品经理都是各自分管产品领域的专门人才，负责同客户建立合作关系。在产品经理之外，设有一位产品协调经理负责各产品授权业务之间的沟通、协调。同时，迪斯尼消费品部对卡通形象进行分类管理，使其成为可授权的单位，如米奇家族、公主系列、小熊维尼家族、小仙女、史迪奇等等。

迪斯尼消费品部针对被授权商有非常完备的支持、管理、培训和监督机制，每年会对被授权企业的表现进行评估。为了减少双方产生冲突

---

① 数据整理自 http：//en.wikipedia.org/wiki/List_of_Mickey_Mouse_cartoons.

的可能性，迪斯尼会针对不同的授权商制订相应的授权方案。迪斯尼授权资源开发部的艺术家会与生产商在产品设计、样品制作、生产、包装、广告等各个方面密切合作，每一个阶段都注意使产品与所用的动画形象的外观、个性相符，以保证所开发出来的产品定位准确且有品质保障。

目前，在中国与迪斯尼合作的企业中比较知名的包括上海仪华服饰有限公司和广东永骏经济发展有限公司。其基本的合作模式都是被授权商付给迪斯尼公司一定的授权费（一般包括基础授权费以及产品销售后的利润提成），获得迪斯尼某个或某几个动漫形象的使用权。被授权商在迪斯尼公司协助下根据动漫形象设计开发产品，自行寻找加盟商来对产品进行销售。

除了经营迪斯尼公司自有的动漫形象，迪斯尼也为其他知名的动漫形象作版权代理。例如，迪斯尼就是喜羊羊的版权代理机构，负责喜羊羊在全球的授权业务。

5. 全方位拓展海外市场

迪斯尼公司成立了专门的机构——迪斯尼国际公司——来管理国际业务。迪斯尼的海外市场主要分为欧洲、拉丁美洲、中国、印度、亚太区，业务涉及主题公园、电影、电视、音乐剧、动漫衍生产品等领域。

到目前为止，迪斯尼公司已经在海外建有五座主题公园，包括东京迪斯尼公园、东京迪斯尼海洋公园、巴黎迪斯尼乐园、香港迪斯尼乐园以及在建中的上海迪斯尼乐园。这些主题不仅是满足游客休闲需要的娱乐场所，也是宣传营销的重要窗口，为迪斯尼品牌价值的增强起到巨大的宣传作用。

迪斯尼还致力于将自己制作的节目发行到世界各地。迪斯尼旗下的ABC有线电视集团在1996年仅有台湾和两个地区频道的600万用户，到2002年已在56个国家和地区拥有12个频道和1 800万用户。同时，迪斯尼也授权自己的电视节目在全球120多个不同地区、有线和卫星频道播放。

6. 积极运用新技术、大力发展互动媒体业务

遍布全球的迪斯尼官方网站在迪斯尼的产品宣传和销售中发挥着巨大作用。迪斯尼利用网络传播迪斯尼公司成功的卡通形象如米老鼠、唐老鸭、小熊维尼等，播放动画影片并宣传新的VCD/CD/DVD、旅游纪念品、玩具、纪念品、书籍等相关产品，为迪斯尼乐园招引游客呐喊助阵。

同时也以互联网为载体，推出游戏等网络增值服务。从迪斯尼公司近期发布的公司年度财务报表来看，其网络增值服务增长迅速，互动媒体几经波折终于在近期回到迪斯尼主要业务领域。

二、变形金刚——玩具动画成功模式分析（Transformers）

变形金刚是以玩具植入动漫内容而获得动漫产业成功运营的典型案例。

成立于1955年的特佳丽（TAKARA）玩具公司是日本著名玩具生产厂商。1984年，通过与美国孩之宝公司合作开发变形金刚玩具创造了辉煌的销售业绩。2006年，与推出多款《火影忍者》玩具的日本多美（TOMY）公司合并成立新公司——特佳丽多美（TAKARA TOMY）公司，以强化公司的市场竞争力。合并之后的新公司仍以玩具事业为核心，力图将公司打造成日本第一、世界知名的玩具厂商。

美国孩之宝（Hasbor）玩具公司是美国著名玩具生产厂商，成立于1923年。1935年，孩之宝依靠大富翁游戏成名，逐渐成为世界级的玩具公司。在发展过程中收购了许多其他玩具公司，树立了土豆先生、特种部队等多项知名玩具品牌，取得了《星球大战》、《蝙蝠侠》等经典电影玩具产品的代理权。1984年，由于对变形金刚玩具的引进和推广而实力大增，一跃成为美国玩具业之首，稳居全球顶级玩具厂商之列。

（一）变形金刚的品牌发展历程

1983年，在东京玩具展上，日本著名玩具公司特佳丽（TAKARA）的变形汽车机器人DIAKRON以及MICROMAN这两种玩具受到了好评。美国孩之宝公司发现了变形机器人潜在的市场价值，主动提出与开发商特佳丽公司进行合作。根据孩之宝的建议，特佳丽重新设计开发了一批新的变形玩具。孩之宝公司从中挑选出优秀的作品，将其分为正反两派，并起名为变形金刚。1983年底，全新包装的变形金刚玩具在美国上市。

为了更好地在美国推销这些具有划时代意义的玩具，从1984年到1989年，孩之宝推出四季共98集商业动画片对变形金刚玩具进行宣传，并付费在美国各大电视台上播出。同时，惊奇漫画公司（MARVEL COMICS）也于1984年9月后陆续推出了THE TRANSFORMERS的美版漫画以便与动画相呼应。到1985年，变形金刚已成为孩之宝公司赢利额仅次于星球大战的产品。此后，变形金刚动画片、漫画、真人电影、玩具不断推陈出新，成功树立了变形金刚动漫品牌。

(二) 品牌成功模式分析

1. "自下而上"的产业链纵向合作

孩之宝公司能够在 20 多年的时间内将变形金刚发展成为一个横跨玩具、影视动画、漫画、游戏等各个领域的全球品牌，其成功的重要因素在于动漫产业链"自下而上"的密切合作，即玩具开发者与动漫内容生产者和传播媒介间的通力合作。

孩之宝与特佳丽的合作对变形金刚能迅速占领欧美、亚洲的市场，取得国际性成功有着重要的影响。孩之宝和特佳丽在玩具渠道方面的相互补充以及玩具开发理念的有效交流为变形金刚的成功奠定了基础。

孩之宝与惊奇漫画等动漫公司的合作则使变形金刚玩具的营销取得事半功倍的效果。惊奇漫画是国际知名的动漫作品生产企业，其所具备的创意水平和动漫制作水平有口皆碑。孩之宝与之合作，保证了变形金刚动漫作品的高水准，增加了吸引消费者的砝码。

孩之宝与派拉蒙、梦工厂等公司的合作则在很大程度上提升了变形金刚的品牌影响力。2007 年，美国派拉蒙公司和梦工厂公司得到孩之宝公司授权，推出《变形金刚》真人电影，其票房收入超过 7 亿美元①。电影的大热极大地带动了变形金刚玩具的销售，针对各种消费品的形象授权也为孩之宝公司带来不菲收入。

2010 年，孩之宝公司与美国探索儿童频道联合推出新的电视频道——Hub。借助探索儿童频道的播映渠道，Hub 能进入全球 6 千万家庭。这意味着孩之宝可以自由支配播出时间，面向全球推广自己的玩具产品及相关动画作品。

通过与多个行业的优势企业合作，孩之宝公司完成了动漫产业链的搭建，成功从玩具领域跨入了更为广阔的动漫衍生产业领域。

2. 长效的动漫内容传播机制

（1）契合观众心理需求的动画片

《变形金刚》动画片定位于科幻片符合了玩具形象的特点并顺应了当时的科幻潮流。片中所呈现的浩瀚无垠的宇宙空间、外星上机器人独特的生活方式都能极大地满足青少年追求新奇、渴望冒险的心理需求。动

---

① http://baike.baidu.com/view/28733.htm#4.

画片《变形金刚》塑造了一批正义勇敢、维护和平的英雄人物，与青少年特别是男孩所普遍具有的"英雄情结"相呼应。汽车人首领擎天柱把"战胜邪恶、保护生命"作为自身的使命，其光辉的英雄形象正好符合青少年对偶像的定义标准。

《变形金刚》也具备成为经典的必备要素，主题丰富深刻，如反思科技进步与人类文明的意义；具备时尚开放的因子，如反恐、环保等问题；具备对人性至纯至美性格的肯定和推崇：追求正义、进步、团结、友谊。

（2）持续不断地推出动漫新作

从1984年开始，孩之宝与特佳丽几乎每年都要推出变形金刚动画片，总计已推出超过400集。期间制作了多部剧场版动画电影，并于2007年推出真人实拍结合三维技术的《变形金刚》电影，有效地拓展了消费者对变形金刚玩具的品牌认知广度和深度，保持了消费者对变形金刚产品的持续热情。

除了动画片和真人电影，20多年来，由惊奇漫画公司出版的变形金刚漫画不断发展新剧情，引入新的角色形象，极大地丰富了变形金刚的故事内容。

3. 独特的玩具产品设计与拓展理念

（1）抓住"变形"的核心优势并将其发挥到极致

变形金刚玩具以新颖的玩法和变形理念打破了以往汽车、机器人的单一化、呆板化的构成形式。变形功能使一个玩具呈现出两种不同的形态，在消费者看来，买了一个玩具相当于拥有两个玩具，与不能变形的玩具相比性价比更高。

孩之宝公司紧紧抓住变形金刚玩具的核心竞争力，最初的变形金刚玩具只能在两种形态之间变化，到后来发展到"三种"甚至"多种"形态。

（2）大力发展合体玩具

1985年，第一个变形金刚合体玩具——狂派的大力神——闪亮登场。大力神由六个可变身为机器人的挖地虎组合而成，与单个机器人相比具有更大的威力，能执行更艰巨的工程任务。2000年以后，变形金刚爱好者们期待已久的宇宙大帝玩具开发完成并推向市场，成为变形金刚玩具中最炙手可热的产品。合体玩具的成功开发不仅丰富了变形金刚玩具的种类，也使变形金刚的可玩性大大提升，同时也增加了变形金刚对消费者的诱惑能力。

（3）持续推出新形象玩具产品

为了不断给消费者提供新鲜的娱乐体验，避免消费者对产品产生审美疲劳，孩之宝公司不断为变形金刚玩具系列注入新鲜血液。1996年推出的超能勇士系列全面、彻底地更新了变形金刚玩具产品线，让人眼花缭乱的半机械、半动物取代之前让人感到亲切熟悉的交通工具形象，变形后的机器人形象也与之前的正常人物形象有显著的区别。

在此之后推出的变形金刚之猛兽侠系列、变形金刚舰队与超能量争夺战再一次将人们对变形金刚的记忆格式化，不断发展新故事并推出新的变形金刚品种，极大地扩充了变形金刚玩具的类型。

（4）针对不同的消费需求开发相应的玩具产品

为了方便消费者根据自身需求及消费水平选择适合自己的玩具，在《变形金刚》真人电影推出之后，孩之宝公司把变形金刚玩具分为多个等级。不同的等级意味着不同的尺寸、变形难度、还原程度以及销售价格。

（5）看准时机发行限量版玩具

按照惯例，在每年的变形金刚官方年会举办期间，孩之宝公司都会推出限量版本的变形金刚玩具产品。虽然限量版玩具价格不菲，但是由于数量有限、做工精细、创意新颖，收藏价值相对较高，所以依然能受到不少爱好者的追捧。

4. 发展变形金刚文化，培育稳定的爱好者群体

为了保持消费者对变形金刚的品牌忠诚度，培育稳定的变形金刚爱好者群体，孩之宝公司积极支持变形金刚年会BotCon的举办。除了在年会上发表最新的产品之外，孩之宝公司还会举行媒体见面会，对一些正在开发中的产品进行介绍，以此接近与消费者的距离。

三、美国动漫衍生产业成功模式分析

（一）"自上而下"和"自下而上"动漫产业链整合与合作

动漫衍生产业开发属于整个动漫产业的下游环节。只有产业链上的其他环节——启动、相互促进，动漫衍生产品的开发与赢利才有可能正常进行。如前所述，迪斯尼公司和孩之宝公司都在发展过程中搭建起动漫产业链，实现了由动漫内容产品带动整个产业链良性循环的发展模式。不同的是，迪斯尼公司在发展过程中不断扩展自己的业务范围，通过自行制作动画片、发行动画片、建立主题公园、开创电视媒体网、建设网

络传媒系统在自身内部完成了动漫产业链的搭建，而孩之宝公司则主要选择与其他行业的优势企业如惊奇漫画、梦工厂、美国探索儿童频道进行合作来取得异曲同工的效果。

(二) 不断创新的动漫内容产品

作为动漫产业链的源头，动漫内容产品包括动画片、漫画是动漫衍生产业的发展的基础。只有通过高品质的内容产品塑造出观众喜爱的动漫形象，动漫衍生产业才有授权的资源，才有潜在的消费群体。迪斯尼和孩之宝都深刻地认识到这一点，迪斯尼以平均每年三部的速度推出新的动画影片，而孩之宝则不断推出变形金刚电视动画片及漫画来推出新的动漫形象。通过该种方式，它们有效地保持了衍生产品业务的持续性发展。

(三) 成功的品牌管理策略

通过品牌的塑造与推广获得差异化的竞争优势是美国动漫企业的重要发展策略。迪斯尼公司以"欢乐、健康"为产品经营理念，通过精心打造的动漫内容产品奠定品牌基础，并通过相关新业务的开展成功使品牌得以延伸。经过长期的品牌经营，迪斯尼成为人们心中"欢乐"的代名词，具有极高的品牌认知度。如今，迪斯尼品牌已具备强大的品牌号召力，能有效地将消费者对迪斯尼品牌的信任和偏爱转移到新的产品中，快速提高新产品的知名度，增加新产品在市场中获得成功的机会，为迪斯尼衍生产品授权开发铺平了道路。

第二部分　日本动漫衍生产业开发模式

一、日本动漫角色授权衍生产业发展综述

日本是全球最大的动画漫画生产国以及输出国之一。从 1917 年至今，日本动画业经历了近 100 年的发展与变革，已成为日本经济的全新增长点。

二战以前，日本的动画还处于学习探索阶段，作为价值链的产业几乎为零。随着战后经济的复苏，东映动画等一批动画制作公司迅速崛起，动画相关衍生产业开始萌芽。其中，手冢治虫的《铁臂阿童木》为日后整个日本动画商业运营模式的形成打下基础。

从 20 世纪 60 年代开始，日本动画衍生产品产业经过 30 余年的发展，在 90 年代初期泡沫经济导致的大萧条时期得到了爆发性的增长。1993 年，全日本的角色授权产业、衍生产品市场规模就达到 1 兆日元（约合

800 亿人民币），到 2000 年激增到了 2 兆日元（约合 1 600 亿人民币）。其中，Hello Kitty、Pokémon（口袋妖怪）等热门动漫角色的衍生产品的年销售额就达到了 4 000 亿日元（约合 320 亿人民币）①。

随着市场的国际化和媒体融合时代的到来，日本的衍生产业积极地向世界市场延伸。一方面通过销售市场的全球化扩大了收益来源，另一方面通过生产的海外化大大降低了产品成本。

二、可爱文化的代表——时尚角色 Hello Kitty 成功模式分析

日本三丽鸥公司（Sanrio）的前身是 1960 年由辻信太郎成立的"山梨县丝绸中心股份有限公司"，1973 年 4 月更名为三丽鸥。公司旗下有 400 多个卡通人物，其中最有名的是 1974 年诞生的 Hello Kitty。成立 50 年的三丽鸥公司一直坚持用礼品传递真情的经营理念，在传统概念上附加新的内涵，提倡用礼品去构建人与人之间的桥梁，以表达对他人的尊重与友爱。

（一）品牌产生的时代背景与发展历程

随着 20 世纪六七十年代日本工业化进程的加快，经济的高速发展，社会生活的节奏越来越快，现代文明高墙阻隔了人与人之间的交流。通过"可爱"的商品设计能够为冷冰冰的工业产品与生活品添加些许的人情味，弥补人们内心的空虚和紧张，为人群中的疏离感提供了解决方案，从而促使人们在不知不觉中习惯于对这种商品的大量消费。Hello Kitty 就是在这样一个大环境下在全亚洲悄然兴起。

图 4　第一款 Kello Kitty 产品

1974 年末，Hello Kitty 的形象设计完成。1975 年，Hello Kitty 的第一款产品——印有 Hello Kitty 的塑料透明钱包——面世并引起了市场强烈的反响。由于 Hello Kitty 的超高人气，三丽鸥的产品销量在 1974 年到

---

① （日）山田徹：《キャラクタービジネス・「かわいい」が生み出す巨大市場》，PHP 研究所 2000 年版，第 20 页。[（日）山田徹：《角色授权商业・由"可爱"衍生出的巨大市场》，PHP 研究所 2000 年版，第 20 页。]

1977年3年间增长了7倍，赢利更是翻了10倍。1976年，三丽鸥开始授权第一批Hello Kitty产品。20世纪70年代末，Hello Kitty成为了市场上炙手可热的商品。

进入80年代以后，Hello Kitty热度渐减，三丽鸥公司决定推出一批新的企划和设计来保持Hello Kitty的销售，使Hello Kitty成为可爱与时尚的符号，同时也成为角色授权商品品牌营销的成功典范之一。

(二) 品牌成功模式分析

1. 敏锐把握社会心理，富有远见的品牌定位

三丽鸥在创造Hello Kitty之初，就凭借敏锐的眼光找到了独特且宽松的品牌定位——"可爱、轻松、易于沟通"。20世纪70年代开始，伴随社会经济的发展，被认为是反传统的"burikko"（装小孩）的行为慢慢在日本社会上蔓延，以至于后来发展成为风行世界的"卡哇伊文化"。Hello Kitty简单、乖巧、柔软的外形以及新颖的设计搭配却正好诠释了"卡哇伊"的定义。

通过礼品的交换来表达情意，是日本的传统文化的一部分。一般的Hello Kitty礼品价格合理又非常精致，自然受到了很多人的喜爱。

2. 准确到位的市场细分与产品延伸

Hello Kitty在发展的35年时间里通过准确的市场细分以及及时的产品延伸，将触角伸展到了大部分的女性市场，并开始意图向男性市场延伸。

据统计，目前Hello Kitty在全球至少有50 000多种衍生产品。所有的产品被按照市场寿命分成三个主要种类：季节性商品、长销商品和推广期商品。并且再在此基础上按年龄划分5个层次：婴儿、幼儿、小学生、青少年和成人。筹划小组还将一年分成三个周期，以便各团队在特定的时节发行新系列商品[1]。

3. 历久弥新的品牌形象与产品设计

三丽鸥并没有将Hello Kitty品牌简单地定位在卡通人物造型衍生品上，而是每年都推出一款年度设计来确定整个年度的产品风格，通过丰富多变的产品设计将Hello Kitty打造成独具个性的时尚精品。

1981年是Kitty和小老鼠开着小赛车的设计。1982年的设计山口裕子

---

[1] （美）肯·贝尔森、布莱恩·布雷纳著，周亚南译：《Hello Kitty三丽鸥创造全球亿万商机的策略》，商周出版社2005年版，第128页。

大胆地取消了 Kitty 的黑线勾勒。1983 年的红色条文格子设计紧贴当年的日本时装潮流。在这一年，Kitty 还光荣地成为了联合国儿童基金会的儿童形象大使。1987 年，根据当时流行的黑白风设计了当年的黑白系列。1995 年，根据当年的流行趋势将 Hello Kitty 放在粉红色的布景前，并把头上的蝴蝶结改成五瓣花。这全新的风格非但没有引来消费者的反感，反而引起了一阵在头上佩戴花朵装饰的风潮。

在品质上，虽然三丽鸥采用的是委托加工方式，但是公司对产品监督和审查极其严格。Hello Kitty 的设计人员还经常造访日本 1 700 多家贩卖三丽鸥产品的商店，通过售货员获知最新的市场流行趋势，对产品线进行适当的调整。

4. 海内外品牌营销贴近时尚主题，凸显"明星效应"

1997 年流行歌手华原朋美在知名电视节目"歌唱版"中，透露他喜欢 Hello Kitty 的秘密，立刻引发了歌迷们对 Hello Kitty 狂热的喜爱。三丽鸥投入大量的精力设计和生产了 6 000 多种 Hello Kitty 商品，还授权了 16 000 多种下游产品，衍生领域遍及日本各个角落，市场近乎饱和状态。1996 年大发汽车与 Hello Kitty 联手推出 Kitty 汽车，主打有女儿的年轻母亲市场。还开设了 Hello Kitty 主题卡拉 OK，游泳池，滑雪场，保龄球馆。并且三丽鸥还与二十家不同电器公司合作进军手机市场。2000 年以来日本第二大手机商 KDDI 就卖出十万多部 Hello Kitty 手机。

同样的"明星效应"在美国的土地上再次上演。玛丽亚·凯利（Mariah Carey）、曼蒂·摩尔（Mandy Moore）、克里斯汀·阿奎莱拉（Christina Aguilera）等众多知名艺人都公开表示自己对 Hello Kitty 的喜爱。于是三丽鸥也在美国展开一系列合作项目，对品牌形象进行推广。因为火热的网上销售，Hello Kitty 登上了 2001 年美国线上使用者搜寻最多的玩具排行榜前 10 位。在台湾、香港和韩国，对 Hello Kitty 的痴迷还曾引发一系列社会话题。

自 1999 年以来三丽鸥在南北美洲业绩增长了三分之一。2002 年 3 月会计年度，公司赢利达到了 9 632 万美元。并且根据 2002 年 5 月的美国调查，在美国，有 83% 的 18～34 岁的调查对象知道 Hello Kitty，6～11 岁的人群中的知名度也达到了 72%[①]。

---

① （美）肯·贝尔森、布莱恩·布雷纳著，周亚南译：《Hello Kitty 三丽鸥创造全球亿万商机的策略》，商周出版社 2005 年，第 169 页。

三、游戏角色——"口袋妖怪"成功模式分析

1889年成立的任天堂（Nintendo）公司是日本最著名的游戏制作公司之一，其制作的电视游戏以及游戏主机、掌上游戏机系列在全球范围内深受消费者欢迎。在20世纪90年代中期，任天堂曾经因为索尼（SONY）、世嘉（SEGA）等多家家用游戏机及软件制造商的竞争而陷入经营困境。"口袋妖怪"（Pocket Monsters）游戏的发售带动了Game Boy系列掌上游戏机以及软件的热卖，成功让任天堂"起死回生"。

口袋妖怪是由任天堂公司在1995年开发完成，1996年对外发售的一款Game Boy掌机游戏，在杂志漫画的宣传下获得了巨大的成功。口袋妖怪同"漫画杂志连载→漫画单行本→动画→音像出版→其他衍生品"的传统的日本动漫衍生模式不同，其内容源头来自于游戏，并反向衍生出漫画、卡牌游戏、动画以及一系列常规、非常规衍生产品，属于在特定时期产生的极具代表性的衍生案例。

（一）品牌发展历程

1996年2月28日，为了配合游戏的上市，《神奇的口袋妖怪皮皮》在《COROCORO COMIC》增刊开始连载。口袋妖怪在孩子们中成了热门的游戏，简单可爱并且丰富的设计让孩子们爱不释手。通过对妖怪的收集、培养、对战，然后联机交换成了孩子们每天必不可少的乐趣。

1997年，位于美国的任天堂分公司（NOA）也开始积极地投入营销活动，先期投入达到了5 000万美元。1998年7月，口袋妖怪动画在全美111家电视台播出。紧接着在9月28日游戏开始发售，卡牌游戏也进入了积极的推广期。1999年，口袋妖怪第一部剧场版《Pokémon the First Movie》在美国上映，直接引爆了全国范围的人气。此后，口袋妖怪在世界范围内的业务也正稳步展开。

1998年4月，由任天堂、GAME FREAK和CREATURES共同出资的口袋妖怪股份有限公司（The Pokémon Company）正式成立，统一运营口袋妖怪品牌的相关业务，并对全日本乃至全世界的口袋产品进行严格的授权和品质管理。

随着电子游戏硬件的不断升级，口袋妖怪的游戏系列也在不断地推陈出新。在动画继续播出的同时，保持一年推出一部剧场版。在2005年的日本爱知世博会上，Pokémon公司还打出了"口袋妖怪公园"的品牌"PokePark"，

开始巡回世界展出。这标志着口袋妖怪这个在1996年诞生的品牌,经过近10年的发展与酝酿,终于在衍生产业上走到了链条的最高端。

(二) 品牌成功模式分析

口袋妖怪的每一次创造性飞跃都是在困境中实现的,但在每一次越过这些困境的时候,总能创造或大或小的奇迹,为口袋妖怪这个品牌添砖加力。这些奇迹除了源于品牌创始人和推广人的创造力、领导能力以及不懈的坚持以外,还有一些是我们能够分析和借鉴的在商业和衍生产业运作上的成功因素。

1. 独具潜力和亲和力的产品内涵

首先,口袋妖怪的世界观设定极具亲和力。口袋世界里的对战是不流血、不死亡的,战败的口袋妖怪仅仅是失去了战斗力,回到口袋妖怪中心经过治疗又能够恢复如初。游戏的开发者们一直都在小心翼翼地呵护着这个美好的世界,让孩子们能够真正在里面体会到童年的美好。

其次,口袋妖怪具有极具吸引力的游戏要素。

(1) 收集:儿童具有收集细小物品的喜好,很多人的童年都有过收集卡片和小玩具的经历。在口袋妖怪第一代游戏中登场的各式妖怪就多达150只,自然勾起了玩家们对口袋妖怪的收集兴趣。

(2) 养育:游戏中的每一只口袋妖怪都拥有自己的幼年状态以及成长进化形态。对于作为"饲养者"的玩家们来说,守护着属于自己的口袋妖怪不断成长、变强能在心理上获得极大的满足。

图5 "火苗猴→猛火猴→豪火猴"的进化成长

(3) 交换对战:相比较传统的单机游戏,交换更能够提高玩家群体的潜在集体性,获得"不是我一个人在战斗"的归属感。玩家在获胜之后能够得到比与电脑对战更有价值的成就感和优越感。

(4) 个性化：从为收集来的口袋妖怪进行个性化的起名，到每张卡带独立的 ID 设置，无不彰显着口袋妖怪游戏对玩家个性化诉求的满足。

2. 谨慎立体的品牌延伸策略

进行正确且适当的品牌衍生具有长远的正面效应。首先便是有助于企业实现多元化的增长，充分地利用企业无形资产，进行深度的开发，延长产品寿命。游戏、动画、卡牌不但分别充分地利用了口袋妖怪的内容创意，在不同的市场领域实现了深度的发展，同时都获得了极大的成功，成为企业的利益增长点。这一点上口袋妖怪无疑是把握得非常精准的。

3. 准确的跨媒介品牌广告宣传与支撑

《COROCORO COMIC》是日本发行量最大的针对中小学生群体的动漫资讯娱乐杂志，其受众群体与口袋妖怪原本的定位是基本吻合的。不论是通过漫画的同期上市为游戏造势，还是顺水推舟的"梦幻"赠送活动，抑或是为集换卡牌游戏的推广策划的活动，《COROCORO COMIC》无疑都是口袋妖怪最佳的选择。

除了准确的媒体选择，丰富的跨媒介广告效应也是口袋妖怪在宣传推广中制胜的关键。游戏、漫画、卡牌以及动画凭借各自特殊的形式为口袋妖怪营造了立体的宣传广告平台。

4. 积极稳健的海外市场开拓

1997 年，利用任天堂电子游戏机产品在美国开发的市场以及影响力，任天堂美国分公司（NOA）就开始积极着手对美国市场进行口袋妖怪的宣传和推广，先期的投入高达 5 000 万美元。继日本本土市场的火爆后，美国市场成为口袋妖怪第二个赢利的增长点。在某些项目的销售上甚至超越了日本本土（口袋妖怪系列的集换卡牌游戏在美国的销量达到 24 亿张，超过了日本本土 18 亿 5 500 万张的销量）[1]。

四、日本动漫衍生产业的商业模式

（一）以优质的内容产品为基础

不论是在造型设计还是场景、原动画水平上，日本动漫都具有世界公认的高制作水准。而在这众多的元素中，能够在内容产品被消费完毕

---

[1] （日）畠山けんじ、久保雅一：《ポケモン・ストーリー》，日经 BP 社 2000 年版，第 247 页。
 ［（日）畠山けんじ、久保雅一：《口袋妖怪的故事》，日经 BP 社 2000 年版，第 247 页。］

后，为角色授权衍生产品提供强大动力的就是动漫角色形象本身了。无论是复杂细致而充满写实感的高达机体还是简单可爱到令许多人疯狂的 Hello Kitty 和皮卡丘都是经过精心设计的，拥有着极强的美感和可塑性。

（二）搭建多媒体复合平台

日本本身拥有良好的漫画杂志基础，且传统的日本动画产业是"漫画杂志连载→漫画单行本→电视动画→影院动画→影像制品→衍生产品"的连贯性链条式的模式。这使得动漫内容产品在面世的时候就能够与受众面相对广泛的杂志平面媒体有一个密切的合作。这也是日本动漫之所以总是能够以动画、漫画、游戏等多种形式同时面世从而形成宣传互补的原因。在媒体多元化的今天，网络社区、手机载体等新平台的加入也为各产品和各媒体间共同协作形成复合宣传体提供了更多的可能性。

（三）产业链整合的衍生产品开发战略

作为动漫产业链条上的一环，日本角色授权衍生产品生产更加积极地参与到内容产品的创作中来，与内容产品生产商形成合作互动的关系，而不仅仅只是被动地等待授权、贴牌生产。20 世纪 90 年代以后，动画制作委员会体制的引入让这种模式变得更加紧密且合理。由多个企业共同出资来制作动画，一方面有利于资金的筹措调度，另一方面分担了制作风险。同时，由于电视台、出版社等各种媒体企业的参与使得作品的大范围宣传成为可能[1]。

衍生产品生产企业走品牌化路线，在合作中参与制作并深入了解内容产品的本质与内涵，明确市场定位以及衍生品开发策略，强化产品开发设计，调整协调产品上市档期。这样的衍生品开发针对性更强、目的更加准确，能得到更高的利益回报。要将一部动漫作品、一个动漫角色的授权衍生产品规模化、长期化，就必须将整个衍生产品生产开发和动漫作品本身当做一个整体品牌来进行开发和经营。

（四）引入多层次的顾客交流反馈机制

从两个案例的分析来看，每个成功的品牌都非常重视与消费者的沟通，并通过交流实现产品品牌的改进与发展。三丽鸥公司 Hello Kitty 的第三代设计者山口裕子通过信件与 Hello Kitty 的粉丝交流，从中获得灵感，

---

[1]（日）コンテンツビジネス調査研究会：《最新コンテンツビジネスのすべてがわかる本》，日本能率協会管理中心 2008 年版，第 200 页。[（日）内容商业调查研究会：《最新内容商业解明全本》，日本能率协会管理中心 2008 年版，第 200 页。]

设计了 Kitty 的黑白系列；万代对《机动战士高达》市场的正确判断很大程度上来自于与爱好者之间的交流；《口袋妖怪》更是利用《COROCORO COMIC》杂志与孩子们进行了直接的互动，促成了游戏与卡牌的热卖，并使游戏的动画化得以实现。

（五）全新的衍生产品内容来源

在媒体和信息内容异常丰富的今天，除了利用动画、漫画和游戏这些传统的主要内容产品之外，角色授权衍生产业的内容来源也开始呈现多样化和反向化的发展。纵观近年来的多部日本动漫作品，其内容就开始取材自日渐流行的轻小说。这些文学作品不但在日本大受欢迎，在经过翻译和引进后，也在中国的读者群中引起了不小的反响。由文字作品进行反向开发，并进军授权衍生产业的例子也渐渐多了起来。如《无头骑士异闻录》、《凉宫春日的忧郁》、《全金属狂潮》、《灼眼的夏娜》等。同时，我们也应当注意到，许多形象设计、绘图本、插画、pop 艺术作品也都开始活跃在授权衍生产业的舞台上。比如，当代日本设计艺术家奈良美智的作品衍生出的装饰品和日用品就在日本和中国备受青睐。

（六）由本土化到全球化的文化传播

动漫作品以及动漫衍生产品与普通的商品不同，其背后都承载着相应的文化属性和精神内涵。作为文化产品，想要进军国际市场就必须克服产品在不同国家地区所面临的文化性和地域性的差异。由于"文化折扣"现象（Culture Discount 又译：文化贴现）的存在[①]，也使得文化产品的输出困难重重。Hello Kitty、《机动战士高达》和《口袋妖怪》不仅赢得了日本国内消费者的青睐，同时也向北美、欧洲和亚洲等市场进行了扩张与发展，在海外市场也获得巨大的成功。这些动漫作品及产品本身具有国际化的气质，且在相应的时期和国家地区实行全面到位的本地化战略。

（七）完善的知识产权保护、品牌管理与授权体系

从内容产品到授权衍生产品的品牌建设上，不论是三丽鸥、万代还是任天堂都有自己一套独特的方法和策略。然而要有效实施品牌战略，建立富有生命力且独具影响力的品牌，实现企业的长远发展目标，就需要对品牌进行系统完善的管理。同时，角色授权衍生产业的核心是版权，完善的授权体系也是一个公司乃至整个产业能够高效运转的保证。

---

① 文化折扣：文化折扣是指文化产品在国际贸易中基于文化差异而产生的价值折扣现象。计算公式为：（国内相应产品的价值 - 进口价值）/ 国内相应产品的价值。

因此，在发展角色授权衍生产业的过程中，不但要拥有国际化、品牌化的视野。实行积极有效的品牌管理，建立完善的授权体系，实现公司组织结构的优化，重视相关产品的版权关系才能促进整个产业的良性运转。

第三部分　韩国动漫衍生产业开发模式

一、韩国动漫产业发展综述

在经历了1997年的金融危机后，韩国决定进行产业的战略性调整，将其作为21世纪发展国家经济的战略性支柱产业，积极进行培育，并由政府出资，通过建立文化振兴院来扶持其文化产业的发展。

韩国动漫的发展与CG技术以及网络媒介始终紧密相连，高度数码化的动漫制作与传播方式，是韩国动漫产业的突出特点之一。发达的网络游戏业与动漫衍生产业是韩国动漫产业的核心产业。

韩国明确提出了"卡通形象产业"的概念，在《韩国文化产业》[①]一书中，设有专门的一章"卡通形象产业"，与"漫画产业"、"动画产业"以及"游戏产业"三个章节并列。韩国文化产业界已经将卡通形象也即动漫衍生产业看做是一个极具建设价值以及自身规律的产业。

韩国动画形象领域已成功进军亚洲、欧洲、美国甚至日本，随着网路动画短片的迅速传播，流氓兔、PUCCA（中国娃娃）、倒霉熊、小企鹅pororo等韩国动漫形象，因其国际化的形象、独特有趣的个性特征在全世界范围受到欢迎，品牌发展前景广阔，在市场收益上取得了很大的成功。其中又尤其以PUCCA（中国娃娃）的品牌建设最完善，商业运作最成熟。

二、网络角色——《PUCCA》（中国娃娃）的成功模式分析

（一）品牌的建立

1. 品牌的创立者VOOZ公司

VOOZ公司成立于1999年11月，是一家韩国动画形象设计公司，主要业务是在全球化的网络平台以及其他一些线下平台上进行动漫形象的设计，并且就设计的动漫形象进行多样化的产品开发。该公司积累了大量的动漫形象

[①] 姜锡一、赵五星：《韩国文化产业》，外语教育与研究出版社2009年版。

设计与推广经验,发展出属于自己的完整的产品以及事业流程。

2. PUCCA 品牌起源

  PUCCA 的形象最初是由 VOOZ 的 CEO 金部庆先生在看豫剧的时候产生的构想。接下来 VOOZ 公司花了大量的时间进行市场调查,最终确定了 PUCCA 的生活背景。2000 年,VOOZ 公司借助网络与手机媒体让更多人接触并喜爱 PUCCA 形象。到了 2001 年 5 月,PUCCA 的官方网站在两个月内便有超过 80 万人次使用 PUCCA 的网络 FLAH MAIL 服务。并且 PUCCA 还受邀参加日本的媒体展。VOOZ 在 2001 年开始授权制造一系列的 PUCCA 产品。当时的动漫产品市场潮流是以淡色系的设计为主,而 PUCCA 产品的色彩非常鲜艳,以红色和黑色为主的色调,带给了消费市场很大的冲击。

3. 世界观设定与背景故事

  《PUCCA》其故事世界的物理规则和现实世界并无太大的差别,故事发生发展的环境为一个小镇,小镇周边的自然风景优美,镇里的韩国中餐馆巨龙饭店是主角的家,故事就围绕中餐馆女儿和她的朋友们展开。在《PUCCA》网络动画故事中,每集的主题是各种各样发生在 PUCCA 和 GARU 间的爱情故事,在 TV 动画中,增加了更多的角色,故事内容大大丰富了,PUCCA 和 GARU 间的关系作为固有设定存在,而不再一定是每集的主题。

4. 内容产品

  PUCCA 的内容产品包括相关动画片(网络动画与电视动画)、游戏、DVD 与书籍。其中,动画片包括网络动画与电视动画,书籍包括英文书籍、德文书籍、相框书与游戏书。PUCCA 网络 Flash 动画最初由 VOOZ 公司在 2002 推出。总共 24 集,每集 2 分 3 秒。电视动画片系列是与迪斯尼旗下 Jetix 公司联合制作,并在迪斯尼频道播出完全剧情版本。总共 78 集,每集 7 分钟,在国际上 125 个国家播出[①],包括韩国 MBC 等多个国家级电视台上播出。

5. 品牌定位

  (1)活力、时尚的品牌风格与年轻的消费群体

  PUCCA 中国地区负责人朴女士在采访中介绍,PUCCA 品牌的特色主要集中在以下三点上:洋溢着爱情的味道的剧情,充满活力的人物性格

---

① 数据引用自维基百科"Pucca"词条,http://zh.wikipedia.org/zh-cn/Pucca。

与有趣搞怪的风格。该品牌所针对的目标人群是所有喜爱时尚事物的年轻人，尤以正在上大学的与刚走入职场的年轻女性为主。

（2）让全球消费者共鸣的品牌文化

PUCCA 品牌目前已从符号认同阶段进入价值认同阶段。PUCCA 身上折射出新一代时尚女性积极追求爱情的果敢作风与聪明才智，她所代表的性格特色与精神特质让全球走在时尚前沿的年轻女孩儿感到认同。PUCCA 和 GARU 之间有趣的爱情故事，亦是令全世界观众都感到共鸣，从而该品牌通过文化内涵在产品与全球消费者之间建立紧密的联系。

（3）国际化的品牌传播与营销方式

网络一直是 PUCCA 动画系列最重要的传播媒介，利用这一载体，内容产品能够最大限度地扩大传播范围。《PUCCA》的电视动画的对白为英文，这也在很大程度上方便和加速了动画在欧美地区的传播过程。

6. 衍生产品授权模式

（1）产品授权现状与授权模式

目前 PUCCA 品牌有大约 3 000 种产品，其覆盖范围遍布 100 多个国家。亚洲、欧洲、南美和北美都属于 PUCCA 授权业务范围。其中亚洲地区，除韩国本土外，中国是 PUCCA 品牌最重要的产品授权市场，中亚、东南亚也都有涉及。PUCCA 品牌在中国的经营者为广州市动漫动画卡通产品有限公司，公司成立于 1999 年 7 月，前身为广州市东利行企业发展有限公司。该公司于 2002 年获得 PUCCA 在中国地区的总授权。

VOOZ 的 PUCCA 海外授权业务，一般是在将消费品、网络内容、手机内容产品等不同方面的版权分别授权给不同领域的代理商。接下来在该领域的产业拓展就由被授权商进行操作。在同一领域内，一般只授权一家代理机构。

虽然版权代理商具体负责该国家地区的产品生产销售，在营销上拥有很大的自由度，但是 VOOZ 对于产品的设计会进行严格把关。在授权时限方面，VOOZ 在韩国以及亚洲其他国家地区一般是以一到两年为授权签约期限，在欧洲则更注重长期合作关系，会将约期延长至 5~10 年，当然所带来的风险也会增加。

（2）产品结构

PUCCA 衍生产品包括毛绒玩具、时尚包袋、数码产品、服饰、家居用品等等，可谓种类丰富。其中，时尚包袋是 PUCCA 品牌最主要的衍生产品种类，这与PUCCA的品牌定位有很大的关系，也是PUCCA品牌在衍生品策略上的一个特点。PUCCA品牌拥有自己的主题乐园。2008年4月，名为"WA! PUCCA"的主题乐园在韩国的第四大城市大邱开放，分为教育性休闲娱乐区和娱乐区两大板块。

（3）销售渠道

PUCCA品牌在中国采用加盟专卖店销售的方式出售衍生产品。目前，东利行公司在中国已开设300多家PUCCA专卖店，遍布北京、上海、广州、深圳、沈阳、大连等中心城市。PUCCA专卖店的装修风格鲜明，突出红色和黑色这两个品牌主色，整体感觉时尚大方。

（4）营销策略

PUCCA品牌营销采用线上线下结合的立体营销模式。在中国，PUCCA品牌媒介营销的主要渠道是平面媒体。《瑞丽》、《COCO》、《VIVI》等发行量合共超过百万份的时尚潮流杂志每月报道和广告推广，是PUCCA品牌能够快速打入当地市场和扩大市场占有率的捷径。

PUCCA定期与麦当劳进行品牌互动营销活动，深得顾客喜爱，大大地提升了麦当劳的套餐销量，也加大了自身品牌的曝光力度。2006年2月与ZARA品牌建立全球战略合作伙伴关系，进一步提升PUCCA作为时尚品牌的认知度。

在网上，每月都有多个新的PUCCA有趣爱情故事动漫和电子贺卡推出。PUCCA官方网站还会及时更新关于品牌的各种新闻以及发布新的衍生产品图片。

专门销售各类PUCCA产品的专卖店和有PUCCA的VCD/DVD销售的音像店都是PUCCA直接宣传、增强影响力的途径。

三、韩国动漫衍生产业模式

（一）与数字技术和网络媒体紧密结合的制作与传播方式

韩国动漫形象产业充分利用网络与手机等新媒体成本低、传播速度快的特点，在最大限度提高动漫形象与受众的接触频度。这一过程在一定程度上体现出后现代的特点，非线性的、缺乏宏大叙事、碎片化这些后现代文化特点都在流氓兔、PUCCA、倒霉熊的网络动画短片中明显地展现了出来，这正好与新媒体在传播上短暂的、重复的、非理性的后现代本质非常契合。但韩国动漫品牌并不仅仅依赖新媒体进行传播，而是首先利用网络推出形象后,再有效地结合电视、纸媒介等方式共同进行传播,从而实现传播效果的最大化。

(二) 以动漫形象为核心产品的品牌发展模式

1. 以动画短片为主的内容产品

流氓兔、中国娃娃 PUCCA 等品牌的动画短片时长很短,没有连贯的情节与因果叙事,都是片段式地去凸显和强化动画形象的特质,便于反复地播放与观看。这样的短片本身并没有被作为艺术作品去进行雕琢,也不需要占用受众过多的时间、情感去进行欣赏,能够随时随地渗入受众生活的各个细节之中。

2. 丰富的衍生产品

韩国动漫形象产业在开发衍生产品方面,保持种类的丰富的同时注重结合品牌风格有侧重有特点地进行开发。同时,韩国动漫衍生产品注重达到国际化标准的要求。

3. 对品牌核心的高度版权保护意识

韩国动漫产业将动漫形象视为核心的发展模式,使得项目建立之初就明确了品牌价值的来源,因此会更加重视对品牌形象的版权保护力度。PUCCA 品牌在发展中所营造的良好的市场规范与秩序,就是因为进入市场初期便拥有高度的版权意识。

(三) 打造跨文化品牌形象与文化内涵的全球化策略

1. 形象内容全球化

中国娃娃 PUCCA、倒霉熊等获得了成功的韩国动漫形象拥有着明显的国际化的特点。这些动漫形象在外形上都采用流畅的圆形线条进行绘制,具有很强的装饰性风格,没有明显的地域文化特征,拥有非常现代的视觉姿态。除了视觉元素的跨文化特性外,这种形象的国际化同时也反映在角色个性特征对现代人心理共通特点的把握上。同时,对白很少的动画短片在很大程度上弱化语言不同造成的地域性文化理解障碍。

2. 媒介传播全球化

韩国动漫形象产业充分利用互联网在传播上便捷迅速、信息重复出现频率高、地域性限制小等特点,在短时期内提高动漫形象的认知度,再结合电视、纸质媒介等传统传播方式尽可能地扩大动漫形象与受众的接触面。从而为在全球范围内开发衍生产品打下基础。

3. 营销策略全球化

韩国动漫品牌已发展出一套成熟的全球化营销运作模式,采用多种方式实现与海外市场的对接。以 PUCCA 为例，首先是将内容产品输出到海外，VOOZ 公司选择将版权授予国外电视台，由海外方面进行动画制作与播出，利用这样的方式更顺畅地融入当地的动漫市场。动漫形象的知名度与受欢迎度达到一定的水平后，衍生产品开发方面的合作也就自然进入良性的循环，这时选择有经验的代理商负责衍生品的海外开发。这些经验为其他亚洲动漫品牌进行国际化开发提供了很好的借鉴。

第四部分　中国动漫衍生产业的本土化路径

近年来，由于政府部门的大力扶持，我国动漫产业发展势头迅猛，国产原创动画片的产量和漫画期刊的发行量不断攀升。通过创作具有文化价值的动漫形象，从而带动以授权为核心的动漫衍生产业的发展，是我国政府部门和动漫界人士的共同期望。国外成功经验表明，对动漫形象进行版权经营，能有效地收回动漫作品制作成本，促进动漫产业链实现良性循环，实现产业利润的最大化。

由于受动漫产业发展水平的影响，我国动漫衍生产业尚处于起步阶段，动漫品牌授权的上下游行业之间缺乏充分有效的沟通与对接。对处在上游的绝大多数中国原创动漫企业来说，尽管拥有动漫形象版权，却难以通过自己的能力获得衍生产品收入。而下游的消费品制造企业由于对国产原创动画缺乏信心，更倾向于与国外知名品牌合作，尽管利润低，但风险也较小。

令人感到欣慰的是，近年来国内涌现出一些专门从事动漫版权代理与经营的公司，同时一些传统的少儿节目发行商也开始介入动漫版权运营领域，致力于为动漫品牌授权上下游行业搭建沟通交流的平台。由于这些企业大多具有规模化的媒体资源、专业的品牌管理及授权营销团队，具备调动整个产业链的营销能力，因而也具有沟通动漫品牌授权上下游的能力和条件。其中，比较有代表性的公司包括北京优扬传媒、卡酷动画卫视、上海天络行文化传播有限公司、广州艺洲人文化传播有限公司等等。

尽管国产原创动漫品牌授权的道路十分艰难，国内一批原创动漫企业仍然在衍生产品开发方面进行积极的探索，《喜羊羊与灰太狼》的成功运营带动了衍生产业的开发，探索出一条动画内容产业与衍生产业结合的本土化道路。以下从产业价值链的角度进行分析。

一、价值创造：坚持"内容为王"，创造品牌价值

广东原创动力文化传播有限公司（以下简称"原创动力"）成立于2004年，是一家集影视制作、卡通动漫创作于一体的专业影视制作公司。因《喜羊羊与灰太狼》系列影视动画作品的商业成功而成为国内首屈一指的原创动漫企业。

2004年，原创动力开始投资制作电视动画系列片《喜羊羊与灰太狼》。从2005年起，该片开始陆续在全国50多家电视台播出。2006年底，各种喜羊羊衍生产品开始在全国各地出现。2008年下半年，动画片《喜羊羊与灰太狼》突破盈亏平衡点开始实现赢利。2009年初，投资仅600万元的动画电影《喜羊羊与灰太狼之牛气冲天》获得近9 000万元的票房佳绩。2010年投资1 200万元的第二部《喜羊羊与灰太狼之虎虎生威》的又一次刷新纪录，取得1.27亿的票房。2011年第三部《喜羊羊与灰太狼之兔年顶呱呱》再创国产动画历史新高，取得1.48亿的票房。从2004年至今，原创动力共推出《喜羊羊与灰太狼》电视动画系列片超过700集。

电影《喜羊羊与灰太狼》连续两年的票房奇迹让人们相信，它的成功不是偶然。这部中国原创动画的空前成功，首先源自它的内容。内容是产业的最前端，是一切运营的根基。动画片《喜羊羊与灰太狼》在传统的狼与羊的矛盾冲突基础上注入了新的活力。打破了国产动画的说教模式，取而代之的是夸张搞笑的情节，以及充满时尚流行的元素，被称为"童趣但不幼稚，启智却不教条"。《喜羊羊与灰太狼》中的角色形象线条简单、色彩鲜明，性格可爱有特色，不仅得到观众的喜爱，更为后续衍生产品的开发打下了基础。

电影《喜羊羊与灰太狼》的观众不仅仅只有儿童，还有儿童背后的家庭，"1＋X"的观影模式成功拉动了家庭消费。同时，该片健康、轻松的风格使其播出之后除了赢得大批低龄段的粉丝之外，也在许多年轻女性观众中产生强烈反响。灰太狼由于对妻子百依百顺、体贴温柔，成为许多女性观众心目中"新好男人"的代表。

二、价值递增：媒介经营者身份转换，内容与渠道整合，打破产业链的固有瓶颈

无论国际传媒集团的纵向一体化战略，日本的制片委员会体系，或

者孩之宝玩具公司对于"变形金刚"品牌的自下而上的产业链整合,都证明了动漫衍生产业的发展有赖于产业链中内容创作、媒体传播、品牌营销、版权授权和产品开发等各环节的深层次战略合作。这种合作在中国现实的产业环境和媒介权威下意义显得尤为重要。

多年来中国电视动画"有市无价"的悖论是制约动画内容企业生存的关键问题。面对中国3.4亿青少年的全球最大动漫消费市场,中国动画界的有识之士曾大声疾呼"中国动画没有市场"。2005—2008年喜羊羊动画片在电视屏幕上热播之际,微薄的发行播出回报难以支撑公司的后续发展,原创动力的创作团队几经磨难,公司也曾经在这样的瓶颈中面临倒闭的危险。这种情况不是个案,而是目前中国原创动漫企业的普遍缩影。

喜羊羊的成功证明,中国动漫产业的本土化道路的关键,在于媒介身份的转换。在中国无处不在的电视媒体环境下,当电视媒介运营者不仅将其作为播出平台,不仅是依靠节目广告收益的动画内容的购买方,而转变观念成为投资优质内容的创作、媒介营销,乃至版权运营的战略性合作伙伴的时候,中国动漫产业的春天才能够到来,动漫衍生产业对于动漫内容产业的反哺作用才会显现。

原创动力的转机正在于此,2008年北京优扬传媒、上海文广集团与原创动力共同投资喜羊羊影片。合作方之间分工明确,广东原创动力负责创作,上海文广负责电影的发行、运营,而优扬传媒负责整合营销。各合作公司积极发挥优势,调动自身媒体资源,在电视、平面、网络等各大媒体上投放广告,并且在全国少儿频道上轮番播放《喜羊羊与灰太狼之牛气冲天》的广告宣传片。并凭借全国性的少儿频道网络宣传平台,调动CCTV少儿及全国各地的动画/儿童频道进行整合营销,最终创造了喜羊羊品牌的商业奇迹。

其中,创立于2000年的优扬传媒,秉承"创造和传播童真的欢乐"理念,专注于儿童、家庭为核心的媒体运营。分别在儿童媒体广告联播网、电视网及付费电视、动画投资运营、电影投资运营、品牌授权等领域全面建立业内的领先优势。在集团核心理念的指引下,形成独特的"同心圆"业务模式——锁定儿童与家庭为目标对象,以品牌和内容为资产,以电视业务为龙头,建立全媒体产业链,多项业务链条协同发展。

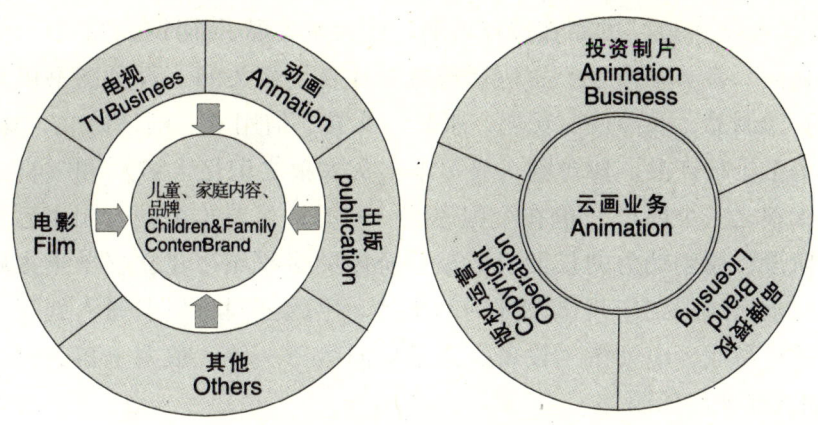

图6 优扬传媒的动画业务整合模式

优扬传媒特有的优势就是拥有国内最有实力的儿童电视媒体运营平台，可以为品牌方以及被授权方提供最为强大的电视媒体宣传支持。其示范意义在于，作为媒介平台，不仅参与动画制片的投资和媒介营销，而且通过版权的运营和品牌授权实现投资回报。为上游版权方打造品牌价值，为下游被授权商实现收益创造价值最大化。传播平台为动漫发行提供良好的营销宣传保证，而动漫发行的顺畅、影视作品的热播也会推动相关动漫衍生品的畅销，反过来衍生品的热销也带动广告投入的增长。动漫的品牌授权与动漫发行、广告等业务之间优势互补，相互促进。完整的儿童行业产业链，能够进行全面的整合资源，实现"规模效应"、"赢者共赢"。

内容与渠道整合，即动画内容企业与强势媒体形成的投资性战略伙伴关系，是彻底解决动漫产业链的瓶颈问题，使国产动漫制作步入良性循环的有效路径。特别是在未来以三网合一为特征的媒介融合的背景下，传统媒体与网络、移动等新兴媒体在内容、渠道等方面的跨界整合，将发挥动漫产业的规模经济与范围经济效应，实现以品牌为核心的价值递增。

三、价值传递：开拓授权业务，动漫衍生产品开发顺势上行

凭借内容和营销传播的成功，原创动力顺利开展了《喜羊羊与灰太狼》动漫形象的授权业务。从包括毛绒玩具、音响图书、文具、服装在内的商品授权，到与肯德基合作的促销授权，原创动力充分地挖掘了

《喜羊羊与灰太狼》的潜在授权市场,极大地实现了其具有的品牌价值。

目前,喜羊羊衍生产品包括与动画片直接相关的上百种图书以及大量的音像制品,及冷饮、玩偶、服装、文具、信用卡、网络游戏、邮票、音乐等上千种产品。舞台剧《喜羊羊与灰太狼之记忆大盗》和《喜羊羊与灰太狼之三个愿望》也在全国巡演。同时,喜羊羊主题公园也已进入筹备阶段,原创动力的长期目标是在全国的多家城市建立喜羊羊主题公园,目前已经得到广州市政部门的支持。主题公园将集卡通人偶舞台表演、摊位游戏、电动游乐设备、亲子乐园等于一体,致力于将其打造成"中国式迪斯尼乐园"。

原创动力公司内部设版权管理部门自行开展授权业务,负责对动画片《喜羊羊与灰太狼》中的角色形象进行授权。其面向的对象包括动漫版权代理商和动漫衍生产品开发商。动漫版权代理商在取得动漫形象的版权之后,再与下游的动漫衍生产品开发商洽谈交流,进行动漫版权的二次授权,从而进一步拓展《喜羊羊与灰太狼》的衍生产品开发业务。上海天络行文化传播有限公司、动漫火车集团、迪斯尼公司均是原创动力授权业务的合作伙伴。

然而,与发达国家相比,我国动漫衍生产业还面临如下亟待解决的问题:

(一) 知识产权保护不力,制约动漫衍生产业的发展

据广东原创动力文化传播有限公司总经理刘曼仪介绍,市面上喜羊羊相关的衍生产品有八成都是盗版。盗用喜羊羊形象的产品不仅有玩具、服装,还有护肤品、儿童药品。这一方面反映出我国版权保护法律机制的不完善,同时也折射出人们版权意识的淡薄和版权保护的难度。

(二) 动漫品牌授权体系不规范,品牌管理水平薄弱

由于我国的授权业起步较晚,因而相关的行业规范和法律体系还不健全。由于缺乏成熟的市场环境和行业标准,动漫原创企业以及衍生产品生产企业在动漫品牌授权过程中都显得比较盲目,缺乏熟悉国际授权业务与版权管理的专业人才。为数不多的动漫版权代理公司多把目光聚焦于国内及国外少数知名动漫品牌,新涌现的国产原创动漫形象有待发掘和推广,品质管理、渠道整合和营销互动有待加强。

(三) 衍生产品设计开发的专业化程度低

动漫衍生产品是对动漫形象资产的二次开发,是全新的专业领域,涉及消费心理、产品定位、产品设计、技术研发、渠道建立、品牌的建

立和维护等。与国际成熟品牌相比，目前我国动漫衍生产品的开发品牌意识弱、技术含量低、产品差异化程度低，容易被盗版和仿制，专业化程度亟待提高。

通过对比观察国外的动漫衍生产业的成功案例，可以发现，我国的原创动漫企业已经开始认识到高品质的动漫内容与强有力的整合营销传播对于动漫衍生产业发展的重要性。动漫产业链中的企业正积极借鉴国外成功经验，打破行业界限，在动漫内容品质的提升、动漫作品的营销传播、动漫衍生产品的授权开发、内容产品与非内容产品的营销整合方面进行着有益的尝试，产业内部的关联度正在提升，新的产业链整合格局正在动态演化之中。

目前，中国内地的授权产业在全球授权产业中所占份额细微，但中国经济的持续发展和消费潜力的释放将造就巨大的动漫衍生产品市场。只要坚持以品牌为核心的本土化、国际化、产业化的发展途径，未来我国的动漫衍生产业将会迎来突破性的增长阶段。

参考文献

[1]（英）艾伦·布里曼：《迪斯尼风暴》，中信出版社2006年版。

[2]（美）詹姆斯·B. 斯图尔特：《迪斯尼战争》，中信出版社2006年版。

[3] 董观志、李立志：《盈利与成长——迪斯尼的关键策略》，清华大学出版社2006年版。

[4]（美）鲍勃·托马斯：《娱乐大王迪斯尼》，中国经济出版社2008年版。

[5] 潦寒：《文化营销》，江西人民出版社2004年版。

[6]（美）约翰·A. 兰特著，张洁编译：《美国动画简史》，载《电影文学》2010年第9期。

[7] 张丽：《跨国公司跨文化管理问题探讨》，载《管理谋略》2006年第2期。

[8] 谢婉若：《迪斯尼传媒集团产业链经营模式分析》，载《时代教育》2006年第12期。

[9]（美）西蒙·福尔斯：《变形金刚终极宝典》，上海人民美术出版社2007年版。

[10] 李光斗：《从〈变形金刚〉看美国的品牌贩卖力》，载《经济》2009 年第 8 期。

[11] 吕林峰：《植入式电视广告的前景：从电影〈变形金刚〉谈起》，载《现代广告》2007 年第 11 期。

[12] 冯嘉雪：《孩之宝变形记》，载《中国新时代》2009 年第 8 期。

[13] （日）山田徹：《角色授权商业·由"可爱"衍生出的巨大市场》，PHP 研究所 2000 年版。

[14] （美）肯·贝尔森、布莱恩·布雷纳著，周亚南译：《Hello Kitty 三丽鸥创造全球亿万商机的策略》，商周出版社 2005 年版。

[15] （日）山口康男：《日本动画全史——享誉世界的日本动画的轨迹》，TEN BOOKS 有限公司 2004 年版。

[16] （日）津坚信之：《日本动画的力量——贯穿 85 年历史的两大轴线》，NTT 出版社 2004 年版。

[17] （日）畠山けんじ、久保雅一：《口袋妖怪的故事》，日经 BP 社 2000 年版。

[18] （日）内容商业调查研究会：《最新内容商业解明全本》，日本能率协会管理中心 2008 年版。

[19] （美）菲利普·科特勒、凯文·莱恩·凯勒著，梅清豪译：《营销管理》，上海人民出版社 2007 年版。

[20] （日）宫岛慎一、山本茂：《数字内容白皮书 2010》，财团法人数字内容协会 2010 年版。

[21] （日）清水美知子：《从〈草莓新闻〉看"Hello Kitty"形象的变迁》，载《关西国际大学研究纪要》2009 年第 10 期。

[22] （加）考林·霍斯金斯、斯图亚特·迈克法蒂耶、亚当·费恩著，张慧宇、刘丰海译：《全球电视和电影——产业经济学导论》，新华出版社 2004 年版。

[23] （日）大木裕子：《品牌营销——常规动画角色的共通之处》，载《尚美学园大学艺术情报学部纪要》2004 年第 3 期。

[24] （日）神泽孝宣：《两极化的角色授权产品消费——从漫画·动画产业的角度考察角色授权产品的消费行动》，载《宝塚造型艺术大学纪要 ARTES》2006 年第 20 期。

[25] （日）藤井健：《从异国文化的试点来看角色授权商业的国际

开展》，载《白鸥大学论集》2003 年第 18 期。

[26] 华夏：《"口袋妖怪"之周边产品"食玩"的特点》，载《艺术探索》2010 年第 24 期。

[27] 林钰淳：《从价值链角度看日本动画产业》，国立政治大学 2006 年版。

[28] 姜锡一、赵五星：《韩国文化产业》，外语教育与研究出版社 2009 年版。

[29] 冯丽云、耿凯燕、刘天成：《品牌营销》，经济管理出版社 2006 年版。

[30] 丹尼斯·麦奎尔·麦奎尔著，崔保国、李琨译：《大众传播理论》，清华大学出版社 2010 年版。

[31] 中野晴著，甄西译：《动漫创意产业论》，国际文化出版公司 2007 年版。

[32] 金万洙：《韩国动漫产业发展的有关问题研究》，载《广告大观》（理论版）2007 年第 5 期。

课题组成员名单

课题负责人：

张天晓　国家十部委扶持动漫产业发展部际联席会议专家委员会专家、上海今日动画影视文化有限公司董事长兼艺术总监

高薇华　中国传媒大学动画与数字艺术学院副教授、动画系主任，研究生导师，美国 Siggraph 教育委员会亚洲代表

课题组成员：

青语潇　中国传媒大学 2009 级动画专业（动画产业方向）研究生
罗雁歆　中国传媒大学 2010 级动画专业（动画产业方向）研究生
刘明君　中国传媒大学 2009 级动画专业（动画产业方向）研究生

课题统筹：

沈　露　上海联合动漫产业发展中心办公室主任
曹　晔　上海今日动画影视文化有限公司市场部经理

动漫文化与儿童成长研究

湖南蓝猫动漫传媒有限公司

- ◆ 481　引　言
- ◆ 482　一、动漫文化与儿童成长的理论基础
- ◆ 486　二、动漫文化与儿童成长的现状分析
- ◆ 488　三、动漫文化对儿童成长的价值研究
- ◆ 489　四、动漫文化与儿童成长的实践探索
- ◆ 490　五、研究结果与分析
- ◆ 503　六、未来研究方向
- ◆ 504　参考文献
- ◆ 505　课题组成员名单

引 言

自改革开放以来,动漫逐步走进人们的生活,随后迅速占领了我国的文化娱乐市场,近年来更是遍布于电视、图书、报刊乃至广告、玩具、生活用品及各种游戏的软件,成为儿童的新宠。有调查显示,在我国,大约44.3%的儿童在一岁前就已开始看电视,4～14岁的儿童每天看电视的时间为137分钟,其中80%的时间是看动画片。目前,动漫作为科技时代一种新兴的文化艺术门类,已渗透世界的每个角落,并随之催生出独特的动漫文化,它对儿童的影响力与日俱增。我国有3.67亿少年儿童,他们是祖国的未来,他们的成长关系到中华民族整体素质的高低,关系到国家的前途和命运。在这样一个动漫产业飞速发展的时代,动漫文化通过多媒体的传播,使得儿童眼界大为开阔,思维方式和生活方式也在发生着变化。当前,动漫已经成为儿童日常接受的最为主要的一种文化产品形态,动漫文化已经伴随儿童成长的全过程。研究动漫文化与儿童成长之间的关系,对于提升动漫创意开发的水平、发挥好动漫文化对儿童成长的积极作用意义重大。

但是,动漫理论学术研究的脚步,却并未跟上动漫产业的飞速发展。可以说,动漫理论的研究还刚刚起步,并不成熟。第一,研究者热情逐渐增长,但高水平研究成果较少。第二,研究视角与范围比较狭窄与局限。第三,目前尚无动漫文化与儿童成长、儿童教育、儿童心理方面的成果。现有的研究绝大多数都将眼光投射在动漫产业的研究上,对于动漫产业的市场价值关注较多,对育人价值挖掘不够,甚至意识薄弱。对于动漫价值的认识,还停留在其娱乐功能之上,极大地忽略其对儿童成长过程的影响,造成部分动漫产品内容空泛,内涵肤浅。可以说,没有对于动漫产业价值的全面挖掘与认识,就没有全面完善的动漫理论建设,就会使动漫产业理论体系的建设流于空泛与狭隘。尤其在市场价值与娱乐价值的遮蔽下,会使动漫产业的发展走向单极,缺乏立体。在这样的视阈下,我们呼唤动漫文化与儿童成长的研究得到大众的关注,希望能够通过我们的研究,为动漫产业的理论与实践铺开新的思路,让其发展脱离一味的市场性与娱乐性,走向对美的追求,对人的关怀,让儿童在优秀的动漫文化环境中健康地成长。

由此,研究者对如下问题产生了研究兴趣:(1)现代幼儿教育状况和儿童所处的文化环境分析。变化的心理发展分析。（2）动漫的价值分析。针对0~8岁幼儿，动漫文化的优势作用分析。（3）动漫文化与儿童成长的实践探索。因而，研究拟通过对动漫文化的现状以及处于此种文化环境下儿童身心发展的状况进行分析，并在研究动漫艺术价值的基础上，积极开展动漫文化与儿童成长的实践探索。

一、动漫文化与儿童成长的理论基础

（一）概念界定

1. 动漫文化

动漫文化（Cartoon Culture）是指视觉消费时代以动漫形象为基础、以现代传媒为动力支持的大众文化。动漫文化的内涵：一是以动漫形象为基础；二是它是一种消费性的视觉文化、大众文化；三是它须以现代传媒为支撑[①]。外延：动漫文化以 ACG（Animation, Comic, Game）即动画、漫画、游戏为核心展开，其外延涉及所有带动漫形象的事物及文化形象。

总的来说，动漫文化的发展主要与经济和媒体的发展水平相关。首先，动漫文化属于上层建筑，它必须以社会物质经济的极大丰富为前提。其次，动漫文化的发展与现代传媒密切相关。动漫文化的宣传和渗透主要依赖书籍、电影、电视、网络等媒体。

2. 儿童期

在《心理学大辞典》中，幼儿期被界定为3到6、7岁，童年期界定为6、7岁到11、12岁；在教育及医疗实践中，常把儿童分为新生儿（出生至一个月）、乳儿期（1岁以内）、婴儿期（1至3岁）、幼儿期（3至6岁）、儿童期（6至10、11岁）、少年期（11、12岁至14、15岁）、青年期（14、15岁至16、17岁）。本文参照心理学和教育学界对儿童期的年龄划分，并结合实际研究情况，将本研究里的儿童定位于0~8岁的低幼儿童。

（二）理论基础

1. 心理学基础

（1）儿童发展心理

① 儿童认知发展

瑞士心理学家皮亚杰认为：学前儿童处于感知运动和前思维运算阶

---

① 谭玲、殷俊：《动漫产业》，四川大学出版社2006年版，第1~2页。

段，这阶段的儿童思维开始萌芽，思维出现了感知和形象图式。其认知特点是：行动受知觉支配；以自我为中心；由近及远。学前儿童感知运动图式内化而为表象图式不是守恒的，对事物从最初的认识到掌握是由浅入深，要经历多个阶段和几种水平反复。此阶段的儿童对能引起强烈感受和感兴趣的事物，会留下相对稳定而持久的印象。因此，儿童认知活动是受兴趣驱使，而认知过程是以形象思维为主，其效果有赖于其认知事物丰富的表象，例如声音、色彩、动画、图像符号、形象等，而动漫则是色彩、声音、图形、动画、视频等多种因素的综合表现形式。

建构主义理论指出：知识的获得过程是一个积极主动的建构过程，在建构的过程中，心智必然与环境相互接触，是以一种主动和自我指向的方式面对环境的。因而，认知的过程是意义主动建构的过程，需要依赖"情境"。也就是说，在某种情境中，以认知主体为中心，以媒体为认知的工具，主体依据各自不同的水平和风格个性化地进行意义建构。动漫在创设情境上具有其独特的功效。

② 儿童情感发展

从现代心理学角度来看，儿童期是充满压抑感和焦虑感的不安时期。所谓儿童期的精神压抑现象，是指儿童的身体、感官、器官等受到禁忌及压制。阿德勒在《自卑与超越》中把儿童这种心理活动用"自卑"来定位。儿童由于身体能力和生理欠缺而引发的自卑感，直接影响到情感对此的超越和补偿。动漫给予儿童心理能量的释放。动漫中原生性动作和被压抑心理能量的爆发，诸如崩塌、瓦解、追击、野蛮、任意的运动，让儿童在观看过程中得到了情感释放与宣泄的快感。

③ 儿童社会性发展

美国心理学家班杜拉指出："由于人有通过语言和非语言形式获得信息以及自我调节的能力，使得个体通过观察他人（榜样）所表现的行为及其结果，不必事事经过亲身体验，就能学到复杂的行为反应。"观察学习的心理过程包括注意、保持、动作复现和动机。同时，班杜拉认为观察学习在儿童行为的习得中是一种重要的途径或机制，儿童的许多行为是通过对现实的或象征性榜样行为的模仿而获得的。有研究也表明，即使榜样是一些卡通人物，儿童也会模仿动漫里的榜样行为。

（2）儿童审美心理

审美心理就是人们欣赏着美的自然、艺术品和其他人类产品时，所产生的一种愉悦的心理体验。它涉及感知、想象、情感、理解等心理要素。儿童审美心理具有如下特点：①游戏精神。游戏是儿童基本的生活和学习方式，也是他们最基本的审美方式。游戏精神使儿童在自由的想象和直观的体验中获得过程性的快乐。②好奇心。儿童对周围的环境充满了好奇，他们对艺术的欣赏也是如此。③主观化。儿童倾向于以一种移情的态度来看世界，从而使他们的欣赏带有强烈的主观色彩。④直觉性。儿童在审美活动中，将自己的理想、志趣、性格、情感等直接移注于物，通过想象，产生的一种独特的审美感受。

（3）儿童文化心理

儿童文化心理就是社会文化作用于儿童成长过程而形成的具有共性的认知心理、情感心理与人格特质。具体表现为某个年龄阶段儿童群体所具有的独特的行为规范、言语习惯和审美情趣。儿童文化心理具有生成性与调适性。生成性：儿童文化心理是一种在吸收成人文化过程中不断生成和发展的开放式心理结构，体现了儿童不断濡化和涵化的历程。调适性：儿童文化心理是从童年心理向成人心理演变的产物，但又由于儿童发展的未来文化并不是现在成人文化的复制品，因此儿童文化心理充满着社会理想和社会现实之间的冲突，需要不断地调整和适应。

2. 教育学基础

教育学是以教育现象、教育问题为研究对象，归纳总结人类教育活动的科学理论与实践，探索解决教育活动产生、发展过程中遇到的实际教育问题，从而揭示出一般教育规律的一门社会科学。教育是一种广泛存在于人类社会生活中、有目的的培养人才的活动，教育学的研究具有客观性、必然性、稳定性、重复性、现实性、辩证性、科学性。幼儿教育主要指的是对3至6岁年龄阶段的幼儿所实施的教育。幼儿教育会给未来更高级的教育打下基础，所以良好的幼儿教育对每一个人来说都非常重要。

动漫文化的教育学价值，主要体现在其美育价值上。

美育是指培养学生认识美、爱好美和创造美的能力的教育。也称审美教育或美感教育。美育要通过各种艺术以及自然界和社会生活中美好的事物来进行。通过艺术进行的美育就是艺术教育。在人的全面发展教育中，美育占有重要地位。美育作为审美和教育相结合的产物，是一个历史的课题。西方早在古希腊时期，在城邦保卫者的教育中就有艺术教育的内容，而我国春秋时期更是十分重视"诗教"与"乐教"。但美育这一概念和对它进行独立研究的理论，则是由德国的伟大诗人和美学家席勒于18世纪末首先提出和建立的。

在动漫产业迅速发展的今天，迫切需要动漫文化的美育价值研究，并在实践中研发出适应儿童身心发展需要、融娱乐性和教育性于一体的动漫产品，让动漫之美走进人们的心灵。一直以来，动漫产业最主要的社会功能是娱乐功能，不管是动漫音像制品、书籍或衍生产品，大都是为儿童的娱乐生活服务，具有较强的趣味性。这恰恰符合了儿童的心理特点和审美趣味，深受他们的喜欢。所以，动漫创作除了"娱人"之外，也能承担"育人"的功能，并能够成为育人的良好方式与手段。动漫文化的发展，给儿童美育提供了新的可能和更广阔的机会。

美国教育心理学家罗伯特·加涅为动漫文化的教育价值提供了另一理论依据。他运用现代信息论观点和方法建立起信息加工的学习理论，提出了学习过程的基本模式，认为学习过程就是一个信息加工的过程，即学习者对来自环境刺激的信息进行内在认知加工的过程。在信息加工理论的基础上，他阐述了较为系统的教学论，认为教学应努力将外部教学事件与学习的结果联系起来，指出这些事件是如何导致对内部学习过程的适当支持或促进的。其教学论中最具代表性的观点是"为不同的学习结果提供不同的教学"。儿童能够从动漫作品中得到审美、人格、生活等各层面的教育，儿童观赏动漫产品的过程就是学习的过程，他们把在动漫作品中摄取的信息进行内在认知加工，逐渐形成自己的审美鉴赏能力和价值观念。

3. 脑科学基础

脑科学，是兴起于20世纪60年代的一门边缘学科，是以大脑作为研究对象的各门学科的总称。它的分支学科包括大脑解剖学、大脑生化学、大脑电生理学、大脑发育学、思维生理学等。它研究大脑的结构和功能，大脑与行为、大脑与思维的关系；研究大脑的演化、大脑的生化组成、神经网络及其规律。狭义地讲，脑科学就是神经科学（Neurosciences），是为了了解神经系统内分子水平、细胞水平、细胞间的变化过程，以及这些过程在中枢功能控制系统内的整合作用，从而研究自然智慧机理，建立脑模型，揭示人脑的本质。对大脑结构与功能的关系问题研究是现代脑科学的主要方面。

当代美国心理学家加登纳于 20 世纪 70 年代开始研究多元智能结构理论，这一理论认为，个体的智慧并不是单一的，而是多元的，共包括如下九个方面：言语/语言智能（verbal/linguistic intelligence）、逻辑/数理智能（logical/mathematical intelligence）、视觉/空间智能（visual/spatial intelligence）、音乐/节奏智能（musical/rhythmic intelligence）、身体/运动智能（bodily/kinesthetic intelligence）、人际交往智能（interpersonal intelligence）、自我反省智能（intrapersonal intelligence）、自然观察者智慧（naturalist intelligence）、存在智慧（existential intelligence）。这九种智慧同等重要，但事实上几乎是所有的人，都需要运用多种智能的组合来进行创造和解决问题。它们既相互独立又相互渗透、相互促进。因此，每一个人都是具有多种智能组合的个体，而不是只拥有单一的、用纸和笔可以测出的解答问题能力的个体。动漫文化能通过音画丰富的动漫作品来开发儿童的视觉/空间智能（visual/spatial intelligence）、音乐/节奏智能（musical/rhythmic intelligence）及身体/运动智能（bodily/kinesthetic intelligence），并能通过动漫作品中蕴涵的内容来启发言语/语言智能（verbal/linguistic intelligence）、逻辑/数理智能（logical/mathematical intelligence）、自我反省智能（intrapersonal intelligence）等其他智能。由此，加登纳得出了这样的结论："正如一个领域需要不止一种智慧，一种智慧也可能出现在很多领域里"。

斯佩里博士在实验中发现人脑分成左右两半球且分工不同：左脑负责语言、数字、分析等功能，偏向语言、逻辑性思考；右脑负责旋律、节奏、图像等功能，偏向直观、形象性思考。左右半脑互相协调才能发挥完整功能，充分运用左右脑会产生意想不到的效果。传统教学过分注重左脑的作用而忽视了右脑的作用，而教育动漫则正好能弥补这一点，为儿童大脑可塑性发展创造必要条件，让儿童在情境中充分发挥左右脑协同思维。

二、动漫文化与儿童成长的现状分析

（一）国内动漫产业迅速发展

当前，我国动漫产业呈现出如火如荼的发展势头，并继续呈直线上升之趋势：第一，国产动画片的创作量大幅上升，优秀原创动画片不断涌现。现今，我国已有 5 600 余家从事动漫制作的企业，年产量突破 10 万分钟。第二，国产动画播出平台不断扩大。目前，中央电视台少儿频道已经在全国 31 个省落地。北京动画频道，上海炫动卡通卫视，湖南金鹰卡通卫视动画上星频道，以及多个省级、副省级、省会城市电视台少儿频道已经开播。第三，国家影视动画产业基地积极建设。国家广电总局建立了多个国家影视动画产业基地。第四，国家制定政策措施大力扶持。国家相继颁布了《关于发展我国影视动画产业的若干意见》、《关于推动我国动漫产业发展的若干意见》等一系列指导性文件，促进我国影视动画产业的发展。第五，产业化运作意识增强。许多动画项目从一开始运作就以市场为导向，详细作出了市场前景分析，项目利润分析、行业竞争与风险分析等，并通过品牌授权，开发一系列的衍生产品；很多动画制作机构本着多元化发展的理念，在制作原创化节目的同时，努力打造完整的产业链。如上所述，动漫产业规模已发展得如是庞大，这必将对儿童的生活产生巨大影响。

(二) 国际动漫产业现状概述

动漫产业是一个新兴的文化产业，动漫产业的发展日益受到世界各国的普遍重视，动漫产业整体发展呈现出良好的发展趋势。美国、日本是目前世界上动漫产业最为发达的两个国家。美国每年动漫及其衍生产品的产值高达 50 多亿美元，超过了飞机制造业和钢铁业，成为美国第六大支柱产业。美国的网络游戏业已经连年超过好莱坞电影业，成为全美最大的娱乐产业。日本动漫产业的产值也已超过汽车工业，每年过 90 亿美元的收入使之成为日本的第三大产业，在对美国的出口贸易中，动画产品出口量超过钢铁。韩国是正在兴起的动漫产业大国，自 20 世纪 80 年代中期起，承接了全球近 1/3 的动漫加工业务，每年向海外出口 0.81 亿美元的动漫及其衍生产品，韩国动画产品的产量占全球的 30%，成为韩国国民经济的六大支柱产业之一。

为加速中国动漫产业发展，我们需要积极借鉴这些国家在动漫产业发展方面的成功经验，比如重视动漫产业链中上游产品——漫画卡通——的发展；着力对动漫产业链中相关衍生产品的开发；充分发挥比较优势，进一步优化产业链；借力多媒体等技术，促进动漫产业的快速发展；加强政府的战略规划和政策扶持，等等。

(三) 动漫文化环境亟待优化

总体上讲，我国动漫文化的主流是好的。但是，动漫这个"现代童话世界"里也隐藏着一些令人忧患的美丽"陷阱"，比如一些内容、画面不健康、渲染暴力和血腥的动漫作品，它们给儿童的身心健康带来了不容忽视的负面影响。于是，引导儿童正确解读与欣赏动漫就变得格外重要了。我们必须谨慎面对"图文时代"的到来，在和儿童一起畅游"动漫"世界的时候，还需正确引导儿童绕过这些隐藏的美丽"陷阱"，让他们在鉴赏动漫"美景"的基础上升华审美体验，形成审美情操。为此，动漫作为一种文化资源来到儿童身边时，需要一种转化机制、一个嫁接平台。从更宏观的层面上来讲，净化动漫文化环境，促进动漫产业健康良性发展，为儿童成长创设一个良性循环的生态系统圈，已经成为一项十分紧迫的任务。

三、动漫文化对儿童成长的价值研究

（一）动漫文化与儿童文化心理发展

从文化的内涵划分，动漫文化属于精神文化。动漫文化以科技发展为载体，凭借其夸张、幽默、形象拟人化等特征而深受儿童喜爱。动漫文化极大地影响着儿童，媒介所传播的以依附主流文化作为自己生存发展基础的动漫文化，对儿童的生理健康、心理健康影响更为强烈，引起其审美观、价值观、世界观的变化。

动漫文化对儿童发展具有文化教化与文化涵化双重效应。符合主流文化价值取向的动漫主题（思想性与艺术性）对儿童形成正确的价值观与道德品质具有直接的教化功效；而符合儿童审美趣味的动漫形式（视听同步性与卡通幽默感）对儿童形成和谐的人格结构与活泼开朗的个性特点具有深刻的涵化功效。

与游戏文化一样，动漫文化是儿童文化的基本形态，也是最符合儿童心理特点的文化形式，直接构成现代儿童文化生活的基本方式。在信息社会中，动漫文化既是儿童文化心理的表现形式，也是儿童成长不可缺少的精神食粮。

（二）动漫文化提升儿童审美能力

儿童是天生的艺术家。艺术天赋是儿童心理发展过程中潜能最为丰富的自我资源。然而，儿童的综合艺术素质还处在萌芽与发育阶段，潜在的艺术天赋还需转化为现实的审美能力。动漫文化在有力助推儿童审美能力发展上具有不可比拟的优势。

动漫艺术是一种融绘画、音乐、表演、影视等多种艺术元素交互耦合于一体的综合艺术形式。动漫活泼灵动的表现形式、精彩纷呈的视听感觉，使其充满着审美意境。

儿童审美心理具有高启动、快弥散的特点，并且伴随着丰富的情感体验与即时的情绪表达。审美认知具有拟人化与"泛灵论"的特点，审美情趣具有游戏化与"自然泛化"的特点。而动漫正好符合儿童审美心理的基本特点，获得了儿童的"本能式"偏爱。

"图文时代"大背景下，高新科技支持的原创动漫满足儿童审美诉求的时代趋势难挡。紧追时代步伐，利用动漫来创设情境，激活儿童心理潜能，开启多元智能，使儿童在感受美、表现美、创造美的过程中，以美育德、以美益智、以美强志、以美养性，将有利于促进儿童和谐人格自然形成。

(三) 动漫文化创新儿童教育模式

顺应科技发展趋势，创新儿童教育模式，已经成为时代主旋律。在如此局面之下，教育动漫呼之欲出。内蕴动漫文化的儿童教育是一种趣味横生、自主自发、全面发展的教育。

我们希望将真、善、美传达给孩子，希望孩子掌握文化知识、科学知识，但是，传统的书本传授和课堂讲授，容易让儿童觉得枯燥，过度强调甚至会使他们反感。如果将动漫教学法运用到教育中去，能增添内容的趣味性和丰富性，使孩子的学习收到事半功倍的效果。

儿童有爱玩爱动的天性，相对于静态的书本和安静的课堂，他们更喜欢玩耍和娱乐，强制学习往往适得其反。动画有形象生动的画面，悦耳动听的音乐，色彩艳丽丰富，将动画引入儿童教育，自然增添了教学魅力，将最大限度地调动儿童学习的积极性，使其易学、乐学，变"要我学"为"我要学"，变被动教育为自主学习，以此达到"教为不教"的理想境界。

儿童学习具有简约的图式化特征。图式简约是阻碍儿童认知的重要元素，而其又具备主动自我建构的能力与精神。那么，学习之于儿童，无非就是在保持其主动性的基础上给予儿童充分的、科学而系统的刺激，以帮助其形成丰富的图式。动漫激活儿童认知图式并扩展主题和话题，不断发展儿童的构图能力，从而实现全脑开发，帮助儿童均衡发展。

四、动漫文化与儿童成长的实践探索

(一) 心理研究

蓝猫全网教育有限公司与湖南师范大学共同开展了"儿童动漫认知

的发展心理学研究"。研究内容包括:动漫呈现方式对幼儿理解产生的影响、动漫条件下幼儿交通安全规则学习中榜样示范效应、动漫启动情绪对5至6岁儿童语词记忆的影响。三项研究以点带面、细致深入地探讨了儿童动漫认知的基本规律与特点,以期确认动漫对儿童发展的实质性作用,从而为动漫设计与动漫资源的深度开发提供科学依据,也为运用动漫资源设计课程提供方法论指导。

(二) 教育研究

教育动漫的理论探索成果集中反映在:业已形成的一个体系——"心能美育"特色理论;一套策略——"动漫教学"方法策略;一种思路——"三位一体"运作模式;一批教材——"心能美育"幼教课程。而且,研究期间,系列理论研究文章发表在核心期刊上。教育动漫的实践研究成效则体现在心能美育教育动漫资源平台和幼儿园教育动漫资源平台两套成型产品的研发,以及课题组在湖南、广西等地建立了实验基地园,开展教研活动,打造教育动漫精品示范活动上面。蓝猫儿童文化心理研究中心还因此编写并出版了教育动漫的理论与实践成果集。其中的内容包括教育动漫的理论蕴涵、教育动漫的基本构想、教育动漫的实践反思以及学术评述。其中,实践反思中还重点收录了小班《小鸭嘎嘎》、中班《夜晚多可爱》和大班《字宝宝是怎么来的》动漫教学示范活动方案、实录和评析。

五、研究结果与分析

本课题研究内容包括上述提及的动漫文化与儿童成长的现状分析、动漫文化对儿童成长的价值研究,以及动漫文化与儿童成长的实践探索。其中,动漫文化与儿童成长实践探索的成果在该研究结果部分相应呈现。这里,研究结果将从心理和教育研究两个方面加以详细阐述:心理研究从心理学的认知、情感和技能三个维度出发,进行了三项关于幼儿动漫认知的发展心理学实验研究,研究结果将在实验报告中体现;教育研究则围绕教育动漫的理论和实践探索具体展开。

(一) 心理研究

《幼儿动漫认知的发展心理学研究》从心理学的认知理解、行为技能、情绪情感三个维度出发,分别研究和探讨了动漫呈现方式对幼儿理解产生的影响、动漫条件下幼儿交通安全规则学习中榜样示范效应、动漫启动情绪对 5 至 6 岁儿童语词记忆的影响。三个研究以点带面、结构完整、逻辑思路清晰。理论层面，研究细致深入地探讨了儿童动漫认知的基本规律与特点，以期确认动漫对儿童发展的实质性作用，从而为动漫设计与动漫资源的深度开发提供科学依据，也为运用动漫资源设计课程提供方法论指导；应用层面，研究以动漫对儿童的认知理解、榜样示范和记忆能力为着眼点，对动漫在提高认知效率、优化教学过程、创设教学情境的作用上进行了探究，意在考察动漫对儿童学习与发展产生的影响，充分发挥动漫在教育领域的最优化功能，为儿童健康茁壮的成长提供"养料"。动漫文化被赋予了儿童教育的深层内涵，其文化层级和品位得以提升。

1. 动漫呈现方式对幼儿理解产生的影响

动漫呈现方式影响幼儿理解的实验研究，运用发展心理学原理与方法研究动漫条件下幼儿理解的发展特点，比较不同知识呈现方式，以及不同类型动漫对幼儿理解过程的影响。

实验一：知识呈现方式对幼儿理解的影响

（1）研究结果

①对于幼儿园中班和大班的幼儿，在四种呈现方式中，图片一张接一张呈现，呈现速度由幼儿自己控制的呈现方式下，幼儿的理解测验分数最高。

②对于幼儿园中班和大班的幼儿，四种呈现方式下，幼儿的理解测验成绩没有显著性差异；动画在促进幼儿理解方面并不显著优于图片。

（2）研究启示

动画在促进幼儿理解方面并不显著优于图片的研究结果告诉我们，使用动画的效果只有在提供的学习内容合适的时候才能得到肯定。如果这个概念太简单，或者通过单个媒体，已经能被很好地表达；或者如果这个概念太难掌握，不管哪几种媒体同时使用，结果都会失败。Large 认为：使用动画的失败是由于文本材料的复杂性。如果材料是要被学习或动画本身太复杂，则动画不能必然地弥补知识的不足。实验中，动画的内容是关于两种灭火器的使用方法。基本内容幼儿能够理解，但若要进行深层次地加工，比如推理、排序等，大部分幼儿难以解决。这与幼儿认知发展水平有关。皮亚杰认为：2 至 7 岁的儿童处于前运算阶段，还不能进行复杂的因果推理，也不能解决排序问题。因此，此处理解测验的水平受到了幼儿自身认知发展水平的制约。

Barbara Tversky and Julie Bauer Morrisony 认为：图像应该被准确地感知，但是动画常常太过复杂，太快，从而不能被准确地感知。幼儿工作记忆的容量比较小，不能存储很多的信息，在回答问题时就容易遗忘动画的内容。相反，持续的媒体比如图片，能够让幼儿有更多的时间进行记忆和加工。因而，若要发挥动漫的教学效用，则有必要控制动漫的播放，这里可以考虑运用分段播放、慢镜头、定格画面等技术处理方式。

已有学者对知识呈现方式和元认知之间的关系进行了研究。研究回顾表明，学习者在动画中不会合理地修饰和评价他们的学习。Schnotz and Rasch 认为学习者在动画学习中只会进行表面加工，他们看动画时抱着一种轻松的心态。由于缺乏幼儿对材料的深度认知加工以及对加工过程中的监控，因而影响了加工效果，即对材料的理解。

实验二：认知性动画和吸引性动画对幼儿理解的作用

（1）研究结果

对于幼儿园中班和大班的幼儿来说，插入认知性动画组在促进幼儿理解方面要显著优于插入吸引性动画组。

（2）研究启示

插入认知性动画组在促进幼儿理解方面要显著优于插入吸引性动画组，这与以往以高年级学生作为被试的研究结果一致。Harp 和 Mayer（1998）在课文中插入情绪兴趣插图研究的结果表明，在录音前插入动画会引起吸引细节效应，从而导致插入吸引性动画组在理解测验中表现得比较差。Hidi 和 Baird（1986）[1] 认为，"把趣味性作为激励的方式是没有充分理由的，而应该认识到趣味性会对理解信息的含义产生影响"。这也可以用认知负荷的理论进行解释。吸引性动画中含有许多与核心知识无关的信息和细节，这些信息和细节消耗了很多的认知资源，造成学习者的认知负荷比较高，从而影响了理解效果。

在此层面上来说，在录音前插入吸引性动画，通过夸张有趣生动的情节来吸引幼儿的注意，唤醒幼儿的情绪，增加他们的学习兴趣，借助情绪启动效应，启动幼儿的情绪，以积极的情绪作为中介，影响认知，从而提高理解能力的方式较难达到目的。因为尽管幼儿的情绪可能被启

---

[1] Hidi, S., & Baird, W. (1986). *Interestingness: A neglected variable in discourse processing.* Cognitive Science, 10, 179–194.

动了，但是由于录音材料相对来说比较抽象，不够形象生动，而幼儿的抽象思维能力发展水平有限，理解起来仍有一定的难度。

更重要的是，研究启发我们，对动漫进行分类并将其应用到不同的领域是有意义的。比如，动漫可划分为认知性动漫和吸引性动漫（或者教育性动漫和娱乐性动漫。教育性动漫是直接传播知识信息，通过认识过程的展现，启发未成年人的智力和帮助成年人探索未知的领域，如各类科学普及教育动画片；娱乐性动漫是传播非功能信息，即通过塑造生动的动画形象、展开故事情节，从中体现某种对事物、现象的认识和理解，进而引导并启示观众对自然、社会和人的领悟，获得理性的认识，提高智力，也就是最受观众喜爱的各类动画艺术片），由于两者在儿童学习与发展上有不同的作用，为了发挥动漫的最优化功效，需要根据不同的学习内容或者领域来恰当使用两类动漫，譬如将认知性动画应用到儿童需理解和记忆的学习中，吸引性动画则应用于儿童规则和习惯的养成。

同时，在实验中发现，对幼儿来说，只要提到观看动漫，他们就非常高兴，因为除了幼儿本身喜爱动漫的原因之外，它还被视为来自教师和家长的一种奖励。因而，即便是认知性动漫，他们也看得非常投入，倾注了较多的注意力，从而获得了较好的理解效果。该结果提醒我们，教师和家长不仅需要对幼儿观看动漫这件事转变观念态度，也有必要为幼儿选择适宜的动漫，并在观看时与幼儿进行互动，提供相应的指导。这样，既融洽了亲子关系，也在日常生活中实施了更易为幼儿接受的教育。

2. 动漫条件下幼儿交通安全规则学习中榜样示范效应的实验研究

动漫条件下幼儿交通安全规则学习中榜样示范效应的实验研究，运用发展心理学原理与方法研究动漫条件下不同榜样对幼儿交通安全规则学习的影响；榜样动漫在幼儿交通安全规则学习中的强化效应。

实验一：不同榜样动漫对幼儿交通安全规则学习的影响

（1）研究结果

①卡通榜样行为示范（强化）动漫在促进幼儿交通安全规则学习上要优于言语传授动漫的效果。

②卡通榜样行为示范（强化）动漫在促进幼儿交通安全规则学习上要优于卡通榜样行为示范（惩罚）动漫的效果。

（2）研究启示

卡通榜样行为示范要显著好于言语传授。我们发现，在给幼儿播放言语传授动漫时，有些幼儿说，"这不是动画片。"根据国际动画组织（ASIFA）在 1980 年南斯拉夫的 Zegreb 会议中，对动画一词下的定义："动画艺术是指除真实动作或方法外，使用各种技术创作活动影像，亦即是以人工的方式创造动态的影像"①。根据这一定义，显然用于实验的自制言语传授动漫是属于动画范畴的，但幼儿却并不认为这是动漫，它也就没能吸引住幼儿的注意力。而且，动漫时长为两分钟左右，对于幼儿注意力的维持来说时间较短。由于注意力与学习效果之间存在密不可分的联系，因而也就说明了这里言语传授动漫在促进幼儿交通安全规则学习上的效果为何不如卡通榜样行为示范了。

卡通榜样行为示范中，强化的效果要明显好于惩罚的效果。卡通榜样行为示范（惩罚）动漫的最后镜头是：QQ 熊被车撞飞后，浑身缠满绷带地在床上呻吟："要是刚才不闯红灯就好了！"我们发现：在给幼儿观看这段动漫时，很多幼儿看到这一情节时，都被 QQ 熊的样子给逗笑了。由此推论，可能是动漫中的幽默情节要素冲淡了惩罚内容的示范效果。根据幽默的失谐理论，可以知道事物之所以是幽默的，是因为事件（笑话、身体运动、语言）与我们的期待不一致，并引起瞬间的认知努力以解决感知到的失谐②。制作榜样行为示范（惩罚）动漫的初衷是想用 QQ 熊被撞得很惨这一后果，教育幼儿不要像 QQ 熊这样做。结果由于这个形象跟之前形成反差，使得幼儿的注意力被吸引到幽默和夸张的情节上了，而忘记是由于什么原因导致的这一结果了。该研究结果表明，动漫是个复合载体，它有形象、主题、情节、情绪等因素。我们若要更大程度地发挥其教育功用，就要对其进行结构解析，充分挖掘各动漫要素在教育中的使用价值，从而为动漫设计与制作，以及实际应用指明方向。此外，若要发挥动漫这一教育功效，可以考虑多用卡通榜样行为示范（强化）动漫。因为通过研究，我们发现正性强化效果优于负性强化，这与幼儿的发展特点和生活经验也是相符的：幼儿尽管看到了 QQ 熊最后被车撞得很惨的样子，但因为他们本身都没有这类惨痛经历，加之正处在"自我中心阶段"，还无法理解榜样行为示范（惩罚）动漫中悲惨后果的严重性。所以惩罚的结果没有给他们留下深刻的印象。而榜样行为示范（强

---

① 薛锋、赵可恒、郁芳编著：《动画发展史》，东南大学出版社 2006 年版，第 3~5 页。
② 刘文、邹丽娜：《有关幽默感的心理学理论与研究》，载《辽宁师范大学学报（社会科学版）》2007 年第 3 期，第 47~51 页。

化）动漫的结束镜头是警察叔叔竖着大拇指表扬 QQ 熊，对于幼儿来说接受表扬的机会是很多的，所以他们更容易产生移情和共鸣。

低幼儿童行为习惯的养成在一定程度上是通过观察模仿而习得的。由研究结果可知，动漫中典型的卡通形象是可以作为动漫条件下的榜样，对幼儿行为习惯的养成产生重要示范效应的。因而动漫制作人员依据一定的原则来设计它们的外形、语言、表情、动作等，创造出符合儿童心理特点、受到儿童喜爱的卡通形象，在教育和促进儿童健康成长的层面上是具有意义的。而且，这种动漫条件下的榜样具有可复制、可反复观看的特点，不受时空的局限。不过，现在儿童熟悉且喜爱的卡通形象为数不多。我们是否要为不同的动漫创造出多元的卡通形象，以免观者产生审美疲劳，则还需要进一步解读儿童观众心理。

实验二：榜样动漫在幼儿交通安全规则学习中的强化效应

（1）研究结果

①反复观看四遍动漫对幼儿认同并遵守交通安全规则的效果不明显。

②观看动漫后加上以提问为主的讲解，对于幼儿认同并遵守交通安全规则效果非常明显。

（2）研究启示

由实验组的统计数据可以推出，通过让幼儿连续四天观看动漫，并配以解说后，幼儿违规分数几乎为0。这说明经过干预后，幼儿学习的交通安全规则已逐渐内化，干预的效果是明显的。对于控制组的幼儿每次干预时，只是由主试播放动漫，没有进行任何讲解和其他的辅助学习。我们发现，控制组的幼儿在第二次看动漫时，有些幼儿因为是看重复的动漫，注意力就不怎么集中了。有研究表明：儿童对动画片的态度和收获之间存在单向的因果关系，即态度影响收获，儿童对动画片的态度越积极，从中获取的收益也越大[1]。所以，尽管看了几遍，但控制组幼儿对其不感兴趣了，也就没有进行积极主动的学习。而当主试说，看完后会有问题要问，实验组幼儿的情绪会平复下来，在随后观看动漫的过程中也会比较安静。并且，由于问题的难度是呈阶梯状递增的，实验组幼儿在回答问题时，就更加积极了，因此也收到了较好的效果。由此可知，在将动漫应用于教育中时，还需与传统教育相结合，才能更大地发挥其

---

[1] 贺雯、彭聃龄：《儿童电视动画片播放效果的研究》，载《应用心理学》1996 年第 2 卷第 2 期，第 10~17 页。

优势。而两者相结合的途径或办法则是接下来值得深入探讨和研究的问题，譬如此处运用动漫和讲解相结合的办法，就得到了良好的效果。

3. 动漫启动情绪对5至6岁儿童语词记忆的影响

动漫启动情绪对5至6岁儿童语词记忆的影响，运用发展心理学原理与方法研究动漫条件下儿童记忆的情绪启动效应及其发展特点；比较不同情绪效价动漫对儿童记忆过程的影响。

（1）研究结果

①通过动漫短片启动情绪的效果十分明显，说明儿童很容易受动漫的影响而出现情绪的变化。而且，动漫短片的情绪启动效果不存在性别差异。

②5至6岁儿童语词记忆不存在情绪一致性效应，但情绪状态对儿童语词记忆的影响具有情绪一致性效应的总体发展趋势。

③5至6岁女孩在负性情绪状态下对负性词汇比男孩更敏感，更容易将负性情绪迁移到语词记忆过程中去。

（2）研究启示

①动漫对儿童情绪启动的效果

对于5至6岁的儿童来说，通过动漫短片启动情绪在本实验中产生了明显的效果。这反映了儿童在平时观看动漫的过程中，带有某些情绪色彩的动漫会使儿童的情绪随之而变化。这种情绪的变化要引起我们足够的重视。首先，看动漫时引起的变化多数是无意的，儿童带着这些起了变化的情绪进行游戏和学习，就会对其游戏和学习产生影响。而且，情绪往往会成为一种信息，与启动的情绪同质的行为会得到更多的注意，就更容易被同化，从而更容易在同样的情景或情绪中采纳相同的观点和行为。因此，我们要充分重视和利用情绪的影响，避免日常生活中不良情绪刺激对儿童的影响。同时，还可以通过动漫的方式，运用情绪对认知的影响来提高学习效率。

②情绪状态对儿童语词记忆的影响

5至6岁儿童在动漫情境下，不存在情绪一致性效应，即情绪状态对儿童的语词记忆偏向没有产生影响。首先，这说明此年龄段儿童的情绪与认知之间的整合发展还不成熟，情绪的理解能力、分化能力、移情能力以及认知的发展水平等还处于起步阶段，发展还不充分。例如，有少数儿童虽然看了负性动漫，情绪自评时却是高兴。尽管儿童能正确理解情节，知道动漫中角色的心情是难过的，但自己还是觉得高兴。这反映了其"自我中心"的认知发展特点。同时，这也告诉我们，动漫要唤起儿童的情绪，还需贴近儿童的生活，与儿童的经验相符，这样才有利于儿童产生移情。因而，对动漫进行年龄分级就体现出价值了。其次，动漫的情绪效价是由成人来评定的，而实际情况却是儿童可能并不认同成人的评判标准，而是用自己的方式去理解动漫。概括地说，动漫包含三个要素：动画（形式要素）、漫画（内容要素）、游戏（游戏要素），而蕴涵在动漫之中的非凡想象、夸张、幽默的表现手法十分符合儿童的审美心理。对于儿童来说，他们关注的是其中的动漫形象、音乐节奏、个别场景等单个元素，而不像成人那样关注故事情节、逻辑推理，从整体去进行理解和把握。比如，动漫中运用了一段生日快乐的音乐，目的在于渲染悲剧气氛，起到反衬作用。而实验中的儿童只要一听到这首乐曲，便觉得很快乐，感情没有沉浸于整个故事情节中了。再次，受儿童短时记忆容量所限，短时内所能回忆的词汇数量总体偏少，可能造成统计上的不显著。不过，由于本研究使用的是语词记忆，而该年龄段幼儿形象记忆占据主导地位，因而若使用形象记忆材料进行检测，结果会更具说服力，并可能获得其他启示。另外，儿童的情绪保持时间有限，可能在学习阶段又有新的情绪介入，淡化或替代了原有情绪。所以，如何利用动漫使儿童产生深刻而持久的情绪体验，成为了后续研究的问题。这也提醒我们在设计、制作和使用动漫的各个环节中，需要根据既定目的，妥善处理动漫的情节内容、时间长度、播放速度等要素。

不过，在情绪启动的状态下（不管是正性情绪还是负性情绪），词汇的记忆量都要高于中性情绪状态下的词汇记忆量。这说明，进行一些带情绪色彩的学习活动时，适当地使学习者处于相应的情绪状态可以提高学习效率。此外，在三种情绪状态下，被试语词记忆的特点预示着情绪状态对儿童语词记忆的影响具有情绪一致性效应的总体发展趋势。

③情绪启动效应下的性别差异

在负性情绪状态下，女孩对负性词汇的记忆量最大，而男孩则没有出现这一记忆偏向，这说明女孩更容易受负性情绪的影响，并将负性情绪迁移到了后续的语词学习过程中。而且，研究者在实验过程中亦发现男孩对某些科学类动漫很感兴趣，可以引发他们的正性情绪，而女孩则无。这些告诉我们，对于儿童而言，动漫除了要具有年龄层次之外，还要考虑性别差异。这可成为动漫创作的导向。同时，这也启示动漫教育人员有必要按照动漫资源的教育适应性、年龄适宜性等标准对动漫资源进行有目的的分类。

(二) 教育研究

1. 教育动漫理论探索成果

(1) 相关理论成果集中体现

① 一个体系——"心能美育"特色理论

"心能美育"理论体系涉及教育学、心理学、脑科学、美学、系统工程学五大基础领域，充分吸收皮亚杰、加涅、斯佩里等著名教育先哲的理论精髓，集结宏梦、蓝猫十余年动漫实践经验提出。儿童成长关键在于"心理潜能"培养，而解决问题的根本在于"以美育心、以美养性、以美促能"的教学实施。其在国内首开"动漫教学"先河并成功引入实践，为我国教学理论建设和教学实践开辟了一条创新之路。

② 一套策略——"动漫教学"方法策略

动漫是音乐、美术、文学、情感交融的综合艺术，具有无可比拟的整体教育功能。包含：潜移默化、寓教于情、情境感染、夸张想象、构图强化等优势教育元素，具有素质培养的绝对优势。教育动漫策略就是利用计算机及其配套设备、数字化技术，把动画、图像、文字、声音和视频等多种媒体结合起来，创设高质平台，优化教学效果，是教育现代化的重要手段。蓝猫儿童文化心理研究中心在承接湖南省学前教育学会"十一五"首批立项课题《动画片音画同步审美实施策略》研究的基础上进一步分析教育动漫策略的实践模式，探讨其应用于教育教学的可行性和实施方法，并通过"心能美育"课件的设计和教学过程的实施进行具体研究。

③ 一种思路——"三位一体"运作模式

研究中，我们依托系统工程学理论，以文化产品转化为教育资源为突破口、以幼儿发展与教育为重心覆盖整个儿童教育研究、以现代传媒技术为载体突破传统教育研究模式，将现实与虚拟教育有机结合，实现显性与隐性教育优势互补。以"三位一体"方法论为基础，我们确立了"文化—心理—教育"、"儿童—家长—教师"、"学术—开发—培训"等模式。

④ 一批教材——"心能美育"幼教课程

"心能美育"课程主要包含：艺术熏陶、动态叙事、整体感知、细节演绎、夸张幽默、榜样激励、情境感染、构图强化、想象迁移等教育元素,激活"爱、快乐、自信、梦想、创新"五大心理潜能,为儿童终身可持续发展铺设最佳途径。

课程包括《夜晚多可爱》、《吹泡泡》、《飞翔之歌》、《叶子里的世界》等132个动画短片,《迷宫智慧星》、《魔方找朋友》、《小小配音师》、《蔬菜水果分分家》等100多个基于课程内容的互动游戏,几十首生动童趣的儿歌,上百个优美动听的故事等等,并配有《梦想小舞台》、《贴贴乐园》、字卡、头饰等系列教辅,为孩子提供源源不尽的学习资源。

2010年9月1日,公司与中南出版传媒集团股份有限公司湖南教育出版社合作出版的"心能美育"系列配套教辅(修订版)——《心能美育幼儿园教学活动手册》、《心能美育——梦想小舞台》正式上市。

(2)系列学术文章陆续发表

教育动漫理论和实践研究成果之一的理论研究文章发表在《学前教育研究》、《幼儿教育》的学术核心期刊上,以下是系列文章纵览表。

题 目	期 刊	作 者	时 间
《美育是幼儿教育的理想境界》	《学前教育研究》	郭声健、谭兆红	2010-03
《童年在变化,童年没有消失》	《幼儿教育》儿童文化心理	王振宇	2010-04
《动漫与儿童游戏》	《幼儿教育》儿童文化心理	华爱华	2010-04
《动漫之于儿童的独特审美价值》	《幼儿教育》儿童文化心理	欧阳逸冰	2010-04
《年幼儿童的读图研究》	《幼儿教育》儿童文化心理	郭力平	2010-04
《"心能美育"的儿童文化心理分析》	《学前教育研究》	曹中平、余燕	2010-04
《以美育心——"心能美育"的价值取向》	《幼儿教育》儿童文化心理	曹中平	2010-04
《动漫的教育功能及其实现途径》	《幼儿教育》儿童文化心理	曹中平、余燕	2010-05
《动漫教学法初探》	《幼儿教育》儿童文化心理	余燕、李静	2010-06

续 表

题 目	期 刊	作者	时 间
《动漫文化与儿童精神》	《幼儿教育》儿童文化心理	丁海东	2010-07/08
《动漫产业在与儿童教育的结合中寻找发展的新路径》	《幼儿教育》儿童文化心理	杨宁	2010-09

2. 教育动漫实践研究成效

(1) 教育动漫资源平台研发

① 心能美育教育动漫资源平台

心能美育教育动漫资源平台由课堂教学系统为主体,软硬件集成系统、培训系统、e家园网络配套辅助。平台秉承"心能美育"理念,旨在促进儿童心能开发、优化家园共育模式,实现素质教育与家园教育完美结合,为幼教园所提供整套先进教育服务解决方案。

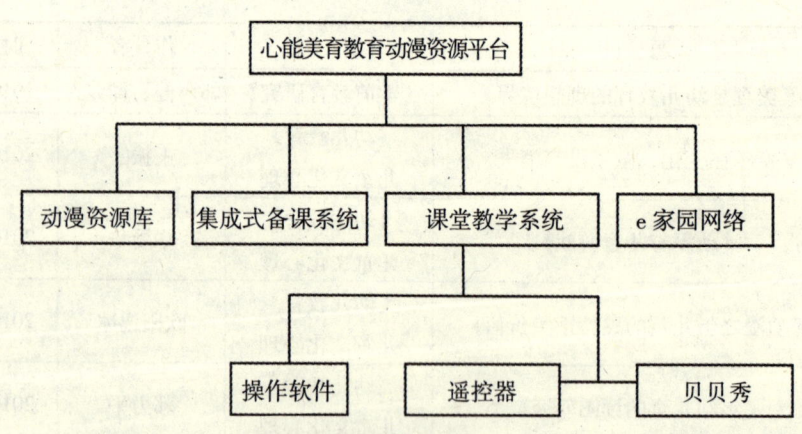

图1 心理美育教育动漫资源平台结构图

A. 动漫资源库

动漫资源库以数字动漫为载体,分为音乐、图片、激励、动画等多个子库,每个子库又包含上万个实时更新的教学素材,方便教师随时搜索和使用。现阶段,资源库已具备6万分钟原创教育动漫资源、4 000多万幅角色和背景原创图片以及1 000多首儿童原创音乐和歌曲,能为教育动漫提供强有力的资源支撑。

B. 集成式备课系统

集中式备课系统专为幼儿教师量身打造。教师可通过执行看资源、选资源、写教案、编活动课件几步操作，轻松便捷地制作教育动漫活动课件，进行DIY备课。备课系统不仅让教师从烦琐的备课中解放出来，更多地关注活动本身和幼儿本体。而且，利用该套系统，幼儿园还可打造富有特色的园本课程。

C. 课堂教学系统

课堂教学系统包括课堂操作软件，以及遥控器和贝贝秀的硬件设备。课堂操作软件，涵盖"快乐活动、贝贝秀、e家园网络"三大板块，具备实时同步活动教学、音视频同录、网络上传功能。遥控器可实现360度无障碍数码遥控、教学视频一键同步上传、拍照、娱乐、录像等多项随心功能。贝贝秀则负责实现超宽视阈快速捕捉成像、远距离高保真音视频同录功能。

D. e家园网络

e家园网络基于最新WEB技术开发，它为"家庭、幼儿园、社区"多方沟通搭设了桥梁。观视频、赏图片、看日记、逛圈圈等多项互动功能，再现幼儿成长记录，激发家长参与体验。e家园网络构筑了"三位一体"的大教育生态环境，实现协同发展、共育共赢的目标。

② 幼儿园教育动漫资源平台

幼儿园教育动漫资源平台是由蓝猫儿童文化心理研究中心联合华东师范大学学前教育与特殊教育学院，共同研发的一套将信息技术的数字便利性与幼儿园教学资源需求全面整合、具有中国特色的幼儿园数字化资源平台。

幼儿园教育动漫资源平台内含海量的教育动漫资源库和方便实用的教学平台软件。幼儿园教育动漫资源库内容涵盖社会、自然、艺术和科学领域。研发人员运用主题式构建涵盖这些基础领域，依据《幼儿园教育指导纲要》及《3~6岁儿童学习与发展指南》的原则与内容，并通过对国内具有一定代表性的幼儿园教材进行内容分析，整理并提炼出31个幼儿园常用主题，如"我的家"、"幼儿园"、"四季"等。每个主题下包含故事、歌曲、儿歌、知识、游戏、作品和娱乐七种类型的总共576个资源。并且，这些资源还进行了模块化处理。例如，知识以读一读、看一看、说一说等形式，音乐以乐器演奏、听歌曲、唱歌、学节奏、学歌词的形式进行了制作。资源库汇集了大量幼儿园教学所需的文本、图片、视频、课件等各种素材。

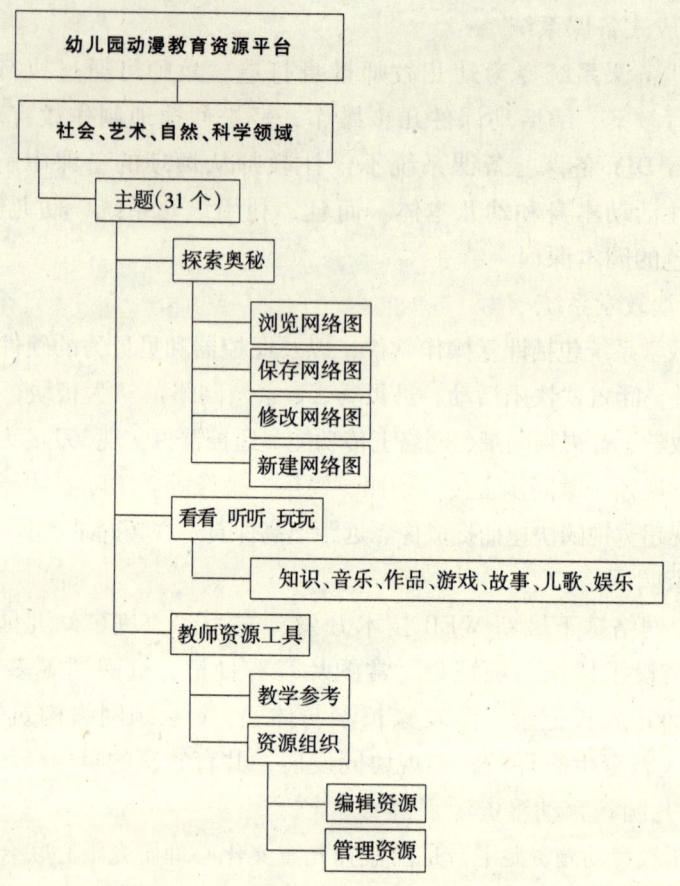

图2 幼儿园教育动漫资源平台结构图

教学平台软件有界面、教学、资源管理和数据库几大模块。界面模块的设计风格遵循美观大方、富于童趣、操作简便的原则；教学模块既服务于幼儿教师的主题网络教学，也服务于幼儿的区角活动；资源管理模块可让用户执行搜索、添加、修改各类数字媒体资源等操作；数据库模块用于存储资源配置信息。平台软件操作界面包括"探索奥秘，看看、听听、玩玩，教师资源工具"三个项目。探索奥秘包括包括新建、保存、浏览与修改网络图的功能。看看、听听、玩玩包含知识、音乐、作品、游戏、故事、儿歌、娱乐七类资源。教师资源工具有教学参考和资源组织两类功能。

（2）实验园所教研活动开展

课题组前期在湖南建立了实验基地园所，开展行动研究。湖南基地园所包括湖南大学幼儿园、长沙师范专科学校附属幼儿园、国防科技大学附属幼儿园，等等。由这些园所推介的小班《小鸭嘎嘎》、中班《夜晚多可爱》和大班《字宝宝是怎么来的》活动已然成为精品教育动漫活动。

其后，课题组拟在全国范围内开展区域试点研究。2010年9月中旬，课题组奔赴广西考察，参观南宁市幼儿园，并应邀参加由南宁市教育学会与南宁市教育科学研究所主办的"南宁市幼儿园名师优秀课例研讨交流会暨专家讲学活动"，并以此为契机，启动在广西进行的动漫文化资源与幼儿艺术潜能发展研究。配合研究进展，课题组着手准备试教活动，活动有：小班音乐活动《大声唱歌》、中班综合活动《我的连衣裙》，等等。

与此同时，研究人员选用了幼儿园教育动漫资源平台中音乐与节奏、动物和美术三大主题资源，以及故事《我的连衣裙》、《蜡笔小黑》、《十个土豆》，音乐《请你和我跳个舞》、《小星星》、《我爱我的幼儿园》、《找朋友》、《扮家家》、《洋娃娃和小熊跳舞》，知识《风中的树叶》、《精美的瓷器》，作品《各种向日葵》，游戏《画向日葵》这些分类资源在上海和江苏核心实验园所开展教研活动，以此来检测该平台在园所应用的实际效果，以对平台进行补充完善、更新升级、宣传推广。

六、未来研究方向

目前，随着动漫文化与儿童成长课题研究如期顺利地开展，已取得了较为丰硕的研究成果，诸如教育动漫资源平台成型产品、跨学科背景下的教育动漫基础理论文集、园所实践教研示范活动以及心理学实证研究报告等。在已有的基础上，不久的将来，动漫文化与儿童成长课题组将：

（一）深入广阔社会实践天地，有效促进动漫文化服务儿童成长

课题研究虽有较丰厚的理论依据，有各方专家学者的支持，也做了一些前期的园所实验，但仍停留在研究示范阶段，未正式步入广阔的实践天地。今后，课题组致力于在全社会大范围内对教育动漫理论和实践成果加以调整完善，并加大宣传交流力度，将其推而广之，让研究成果得到孩子、家长、教师、园所及社会各界人士的普遍认可，实现动漫文化与儿童成长的完美结合。

（二）总结动漫创作指导方案，积极运用于企业生产制作环节

当前国外的动漫产业飞速发展，而国内一些动漫企业由于动漫技术、理念不够成熟，以致出现动漫产品内容与动漫制作技术脱节，希望通过研究挖掘教育动漫元素，将动漫创作技术与教育动漫理念充分结合，在各方教育专家以及动漫创作技术人员的共同配合下，形成一套有效的动漫创作指导方案并运用于教育动漫企业的生产。

（三）着重培养动画创意人员，深度把握教育动漫原理和技术

依据相关理论研究，并在结合儿童实际需求的基础上，课题组将对教育动漫进行深入、拓展探究，以期把握住教育动漫设计与制作的原则、方法与技术。期间，着力培养动漫制作人员，使其快速提高自身的理论修养和业务素质，从而促进动漫产品的有效开发，制作出更适合我国儿童身心发展特点的作品，为我国动漫产业的发展做出努力。

（四）率先开辟教育动漫产业，大力提升动漫文化产业层级品位

课题研究旨在寻求动漫文化与儿童成长之间有益而切实的契合与链接，体现着动漫文化产业发展创新履行公共理性与教化职责的社会使命，也折射出教育主动迎接数字时代应有的文化理智与自觉，标志着"教育动漫"这一以数字媒体技术为核心的跨学科、多领域、立体型发展的新文化产业业态的形成。"教育动漫"不仅充分发掘着动漫文化资源的潜力与优势，更有助于带动动漫文化产业富有内涵地发展，促进动漫文化与儿童教育产业逐步走向融合。

湖南蓝猫动漫传媒有限公司
湖南蓝猫全网教育有限公司
《动漫文化与儿童成长研究》总课题组
2011年3月3日

参考文献

[1] 谭玲、殷俊：《动漫产业》，四川大学出版社2006年版。

[2] Hidi, S., & Baird, W. (1986): *Interestingness: A neglected variable in discourse processing*. Cognitive Science, 10.

[3] 薛锋、赵可恒、郁芳编著：《动画发展史》，东南大学出版社2006年版。

[4] 刘文、邹丽娜：《有关幽默感的心理学理论与研究》，载《辽宁师范大学学报（社会科学版）》2007年第3期。

[5] 贺雯、彭聃龄：《儿童电视动画片播放效果的研究》，载《应用心理学》1996年第2卷第2期。

[6] 《中共中央国务院关于进一步加强和改进未成年人思想道德建设的若干意见》，2004年。

[7] 教育部：《幼儿园教育指导纲要（试行）》，北京师范大学出版社2001年版。

[8] 张慧临：《20世纪中国动画艺术史研究》，陕西人民美术出版社2006年版。

[9] 黑格尔著，朱光潜译：《美学》，商务印书馆1979年版。

[10] 席勒著，徐恒醇译：《美育书简》，四川教育出版社2002年版。

[11] M.S.加扎尼加主编，沈政等译：《认知神经科学》，上海教育出版社1998年版。

[12] 陈育德：《灵心妙语：艺术通感论》，安徽教育出版社2005年版。

[13] 贾否、路章盛：《动画概论》，北京广播学院出版社2002年版。

课题组成员名单

课题负责人：

贺梦凡　国家一级编剧、导演，中国原创动漫领军人物。曾执导《英雄无悔》、《孙中山》等著名影视剧。先后担任"蓝猫"、"虹猫蓝兔"、"神厨小福贵"、"奇奇颗颗"系列动画作品的总策划、总编剧、总导演。现任湖南蓝猫动漫传媒有限公司董事长、湖南宏梦卡通集团董事长；湖南省动漫游戏协会会长、杭州市动漫产业发展特邀专家、吉林省动漫协会艺术顾问，并出任中国软件行业协会游戏软件分会动漫卡通专业委员会主任职务

课题组成员：

陶　胜　湖南蓝猫动漫传媒有限公司副总裁

曹中平	湖南师范大学教育科学学院教授
谭兆红	湖南蓝猫全网教育有限公司副总经理
余　燕	湖南蓝猫全网教育有限公司副总经理
杨　丹	湖南师范大学教育科学学院博士生
陈友材	湖南省动漫游戏协会副会长
曾秋甫	湖南省动漫游戏协会秘书长

文化产业基础建设工程的规划与设计研究

北京大学文化产业研究院
国家文化产业创新与发展研究基地

- ◆ 508　引　言
- ◆ 508　一、概念内涵与发展现状
- ◆ 512　二、评价标准与规划原则
- ◆ 515　三、具体规划与项目设计
- ◆ 535　结　语
- ◆ 536　附表：国家文化产业基础建设工程实施方略
- ◆ 537　参考文献
- ◆ 539　课题组成员名单

引 言

发达国家发展文化产业的历史经验告诉我们,文化产业基础建设工程的规划设计是文化产业长远发展的有力保障。无论是英国政府"一臂之隔"的公共文化管理策略,大部制整合与特别工作小组的行政机制,还是日本内容产业振兴计划与《著作权法》、《知识产权基本法》、《文化艺术振兴基本法》、《内容促进法》等法律文件的颁布,或是韩国政府扶持基金、文化产业振兴院和文化立国战略的实施,都有力地推动着这些国家在文化产业领域日益显著的世界地位。

进入新世纪以来,我国政府也在文化产业基础建设方面工程加大了立项步伐和投入力度。2006 年,国务院在《国家"十一五"时期文化发展规划纲要》中规划了多个文化发展基础工程。2010 年,文化部在文化资源信息共享工程的基础上,建立了文化产业项目服务平台和文化产业投融资服务平台两大基础建设工程。这些基础建设工程的规划与实施在一定程度上推动了公共文化服务体系的建设、文化市场的繁荣和文化产业的发展。

然而,随着文化体制改革的深入,中国目前存在文化事业与文化产业的边界不明确、政府主管部门职责交叉、公共文化服务的社会效益与文化产业经济效益的指标冲突等问题制约,使得实施过程中的部分基础建设工程存在一些问题。因此,文化产业基础建设工程的规划和设计在"十二五"期间乃至更长的时间内的文化产业发展中的需要就显得日益迫切,其价值也日益突出。

本研究的文化产业基础建设工程是指在国家文化产业发展过程中具有基础性、长远性和公共性的重大项目。本研究共分为三个部分,第一部分主要对文化产业基础建设工程的概念内涵和发展现状进行阐述,主要包括概念定位、国际经验与国内现状。第二部分对基础建设工作的评价标准进行了分析,并从理论性分析和症候式分析两个角度进行权重评价。第三部分是本研究的重点,针对第二部分分析结果对文化产业基础建设工程的具体规划进行设计。

一、概念内涵与发展现状

(一) 概念内涵

"基础建设"作为本研究的关键词,在其他领域如石油、电力等已经广泛应用,但是在文化产业领域还鲜有描述。在石油领域,油田建设、输油管道系统建设都属于基础建设范畴;在电力领域,包括发电厂建设、输电网络建设等。这些领域的基础建设主要指的大型化的、支撑性的物质形态的平台。最近,逐渐有研究把"基础建设"概念从有形的物理平台建设引进到无形的意识形态建设和社会事业建设中。有学者把党的执政基础建设概括为意识形态基础建设、绩效基础建设和法理基础建设等层面①。在文化产业领域,最近也开始出现基础建设的探索研究。有学者提出了"文化产业金融环境基础建设"的研究主题②。

从其他行业的发展经验来看,基础建设应包括长效机制、基础设施、支撑服务体系、制度建设和组织团队建设等方面的内容。文化产业的基础建设工程又可称文化产业的强基工程或文化产业的支撑工程,影响到文化产业的可持续发展和竞争力的提升,属于文化产业发展的基础性工程,具有明显的公共产品的特征,是政府推动文化产业发展过程中需要重点投入的领域。文化产业的基础建设研究,应从文化信息、文化内容、文化市场、文化科技、文化人才、文化资本、文化政策、文化贸易等角度来开展基础建设工程的规划与建设。

(二) 国际经验

2009年,国际金融危机席卷全球,一般产业经济下滑,文化产业逆势而上。这为创新文化管理体制、做大做强文化产业带来了千载难逢的机遇,随着2009年国务院《文化产业振兴规划》的颁布,文化产业上升为国家战略,在调整结构、扩大内需、增加就业、推动社会发展中的重要作用开始被广泛认知,发达国家的实践证明文化产业完全有能力成为新的经济增长点和国家支柱性产业。在美国,文化产业称为"版权产业"或"娱乐产业",对美国经济的贡献已超过了包括化工、电子、纺织服装、食品加工和飞机制造等任何一个制造行业。在英国,创意产业成为英国的第二大产业,平均发展速度是经济增长的两倍,年均增加值接近600亿美元,约占GDP的11%,就业人口达195万,位居全国第一,超过传统制造业中任何行业所创造的产值。在日本,文化产业称为"内容产业",年产值达12兆日元,约占汽车业年产值的一半,钢铁产业年产

---

① 温敬元:《论党的执政基础建设的几个方面》,载《毛泽东邓小平理论研究》2007年第11期,第56~59页。
② 向勇、喻文益:《当前我国文化产业的金融环境基础建设问题与政策建议》,载《国家文化产业课题研究报告(2007年度)》,云南大学出版社2008年12月版,第23~41页。

值的两倍。韩国自从金大中总统提出文化立国战略开始,文化产业发展取得了突飞猛进的发展。到2007年,韩国文化产品出口额将达到100亿美元,占世界文化市场5%的份额,韩国已跃居世界文化产业前5强[①]。

  这些发达国家文化产业的发展离不开政府的有力推动和基础建设工程的实施。英国在学术研究引领产业政策制定、政策立法和部门整合等基础建设方面采取的有力措施推动了创意产业的发展。1990年,政府委托英国文化委员会、英国电影协会和手工艺委员会等机构联合起草英国文化发展战略。经过两年的调研、研讨和论证,在1992年形成了"国家文化艺术发展战略"讨论稿,并于1993年以《创造性的未来》为题正式公布。1993年,"创造性"概念被引入文化政策文件。1997年,托尼·布莱尔(Tony Blair)组阁后,将"国家遗产部"整合为"文化新闻体育部",任命该部大臣为内阁成员,随后还成立了"创意产业特别工作小组",成员包括外交部,英国文化委员会,财政部,贸易和工业部,教育和就业部,科学和技术部,环境、交通和区域部,苏格兰事务部,威尔士事务部,北爱尔兰事务部,妇女部,唐宁街10号政策研究室等部门首长、知名公司负责人和社会精英人士担任。1998年,联合国文化与发展委员会在瑞典首都斯德哥尔摩发表了《世界文化发展报告》[②]。

  日本在文化产业振兴方面,对基础建设的推动也不遗余力,推出强有力的政策和法规,开展国家级的文化产品展,建立内容产业融资机制,成立"文化走出去"民间机构,发挥行业协会的作用,日本很快就成为文化出口的大国。日本确立了"内容不干预原则",明确提出把日本建成为世界第一知识产权大国。随着1970年以来陆续颁布《著作权法》、《著作权管理法实施令》、《著作权管理法实施细则》、《知识产权基本法》等法律,2001年制定和颁布了《文化艺术振兴基本法》。2003年,日本政府组建了由首相挂帅的知识财产战略本部,下设文化内容产业专业调查会。2004年,发布了《内容产业振兴政策:软实力时代的国家战略》,建立健全了一套比较完整和有效的文化内容产业法律法规体系。2004年6月,日本国会通过《内容促进法》,明确提出了尖端技术的开发和高端人才的培养等问题,规定政府有义务在相关方面完善内容产品的流通基

[①] 熊澄宇:《并存 互补 竞争 创新——发展中的国际文化产业》,载《求是》2007年第5期,第61~63页。
[②] 柯亚沙、常禹萌:《英国创意产业及其对我国文化产业的启示》,中国网,2007年2月27日。

础,如促进互联网认证技术、保护性技术手段等的开发和使用,建立数据库保护知识产权所有者的权利,建立内容产业融资体制。此外,日本还推出了国家级日本国际文化产品展,经产省与文部省联手促成建立了民间"内容产品海外流通促进机构",专款支持该机构在海外市场开展文化贸易与维权活动,充分发挥文化行业协会的作用,承担文化产品的审查和著作权使用费收取等业务。政府通过公共服务外包,明确了政府与市场的边界,发挥了行业协会的平台功能[1]。

韩国的主要措施包括:(1) 制定《文化产业振兴法》、《文化产业发展五年计划》、《文化财产保护法》和《设立文化地区特别法》等系列法规,为保护传统文化资源和繁荣文化产业提供法律保证。(2) 整合政府主管部门,组建韩国文化产业振兴院,在北京、东京、伦敦、洛杉矶设立了四个办事处,推动韩国文化产品走出去。(3) 设立各类产业振兴基金,通过政府出资、融资、社会团体捐助、发行奖券以及音像复制补偿金制度等形式筹集。(4) 建立国际级文化产业的孵化基地。(5) 设立"原稿库",为艺术创作提供有利的环境与条件,使用财政拨款预先订购名作家手稿,推出舞台艺术资格认证制度。(6) 建设尖端文化产业基地与产品研发实验室。(7) 培养高端专门人才,政府出资出国深造,免服兵役。(8) 整顿流通结构,完善知识产权保护。(9) 大力推动"韩流"扩展,将文化商品推向国际市场[2]。

(三) 国内现状

目前,我国正处于总结"十一五"期间文化产业发展的经验与教训,规划"十二五"期间文化产业发展的关键时期,《国家"十一五"时期文化发展规划纲要》明确了"十一五"时期文化发展的六大重点:抓好基层文化建设、抓好塑造国家文化形象的重大项目和工程建设、抓好文化产业体系建设、抓好文化创新能力建设、抓好文化"走出去"重大工程和抓好人才培养。这六大重点确立了一系列基础建设工程,完善了公共文化服务体系建设,推出了文化工程重大项目建设,包括文化信息资源共享工程、广播影视数字化工程、国家重大出版工程、国家重大历史题材美术创作工程和二十世纪美术作品收藏工程,以及新疆、西藏、内

---

[1] 唐为权、阎鹏、尹晓平、王鑫:《日本推动内容产业发展的成功经验对中国的启示》,载《中国经贸》(月刊) 2010 年 8 月 13 日,第 72~75 页。
[2] 郑成宏:《韩国文化产业现状与借鉴》,载《当代韩国》2007 年秋季号,第 22~25 页。

蒙古少数民族语言文字出版工程等。还专门针对农村公共文化服务建设推出了农村文化建设重点工程，包括广播电视"村村通"工程、农村电影放映工程、乡镇综合文化站建设、流动综合文化服务车等。针对文化产业的繁荣与发展，提出要推动国家数字电影制作基地建设、国产动漫振兴工程、"中华字库"工程、国家"知识资源数据库"、国家出版工程等一批具有战略性、引导性和带动性的重大工程项目。为鼓励文化创新，推出了文化精品工程，包括精神文明建设"五个一"工程、"创新学术"工程、重点文学作品扶持工程、重大革命和历史题材影视创作工程、广播影视精品工程等，另外还提出了文化发展经济政策计划，"四个一批"文化艺术人才培养计划，"走出去"重大工程项目，文化遗产"指南针计划"、国民艺术教育推进工程、重点支持文化会展工程等。2010年，文化部在文化资源信息共享工程基础上，还建立了文化产业项目服务工程和文化产业投融资服务平台等两大基础工程。这些基础建设工程的规划与实施在一定程度上推动了我国公共文化服务体系的建设、文化市场的繁荣和文化产业的发展。

二、评价标准与规划原则

（一）评价标准

文化产业基础建设工程作为政府为文化产业可持续性发展的重点领域，基础性是其最基本的属性。衡量是否属于文化产业基础建设工程，应该遵循以下几个评价标准。一是普惠性：基础建设工程必须让文化产业官产学界均能受益，政府通过建设工程，能更好地实施管理职能和推动职能，学术界能更好地为产业提供咨询参考和智库服务，从业者能解决企业发展过程中非个体企业所能克服的瓶颈问题。与此同时，普惠性还适用于文化产业的各个行业，解决各行业共同的发展问题，而不是只适用于某个别行业。二是平台性：基础建设工程搭建的平台，在一定程度上解决文化产业发展的一些共性问题，能提高整体的生产效益，解决效益与效率的平衡问题。三是公共性：基础建设工程为第三方服务，实现的是公共利益，除了政府没有任何一方愿意投入大量的人力物力来建设发展。四是实用性：基础建设工程必须具有可操作性，必须符合政府部门的职能定位，不能越权。要能找到相应的出口，即有相应的经费可投入或超出部门的行政边界与权力范围，能找到相应的政府部门的政策依据来建设这些基础工程。五是症候性：基础建设工程必须具有当下性，必须解决当下一段时间内文化产业发展过程中急需解决的难题。六是可持续性：基础建设工程有一定的前瞻性，具有战略眼光，在相当长的时期能发挥促进产业发展的作用，能为文化产业的全局服务。

（二）规划原则

文化产业不仅承担经济增长的职能，还具有意识形态的属性，所以区别于其他传统产业，政府在文化产业发展中的作用更加突显。发达国家如英国、日本、韩国文化产业发展的历史经验告诉我们，政府在推动文化产业进程中的作用重大。当然，政府在管理文化产业过程中，也要把握好度，既不能越位，也不能缺席，政府应该更多地管理市场失灵的领域，市场能做的还是让市场做，如果管得太多，容易造成市场的惰性，对产业发展带来消极的影响。台湾电影的发展受限，很大程度上在于很容易从政府拿到钱，这些年中国动漫产业原创能力不足也与政府过度的扶持政策有关。文化产业基础建设工程的选择与权重评价，也应综合考虑这些影响因素，从理论规范的认知分析和症候式分析两个不同的分析维度来对我国文化产业基础建设工程进行分类、分级与分层，把握重点，层层推进。

1. 理论性认知分析的规划原则

文化产业基础建设工程从理论性分析来看，应包括两个层面：

一个是从水平方向分割，文化产业包括生产力要素与市场要素两部分。生产力要素包括文化资源、自然资源、版权资源、人力资源、土地资源、设备设施资源、技术资源、信息资源、资金资源、管理资源等方面，针对于每一个生产力要素都有必要进行基础建设的相应规划。市场要素应用服务业"7P"理论，应包括产品的设计，定价（包括市场监管）、公共关系（文化产业社区服务、品牌管理）、政治（服务于主流意识形态）、国际关系（产品走出去），以及人才与政策支撑。每一个市场要素构成一个独立的模块，应该有相应的基础建设工程予以支撑。

另一个是从文化产业价值链的角度进行纵向分割，文化产业包括文化作品的生产，即创意过程，文化作品到文化产品到文化商品的生产过程（包括工业产品生产和版权生产）和从文化商品到内容渠道到文化市场的市场营销三个阶段。在创意阶段，基础建设应包括实验室、工作室、创意研发基地建设，素材库建设，创意人才培养等。在生产阶段，包括产品规划设计、版权开发等内容，在市场营销阶段，包括内容渠道优化建设、市场监管、制度建设、消费引导等内容。

以上理论性分析路径基本明确了文化产业基础建设工程的全部内容。然而，这只是一个基础性和理论性的理想框架，在现阶段，我国文化产业发展过程中，到底是哪些环节构成了文化产业发展的瓶颈？哪些环节政府在短时期内通过有限的财政投入可以解决？因此，基础建设工程建设的必要性光有理论性分析还不够，其可行性还需要结合中国文化产业发展的实际情况进行实践性症候式分析。这种症候式分析要为文化产业基础建设工程进行时间先后的分段、轻重缓急的定位。理论性分析与症候式分析的重合部分，才应作为政府迫切实施的基础建设工程。

2. 症候式分析的规划原则

症候式分析方法是通过总结我国"十一五"期间文化产业发展中表现突出的核心问题而建立起来的分析路径。这些问题主要表现在：

在文化内容上，中国丰富的历史文化资源与文化产品的原创能力低下相互矛盾，文化创造力缺失，文化资源开发不力，市场竞争力弱。文化产品市场转化能力差，大量文化产品无法进入市场，直接成为库存，政府是投资主体，领导是基本观众，获奖是主要目的，仓库是主要归宿。文化产品文化附加值低，国际竞争能力弱。文化产品人文内涵低下，三俗（庸俗、低俗、媚俗）现象严重。内容分级推进缓慢，对青少年文化消费造成很多负面影响。

在文化信息上，文化资源信息、产业信息和消费信息等流通不畅，国家搭建的文化信息共享工程、文化产业项目服务工程等信息平台作用不够明显，对最新的信息存储技术如云计算等应用不够，市场化程度不高，信息的产业价值没有得到有效的开发，文化资源整合与共享没有与公共文化服务体系建设有机地整合，产业是产业，事业是事业，人为地将其割裂，没有交集。

在文化科技上，科技成果与文化产业缺乏有效的对接机制，文化产业科技运用相对于科技产业发展相对滞后，数字文化产业发展相对滞后，国家公共文化技术平台建设有待进一步加速。

在文化金融上，国家在建设文化产业投融资服务平台，建立专项资金和基金，扶持企业上市、文化金融产品研发等方面进行了有力的探索，但是无形资产评估体系缺失一直制约文化产业投融资发展，各地的文化产权交易所也存在进一步的规范管理。

在文化市场上，国民文化消费理念、习惯比较滞后，消费市场有待培育，消费需求无法满足，供需不平衡。文化产业现代物流建设滞后，缺乏市场监测体制，市场数据无法采集，统计体系无法健全。

在文化政策上，政府文化产业管理角色和定位不够明晰，缺乏宏观调控机制，以文化产业园区为代表的重复建设、"一窝蜂"现象严重，知识产权保护工作推进缓慢。

在人才培养上，产学研人才培养模式不够健全，行业对于海外人才、专业化人才的吸引力不够，没有对高层次人才形成集聚效应，高校学科建设与人才培养体系不够完善，高端在职管理人才培训机制不够健全，人才职业资格认证和能力资格认证体系不够健全。

在文化走出去上，缺少国际竞争力的文化品牌和企业品牌，缺少走出去的有力途径，缺乏国家文化安全预警系统。

在理论研究上，人文社会科学研究基础薄弱，没有与文化产业实践紧密结合，缺少重大理论攻关研究项目。

症候式分析方法就是经过分析我国文化产业面临的具体问题，在有限的时间和经费的约束条件下，对文化产业基础建设工程的规划与设计做到有的放矢，不放空炮，不放哑炮，不放废炮。

三、具体规划与项目设计

按照文化产业基础建设工程的评价标准，采用理论性分析与症候式分析相结合的分析路径，针对未来五年"十二五"时期需要重点解决的突出问题和紧迫领域，本研究从文化内容、文化信息、文化科技、文化金融、文化市场、文化政策、人才培养、文化走出去和文化产业理论研究等方面进行文化产业基础建设工程的具体规划与项目设计。

（一）文化内容领域的基础建设工程

文化产品的内容是决定文化产业核心竞争力的关键因素，内容的质和量是行业的生存之道，而丰富优质的内容更是文化产业立足的根基。特别是在高新技术飞速发展的当下，文化产品和服务的形式在各种高新技术的帮助下日新月异。华丽的包装、便捷的使用方式使文化产品的消费形式越来越多样化和人性化，充实的内容像是填充这些华丽包装的实体，应当有足够的分量来支撑起它身上所附加的各种形式。韩国文化产业振兴院院长徐炳文认为,"经过20世纪70年代的硬件时代,80年代的软件时代,90年代的信息通讯网时代之后,在21世纪,创意文化内容的时代已经到来,在未来的竞争中,文化内容是最重要的竞争力"①。因此,内容基础建设是整个文化产业基础建设的核心和灵魂。

然而,文化内容的匮乏,原创力低下,文化资源的利用与开发程度不足等问题一直是我国文化产业面临的主要问题。针对制约文化内容繁荣的诸多瓶颈,本研究规划了以下几个基础建设工程:

1. 国家文化内容创作素材库工程

我国的文化资源博大精深,各省市区的博物馆、美术馆、图书馆、艺术院团汇聚了各个地区的文化精品。而这些机构又都同时列于国家文化行政部门的管辖范围之内,我们可以借鉴他国版权保护的经验,充分利用这一管辖优势,实施"内容中国战略",建立"国家文化内容创作素材库",实施国家文化内容创作素材发展计划工程。这一工程的具体实施步骤如下:

第一,由文化部牵头成立"国家文化内容创作素材发展计划工程"领导小组,负责这一举措的分工与协调,为整个工程的展开提供周密的工作指南,并以季度、年度为时间节点制定明确的素材收集时间路线图,确保工程的高效进展。

第二,贯彻中央反"三俗"的指导方针,成立"创作素材审核委员会",对广泛的创作素材分类、分级,以建立优质的"国家文化内容创作素材库"。

第三,借助数字化方式呈现素材库,实现国内文化内容的充分共享。

第四,各级政府应秉持时效性的原则,定时对素材库进行实时更新。

最后,素材库的建成和展示并不是这项工程的终点,对其充分使用才是工程建设的关键。每年政府应以创作素材的质量、创作者的知名度为标准对素材库中的内容实行按比例采购,以激发创作者的原创积极性。同时,纳入素材库中的文化资源均受到国家版权法的保护,如果投资者想对素材库中的文化内容加以利用,必须将所得的部分收入回馈给该文化内容的创作者或发源地,这样既有效保护了文化内容的知识产权,同时又衍生了创作素材的版权价值,以更好地繁荣文化产业。

---

① 祁述裕、韩俊伟:《新兴文化产业的地位和文化产业发展趋势》,载《马克思主义与现实》2006年第5期,第79~101页。

2. 传统文化保护与产业开发示范工程

五千年的悠久文明给中国留下了极为深厚而且独具特色的传统文化资源，科学地收集和开发这些文化资源不仅可以保护好这笔宝贵财富，而且还有利于深挖其中的产业价值，真正把中国传统文化资源传承下去。因此，本研究设计了"传统文化保护与产业化示范工程"，重点采用传统文化保护与产业开发并重的扶持措施。

第一，继续推进非物质文化遗产教育项目进校园，对示范单位给予师资培训、教材提供等资助。对于依托于人为物理载体的非物质文化遗产来说，人的传承过程显得尤为重要。北京、青岛、深圳等地学校已将"非遗"带进校园，其中北京大学、苏州大学、东南大学等纷纷开设昆曲课程，创设昆曲表演工作坊和创意传习营，产生了良好的社会反响。继续推进非物质文化遗产教育项目进校园不仅能普及保护意识和传承思想，而且还能将年轻人的新理念融入传统文化中，有利于传统文化的产业开发。因此，对于将此项目成功实施的示范性单位，文化行政部门应对其提供与项目相关的资助和奖励。

第二，成立国家级传统文化传承专项资金，对入选联合国教科文组织"人类口述与非物质文化遗产名录"的项目传承人和组织单位实行扶持与奖励。截至2010年，我国共有26个项目入选联合国教科文组织"人类口述与非物质文化遗产名录"，对于这些非遗传承人给予相应的扶持机制，让他们有条件专心从事非遗的表演、传承等工作。

第三，组织开展传统文化研究与修复工程。组织相关科研单位、高校和相关院团成立研究中心，开展相关的学术研究，同时开展经典剧目的修复工作。如昆曲艺术，600多出昆曲剧目目前已经修复上演的比例少之又少，大量的经典剧目需要组织大量的人力物力展开修复工作。

第四，建设世界级传统文化艺术数字档案工程。整合内地和港澳台与海外资源，运用数字化手段，分门别类地建设中国传统文化数字档案工程，如昆曲卷、古琴卷等，包括文字档案、影像档案等，等到时机成熟可建设实体化的数字博物馆，让世界范围的研究者、兴趣爱好者都能通过数字档案找到自己需要的素材，感受中国文化的独特魅力。

第五，设立产业扶持基金与专项奖励资金。鼓励产业界、时尚界、设计界人士对传统文化项目中可以进行产业化的内容进行产业价值的探索和开发，帮助传统文化实现保护和开发的双赢。

3. 文化产业成果转化服务工程

当前,我国研发、设计、创意的文化内容缺乏与市场对接的机制,很多创意设计没有转化成文化商品就胎死腹中。文化产品和文化服务的功能单一,大众多元的文化消费需求没有得到全面满足,文化市场与大众的多维文化消费预期存有一定的落差。在这种情况下,应当实施文化产业成果转化服务工程。具体措施如下:

首先,打造有利于文化产业成果转化的市场环境。政府部门应当对各地已有的文化产业成果转化机构进行统计和摸底,制定出国家对于文化产业成果转化市场的体制和机制,为此项工程扫清市场障碍。

其次,搭建文化产业成果转化服务平台。充分发挥平台作用,为企业和研究机构的结合提供中介服务;促使产学研三方共同探索各种形式的文化产业成果转化,最大限度地实现产业价值。

最后,扶持文化产业成果转化服务企业,提升转化效率。政府在文化产业园区功能发展相对完善的区域设立国家创意中心,完善当地的基础设施建设,并引导文化产业研究机构和园区的文化产业成果转化机构采取单独或与社会投资机构合作等多种方式,成立主营文化产业成果转化的专业服务企业,提高文化产业成果转化的效率。

4. 国家内容研发设计服务工程

文化产品的属性除了有用性之外,更重要的还有创新性。根据施振荣产业价值微笑曲线理论,任何产品价值最丰厚的区域都集中在产业价值链的两端——研发和市场。然而,中国却一直是"世界工厂",文化产品的原创性不容乐观。以动漫业为例,日本占据中国动漫市场80%,欧美占据10%,国产仅占10%左右。有调查显示,中国青少年最喜爱的动漫作品,日本动漫占60%,欧美动漫占29%,而中国原创动漫(包括港台地区)只占11%。

原创内容的匮乏不仅无法满足市场需求,造成产业价值低下,而且不利于原创品牌的打造,阻碍了中外文化产业的博弈与交流。因此,尽早实施国家内容研发设计服务工程,搭建"国家级内容研发设计服务平台",鼓励中国创造,实现由OEM(代工)向OCM(原创)的华丽转身。具体措施如下:

首先,搭建"国家内容研发设计服务平台"。政府部门应在"国家文化内容创作素材库"的基础上搭建"国家级内容研发设计服务平台",

鼓励创意的研发、设计、展览、参赛和出口。

其次，设立"国家内容研发设计专项资金"，刺激内容研发设计的积极性。其中应包含对原创作品的创作资助、制作经费资助，对获奖原创作品的资金奖励、出口或展览资助等。例如，组织年度原创文化精品评选大赛，聘请业内专家组成评估小组，并对入围产品提供专项资助。

最后，重点扶持和发展一批高水平的创意研发与设计企业。在动漫游戏等创意明显匮乏的重点领域扩大创意研发与设计的服务范围，提供政策和资金方面的多样化支持，培育出具有行业示范作用的示范企业，提升整个行业的创意研发设计能力。

（二）文化信息领域的基础建设工程

2006年，中共中央办公厅、国务院办公厅颁布的《2006—2020年国家信息化发展战略》明确指出，信息资源日益成为重要的生产要素、无形资产和社会财富，信息网络更加普及并日趋融合。信息化与经济全球化相互交织，推动着全球产业分工深化和经济结构调整，重塑全球经济竞争格局。文化产业信息化建设应紧紧围绕国家信息化发展战略的各项要求，推进文化产业的信息化。文化产业的信息战略主要包括文化资源信息与文化产业信息两大部分内容。在全国文化信息资源共享工程和全国文化产业项目服务工程基础上，建立健全全国文化资源整合与共享工程，打造全国文化产业信息综合服务平台。

1. 全国文化信息资源共享升级工程

文化资源是中国发展文化产业的核心资源，既包括前人留下的历史文化遗产，也包括现在正在发展创造的艺术创作、民俗文化等现实文化形态。保护与开发是文化资源利用的两个关键词。全国文化信息资源共享工程是一项繁荣社会主义先进文化的创新工程，从2002年4月实施以来取得了显著成效。然而，对于作为文化产业的文化资源的整合与共享，应该在现有的基础上进一步升级，打造真正意义上的文化产业与文化事业协调发展的文化资源整合与共享工程，具体措施如下：

首先，改变运营机制，引入商业化与市场理念，将文化资源按专业频道化进行分离，分别按照如"传统文化保护"、"怀旧"和"文化与时俱进"等来划分，在文化与时俱进层面，充分引入市场化机制，企业化运营，将中华文化的文化基因挖掘出来，经过重新设计包装推向市场。

其次，改善技术运用手段，除运用数字化等技术手段进行文化资源保护与存储外，应运用最先进的云计算、云存储技术，让文化资源信息进入更加开放的网络平台，同时建立文化资源的上传与互动平台，除政府自身外，发挥地方和民间贡献文化资源的积极性，让文化资源丰富性与多样性更加突出，实现真正意义上的"共享"。

最后，建立现代化网络营销传播体系。网络营销传播已经成为一种新兴的传播渠道，在网络时代越来越凸显它的快速、互动等特点，只有不断地通过网络传播，让更多人了解、分享和传播文化资源，才能充分发挥文化资源的活力。

通过结合内容集成、虚拟存储技术和网络营销传播途径，文化资源整合与共享工程将不断完成传统文化传承、城市文化传播、发现文化基因，推进文化资源产业化、传统文化教育、文化走出去、文化科技创新等诸多功能，实现用数字化、网络化手段实现政府公共文化服务平台建设，创新地方文化资源的网络营销传播方式，创新中国传统文化的传承保护模式，推动传统文化、现代科技、时尚娱乐的融合与产业化探索，为地方艺术（民间艺人、表演团体）搭建展示、传播的平台等多项目标。

2. 国家文化产业项目服务升级工程

全国文化产业项目服务工程是在新形势下转变政府职能、加强公共服务建设、切实服务于市场主体、完善市场体系的重要举措。全国文化产业项目服务工程已取得初步成效。进一步完善与升级国家文化产业项目服务工程，可以采取以下举措：

第一，建立健全文化项目综合评价体系和遴选机制，建立定期的发布机制。对各地上报的文化产业项目入选资源库要建立严格的评价指标和遴选机制，分行业邀请该领域专家、企业界和政府主管部门成立项目审核专家小组。定期针对入选的文化产业项目召开官方的新闻发布会，发布项目信息，引起社会广泛关注。

第二，成立国家项目孵化引导基金，成立国有控股文化产业投资公司，健全文化产业项目孵化机制，选择市场前景好的项目注入资本，进行战略投资。

第三，建立产品交易信息交流平台。除利用深圳文博会、北京文博会等契机进行产品展示、交易外，还要打造国家级或区域产品交易信息交流平台或交易会，以产品交易信息为主要内容，甚至专门打造动漫、演艺、艺术品等专业级产品交易信息平台。

第四，建立全国文化产权交易平台。目前，国内文化产权交易所纷纷成立，除北京（国际）文化产权交易所正在筹备，上海文化产权交易所、深圳文化产权交易所和成都文化产权交易所纷纷挂牌成立，然而各产权交易所各自为政、同质化形成竞争，而文化产品交易信息互相并不流通，阻碍了全国文化产权交易的推进，建议成立国家级文化产权交易平台，规范各地的文化产权交易，打通产权交易信息，建立各地方文化产权交易信息的联网和互动机制，实现信息流通和共赢。

（三）文化政策领域的基础建设工程

文化政策是文化行政主管部门制定的、针对相应领域内文化问题的法律规章制度，对文化产业的发展起着政策引导作用。因此，政策基础建设是整个文化产业基础建设的主导工程。目前，我国文化政策还存在不少问题，缺乏相应的制度和法律保障，缺乏行业标准，导致大量文化产品无法进入市场。同时，大量同质化的重复建设也使产业园区的发展走了弯路。针对这些问题，本研究为文化产业政策领域提出以下几个基础建设工程：

1. 国家文化产业宏观管理与决策模拟系统工程

20世纪90年代以来，世界各国纷纷利用信息技术开展政策模拟系统的研究、开发和应用。目前，政策模拟已成为发达国家制定政策的重要科学工具，已广泛应用于指导汇率变动、贸易谈判、就业分析和气候保护等有关国家经济安全风险的分析中。本研究建议政府推动建设文化产业宏观管理与决策模拟系统工程。

首先，建立一个文化产业宏观管理与决策模型。将产学研三方在发展过程中的需求要素、政府对这三方的政策扶持要素、居民的文化需求要素、投资主体的需求要素等因子纳入统一的模型，并给每个要素设计出相应的评价权重，根据其他学科政策模拟系统的基本原理，构建出我国文化产业宏观管理与决策模拟系统的模型体系。

其次，在设计的模型体系基础上，利用情景分析进行实验性论证。

最后，利用回归分析研究文化政策对产业发展的影响力。为了考察文化产业发展的影响因素和企业对文化政策的反应，可以利用设计的模型体系模拟文化企业的发展情况，通过研究不同政策环境下企业的发展状况，从而得到最利于企业发展的文化政策。在不同的社会背景下，调整这些影响因子最大的文化政策即可实现文化产业的最优发展。

2. 文化产业集聚区标准化建设工程

文化产业园区从根本上说就是文化产业"集聚"或"富集"的一种物理空间形态，依托行业及相关产业链汇聚而降低成本，发挥集聚效应，产生经济、社会、文化等多方面的综合效益。当前，媒介技术与大众消费特征的兴起促使文化产业园区融合城市化进程、政府行为与民生建设等因素，形成了一种依托产业经济诉求为基础的社会现象。我国文化产业园区宏观管理能力在思维与实践操作层面都还比较单薄，运营模式单一。本研究为文化政策的基础建设规划出文化产业集聚区标准化建设工程，主要内容包括以下几个方面：

第一，探索建立文化产业园区运营模式的标准体系。调研发现，我们文化产业园区的运营模式比较单一。然而，成功的文化产业集聚区应真正以文化集聚为园区原动力，文化消费为主要赢利模式，建立起依托创意与科技应用作为利润实质的运营模式标准，通过参照国际经验和本土国情，制定相应的园区运营模式标准体系，为国内园区建设提供参考，提高园区运营的整体水平。

第二，完善公共服务平台的标准建设。文化产业园区公共服务平台的建设标准体系就是能够为入驻企业提供一个较为完善的孵化场地，为企业提供扶持政策、共享服务设施、资金募集、市场开拓、人员培训、诊断咨询、信息网络、公共关系等多层次、全方位的孵化服务。这样，既能培育出优秀的文化企业，又回馈滋养了园区本身。

第三，建立园区管理人才胜任力素质标准。文化产业园区在我国的出现才刚刚十年的历史，相比于工业园区和高科技园区，文化产业园区有它独特的管理模式和人才需求，园区管理经验缺乏、专业管理人才的短缺问题十分显著。专门管理人才的匮乏是制约园区未来发展的"瓶颈"，建立园区管理人才胜任力素质标准、展开系统的培训，有利于解决园区管理人员的能力和素质滞后的问题。

3. 国家文化产业知识产权服务工程

在知识经济时代，知识产权逐渐被人们提升到一种前所未有的高度。文化产业是一个以知识产权为纽带和灵魂的产业形态。《2002年美国经济中的版权业报告》指出，美国的就业、经济增长和外贸已越来越多地依赖以版权为基础的文化产业①。2010年公布的台湾《文化创意产业发展法》中多处涉及对"智慧财产权"、"著作权"的保护。对知识产权的重视已成为全世界发展文化产业的共识。

1982年出台的《商标法》是我国内地的第一部知识产权法律，标志着我国知识产权保护制度的确立。随后，《专利法》、《著作权法》、《反倾销条例》、《知识产权海关保护条例》、《反垄断法》等法令的颁布逐步建构起我国知识产权保护的法律体系②。但是，我国知识产权保护起步晚，特别是在文化产业领域的知识产权保护还存在非常明显的缺陷。2009年出台的《文化产业振兴规划》明确指出，应"完善国家知识产权保护体系，严厉打击各类盗版侵权行为，促进国家文化创新能力建设"。本研究为文化政策的基础建设提出了国家文化产业知识产权服务工程，加强知识产权的保护力度，培育和发展国家文化产业的核心竞争力。

首先，统一知识产权的认证标准，建立产权转让机制。应当大力支持文化创新，鼓励广大内容创作者创造和拥有更多的知识产权，从而大幅度提高自主知识产权的数量。在追求数量的同时也要注重质量，对知识产权的认证和产权转让要建立统一的标准，不能毫无原则地滥用知识产权。

其次，加强文化产业知识产权立法。发达国家的历史经验告诉我们，文化产业知识产权立法是知识产权保护的有力措施。我国的知识产权保护工作起步较晚，立法工作相对滞后，因此应当紧密结合国际知识产权动向，积极与国际知识产权制度交流与合作，同时知识产权立法机构应当在复杂的国际形势下进行综合考虑、理性判断，提高立法的科学性，真正造福于民。

最后，完善知识产权的执法机制。国家知识产权局、新闻出版总署等单位是我国知识产权保护的主要执法机构，他们负责依法严厉打击侵犯知识产权的各种行为。建立起完善的知识产权执法机制，研发出打击盗版、制裁侵权的有力工具和手段，为文化产品设立专门的知识产权执法机构，力求所有的知识产权都能得到司法保护，任何侵权行为都受到应有的处罚。

---

① 祁述裕、韩俊伟：《新兴文化产业的地位和文化产业发展趋势》，载《马克思主义与现实》2006年第5期，第97~101页。
② 李殿伟、王宏达：《论我国文化产业知识产权保护的问题及对策》，载《商场现代化》2009年3月（上旬刊），总第568期，第247~248页。

(四) 文化科技领域的基础建设工程

随着科技日新月异,数字技术、虚拟技术等新兴技术的崛起,新兴的文化产业形态将会不断涌现,文化与科技的结合也日益紧密。推动文化科技结合与创新,是推动文化产业跳跃式发展的关键,是"十二五"文化产业实现倍增的重要引擎,是创新型国家建设的重要内容。总体而言,我国文化产业发展相对于科技发展比较滞后,相对于国际发达国家文化与科技结合程度还处于初级阶段,应着重建设以下几项基础工程。

1. 科技与文化产业对接机制及示范工程

文化科技并非一门相对独立的科学,我国目前文化科技的发展滞后并不完全等同于科技水平的相对落后,而是现有的科技布局与文化产业的结合不够而造成的。美国好莱坞电影科技水平的发展,在于好莱坞与硅谷建立了紧密的联系,将硅谷已有的技术、人才和设备,应用到电影中。因此,我国的文化产业与科技结合的当务之急,应推动现有科技向文化产业的放开,具体措施如下。

第一,建立文化产业人才与科技人才交流、合作机制。通过组织论坛、互访、项目合作等方面,搭建文化产业人才与科技人才的桥梁,拓宽文化产业人才的科技视野,也加深科技人才对文化产业基本特性的了解,鼓励文化产业人才与科技人才组建共同的项目组申请相关文化产业和科技攻关重大项目。

第二,建立科技人才引进机制。联合人力资源与社会保障部,共同制定文化产业科技人才引进办法,为科技人才进入文化产业建立绿色通道,解决科技人才进入文化产业的后顾之忧。

2. 国家文化科技创新体系建设示范工程

科技创新体系由以科学研究为先导的知识创新体系、以标准化为轴心的技术创新体系和以信息化为载体的现代科技引领的管理创新体系三大体系构成,知识社会新环境下三个体系相互渗透,互为支撑,互为动力,推动着科学研究、技术研发、管理与制度创新的新形态。技术创新体系是科技创新体系的重要组成部分,是推动技术创新的组织系统、关系网络以及保证系统有效运行的制度和机制。

文化产业与科技结合应该推动国家文化科技创新体系建设,建设国家文化科技创新体系示范工程,具体措施如下。

第一,加强对传统文化产业的技术改造。运用高新技术改造传统文化产业，提高文化产业的科技水平，加快演艺、娱乐、舞台装备等基础设施改造更新，重点鼓励生产具有自主知识产权的新型数字娱乐、音响、舞台技术装备。提升票务销售、院线经营的科技化管理水平，加强现代虚拟技术、3D技术等现代科技在原创动漫作品生产中的应用，重点扶持具有自主知识产权、科技含量高、富有中国文化特色的综合性文化主题公园建设。

第二，定期组织重大文化产业技术攻关，研发关键性核心技术，并将项目与科技部协调，列入国家科技攻关计划。编制重点技术攻关项目指南，实现文化产业重大科学技术突破，推动国家文化科技创新体系建设。在国家"863"计划、科技支撑计划和电子信息产业发展专项资金安排中，重点支持文化产业企业的技术研发、应用与示范工作。

第三，与国家知识产权局协调，建立文化产业技术转让、专利认证机制，建立文化产业技术创新保障体系。

第四，设立国家文化科技创新奖和专项资金。鼓励研发具有自主知识产权的核心技术（如网络游戏引擎、文化内容搜索）、关键设备（电子游戏软硬件设备、演艺网络销售平台、新媒体实验室等），支持企业参与技术研发、推广与应用。

最后，建立文化产业科技创新成果发布与推广机制。利用现代传媒手段对文化产业科技成果进行发布与推广，制定文化产业科技成果指导目录。

3. 数字文化产业发展基础建设工程

数字文化产业作为文化产业的新兴业态，有着巨大的成长空间，数字化工程主要包括传统产业数字化升级、传统文化数字化储存与传播、数字内容产业三个主要部分。我国在推进数字化建设过程中，已取得了显著成果。如电影产业领域的数字电影制作基地、数字院线建设及数字电影技术标准建设等，电视行业的数字电视普及计划，出版行业的数字出版计划，国家图书馆数字化工程等。建设数字文化产业基础工程，应推进以下举措。

第一，建立由国务院牵头的数字文化产业领导小组。数字文化产业领域拓展和延伸导致管理交叉，政策协调性不够。我国数字文化产业管理职能分散在文化部、新闻出版总署、广电总局、工业与信息化部、发改委等多个部门，管理和政策协调难度较大；公共信息资源开放利用不够。建议建立国务院牵头的数字内容产业领导小组,协调相关部委的各项数字内容业务,制定长期的数字文化产业发展规划。

第二,推进国家文化资源数字化工程。推进建立以数字艺术档案、数字化网络及数字博物馆为多种形态的国家文化资源数字化工程,将新闻出版、影视、文化艺术的数字化资源进行整合,建立国家级的数字文化资源库。

第三,加强数字内容产业标准体系建设,加快对数字内容产业的行业标准、信息安全保障体系、技术标准、网络基础设施建设、数字内容资产评价机制等内容的建设与研发,规范和推进数字文化产业的发展。

第四,组织研发核心数字化技术。对数字存储技术、数字网络技术和数字内容产业的相关核心技术进行研发,促进数字内容产业的技术升级。

4. 文化产业公共技术支撑体系与应用示范工程

加强文化产业公共技术支撑体系建设,有利于推动文化产业整体的协调发展,具体的示范工程内容如下。

首先,组织建设若干示范性的文化产业公共技术平台。针对目前国家重点发展的文化产业行业,以及文化产业中公共技术平台要求迫切的文化产业行业,建设国家文化科技示范性公共技术平台。如针对动漫的公共技术平台和针对文化产业园区的公共技术平台等。

其次,设立文化产业公共技术专项资金,支持与鼓励地方开展文化产业公共技术的研发和平台建设,对自主创新的文化产业公共技术平台进行相应的扶持和奖励机制。

最后,推动文化产业科技基础设施的建设步伐。建设和完善国家重大文化科技基础设施,优化文化科技布局,加强相互配套、开放共享和高效利用。制定重大文化产业科技项目计划,申请科技部国家重点实验室、工程技术研究中心,国家发改委国家工程实验室、企业技术中心、国家工程研究中心等平台,构建国家文化产业科技基础条件平台和优化国家工程中心建设布局。力争与科技部协调,建立"文化产业专项科技支撑计划",按照国务院关于加快培育和发展战略性新兴产业和高技术服务业的具体要求,大力发展数字虚拟等技术,促进文化产业发展,服务于整体国家战略性新兴产业的总体目标。加快推进文化产业公共技术基础设施建设,组织建设若干示范性文化产业公共技术平台。如公共动漫技术平台、公共景区数字管理平台等。

(五) 文化金融领域的基础建设工程

2010年3月,中宣部、银监会等九部委颁布了《关于金融支持文化产业振兴与繁荣的指导意见》,进一步明确了完善无形资产评估体系,加强文化金融产品研发,改善文化金融环境等战略性目标,使文化产业在政策层面上获得了现代金融手段支持的全部可能性,全面的金融扶持措施赋予了文化产业在新的征程中振兴发展的巨大空间。文化部文化产业投融资公共服务平台将逐步建设成集文化产业投融资信息交流、政策对外发布、金融业务在线办理、金融品种发行、项目咨询投资、产品展示交易、行业知识普及等服务于一体的综合性网络公共服务平台。文化产业与金融的对接相对于其他的成熟产业而言,还有很大的发展空间,应加快推进相关的基础建设工程。

1. 国家文化产权评估服务工程

无形资产评估一直以来阻碍着文化产业与金融的无缝对接。文化产业是以知识产权交易为核心的产业,产品定价成为关键,价值评估是产业发展的核心环节。定价策略是评价一个行业是否成熟的关键,也是国家建构完善的文化产业金融体系,推进产业成熟的标志。完善的定价体系是我国打造全球文化创意产业研发中心、交易平台的核心。国家文化产权评估服务工程是解决文化产业定价的长远性基础工程,其核心价值包括指导定价、价值发现、引导创意、指导就业、定岗定薪、促进产品研发与服务。具体措施如下:

第一,依托文化部与高校共建的国家文化产业创新与发展研究基地、国家文化产业研究中心等智力资源,组织核心专家团队开展文化产品或项目价值评估、文化企业信用价值评估和企业人力资源价值评估的系统设计与软件研发工作。

第二,依托第三方权威机构成立国家级文化产权评估中心。运用研发的文化产权评估软件开展对文化项目的价值评估工作,建立评估报告的信用等级,为文化企业提供文化产权评估服务,同时联合银监会、证监会等部门加大对评估中心的权威性、可信度的认证。

第三,与全国文化产权交易所联合,实现评估落地。文化产权评估中心与全国文化产权交易所建立互动机制,实现信息的共享与共通,实现评估项目的交易落地。

第四,设立文化产权评估师资格认证。联合人力资源与社会保障部等部委,逐步推行文化产权评估师资格认证,依托高校资源开展全国性的文化产权评估师资格认证考试与系统培训。

2. 国家文化金融服务与金融衍生品研发与应用工程

中宣部、银监会等九部委颁布的《关于金融支持文化产业振兴与繁荣的指导意见》明确指出积极开发适合文化产业特点的信贷产品,加大有效的信贷投放,银行业金融机构与非银行金融机构应积极加强合作,综合利用多种金融业务和金融产品,推出信贷、债券、信托、基金、保险等多种工具相融合的一揽子金融服务,积极开发文化消费信贷产品。国家文化金融服务与金融衍生品研发与应用工程正是解决目前文化产业金融产品缺失的基础性工程,内容如下:

第一,组织包括文化产业专家、金融实践专家、金融衍生品专家、文化金融研究专家等在内的国家级文化金融研究团队,开展文化产业的金融服务和金融衍生品研发工作,推出一系列符合文化产业发展规律的金融服务和产品。

第二,展开专项研究,就财政支持文化金融投资风险冲抵专项资金、成立国家文化产业政策性银行或支行、以经营拍照拍卖的方式成立大型文化产业项目投资基金、发行文化产业建设债券、建立专业的文化产业保险公司等进行综合研究与论证,待时机成熟逐项推出。

第三,针对各行业的不同特点,有针对性地推出文化金融服务项目与衍生品,如针对艺术品市场,可研发艺术品资产证券化。针对表演艺术可研究推行票房指数期货等。

第四,设立文化产业金融服务项目与产品专项基金。用于扶持、奖励金融机构、专业学术机构等部门的文化产业金融服务项目与衍生品研发项目、运行项目,扶持专业文化金融人才,推动整体文化金融服务水平的提高。

(六)文化市场领域的基础建设工程

市场在资源配置的过程中起基础性作用,"在社会主义市场经济条件下,市场已经成为满足人民群众精神文化生活的重要途径,文化产业要获得大的发展,文化资源的优化、整合和配置也只有通过市场方能得以实现"①。当今文化市场规模发展迅猛，但我国的文化市场体系还不够健全，市场监管体系残缺、市场准入原则不明确，市场培育系统不完整，导致大量文化产品无法进入市场。因此，打造一个统一、开放、竞争、有序的现代文化市场体系是当今我国文化产业发展的最基础工程。本研究为我国文化市场基础建设规划和设计出以下工程。

1. 文化产业惠民工程

我国文化市场的繁荣不仅有赖于以企业为主的市场文化服务体系，同时也离不开以政府为主的公共文化服务体系对它的培育。在全国层面，政府已经大规模投入了许多公共文化服务工程，主要包括全国文化信息资源共享工程、中国民族民间文化保护工程、送书下乡工程、知识工程、电影放映"2131"工程、广播电视"西新工程"和"村村通"工程等。但是，我国文化产业惠民工程还处于起步阶段，存在许多问题，应当从以下几个层面入手来打造文化产业惠民工程。

首先，在城市范围内，由于物质条件的极大丰富，人们对精神文化的需求越来越迫切。因此，文化产业惠民工程不仅要着眼于文化基础设施的建设，还要加大在文化素质培训、文化演出推广等软件方面的投入。具体措施如下：

第一，打造一批国家舞台艺术精品项目，积极举办惠民文化展览和演出，对居民免费开放，对积极组织演出和展览等惠民文化活动的个人、单位和场所以频次和质量为标准发放财政补贴。

第二，培养一批优秀的艺术家走进社区，进行公益性演出，并与群众同台展演，培养居民对文化艺术的兴趣，培育文化市场。政府以表演场次和质量为标准对表现杰出的艺术家给予奖励。

第三，组织开展丰富多彩的文化惠民活动和竞技比赛。如组织青少年原创动漫创意设计大赛、主题美术作品征集等活动，培养群众参与文化内容原创的积极性。

第四，组织民间工艺大师现场秀和巡回展览。组织昆曲、苏绣、剪纸等民间工艺大师走进社区，与当地居民互动表演，同时集结优秀的民间工艺作品开展主题性展览活动，丰富老中青民众对中国传统文化和民间工艺的认知度和熟悉度。

---

① 孙家正：《关于文化创新问题》，载《光明日报》2003年9月3日版。

其次，在广大农村地区，除了广播电视"村村通"、乡镇综合文化站、农家书屋等措施的继续实施，艺术院团也要本着"演艺惠民、送戏下乡"的原则，积极将精神温暖送给广大农民朋友。具体措施如下：

第一，制订"送戏下乡"的工作方案，以季度或年度为单位规定各省市区每个艺术院团下乡演出的场次，对计划内的艺术院团给予补贴和减税的资助，并对高质量、高水平完成任务的单位给予额外的奖励。

第二，支持并鼓励农民群众自己组织和管理农民书社、电影放映队，定期派遣专业人员下乡监督并指导工作。

2. 文化消费引导工程

扩大文化消费，是促进文化产业健康可持续发展的基础和动力，为此，本研究为我国文化市场的基础建设规划出文化消费引导工程，具体措施如下。

首先，建立文化消费信息指南，为消费行为提供便捷的指南。建立起文化消费信息指南站，将文化商品的信息网罗进这一指南站中。将待售的文化产品和服务信息按照区域、行业的分类统一纳入这一网络中，以便消费者快速检索到所需商品。利用传媒的手段，在权威的传媒平台建立文化消费平台，推荐优秀的文化消费信息。提供全方位的网上"试用"服务，当消费者将个人信息输入这一指南网站中，屏幕上就可以显示出"试用"的效果图。一方面使消费者足不出户就可以得到全方位的文化信息，方便、快捷地购买所需产品，另一方面也使商家得到一个广阔的展示平台，利用无边界的媒介有力地推销自己的产品。

其次，加大政府文化采购力度，通过公共文化服务的提供培育文化消费者。

最后，鼓励实施文化消费补贴制度，对不同人群发放相应时间段的文化消费券，引导和协调城乡居民文化消费的积极性。

3. 文化产业现代物流基础建设工程

随着文化内容质量的稳步提升，文化产业的流通渠道成为商家制胜的关键，如何能在最短的时间内将文化产品和服务送到消费者手中成为亟待解决的问题。本研究为文化市场的基础建设提出文化产业现代物流基础建设工程，借用现代物流理念和手段，减少流通成本，促进流通渠道的畅通。

第一，搭建国家文化产业现代物流平台。对全国范围内的大型现代物流企业进行审查，以省市区为单位，选出最具竞争优势的物流企业，将他们纳入国家文化产业现代物流平台，培育出针对文化产品物流的特色服务，并鼓励他们上市。

第二，与文化信息消费指南站相结合，将文化商品的生产地和待发售地信息纳入国家文化产业现代物流平台中并随时更新，同时将国家文化产业现代物流平台中与待售商品处在同一城市或距离较近的物流企业链接到待售文化商品的服务信息中，既给消费者提供了便捷的购买方式，同时又减少了流通过程中不必要的环节和损失，两个工程互惠互利。

第三，扶持一批文化物流企业，尤其是文化电子商务等功能的企业，让文化流通借助电子商务等现代物流手段，加速文化物流的发展。

第四，完善农村文化产品流通网络。将农村地区的文化需求及时反馈给所在城市的物流企业，并在最短的时间内将产品送到消费者手中，以完善贯通城乡的文化产品流通网络。

4. 文化市场监测平台工程

近年来以整顿治理为主要方式的文化市场监管行为已经在我国文化市场上取得了不小的成就。以网络游戏业的监管为例，近年来文化部联合有关部门开展了多次与电子游戏有关的专项治理工作并取得了一定的成效，网络游戏市场环境在一定程度上得到了净化，但却无法保证整顿治理行动之后的文化内容是否符合市场秩序，缺乏长期的有效性，其他文化行业亦是如此。因此，本研究为文化市场的基础建设设计出文化市场检测平台工程。

文化部和相关主管部门应建立起统一高效、覆盖全国的文化市场监测平台，在向网吧、电子游戏厅、歌舞厅、电影院等经营场所发放营业牌照的同时将该营业场所的信息纳入这一网络中。在经营场所和文化市场管理信息网络之间建立一种无形的联系，当营业场所提供的信息与市场秩序相违背时，这一网络会向主管部门发出警戒信号，并及时删除这些信息。同时，这些经营场所的营业信息也都可以在文化市场管理信息网络中随时体现。这个工程一方面有效地监督了各文化经营场所的市场行为，实时严打不法行为，同时又完成对经营场所的营业指标的收集，在一定程度上解决我国文化产业数据统计的困难，完善文化市场统计体系。

（七）文化人才领域的基础建设工程

《国家中长期人才发展规划纲要（2010—2020年）》明确指出人才是

我国经济社会发展的第一资源。人才工程永远是文化产业的基础建设工程。目前，我国初步建构了高校人才培养、社会人才培养等培养机制，完成了产学研一体化人才培养模式的初步建构。针对目前的文化产业现状，人才基础建设工程应在很长一段时间内继续推进，具体内容如下。

1. 继续实施"国民艺术教育推进工程"

美育、艺术教育作为基础性教育工程，是文化产业人才的根基。应加强与教育部文教体卫司等部门沟通，与教育部"高雅艺术进校园"等工程链接，成立专门的艺术教育专项资金，推进中国传统文化艺术走进校园，推进传统文化艺术进校园、进课堂等系列工程。

2. 继续推进产学研一体化人才培养模式创新

除了继续实施"四个一批"文化艺术人才工程外，还要积极响应国家中长期人才发展规划，与中组部、人力资源与社会保障部等部委链接，创新人才引进、培养机制和模式，推动文化产业人才集聚。

3. 实施全国文化产业师资培训工程

文化产业师资是文化产业高校人才培养的根本，应在文化部建设的国家文化产业创新与发展研究基地、国家文化产业研究中心的基础上，进一步选择学科建设、师资力量比较健全的高校，建设国家文化产业人才培养基地，给予相应的经费支持，组织全国范围的文化产业师资培训计划。

4. 落实文化名家工程

文化名家是文化产业创造力的源泉，是品牌影响力的保证。对于具有国际影响力的文化大家应该设立文化名家工作室，每年给予固定的经费支持，为其创造良好的艺术创作的环境与空间。

5. 推进文化产业人才认证体系建设

在原有的文化经纪人等职业资格认证体系基础上，联合人力资源与社会保障部等相关部委，推出适应文化产业发展的新型职业资格认证体系，如艺术品经纪资格、文化营销资格、文化产权评估资格、文化版权认证资格等，鼓励扶持学术机构、第三方机构推出文化产业能力资格认证体系，如创意经理人能力资格、艺术经纪人能力资格等，推动教育部和国务院学位办适时推出创意管理硕士（MCA）等管理学位教育体系。

（八）文化"走出去"领域的基础建设工程

胡锦涛总书记在党的十七大报告中首次提出了关于提高国家文化软

实力的新理念。提高国家文化软实力、增强中华文化影响力和竞争力成为我国文化建设的基本目标。文化"走出去"基础建设工程是文化产业基础建设的价值提升工程。国家出台的一系列扶植文化"走出去"的政策，包括宏观战略政策、产业政策、金融政策、贸易政策和版权政策等等。与此同时，我国还建立了各种基金来扶持文化领域的重大项目工程，如国家出版基金、国家翻译资助基金等，用于鼓励国民创造出更多更好的文化产品。文化"走出去"相关政策在我国的实施已取得了初步成效，也存在不少问题。从市场与企业的角度来说，我国能在国际市场上立足的文化产品还主要集中在演义、工艺品等传统低端行业，粗放加工制造的初级文化产品比重过大，缺乏原创与高端产品，文化企业规模小、影响力弱，国际市场营销手段简单，国际人才缺乏。为此，本研究为文化"走出去"设计出以下几个基础建设工程。

1. 国家文化安全预警工程

全球化的进程不仅在经济领域给我国造成了威胁，同时也使文化安全的问题提上议事日程。美国好莱坞大片、日本卡通动漫、韩国影视游戏等"软暴力"日益侵蚀着我国青少年的知识体系和价值观念，对我国文化产业的发展带来挑战，也对我国的文化安全构成极大威胁。在严重的文化贸易逆差形势下，为了守住我国文化产业的阵地，须制定明确的进出口标准，建设国家文化安全预警工程，搭建起国家文化安全预警平台。

首先，在进口他国文化产品时坚持适度准入原则和"文化例外"原则。相关部门必须确保进口的文化产品无损于国家的荣誉、利益和主权，不宣扬暴力、粗俗、淫秽等不良思想，并在此基础上给予本国同类型的文化产品以"延长播放时长"等屏幕保护措施。

其次，严格审查即将出口到其他国家的文化内容。在文化产品出口之前，必须进行严格的审核，确保其内容无损于国家形象和民族利益，能真正代表中国的文化精髓。

2. 文化内容"借船出海"工程

一味地保护自我并不是提升国家文化安全的关键，要从根本上克服对他国文化的盲目崇拜，必须提升我国文化创新能力。但是，在当前文化创新能力明显不足的情况下，我国的文化内容不一定能在国际竞争中占据优势地位。因此，可在那些有明显出口优势的传统行业产品中搭载文化内容，实现文化产业的"借船出海"。

我国制造业的出口贸易战绩优秀，可以利用这个优势，在传统制造业产品中搭载文化内容，具体措施为：

首先，应当在海外销量较好的品牌服装设计中添加中国元素，一方面可以形成该品牌的独特设计风格，另一方面，也使中国的传统文化弘扬海内外。

其次，中国的原创动漫形象经常忽视对产业链的打造，应当授权海外知名度高的品牌制造商以国产动漫形象为原型生产玩具、服装、文具等衍生产品，一方面充实了该制造商的品牌故事，使产品更加生动、形象，另一方面，也能使我国的动漫形象"走出去"。

3. 科技产品文化附加值提升工程

用文化内容包装科技产品是提升文化创新能力、推动文化"走出去"的重要举措。仅靠制造环节维持的科技产品利润很薄，文化内容的包装能提升科技产品的文化内涵和附加价值。

首先，与科技部、商务部等部委互动，遴选出一批出口型科技产品企业，制定文化附加值提升的相应奖励、退税政策，鼓励企业加强研发设计和文化附加。

其次，在全国范围内的科技园区与文化产业园区，鼓励文化企业和科技企业互相入驻，并将文化内容与园内生产的科技产品有机融合。鼓励有竞争优势的文化企业与科技领域的企业或研究机构组合，共同组成发展潜力更大的文化科技企业，培育附加价值更高的文化内涵丰厚的科技产品。

最后，组织文化内容创意包装科技产品的创新设计大赛和国外巡展，鼓励企业或个人的参与，并从中选出"年度十佳文化附加产品"，走出国门，开拓国际市场。

（九）理论研究领域的基础建设工程

理论研究是产业发展的基础和重要支撑体系，文化产业作为一个新兴的交叉学科，在我国发展过程中一直以来存在着理论研究缺乏、基础研究薄弱的问题。推动重大基础理论研究工程是国家文化产业发展的长远工程和基础工程，具体措施如下。

1. 组织文化产业重大理论攻关计划

针对目前制约文化产业发展的重要理论研究薄弱环节，每年选择10

个重大理论攻关难题，组织国内官产学研究专家，成立重大理论研究计划，政府给予充足的研究经费，这些重大攻关研究计划包括文化金融研究计划、文化产业园区研究计划、文化产业政府角色研究计划、区域文化产业发展模式研究计划、文化产业发展战略研究计划等。

2. 建立国家级文化产业协会，成立文化产业国家智库，组建文化产业研究国家团队

定期承担国家重大理论课题、组织重大学术活动，为国家文化产业政策制定、产业发展提供全面的理论支撑和智库服务。

3. 组织撰写与发布年度的《中国文化产业发展白皮书》

报告撰写团队应整合官产学各方资源，力求数据可靠全面，分析权威，代表国家立场。制度发布具有权威的国家文化产业统计指标体系，纳入国家法定统计范畴，各地政府按照统一的指标体系进行文化产业数据的强制统计，每年发布统计数据，为行业从业者的实践和政府部门的决策提供准确、客观、统一的数据支持。

4. 建立长期有效的国际文化产业学术交流机制

西方发达国家在文化产业理论研究上走在我国的前面，在国际学术交流上，应坚持"请进来"和"走出去"双向原则，通过举办国际性学术会议和学术论坛将国际文化产业专家请进来，通过参与国际学术会议和组织国内文化产业专家出国访学，让国内文化产业专家"走出去"。设计国际文化产业荣誉制度，奖励为推动我国文化产业国际推广的优秀海外人士。

结 语

文化产业基础建设工程作为我国文化产业发展的前瞻性、长远性、战略性和公共性的建设目标，不论在"十二五"期间，还是在更长远的一段时间内将会发挥重要的支撑作用。本研究概念界定、国际经验的借鉴和国内现状的分析，按照基础建设的评价标准，根据理论性分析和症候式分析，提出了系列重大的基础建设工程，初步形成了"国家文化产业基础建设工程实施方略"。在这个国家方略中，有些基础建设工程需要及时尽早启动，有些基础建设工程根据国家的财政预算、产业发展趋势、政府的管理角色转变等情况可以陆续展开、时时调整。文化产业基础建设工程的实施是为了更加顺应文化产业市场化需求和社会效益的兼顾，是为了传统文化的传承开发与国家文化形象的平衡，为了进一步发挥好

政府在文化产业中的管理角色和推动角色，将会随着我国文化产业的发展成熟和基础工程的不断推进，在不同时期还需要进行相应的调整。只有不断地反思与调整，中国文化产业发展才会在未来的十年征程中不断走向科学发展、和谐发展，不仅实现文化产业"十二五"时期的倍增计划，成为我国国民经济的支柱性产业，更要为实现2020小康社会、建立更加具有精神追求和人文素养的国家而作出持续的努力。

附表：国家文化产业基础建设工程实施方略

国家文化产业基础建设工程实施方略

编号	类别	工程	目标
1	文化内容	国家文化内容创作素材发展计划工程	推进国家优秀素材库建设
		传统文化保护与产业化示范工程	推动传统文化保护与产业开发
		文化产业成果转化服务工程	促进成果转化
		国家级内容研发设计服务工程	促进研发设计
2	文化信息	全国文化信息资源共享升级工程	促进文化资源整合与共享
		国家文化产业项目服务升级工程	促进产业信息流通和产业服务
3	文化政策	国家文化产业宏观管理与决策模拟系统工程	促进政府宏观管理与决策
		文化产业集聚区标准化建设工程	促进文化产业园区建设与发展
		国家知识产权服务工程	推进知识产权保护
4	文化科技	科技与文化产业对接机制及示范工程	促进科技与文化产业对接
		国家文化科技创新体系建设示范工程	推动文化科技创新
		数字文化产业发展基础建设工程	促进数字文化产业发展
		文化产业公共技术支撑体系与应用示范工程	推动文化公共技术平台建设
5	文化金融	国家文化产权评估服务工程	解决文化产业的定价问题
		国家文化金融服务与金融衍生品研发与应用工程	促进文化金融服务与产品研发

续表

编号	类别	工程	目标
6	文化市场	文化产业惠民工程	促进文化产业为民服务
		文化消费引导工程	引导文化消费
		文化产业现代物流基础建设工程	促进文化流通,减少交易成本
		文化市场监测平台工程	实施市场监控,建立统计体系
7	文化人才	国家文化产业人才工程	加快文化产业人才队伍建设
8	文化"走出去"	国家文化安全预警平台工程	维护国家文化安全
		文化内容搭载出口工程	促进文化产品走出去
		科技产品文化附加工程	促进科技产品文化附加值提升,增加国际竞争力
9	理论研究	重大基础理论研究工程	促进重大基础理论研究,建立人文社科基础

参考文献

政策文件:

[1]《国家"十一五"时期文化发展规划纲要》,2006年9月13日。

[2]《文化部关于加快文化产业发展的指导意见》,2009年9月10日。

[3]《胡锦涛关于文化体制改革的重要讲话》,2010年7月23日。

[4]《胡锦涛在十七大上的报告》,2007年10月15日。

[5]《中央宣传部、财政部、文化部等九部委关于金融支持文化产业振兴和发展繁荣的指导意见》,2010年04月08日。

[6]《文化产业振兴规划》,2009年7月22日。

[7]《台湾文化创意产业发展法》,2010年2月3日。

[8]《国务院办公厅转发财政部等部门关于推动我国动漫产业发展若干意见的通知》,2006年4月20日。

[9]《2006—2020年国家信息化发展战略》,2006年5月8日。

[10]《科技部国家科技支撑计划"十一五"发展纲要》,2006年9月19日。

［11］《国家发展改革委关于当前推进高技术服务业发展有关工作的通知》，2010年5月12日。

［12］《商务部等十部门关于进一步推进国家文化出口重点企业和项目目录相关工作的指导意见》，2010年2月1日。

［13］《国家中长期人才发展规划纲要（2010—2020年）》，2010年6月6日。

［14］《国家中长期教育改革和发展规划纲要（2010—2020年）》，2010年7月29日。

［15］《文化部、财政部关于进一步加强全国文化信息资源共享工程建设的意见》，2010年2月6日。

［16］《国务院办公厅关于促进电影产业繁荣发展的指导意见》，2010年1月21日。

学术著作：

［1］祈述裕：《中国文化产业战略研究》，社会科学文献出版社2008年版。

［2］凌继尧、张晓刚：《经济审美化研究》，学林出版社2010年6月版。

［3］王列生、郭全中、肖庆：《国家公共文化服务体系论》，文化艺术出版社2009年4月版。

［4］上海交通大学国家文化产业创新与发展研究基地：《中国文化产业评论》，上海人民出版社2003年版。

［5］胡惠林：《文化产业发展与国家文化安全》，广东人民出版社2005年版。

学术论文：

［1］胡惠林：《文化产业发展与国家文化安全》，载《上海社会科学院学术季刊》2000年第2期。

［2］庹祖海：《发展文化产业》（政府篇），载《艺术与投资》2008年第11期。

［3］向勇、喻文益：《当前我国文化产业的金融环境基础建设问题与政策建议》，载《国家文化产业课题研究报告（2007年度）》，云南大学出版社2008年版。

[4] 熊澄宇：《高新科技与文化产业》，载《国家文化产业课题研究报告（2007年度）》，云南大学出版社2008年版。

[5] 叶朗、陈少峰：《中国文化产业公共资讯平台建设》，载《国家文化产业课题研究报告（2007年度）》，云南大学出版社2008年版。

[6] 向勇：《"十二五"：规划我国文化产业新蓝图——论"十二五"文化产业规划的主要问题、基本原则与重点领域》，载《理论参考》2010年第10期。

[7] 《中国文化产业学术年鉴》（1979—2002卷，2003—2007卷，2008卷）。

课题组成员名单

课题负责人：

向　勇　北京大学艺术学院副院长
　　　　北京大学文化产业研究院副院长
　　　　国家文化产业创新与发展研究基地副主任

课题组成员：

喻文益　北京大学文化产业研究院文化金融研究中心主任、博士
魏鹏举　北京大学文化产业研究院研究员、中央财经大学文化创意研究院执行院长
周城雄　北京大学文化产业研究院副研究员、中国科学院战略研究中心副主任
肖怀德　北京大学文化产业研究院助理研究员、艺术学院博士研究生
李晓唱　北京大学文化产业研究院研究助理、艺术学院硕士研究生

4C 融合：文化产业发展的新模式及中国路径研究

清华大学国家文化产业研究中心

- 541　一、4C 融合的概念解析
- 542　二、4C 融合的案例：企业层面
- 548　三、4C 融合的案例：产业层面
- 551　四、4C 融合的案例：国家战略与保障体系层面
- 555　五、"4C 融合工程"——中国路径研究
- 560　六、文化内容体系建设——4C 融合的关键体系
- 572　参考文献
- 573　课题组成员名单

一、4C 融合的概念解析

随着信息技术的发展，以互联网为代表的通信技术的发展逐渐呈现出对传统电信网、广播电视网的整合趋势，而电脑、手机等智能终端为技术的整合提供了面向普通消费者的应用平台。在这样的背景下，出现了 3C 融合的概念。3C 指的是计算机（Computer）、通信（Communication）和消费类电子产品（Consumer Electrics）。3C 融合即利用数字信息技术激活其中任何一个环节，通过某种协议使 3C 的三个方面实现信息资源的共享和互联互通，从而满足人们在任何时间、任何地点通过信息关联应用来方便自己的生活。

对于 3C 融合的研究首先是从形态与技术的层面进行研究的。首先，从技术层面上，无线互联网技术、嵌入式芯片技术、射频联通技术等为 3C 的融合提供了可能。3C 产品可以摆脱有线网络的束缚，通过无线连接方式形成密集网络。这一领域的研究大多集中在技术参数的突破和技术标准的制定，例如对网络传输速率的提升、网络编码方式的改进、IP 地址的扩容、无线连接协议的制定、无线网络的信息流量、传输速度、稳定性提升等。

其次，从形态上的研究偏重于描绘未来图景。即 3C 的融合将完全改变电脑、家电和网络的联通方式，使我们的生活呈现依靠手持终端整合网络资源并实现交互的可能。3C 的形态融合的高端形态就是智能一体化的终端与傻瓜式的应用方式。

最后，3C 从产业层面的研究主要集中在由 3C 带来的广阔的市场空间。很多硬件与软件企业在专注技术标准的同时，越加发现内容服务是更为广阔的市场。

近年来，在 3C 从新概念变成老话题的进程中，文化产业逐渐成长为我国国民经济中的重要部类；特别在 2008 年之后我国应对国际金融危机的一系列经济举措推动下，文化产业呈现出很好的增长势头，内容产业的发展和文化消费的提升为国民经济走出低谷、摆脱金融危机的影响发挥了重大作用；当前，文化产业已经被确立为我国"十二五"期间重点打造的支柱产业。因此，在文化产业与高新科技，特别是信息技术结合得紧密的同时，内容的生产与创新恰恰是文化产业关注的焦点。

4C 融合，即将计算机（Computer）、通信（Communication）、消费电

子产品（Consumer – Electronic）和文化内容（cultural Contents）进行融合。文化包括三个层面：符号系统（可以感知的物质层面）、价值系统（不可感知的精神层面）、组织系统（社会运行的肌理、规范和制度）。文化内容以符号系统呈现，可以方便地在3C搭建的网络上运行。

在物联网、IPv6、三网融合、高清电视等技术指标不断提升的时候，我们可以发现，技术的升级换代可以为我们创造更快、更宽、更平稳的信息通路，此时内容成为制约的瓶颈。在3C融合的技术层面已经不存在障碍的时候，通过3C整合的技术平台向普通用户和文化产品的消费者提供怎样的内容产品和服务是文化产业特别是数字内容产业发展的关键。在这一进程中，对于我国丰富的文化内容资源的选取，面向3C融合平台的文化内容生产、制作与传输方案，4C融合的既有成熟模式分析，服务于4C融合的制度框架设计等成为亟待研究与规划的问题。

二、4C融合的案例：企业层面

"目前全球有两个实现4C融合比较成功的案例，一个是BlackBerry（黑莓），依靠独特的电子邮件服务为RIM公司带来了丰厚的经济效益，另一个就是苹果公司，依靠iTunes平台，把多媒体的内容聚集在一起，使苹果成功地由一个电脑公司转变成一个互联网服务公司。"[1] 除了这两个企业之外，亚马逊的Kindle电子阅读器体现出独有的4C融合模式，这里我们来对企业案例进行剖析。

（一）苹果的4C融合模式：自成体系的4C融合系统

苹果（Apple Inc.）是世界上最著名的电脑品牌之一，其堪称4C融合的企业典范；通过一整套的商业模式，苹果巧妙地将掌上电脑、通信、消费类电子产品和文化内容整合到了一起，树立起了自己的品牌，同时也取得了商业的成功。

苹果公司组建了自身产品专属的软硬件平台，让消费者在这个平台上去发掘和制造资源，而不仅仅是自己去挖掘资源。这样的做法极大地释放了普通用户的创造力，满足了用户的DIY需求。如今，这个平台已经成为一个有着"长尾"的产业。当然，苹果的这种模式也是通过逐渐摸索而来的。

---

[1] 刘春辉：《TCL通讯首席执行官杨兴平——3G时代是4C融合的时代》，载《人民邮电》2009年3月31日第05版。

1. 传统模式：横跨三大产业

苹果有着独特的商业模式——有选择地创建一组高价值且紧密整合的产品，然后以高价出售。"根据德意志银行对全球十大 PC 制造商进行的统计，苹果仅占整个行业收入的7%，但其运营利润却占到35%。"①

传统上的苹果公司的商业模式横跨三种工业种类：软件工程、硬件制造和零售业。软件制造是苹果公司的核心，它驱动着硬件制造和零售业。

（1）软件工程

苹果通过设计更快速和更好的软件来满足自己的大众和小众市场：教育、娱乐、商务、消费。苹果公司并不总是第一个将应用投入市场的企业，但是当其将富于创造力的技术聚焦于某个目标，最终的结果将会非常引人注目。苹果的长处便是其操作系统而不是其应用产品。苹果的 iPhone 手机在全球风靡，iPhone 的操作系统提供了一个更多软件共享的平台，软件爱好者们可以在这个平台上发布各种程序并因此获利；而这个平台上可以自由地装载和卸载各种程序。

（2）硬件制造

苹果的硬件制造可以带来大量的模仿者，这一点从苹果的平板电脑 iPad 的发布上可见一斑，2010 年发布的 iPad 启动了全球的平板电脑市场，而且显著地改变了媒介产品市场。因为苹果的硬件产品具有技术上的突出能力和富于创造力的设计，同时与苹果操作系统的交互性更紧密和轻松。

（3）零售业

在先进的产品供应以外，苹果未能获得较大的市场份额，但这并非是由于缺乏努力。因为对许可证的克隆使其难以创造更多销售额。

2. 苹果的技术标准与内容转化

当现任苹果公司 CEO 史蒂夫·乔布斯（Steve Jobs）进入苹果以后，苹果公司观察到了外在环境许多基础条件的成熟，并观察到个人随身音响设备的改变，同时影音数码化的条件足以改变现有模式，因此苹果提出了 iTunes 的商业模式，

对苹果来说真正的杀手应用是其软件商店的商业模式，苹果所有的

---

① 《苹果股价月内连创 7 次新高：商业模式为主因》，http://tech.sina.com.cn/it/2010-03-24/11023980352.shtml。

iPhone 手机和 iPod 音乐播放器都通过其专门的网络商店 iTunes 进行销售，让消费者可以随心所欲地以极低的价格（每首 0.99 美元）去下载自己喜欢的歌曲。这是增值服务的真正源泉，实现细水长流的销售积累。当苹果音乐商店扩张到 Windows 系统之后，将很多独立唱片公司也囊括了进来，进一步拓展了自身的资源体系。

苹果有着自己的数字权利管理系统。所有的音频通过加密技术进行加密，而加密运用的是开放的标准——高级音频编码技术（Advanced Audio Coding，AAC）。另外，苹果拥有了自己私有的数字权利管理系统，名叫合理娱乐（Fair Play）：一方面，用户只能下载购买了的歌曲，并且只能在 5 台电脑上播放它。但是他们可以将其放到 iPod 上无限制地循环播放；使用者可以将每只歌曲刻录为 CD，但是只能将一个乐曲菜单刻录 7 次，因为需要防止为非法销售而进行大规模的拷贝；另一方面，苹果的数字权利管理系统，在本质上是私有的。iPod 只会支持 AAC 和 MP3 格式的音乐，却不会支持别的公司的占有统治地位的格式的音乐。这种兼容性成为苹果商业模式的关键部分。

3. 苹果新模式：走向网络服务

软件设计、硬件制造和零售曾经是苹果公司商业模式的三项支柱业务，而今这种模式正在转变，苹果的目标是从"电子产品生产商"向"基于终端的内容服务提供商"转变。移动通信市场的快速发展，使得苹果下定决心正式进军移动互联网，并对"iPod + iTunes"模式进行移植和扩展，构建自身完整的数字娱乐内容服务战略。

2008 年 3 月 6 日，苹果对外发布了针对 iPhone 的应用开发包（SDK），通过免费下载吸引第三方应用开发人员开发针对 iPhone 及 iPodTouch 的应用软件。同年 7 月 11 日，苹果 AppStore 正式上线。目前，AppStore 的应用下载量已越过 20 亿次。

当前更高的手机带宽使得储存显得多余，像 3G 和 4G 这样的移动手机技术以及移动无线网络 WiFi 的普及使得移动互联网技术变成了真实。对于 iPhone 产生的影响是，由于内存量不再是必需的，这对苹果硬件的平均价格将会产生消极影响，但是极大地加强了苹果 iPhone 的市场份额。

2010 年，苹果公司再进一步，推出了革命性的消费电子产品 ipad，一种介乎于手机和计算机之间的平板电脑，这一举措撼动了多年不变的计算机行业。iPad 运行与 iPhone 一样的操作系统，苹果在线软件商店中的 App 都可以在 iPad 上运行。此外，通过同步技术及商业运作，苹果公司允许 iPhone 用户在购买 iPad 后，可以花一份价钱下载 App，同时安装在 iPhone 和 iPad 上，并且进行数据同步，这无疑对用户具有很大吸引力。此外，苹果公司与各大传媒集团签订协议，使其可以在在线商店中销售报纸和书籍，这对受新媒体冲击下岌岌可危的出版集团而言，无异于雪中送炭，因此，iPad 同时受到用户和内容提供商的欢迎。

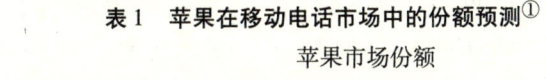

表 1　苹果在移动电话市场中的份额预测①

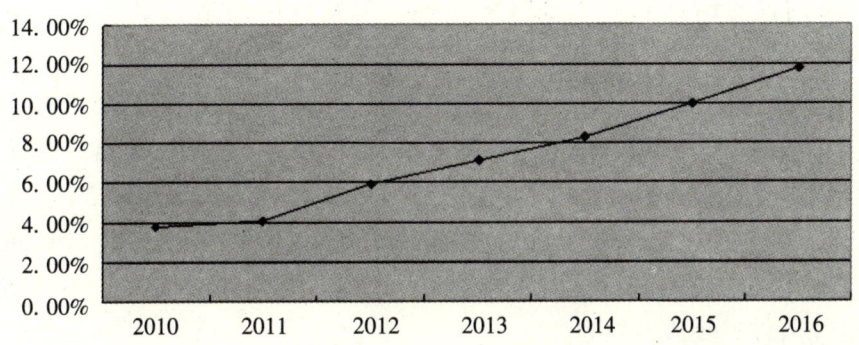

苹果公司凭借自身在计算机领域的超强实力，一步步进入消费电子、内容以及通信领域，打造出由计算终端和在线内容商店组成的业务核心，并将音乐、影视、图书出版、软件等各内容领域整合在自己的业务版图内，堪称是 4C 融合的典范之作。

（二）Kindle 的 4C 融合模式：内容驱动的 4C 融合

亚马逊网站是世界上最大的网上书店。其优势在于拥有大量的图书和报纸及期刊"软"资源，随着互联网应用的发展，人们的阅读习惯也开始发生改变，而图书、报纸及期刊的出版发行方式的互联网化也开始显露端倪。顺应这一发展趋势的同时，如何利用自己的优势资源，这让亚马逊萌生了开发电子书阅读器的想法。

2008 年，亚马逊开发了 Kindle 电子书籍阅读器，这款阅读器小巧轻薄，为手持电子书籍阅读器，重量仅为 290 克左右，6 英寸显示屏采用"电子墨"技术，无背光，高度节电，字迹清晰，更贴近白纸黑字的传统

---

① Apple: A New Business Model for iTunes? 获取自：http://seekingalpha.com.sixxs.org/.

阅读效果。用户可以随时随地通过 Kindle 登录网络，选购和下载图书，订阅报纸及杂志。

Kindle 最初定价为 399 美元，此后由于规模化生产，价格下降至 359 美元；由于美国普通书籍的价格也达到几十美金，因此在几本书的价格就可以抵得上一个 Kindle 阅读器的价格攻势下，Kindle 迅速拓展了消费者市场。此外，消费者通过 Kindle 只需要 9.9 美元就可以下载一本书，经典书籍价格则仅从 1.99 美元起；同时，在线系统能够存储用户已购买的所有书籍，这远比购买传统书籍便宜。除此以外，用户还可以通过 Kindle 内置的浏览器和无线接入功能，免费阅读网络版报纸并订阅收费版。

Kindle 商业模式的关键在于亚马逊强大的供应链资源整合能力。由于多年的图书电子商务积累，在经过三年的准备后，甫一推出，亚马逊就提供了 9 万册图书供用户下载，后来增加到 25 万多本图书、30 多种报纸及 25 种杂志。由于有着多年图书分销经验，这一数字还在不断增加中。亚马逊还找到了一个商业模式——与 Sprint 公司合作，让客户可以把阅读内容无线传送到阅读器上。

另一方面，作为网络零售商，亚马逊主要的收入都是基于网络销售，有着成熟的网络收费系统，聚集的用户也都是付费用户；同时，由于亚马逊拥有网络书店的经营基础，可以随时根据其网站销售数据，了解作者的影响力，了解读者的购书需求。

目前，亚马逊对于 Kindle 的商业模式创新还未停止。当前，亚马逊正在做三件事：首先，向上游产业链扩张，推动数字出版计划。在 Kindle 发布的同时，亚马逊推出了其自助出版工具，其为作者发布原创书籍作品提供了便利，并给作者 35% 的版税分成，以此试图向上整合部分内容资源。其次，瞄准特定细分市场，比如教科书市场。2008 年年中，亚马逊推出了面向大学生的新版 Kindle 阅读器，开拓美国教科书市场。最后，推动 Kindle 的多业务融合，比如基于 Kindle 平台的音乐下载、社交网络等。亚马逊在 2008 年 1 月收购了社交网站——Audible.com。事实上，很多电子书阅读器也都在考虑加入音乐播放、游戏等功能。

Kindle 的商业模式毫无疑问来自于苹果的 app store，而它与苹果不同的是该公司的挣钱法门在于强大的内容平台和丰富的图书资源，以及为消费者带来的低成本阅读优势，与之相对，亚马逊并不以其在电子墨水技术上的创新、可随时通过无线网络下载最新书籍等优势特色作为制胜因素。事实上，鉴于硬件技术的扩散和生产的易模仿性，任何建基于硬件的商业模式都不会长久，因此，缺少内容平台支持的阅读器无法对 Kindle 构成挑战。

(三) RIM 的 4C 融合模式：专项功能应用引发的 4C 融合

黑莓（BlackBerry）是另一种很好的 4C 融合的例子。这一模式的特点在于通过发掘一种不可替代的技术，使得应用能够移动起来。这样，传统的应用资源就进入了一个新的消费市场，成为产业链的一个环节。

自从互联网产生以来，电子邮件始终是一项重要的应用。商务人士大多采用笔记本电脑来处理邮件，但笔记本电脑的体积依然较大，不仅携带不便，而且待机时间也有限。而"黑莓"的出现恰好弥补了这个空白。1998 年，加拿大的 RIM 公司开发出一个采用双向寻呼模式的无线邮件系统，这个系统可以将电子邮件直接送到手持的接收器上，而不是通过互联网。这一革命性的应用打破了以往电子邮件通过互联网传播的限制。在运营商提供的网络支持下，无线电子邮件接收器可以作为邮件收发的终端，可以利用接收器阅读邮件正文和附件并进行回复，这使得电子邮件的收发方式发生了革命性的变化。

对 RIM 公司的来说，全球任何一家运营商都不是通道，而是解决方案的一部分，黑莓不是 RIM 公司的业务模式，而是当地电信的业务模式，黑莓只是其中一项应用。就技术支持来说，黑莓有着自己的独特的系统，比如大部分数据都从 RIM 系统内部流过。

现在，黑莓从原有的单一接收器"进化"为与手机功能融合在一起，更是在近几年受到人们的追捧，横扫了美国高端手机市场。

黑莓的成功经验比较重要的一点就是合理的商业模式。在功能上，黑莓一直没有多大变化，那就是致力于让用户在移动中能够收发邮件，但是，其所有者 RIM 公司却成为市值和产值增长最快的上市 IT 公司之一。所以能够和移动运营商成功合作，源于其在产业链中定位明确。

(四) 总 结

除了上述企业之外，很多原属 IT 软硬件制造、互联网搜索业务的企业也纷纷涉足内容、通信和消费终端产业链条上不同环节的领域。例如，Google 采取更为开放平台的策略，基于产业链形成庞大的价值网络，以期获得更多的计算机硬件开发商的支持。再如，属于老牌的消费电子企业的 Sony 公司，在影音等领域有多年的积淀，但早在 20 世纪 80 年代，Sony 就通过购买哥伦比亚电影公司，进入影视、音乐、传媒领域。在个人计算机出现后，Sony 公司凭借在电子加工制造业的实力，也开始设计制造计算机软硬件。因此可以说，4C 融合在业界实践是早已出现甚至成熟了。

受到苹果、Google 等公司在新媒体领域的冲击，传媒、通信业也开始有意识地重建自己的业务系统，如新闻集团联合一些企业计划进入搜索领域，而沃达丰等通信巨头也开始提供自己的数字内容服务等等。

三、4C 融合的案例：产业层面

在 4C 融合的体系里面，有一类很主要的融合模式是传统文化内容和电脑的融合，比如电脑游戏和动漫。在上文的阐述中，已经分析了企业层面基于软硬件系统，融合文化内容资源的案例；这部分将结合会展业的例子，探讨 4C 在文化产业层面整合的案例。

（一）圣迭戈动漫展：资源展示催生的 4C 融合

圣迭戈动漫展通过展会形式，将文化资源集中放在一起展示，成为动漫产业的重要一环。圣迭戈国际动漫展（San Diego International Comic-Con）如今是西半球规模最大、全球规模第二大的动漫展，仅次于法国的昂古莱姆（Angoulême）国际漫画节，且后者是一个单一的漫画展会。圣迭戈国际动漫展的影响力早已超越动漫界。电影、电视剧以及游戏等作品在这里都能找到观众。

1970 年 3 月 21 日，漫画迷希尔·多夫（ShelDorf）在圣迭戈举办了一个为期一天的展会，并把这个展会起名为"金州迷你动漫展"（Golden State Comic – Minicon）。同年的八月，希尔·多夫成功举办了一个为期三天的动漫展，吸引了 300 个动漫迷，参展人数是迷你展的两倍，这次他把展会改名为"金州动漫展"。理查德·奥夫（Richard Alf）在 1971 年出任动漫展主席。展会的主办方是非营利组织，他们在展会中的收入全部被投入到未来的展会中。主办方工作团队的规模也并不大，只有 13 个固定成员，16~20 个工人以及 80 个志愿者。

每个有影响力的展会都会为各大公司提供展区，让他们更直观地向粉丝们介绍新作品等。圣迭戈国际动漫展上自然少不了这些发布会，但在动漫和影视以及游戏方面又多了一些特别安排。

1. 动漫相关

圣迭戈国际动漫展在动漫领域安排的活动非常吸引人。主办方专门安排了画家签售区，粉丝们可以在那里见到自己喜欢的画家并拿到他亲笔签名的作品。画家们有时候也会为你在签名时即兴作画作为礼物。有些画家也会带着自己的原画到展会上拍卖。这些手稿对于漫画迷来说比漫画本身意义更大。除了画家，漫画的作者甚至画家用的模特都可能出现在签售区内。

动画放映区也是圣迭戈国际动漫展的一大看点。主办方为动画爱好者提供了三个放映间，播放经典的动画影片和最新的优秀作品，有时还会出现新片首映。

圣迭戈国际动漫展还为美国动漫界的颁奖典礼提供了平台，埃斯纳奖（Eisner Award）这个重量级奖项就是在这里颁奖的。埃斯纳奖还专门设有最佳零售店奖，奖励那些为漫画界作出突出贡献的漫画商店。另外，圣迭戈国际动漫展还设有自己的类似于终生成就奖的"标签奖"。乔治·卢卡斯（George Lucas）曾在2008年拿到过这个奖项。

美国动漫产业人士每年都会在圣迭戈国际动漫展举行动漫艺术会议，展示动漫界的新成果。这些带有教育性质的论坛同时也协助圣迭戈国际动漫展维持非营利的本质。

圣迭戈国际动漫展还包括作品评审区。动漫爱好者们可以带上自己的各种相关作品参加评审活动。在活动中动漫界的专业工作人员会为爱好者们的作品作出评论和指点，还会与参与者分享他们的工作经验。

模型制造商也抵挡不住圣迭戈国际动漫展的诱惑，每年都会带来专门为该动漫展设计的模型，仅在圣迭戈国际动漫展上出售。这些模型大多都是漫画、电影或者动画片中的角色。

动漫展也会有Cosplay，为了鼓励大家勇敢地打扮自己，圣迭戈国际动漫展筹措不少赞助商以奖金的形式支持Cosplay。Cosplay的赞助方通常都是漫画公司，他们也只会把奖金送给打扮成自己公司角色的粉丝。

2. 影视相关

圣迭戈国际动漫展可能在展出电影方面算得上最慷慨的。除了在展会上专门的电影展播室中，主办方还安排在指定的宾馆为参加动漫展的粉丝们通宵播放优秀影片。

除了展播影视佳片，主办方还在展会中加入独立电影节，提供给那些未能得到电影公司支持的电影人。主办方为电影相关的活动准备了指导环节，经验丰富的电影人会传授他们各方面的制片经验给新人们，最后主办方还会评出各大电影分类中的最佳短片奖。

儿童电影节也是动漫展的环节之一。在圣迭戈国际动漫展上，儿童电影节已经有五年的历史。儿童电影节通常在星期天举行，被称为是圣迭戈国际动漫展的儿童节。

圣迭戈国际动漫展在经历了早期的发展后，影视节目成为其重要的展出环节，每年好莱坞的大制片和发行公司都会选择将科幻、漫画改编、游戏改编、恐怖、奇幻、动作等最具商业特色的大片来动漫展作为最前沿宣传阵地，而各大电视网络同样将自己最优秀的商业剧集拿来宣传，并往往伴随独家片花甚至是完整的新集放映。近几年最热门的影视节目如《变形金刚》（Transformers）、《哈利·波特》（Harry Potter）、《加勒比海盗》（Pirates of the Caribbean）、《钢铁侠》（Iron Man）、《阿凡达》（Avatar）、《暮光》（Twilight）等影片和《真爱入血》（True Blood）、《嗜血判官》（Dexter）、《迷失》（Lost）、《英雄》（Heroes）、《邪恶力量》（Supernatural）等热门剧集均将圣迭戈动漫展作为最重要的前期宣传阵地。

3. 游戏相关

目前，圣迭戈国际动漫展的游戏环节还无法和它的动漫及电影环节媲美，毕竟在美国有来自 E3 这种全球最好的游戏展的压制，而且展会的规模受到会展中心面积的限制，但圣迭戈国际动漫展上的游戏环节也是很大的看点和精彩的参与环节之一。每年都会有少量的游戏公司到此宣传，主要以提供试玩等形式让玩家了解新作，也会举行一些比赛活动。

虽然目前游戏业界的重磅消息很多都被选在 E3 上公布，但游戏展区绝对是圣迭戈国际动漫展未来的重点发展对象之一。圣迭戈国际动漫展的非营利性和展出作品多元化等特点让这个会展非常灵活，很有冲击 E3 等展会的潜力。

（二）E3 展：互动展示世界文化元素的 4C 融合

电子娱乐展览（又叫 E3 游戏展），即 Electronic Entertainment Expo/Exposition，简称为 E&sup3，常被写作 E3。它是世界上电子游戏界最大的年度商业化展览，也是第三大的游戏大会。展览只对那些电子游戏业界业内人士以及记者开放，并且制定了 18 岁以上才能参观的年龄限制。

E3 于 1995 举办至今，已拥有 15 年的历史，最早的 E3 大展起源于民间，当时电子娱乐业的人们聚集到一起，平等地协商、交易、展示自己的产品，久而久之这种聚会形式被保留下来并得到推广。由于称为电子娱乐业展览，所以像 PDA、家用游戏机、游戏软件、多媒体娱乐设备、在线娱乐设备等代表科技发展水平的顶尖的电子娱乐软硬件都将在这里展出，展会不仅汇聚众多知名游戏软硬件开发厂商，更汇集了大量的业内媒体，这里不仅是产品展示的平台，厂商新近开发或计划开发的一些产品，发展策略也将在此公布于众。E3 的历史就是电子娱乐产业发展的历史。E3 一般在每年的 5 月的第三周在美国洛杉矶的洛杉矶会展中心举办，ESA（Entertainment and Software Association，娱乐和软件协会）是主办者。

很多电子游戏的开发者会在展会上展示他们即将上市的游戏，或者发布即将面世的硬件产品，其中的 1/5 是从未向公众展示过的。大展上面的独立奖项"游戏批评奖"（Game Critics Awards）从 1998 年开始，颁发给 E3 上面最出风头的各种游戏。

E3 展上面展出的游戏是 4C 融合的绝佳典范。中国就曾经将大量的根据传统文化元素的游戏拿到 E3 展上去展出。比如，2005 年的中国国产 3D 网游——《真封神之天尊地魔》，就是一款取材于传统小说《封神演义》的游戏。

（三）总　结

文化产业是一个包括很多具体产业的部类，上述以动漫、游戏与会展业的结合为例分析了文化产业领域 4C 融合的特点与模式。除此之外，数字文化产业的发展几乎可以说就是 4C 融合的发展路径，而会展业、文化旅游业、信息服务业等文化产业类型则为数字文化产业的发展提供了展示的空间和应用的平台。

四、4C 融合的案例：国家战略与保障体系层面

在 4C 融合层面，推进信息、通信、消费类电子产品的 3C 整合是进入信息社会世界很多国家的首要战略举措。这类通过国家战略来推进信息化发展的方式在一些国家取得了良好的成效。

英文单词"Ubiquitous"来源于拉丁语，意为"普遍存在的，无所不在的"。Mark Weiser 博士在 1988 年第一次提出 Ubiquitous Computing 的概念，认为"电脑在我们没有意识到它存在的时候，已经融入了我们的生

活中"。其后,日本学者衍生出了 Ubiquitous Network "无所不在的网络"的概念,认为人们在没意识到网络存在的情况下,能随时随地地通过适合的终端设备上网并享受服务。

可以看出,"无所不在的网络"这一概念很好地诠释了通信、信息、消费类电子产品融合的3C概念,同时也为4C的融合提供了技术平台与物质载体。

(一)韩国的 U–Korea 计划:面向未来生活的 4C 融合战略

韩国在2005年就已经是全球宽带普及率最高的国家,同时它的移动通信、信息家电、数字内容等也居世界前列。为了应对全球信息产业新一轮"U"化战略的政策动向,韩国制定了 U–Korea 战略。

U–Korea 意为建立无所不在的社会(ubiquitous society),也就是在民众的生活环境里,建构智能型网络(如 IPV6、BCN、USN)、最新的技术应用(如 DMB、Telematics、RFID)等先进的信息基础建设,让民众可以随时随地享有科技智慧服务。其最终目的,除运用 IT 科技为民众创造"衣食住行育乐"各方面无所不在的便利生活服务,也希望扶植 IT 产业发展新兴应用技术,强化产业优势与国家竞争力。为落实上述目的,U–Korea 以"The FIRST u–society on the BEST u–Infrastructure"为愿景策略,锁定在四项关键建设发展无所不在社会五大应用,各项范畴之关键策略任务如表2。

在进程规划部分,U–Korea 主要分为发展期与成熟期两个执行阶段。

发展期(2006—2010年):本阶段重点任务为基础建设的建置、技术的应用以及 U 化社会制度的建立,除发展 U 化物流配销体系、U 化健康照护等无所不在服务(Ubiquitous Service)、扶植 U 化产业与新兴市场,也将完成无所不在网络基础建设的建置工作、IT 技术在生物科技与纳米科技各领域的应用、建立 U 化社会规范。而本阶段预期达到的目标,包括跻身成为全球前15名具有竞争力、前25个高生活水平的国家之列,并提高国民所得达到22 000美元。

成熟期(2011—2015年):本阶段重点任务为扩散 U 化服务,除将 U 化服务扩散应用于国内各个产业外,将国内 U 化服务扩散至海外市场更是本阶段核心任务。另外,将相关电子对象嵌入智能芯片、生物科技与纳米科技 IT 技术的活用、稳定 U 化社会文化亦为此阶段发展要项。本阶段预定达成的目标,包括跻身成为前10名具有竞争力、前25个高生活水平的国家之列外,也预计要将国民所得提高至30 000美元。

表2　U-Korea 关键策略任务①

愿景策略		关键任务
"First"五大应用范畴	亲民政府 (Friendly Government)	建设 U 化行政符合都市 提供移动公众服务 建设 U 化投票系统
	智慧科技园区 (Intelligent Land)	建设 U-City 整合管理中心 建设智能交通网络 完成电子护照入境监控系统
	再生经济 (Regenerative Economy)	运用 U 化技术发展与扩张商业模式 灵活 U-Payment 运用
	安全社会环境 (Secure&Safe Social Environment)	建设智慧型紧急网络系统 食品与药品档案追溯系统 建立无人化保安巡逻系统
	U 化定制服务 (Tailored u-life Service)	提供 U 化身份辨识卡 提供 U 化家庭生活（U-Home）
"Best"四项关键任务	平衡全球领导地位 (Balanced Global Leadership)	吸引 U-IT 全球领导大厂进驻 支援企业公司的全球标准工作 巩固 U-Korea 与 u 化产业
	生态工业建设 (Ecological Industrial Infrastructure)	培养五个关键性战略产业 吸引 U 化产业聚落（U-Cluster）的龙头企业 提供工业测试平台服务
	现代化社会建设 (Streamlining Social Infrastructure)	健全 U-Korea 基本规范与政策 提供 U 化服务、避免数字鸿沟 巩固 U 化环境的安全性
	透明化技术建设 (Transparent Technological Infrastructure)	落实 U-IT839 战略政策 开发 U 化服务核心技术

① http://www.nici.nat.gov.tw/content/application/nici/generala/guest-cnt-browse.php?cntgrp_ordinal=1002006100110003&cnt_id=763, 2006.06.07.

(二) 4C 融合的法律保护案例：调和数字时代的应用困境

4C 融合涉及诸多如版权保护、数字标准、企业竞争方面的法律问题。我们以苹果公司及美国法律框架为例，分析 4C 融合的法律保护案例。

在美国，4C 融合能够成功是与其拥有成熟的法律框架有着很大关系的。这些法律既保护了版权拥有者的创造积极性，又保护了消费者的使用权利。而且这里面形成了较大的张力和弹性，这使得版权拥有者和消费者之间能够良性互动，自由地进行权利和利益的转换。

以苹果的 iTunes 网上音乐商店 (iTMS) 为例。苹果的版权保护主要有四大块：首先是版权及合同法的相互影响 (Copyright and Contract Law Interplay)：在线媒体服务比如苹果的网上音乐商店 iTuns 一般运用两个法律步骤来控制购买 e - 内容，比如歌曲、电影、或者 e - book 消费者的行为。通过合同达成的协议和通过版权保护来进行限制。其次是数字权利管理 (Digital Right Management, DRM)：这是苹果的网上音乐商店的重要元素。这由技术方法做了限制（"密码"），这种技术使得使用者只能对数字内容做使用者被允许做的事。Part2 再次是数字首次买卖法则 (Digital First Sale Doctrine)：版权法提供了一揽子的控制权，比如再制造的权利以及散布的权利。但是这些一揽子权利只是在一定限制下才能得以实现。最后是公正运用法则 (Fair Use Doctrine)：使用者有权从苹果音乐商店以有理由的借口来应用获得了版权的材料。

苹果在线商店上消费者的权利和商家的利益就是由版权法和合同法之间形成的张力来保证的。

版权法保护特定的作品并通过赋予对作品的使用的排他的控制权来鼓励其作者，这种鼓励由政府特权赋予并有特定的时间期限。

合同法使得合同双方同意去行使或者继续某种特定行为。这种概念上的模型是一种协议双方的相互的交换。电脑软件以及基于互联网的交易引入了一个新的合同，叫做"点击合同" (clickwrap contract)。

苹果音乐网站及相关服务的关键问题是合同可以改变基于版权法的权利和例外。合同显然可以改变一些环境中的权利分配。比如，苹果在线音乐网站允许使用者来拷贝和下载歌曲文件到五台电脑上。苹果和消费者之间的合同未坚持苹果以及版权拥有者的起诉权利。实际上，拷贝是违反了版权法之下的拷贝的排他权的。苹果和其他版权拥有者一样，可以通过合同将排他或者非排他的权利授予他人。

苹果控制苹果音乐商店的能力范围依赖于合同法和版权法谁在主宰以及是否在互动。版权法主要为那些购买了歌曲的消费者在版权保护中提供一些例外，以使他们获得更多的使用权利。然而，如果合同法重新安排版权法的权利，苹果可以运用与苹果音乐商店消费者达成的许可证协议来限制他们对歌曲的所作所为。因此，在美国，合同法会否决版权法的一些条款，而政府又不会强加一些条文来弥补漏洞，而苹果的许可证协议则可以补上版权方面出现的漏洞。

（三）总　结

以国家战略的形式推进3C的融合被证明是行之有效的方法，同时这种提升至国家战略推行的计划可以有效地整合国家资源，确立目标，明确路径，制定政策与法律体系。

除了韩国之外，我国的另一个紧邻日本在2004年也提出了以发展U-biquitous社会为目标的U－Japan构想。在U－Japan中，U的理念又被细化为三方面：普及（universal）、面向用户（user－oriented）以及独特性（unique）。"universal"是让所有的人（包括高龄老人及残障人士）都可以方便地使用网络资源，达到人们之间的紧密沟通。"user－oriented"强调的是应用要重视使用者的便利性，以人为本，从每一个细部体现科技的人文关怀。"unique"则体现了使用者鲜活的个体特性，为大众提供展现活力和个性的舞台，力图在人类无限创造力的推动下，不断地创造出新的服务模式和商务形态。

另外，4C融合进程中也出现了诸多的新问题。例如，版权保护难度的加大，企业运用某一领域的绝对优势进行其他领域的不正当竞争，消费者的合理使用权与著作权保护的矛盾等，这就需要以技术标准、法律、政策、社会公德等共同组成的体系加以保障。

五、"4C融合工程"——中国路径研究

在我国，4C融合现阶段已经成为目前我国实施文化惠民，推进覆盖全社会的公共文化服务体系的重要手段。例如，目前在全国范围内实施的"全国文化信息资源共享工程"，采用现代科学技术，将中华优秀文化信息资源进行数字化加工和整合，通过文化共享工程服务网络，以互联网、政务外网、卫星、有线电视/数字电视、光盘、移动存储等方式，实

现优秀文化信息资源在全国范围内的共建共享。

从产业的角度而言,我国具有实施"4C融合工程"的必要性和紧迫性。

第一,我国新阶段的改革开放需要政治、经济、社会、文化四位一体的协调发展,因此实施4C融合工程具有国家层面的可行性。

第二,我国拥有丰富的历史文化资源和数量众多、形态各异的非物质文化遗产,拥有璀璨的民族文化资源,具有实施4C融合工程的文化资源依托。

第三,从内容生产来看,我国的文化产业已经经历了10年的发展,已经形成了较强的文化内容的生产与创作能力,每年都有数量众多的结合了中国元素、具有时尚流行文化符号、为广大人民群众喜闻乐见的文化内容产品问世,具备了实施4C融合工程的创新能力基础和群众精神文化需求空间。

第四,从内容创新来看,我国已经形成了在内容创意、形式设计、形态创新、技术应用等多方面具有强烈创新能力的文化内容生产队伍和人才储备,并且正在加紧推进三网融合、物联网、下一代互联网技术、智能城市等信息化工程,具备实施4C融合工程所需的技术支持能力与智力储备。

第五,从内容传播来看,我国的文化内容产品已经日益形成覆盖全球的文化影响力,我国的国家形象亟待通过文化的创作、传播来加以提升。

综上所述,我国目前具备实施"4C融合工程"的可行性。当前我国实施"4C融合工程"最突出的障碍是对我国几千年来积淀的深厚文化资源挖掘不足,同时缺乏对文化资源的文化元评估标准、技术转化标准和产业化标准,欠缺促使文化资源向文化内容转变的科学体系。

(一)我国提出4C融合工程的逻辑体系

从用户(消费者、人民群众)的角度来说,4C融合的过程其实是一个将文化内容(cultural contents)传递到消费者(customer)的过程,由电脑、通信、消费类电子产品等带来的是消费者的用户体验、操控手段、显示界面、互动平台等功能,而构成这些消费者高级应用的底层基础,是由技术标准、法律、政策、公德、自律构成的保障体系。因此,我国的4C融合工程的逻辑体系可以用图1来表示。

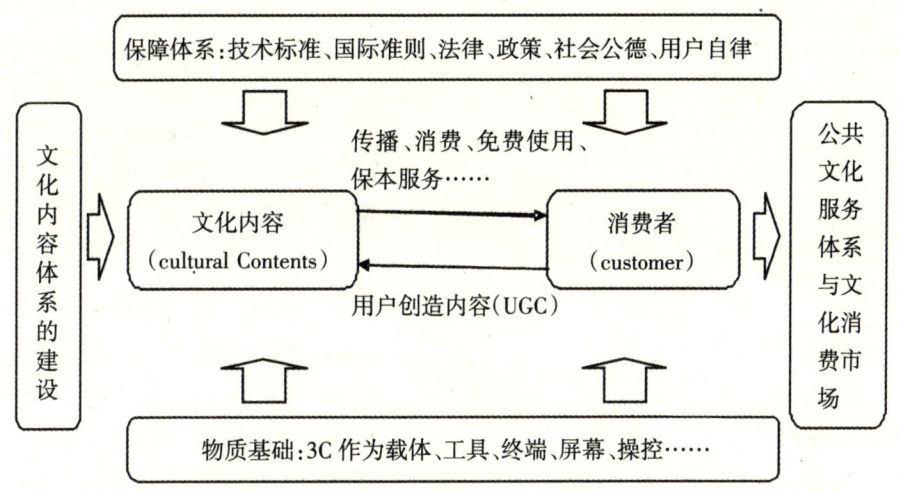

图1 我国4C融合工程的逻辑体系

简要分析,我国的4C融合工程分为技术层面、内容层面、保障层面的建设。

1. 技术层面

主要依据不同的技术手段进行划分,即计算机、通信、消费类电子产品。其中计算机主要指具有较强信息处理与计算功能的设备,计算是贯穿4C融合的技术核心;通信主要指互联网、电信网、广电网为主的传输设施,这一领域不断出现新的技术,如无线网、IPTV、物联网等;消费电子指人与信息系统交互的接口设备,种类较多,从传统的广播电视到移动设备等。

从技术层面入手,可以对计算机、通信、消费电子进行最基本的划分。可以通过表3来列举现有的各种技术手段:

表3 当前3C主流技术及发展趋势

	当前主流	发展趋势
计算机	PC单机;服务器(具体包括图形、数据库等计算功能,以及数据存储等功能)	云计算(包括计算和存储功能的终端,以及具有App的终端)

续 表

	当前主流	发展趋势
通 信	基于 IPV4 的互联网；2G 为主的电信网；传统广播电视网	基于 IPV6 的互联网以及 WIFI、WI-PI、WLAN 等无线网；3G、4G、LTE 等电信传输方式；CNNB、地面数字电视、移动电视、卫星数字电视；物联网（包括 RFID）等技术
消费电子（主要包括输入、输出两种类型的设备）	收音机、电视机、数码相机、DV、mp3、手机、游戏机、扫描仪等	智能手机、智能电器（带有联网功能的冰箱等）、次时代游戏机、IPAD、kindle、HUD 设备、Tivo、摄像头识 GPS 等

2. 内容层面

4C 融合给建立文化元资源库带来的契机是：

识别和获取：消费电子的发展建立起无所不在的媒介环境，不但为专家还为普通人提供识别和获取文化资源的技术手段。

分解和评估：计算机硬件性能的提升，以及软件技术的发展（专家系统、人工智能、大型数据库等）提供了强大的信息计算和处理能力，为知识管理提供了强有力的支持，使得海量的复杂信息可以高速并且有效地转化为知识，文化资源得以有效整理和保存。

存储和分享：计算机硬件性能的提升可以以更低的价格存储海量数据，而软件系统可以有效管理数据，为客户提供复杂的查询服务，如 Google 等可提供包括文字、图片、声音、视频，以及地理信息等多媒体格式的查询服务；通信的发展提供了更高的带宽，更高的传输速度和更低廉的资费，用户可以从互联网、电信网和广电网的融合中享受无缝的信息服务；最后，多样化的消费电子作为输出终端，可以让人们随时随地获取内容服务，并且通过输入功能与内容和媒介互动，与其他人进行交流，而这些输入又进一步丰富了内容资源。

3. 保障层面

在我国，4C 融合工程不能不考虑与互联网、广电网、电信网所代表的从行政管理角度进行划分的关系，同时又面临解决诸多法律、道德、政策、规范等问题。这就需要从保障体系的角度来深入研究我国实施 4C

融合工程带来的新问题。

(二) 文化科技体系的建设

在我国实施4C融合工程的体系中，以3C为代表的科技基础体系和科技应用体系的建设是其中的重要内容。由于电脑、通信、消费类电子产品等相关文化科技体系的建设牵涉我国信息化建设与社会发展的诸多方面，因此我国文化行政管理部门统辖下的4C融合工程更多的应该是推动既有信息技术成果与文化内容更好地结合，促进消费者应用4C产品。

在此，本研究对与4C融合工程相关的文化科技领域进行简要的梳理：

1. 文化资源标准技术

目前我国亟待建立一套文化资源的元数据标准。元数据是描述数据及其环境的数据，它提供关于信息资源或数据的一种结构化的数据的，是对信息资源的结构化的描述。其作用为：描述信息资源或数据本身的特征和属性，规定数字化信息的组织，具有定位、发现、证明、评估、选择等功能。在确定了元数据标准后，对我国海量文化资源——特别是传统文化资源——才能进行科学的识别、定位，进而加以利用。

2. 文化内容资源评估技术

这项技术更多的是软科学技术，它指的是我国目前需要由政府部门牵头，通过学者、普通文化消费者、政府、企业等共同努力，建构一套衡量中国文化内容资源的评估量表体系。这套量表体系会对我国散落在中华大地的传统文化资源进行量化评估，从而为后续的信息化或产业开发提供指导。

3. 文化内容创作技术

在4C融合的科技体系中，文化内容创作技术包括的范围非常广泛，如图形图像处理技术、音视频编解码技术、渲染引擎技术、虚拟现实技术、高清摄像技术等。

4. 文化内容存储传播技术

文化内容的传播包括了信息的存储与传输、系统的互联、内容的分发、基于网络系统的交易等技术，主要包括：内容搜索技术、海量数据库、下一代互联网、高速无线互联、物联网、嵌入式系统、P2P分发技术、自适应系统等。

5. 文化内容控制技术

这里的"控制"包含了管理与监控两重含义，主要包括对文化内容进行管理的数字内容编目技术、内容聚合技术、内容转码技术等；对文化内容进行监控的版权管理与防盗版（如数字水印）技术、不良信息过滤与屏蔽技术等。

6. 文化内容消费技术

文化内容消费技术的目标是为消费者和普通用户提供最大便利，以终端的易用性、界面的友好性为重点。主要包括：人机交互、电子支付与交易系统等。

六、文化内容体系建设——4C融合的关键体系

从文化的视角及文化行政管理部门的职能来看，我国实施4C融合工程最为重要的工作是文化内容体系的建设，这也是本研究的另一个重点。

（一）文化资源和文化内容

文化资源的定义在学界还没有形成一个统一权威的定论，业界通常认为所谓的文化资源，是人们从事文化生产和文化活动所利用的各种资源的总和[1]。也有学者将其具体描述为人类为开辟、发展和完善自己赖以生存的环境，在改造利用自然、维系社会规范和塑造人类自身的长期实践过程中所创造的物质文化、制度文化（社会文化）和精神文化遗产[2]。

文化资本是一个更加偏重于文化资源经济价值的定义，经济学家们传统地将资本分为三种类型：物质资本、人力资本和自然资本，随着文化资源的经济价值不断凸显，文化内容逐渐成为新的价值承载体和价值增长点，因此，文化资本得到了学界和业界的广泛关注，并在文化资源的转化和评估过程中越来越多地被提及。

本研究所关注的是作为3C（computer、consumer electronic & communication）融合内容的文化资源，是被识别和进行了标准化存储和分享的文化资源，则不仅关注文化资源的经济属性，即作为文化资本的文化资源，还关注文化资源的社会属性，即需要保护、挖掘和传承的文化资源，因此，本研究将其称之为文化内容（culture contents）。

（二）文化内容的特征属性与分类

1. 文化内容的特征属性

文化内容的立体存在属性。文化内容不同于其他自然资源，它以人

---

[1] 张莹、张蓉：《文化资源的特征及其开发利用》，载《今传媒》2009年第8期。
[2] 李东红、杨利美：《文化资源的价值评估、成本核算与经济补偿》，载《思想战线》2004年第3期。

的社会活动为中心，存在于物质、制度、行为方式和精神四个层面，以土家族的民族文化为例，土家山寨的吊脚楼、土家人手中产生的西兰卡普都是可视可触的，是表层的物质文化；土司城的社会制度、土家族社会的分层结构等是中层的制度文化；土家族的婚嫁风俗、丧葬风俗、节庆风俗等都属于中层的行为文化；而土家族的宇宙观、生死观、宗教信仰、图腾崇拜等属于深层的精神层面的文化。每种文化实体都客观存在于物质、制度、行为方式和精神四个层面，并呈现出从表及里的文化同一和从里及表的文化外显。

文化内容的立体存在属性使得文化元的划分成为一个复杂的工程，表层的物质文化容易辨识，也便于设立统一的评价体系，内层的制度文化、行为文化和精神文化的辨识和分解存在一定的难度，本文将在后续的论述中对此进行细致的研究。

文化内容的历史性。在某个历史阶段，文化呈现出某种特征，随着时间的推移，它的各种外显形式也可能会发生改变，因此文化内容并不是一成不变的，它随着历史的推进而变化。

文化内容的历史性要求我们在进行文化内容的评估转化的过程中注重文化的演变过程，并关注文化内容的变化趋势，关注文化演变中人和自然因素的作用。文化内容数据库应该有时间轴的控制，并且应该是方便改动的，是一个动态的数据库。

文化内容的适境性。所谓适境性，是指文化资源的生命力要在一定的情景或者相当的环境资源条件支撑下才会爆发出来。只有宽广辽阔的草原和大漠才能促生出便于迁徙的蒙古包、沉郁的呼麦和悠长的长调，而灵秀俊美的南方山水才能培育出婉转悠扬的《龙船调》和《蝴蝶泉边》，这就是文化内容适境性的体现。

文化内容的适境性决定了文化是有一定的地域要求的，在某种特定的地域环境和社会生产环境下，文化才能迸发出越加鲜活的生命力。因此，文化内容的产地保护应该引起关注和重视，在进行文化元的分析和整理时，地域特色及其相关的自然环境、生活生产环境也应该联系起来进行思考。

文化内容的共享性。我们能够准确地找到文化内容的创造群体，但是现有的法律和法规还不能限定文化内容的使用群体，很多文化内容是没有版权保护的，存在很大的跨区域使用并创造利润的可能。

文化内容的共享性对我们的文化资源挖掘和转化工作提出了更高的要求，文化内容是一种创意资源，如果我们自己不能开发利用，很可能被更成熟的商业实体抢先利用并创造价值，更为严峻的是：文化内容的转化带有意识形态的色彩，我们世代口口相传的文化内容，一旦被外显为物质层面的文化形态，它将会影响到文化内容的演进方向，外显也是一定程度的创造，因此，出于对本国文化内容的保护和传承，文化资源挖掘和转化工作都意义重大且影响深远。

2. 文化内容的分类

文化内容的分类标准十分驳杂，每种分类标准都各有其论证的方向，在不同的研究范畴中，这些划分方式都各有其存在的价值。

文化内容的转化是一个将文化资源外显、解构、评估和分享利用的过程，因此根据文化资源外显程度的不同，对该文化资源进行转化的步骤也会有所区别。为了更系统地对文化内容的转化步骤进行阐述，本研究将文化资源划分为隐性文化资源和显性文化资源。前者隐含于某一群体的价值观、世界观、行为方式和社会生活结构中，还没有任何形式的物质层面的记载，也没有形成系统成文的研究成果；后者外显为群体的规章制度、宗教典籍、建筑风格、服饰特色等各个方面的文化内容，并以语言或文字等意义的载体承载并流传下来。

在对文化内容进行转化的过程中，对不同类型的文化资源要采用不同的推进步骤。对于隐性的文化资源，首先要对其进行识别和评估，将其外显化，然后再进行文化元的分解的标准化，随后将这些文化元纳入文化内容数据库，进行后续的数据库的开发和分享工作；而对于显性的文化资源，可以直接对其进行文化元的分解，然后对其进行评估并将其标准化，纳入文化元数据库。

文化内容建设体系的核心部分是文化元数据库的建设，数据库是文化内容建设体系的运作基础，后续的文化内容的营销和文化资源的保护和传承都是依托文化元数据库进行的。

文化内容建设体系的基本步骤如图 2 所示，对每种文化实体来说，进行内容转化的第一步就是"识别"，随后的步骤分别是获取、评估、分解、存储和分享，其中分享既有使用者从数据库中获取资源分享至数据库之外，也有使用者根据自己的经验和研究将知识分享存储进文化元数据库，形成新的数据。在这个循环系统之外，还有数据库的维护人员将新的文化类型纳入数据库的过程，即图中的标签"补充"环节。

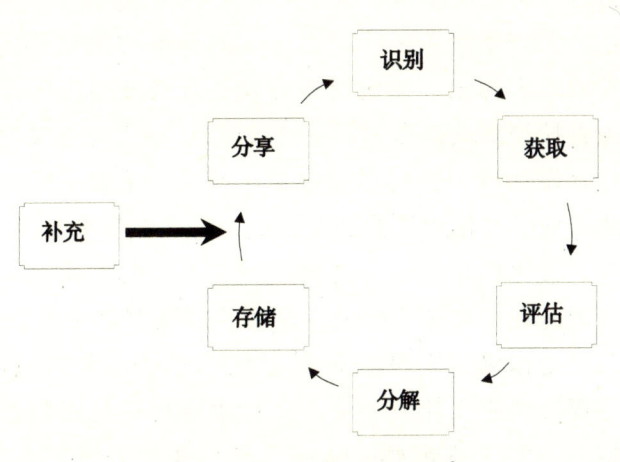

图2　文化内容转化步骤图

（三）文化内容转化体系

文化内容强调的是文化资源的可辨识性和可开发性，它来源于各种类型的文化资源。文化资源广泛存在并具有可再生性，可以成为4C融合体系中取之不尽用之不竭的生产要素，具有非常可观的经济价值和社会价值。但是文化资源需要经过提炼和评估，即转化成文化内容，才能进入营销环节发挥其作为文化资本的经济属性，也只有将文化资源转化成文化内容并对其进行标准化的储存和分享，才能避免文化资源的流失和滥用，有利于文化资源的保护和传承。

1. 显性文化资源的转化

文化内容的转化不仅影响到文化产业的发展态势和发展前景，还将通过4C的平台对其他相关产业如通信、电子消费品市场产生深远的影响，没有了文化内容，3C的平台就只能局限于做技术的整合，无法借助内容实现价值的再创造。

显性文化资源是已经被识别并整理过的，有一定的物质载体的文化资源，如有成文记载的社会规章制度、有文字和声音记载的音乐素材、有图片和文字参照的建筑样式等等。因此，在文化元数据库的建设中，对显性文化资源的处理可以直接从文化内容的评估开始。

文化资源和其他资源不同，其开发的过程不但要满足经济效益、社会效益，还要实现自身的价值保护和价值增长，即完成文化的保护和传承。因此，对显性文化资源的评估要兼顾以下四个要素。

经济效益。经济效益是文化内容开发的基本功能效益，也是市场对文化资源开发的动力源泉。文化资源开发的经济效益按照作用层面的不同可以划分为直接经济效益和关联经济效益[①]，前者是指文化内容的开发者直接从文化开发项目中获得经济效益，而后者主要是指文化内容的开发对整个文化产业、文化服务业以及其他相关产业带来的经济效益。

社会效益。文化具有意识形态属性，与人们的物质生活和精神生活都息息相关，因此在对文化资源进行评估的过程中必须注重其社会效益。文化内容的开发可以满足人民群众日益增长的文化需求，有助于提升区域文化水平、提炼核心文化竞争力。文化事业单位也可以在文化内容转化过程中汲取新鲜的艺术灵感，从而为其创作和表演带来生机和活力，引导社会文化朝着积极健康的方向发展。

产业价值。4C融合工程可以促进文化产业和相关产业的互动与合作，在不同的产业类型中实现了资源互补和利益共进，这种联动效应对于调整产业布局，实现产业结构的优化升级都有积极的作用，也有利于经济水平的提升。文化内容的开发还有助于增加就业岗位和提升产业地位，因此在对文化资源进行评估的过程中，要兼顾其产业属性，力争通过资源和整合和利用，带动文化产业和相关产业的飞速发展。

文化传承价值。在对文化资源进行开发的时候，要注重维护文化的多元性。有些文化资源的经济效益、社会效益和产业价值相对较弱，但是因为人员的流失、自然环境的变迁等各种原因，这种文化资源可能正处于濒临灭绝的状态，或者在现代经济的大潮中逐渐式微，文化内容的转化体系承担着文化保护和传承的重任，因此对这一类型的文化资源要多加关注，注重对其进行整理和分解，做好资料的存储工作，在文化元数据库之外，还要建立起一些文化辅助体系，如传统技艺人才的培养、文化活动的系统承办、文化地域的立项保护等等。

以上四个评价指标是对显性文化资源进行评估的依据，每一个评价指标又包含若干个小的评价标准，其整体结构如图3所示：

[①] 任玉平：《文化资源开发效益评价的指标体系研究》，载《太原大学学报》2008年第6期。

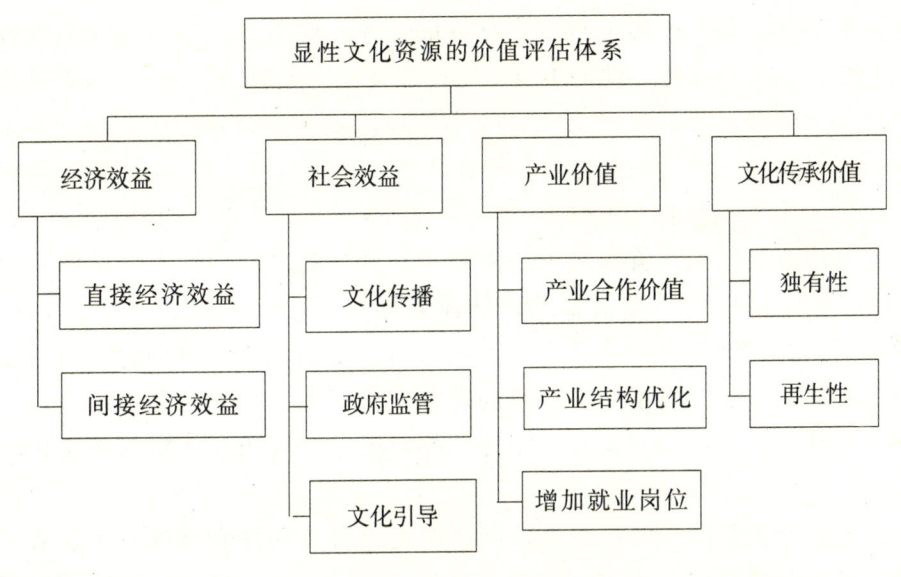

图 3 显性文化资源价值评估体系

2. 隐性文化资源的转化

隐性文化资源隐含于某一群体的价值观、世界观、行为方式和社会生活结构中,还没有任何形式的物质层面的记载,也没有形成系统成文的研究成果,对于隐性文化资源的转化,最关键的环节就是文化资源的识别和获取,也就是将隐性文化资源先转化为显性文化资源,再参照上文提出的显性文化资源的转化方式进行后续的操作。

(1) 隐性文化资源的识别

隐性文化资源的识别主要借助基层的文化工作人员来完成,对隐性的文化资源有以下两个识别原则:首先,该文化现象已经呈现出比较稳定的发展态势,在一定的历史时期,其内涵比较稳定;其次,该文化现象被一个群体广泛接受,在这个群体中拥有共同的符号意义,在进行隐性文化资源的识别过程中,这两个识别原则缺一不可。

隐性文化资源的识别需要文化工作人员亲入田间地头、深入百姓中去进行文化采风,一些文化资源虽然已经形成了千百年,已经内化为群体的生活方式和精神内涵,但是限于知识的缺乏,普通群众并不能对其加以提炼和升华,这就需要借助基层文化工作人员的专业眼光,对其进行识别和评估。此外,很多民间文化爱好者已经在做一些基础的文化整理工作,很多人经过几十年的收集和整理,已经形成了许多专著,对文化资源的保护和传承做了很多实际性的工作。更多的是一些民间艺人依靠口传身教传承文化,他们本身就是一部文化资源的"专著",这些散落的文化资源都需要有专业人士去收集整理,而绝大部分最有生命力的文化元素材也存在于这些文化的创造者之中。

(2) 隐性文化资源的获取

在获取隐性文化资源之前,需要对其进行简单的评估,评估体系可以参照前文的显性文化资源的评估体系操作,从经济效益、社会效益、产业价值和文化传承价值四个方面对其进行评估,这种前期的评估可以适当地放宽标准,并不要求这些隐性的文化资源在每一个评估子项目上都有客观的价值,只需要有一项评估指标能达到要求,就应该将文化资源的获取工作进行下去。

隐性文化资源一旦被识别,其获取也更有方向性和目的性了,获取隐性文化资源最有效的方式是深入实地。基层文化工作人员可以借助很多辅助工具来进行资源获取,如照相机、录音笔等等,收集好素材再进行相关的文字整理工作,也可以通过民间文化爱好者和民间艺人直接得到一手的文化资源素材。

为了基层的文化资源识别和获取工作能更加高效地开展,本研究设计了基层隐性文化资源识别和获取路线图:

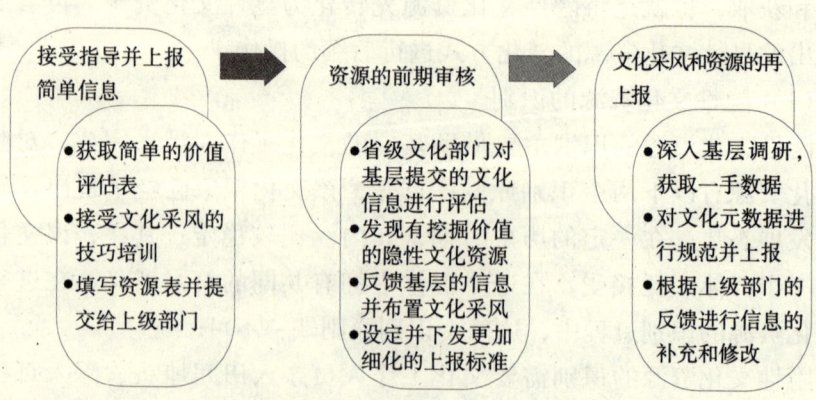

图 4　隐性文化资源识别和获取工作路线图

如图 4 所示,为了提高工作效率,隐性文化资源的识别和获取需要各级文化主管部门配合完成,其中基层的文化工作者进行文化采风的过程被称为隐性文化资源的显性化,但基层文化工作者的工作并不能囊括文化显性化的全部，更多的工作集中于对隐性文化实体的资料收集、素材整理和对比研究，这些研究需要多学科的学者共同努力，并不是一朝一夕之间可以建构起来的。

隐性文化元信息被获取并规范化之后，这些数据包将被纳入文化元数据库，进入存储和开发环节。

（四）文化元的分解和规范

文化元的分解须遵循两个原则：全面性和不可再分性。文化是一个多面体，它来源并反映了社会生活的各个方面，由很多要素组成，因此在对文化内容进行分解的时候，必须全面囊括各个文化元的要素，不能缺失和遗漏。另外，文化元是文化内容的基本单位，就如同生物体中的单个细胞，文化元的分解必须细致深入，将其分解到不可再分为止，这种深入的分解有助于文化元的查询和再组合，是文化内容开发的基本工作。

文化元的规范主要是指用简洁精练的语言对文化元进行描述，补充一些基本的文化元信息如时间、地点、生产者等等，还要借助多媒体信息对文化元的状态进行展示，如图片、音频和视频文件等等，所有的文字和文件格式都有严格统一的要求，便于进行数据库的建设、查询和分享，在这个工作环节需要涉及很多编码技术方面的知识，因此在对工作人员进行前期工作培训的过程中要着重讲解这方面的要求。

国家级的文化产业主管部门承担着一部分的文化元分解和规范工作，他们的分解对象主要是区域跨度较大的，影响范围较大的文化实体。另外，文化元的分解仅靠国家级的文化事业主管单位是无法实现的，这项工作非常庞大，需要调动基层文化工作者的力量，一方面是因为他们有数量上的优势，另一方面，他们扎根于基层，能零距离接触到鲜活多样的文化元素，对文化元素的内涵理解也更加深刻。

1. 国家层面的文化元分解和规范

国家文化管理机构需要对跨区域的文化实体进行分解和规范，在对文化资源进行价值评估之后，对照文化元的分解标准进行解构和规范，最后将文化元数据输入数据库。与此同时，国家文化管理机构还要对基层文化工作人员的文化元分解工作进行监督和支持，对他们提交的文化元数据进行复查并即使提供反馈信息，只有国家文化管理机构才有权限将基层提交的文化元数据输入数据库。

国家文化管理机构的文化元分解工作应按照下图所示的思路进行：

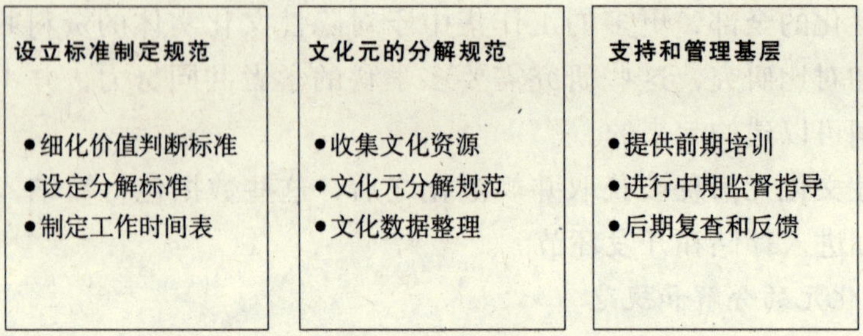

设立标准制定规范
●细化价值判断标准
●设定分解标准
●制定工作时间表
文化元的分解规范
●收集文化资源
●文化元分解规范
●文化数据整理
支持和管理基层
●提供前期培训
●进行中期监督指导
●后期复查和反馈

图 5 国家文化管理机构文化元分解工作图

如图 5 所示，国家文化管理部门的文化元分解工作主要有三块内容：设定分解和评估标准、对跨区域的文化资源进行文化元分解、对基层文化工作人员的文化元分解工作提供支持并进行监督管理。

2. 基层文化工作单位对文化元的分解和规范

在文化元的分解和规范方面，基层文化工作者的工作思路如图 6 所示：

获取资源并分解规范
●如何获取资源
●价值判断体系
●文化元分解标准
●数据填写技巧
接受分解培训
●收集文化资源
●文化元分解规范
●数据整理和填写
●文化元数据上报
●收集上级反馈
●应对反馈意见
文化元数据上报

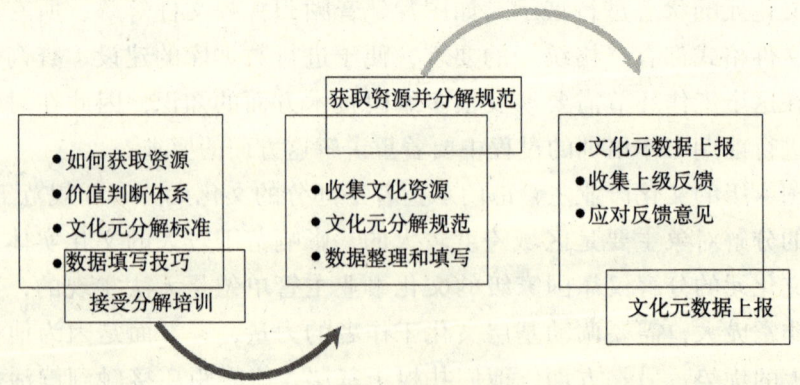

图 6 基层文化工作者文化元分解流程

如图 6 所示，基层文化工作者在文化元数据库的建设过程中承担的是文化元抓取和基本的分解工作，他们接受培训，对文化资源进行分解并编码数据，最后将文化数据传输给上级文化管理部门统一进行数据库的建构工作。

3. 文化元数据库的建构

在技术层面，文化元数据库的建构有赖于程序工作人员利用计算机编码技术建立起一个内容的存储空间，并在其中实现数据输入、存储、管理、查询和输出的功能。在项目层面，文化元数据库的建设是在计算机数据库的基础上，数字化存储文化元要素，并借助数据库挖掘技术，实现文化元的提取和自由组合，建立一个突破空间限制的文化资源共享平台，促使文化元要素在3C平台上的传播，实现文化资源的价值增值。

文化元数据库有以下几个子系统：输入系统，实现文化元数据的输入和上传；检索系统，利用关键字搜索等数据库技术，实现文化元数据的即时查询；输出系统，利用数据压缩和传输技术显现文化元数据的下载。

（五）基于文化元数据库的内容开发

文化元数据库建立起来之后，作为内容（Culture Contents）的文化数据就可以在包装重组之后直接进入3C的传播平台。给予文化元数据库的内容开发主要有三个开发方向：商业性开发、保护性开发和政策性开发。商业性开发的主要目的是借助4C文化内容创造更多的经济价值，市场因素在商业性开发中起决定性作用。保护性开发的主要目的是实现文化内容的保护和传承，行政规划、研究机构和社会组织在保护性开发中将起到主导作用；政策性开发的主要目的是用先进的文化引导人民群众的社会生产生活，政策方向将在其中起到引导性的作用。

1. 文化内容的商业性开发

文化内容的商业性开发在世界范围内已经有很多成功的先例：在国家战略层面，很多国家都制定了全国性的4C融合战略计划，并采取了很多措施来保证其实施，这类计划的主旨是企图通过4C融合工程来实现人民的信息化生活，其中最著名、成效最为显著的就是韩国的U – Korea 和日本的U – Japan 计划；在社会组织层面，最著名的文化内容商业性开发的案例就是圣迭戈动漫展，它通过展会的形式，将文化资源集中放在一起展示，实现了传统文化内容和电脑平台的融合；在企业运作层面，文化内容的商业性开发呈现出更加多样的运作形式，其中比较成功的案例有 blackberry（黑莓）和苹果公司，前者依靠独特的电子邮件服务发展终端平台，为公司带来了丰厚的经济效益，后者依托 iTunes 平台，将多媒体内容聚合在一起，使苹果成功地从一个电脑公司转型成为一个互联网服务公司。

在我国，文化内容的商业性开发较为成功的案例有印象系列的开发。著名的舞蹈家杨丽萍为了创作《云南映象》，花费了一年时间在云南各族的田间地头进行文化采风,她将云南民间舞蹈的精彩动作复制下来,浓缩在歌舞集中,使得《云南映象》的舞蹈中充满了原汁原味的云南民族元素。这就是一种形式的文化元提取和文化内容开发,《云南映象》赢得了高达97%的观众满意率,这充分说明了文化内容在创造商业价值的过程中所拥有的强大优势。

文化元数据库为文化内容开发提供了丰富的素材和便捷的获取通道,以民族歌舞剧的编排为例,借助文化元数据库,编者并不需要屡次深入民间进行艺术采风,他们在文化元数据库里选择"民族舞蹈"类别,按照不同的地域和民族下载音视频素材,他们能够得到该民族典型的乐曲曲谱、民族乐器的制作和使用方式,甚至还能查询到有代表性的民间舞者的信息,非常方便就能获得本需要花费数月时间、经历长途跋涉才能得到的文化素材,这种简单的数据库查询和下载功能就能实现资源最高效的利用。

以上的使用方式能为那些有明确查询关键词和查询范围的使用者提供高效的帮助,而针对那些目的性不太明确的数据库访问者,一些特殊的设置能帮助他在较短的时间里发现文化元数据的商业价值。文化元数据在进行分解和规范化的过程中有一个简单的评分机制,对照文化元的价值评估体系,对该文化元在各个指标上的价值大小进行评分,访问者可以按照自己的文化内容开发的目的,根据文化元的价值评分进行查询和筛选,以便迅速提取最适合自己需要的文化元数据。

利用文化元评价系统,访问者还可以对某条文化元数据在各个评价维度上进行评分,其评价也将成为后续使用者的参考标准。

总而言之,利用数据挖掘技术、借助文化元数据库进行文化内容的商业性开发具有非常巨大的经济前景,其使用方式也将在市场的验证中不断丰富,借助3C平台,文化内容价值增值必然能创造巨大的经济效益。

2. 文化内容的保护性开发

在文化元数据库的基础上进行文化内容的保护性开发是为了保护文化的多样性、实现文化的传承。随着时间的推移、人的迁徙和城市化的推进,很多源起自田间山林的文化元素失去了生存的土壤,在市场化浪潮的冲击下,这些文化元素逐渐被商业要素侵蚀,非物质文化遗产的立项和保护政策为文化内容的保护和传承提供了一种操作方式,而文化元数据库则为这些文化元素的存储和分享提供了一个跨区域的平台，使得外界对此类文化的接触不再受到时间和地域的限制，也便于群体内部借助互联网平台进行更加高效的技艺培训和文化熏陶。

在文化元数据库的基础上，文化内容的保护性开发可以在以下几个方面进行操作：

通过民间文化大师信息库的建设对传统技艺进行保护传承。很多民间传统技艺虽然工艺精湛，产品制作精良，但是由于不能进入工业化的批量生产，产品数量少而很难打开市场、占据较大的市场份额，市场占有率低的直接结果就是无法扩大产品的知名度，最终造成传统技艺的失传。还有更多的文化技艺由于学习周期长，人才难得而濒临灭绝的边缘。

通过文化元数据库可以很便捷地提取各行各业的民间文化大师的技艺信息，对他们的技术和产品进行推介，市场也可以据此和这些文化大师展开合作，便于文化技能的传播。借助文化大师信息库可以实现技艺的远程传授，在文化元数据库内可以开通远程教育通道，世界范围内的访问者都可以通过这个技艺传承系统进行文化技艺的学艺。

借助文化元数据库实现跨区域的文化活动联动。我国地域辽阔，文化节庆资源丰富，但是很多文化节庆活动都是以行政区划为区隔，在举办文化活动的时候各自为政，很大程度上造成了文化资源的浪费。

通过文化元数据库可以收集到全国范围内的文化节庆活动信息，市场实体、社会组织等民间力量可以据此实施跨区域的文化活动联动，集中同类资源共同打造文化品牌。

借助文化元数据库推动文化原产地保护。文化资源与其他物质资源相比具有很强的适境性，文化内容有其产生的时间和空间条件，独特的地域和社会环境也为该文化实体保持自身的生命力提供了强有力的支持，当前出现了越来越多的文化原产地之争，也从一个侧面反映了文化的地域特色对当地文化资源利用、文化价值增值甚至区域经济提升带来的巨大商机。

文化元数据库对文化的原产地进行规范化储存，既方便进行文化源头和文化流动查询，也避免了文化资源的占用，还为原产地的文化增值提供了信息传达通道和吸引文化投资的机会。

3. 文化内容的政策性开发

文化元数据库为文化内容的政策性开发提供了丰富的素材支持，全国各级文化事业单位都能借助文化元数据库进行优秀文艺作品的开发和推广。

文化内容的开发主要分为以上三种类型,但是具体的开发方式是多样化的,文化元数据库为文化内容的开发提供了很多可能性,数据库的挖掘和文化内容的转化也将使4C体系拥有更多的传播内容而实现价值的最大化。

参考文献

[1] *Apple*:*A New Business Model for iTunes*? 载 http://seekingalpha.com/.

[2] The Berkman Center for Internet& Society at Harvard Law School:iTunes:How Copyright,Contract,and Technology Shapethe Business of Digital Media. A Case Study. June 15,2004(revised version).

[3] http://www.nici.nat.gov.tw/content/application/nici/generala/guest-cnt-browse.php?cntgrp_ordinal=1002006100110003&cnt_id=763.

[4] 刘春辉:《TCL通讯首席执行官杨兴平——3G时代是4C融合的时代》,载《人民邮电》2009年3月31日第05版。

[5]《苹果股价月内连创7次新高:商业模式为主因》,载 http://tech.sina.com.cn/it/2010-03-24/11023980352.shtml.

[6]《苹果商业模式专题》,载 http://www.theappleloop.com/Home/monograph.html.

[7] 周延鹏:《商业模式创新:苹果"养、套、杀"三部曲》,载 http://www.mie168.com/manage/2006-04/147052.htm.

[8]《福布斯:商业模式拖累谷歌在华与苹果竞争》,载 http://tech.163.com/10/0713/18/6BG9FEUV000915BE.html.

[9] 王玮:《建立21世纪无所不在的网络社会——浅谈日本U-Japan及韩国U-Korea战略》,载《信息网络》2005年第7期。

[10]《美国圣地亚哥国际动漫展介绍》,载 http://ent.sina.com.cn/m/2010-07-18/23273020988.shtml。

[11] 日本总务省:《日本U-Japan计划》,载 http://www.soumu.go.jp/menu_seisaku/ict/u-japan_en/new_outline03.html.

[12] 《黑莓联手宽带资本建 1 亿美元投资基金》，载 http://www.cctime.com/html/2010-5-31/2010531822225043.htm.

[13] 康迪：《RIM 的坎坷发展上演一部黑莓传奇》，载 http://www.5dmail.net/html/2006-6-15/200661583400.htm.

[14] 刘征宇：《黑莓赢在商业模式》，载 http://tech.qq.com/a/20080114/000015.htm.

[15] 《版署领导亲临 E3 为民族网游助阵》，载 http://games.sina.com.cn.

[16] E3 官网：《E3 简介》，载 http://www.e3expo.com/.

[17] 中国软件网：《老牌企业的商业模式创新》，载 http://soft6.com/html/tech/17/174135.shtml.

[18] 张莹、张蓉：《文化资源的特征及其开发利用》，载《今传媒》2009 年第 8 期。

[19] 李东红、杨利美：《文化资源的价值评估、成本核算与经济补偿》，载《思想战线》2004 年第 3 期。

[20] 郝建苹：《国内外知识管理研究现状综述》，载《情报杂志》2003 年第 8 期。

[21] 任玉平：《文化资源开发效益评价的指标体系研究》，载《太原大学学报》2008 年第 6 期。

课题组成员名单

项目负责人：

张　铮　清华大学国家文化产业研究中心，博士

课题组成员：

熊澄宇　清华大学国家文化产业研究中心主任，教授
蒋亚隆　清华大学国家文化产业研究中心硕士研究生
陈兰芳　清华大学国家文化产业研究中心硕士研究生
薛　钊　清华大学国家文化产业研究中心博士研究生